LE DROIT INTERNATIONAL DU NUCLÉAIRE MILITAIRE

Yabré Anselme SIÉZA

LE DROIT INTERNATIONAL DU NUCLÉAIRE MILITAIRE

Préface de Marc FINAUD

L'Harmattan
Burkina Faso

5-7, rue de l'École Polytechnique, 75005 Paris

http://www.harmattan.fr
https://www.editions-harmattan.fr

ISBN : 978-2-336-58454-6
EAN : 9782336584546

SOMMAIRE

PRÉFACE

Le présent ouvrage est une somme bienvenue, qui vient combler une lacune dans le monde de la recherche. Non que les publications sur les armes nucléaires ou l'énergie nucléaire manquent. Mais, outre que nombre d'entre elles qui mettent en garde les décideurs sur les risques encourus par l'humanité sont malheureusement ignorées par nos dirigeants, peu embrassent la totalité et la complexité des enjeux comme le fait le Dr Yabré Anselme SIÉZA.

Le livre se focalise certes sur la dimension juridique du problème car elle est fondamentale. Après tout, l'ordre mondial dont nous avons hérité depuis 1945 résulte bien de l'entrée dans l'âge nucléaire concrétisée par le premier essai américain « Trinity » au Nouveau-Mexique suivi des bombardements sur Hiroshima et Nagasaki, mais aussi de l'adoption de la Charte des Nations unies puis de la première résolution de l'Assemblée générale demandant le désarmement nucléaire. Certes ces documents demeurent fondamentaux même s'ils n'ont pas empêché la prolifération qui s'est ensuivie, avec l'accession au statut de puissance nucléaire de dix États (y compris l'Afrique du Sud, seul pays à avoir désarmé). Il importe donc de prendre connaissance et de comprendre les efforts de la communauté internationale qui se sont le plus souvent traduits par des traités bilatéraux, régionaux et multilatéraux visant à limiter ou encadrer cette course aux armements menaçant la sécurité du monde.

Mais, comme le montre l'auteur, le droit international ne tombe pas du ciel. Il résulte de décisions politiques déterminées par un ensemble de facteurs géopolitiques, idéologiques et économiques, y compris le rôle du complexe militaro-industriel dénoncé déjà en 1961 par le président Eisenhower dans son discours de fin de mandat[1].

L'ouvrage revient à juste titre sur les étapes progressives, souvent déclenchées par des crises comme celle des missiles de Cuba, de l'élaboration d'un *corpus* politico-juridique destiné à empêcher la

---

[1] « (…) nous devons (…) nous garder de toute influence injustifiée, qu'elle ait ou non été sollicitée, exercée par le complexe militaro-industriel. Le risque potentiel d'une désastreuse ascension d'un pouvoir illégitime existe et persistera. Nous ne devons jamais laisser le poids de cette combinaison mettre en danger nos libertés et nos processus démocratiques. »

catastrophe nucléaire, même si, comme l'avait admis le Secrétaire américain à la Défense, Robert McNamara, l'humanité y a échappé principalement grâce à la chance.

Aujourd'hui, 80 ans après Hiroshima et Nagasaki, l'ensemble de normes nationales, bilatérales, régionales et multilatérales qui constituent une forme de patrimoine commun de l'humanité conserve toute sa valeur. Cette architecture est néanmoins en danger : les États-Unis se sont retirés d'accords stratégiques avec la Russie (le Traité ABM puis le Traité FNI) et le seul traité de limitation des arsenaux offensifs stratégiques des deux puissances, le Traité New START, expire en février 2016 sans être remplacé. Le président Trump est à l'origine de la grave crise causée par son retrait de l'accord sur le nucléaire iranien (JCPOA). Le traité multilatéral sur l'interdiction complète des essais nucléaires (TICE), conclu en 1996, n'est toujours pas en vigueur car neuf pays clés ne l'ont pas ratifié (dont sept puissances nucléaires). Quant au Traité sur l'interdiction des armes nucléaires (TIAN), bien qu'en vigueur depuis 2021, il est toujours rejeté par les puissances nucléaires et leurs alliés alors que près de la moitié des États parties au Traité de non-prolifération (TNP) l'ont signé.

Les plus hautes autorités internationales, telles le Secrétaire général des Nations unies, Antonio Guterres, le Comité international de la Croix-Rouge ou les « Elders », ne cessent de le clamer : le risque d'explosion nucléaire, intentionnelle ou non, dont les conséquences seraient catastrophiques, est plus élevé que jamais. Outre les attaques contre l'architecture de contrôle des armements nucléaires et un accroissement des budgets militaires, le monde constate des menaces ouvertes d'emploi des armes nucléaires, notamment de la part de la Russie, une aggravation des tensions dans les régions où les adversaires sont des puissances nucléaires (en Asie, au Proche-Orient), la modernisation des arsenaux nucléaires visant à les rendre plus utilisables, et le recours à des technologies de plus en plus déstabilisantes telles que les missiles hypersoniques et l'intelligence artificielle.

Certes, dira-t-on, des régions entières (l'Amérique latine et les Caraïbes, l'Afrique, l'Asie du Sud-Est, le Pacifique Sud et l'Asie centrale) ont courageusement décidé d'exclure les armes nucléaires de leurs territoires. Elles luttent d'ailleurs pour l'interdiction des essais nucléaires et l'indemnisation des victimes ou la restauration de l'environnement affecté par ces essais ; elles luttent aussi pour l'interdiction mondiale et l'élimination des armes nucléaires. Elles se rendent bien compte en effet que ces armes, dont les possesseurs prétendent qu'elles préservent leur sécurité, menacent la sécurité de toute l'humanité. Les études sur l'hiver nucléaire facilitées par la recherche sur le changement climatique montrent qu'une guerre nucléaire, même limitée, pourrait causer une famine touchant jusqu'à cinq milliards de victimes. Les destructions et le carnage d'Hiroshima et Nagasaki restent dans les mémoires, mais, depuis lors, la puissance destructrice des armes thermonucléaires a été multipliée par des centaines voire des milliers de fois. L'ex-capitaine d'un sous-marin nucléaire français ne s'enorgueillissait-il pas récemment que les quelque 16 missiles de son vaisseau emportaient une capacité de 1000 Hiroshimas (soit potentiellement 120 millions de morts[2] !) ?

Il est donc d'une importance cruciale pour tout un chacun de connaître cette réalité effrayante et de se mobiliser afin que les décideurs qui tiennent nos vies en otages acceptent enfin de respecter leur engagement, aux termes du Traité de Non-Prolifération, datant de plus d'un demi-siècle, de « *poursuivre de bonne foi des négociations sur des mesures efficaces relatives à la cessation de la course aux armements nucléaires à une date rapprochée et au désarmement nucléaire, et sur un traité de désarmement général et complet sous un contrôle international strict et efficace.* ». Le présent ouvrage offre une contribution salutaire à cette prise de conscience.

Marc FINAUD
Ancien diplomate français ;
Vice-président d'Initiatives pour le désarmement nucléaire (IDN).

---

[2] André TOMAS, « Entretien. 1000 Hiroshimas à bord : les confidences d'un ex-pacha de sous-marin nucléaire », *Ouest-France*, 8 juin 2024 https://shorturl.at/c7yQS).

AVERTISSEMENT

Dans le présent ouvrage, une bibliographie générale est présentée juste après la liste des sigles, acronymes et abréviations et une bibliographie spécifique figure au début de chaque chapitre. Dans la bibliographie générale comme dans les bibliographies spécifiques, nous faisons figurer les références complètes de chaque document. Loin de là l'idée d'alourdir l'ouvrage. Toutefois, dans les bibliographies spécifiques, nous ne mentionnons pas le volume total des documents pour ce qui concerne les ouvrages et les articles publiés en ligne (hors revue) ni l'intervalle de pages total pour les articles publiés dans des revues ou extraits d'ouvrages. Nous mentionnons plutôt les numéros des pages que nous avons effectivement consultés dans le cadre de l'élaboration du présent ouvrage et de chaque chapitre. Lorsqu'il s'agit d'arrêts ou d'avis consultatifs de la CIJ, nous n'avons pas seulement mentionné la page pertinente du Recueil ou son paragraphe. Nous avons cité les pages effectivement consultés. Néanmoins, certains documents font exception. Nous avons précisé le volume total des documents (ouvrages, articles, décisions de justice) auxquels nous renvoyons le lecteur. Il s'agit en effet des documents que nous n'avons pas pu réellement parcourir mais qui sont très importants et indispensables à la compréhension, de manière détaillée, de certaines questions.

Nous avons estimé que cette présentation (en lieu et place de notes infrapaginales, de notes en fin de chapitre ou en fin d'ouvrage) qui n'est pas coutumière et qui sort un peu de l'ordinaire, permet, d'une certaine manière, de rendre un vibrant hommage à la doctrine de façon générale et de manière spécifique, à tous ces auteurs qui, par leurs écrits, nous ont permis de forger le nôtre.

SIGLES, ACRONYMES ET ABRÉVIATIONS

I. Annuaires – Journaux – Recueils – Revues

AFDI	Annuaire Français de Droit International
AFRI	Annuaire Français de Relations Internationales
ANUD	Annuaire des Nations unies sur le Désarmement
EDP	Edition Diffusion Presse
JO	Journal Officiel
JORF	Journal Officiel de la République Française
RBDI	Revue Belge de Droit International
RCADI	Recueil des Cours de l'Académie de Droit International de la Haye
Rec.	Recueil
REDEEU	Revue Électronique du Département d'État des Etats-Unis
RGDIP	Revue Générale de Droit International Public
RIPC	Revue Internationale de Politique Comparée
RSA	Recueil des Sentences Arbitrales

II. Accords

ABM	Anti-Ballistic Missile Treaty (Traité anti-missile balistique)
AFRA	African Regional cooperative Agreement for research, development and training related to nuclear science and technology (Accord régional africain de coopération pour la recherche, le développement et la formation liés à la science et à la technologie nucléaires)
AGG	Accord de Garanties Généralisées
ARASIA	Co-operative Agreement for Arab States in Asia for research, development and training related to nuclear science and technology (Accord de coopération pour les États arabes en Asie concernant la recherche, le développement et la formation liés à la science et à la technologie nucléaires)
CCSG	Convention Commune sur la Sûreté de la Gestion du combustible usé et sur la sûreté de la gestion des déchets radioactifs

CIAB	Convention d'Interdiction des Armes Biologiques (Convention sur l'interdiction de la mise au point, de la fabrication et du stockage des armes bactériologiques (biologiques) ou à toxines et sur leur destruction)
CIAC	Convention d'Interdiction des Armes Chimiques (Convention sur l'interdiction de la mise au point, de la fabrication, du stockage et de l'emploi des armes chimiques et sur leur destruction)
CIRATN	Convention Internationale pour la Répression des Actes de Terrorisme Nucléaire
CNU	Charte des Nations unies
CNUDM	Convention des Nations unies sur le Droit de la Mer
CPPMN	Convention sur la Protection Physique des Matières Nucléaires
CSN	Convention sur la Sûreté Nucléaire
CVDT	Convention de Vienne sur le Droit des Traités
FNI	(Traité sur les) Forces Nucléaires Intermédiaires
JCPOA	Joint Comprehensive Programme of Action (Plan d'action global commun)
PAGC	Plan d'action global commun
SALT	Strategic Arms Limitation Talks (Négociations sur la limitation des armements stratégiques)
SORT	Strategic Offensive Reductions Treaty (Traité de réduction des armes stratégiques offensives)
START	Strategic Arms Reductions Treaty (Traité de réduction des armes stratégiques)
TIAN	Traité sur l'Interdiction des Armes Nucléaires
TICEN	Traité d'Interdiction Complète des Essais nucléaires
TIPEN	Traité d'Interdiction Partielle des Essais nucléaires
TNP	Traité sur la Non-Prolifération des armes nucléaires

III- Missiles et armes nucléaires

ALBM	Air-Launched Ballistic Missile (Missile balistique lancé par avion)
ALCM	Air Launched Cruise Missile (Missile de croisière lancé par avion)
DNE	Dispositif nucléaire explosif
GLBM	Ground-Launched Ballistic Missile (Missile balistique lancé depuis le sol)
ICBM	Intercontinental Ballistic Missile (Missile balistique intercontinental)

ICBM	Intercontinental Ballistic Missile (Missile Balistique Intercontinental)
IRM	Intermediate Range Missile (Missile à portée intermédiaire)
SLBM	Submarine-Launched Ballistic Missile (Missile mer-sol balistique stratégique)
SLCM	Sea-Launched Cruise Missile (missiles mer-sol déployés sur sous-marins)
SNLE	Sous-marin Nucléaire Lanceur d'Engins
SRM	Short-Range Missile (Missile de courte portée)

IV. Institutions et sociétés

AEN	Agence pour l'énergie nucléaire
AEN/OCDE	Agence pour l'énergie nucléaire de l'Organisation de Coopération et de Développement Économiques
AGNU	Assemblée Générale des Nations Unies
AIEA	Agence Internationale de l'Énergie Atomique
BADNU	Bureau des Affaires de Désarmement des Nations unies
CCP	Commission Consultative Permanente
CD	Conférence du Désarmement
CDI	Commission du Droit International
CEA	Commissariat à l'Energie Atomique et aux énergies alternatives
CICR	Comité International de la Croix Rouge
CIJ	Cour Internationale de Justice
CNNC	China National Nuclear Corporation
CPI	Cour Pénale Internationale
CSNU	Conseil de Sécurité des Nations Unies
DoE	Department of Energy (Etats-Unis)
EACL	Energie Atomique du Canada Limitée
EDF	Electricité de France
FAO	Food and Agriculture Organization of United Nations
FAS	Federation of American Scientists
GE	General Electric
GFN	Groupe des Fournisseurs Nucléaires
GICNT	Global Initiative to Combat Nuclear Terrorism
ICAN	International Campaign to Abolish Nuclear weapons
IDN	Initiatives pour le Désarmement Nucléaire
INTERPOL	International Criminal Police Organization
NSG	Nuclear Suppliers Group
OACI	Organisation de l'Aviation Civile Internationale

OCDE	Organisation de Coopération et de Développement Économiques
OIAC	Organisation pour l'Interdiction des Armes Chimiques
OIT	Organisation Internationale du Travail
OMI	Organisation Maritime Internationale
OMM	Organisation Météorologique Mondiale
OMS	Organisation Mondiale de la Santé
ONU	Organisation des Nations Unies
ONUDC	Office des Nations Unies contre la Drogue et le Crime
ONUDI	Organisation des Nations Unies pour le Développement Industriel
OPANAL	Organismo para la Proscripción de las Armas Nucleares en la América Latina y el Caribe (Organisme pour l'interdiction des Armes Nucléaires en Amérique Latine et dans les Caraïbes)
OTAN	Organisation du Traité de l'Atlantique Nord
OTICE	Organisation du Traité d'Interdiction Complète des Essais Nucléaires
RCTM	Régime de Contrôle de la Technologie des Missiles
SdN	Société des Nations
SGNU	Secrétaire Général des Nations Unies
SSG	Système de Surveillance de la Prochaine Génération
UA	Union Africaine
UNENE	University Network of Excellence in Nuclear Engineering
UNESCO	Organisation des Nations Unies pour l'Education, la Science et la Culture
UNSCEAR	Comité scientifique des Nations unies pour l'étude des effets des rayonnements ionisants
URSS	Union des Républiques Socialistes Soviétiques

V. Centres de recherches - Maisons d'édition

ASIL	American Society of International Law
CUP	Cambridge University Press
GCSP	Geneva Centre for Security Policy
GRIP	Groupe de Recherche et d'Information sur la Paix
INURD	Institut des Nations unies pour la Recherche sur le Désarmement
OUP	Oxford University Press
PUF	Presses Universitaires de France
SIPRI	Stockholm International Peace Research Institute

SUP	Stanford University Press
UNLIREC	Centre régional des Nations unies pour la paix, le désarmement et le développement en Amérique latine et dans les Caraïbes

VI. Divers

ADIZ	Air Defense Identification Zone (zone d'identification aérienne américaine)
ADM	Armes de Destruction Massive
ASIL	American Society of International Law
AWE	Atomic Weapons Establishment
C.	Contre
Cf.	Confer
CO_2	Dioxyde de Carbone
COVID-19	Corona Virus Disease 2019
CUP	Cambridge University Press
DAB	Défense Antibalistique
Ed.	Éditeur
EDAN	État Doté d'Armes Nucléaires
ENDAN	État Non Doté d'Armes Nucléaires
GCSP	Geneva Centre for Security Policy
GPS	Global Positioning System
GRIP	Groupe de Recherche et d'Information sur la Paix
Gt	Gigatonne
GWe	Gigawattheure
Ibid.	*Ibidem* (Référence précédente)
Idem	Référence identique
In	Dans
Kg	kilogramme
Km	kilomètre
KWh	kilowattheure
MTN	Moyens Techniques Nationaux
MWe	Mégawattheure
OIG	Organisation intergouvernementale
Op. cit.	*Opere Citato* (déjà cité)
OUP	Oxford University Press
P.	Page
PP.	Page… à page…
PUF	Presses Universitaires de France
PV	Procès-Verbal, ou cote de réunion
RPC	République Populaire de Chine
RPDC	République Populaire Démocratique de Corée
SIPRI	Stockholm International Peace Research Institute
Sous dir.	Sous la direction de

Ss.	Suivants
SSI	Système de Surveillance Internationale
SUP	Stanford University Press
tU	Tonnes d'Uranium
UNLIREC	Centre régional des Nations unies pour la paix, le désarmement et le développement en Amérique latine et dans les Caraïbes
UPEN	Utilisation Pacifique de l'Energie Nucléaire
USA	United States of America
V.	Voir
Vol.	Volume
ZEAN	Zone Exempte d'Armes Nucléaires
ZEE	Zone Économique Exclusive
ZPLN	Zone de Paix, de Liberté et de Neutralité

INTRODUCTION GÉNÉRALE

BIBLIOGRAPHIE : – AIEA, *Glossaire de sûreté nucléaire : Terminologie employée en sûreté nucléaire et radioprotection,* AIEA, 2007, 223 p. – Paul BLONCHE *(sous dir.), Le nucléaire expliqué par des physiciens,* Paris, EDP Sciences, 2002, p. 18. – Paul REUSS, *L'épopée de l'énergie nucléaire. Une histoire scientifique et industrielle*, Paris, EDP Sciences, 2007, p. 3. – Jean SALMON (sous dir.), *Dictionnaire de droit international public*, Bruxelles, Bruylant, 2001, p. 892. – Bruno TERTRAIS, *L'arme nucléaire*, Paris, PUF, 2008, p. 107. – Scott SAGAN, « Why Do States Build Nuclear Weapons? Three Models in Search of a Bomb », *International Security*, vol. 21, n° 3, Cambridge, The MIT Press, 1996/1997, pp. 57 et ss. – Bernard SITT « Une approche pluridisciplinaire des motivations de la prolifération », Compte rendu du Séminaire de la Délégation des Affaires Stratégiques sur le thème « 2040 : Un regard prospectif sur la prolifération », table ronde n° 1, Paris, 2008, pp. 2-5. – Paul BACOT, « L'émergence d'une puissance nucléaire. Les Français et le Plateau d'Albion dans les années 1960 » *in* Delphine DESCHAUX-DUTARD et Sabine LAVOREL (sous dir.), *Puissances émergentes et sécurité internationale : une nouvelle donne ? Une perspective pluridisciplinaire sur la puissance et l'émergence sur la scène internationale,* Bruxelles, P.I.E. Peter Lang, 2017, p. 131. – Jeremy SHEARAR, « Dénucléarisation de l'Afrique : La dimension sud-africaine » *in Désarmement*, vol. XVI, n° 2, Nations unies, 1993, pp. 178-193. – Paul B. ENGO, « La sécurité sous le régime de la non-prolifération : le point de vue d'un Africain » in *Désarmement,* vol. VIII, n° 1, Nations unies, 1985, pp. 40-46. – Gift PUNUNGWE, « L'Afrique et le régime international de non-prolifération », *in Désarmement*, vol. XVI, n° 2, Nations unies, 1993, pp. 160-177. – SIPRI, Armaments, Disarmament and International Security, *SIPRI Yearbook 2020*, 2020, pp. 326-386. – SIPRI, *SIPRI Yearbook 2025: Armaments, Disarmament and International Security,* « Summary » SIPRI, Sweden, 2025, 28 p. – Pietro VERRI, *Dictionnaire du droit international des conflits armés,* Genève, CICR, 1988, p. 23. – Jacques VILLAIN, *Le livre noir du nucléaire militaire*, Paris, Fayard, 2014, pp. 28-32. – Discours du Secrétaire américain à la défense : http://www.realclearworld.comlarticles/2008/1O/defense_secretary_gates_speech.htrnl. – Paul QUILÈS, *Nucléaire, un mensonge français. Réflexions sur le désarmement nucléaire*, Paris, Éditions Charles Léopold Mayer, 2012, 93 p. - Bureau des affaires de désarmement, *Annuaire des Nations unies sur le désarmement*, vol 39 : 2014 (Partie II), New York, Publication des Nations unies, 2017, p. 3. – Message de Angela KANE, Haut-représentante pour les affaires de désarmement, à la Conférence de Vienne sur l'impact humanitaire, à Vienne (Autriche) le 8 décembre 2014 disponible en ligne à l'adresse www.un.org/sg/statements/index.asp?nid=8258. – Paul QUILÈS, Jean-Marie COLLIN, Michel DRAIN, *L'illusion nucléaire. La face cachée de la bombe atomique*, Paris, Éditions Charles Léopold Mayer, 2018, p. 14. – Mohamed ABDEL AZIM, *La politique de l'ambiguïté comme facteur d'échec de la dissuasion au Moyen-Orient,* Thèse de doctorat en science politique, Institut d'études politiques de Lyon, 2005, p. 29. – André DUMOULIN, *L'avenir de la dissuasion nucléaire en Europe,* présentation à l'Institut royal supérieur de défense et à l'Université de

Liège, Bruxelles, 2014, pp. 8-9. – Daniel COLARD, *Les Relations Internationales de 1945 à nos jours*, Paris, Masson, 4è édit., 1991, p. 132. – Bruno TERTRAIS, *La dissuasion nucléaire en 2030. Essai de prospective*, Paris, Fondation pour la recherche stratégique, 2006, p. 6. – Thomas ENDERS, « Le rôle de la dissuasion nucléaire dans la défense sans provocation » *in Désarmement*, vol. XIII, n° 2, Nations unies, 1990, pp. 28-44. – Solène VIZIER *in* www.idn-france.org/dissuasion-nucléaire/russie-décryptage-de-la-nouvelle-doctrine-nucléaire-russe/. – Jean-François GUILHAUDIS, « La Russie dans la diplomatie de la course aux armements et du désarmement », *AFRI,* 2020, pp. 85-99. – CONDORELLI Luigi, « Les attentats du 11 septembre et leurs suites : Où va le droit international ? », *RGDIP*, 2001, cité par Géraldine LHOMMEAU, *Le droit international à l'épreuve de la puissance américaine*, Paris, L'Harmattan, 2005, p. 57. – John SIMPSON, « Le régime de non-prolifération nucléaire : choix et possibilités » *in Désarmement,* vol. XVI, n° 2, Nations unies, 1993, p. 30. – Richard BUTLER, « Le Traité sur la non-prolifération nucléaire, élément essentiel de la sécurité mondiale », *in Désarmement,* vol. VIII, n° 1, Nations unies, 1985, pp. 19-24. – Lewis A. DUNN, « Le Traité sur la non-prolifération nucléaire : un succès dans le domaine du contrôle des armements », *in Désarmement,* vol. VIII, n° 1, Nations unies, 1985, pp. 25-39. – Mohamed Ibn SHAKER, « Le régime du Traité sur la non-prolifération des armes nucléaires », *in Conférence régionale sur la Campagne mondiale pour le désarmement,* Le Caire, 1985, p. 73. – Jason D. ELLIS, "The Best Defense: Counterproliferation and U.S. National Security", *in The Washington Quarterly,* 2003, p. 116. – Michel QUENTIN, « Le contrôle des échanges internationaux nucléaires : le difficile équilibre entre le développement du commerce et la lutte contre la non-prolifération des armes nucléaires », *in* AEN/OCDE, *Le droit nucléaire international : Histoire, évolution et perspectives,* n° 6935, Paris, 2010, p. 302. – Steve TULLIU et Thomas SCHMALBERGER, *Les termes de la sécurité : Un lexique pour la maîtrise des armements ; le désarmement et l'instauration de la confiance*, Genève, UNIDIR, 2007, p. 8. – Jean KLEIN, *Maîtrise des armements et désarmement : Les accords conclus depuis 1945*, Paris, La Documentation Française, 1991, p. 10. – Jean-Marc LAVIEILLE, *Droit international du désarmement et de la maîtrise des armements*, Paris, L'Harmattan, 1997, pp. 49-50. – Mansur AHMAD, « Les approches multilatérales et bilatérales au désarmement », *in Désarmement*, vol. XII, n° 3, Nations unies, 1989, pp. 43-48. – Stephen Kinloch PICHAT, « Le maintien de la paix, le désarmement et une force internationale : un paradoxe », *Forum de Désarmement*, Genève, UNIDIR, 2000, p. 11. – Bruno SIMMA et *al.*, *The Charter of the United Nations: a Commentary: second edition*, vol. 1, Oxford, OUP, 2002, p. 469. – Jozef GOLDBLAT, *Arms Control: The New guide to negotiations and agreement*, Stockholm, SIPRI, 2002, p. 3. – AEN, *L'énergie nucléaire aujourd'hui,* Paris, Les éditions de l'OCDE, 2003, p. 9. – AIEA, *Rapport annuel 2000*, Document GC(45)/4, Vienne, 2001, p. 1. – AIEA, *Rapport d'ensemble sur la technologie nucléaire 2019,* Document GC(63)/INF/2, Vienne, 2019, p. 1. – Bêla J. Bêla J. CSIK et Juergen KUPITZ, « Applications de l'énergie nucléaire : chauffage domestique et production de chaleur industrielle », *in Bulletin de l'AIEA*, n° 39, n° 2, 1997, pp. 21-25. – Toshio KONISHI, « Applications de l'énergie nucléaire : dessalement de l'eau de mer », *in Bulletin de l'AIEA*, n° 39, n° 2, 1997, pp. 26-29. – AEN, *Innovation dans la technologie nucléaire,* AEN n° 6104, 2007, p. 17. – Jean-Claude DEBEIR et *al.*, « Genèse et servitudes du nucléaire »,

Ecologie & politique, n° 42, vol. 2, 2011, pp. 137-167. – AEN, *Perspectives de l'énergie nucléaire,* Paris, Les Éditions de l'OCDE, 2008, p. 170. – Evelyne BERTEL et Johan VAN DE VATE, « L'énergie nucléaire et le débat écologique : le contexte des choix », *in Bulletin de l'AIEA*, vol. 37, n° 4, Vienne, 1995, pp. 2-7. – Sam EMMERECHTS, « La protection de l'environnement par le droit nucléaire : un long chemin reste à parcourir », *in* AEN, *Le droit nucléaire international : Histoire, évolution et perspectives,* n° 6935, Paris, 2010, pp. 137-176. – Mohamed El BARADEI, Edwin NWOGUGU et John RAMES, « Le droit international et l'énergie nucléaire : Aperçu du cadre juridique », *in Bulletin de l'AIEA*, n° 3, Vienne, 1995, p. 16. – AEN, *L'énergie nucléaire aujourd'hui,* Paris, Les éditions de l'OCDE, 2003, p. 65. – Alan GEYER, « The Nuclear Question Explodes, Worldwide », 1975, p. 27 cité par Mohamed Ibn SHAKER, « Le régime du Traité sur la non-prolifération des armes nucléaires », *in Conférence régionale sur la Campagne mondiale pour le désarmement,* Le Caire, 1985, p. 72. – Grégory BOUTHERIN, Daniel KIFFER « L'usage pacifique du nucléaire et la non-prolifération », *Politique étrangère*, n° 3, 2006, pp. 609-621. – Tom VRAALSEN, « La non-prolifération des armes nucléaires, chimiques et autres », *in Désarmement,* vol. XII, n° 3, Nations unies, 1989, p. 5. – Miguel MARIN-BOSCH, « Vers un authentique régime de non-prolifération », *in Désarmement*, vol. XVI, n° 2, Nations unies, 1993, p. 89. – Francis LENNE, *Le deuil d'Hiroshima,* Paris, Edition association « Aux Actes Citoyens », avec « Abolition des armes nucléaires - Maison de Vigilance », 2017, p. 5. – Robert KOLB, *Jus in bello : Le droit international des conflits armés,* Précis 2ème édition, Bruxelles, Bruylant, 2009, p. 5.

SECTION I-

LE NUCLÉAIRE MILITAIRE

§ 1. Les prémices de l'utilisation militaire de la Radioactivité

1. La découverte de la radioactivité. – La radioactivité désigne le phénomène de désintégration aléatoire spontanée d'atomes, habituellement accompagné de l'émission d'un rayonnement. L'atome est défini comme la plus petite quantité d'un élément chimique susceptible de se combiner. L'atome se compose d'un noyau et d'un nuage électronique. En effet, au centre de l'atome, se trouve le noyau et à sa périphérie gravitent les électrons. Une matière est dite radioactive lorsqu'elle est douée de radioactivité ; émettant ou relatif à l'émission de rayonnements ionisants ou de particules. Quant au rayonnement ionisant, il désigne un rayonnement capable de produire des paires d'ions dans la matière biologique. La radioactivité fut découverte à Paris au début de l'année 1896 par le physicien français Henri BECQUEREL alors qu'il travaillait sur le rayonnement X que l'Allemand Wilhelm RÖNTGEN avait plus tôt découvert en 1895. Henri BECQUEREL cherchait à savoir si la fluorescence (aussi appelée phosphorescence) de certains corps s'accompagnait d'une émission de rayons X qui sont des rayons invisibles à l'œil capables de traverser des épaisseurs importantes de matière. La découverte de la radioactivité fut un formidable coup de théâtre. En effet, les physiciens s'étaient jusque-là persuadés que la matière était stable et immuable, et que les atomes, s'ils existaient, étaient nécessairement immortels. Ils comprirent brutalement grâce à cette découverte que cela n'était pas toujours vrai. Ce coup de théâtre a sonné le point de départ de la recherche sur les rayonnements ionisants permettant ainsi plusieurs autres découvertes sur les technologies nécessaires à une exploitation civile de ces réactions dites atomiques ou nucléaires. En effet, les travaux du physicien britannique Ernest RUTHERFORD, des Français Pierre et Marie CURIE, Irène et Fréderic JOLIOT-CURIE, du Danois Niels BOHR, pour ne citer que ceux-ci, ont permis de découvrir, entre autres, les différents caractères de la radioactivité, les éléments émettant des rayonnements ainsi que les techniques de manutention. La radioactivité fut ainsi apprivoisée par l'homme qui l'a domestiquée au point d'en produire artificiellement et d'en choisir la finalité de son utilisation. Elle peut ainsi être utilisée sur le plan militaire.

2. La découverte du neutron.

Au lendemain de la découverte du neutron par Sir James CHADWICK en 1932, la science nucléaire connaîtra un essor considérable. Dès 1939, il est découvert que les atomes libèrent de l'énergie lorsqu'ils se fragmentent, c'est-à-dire lorsqu'ils subissent une fission. Dès cette découverte, les principales caractéristiques de la fission nucléaire furent très vite identifiées. Il s'agit du rôle de l'uranium 235, de l'émission de neutrons associée et de l'effet modérateur de l'eau. Au cours de la même année, trois brevets concernant l'utilisation de l'énergie nucléaire furent déposés par Fréderic JOLIOT-CURIE et son équipe : les deux premiers concernaient la production d'énergie ; le troisième, des « perfectionnements aux charges explosives ». Quelques semaines après le dépôt des brevets, l'Allemagne envahit la Pologne (1er septembre 1939), et la France et la Grande-Bretagne déclarent la guerre à l'Allemagne (3 septembre). En juin 1940, les troupes allemandes sont à Paris. L'équipe du Collège de France doit renoncer à l'« expérience décisive » et se disperse. Si Joliot lui-même reste à Paris, la plupart de ses collaborateurs fuiront en Angleterre et outre-Atlantique. C'est à partir de cet instant, que l'atome changea de statut. Autrefois, sujet d'études pour les seuls physiciens, il devint soudainement un enjeu stratégique et militaire majeur. La Science s'est vue, du coup, déviée vers des œuvres de ruine et de mort et vers des profits égoïstes. La recherche scientifique sur le nucléaire avait désormais une finalité militaire et de ce fait, était couverte par le secret et réservée à l'État. En 1943, a lieu la première réaction en chaîne contrôlée. En 1945, le grand public découvre la puissance déchaînée de l'atome avec les explosions des bombes atomiques à Hiroshima puis à Nagasaki. Mené dans le plus grand secret sous la direction scientifique du physicien américain Robert OPPENHEIMER, le projet américain dit « projet Manhattan » avait en effet, conduit à la première bombe nucléaire. Le projet Manhattan s'est déroulé dans le secret le plus total et un climat de défiance, même à l'égard des alliés. La découverte du plutonium, par exemple, n'a fait l'objet d'une publication scientifique qu'en 1946. Le 6 décembre 1941, la veille de l'attaque de Pearl Harbor et de l'entrée en guerre des États-Unis, est lancé ce qui s'appellera quelques mois plus tard le « Manhattan Project » ou « Manhattan Engineering District » (projet Manhattan). Rapidement, ce projet prend une grande ampleur : dirigé par le général Leslie Groves, il rassemblera jusqu'à 13 0000 chercheurs, ingénieurs et techniciens. On a chiffré à 2 milliards de dollars de l'époque, soit environ 20 milliards de dollars d'aujourd'hui, le coût de ce projet. Les équipes chargées de la conception de la bombe — plusieurs milliers de savants sous la direction scientifique de OPPENHEIMER —vécurent enfermées avec leurs familles pendant trois ans dans un centre créé de toutes pièces, Los Alamos, dans le Nouveau Mexique. Cependant, aux premières heures, cet emploi ne fut perçu par l'opinion internationale que comme la manifestation de la supériorité technique des États-Unis dans le domaine de la sophistication des armements. Pour le monde militaire, il s'agissait simplement de la mise en œuvre d'un engin plus puissant que les autres. Les États-Unis détinrent ainsi jusqu'en 1949 le monopole de la recherche sur la fission nucléaire avant de faire face à une fastidieuse concurrence.

§ 2. La prolifération nucléaire : les motivations

3. Dans son discours du mardi 28 octobre 2008 devant le *Carnegie Endowment for International Peace* à Washington D.C., l'ancien Secrétaire à la défense américain Robert M. GATES affirmait :

> « *je tiens tout d'abord à souligner que trois présidents pour lesquels j'ai travaillé pendant la guerre froide, Jimmy Carter, Ronald Reagan et George H. W. Bush, souhaitaient sincèrement éliminer toutes les armes nucléaires et l'ont dit publiquement. Plus récemment, George Shultz, William Perry, Henry Kissinger et Sam Nunn ont fait écho à ce sentiment dans le Wall Street Journal. Mais tous se sont heurtés à la réalité : tant que d'autres possèdent des armes nucléaires, nous devons nous-mêmes maintenir un certain niveau de ces armes : pour dissuader les adversaires potentiels et pour rassurer plus de deux douzaines d'alliés et de partenaires qui comptent sur notre parapluie nucléaire pour assurer leur sécurité, ce qui rend inutile le développement de leurs propres armes. Nous avons beau essayer et espérer, la puissance des armes nucléaires et leur impact stratégique sont un génie qu'il est impossible de remettre dans la bouteille, du moins pour très longtemps. Si notre objectif à long terme est d'abolir les armes nucléaires une fois pour toutes, le monde dans lequel nous vivons nous oblige à être réalistes sur cette proposition* ».

Ainsi, tant et aussi longtemps que d'autres puissances possèderont des armes nucléaires, les États-Unis, premiers utilisateurs de cette arme, se sont engagés à en avoir aussi et de plus performants. Mais pourquoi ?

4. Définition. – Le contexte de prolifération n'est pas nouveau. Il a commencé pratiquement dès la création des Nations unies. Le *Dictionnaire de droit international public* définit la prolifération dans son sens technique notamment en matière nucléaire, comme « l'augmentation du nombre d'États dotés d'armes nucléaires » tout en précisant qu'il peut s'agir de « l'augmentation du nombre des armes nucléaires détenues par un même État ». Dans le premier cas, on parle de prolifération horizontale et dans le second, de prolifération verticale. Il faut observer qu'actuellement, la prolifération verticale n'est pas que quantitative. Elle est surtout qualitative.

5.Les trois grands modèles de référence de SAGAN. – A la question ci-dessus posée, plusieurs réponses découlant d'approches différentes peuvent être avancées. En effet, Scott SAGAN justifie les motivations de la prolifération à travers trois grands modèles de référence (V. Scott SAGAN, *Why Do States Build Nuclear Weapons? Three Models in Search of a Bomb*, Cambridge, International Security, vol. 21, n° 3, The MIT Press, 1996/1997, 86 p.). D'abord, le modèle de la sécurité : pourquoi est-ce qu'un État prolifère ? Il prolifère parce qu'il considère que sa sécurité est en cause, et que la seule réponse aux menaces contre sa sécurité, c'est de proliférer, c'est d'accéder aux armes nucléaires. Ensuite, le modèle de la norme : pourquoi est-ce qu'un État prolifère ? Il prolifère parce qu'il considère que c'est une question de rang, de statut, et qu'il sera mis en position de faiblesse s'il ne suit pas cette norme. Enfin, le troisième modèle, le modèle de la politique intérieure : l'État prolifère parce que sa politique intérieure le lui commande. Ces trois modèles se révèlent peu discriminants et susceptibles de confusion. En effet, l'histoire de la prolifération révèle que certains grands pays proliférateurs répondent aux trois modèles à la fois. Cela constitue, selon Bernard SITT, la limite de ces modèles qui ont aujourd'hui tout de même force de loi.

6.Les huit modèles de référence de SITT. – Partant de l'analyse des conditions internationales ou exogènes et des positions internes ou endogènes, Bernard SITT est parvenu à huit modèles des motivations de la prolifération construits autour de sept facteurs déterminants (Bernard SITT « Une approche pluridisciplinaire des motivations de la prolifération », Compte rendu du Séminaire de la Délégation des Affaires Stratégiques sur le thème « 2040 : Un regard prospectif sur la prolifération », table ronde n° 1, Paris, 2008, pp. 2-5.). Les sept facteurs déterminants de la prolifération comptent cinq facteurs endogènes et deux facteurs exogènes. Ces facteurs d'analyse ont été appliqué à 19 pays. Au titre des facteurs endogènes, il faut noter :

- les ressources nationales de l'État. Il s'agit des ressources matérielles de toute nature, ressources scientifiques, techniques, industrielles, ressources militaires, existence d'une architecture militaire forte et organisée, les ressources financières. En effet, s'il n'y a pas de capacités, s'il n'y a pas de ressources nationales, il n'y a pas de prolifération.

- le type de régime politique. Certes, tout régime politique est susceptible de proliférer, mais lorsqu'on distingue les différents régimes, on aboutit à des résultats très diversifiés.
- l'histoire et la typologie personnelle du leader. Le leader politique dans son cercle d'influence joue le rôle déterminant à la fois dans le choix que dans la mise en œuvre de la posture militaire.
- les élites et les médiateurs de pouvoir intérieur. La solidarité entre les élites et les médiateurs de pouvoir intérieur constitue un soutien de taille en faveur du leader politique et un élément clé dans la prise des décisions.
- les opinions publiques. Les opinions publiques, constituent un facteur endogène qui existe ou qui n'existe pas, selon la nature du régime, mais qui joue un rôle déterminant, ne serait-ce que dans les conditions de mise en œuvre des décisions.

Quant aux facteurs exogènes, il faut relever l'histoire du contexte stratégique de l'État et les dépendances internationales et alliances. Il s'avère que plus un État est isolé suivant son contexte propre, plus cela pourrait le pousser à proliférer. A l'inverse, plus il dispose d'alliances et en fait des garanties de sécurité, plus il pourrait réfuter l'idée de proliférer.

7.**Les huit modèles de SITT** se distinguent en quatre modèles à dominante endogène et en quatre modèles à dominante exogène. Les quatre modèles à dominante endogène sont catégorisés en fonction du régime politique en vigueur dans le pays. Quatre régimes politiques ont été distingués : religieux, démocratique, autoritaire et dictatorial. Cela constitue les quatre modèles. Dans les quatre modèles exogènes, il faut distinguer : l'exogène identitaire. Dans ce modèle, l'État prolifère parce que l'affirmation de son identité dans le concert des nations correspond à une norme politique. Il s'agit tout simplement du modèle Sagan de la norme. Ensuite, il y a le modèle exogène-sécuritaire ou défensif. Il rejoint le modèle de la sécurité de SAGAN. Il y a en outre, le modèle exogène-offensif, c'est de la prolifération agressive en quelque sorte. Et enfin, il y a le modèle exogène-coopératif, où on peut voir des situations de prolifération concertée. Nous observons que les modèles de SITT rejoignent en partie ceux de SAGAN. Il faut retenir que ces modèles ne sauraient nous permettre de présager que tel État va proliférer ou ne pas proliférer. Néanmoins, en nous offrant les indicateurs qui permettent d'attirer l'attention sur la situation de tel ou tel pays, et sur la manière dont il proliférerait s'il était amené à le faire, cette modélisation dénote tout son intérêt. En effet, ces différentes approches ne sauraient constituées une approche systémique dans la mesure où il demeurera toujours des facteurs irrationnels qui ne cesseront de limiter la capacité de prévision qu'on peut espérer d'elle.

8.La prolifération horizontale. – Dès 1949, les États-Unis ont été contraints de partager le monopole de l'arme nucléaire avec l'URSS qui le 14 juillet 1949, procédait à l'essai de sa première arme nucléaire en Sibérie. Nous sommes alors passé du monopole au duopole nucléaire. À partir de 1957, la France, la Grande-Bretagne, la Chine, sont entrés dans le développement militaire de l'énergie nucléaire. Le Royaume-Uni acquiert sa première bombe nucléaire (Bombe H) le 15 mai 1957. Le 16 octobre 1964, la Chine populaire entre dans le club nucléaire. Sa première bombe advint le 17 juin 1967. La première bombe nucléaire française explose à Reggane dans le Sahara le 13 février 1960. Amorcées dès la quatrième République et même dès le Gouvernement provisoire à la Libération, les recherches susceptibles de déboucher sur la construction par la France de ce qu'on appelle d'abord « les armes nouvelles », puis « la bombe atomique », rendent possible, avant même le début de la Cinquième République, la décision du général de Gaulle de doter le pays de ce qu'on va dénommer « force de frappe », outil d'une stratégie de dissuasion nucléaire. Clandestinement, l'Inde (sa tendance à l'arme fut observée à partir de 1962), l'Afrique du Sud, le Pakistan (au milieu des années 1980, le Pakistan disposait déjà d'une capacité d'armement nucléaire) tout comme la République d'Iran empruntent le chemin de l'arme nucléaire. La politique de l'Afrique du Sud a été suspectée d'atteindre le seuil nucléaire dès 1970. Cependant, l'Afrique du Sud, qui s'était jusque-là obstinément refusé, accédait in au TNP le 10 juillet 1991. Par la suite, le président De Klerk a reconnu l'existence de six armes nucléaires et les a détruites avant l'adhésion de l'Afrique du Sud au TNP. La République Populaire Démocratique de Corée (RPDC ou Corée du Nord) quitte le TNP en 2003 et s'arroge l'arme nucléaire. Sans s'afficher officiellement, Israël n'est pas moins resté dans cette course.

9. La prolifération verticale. – Outre la quantité, il est aujourd'hui une panoplie d'armes nucléaires. On distingue les armes atomiques (bombes A) qui utilisent des réactions de fission nucléaire et les armes thermonucléaires (bombes H) qui utilisent des réactions de fusion nucléaire. La puissance explosive d'une bombe H est illimitée. Une seule bombe H contient une puissance explosive supérieure à la totalité de toutes les bombes déversées sur le 3ème Reich pendant la première guerre mondiale. À ceux-ci, il faut ajouter la bombe à neutrons (bombe N) qui combine une réaction fusion-fission. Cette bombe est une arme nucléaire. Sa particularité est qu'elle provoque la destruction de matériels mineurs et d'effets thermiques réduits par rapport aux deux autres en sus de sa radiation qui est plus létale. Il faut également ajouter les dispositifs nucléaires explosifs (DNE) qui sont des dispositifs explosifs sous forme non assemblée, partiellement assemblée ou totalement assemblée capable de libérer de l'énergie nucléaire.

L'Institut international de recherche sur la paix de Stockholm (en anglais : Stockholm international peace research institute en abrégé SIPRI) rapporte que les EDAN ne font qu'accroître leurs arsenaux nucléaires en dépit du TNP et du TIAN. En janvier 2020, les cinq membres permanents du Conseil de sécurité des Nations unies partageaient avec l'Inde, la RPDC, le Pakistan et Israël, 13 400 armes nucléaires dont 3 720 armes opérationnelles. En janvier 2023, environ 12 512 armes nucléaires dont 9 576 stockées à des fins d'utilisation potentielle, étaient entre les mains des cinq EDAN et des quatre États non parties au TNP. Environ 3 844 ogives étaient déployées avec des forces opérationnelles, et environ 2 000 étaient maintenues en état d'alerte opérationnelle élevée. Quelque 34 États sur les 189 États non-possesseurs de l'arme, bénéficient du parapluie nucléaire des États-Unis (il s'agit des 28 membres de l'OTAN sans la France et le Royaume-Uni, plus l'Australie, la Corée du Sud et le Japon) ou de la Russie (il s'agit de l'Arménie, de la Biélorussie, du Kazakhstan, du Kirghizistan et du Tadjikistan) et cinq États membres de l'OTAN continuent d'accueillir sur leur sol des armes nucléaires américaines à l'emploi desquelles ils seraient associés. Comparée à 2022, la quantité d'armes nucléaires est en augmentation (V. SIPRI, *SIPRI Yearbook 2022: Armaments, Disarmament and International Security,* « Résumé en français », Sweden, GRIP and SIPRI, 2017, pp. 14-15). Les neuf États (les États-Unis, la Russie, le Royaume-Uni, la France, la Chine, l'Inde, le Pakistan, la République populaire démocratique de Corée (Corée du Nord) et Israël) possédant l'arme nucléaire ont continué à renforcer leurs arsenaux nucléaires en 2024 et certains ont déployé de nouveaux systèmes d'armes nucléaires ou à capacité nucléaire au cours de l'année. Bien que la plupart des États possédant l'arme nucléaire qualifient généralement leurs efforts de développement et de production en cours, de « modernisation » nucléaire, leurs actions vont bien au-delà de simples opérations de maintenance et de maintien en état de fonctionnement. Au début de l'année 2025, les neuf États possédaient ensemble environ 12 241 armes nucléaires, dont 9 614 étaient considérées comme potentiellement opérationnelles. On estime que 3 912 de ces ogives étaient déployées auprès des forces opérationnelles, dont environ 2 100 étaient maintenues en état d'alerte opérationnelle élevée sur des missiles balistiques (SIPRI, *SIPRI Yearbook 2025: Armaments, Disarmament and International Security,* « Résumé en français », Sweden, SIPRI, 2025, pp. 12-13). Dans l'ensemble, le nombre d'ogives nucléaires dans le monde continue de diminuer, en raison du démantèlement par les États-Unis et la Russie des ogives retirées du service Cependant, le nombre d'ogives démantelées chaque année semble diminuer et il semble probable que le rythme de démantèlement des ogives retirées du service sera bientôt dépassé par le rythme d'entrée de nouvelles ogives dans les stocks mondiaux. Le faible niveau de transparence entrave l'évaluation de l'état des arsenaux nucléaires des États.

Les États-Unis et la Russie possèdent à eux seuls près de 90 % de l'ensemble des ogives nucléaires. Ils ont mis en place de vastes et couteux programmes de remplacement et de modernisation de leurs ogives, systèmes de lancement, et installations de production d'armes nucléaires. Les arsenaux des autres EDAN sont plus modestes, mais tous développent ou déploient de nouveaux systèmes d'armes ou ont annoncé leur intention de le faire. La Chine est en train de moderniser et d'étendre considérablement son arsenal nucléaire, qui serait passé de 500 à 600 ogives au cours de l'année.

Les arsenaux nucléaires des autres États sont plus modestes, mais tous développent ou déploient de nouveaux systèmes d'armes ou ont annoncé leur intention de le faire. L'Inde et le Pakistan semblent également accroître leurs stocks et le Royaume-Uni a annoncé en 2021 son intention d'augmenter le sien. Le programme nucléaire militaire de la Corée du Nord reste au cœur de sa stratégie de sécurité nationale, même si, en 2021, elle n'a procédé à aucun essai d'armes nucléaires ou de vecteurs de missiles balistiques à longue portée. Selon le SIPRI, ce pays a assemblé jusqu'à 20 ogives, mais possédait probablement assez de matière fissile pour 45 à 55 dispositifs nucléaires.

La matière première des armes nucléaires est la matière fissile : uranium hautement enrichi (UHE) ou plutonium séparé. La Chine, la France, la Russie, le Royaume-Uni et les États-Unis ont produit les deux pour leurs armes nucléaires ; l'Inde et Israël, principalement du plutonium ; le Pakistan, principalement de l'UHE mais il augmente sa capacité à produire du plutonium. La Corée du Nord a produit du plutonium mais on pense qu'elle a également produit de l'UHE pour des armes nucléaires.

10.Les dépenses nucléaires sont en augmentation. Il ressort par exemple que « depuis la création de la force de dissuasion nucléaire, la France a dépensé, entre 1945 et 2010, près de 357 milliards d'euros dans les opérations liées à l'arme atomique et qu'en 2018, pour la première fois, le budget officiel passe la barre des 4,04 milliards d'euros, une somme jamais atteinte depuis vingt ans » et que « la dissuasion coûtera bientôt plus de 6 milliards d'euros par an ». Le 12 février 2021, on lisait : « *les États-Unis préparent une nouvelle arme nucléaire à 100 milliards de dollars* ». L'US Air Force prévoit de recevoir 600 exemplaires d'un nouveau missile nucléaire intercontinental dont le coût total pourrait avoisiner les 100 milliards de dollars pour un usage possible à partir de 2029 (V. IDN, Revue de presse du 12 février 2021). Cette prolifération, conséquence de l'opposition des puissances nucléaires et leurs alliés aux dispositions du TIAN, ne permet pas l'amorcement d'un processus de désarmement nucléaire.

11.La révolution nucléaire s'est accompagnée d'une révolution dans la distance avec notamment les vecteurs. Les vecteurs de l'arme nucléaire ont d'abord été les bombardiers, notamment l'avion subsonique puis supersonique. Les notions de subsonique et de supersonique découlent de la vitesse du son. La vitesse est dite subsonique lorsqu'elle est inférieure à Mach 1 et supersonique lorsqu'elle en est supérieure. Parmi les premiers avions militaires supersoniques, on peut citer le F-100 Super Sabre apparu aux États-Unis à partir de 1954, le Mikoyan-Gourevitch Mig-19 Farmer en URSS à partir de 1955, le Super Mystère B2 en France à partir de 1958. En 1957, ces vecteurs furent relayés par la fusée ou missile. Il s'agit d'un projectile auto-propulsé et guidé sur tout ou partie de sa trajectoire. Il peut être chargé d'explosifs - classiques ou nucléaires - ou de substances bactériologiques et/ou chimiques.

Selon le critère de la portée. – On distingue trois grandes catégories de missiles. Il s'agit d'abord, des missiles balistiques à portée moyenne (encore appelés « euromissiles »), susceptibles de parcourir une distance de 800 à 2 400 km ; ensuite, les missiles balistiques à portée intermédiaire, d'une portée allant de 2 400 à 6 400 km et enfin, les missiles à longue portée appelés missiles balistiques intercontinentaux ou ICBM d'une portée allant de 10 000 à 14 500 km. Le missile est dit balistique lorsqu'il est soumis aux lois de la gravitation. Il peut être semi ou non balistique. Dans la catégorie des missiles de moyenne portée, on distingue les missiles sol-sol, les missiles mer-sol déployés sur sous-marins ou SLCM (Sea-Launched Cruise Missile), les missiles air-sol déployés sur avion ou ALCM (Air Launched Cruise Missile). Il y eut aussi, au début des années 1980, des missiles déployés sur camion ou GLCM (Ground-Launched Cruise Missile) mais abandonnés par la suite.

Le missile intercontinental fut le second type de vecteur construit pour transporter des armes nucléaires. Le premier essai d'un missile à portée intercontinentale eu lieu en 1957 par l'URSS suivi en 1958 par les États-Unis. Il s'agissait d'un missile intercontinental sol-sol (ICBM). En 1957, l'URSS s'octroie son premier missile intercontinental mer-sol (SLBM opérationnel) suivie en 1960 par les USA. Son premier ICBM opérationnel en 1959 suivie des USA en 1960. En 1962, les USA acquièrent leur premier ICBM à combustible solide suivis par l'URSS en 1968. Dans la catégorie des missiles balistiques intercontinentaux, il faut distinguer les missiles sol-sol disposés en silos ; les missiles mer-sol lancés de sous-marins nucléaires ou SLBM (Sea Launched Ballistic Missile) et les missiles air-sol lancés de bombardiers ou ALBM (Air-Launched Ballistic Missile) et les SRAM (Short-Range Attack Missile). Au titre des missiles sol-sol il faut citer les SRBM (Short-Range Ballistic Missile) qui ont une portée inférieure à 800 km ; les MRBM (Medium-Range Ballistic Missile) qui ont une portée comprise entre 800 et 2 400 km ; les IRBM (Intermediate-Range Ballistic Missile) qui ont une portée comprise entre 2400 et 5500 km ; et les ICBM (Intercontinental Ballistic Missile) dont la portée est supérieure à 5500 km.

Selon le critère du point de lancement et de la cible. – On distingue les missiles sol-sol, les missiles mer-sol et enfin les missiles air-sol.

Selon le critère de l'emploi. – Les armes nucléaires sont classées en armes tactiques qui sont de courte portée ; en armes de théâtre qui ont une portée intermédiaire et en armes stratégiques qui ont une grande portée. Le système aujourd'hui le plus crédible, silencieux voire « invisible » se constitue des sous-marins nucléaires lanceurs d'engins (SNLE). Le premier sous-marin à propulsion nucléaire (SNL) a été fabriqué aux USA et était opérationnel en 1957. Le premier sous-marin nucléaire soviétique est le K-3 de la classe November selon la nomenclature de l'OTAN. En 1957, l'URSS se procure son premier SNL, le K-3. Disposant de deux réacteurs nucléaires pour sa propulsion, le K-3 devait à l'époque surclasser ses adversaires américains. Il est lancé en avril 1957 et commence, en août 1958, ses essais en mer. Le premier sous-marin stratégique nucléaire de la flotte soviétique, le K-19, porteur de trois missiles balistiques SSN-4 avec chacun une tête nucléaire de 500 kilotonnes, devient opérationnel en avril 1961. Ainsi, s'en suivit mais sans douleur, le développement d'une panoplie de SNLE avec des technologies de plus en plus efficace et adaptée. C'est en 1963 que débute la construction du premier SNLE français. Nommé « Le Redoutable », ce SNLE effectuera sa première mission en décembre 1971 et sera retiré du service actif en 1991. Cinq autres SNLE que la marine française baptisa respectivement « Le Terrible », « Le Foudroyant », « L'Indomptable », « Le Tonnant » et « L'Inflexible » virent le jour. Ils seront progressivement retirés du service entre 1996 et 2008. En 1986, la France lance le projet des SNLE-NG (nouvelle génération) dans le but de moderniser sa force nucléaire sous-marine. « Le Triomphant » entreprendra sa première mission en 1997. « Le Téméraire », « Le Vigilant » et « Le Terrible » entreront en service par la suite. Les SNLE-NG, actuellement en service, devraient être retirés entre 2037 et 2045. Depuis 2012, la Direction générale de l'armement a lancé des études sur un SNLE-3G (sous-marin de troisième génération).

12.La crainte de la prolifération. – La puissance de destruction des armes nucléaires, la distance de frappe et la précision dans la frappe, sont de plus en plus miniaturisées. Ainsi, les puissances nucléaires s'activent au fil du temps à l'amélioration de la qualité de leurs armements nucléaires afin d'assurer, selon elles, la paix et la sécurité nationale et internationale. Mais, aujourd'hui, il est sans ambages vrai que plus d'armes ne créent pas nécessairement plus de sécurité ni a fortiori la paix. Comme le relève l'ex-Secrétaire général des Nations unies (SGNU) Ban KI-MOON, « *être doté d'armes nucléaires ne prévient pas les conflits internationaux, mais* *rend les conflits plus dangereux. Maintenir des forces nucléaires en état d'alerte ne renforce pas la sécurité, mais aggrave le risque d'accident. Promouvoir les doctrines de dissuasion nucléaire ne fait pas obstacle à la prolifération, mais renforce l'attrait des armes nucléaires. Accroître le nombre des États dotés d'armes nucléaires ne garantit pas la stabilité mondiale, mais, à l'inverse, y porte atteinte* ». (Ces propos repris par l'ex-SGNU, ont été tirés du message prononcé par Mme Angela KANE, Haut-représentante pour les affaires de désarmement, à la Conférence de Vienne sur l'impact humanitaire, à Vienne (Autriche) le 8 décembre 2014). Dès lors, la lutte contre la prolifération nucléaire est indispensable.

§ 3- La théorie de la dissuasion nucléaire

13.Concept. – Le concept de dissuasion a constitué au début de l'ère nucléaire, le principal facteur de choix du nucléaire militaire par les États qui s'y sont lancés. Le verbe dissuader est d'origine latine, *dissuadere* qui signifie *persuader* c'est-à-dire amener quelqu'un à renoncer à un projet. Toutefois, ce concept n'est pas apparu avec l'arme nucléaire. Il est en effet ancien et se retrouve déjà dans l'expression romaine "*Si vis pacem para bellum*, qui veut la paix, prépare la guerre". S'il n'est pas nouveau, ce concept est cependant lié à la modernité des techniques militaires et prend sa véritable dimension depuis l'entrée dans l'ère nucléaire. Stratégie politico-militaire, la dissuasion nucléaire se donne pour but de contraindre un adversaire potentiel à renoncer à un projet offensif portant atteinte aux intérêts vitaux du pays protégé par l'arme nucléaire, en lui démontrant que les coûts de son action seraient démesurés par rapport à l'enjeu du conflit. Il s'agit de lui faire prendre conscience, sans passer à l'action, que l'entreprise qu'il projette est irrationnelle puisqu'il subira des conséquences sans commune mesure avec les gains escomptés, au vu du caractère apocalyptique et les effets différés de cette véritable arme de destruction massive (ADM). Cela constitue toute la problématique de la dissuasion nucléaire.

Comment peut-on dissuader avec des armes que l'on n'utilisera pas ? N'est-ce pas ambigu ? Oui, ça l'est. Toutefois, c'est ce qui fait tout le sens de la dissuasion. En effet, l'objet de la dissuasion est d'ordre psychologique : il s'agit de faire renoncer l'adversaire à prendre la décision d'intervenir. Cet objet est moins radical que celui de la guerre qui vise à faire prendre la décision de capituler. Par contre, la guerre dispose du moyen de pression que constitue l'emploi des forces, tandis que la dissuasion doit obtenir ses effets par la menace d'emploi des forces. La dissuasion a donc, pour base, la certitude des destructions qu'entraînerait l'emploi de ces armes. C'est cette menace qui crée la dissuasion à cause de la valeur certaine du risque qu'elle comporte. Le principe est donc d'éviter qu'un conflit ne se déclenche. Autrement dit, d'assurer la paix par l'équilibre de la terreur, la « *pax atomica* ».

14.Un jeu dialectique. – La dissuasion nucléaire est bien un jeu dialectique entre le risque (coût/bénéfice) et l'enjeu (proportionnalité). Elle trouve sa pertinence dans l'art de convaincre plutôt que contraindre. En effet, la dissuasion ne peut opérer que si les signaux émis sur la volonté d'emploi sont pertinents c'est-à-dire lorsqu'ils sont susceptibles de provoquer la retenue chez l'adversaire potentiel. Cela nécessite une maîtrise du message à transmettre. Par conséquent, pour être crédible, la menace ne doit donc pas être proférée à tout instant, pour dissuader n'importe qui et de n'importe quoi. Cela signifie que la pression sur l'adversaire doit être dosée, souple. Deux principes essentiels sous-tendent l'efficacité de la dissuasion nucléaire selon André DUMOULIN. Selon l'auteur, la dissuasion (non-emploi) n'est crédible qu'à partir du moment où l'opérationnalité est possible ou perceptible comme telle par l'adversaire potentiel et que la capacité de seconde frappe est assurée (notamment à travers des démonstrations sur le terrain). Il s'agit du principe de crédibilité des outils dans la capacité de représailles. La dissuasion doit être aussi considérée comme un concept politique dont le langage « gesticulatoire » est centralisé et défini par le politique, avec l'aide du stratège et du militaire. C'est le principe d'autorité et de centralité.

15.La mise en œuvre de la dissuasion nucléaire. – Deux séries de données doivent être par ailleurs, prises en compte dans la mise en œuvre de la dissuasion nucléaire selon Daniel COLARD. Il s'agit des données naturelles et des données techniques. Au niveau des données naturelles, deux règles peuvent être posées : plus un territoire est vaste, plus sa population et son infrastructure économique sont dispersées. A l'inverse, plus un territoire est petit, plus sa population et ses industries sont concentrées, plus il est vulnérable. Certes, entre ces deux extrêmes il y a une gamme variée de situations intermédiaires mais, dans l'une ou l'autre de ces situations, la capacité de dissuasion requerra une intensité particulière. Au niveau des données techniques, il faut concilier la rigidité de l'arme nucléaire avec la nécessaire souplesse de la politique de dissuasion. Si l'arme atomique est rigide parce qu'elle est tributaire des automatismes technologiques (ordinateurs, systèmes d'alerte et de mise à feu, programmation des objectifs, etc.), la stratégie de la dissuasion se veut par contre extrêmement souple pour être crédible. Dans ce cas, le risque doit être proportionné à l'enjeu, la riposte adaptée à la menace. Par conséquent, pour éviter l'alternative du tout ou du rien, il est indispensable de disposer d'une grande variété d'armes de sorte à conserver une liberté de manœuvre en cas de crise.

Sur le plan militaire, deux situations doivent être envisagées dans le cadre d'une dissuasion bilatérale. La première est la situation d'équilibre nucléaire et la seconde, celle du déséquilibre ou encore le modèle de la dissuasion « du fort au fort » (par exemple celle Etats-Unis-Russie) et le modèle de la dissuasion du « faible au fort » (par exemple celles Chine-Russie ; France-Russie ; Grande-Bretagne-Russie). Dans la première situation, les deux États nucléaires disposent à peu près des mêmes forces nucléaires. Cet équilibre favorisera la stabilité et le *statu quo* car les deux forces se neutralisent. Toutefois, si cette stabilité est trop forte, la dissuasion devient faible et dans ce cas, il y a une forte probabilité que les parties recourent à des armes conventionnelles. Ceci peut entraîner le franchissement du seuil nucléaire, c'est-à-dire une ascension aux extrêmes par l'emploi des armes atomiques dites tactiques. *A contrario*, la situation de déséquilibre nucléaire entraîne par nature une instabilité et une dissuasion plus forte. Il s'avère qu'entre deux puissances nucléaires inégales, la probabilité du recours à la violence est plus grande dans la mesure où l'État le plus fort aura la tentation d'imposer sa loi à son adversaire simplement par des armes classiques, sa supériorité nucléaire le mettant à l'abri d'une riposte analogue. Une possibilité demeure néanmoins pour l'État faible. En effet, l'État faible, confiant sans sa force nucléaire, peut décider de relever le défi du plus fort et le conflit débouchera par escalade, sur un affrontement nucléaire. En conclusion, le déséquilibre nucléaire conduit à la prudence.

Les règles de la dissuasion nucléaire se compliquent lorsqu'elle implique plus de deux puissances nucléaires. La dissuasion nucléaire multilatérale offre en effet, une diversité de scénarios la rendant de ce fait très complexe.

16.Stratégies d'emploi de l'arme nucléaire. – Au regard de sa force nucléaire, tout État possédant un arsenal nucléaire a le choix entre deux stratégies militaires toujours selon Daniel COLARD. Il a le choix entre la stratégie anti-villes et la stratégie antiforces selon que la cible est civile ou militaire. La première vise la destruction des centres urbains vitaux de l'adversaire. Cette stratégie s'observe lorsque l'État ne dispose que d'une petite force de dissuasion. La seconde stratégie quant à elle, vise l'anéantissement de la force de frappe adverse. Elle s'observe dans le cas où les États au conflit disposent de fortes capacités nucléaires.

La stratégie de la dissuasion nucléaire trouve des acceptions différentes selon que l'État est déjà possesseur de l'arme nucléaire ou aspirant. En effet, chaque État défend une certaine posture nucléaire dénotant la place qu'il accorde à l'arme nucléaire. Par exemple, les États-Unis et le Royaume-Uni partagent avec la France l'idée d'une conception politique de l'arme nucléaire, qui doit être une arme de dissuasion et non de bataille. La dissuasion est en effet vue par les trois pays occidentaux alliés essentiellement comme un moyen de dissuader une agression menée à l'aide de moyens nucléaires, biologiques, chimiques et une assurance-vie pour se prémunir contre le risque de résurgence d'une menace majeure au point que, pour Bruno TERTRAIS, « *le rôle de l'arme nucléaire comme moyen de dissuader une agression conventionnelle est-il quasiment tombé en désuétude dans les doctrines de ces trois États, pour l'heure en tout cas* » (Bruno TERTRAIS, *La dissuasion nucléaire en 2030. Essai de prospective*, Paris, Fondation pour la recherche stratégique, 2006, p. 6). Toutefois, ni Londres, ni Paris, ni Washington ne se reconnaissent dans le concept de « non-emploi en premier » (V. à ce propos Thomas ENDERS, « Le rôle de la dissuasion nucléaire dans la défense sans provocation » *in Désarmement*, vol. XIII, n° 2, Nations unies, 1990, pp. 28-44), contrairement à ce qui est le cas, officiellement du moins, pour Pékin, New Delhi et la Fédération de Russie. Cela signifie qu'ils peuvent être capables de frapper un adversaire en premier. Selon la doctrine du « non-emploi en premier », la puissance nucléaire ne doit procéder à une frappe nucléaire qu'à titre de riposte à une frappe nucléaire.

17.La dissuasion, une police d'assurance tous risques ? Si la stratégie de la dissuasion nucléaire est considérée comme un instrument destiné à garantir la paix, elle n'est pas pour autant une police d'assurance tous risques. Par exemple, dans la quatrième version de la Nuclear Posture Review américaine publiée en février 2018, il ressort qu'un échec dans la dissuasion reste possible par suite d'une méprise d'une des parties sur la détermination de l'autre. Il s'avère qu'en pareil cas, la réponse américaine serait de conduire une guerre nucléaire limitée. La République de Russie a adopté une posture semblable dans sa nouvelle doctrine promulguée le 2 juin 2020. Il s'agit de la quatrième version de sa posture depuis la fin de la guerre froide. La stratégie nucléaire américaine a connu quatre grandes évolutions. De la doctrine des représailles massives dans le cadre d'une stratégie anti-cités officialisée en 1953, elle est passée à la doctrine de la « riposte souple, flexible ou graduée » en 1961 avec le Président KENNEDY. Dans une troisième phase, Washington s'est rallié à la doctrine de la « destruction mutuelle assurée » avec le Traité SALT I en 1972. En 1974, cette dernière doctrine fait place à la doctrine Schlesinger. En 1980, elle amorce la quatrième phase avec la stratégie de la compensation.

Par ailleurs, les innovations technologico-numériques confrontent de plus en plus le principe de la dissuasion nucléaire. Il en est, par exemple, ainsi des menaces cybernétiques susceptibles de rendre totalement inopérant l'ordre nucléaire en cas de crise. Il ne faut pas omettre le terrorisme, cette « nébuleuse de la terreur » qui reste susceptible d'entraîner sur les États une dissuasion à l'envers, autrement dit « une dissuasion de la dissuasion » en quelque sorte. Si pour d'aucuns, la dissuasion nucléaire est un moyen d'imposer un comportement, pour d'autres, il s'agit d'un moyen de résistance à l'inculcation de ce comportement. Dans l'un ou l'autre des deux camps, c'est la capacité nucléaire qui fait la posture. Il s'avère que pour dissuader, il faut une arme nucléaire et, pour ne pas être dissuadé, il faut une arme nucléaire. D'où logiquement, la course effrénée à l'armement nucléaire s'opérant au mépris des risques plausibles que cela crée pour la stabilité mondiale.

§ 4. La non-prolifération nucléaire

18.Concept. – Malgré le fait qu'il soit « le fondement diplomatique du régime mondial de non-prolifération nucléaire » et l'« élément essentiel de la sécurité mondiale », le Traité sur la non-prolifération nucléaire (TNP) adopté le 1er juillet 1968, n'offre aucune définition expresse et exacte de la notion de « non-prolifération ». Toutefois, il définit clairement la politique de non-prolifération nucléaire à travers les obligations faites aux États dotés d'armes nucléaires (EDAN) et aux États non dotés d'armes nucléaires (ENDAN). Sont des EDAN, la Chine, des États-Unis, la France, du

Royaume-Uni et la Russie. Cette possession coïncide avec la qualité de membre permanent du Conseil de Sécurité des Nations unies. Ceci laisse supposer qu'il y a un lien entre le statut d'EDAN et l'ordre hiérarchique qui règne dans la société internationale alors que ce n'est pas le cas (hormis les États-Unis, ces États étaient déjà membres permanents avant de devenir puissances nucléaires). L'expression « État non doté d'armes nucléaires » date du TNP et n'existe qu'en français. L'anglais dit simplement « États nucléaires » et « États non-nucléaires ». Mais, certains pays, notamment l'Inde, ont souligné l'inexactitude de ces qualificatifs car certains pays qui ne détenaient pas d'armes nucléaires étaient néanmoins, fort avancés dans ce domaine et, partant, ne pouvaient être appelés « non-nucléaires ». Le TNP interdit à ces derniers d'acquérir des armes nucléaires tout en permettant aux premiers d'en détenir. À cet égard, il faut retenir que le TNP vise à contrer la dissémination des armes nucléaires à d'autres États. En 1993, les États-Unis proposaient plutôt la notion de « *counterproliferation* » ou « contre-prolifération » pour lutter contre la prolifération des ADM.

Selon les termes du *Dictionnaire de droit international*, la non-prolifération peut être comprise, dans le contexte de désarmement nucléaire, comme la « *politique par laquelle on entend limiter le nombre de possesseurs d'armes nucléaires afin de diminuer les risques d'emploi de ces armes au profit des puissances déjà nucléaires.* ». Elle implique également la limitation du niveau d'armement existant. Il s'agit par conséquent, de limiter la prolifération des armes nucléaires au niveau horizontal qu'au niveau vertical.

19.Champ d'application de la non-prolifération nucléaire. – Le champ d'application de la non-prolifération nucléaire s'est étendu au lendemain de l'entrée en vigueur TNP. Il s'est étendu au contrôle politique du commerce nucléaire international s'appliquant désormais aux biens et technologies dits « à double usage ». Il s'agit des biens et technologies susceptibles d'être utilisés dans le domaine du nucléaire civil comme dans le domaine du nucléaire militaire. En effet, dans le domaine du nucléaire, sont mis en place le Comité Zangger et le Groupe des Fournisseurs Nucléaires (GFN). Dans le domaine des armes chimiques et biologiques, il a été créé le Groupe Australie pour les armes biologiques et chimiques et le Régime de contrôle de la technologie des missiles (RCTM) pour les missiles, drones et technologies liées. Dans le domaine des armes conventionnelles, l'Arrangement de Wassenaar sur le contrôle des exportations d'armes conventionnelles et de biens et technologies à double usage est un exemple important de régime multilatéral de contrôle des exportations, et pour la non-prolifération desdites armes.

Au lendemain de l'entrée en vigueur du TNP, certains États exportateurs effectifs ou potentiels d'articles nucléaires, ont sollicité des éclaircissements sur la portée des engagements pris dans le cadre de ce traité nécessitait afin d'éviter des interprétations divergentes. Pour ce faire, des consultations furent entreprises, celles-ci visaient à s'entendre sur les conditions d'exportation à exiger par l'État fournisseur. Ces discussions ont été menées sous le nom de Comité Zangger du nom de son premier Président, Claude Zangger. Le Comité s'est réuni pour la première fois en mars 1971. Établies en dehors de toute structure formelle, ces discussions aboutirent, en 1974, à un accord définissant les règles du jeu fondamentales que les États entendaient appliquer désormais à leur politique d'exportation. Quoiqu'elles n'aient aucune valeur en droit international, ces règles du jeu fondamentales constituèrent le premier pas vers une politique concertée en matière de non-prolifération des armes nucléaires. Réunis à Londres début 1975, à l'initiative des États-Unis, les sept principaux États fournisseurs d'articles nucléaires vont tenter de s'entendre pour définir une politique commune de non-prolifération des armes nucléaires. Les négociations entamées sur la base de la nouvelle orientation américaine aboutirent à un compromis, en septembre 1977, arrêtant les lignes de conduite que ces États acceptaient d'appliquer désormais à leurs exportations d'articles nucléaires. Il s'agit des directives – dénommées directives du NSG (Nuclear Suppliers Group).

Une autre illustration de la coopération multilatérale est l'Initiative de Sécurité contre la Prolifération lancée par les États-Unis le 31 mai 2003 à Cracovie et confirmée par le G8 à Évian en juin de la même année. Le groupe des huit est un groupe de partenariat économique réunissant l'Allemagne, le Canada, les États-Unis, la France, l'Italie, le Japon, le Royaume-Uni et autrefois la Russie qui s'est retirée du Groupe en 2017. L'Initiative de Sécurité contre la Prolifération a pour but de lutter contre le trafic des ADM, leurs vecteurs et leurs éléments constitutifs, à destination ou en provenance d'États ou acteurs non-étatiques, qui suscitent des préoccupations en matière de prolifération.

Les régimes multilatéraux de contrôle des exportations présentent deux caractéristiques essentielles. La première est que ces groupes sont informels, et la participation est d'habitude limitée, admise par les critères tels que la capacité nationale de contrôle douanier, notamment par rapport au progrès de la législation. La deuxième est que les instruments fondateurs de ces régimes ne sont pas juridiquement contraignants, c'est-à-dire que les États participants réagissent selon leur volonté en respectant seulement un engagement politique.

20.Non-prolifération – désarmement – maîtrise des armements. – La non-prolifération doit être distinguée des notions de « désarmement » et de « maîtrise des armements ». Comme la notion de « non-prolifération », le concept général de désarmement n'a pas reçu une définition conventionnelle au niveau international en dépit du fait qu'il s'agissait de l'un des objectifs assignés à la Société des Nations (SdN). Cette mission lui était assignée en vertu de l'article 8 de son Pacte. L'article 8 du Pacte stipule en effet que « *[l]es Membres de la Société reconnaissent que le maintien de la paix exige la réduction des armements nationaux au minimum compatible avec la sécurité nationale et avec l'exécution des obligations internationales imposée par une action commune.* ». Entre 1932-1933 à Genève, la SdN a essayé de réaliser des résultats concrets à travers la Conférence du désarmement (CD) qu'elle avait convoquée. Toutefois, sans succès.

Néanmoins, il est entendu comme « un processus résultant de toute mesure entraînant la suppression des armements ou d'une arme particulière ». Dans un sens B), Jean SALMON et autres, définissent le désarmement comme « un processus visant simplement à une diminution du niveau d'armement existant ». Ceci prête à confusion. En effet, cette définition se confond à celle donnée à la non-prolifération verticale. Il faut reconnaître que sur le plan politique, il est difficile de considérer l'une de ces deux notions isolément de l'autre.

Au sens strict, le désarmement désigne le fait pour les États de supprimer leurs effectifs, matériels et préparatifs militaires pour ne conserver à leur disposition que les forces nécessaires au maintien de la sécurité publique. Les mesures de désarmement comprennent dès lors, toutes les dispositions prises pour éliminer complètement ou en partie les capacités militaires nationales, que ce soit au niveau macro ou micro. Il peut s'agir de mesures telles que « le gel des armements ;

la fin du ciblage de missile ; la renonciation à certains types d'armement ; le non-armement ou « désarmement préventif » ; les mesures de confiance ; la délimitation et la dénucléarisation ; la réduction d'armement par destruction des stocks existants ; les conservations des industries d'armement et des recherches scientifiques militaires et les mesures liées à la neutralité ». Le désarmement peut s'opérer selon une approche bilatérale ou multilatérale. La question du mécanisme multilatéral pour le désarmement fait depuis des années l'objet d'une grande attention. La frustration croissante que suscite ce mécanisme est évidente vu la multiplication des initiatives en dehors des processus habituels qui n'ont pas pu ou pas voulu produire de résultats. Les instances multilatérales existantes ont été créées pour la plupart à l'époque de la guerre froide. Contrairement à la non-prolifération, la finalité du désarmement c'est d'empêcher ou, tout au moins, réduire le risque de conflit militaire en privant, totalement ou partiellement, les États de leurs capacités militaires.

21.Le « désarmement général et complet sous un contrôle international efficace ». – Le concept de désarmement a reçu une acception particulière dans le domaine du nucléaire. Le concept fondamental retenu dans les résolutions et instruments conventionnels internationaux est celui de « désarmement général et complet sous un contrôle international efficace ». Cette phrase est citée en préambule du TNP et du Traité d'interdiction complète des essais nucléaires (TICEN). En effet, le concept de « désarmement général et complet » a été proclamé bien avant ces instruments par l'Assemblée générale des Nations unies (AGNU) comme le but ultime des efforts de désarmement en 1959 dans sa résolution 1318. Il s'avère que l'AGNU avait inscrit à l'ordre du jour la question du « désarmement général et complet sous un contrôle international efficace », alors que se poursuivait la recherche d'accords de désarmement partiel.

Depuis 1945, l'ONU s'est penchée sur la question du désarmement. En effet, sa Charte y fait référence. L'alinéa 1 de l'article 11 de la Charte stipule que « [l]*'Assemblée générale peut étudier les principes généraux de coopération pour le maintien de la paix et de la sécurité internationales, y compris les principes régissant le désarmement et la réglementation des armements, et faire, sur ces principes, des recommandations soit aux Membres de l'Organisation, soit au Conseil de sécurité, soit aux Membres de l'Organisation et au Conseil de sécurité* ». Deux autres dispositions de la Charte de l'ONU, les articles 26 et 47, contiennent l'élément de désarmement. L'article 26 se situe au sein des dispositions du CS et stipule que, « [a]*fin de favoriser l'établissement et le maintien de la paix et de la sécurité internationale en ne détournant vers les armements que le minimum des ressources humaines et économiques du monde, le Conseil de sécurité est chargé, avec l'assistance du Comité d'état-major prévu à l'Article 47, d'élaborer des plans qui seront soumis aux Membres de l'Organisation en vue d'établir un système de réglementation des armements* ». Dans cet article, la Charte a intentionnellement utilisé le mot « réglementation des armements » au lieu de « désarmement ». Selon Bruno SIMMA, cela s'explique par le fait qu'il était nécessaire pour l'ONU de maintenir un certain nombre de troupes disponibles pour leurs opérations militaires au lendemain de la Seconde Guerre mondiale.

22.La maîtrise des armements. – Au début des années 1960, le concept de « maîtrise des armements » se substitue, au niveau multilatéral, à celui du désarmement désormais perçu comme un mythe au regard des échecs essuyés. Aux premières heures de ses tentatives, l'ONU a enregistré des échecs. Il faut citer l'échec de la Conférence de Genève des Quatre en juillet 1955. En 1969, l'AGNU a lancé l'idée d'une décennie de désarmement pour les années 1970-1980. Mais, hélas, dix ans plus tard, on constata que tous les records en matière de dépenses militaires ont été battus.

Devant l'impossibilité d'abolir les armements, Moscou et Washington décident par le biais d'une déclaration de principes, la déclaration Mac Cloy-Zorine, de les « contrôler », de les « dominer » ou de les « maîtriser ». Il s'agit de l'*arms control.* La « déclaration Mac Cloy-Zorine » a été faite le 20 septembre 1961. Il s'agit d'une déclaration de huit principes. Elle stipule que : « les efforts en matière de désarmement devront se poursuivre sans interruption jusqu'à l'accord sur l'ensemble du programme, et des efforts devront être entrepris en vue d'assurer aussitôt que possible un accord sur l'exécution de mesures de désarmement sans que cela empêche de progresser vers un accord sur l'ensemble du programme et de telle manière que ces mesures favorisent ce programme et s'y intègrent ».

Le concept d'*arms control* vient de l'Américain Thomas SCHELLING. Par ce concept, l'auteur a désigné « toutes les formes de coopération militaire entre ennemis potentiels en vue de réduire la probabilité de la guerre, son étendue et sa violence si elle survient, et les coûts politique et économique qu'entraîne la nécessité d'y être préparé. ». Les mesures de contrôle ou de maîtrise des armements sont « des restrictions politiques ou juridiques qui limitent, en types et/ou en quantités, les capacités et technologies militaires. Elles visent à réduire le risque de guerre par malentendu, d'une part en améliorant la possibilité qu'a chacun des adversaires d'évaluer avec plus de précision les intentions de l'autre et, d'autre part, en limitant les options militaires de chacun ». Il s'agit par conséquent, d'« une méthode de gestion de la course aux armements, un moyen de ralentir l'enchaînement infini des actions-réactions entre autrefois les États-Unis et la Russie, les deux concurrents partenaires et adversaires ».

Cette méthode de gestion ou de réglementation peut s'appliquer à travers des mesures telles que « geler, limiter, réduire ou supprimer certaine catégorie d'armes ; empêcher certaines activités militaires ; réglementer le déploiement des forces armées ; proscrire le transfert de produits pour un emploi militaire ; réduire le risque de guerre accidentelle ; limiter ou interdire l'utilisation de certaines armes ou méthode de guerre, l'instauration de la confiance parmi les États plus enclins aux affaires militaires ». Si la maîtrise des armements ne peut être dissociée du désarmement, elle ne s'y confond pas. Tandis que la maîtrise des armements prône la limitation des armes, le désarmement vise leur abandon total comme but ultime.

Comme à s'y attendre, le bilan des négociations d'*arms control* n'a pas été bien reluisant en dépit de la panoplie d'accords et de traités conclus entre les parties. Plus d'une vingtaine de traités et accords ont été conclus. En effet, les traités conclus à cette occasion n'ont nullement limité la capacité et les recherches nucléaires des deux grandes puissances. L'*arm control* a plutôt consacré la bipolarité militaire soviéto-américaine et consolidé le *statu quo* stratégique sur la base de la parité. C'est dans ce contexte d'insatisfaction que les relations entre les deux puissances prirent une nouvelle réorientation avec un nouveau discours soviétique (il s'agit principalement de la Perestroïka et de la Glasnost) sur le désarmement et la prise de conscience commune au sortir du sommet américano-soviétique sera tenu à Washington du 7 au 10 décembre 1987, qu'« une guerre nucléaire ne peut être gagnée et ne doit jamais être déclenchée ». Il s'agit de la doctrine REAGAN-GORBATCHEV. Face à la menace nucléaire persistante en dépit, l'utilisation purement civile de l'atome est désormais promue comme la véritable « *pax atomica* », la source de la « paix nucléaire ».

§ 5- L'interdiction des armes nucléaires

23.L'argument humanitaire. – L'interdiction de l'arme nucléaire n'a pu être concrétisée qu'après plusieurs années de réflexion autour d'un argument humanitaire à savoir les conséquences humanitaires d'une explosion nucléaire. Le document final de la 8è Conférence d'examen du TNP qui s'est tenue en 2010, faisait mention de la vive préoccupation de la Conférence face aux conséquences catastrophiques sur le plan humanitaire qu'aurait l'emploi d'une arme nucléaire. Dès cet instant, la porte fut ouverte au mouvement de « l'Initiative humanitaire ». Elle ne s'est pas fondée sur un argument juridique proprement parlé. Comme argument juridique, on peut avancer le non-respect par les puissances nucléaires du TNP et des différents accords bilatéraux et multilatéraux de limitation de la prolifération des armes nucléaires (À ce propos, voir Affaire *Îles Marshall c. États dotés et possesseurs d'armes nucléaires* (5 octobre 2016), arrêts, C.I.J, Recueil 2016, pp. 552 et suivants.). En effet, le 24 avril 2014, la République des Îles Marshall déposait devant la CIJ trois demandes d'ouverture de procédures contentieuses contre neuf États pour manquement allégué à leurs obligations concernant la cessation de la course aux armes nucléaires à une date rapprochée et le désarmement nucléaire. Cette lutte qui a été difficile au regard des oppositions manifestes des puissances nucléaires et leurs alliées à l'idée de l'interdiction des armes nucléaires, n'a cependant pas été vaine car une interdiction totale a finalement été consacrée. En effet, le 7 juillet 2017, le Traité sur l'interdiction des armes nucléaires a été adopté devant l'Assemblée Générale des Nations unies (AGNU) par 122 voix pour, 1 contre (Pays-Bas) et 1 abstention (Singapour). Ouvert à la signature le 20 septembre 2017, il est entré en vigueur le 22 janvier 2021, 90 jours après le dépôt du 50ème instrument de ratification.

24.L'opposition entre pro et anti-nucléaires. – Deux philosophies s'opposent sur la question de l'interdiction de l'arme nucléaire. La première est défendue par les « anti-nucléaires » c'est-à-dire par les partisans du désarmement. La première est défendue par les « anti-nucléaires » c'est-à-dire par les partisans du désarmement. Cette conception est partagée par certaines organisations de la société civile internationale (il s'agit entre autres, de Global zéro, Campagne internationale pour l'abolition des armes nucléaires (ICAN), Initiatives pour le Désarmement Nucléaires (IDN), le Centre de recherche et d'information pour le désarmement et la sécurité), certains grands penseurs comme Paul QUILÈS, Marc FINAUD, Jean-Marie COLLIN, Jacques VILLAIN et par les gouvernements de certains États notamment ceux qui se sont exemptés partiellement ou totalement de cette arme. À ce jour, un État, à savoir la Mongolie et cinq régions du monde dont un continent ont déclaré leur neutralité face à l'utilisation militaire de l'énergie nucléaire. La première fut la région d'Amérique latine et des Caraïbes par le biais du Traité de Tlatelolco conclu le 14 février 1967. Se sont ensuivis le Pacifique Sud, l'Asie du Sud-Est, le continent africain et l'Asie centrale respectivement à travers les traités de Rarotonga du 6 août 1985, de Bangkok du 15 décembre 1995, de Pelindaba du 11 avril 1996 (tout le continent africain) et de Semipalatinsk du 8 septembre 2006. Selon cette conception, l'arme nucléaire, de par sa simple présence, constitue un danger imminent pour l'humanité. Donc, il faut tout mettre en œuvre afin qu'elle ne soit plus utilisée (pacifiquement comme militairement) et que tous les États qui en possèdent, s'engagent dans un désarmement général et complet. Elle prône le respect du TIAN.

La seconde philosophie, quant à elle, est tout le contraire de la première. Selon elle, l'arme nucléaire constitue un instrument de maintien de la paix et de sécurisation du monde. Elle a empêché, et empêche toujours, à travers la dissuasion nucléaire, de nouvelles guerres mondiales et/ou nucléaires. Elle est défendue, principalement, par les cinq EDAN (États-Unis, Russie, Grande-Bretagne, France, Chine) ; les États possesseurs d'armes nucléaires non parties au TNP (Inde, Pakistan, Israël) ; la Corée du Nord qui s'en est retirée. Elle est également soutenue par les États aspirant à l'arme nucléaire (l'exemple le plus officiel est celui de l'Iran) ; les États bénéficiant du parapluie nucléaire des États-Unis (il s'agit des 28 membres de l'OTAN sans la France et le Royaume-Uni, plus l'Australie, la Corée du Sud et le Japon) ou de la Russie (il s'agit de l'Arménie, de la Biélorussie, du Kazakhstan, du Kirghizistan et du Tadjikistan) et par les États membres de l'OTAN qui ont accueilli sur leur sol des armes nucléaires américaines à l'emploi desquelles ils seraient associés (il s'agit de l'Allemagne, de la Belgique, de l'Italie, des Pays-Bas et de la Turquie). La question de l'interdiction des armes nucléaires peut donc, être analysée sous ces deux axes. Toutefois, le présent article emprunte un seul axe et s'inscrit dans la première conception.

25.Le régime discriminatoire du TNP. – Si le TNP est unique dans ce sens qu'il interdit à l'immense majorité des États d'acquérir les armes nucléaires tout en tolérant qu'un petit nombre d'États détiennent ces mêmes armes, l'un de ses aspects les plus juridiquement et politiquement sensibles demeure ce traitement différentiel qu'il accorde aux deux groupes d'États. En effet, le TNP consacre un « système de caste » en codifiant la division du monde en deux catégories : les cinq EDAN et les autres. Étant le seul instrument qui définit une appartenance à ce qu'on appelle un « club nucléaire », il constitue le fondement juridique du régime dissymétrique actuel. Si cette dissymétrie a été reconnue et acceptée par plus de 150 ENDAN qui ont adhéré au Traité, des tensions subsistent cependant, entre ceux qui ont l'arme et ceux qui en sont privés. La poursuite inlassable de la course à l'arme nucléaire a, en effet, apporté de l'eau au moulin des adversaires de ce régime discriminatoire qui ne considèrent plus ce Traité comme une véritable fin en soi. Certes, nous vivons dans un monde où les inégalités sont énormes mais, comment justifier, à long terme, que parmi les signataires du Traité, seuls les cinq « Grands » continuent à détenir le monopole légal de l'armement atomique ? Cette interrogation soulève à la fois la question de la manifestation du régime discriminatoire du TNP que celles de sa légitimité et de son efficacité. Des États non-signataires (Inde, Pakistan, Israël. La Corée du Nord quitte le Traité en 2003) du Traité ont réussi à développer leur armement nucléaire, démontrant ainsi les limites du caractère dissuasif du Traité. Alors, comment concilier l'imposition aux autres d'une règle que l'on ne s'applique pas à soi-même, tout en ne respectant que partiellement les engagements pris ? Autrement dit, pouvons-nous attendre qu'une légitimité durable soit accordée à un ordre qui est fondé sur le principe que les armes nucléaires sont réservées à quelques pays riches du Nord ?

Par ailleurs, pourquoi, huit ans après l'adoption du TIAN, le désarmement nucléaire est au point zéro ? Répondre à cette question exige une connaissance préalable du contexte dans lequel l'interdiction des armes nucléaires a été consacrée et celui dans lequel elle doit être appliquée.

SECTION II.

LE NUCLÉAIRE CIVIL

§ 1. Les prémices de l'utilisation civile de la radioactivité

26.L'ouverture de l'utilisation industrielle du nucléaire. – Si ignominieuse a-t-elle été, la première expérimentation de la bombe atomique ouvrira néanmoins la voie à toutes les applications industrielles ultérieures de l'atome. En effet, moins de dix ans séparent la découverte de la radioactivité artificielle de la toute première pile atomique. L'histoire de l'électronucléaire révèle qu'à la suite des JOLIOT-CURIE au début de 1934, d'autres équipes de chercheurs tentèrent de créer de nouveaux noyaux radioactifs en variant matériaux, cibles et particules incidentes. Dès 1946, Enrico FERMI y parvient en employant des neutrons avec du plutonium dans une pile baptisée « Clémentine ». L'essai s'est révélé concluant avec une puissance produite de 0,5 watt. Les jours qui ont suivi, il monta à 200 watts avant de démonter l'installation pour étudier des configurations plus performantes. Le 20 décembre 1951 aux États-Unis, la première production expérimentale d'électricité d'origine nucléaire est obtenue par le tout premier réacteur de production d'électricité au monde, le réacteur à neutrons rapides EBR-1 (Experimental Breeder Reactor 1 ou réacteur à neutrons rapides 1). D'une puissance de 100 kilowattheures (kW), il fut couplé au réseau dans la même année et fonctionna pendant une douzaine d'années. Après cette première application de l'énergie nucléaire pour la production d'électricité aux États-Unis, le Royaume-Uni (1953), la Russie (1954), la France (1956) et l'Allemagne (1961) lui ont emboîté le pas. Ainsi, cinq pays ont exploité cette source d'énergie pour produire de l'électricité dans la première décennie qui a suivi sa démonstration pratique. Dix autres pays les ont rejoints dans les années 1960 et dix autres encore dans les années 1970.

27.Une production en hausse. – Déjà à la fin de l'an 2000, « il y avait 438 réacteurs de puissance en service, représentant une capacité installée de 351 Gigawattheures (GWe). Ensemble, ils ont assuré environ 16 % de la production mondiale d'électricité. Six nouveaux réacteurs de puissance, d'une capacité totale de 3 056 mégawatts (MWe), ont été connectés au réseau en cette même année. Trois se trouvent en Inde, les trois autres au Brésil, au Pakistan et en République tchèque. Un réacteur a été arrêté : la tranche 3 de la centrale de Tchernobyl, en Ukraine. Près de trente (30) pays produisaient de l'électricité d'origine nucléaire. La construction de trente-un (31) nouveaux réacteurs de puissance s'est poursuivie en Argentine, en Chine, en Fédération de Russie, au Japon, en République de Corée, en République islamique d'Iran, en République tchèque, en Roumanie, en Slovaquie et en Ukraine ». À la fin de 2018, « la capacité de production totale des 450 réacteurs nucléaires de puissance en exploitation dans le monde atteignait un pic record de 396,4 GWe, en augmentation de 5 GWe par rapport à 2017. En 2018, neuf réacteurs ont été couplés au réseau, sept ont été définitivement mis à l'arrêt et cinq ont été mis en chantier.

Les perspectives de croissance à court et à long terme sont restées concentrées en Asie, où se trouvent 35 des 55 réacteurs en construction, ainsi que 58 des 68 réacteurs couplés au réseau depuis 2005. Sur les trente (30) États qui exploitent actuellement des centrales nucléaires, quatorze (14) construisent de nouveaux réacteurs ou achèvent des projets de construction qui avaient été suspendus. Vingt-huit (28) autres pays envisagent ou planifient d'inclure l'électronucléaire dans leur bouquet énergétique, ou œuvrent activement dans ce sens. Quatre pays primo-accédants construisent leur première centrale nucléaire et plusieurs autres sont à des stades avancés de préparation de l'infrastructure ». Aujourd'hui, l'énergie nucléaire continue de servir presque uniquement à produire de l'électricité même s'il existe d'autres applications possibles dans les domaines médicinal et industriel (production d'hydrogène, le dessalement de l'eau de mer). Cette recrudescence trouve ses explications dans les capacités qu'a cette énergie de pallier certaines difficultés des plus éminentes que le monde traverse actuellement.

§2- Les facteurs de choix du nucléaire civil

28.Une solution séduisante. – « *L'énergie nucléaire est une solution séduisante pour assurer la diversité et la sécurité de l'approvisionnement énergétique, ainsi que pour réduire les risques liés au changement climatique planétaire. Tous les systèmes énergétiques doivent répondre aux besoins et aux attentes de la société, tels que le respect de l'environnement, la sécurité et la* *fiabilité, et la compétitivité économique. Aujourd'hui, l'énergie nucléaire se classe en bonne position par rapport à toutes ces exigences »* indique l'Agence pour l'Energie Nucléaire (AEN) de l'Organisation pour la Coopération et le Développement en Europe (OCDE). Ces propos résument parfaitement l'argumentaire mondial soutenant l'utilisation civile de l'énergie nucléaire. En effet, bien que l'énergie nucléaire ne soit pas exempte de problèmes, on reconnaît ses avantages évidents du point de vue du développement durable. Le développement durable soulève en effet, la question de la protection de l'environnement et donc, inévitablement, de l'approvisionnement en énergie et de son utilisation. Ainsi, trois principaux facteurs justifient le recours des États à cette énergie : la sécurité énergétique, la sécurité écologique, la compétitivité économique.

29.Une sécurité énergétique. – En ce qui concerne la sécurité d'approvisionnement énergétique, il faut relever que face à l'accroissement de la demande mondiale d'électricité du fait à la fois de l'industrialisation, du développement économique et du doublement de la population mondiale, la consommation mondiale d'énergie continue d'augmenter. En effet, les réserves de combustibles fossiles sont consommées à un rythme croissant et la compétition pour des ressources qui se raréfient s'intensifie. Les énergies fossiles ou énergies non renouvelables sont des énergies issues de la décomposition des végétaux et qui se forment très lentement dans le sous-sol. Elles demeurent la première source d'énergie dans le monde. Les énergies fossiles regroupent pour l'essentiel les énergies dérivées du pétrole, du charbon et du gaz.

De plus, les prix des combustibles fossiles, en particulier du pétrole et du gaz, augmentent régulièrement et menacent la croissance économique mondiale. Il est une autre configuration dans le domaine de l'énergie nucléaire. En effet, les principaux avantages de l'énergie nucléaire pour la sécurité d'approvisionnement énergétique sont la forte densité énergétique du combustible uranium, la diversité et la stabilité de la distribution géopolitique des ressources d'uranium et des usines de fabrication du combustible, ainsi que la facilité de conservation de stocks stratégiques de combustible. Il ressort de l'étude prospective de l'AEN que « les ressources d'uranium classiques identifiées à ce jour suffisent d'ores et déjà à satisfaire jusqu'en 2050 les besoins de combustible découlant du scénario de forte expansion des moyens de production électronucléaires en utilisant un cycle du combustible ouvert. Si la vigueur du marché de l'uranium se maintient, les ressources classiques non découvertes, c'est-à-dire celles qui, sans être encore découvertes, sont présumées exister compte tenu des caractéristiques géologiques régionales, deviendront probablement des ressources identifiées qui pourraient porter à plus de 100 ans la disponibilité des ressources d'uranium pour alimenter un parc de centrales nucléaires trois fois plus puissant que le parc actuel et utilisant exclusivement un cycle ouvert ». Il n'y a par conséquent, aucune inquiétude particulière à se faire quant à son approvisionnement.

30.Une sécurité écologique. – L'Agence internationale de l'énergie (AIE) de l'OCDE, dans un scénario de *statu quo*, à l'horizon 2050, relève que les émissions de CO_2 seront à peu près deux fois et demie supérieures aux émissions actuelles. De son côté, le Groupe d'experts intergouvernemental sur l'évolution du climat (GIEC) des Nations unies considère qu'il faudra diminuer de moitié les émissions de CO_2 d'ici cette date si l'on veut limiter le réchauffement de la planète à 2°C, augmentation de la température considérée comme gérable. Dans le rapport d'évaluation de 2007 du GIEC, il ressort la production d'électricité, qui est responsable de 27 % des émissions mondiales anthropiques de CO2, est de loin la source la plus importante de gaz à effet de serre et celle qui augmente le plus vite. En outre, la probabilité est très grande (90 %) qu'un changement climatique soit en cours et qu'il soit dû principalement aux émissions de CO2 résultant de l'utilisation des combustibles fossiles par l'homme. La température moyenne de la planète a augmenté d'environ 1°C depuis le début de l'ère industrielle, engendrant des conséquences climatiques, environnementales et sociales déjà perceptibles. En l'absence d'efforts acharnés pour réduire les émissions, il est probable que cette température s'élèvera d'au moins 3°C supplémentaires d'ici le milieu du siècle, ce qui aura des conséquences potentiellement catastrophiques. Les analyses du GIEC montrent que pour contenir les conséquences du réchauffement climatique à un niveau supportable, il faudrait limiter les concentrations atmosphériques de CO2 à 450 parties par million (ppm) à l'horizon 2050, ce qui provoquerait une élévation de la température moyenne mondiale d'environ 2°C par rapport à l'ère préindustrielle. Pour y parvenir, il faudrait ramener les émissions de CO2 à environ 13 gigatonnes (Gt) par an d'ici 2050, chiffre à comparer aux 60 Gt/an qui, d'après les évaluations, seront produites à cette date si aucune mesure sérieuse n'est prise, et aux 27 Gt produites en 2005.

31.Une énergie quasi-propre. – Les études scientifiques montrent que comparée à d'autres sources d'électricité, l'énergie nucléaire est une source d'énergie qui permet de produire de l'électricité sans quasiment émettre de CO_2. Comme les énergies renouvelables, elle produit des émissions de CO_2 négligeables par rapport à tous les combustibles fossiles. Les énergies renouvelables sont en effet, un ensemble d'énergies insusceptibles d'épuisement par l'action humaine. Ces énergies sont largement disponibles et surtout, essentiellement gratuites. Ils se résument à l'énergie solaire, à la biomasse, à l'énergie éolienne, à l'hydroélectricité, à la géothermie. Bref, de toutes les filières technologiques, c'est l'énergie nucléaire qui contribue le plus à la réduction des émissions. C'est aussi la seule filière apte à réduire les émissions de carbone et qui a démontré sa capacité à obtenir des résultats à l'échelle requise. Contrairement aux émissions de gaz et de particules liées à l'utilisation des combustibles fossiles qui ont des effets très nuisibles sur la santé, les analyses du cycle de vie des différentes filières de production d'électricité montrent que l'énergie nucléaire (émissions radioactives comprises) est une des filières les plus efficaces pour prévenir les effets sanitaires induits par les émissions.

32.Une énergie relativement moins coûteuse. – Enfin, sur le plan économique, il s'avère que la filière nucléaire est l'une des moins coûteuses sur l'ensemble de son cycle. Le coût de la production d'électricité d'origine nucléaire se subdivise en trois grands postes : l'investissement (capital), l'exploitation et la maintenance, et le combustible. Certes, elle présente des coûts d'investissement et des coûts liés à la réglementation élevés mais, elle se caractérise par des coûts de production bas ; une insensibilité aux variations du prix du combustible et par une longue durée de vie utile et élevés. Par ailleurs, les centrales nucléaires actuelles sont en général compétitives, même dans des marchés déréglementés, en particulier lorsque les coûts d'investissement initiaux ont été amortis. L'énergie nucléaire se distingue des autres formes d'énergie servant à produire de l'électricité en ce que certains coûts essentiellement externes (Les coûts externes désignent les coûts qui ne sont pas inclus dans les coûts des autres modes de production de l'électricité. L'énergie nucléaire se différencie ainsi de ces modes de production en ce qu'elle supporte des coûts) dans le cas des autres sources d'énergie sont internalisés dans le cas du nucléaire. Si, contrairement à l'utilisation militaire, l'utilisation civile cache des vertus qui se veulent si nobles, pourquoi ne pas la promouvoir ?

§ 3- La promotion de l'utilisation pacifique de l'énergie nucléaire

33.Une énergie à connotation toujours négative. – « *Le nucléaire restera marqué par le « péché nucléaire » de Hiroshima et Nagasaki* » affirmait Paul REUSS. Il faut dire que depuis sa première application civile, l'énergie nucléaire a reçu du commun des mortels, une connotation foncièrement négative. « *Même si elle n'a plus jamais été libérée à des fins de destruction massive, l'énergie nucléaire est toujours associée au champignon du même nom, dont l'image continue d'éclipser les progrès qu'elle permet dans de multiples autres domaines comme la biologie, la médecine, etc.* ». Ceci est, convenons avec Mohamed El BARADEI, Edwin NWOGUGU et John RAMES, très paradoxal. En effet, l'énergie nucléaire n'est pas une énergie de la guerre nucléaire. Cela signifie que le nucléaire en tant que source d'énergie n'est pas destiné uniquement qu'à « un soi-disant combat contre le mal ». Mais, pourquoi n'assimiler les applications pacifiques de l'énergie nucléaire qu'à l'idée de production d'armes nucléaires et à celle d'une future guerre nucléaire ?

Cette assimilation se justifie en premier lieu, par le fait qu'il est difficile d'établir une distinction insusceptible de controverses entre les compétences scientifiques, techniques et technologiques nécessaires à la fabrication de l'arme nucléaire qu'à la production de l'électricité ou à la recherche. En effet, les différentes compétences utilisées tant dans la production des armes nucléaires que dans la production de l'énergie électrique sont, à quelques exceptions près, les mêmes. La fission et la fusion nucléaire dégagent toutes deux de la chaleur ; une chaleur qui permet, à travers l'application des principes physique, chimique et technologique, de produire de l'énergie électrique (la production d'électricité utilise actuellement la réaction par fission nucléaire). La bombe atomique et la bombe thermonucléaire fonctionnent respectivement par les mêmes mécanismes de fission que de fusion nucléaire.

En second lieu, il faut toujours garder présent à l'esprit que parmi les risques de l'énergie nucléaire civile figure non seulement la possibilité d'un accident, le problème de stockage des déchets radioactifs mais aussi la crainte que des matières nucléaires ne soient détournées de leur utilisation pacifique par des individus malveillants. L'accident de Three Mile Island du 28 mars 1979 aux Etats-Unis est le premier accident nucléaire d'envergure que le monde a connu. S'est ensuivi, le 26 avril 1986, celui de la centrale de Tchernobyl en Ukraine. En effet, le 26 avril 1986, l'un des réacteurs de la centrale nucléaire de Tchernobyl a explosé. Les deux accidents furent la conséquence d'erreurs humaines. Il faut également citer l'accident nucléaire de Fukushima du 11 mars 2011 dû à un séisme.

En troisième lieu, il s'avère que dans le domaine de l'électricité, la production de l'électronucléaire présente un risque commercial plus grand que pour les autres sources d'énergie. Plusieurs raisons expliquent ce risque. D'abord, l'électronucléaire exige une planification lointaine et la longue durée de vie des centrales nucléaires accroissent le risque que des changements n'affectent le marché à long terme et n'influent favorablement ou défavorablement sur les revenus attendus. Ensuite, l'importance des coûts fixes, qui résulte essentiellement des dépenses d'investissement élevées, rend la production électronucléaire plus vulnérable aux fluctuations à court terme des conditions du marché. En sus, le cadre réglementaire strict réduit la souplesse d'exploitation et peut entraîner une modification des exigences réglementaires susceptible de se répercuter négativement sur les coûts. Il faut également souligner que les coûts du déclassement et du stockage des déchets à vie longue sont sources d'incertitudes. N'oublions pas que les centrales classiques peuvent commercialiser ou vendre l'essentiel de leur coût de base lorsque les conditions économiques sont défavorables, ce n'est pratiquement pas possible pour les centrales nucléaires. Par exemple, une centrale au gaz peut céder son approvisionnement contractuel en gaz sur le marché libre.

34.Une énergie au service de la paix et de la sécurité internationales. – La conception de l'énergie nucléaire comme une « énergie de la mort » s'est constituée en un souci majeur pour la communauté internationale. En effet, dans l'optique de contrecarrer cette vision certes négative mais pas totalement fausse, la communauté internationale s'est donnée pour « éternelle » mission de s'assurer que l'énergie nucléaire soit une « énergie de paix », une « énergie de santé », une « énergie de prospérité » nationale et internationale. Dès lors, l'énergie nucléaire doit être une énergie qui contribue au maintien de la paix et de la sécurité internationales. Cependant, qui dit paix, dit logiquement absence d'accident nucléaire et de conflit nucléaire. Les accidents nucléaires peuvent être provoqués par des erreurs, omissions ou inattentions dans le traitement de cette énergie mais, aussi de l'insuffisance de « savoir-faire » dans sa manipulation. Les conflits nucléaires, eux, naissent de l'utilisation à des fins militaires de l'énergie nucléaire. Par conséquent, pour éviter les accidents, attaques et guerres nucléaires, l'utilisation du nucléaire à des fins purement civiles est promue et des mesures de sûreté et de sécurité appliquées.

L'énergie nucléaire doit être une source de santé internationale. La production de l'énergie nucléaire génère des déchets mais pas n'importe lesquels. Il s'agit de déchets radioactifs. Les déchets radioactifs sont l'une des sources clés de l'insanité humaine et qui dit insanité dit infections. Au-delà de la simple contamination par des maladies cancéreuses, ces déchets provoquent la mort. Ceci nécessite une gestion à bon escient des déchets nucléaires. Le nucléaire doit d'autre part, être une « énergie de prospérité ». La prospérité a pour élément clé le développement. L'énergie nucléaire doit ainsi, être une énergie de développement. Cela revient à dire qu'elle ne doit pas être source d'entraves au développement en cours des États. De l'exploitation de cette énergie, les différents États doivent pouvoir tirer des ressources nécessaires pour booster leur développement sur tous les plans. Le nucléaire en tant qu'énergie « de prospérité » a exigé une règlementation internationale. La prospérité, passant par la vie et la santé, ne saurait être effective que si les règles internationales de sûreté sont efficaces et surtout respectées.

35.La règlementation de l'emploi civil du nucléaire. – Un ensemble de mesures internationales conventionnelles régissant l'exploitation de l'énergie nucléaire a été adoptée afin de faire d'elle l'énergie de paix et de prospérité tant souhaitée. Il s'agit principalement de la Convention sur la notification rapide d'un accident nucléaire de 1986 ; de la Convention sur l'assistance en cas d'accident nucléaire ou de situation d'urgence radiologique de 1986 ; de la Convention commune sur la sûreté de la gestion du combustible usé et sur la sûreté de la gestion des déchets radioactifs de 1997 ; de la Convention sur la protection physique des matières nucléaires de 1980. Toutefois, les premières mesures n'ont été prises qu'au lendemain de l'expérience douloureuse des accidents nucléaires.

36.Une utilisation pacifique promue le TNP. – « *Recueil compact qui couvre virtuellement tous les aspects de la crise nucléaire : prolifération, énergie, développement et commerce,* *assurance internationales, explosions nucléaires pacifiques, essais, les courses aux armements stratégiques* », le TNP promeut également l'utilisation pacifique de l'énergie nucléaire (UPEN). Il le fait à l'article IV, en ces termes :

« *1. Aucune disposition du présent Traité ne sera interprétée comme portant atteinte au droit inaliénable de toutes les Parties au Traite de développer la recherche, la production et utilisation de l'énergie nucléaire à des fins pacifiques, sans discrimination et conformément aux dispositions des articles I et II du présent Traité.*

2. Toutes les Parties au Traité s'engagent à faciliter un échange aussi large que possible d'équipement, de matières et de renseignements scientifiques et technologiques en vue des utilisations de l'énergie nucléaire à des fins pacifiques, et ont le droit d'y participer. Les Parties au Traité en mesure de le faire devront aussi coopérer en contribuant, à titre individuel ou conjointement avec d'autres États ou des organisations internationales, au développement plus poussé des applications de l'énergie nucléaire à des fins pacifiques, en particulier sur les territoires des États non dotés d'armes nucléaires qui sont Parties au Traité, compte dûment tenu des besoins des régions du monde qui sont en voie de développement. ».

37.L'AIEA, garante de l'utilisation pacifique de l'énergie nucléaire. – Pour son efficacité dans cette promotion, le TNP a eu besoin d'être renforcé. Soucieuse d'empêcher la dissémination des technologies de retraitement et d'enrichissement, l'Agence internationale de l'énergie atomique (AIEA) a proposé au niveau international des approches multilatérales destinées à réduire le risque de prolifération et de détournement dans les activités du cycle du combustible nucléaire. Autonome depuis 1957, l'AIEA est la seule organisation du système de l'ONU compétente en matière nucléaire. Les démarches de l'AIEA visent à renforcer les contrats commerciaux d'enrichissement et de retraitement en vigueur en proposant un éventail de mécanismes tels que la mise en œuvre de garanties internationales d'approvisionnement en combustible nucléaire, des mesures pour favoriser la conversion volontaire d'installations nationales en installations multinationales, la création de nouvelles installations d'enrichissement et de stockage du combustible usé en partenariat multinational. Le Partenariat mondial pour l'énergie nucléaire (GNEP), une initiative des États-Unis qui comptait 21 pays participants en août 2008, est au nombre de ces propositions ainsi que le projet russe de création d'un centre international d'enrichissement de l'uranium. L'AIEA a mis en place en 2017 une banque de combustible nucléaire au Kazakhstan. Plusieurs autres dispositifs sont également en marche, en étude ou en gestation dans les différentes régions du monde.

38.L'utilisation pacifique du nucléaire, seule issue pour l'humanité. – Condamner la prolifération nucléaire, c'est appeler à l'usage pacifique du nucléaire. Promouvoir l'utilisation pacifique, c'est promouvoir d'une certaine manière, la non-prolifération même si cela peut paraître contradictoire. Pour certains esprits, faciliter d'une part, le transfert de technologie et appliquer d'autre part, des garanties pour veiller à l'utilisation pacifique du nucléaire, sont incompatibles. Pour ces derniers, tout renforcement des infrastructures nucléaires et tout transfert de connaissances dans le domaine du nucléaire contribuent à la prolifération des armes nucléaires.

Depuis l'époque de Hiroshima et de Nagasaki, le code de non-utilisation des armes nucléaires a été respecté, même en temps de conflit armé international, de vives tensions internationales et de crises aiguës dans les relations entre les superpuissances. Cependant, de nos jours, l'hypothèse d'une guerre nucléaire n'est pas totalement écartée vu que le risque de prolifération demeure très réel. Il est avéré que, durant la Guerre froide, la prolifération des armes nucléaires jouait en faveur de la sécurité internationale et non contre elle car la promesse d'une destruction mutuelle assurée contribuait à l'équilibre géopolitique entre les États. Selon Daniel COLARD, quelles que soit les précautions prises, il subsistera toujours quatre hypothèses de guerre atomique : « la guerre par accident (erreur technique), la guerre par malentendu (erreur psychologique d'appréciation), la guerre par intention (un gouvernement acceptant volontairement le conflit nucléaire), la guerre par escalade ». En effet, la multiplication continue des puissances nucléaires dans un monde multipolaire est inquiétante. Les progrès constants de la science nucléaire et la diffusion croissante d'installations nucléaires dans diverses parties du monde ont permis à plusieurs ENDAN d'acquérir la capacité d'en produire. Certains de ces États disposent aujourd'hui d'une base industrielle nucléaire plus large que ne l'avaient les États-Unis au premier temps du projet Manhattan. La technologie nucléaire qui a servi à construire les armes nucléaires de la première génération se trouvent désormais sur le marché commercial. En outre, de telles armes peuvent désormais être produites sans qu'il soit nécessaire d'avoir recours à des explosions expérimentales. Il est ainsi quasi-certain que le nombre d'États qui possèdent des armes nucléaires est plus élevé qu'on ne veut l'admettre ouvertement. Par ailleurs, certains États ont désormais la capacité jusqu'à présent inutilisée, de produire des armes nucléaires. C'est en dépit du caractère avéré des risques liés à cette production pour la paix, que les EDAN s'activent au perfectionnement de leurs arsenaux.

SECTION III.

PLAN GÉNÉRAL DE L'OUVRAGE

39.L'arme nucléaire, une question controversée. – La question de l'arme nucléaire est l'une des questions les plus controversées sur la scène internationale. Il s'agit d'une question « chaude », pressante, objet d'une actualité permanente au point de paraître étouffante, phobique. En effet, « les armes nucléaires jouent sur nos peurs les plus profondes et se plient à nos instincts les plus sombres » et le droit international, semble demeurer inefficace face à sa prolifération. Le présent ouvrage essaie de toucher du doigt des points sensibles du droit international dans sa règlementation de l'armement nucléaire. Il est très difficile en effet, d'arriver à penser qu'une grande puissance comme les États-Unis, la Russie, la France etc., ait légalement les moyens de détruire le monde que de voir des petits pays n'être autorisés qu'à posséder des armements qui ne seraient capables que d'atteindre leurs voisins immédiats même si cela n'est pas moins dangereux. Par ailleurs, la réalisation de l'objectif de non-prolifération est d'autant plus difficile que ces États continuent d'affirmer qu'entre leurs mains, l'arme nucléaire est une garantie supplémentaire de sécurité, alors que dans celles des autres elle menace la paix mondiale. Pas plus qu'hier, la paix reste précieuse et maître-mot dans les discours entre pro- et anti-arme nucléaire. Selon Robert KOLB, « *dans l'histoire de l'humanité, les siècles cumulés de conflits armés dépassent de loin des siècles cumulatifs de paix : sur 33 siècles d'histoire, 31 approximativement sont des siècles de guerre et seulement deux des siècles de paix. Selon d'autres calculs, il n'y aurait eu, de 1945 à nos jours, que 26 jours de paix intégrale.* ». Mais, au-delà de ces discours, il est clairement établi que tant qu'il restera une seule nation dotée de l'arme nucléaire, d'autres nations la convoiteront également et ce, même en dépit du droit international. Il en ressort que l'effectivité du droit international sur le nucléaire militaire est de nos jours, remise en question. En conséquence, ce droit est susceptible d'évoluer vers de nouveaux modes de compréhension et d'application.

Développer la recherche sur le nucléaire, produire et utiliser l'énergie nucléaire nécessitent des expertises et expériences considérables notamment sur les plans juridique, technique, humain, économique. D'un État à un autre, des différences notables s'observent sur ces plans. Par conséquent, les États n'ont pas les mêmes opportunités à jouir effectivement et en toute égalité de ce droit. En sus, en dépit de l'égalité de droit reconnu à chaque État à l'UPEN et du régime international encadrant son exercice, l'énergie nucléaire reste source de débat même dans des conditions d'exploitation normales. En fait, outre un risque réel d'accident grave et des rejets radioactifs inévitables, les opposants reprochent à cette filière la production de déchets radioactifs ce qui représente une menace de plus en plus grande sur l'environnement et les générations futures. Il en découle que l'effectivité du droit à l'UPEN exige non seulement un brassage serré entre les différents États mais aussi, une application stricte des mesures internationales de sûreté et de sécurité.

La présente œuvre établit et interprète le droit international appliqué au nucléaire tel qu'il est mais aussi tel qu'on voudrait qu'il soit. C'est dans cette perspective qu'il analyse de manière objective et subjective les sources du droit international applicable au nucléaire. Il procède à l'analyse de la création, de l'évolution et de l'application de ce droit ordre juridique existant dans le domaine du nucléaire. On se demandera alors, pourquoi telle règle a émergé à tel moment de l'histoire, ou encore pour quelles raisons telle règle est généralement appliquée au détriment de telle autre. Cela implique un recours à des explications politiques ou sociologiques. D'ailleurs, un tel recours se révèle indispensable à la compréhension de l'ordre juridique international encadrant aujourd'hui le nucléaire.

40.Plan. – Condamner la prolifération nucléaire, c'est appeler à l'usage pacifique du nucléaire. Promouvoir l'utilisation pacifique, c'est promouvoir d'une certaine manière la non-prolifération même si cela peut paraître contradictoire. **Comment le droit international public règlemente-t-il l'utilisation du nucléaire militaire ?** La première partie de cet ouvrage se consacre à l'examen du dispositif normatif encadrant l'utilisation de l'arme nucléaire. Il examine de long en large chaque instrument conventionnel normatif en lien avec l'armement nucléaire et fait ressortir les limites de cet encadrement. La seconde partie quant à elle, analyse l'échec de l'interdiction de l'utilisation militaire de l'énergie nucléaire. Dans cette partie, il sera question d'examiner les insuffisances de la réglementation internationale sur le nucléaire militaire ainsi que les implications à la fois juridiques et pratiques. Une troisième partie s'interrogera sur la lutte contre le terrorisme nucléaire en droit internationa

PREMIÈRE PARTIE :

L'ENCADREMENT JURIDIQUE DE L'UTILISATION DE L'ARME NUCLÉAIRE

41.Au lendemain de l'adoption du TNP, l'ensemble des États parties et la communauté internationale ont vite constaté l'échec du processus de désarmement nucléaire auquel ils aspiraient. Un processus dit de maîtrise des armements se substitua dès lors rapidement à celui de désarmement qui a été reconsidéré comme une réalité lointaine. Il ne s'agissait pas de la question de leur interdiction. Le processus de maîtrise des armements s'est illustré par une vague de négociations entre les puissances nucléaires elles-mêmes et par des efforts de diplomatie multilatérale au sein de la communauté internationale. Plusieurs accords entre les EDAN ont donné lieu à d'importantes mesures de confiance qui ont contribué à ralentir un tant soit peu le rythme de la prolifération verticale.

À l'exception du Traité d'interdiction partielle des essais nucléaires (TIPEN) adopté plus tôt en 1963, les accords de maîtrise des armements ont d'abord, été bilatéraux avant d'être multilatéraux puis, régionaux. En effet, à l'époque, seules les deux premières puissances mondiales ont accepté d'entamer des réflexions communes sur la question générale de l'utilisation de l'arme nucléaire dans leurs stratégies politico-militaires respectives. Elles ont été en fait, obligées par l'impasse qui semblait complète face à la dissémination incontrôlée desdites armes. Différents acteurs étatiques ont été amenés par la suite à adhérer au processus et à l'étendre à divers horizons. La codification soviéto-américaine (Chapitre I) ainsi que la codification multilatérale (chapitre II) de la non-prolifération ont tenté de générer une dynamique assez particulière dans les différentes conceptions à retenir de l'arme nucléaire.

CHAPITRE I.

LA CODIFICATION BILATÉRALE SOVIÉTO-AMÉRICAINE

Bibliographie : – Michel DEYRA, *Le droit dans la guerre*, Paris, Gualino, 2009, p. 81. – Bureau des affaires de désarmement, *Annuaire des Nations unies sur le désarmement*, vol 29 : 2004, New York, Publication des Nations unies, 2005, p. 2. – Georges FISCHER, « Les accords sur la limitation des armes stratégiques », *AFDI*, vol. 18, 1972, pp. 9-84. – Georges FISCHER, « Les Accords SALT II », *AFDI*, vol. 25, 1979, p. 30 et pp. 129-202. – jDaniel COLARD, *op. cit*, p. 162. – Aris ROUBOS et Michel WAUTELET, *National missile defense : Le retour de la guerre des étoiles et les enjeux stratégiques*, Les Rapport du GRIP, n° 4, Bruxelles, 2000, pp. 39-43. – André DUMOULIN, « Le paysage nucléaire en mutation », in *Mémento défense-désarmement,* 1993, pp. 79-93. – Ola DAHLMAN, « La vérification ou l'importance de la détection, de la dissuasion et de l'instauration de la confiance », *in Forum du désarmement*, Genève, UNIDIR, n° 3, 2010, p. 3. – James LINDSEY, « La politique américaine de défense antimissile : la troisième fois sera-t-elle la bonne ? », *Politique étrangère*, n° 3, 2001, p. 645. – Stéphane DELORY, « État de la menace balistique dans les pays proliférants susceptibles de confronter les systèmes antimissiles actuellement déployés », note n° 06, 2009, http://www.frstrategie.org/barreFRS/publications/notes/2009/200906.pdf. – Fabrice NODE-LANGLOIS, « Face au bouclier anti-missile américain, craintes et calculs de la Russie de Poutine », *Le Figaro*, 26 mars 2007 sur www.lefigaro.fr. – Sylvie KAUFFMANN, « Georges W. Bush militarise l'espace », *Le Monde*, n° 300, juillet-août 2001, p. 1. – Michel TATU, « Le ''nouveau départ'' des relations russo-américaines », 9 juillet 2009, disponible sur http://www.frstrategie.org/barreFRS/publications/chroniques/actualite229.php. – Compte rendu de la rencontre de Prague entre les Président russe et américain du 6 juillet 2009 sur http://tempsreel.nouvelobs.com/actualites/international/europe/20090706.OBS3165/. –Géraldine LHOMMEAU, *Le droit international à l'épreuve de la puissance américaine,* Paris, L'Harmattan, 2005, p. 7. – Mohamed Ibrahim SHAKER, « Le régime du Traité sur la Non-Prolifération des Armes Nucléaires », *op. cit*, p. 78. – William SCHNEIDER Jr., « Missile Defense Systems : past, present, and future » *in* Johan J. HOLST and William SCHNEIDER Jr. (ed.), *Why ABM ? Policy Issues in the Missile Defense Controvery,* New York, Pergamon Press, 1969, pp. 3-13. – Les ASPIN, « The Verification of SALT II Agreements », *Scientific American*, vol. 240, n° 2, 1979, pp. 38-45. – Jacqmin DENIS, « Fin du traité INF, fin du désarmement », *Éclairage du GRIP*, Bruxelles, 2019, p. 1. – Department for Disarmament Affairs, *The united nations disarmament yearbook*, vol. 12 : 1987, New York, United Nations Publication, 1988, pp. 444-453. – Jean KLEIN, « Portée et signification du traité de Washington » in *Politique étrangère*, n°1, 1988, p. 50. – Jérôme PAOLINI, « Histoire d'une négociation » in *Politique étrangère*, n°1, 1988, 53[e]année, pp. 27-

46. – Nikolai SOKOV et Miles A. POMPER, « Is Russia Violating the INF Treaty ? », *The National Interest*, 11 février 2014 sur www.nationalinterest.org. – Vladimir POUTINE, « La gouvernance unipolaire est illégitime et immorale » du 11 février 2007 disponible à l'adresse : http://www.voltairenet.org/article145320.html. – Bruno TERTRAIS, « La mort annoncée du Traité FNI ou la fin de l'après-guerre froide », note n° 02, *Fondation pour la recherche stratégique*, 2019, p. 3. – Denis JACQMIN, « Fin du Traité INF, fin du désarmement », *Eclairage du GRIP*, Bruxelles, 2019, pp. 1-2. – Département d'Etat des États-Unis, « Adherence to and Compliance with Arms Control, Non-proliferation, and disarmament Agreements and Commitments » (rapport sur l'adhésion aux accords et engagements relatifs à la maîtrise des armements, à la non-prolifération et au désarmement, et le respect de leurs dispositions) [2014] www.state.gov/documents/organization/230108.pdf. – « Comment by the Russian Ministry of Foreign Affairs regarding the American accusations that Russia violates the INF Treaty » (Commentaires du ministère russe des Affaires étrangères au sujet des accusations portées par les États-Unis selon lesquelles la Russie ne respecterait pas le Traité sur les forces nucléaires à portée intermédiaire), ministère des Affaires étrangères de la Fédération de Russie, 30 juillet 2014 sur www.mid.ru/en/voenno-strategiceskie-problemy/-/assetpublisher/hpkjeev1aY0p/content/id/676199. – « Statement by Mr M. ULIYANOV, director of Department for non-proliferation and arms control, ministry of Foreign Affairs of the Russian Federation, representative of the Russian Federation to the First Committee of the 69th session of the UNGA », 8 octobre 2014. – « Nucléaire: l'UE appelle Washington et Moscou à « préserver » le Traité INF », *Le Figaro*, 22 octobre 2018 sur http://premium.lefigaro.fr/flash-actu/2018/10/22/97001-20181022FILWWW00111-nucleaire-l-ue-appelle-washington-et-moscou-a-preserver-le-traite-inf.php. – « Macron rappelle « l'importance » du traité nucléaire », *Le Figaro*, 22 octobre 2018 sur http://premium.lefigaro.fr/flash-actu/2018/10/22/97001-20181022FILWWW00094-macron-rappelle-l-importance-du-traite-nucleaire.php. – « Washington annonce son retrait d'un accord nucléaire avec Moscou », *in Le Monde* du 21 octobre 2018, disponible à l'adresse https://www.lemonde.fr/international/article/2018/10/21/washington-annonce-son-retrait-d-un-accord-nucleaire-avec-moscou_5372435_3210.html. – Bernard ADAM, Georges BERGHEZAN, Xavier ZEEBROEK, « Les négociations START » *in Notes et documents du GRIP*, n° 58, 1982, pp. 2-22. – Bureau des affaires de désarmement, *Annuaire des Nations unies sur le désarmement,* vol. 16, 1991, New York, Publication des Nations unies, 1992, pp. 126-136. – Bureau des affaires de désarmement, *Annuaire des Nations unies sur le désarmement*, vol. 34 : 2009, Partie II, New York, Publication des Nations unies, p. 22. – Amy F. WOOLF, « Nuclear Arms Control: The Strategic Offensive Reductions Treaty », *Congressional Research Service*, CRS Report for Congress, 2011, pp. 11-14. – Jozef GOLDBLAT, « Succès et échecs de la maîtrise des armements », *Politique étrangère,* n° 4, 2006, p. 825. – Bureau des affaires de désarmement, *Annuaire des Nations unies sur le désarmement*, vol. 17 :1992, New York, Publication des Nations unies, 1993, pp. 121-123. – Mehdi MEKDOUR et Bérangère ROUPPERT, « Le Traité START 2010 : Vers un renforcement du désarmement nucléaire », *Note d'Analyse du GRIP*, Bruxelles, 2010, p. 2. – Amy F. WOOLF, « Nuclear Arms Control: The Strategic Offensive Reductions Treaty », *Congressional Research Service*, CRS Report for

Congress, 2011, p. 2. – Bureau des affaires de désarmement, *Annuaire des Nations unies sur le désarmement*, vol. 28 : 2003, New York, Publication des Nations unies, 2008, p. 41. – Bernard SITT « Le Traité Nouveau START est-il un bon traité ? », *AFRI*, vol. XIII, 2012, p. 614. – Paul QUILÈS, *Nucléaire, un mensonge français. Réflexions sur le désarmement nucléaire, op. cit,* pp. 33-36. – Bureau des affaires de désarmement, *Annuaire des Nations unies sur le désarmement*, vol. 34, Partie II, 2009, New York, Publication des Nations unies, 2012, p. 5 et p. 46. – Wyn Q. BOWEN, Matthew COTTEE et Christopher HOBBS, « Multilateral cooperation and the prevention of nuclear terrorism: pragmatism over idealism », *International Affairs,* vol. 88, n° 2, Oxford, 2012, pp. 349-368.

42.Les États-Unis et l'Union soviétique ont entamé leurs échanges avec clairvoyance. Ils ont en effet, décidé d'échelonner l'objet de leurs négociations. Dans un premier temps, ils ont porté l'objet de ces négociations sur la limitation de la course à l'arme nucléaire (SECTION I). Il s'est agi de s'accorder sur un mécanisme commun susceptible de contingenter un tant soit peu les arsenaux nucléaires respectifs sans affecter la liberté de s'armer. Dans un second temps, l'objet de ces négociations a porté sur la réduction des armes nucléaires (SECTION II). Dans ce dernier cas, il s'est agi d'aller au-delà de la simple limitation pour réduire par élimination la quantité d'armes nucléaires respectivement détenues.

SECTION I-

LA LIMITATION DE LA COURSE À L'ARME NUCLÉAIRE

43.À défaut d'une réglementation d'ensemble de tous les armements, objectif apparemment trop ambitieux, les deux acteurs ont opté pour une limitation catégorisée. Ils se sont d'abord focalisés sur les armes nucléaires stratégiques défensives avant de s'atteler à celles offensives. Ce processus ne s'est manifestement révélé concluant qu'à partir de 1972. En effet, trois accords sont nés du processus de limitation des armes nucléaires stratégiques. Il s'agit en premier du Traité ABM (*Anti Ballistic Missile Treaty*) ou Traité anti-missiles balistiques du 26 mai 1972 ; en second, de l'accord SALT (*Strategic Arms Limitation Talks)* I également du 26 mai 1972 et en troisième de l'Accord SALT II du 18 juin 1979. Si le Traité ABM (§1) s'est focalisé sur la limitation des systèmes antimissiles balistiques, les accords SALT I (§ 1) et SALT II (§ 2) quant à eux, ont porté sur celle des lanceurs de missiles balistiques.

§ 1. Le Traité ABM du 26 mai 1972

44.Critères d'étude. - Avant tout propos sur le présent Traité, il convient de préciser les critères qui seront appliqués dans l'étude du contenu de cet instrument. Huit critères seront successivement mis en exergue. Chaque critère désignera un composant essentiel du Traité selon qu'il en dispose ou non. Il s'agit :

1. du préambule, de la forme (composition) des accords ;
2. de l'obligation fondamentale et de son application nationale ;
3. de l'organisation du secrétariat, organe de décision politique et système de vérification ;
4. des mesures propres à redresser une situation et à garantir le respect des dispositions du traité ;
5. du règlement et l'amendement des différends y compris le système de confiance ;
6. du mécanisme d'examen du traité ;
7. des dispositions finales liées à la validité telle que les durée, retrait, entrée en vigueur et réserve ;
8. des autres points spécifiques des accords si nécessaire.

Ces critères prévaudront pour l'étude des autres instruments, bilatéraux comme multilatéraux.

45.Contexte – négociations. – Relique de la guerre froide, le Traité ABM traduit le premier pas conséquent des deux grandes puissances nucléaires de l'histoire vers la limitation de la prolifération des armes nucléaires. Il est largement considéré et réaffirmé comme étant la pierre angulaire de la stabilité et de la sécurité internationales à l'image du TNP. Le Traité ABM a été adopté le 26 mai 1972 après deux ans et demi de négociation. Les négociations ont commencé en novembre 1969. Très complexes en certains points, elles n'ont pas manqué de se rompre à une période donnée et sur des questions sensibles. Le Traité a finalement vu le jour au grand bonheur à la fois des deux grands acteurs mais aussi de la communauté internationale.

46.Préambule et forme (composition). – Le Traité ABM est composé de 16 articles précédés d'un Préambule. Le Préambule du Traité exprime l'idée essentielle selon laquelle la limitation des systèmes antimissiles constitue une contribution notable à la création des conditions plus propices à de nouvelles limitations des armes stratégiques (§ 4 du Préambule stipule). En effet, les deux Parties ont aperçu au travers de cette première marche la plateforme qui permettrait dans le futur d'emprunter d'autres pas vers la cessation de la course aux armes stratégiques offensives et de réduire notablement le risque d'une guerre nucléaire (§ 3 du Préambule) qu'elles reconnaissent comme dévastatrice pour toute l'humanité (§ 2 du Préambule). Tel un message d'espoir, le Traité est fondé sur l'intention des deux États de réaliser à une date rapprochée la cessation de la course aux armements nucléaires et de prendre des mesures efficaces tendant à la réduction des armements stratégiques et au désarmement général et complet (formulation tirée du TNP) (§ 6 du Préambule). D'ailleurs, ils ont manifesté leur désir commun de contribuer au relâchement de la tension internationale qui a prévalu et au renforcement de la confiance entre les États (§ 7 du Préambule), panacées certaines vers un monde nucléairement sécurisé tel que promu par le TNP.

Le Traité est officiellement complété par un protocole additionnel datant du 3 juillet 1974 et de manière officieuse par des protocoles d'accord datant du 28 octobre 1976 et du 1er novembre 1978. Lesdits protocoles ont joué des rôles essentiels quant à la mise en application effective du traité notamment en ce qui concerne la mise en place du régime de vérification, la règlementation des procédures pour le remplacement, le démantèlement ou la destruction des systèmes ABM non utilisés, pour l'échange des zones d'implantation d'ABM ainsi que l'essai des systèmes d'ABM ou de leurs éléments constitutifs.

47.Obligation fondamentale et application nationale. - Le Traité ABM, consacre la limitation des systèmes antimissiles (AM). Cette limitation est d'une portée considérable. Aux termes de l'article II du Traité, un système AM est un système destiné à combattre des missiles balistiques stratégiques ou des éléments desdits missiles sur leur trajectoire de vol, et qui comprenait :

- a) des missiles AM d'interception, qui sont des missiles d'interception construits et mis en place pour servir d'AM, ou appartenant à un type qui a été expérimenté dans un contexte AM ;
- b) des dispositifs de lancement AM, qui sont des dispositifs de lancement construits et mis en place pour lancer des missiles AM d'interception ; et,

- c) des radars AM, qui sont des radars construits et mis en place pour servir en association avec des AM, ou appartenant d'un type qui a été expérimenté dans un contexte AM.

Les éléments de systèmes AM ci-énumérés comprenaient ceux qui sont :

- a) opérationnels ;
- b) en cours de fabrication ;
- c) en cours d'essai ;
- d) en cours de révision, de réparation ou de conversion ;
- e) mis en réserve.

Aux termes de l'article 1er al. 1 du Traité, chaque État s'oblige à limiter ses systèmes antimissiles (AM) et à adopter des mesures conséquentes dans ce sens. Tel que formulée, cette disposition reste très imprécise quant à la portée réelle et aux implications de l'obligation. Cette insuffisance a toutefois été palliée dans la suite du texte du Traité notamment par l'alinéa 2 de l'article I et les articles V, VI et IX du Traité. L'alinéa 2 de l'article 1er consacre une délimitation spatiale de l'obligation de limitation des systèmes AM. Il ressort en premier lieu, que chaque État a l'obligation de ne pas mettre en place de systèmes AM pour la défense de son territoire. Cela s'explique par le constat qu'un tel système est susceptible de réduire de manière significative les dommages que pourrait lui causer en représailles la victime de son agression éventuelle. En second lieu, chaque État est tenu de ne pas fournir la base d'une telle défense ainsi que de ne pas mettre en place de systèmes AM pour la défense d'une région donnée. Par conséquent, le territoire national et toute région qui y relève ou est susceptible d'y relever ne doivent être sous la couverture d'un système AM. Dès lors, les populations des deux pays devenaient des otages pour la paix et les cités de chacun d'eux restaient exposées aux tirs nucléaires de l'autre. Il s'agit de la doctrine de la « destruction mutuelle assurée » (« *Mutual Assured Destruction* » - MAD). Selon Daniel COLARD, le Traité ABM a consisté à légaliser cette doctrine. L'histoire révèle qu'il s'agit d'une doctrine qui n'est pas très ancienne contrairement à ce que l'on pourrait penser. Il ressort que le 16 juin 1962, à Ann Arbor (dans le Michigan aux États-Unis), le Secrétaire américain à la défense M. McNamara préconisait une « stratégie contre-forces » destinée à détruire les armes nucléaires de l'adversaire. Par la suite, en raison même des progrès à l'époque réalisés par l'URSS, cette conception a dû être abandonnée et remplacée par la stratégie de la « destruction assurée » visant à anéantir, en représailles, une partie de l'industrie et de la population de l'adversaire. Néanmoins, ce principe est remis en cause dès le milieu des années 1970, avec l'apparition, en 1974, d'un premier concept stratégique, à savoir la doctrine Schlesinger « anti-forces » qui allait contribuer à l'érosion progressive de la MAD dans son acception traditionnelle, d'un monde bipolaire mutuellement assumé.

L'article V du Traité étale d'abord, dans son premier alinéa, et, de manière détaillée, l'entendement conceptuel que les deux parties retiennent quant à l'interprétation du concept de « limitation » des systèmes AM. Il ressort aux termes de cette disposition que chaque Partie a l'obligation « de ne pas réaliser, essayer ou mettre en place de systèmes AM ou d'éléments de tels systèmes ». De ce fait, la limitation emporte l'obligation de ne pas fabriquer, de ne pas acquérir et de ne pas mettre à l'essai (à des fins expérimentales ou militaires) un système AM ainsi que tout élément de ce système. Ensuite, il cite expressément les pans du territoire national et des régions interdites d'être couvertes par un système AM. L'interdiction de ne pas réaliser, de ne pas mettre en place et de ne pas mettre à l'essai un tel système et tout élément le composant prévaut indifféremment du fait qu'ils soient « basés en mer, dans l'air, dans l'espace ou sur des plates-formes terrestres mobiles ».

L'alinéa 2 de l'article V vient davantage en précision sur les éléments du système AM à limiter et leurs caractéristiques. Chaque Partie s'oblige en effet à ne pas réaliser, essayer ou mettre en place de « dispositifs de lancement d'AM pouvant lancer plus d'un AM intercepteur à la fois ». Par déduction, seuls les dispositifs de lancement d'AM susceptibles de ne lancer qu'un seul AM intercepteur ne sont pas concernés par l'obligation de délimitation. En toute logique, obligation est faite à chaque État « de ne pas modifier les dispositifs en place pour les doter de cette capacité ». L'interdiction de la modification permet de s'assurer de la limitation effective du nombre de dispositifs de lancement d'AM à plusieurs lanceurs. Chaque État partie s'oblige en outre à ne pas réaliser, essayer ou mettre en place « un système automatique, semi-automatique ou analogue de rechargement rapide des dispositifs de lancement d'AM ». L'évolution technologique du système AM a donc été prise en compte dans la prohibition faite.

En ce qui concerne l'article VI, il sert en quelque sorte de garantie à l'efficacité de l'obligation de limitation tel qu'il ressort de sa formulation. Aux termes de cet article, chaque Partie s'engage dans un premier temps « à ne pas doter les missiles, les dispositifs de lancement ou les radars autres que les AM d'interception, les dispositifs de lancement d'AM ou les radars AM, de la capacité de s'opposer aux missiles balistiques stratégiques ou à leurs éléments sur leur trajectoire de vol, et à ne pas les essayer dans un contexte AM ». Dans un second temps, les États Parties s'engagent « à ne pas mettre en place à l'avenir de radars d'alerte lointaine aux missiles balistiques stratégiques, sauf à la périphérie de leurs territoires nationaux, où ils seront orientés vers l'extérieur ».

Il faut dire que l'efficacité des limitations demeure un leurre tant que des missiles, des dispositifs de lancement d'AM et des radars AM restent susceptibles d'être essayés ou d'être employés contre des missiles balistiques stratégiques ou leurs éléments sur leur trajectoire de vol. Les deux Parties ont su bien le traduire à travers cette disposition. Un élément également aussi important est la prohibition des radars d'alerte lointaine aux missiles balistiques. En effet, tant que l'État dispose des moyens de détecter un missile balistique visant son espace territorial autre que les périphéries, il remet en cause le fondement même de l'entente des parties selon laquelle le territoire de chacun d'eux doit rester exposé aux tirs nucléaires de l'autre.

L'article IX du Traité vient compléter substantiellement les règles encadrant les limitations des systèmes AM. Il fait prévaloir l'obligation de limitation dans les relations qu'entretiennent respectivement les deux États avec les États tiers. Il oblige en effet chaque État Partie « à ne pas transférer à d'autres États et à ne pas mettre en place hors de son territoire national de systèmes AM ou d'éléments de tels systèmes faisant l'objet de mesures de limitation en vertu du présent Traité ». L'obligation de non-transfert est non seulement en droite ligne avec le caractère relatif du traité, mais également avec la volonté des deux États de réduire les armements stratégiques. Certes, le traité n'engage pas expressément les États tiers, mais il va de soi que tout État tiers réfute tout transfert dont il est susceptible de bénéficier de la part d'un des États si cela advenait. En outre, le transfert de tels systèmes à un État partenaire ne ferait qu'augmenter le nombre d'États qui en seraient dotés, remettant ainsi en cause la cessation de la course aux armes balistiques stratégiques.

L'obligation de limitation des systèmes AM n'a pas été érigée par les Parties en obligation absolue. Cela était prévisible depuis le fondement des négociations dans la mesure où il ne s'agissait que de « limitation » et non de « désarmement ». Par conséquent, en dépit des interdictions faites, plusieurs exceptions ont été consacrées par le Traité. L'essentiel des exceptions sont consacrées par les articles III, IV et VII. Il faut conclure que le Traité ABM interdit simplement le déploiement global, c'est à dire sur tout le territoire. Il autorise en effet chaque Partie à déployer des systèmes AM sur deux sites différents au choix : un site comportant 100 intercepteurs pour protéger sa capitale et une installation de missiles offensifs à l'intérieur d'une zone de mise en place d'AM (article III du Traité ABM). Aussi, chacune des Parties est autorisée à disposer de 15 dispositifs de lancement d'AM au maximum dans les polygones d'essai. Par ailleurs, la prolifération qualitative des systèmes AM demeure une faculté pour chaque État. Aux termes de l'article VII, chacun d'eux peut procéder en effet à la modernisation et au remplacement des systèmes AM ou de leurs éléments. Cela ne concerne logiquement que les systèmes AM et leurs éléments exclus des limitations.

48.Secrétariat – organe de décision politique – système de vérification. - Le Traité ABM ne créé ni un secrétariat ni un organe de décision politique. Il prévoit néanmoins un régime de suivi et de vérification de l'application des dispositions du Traité ainsi qu'une Commission Consultative Permanente (CCP). Aux termes des dispositions de l'article XII al. 1 du Traité, chaque partie a recours aux moyens techniques nationaux (MTN) de vérification dont elle dispose, d'une manière compatible avec les principes généralement reconnus du droit international. La vérification suppose la collecte, le rassemblement et l'analyse d'informations afin de déterminer si l'une des parties respecte ses obligations. Ceci permet de repérer les cas de non-respect, de dissuader l'acteur tenté de ne pas s'acquitter de ses engagements et d'instaurer la confiance entre les parties tout en définissant de manière claire les conséquences auxquelles ne pourra échapper la partie violatrice de l'accord.

49.Mesures de redressement – mécanisme de suivi. – Dans le but de renforcer le suivi effectué par chaque État, les États-Unis et l'URSS ont conclu le 21 décembre 1972 un Mémorandum d'accord relatif à la création d'une Commission consultative permanente (CCP) pour la limitation des armements auquel est annexé un Protocole avec règlement signé le 30 mai 1973. Ladite Commission a été le cadre par lequel les Parties étaient susceptibles de passer pour discuter de toute question nécessaire à la bonne application des dispositions du Traité. Elle se compose d'une délégation de chaque partie, chacune étant dirigée par un Commissaire. Les débats au sein de la CCP (deux fois au moins par an) se déroulaient en séances privées entre les parties.

Le Traité ABM consacre implicitement une obligation de bonne foi dans le respect des dispositions du Traité. Obligation est faite à chaque Partie de ne pas assumer d'obligations internationales contraires à l'objectif et aux buts du Traité (article X du Traité), de ne pas faire obstacle aux MTN de vérification de l'autre Partie (satellites d'observation) et de ne pas empêcher la vérification à travers des mesures de dissimulation. En effet, chaque Partie doit fournir les renseignements que chacune d'elles juge nécessaires pour garantir la confiance dans l'observation des obligations contractées (article XII al. 2 et 3 et article XIII al. 1. § b) du Traité). Toutefois, le Traité n'a pas de provision dédiée aux mesures de redressement lors d'une situation posée par sa propre violation. L'on peut néanmoins se référer à la CCP comme l'instance de redressement dans la mesure où toute entrave volontaire ou involontaire à l'utilisation des MTN est appelée à être examinée par les Parties à son sein (article XIII al. 1. c) du Traité).

50.Règlement – amendement – mécanisme d'examen. – L'article XIV al. 1 du Traité ABM assure pour chaque État le droit de proposition en vue d'amendement sans passer par l'approbation d'un organe quelconque déterminé. Ce n'est pas le cas en ce qui concerne le TNP. Dans le cadre de ce traité, les propositions d'amendement sont uniquement possibles après l'approbation d'une Conférence d'amendement convoquée par les gouvernements. L'entrée en vigueur des amendements convenus suivent des procédures identiques à celle qui régissent l'entrée en vigueur du Traité. La CCP est l'instance qui accueille toutes les discussions sur l'amendement du Traité. En 1977, le Traité ABM fit l'objet d'un examen en commun par les deux parties. Dans le cadre de la réactivation de son système ABM, l'administration Bill CLINTON faisait face à d'innombrables obstacles dont le plus important était le Traité ABM. Dès lors, l'amendement du Traité s'imposait. L'administration CLINTON va s'y employer à partir de janvier 1999. Par ailleurs, les protocoles des 3 juillet 1974, 28 octobre 1976 et du 1er novembre 1978 se sont par la suite greffés au Traité.

51.Dispositions finales. - Le Traité ABM indique une durée illimitée (article XV al.1 du Traité). Cependant, un accord intérimaire relatif à certaines mesures concernant la limitation des armes offensives stratégiques est entré en vigueur le 3 octobre 1972, date de l'échange des avis d'acceptation écrits et des instruments de ratification du Traité. En ce qui concerne l'entrée en vigueur, il exige la ratification par les deux Parties dépositaires conformément à leurs procédures constitutionnelles respectives aux termes de l'article XVI al. 1. L'entrée en vigueur s'est ainsi effectuée à la date de l'échange des instruments de ratification. En ce qui concerne le droit de retrait, le Traité ABM demeure souple en permettant, à chaque État Partie à travers l'article XV, de se retirer, « dans l'exercice de sa souveraineté nationale », « si elle décide que des événements extraordinaires, en rapport avec l'objet du Traité, ont compromis ses intérêts suprêmes » (formulation également tirée du TNP). Aucune procédure particulière n'est prévue à cet effet hormis le fait que la Partie devra « notifier sa décision de retrait à l'autre Partie six mois avant de se retirer du Traité ». Ladite notification devra contenir un exposé des événements extraordinaires qui, à son avis, ont compromis ses intérêts suprêmes. Les États-Unis, sous l'administration George W. BUSH, se sont unilatéralement retirés du Traité le 13 décembre 2001 afin de déployer un système national de défense AM officiellement à cause de la menace d'« États voyous » tels que l'Iran ou la Corée du Nord. Ce retrait prit effet le 13 juin 2002, provoquant l'abrogation du Traité.

52Autres points spécifiques – application du Traité. – Le Traité ABM compte une série de mesures complémentaires sous forme de documents juridiquement contraignants. Il s'agit notamment du protocole additionnel du 3 juillet 1974 qui a réduit par la suite à un site au lieu de deux les systèmes AM de défense. L'histoire révèle qu'en 1976, les Américains ont même renoncé au seul site autorisé, considéré comme inutile. Avant d'être abandonné, l'ABM américain a coûté près de 6 milliards de dollars. Contrairement aux Américains, les Soviétiques n'ont pas achevé la construction de leur système. Le système AM de défense n'est alors autorisé que sur un seul site, soit la capitale du pays soit autour d'un site de lancement de missile ICBM. Conformément à ce protocole, l'URSS opta d'établir son système ABM autour de sa capitale Moscou contrairement aux États-Unis qui décidèrent de protéger une zone de lancement de missiles intercontinentaux, basée à Grand Forks dans l'État du Dakota du Nord. Le choix russe ne portait pas, au début, sur la capitale. La

Russie avait décidé de développer son bouclier antimissile à Kaliningrad, à l'ouest du pays. Elle n'y renonça qu'après la décision du président Barack OBAMA, de « réviser » à la baisse les ambitions de son pays sur le système de bouclier. Le Président BUSH était allé encore plus loin en projetant d'installer en Pologne et en République tchèque, au plus tard à la fin de l'année 2012, respectivement une batterie de dix « intercepteurs » (ou missiles anti-missiles) et un radar servant à détecter les tirs de missiles. Ce projet d'extension n'a pas reçu bon écho auprès de la Russie et de la Chine. En effet, la Chine disposait à l'époque de 18 ICBM environ et d'un arsenal nucléaire largement moins important que ceux des États-Unis. Elle redoutait donc que ce type de défense ne menace sa faible capacité de dissuasion et ne renforce la position américaine dans son conflit avec Taiwan. Quant à la Russie, elle a vu dans ce projet d'extension une politique inutile compte tenu des objectifs qui sont assignés au système AM, mais aussi du fait qu'il considère que la Pologne et la République tchèque, territoires sur lesquels la projection d'extension est envisagée, relèvent de ses « périmètres immédiats » de sécurité. Le projet de bouclier américain ne visait officiellement qu'à neutraliser les missiles intercontinentaux, alors que les États qualifiés de « voyous » par le gouvernement américain, n'en possèdent pas. Toutefois, les gouvernement tchèque et polonais sont allés au-delà de cette hostilité russe en signant, respectivement le 8 juillet et le 14 août 2008, des accords relatifs à l'installation partielle du bouclier sur leurs territoires avec les autorités américaines.

Il faut bien se rappeler que le président américain Bill CLINTON avait décidé, en dépit du Traité ABM, du déploiement d'une « *National Missile Defense* » (NMD) destinée à protéger l'ensemble des États américains d'une attaque de missiles balistiques intercontinentaux (ICBM) que seraient supposés lancer d'une part les terroristes et d'autre part, les États qualifiés d'« États voyous » (« *rogue States* ») ou « États renégats » ou « countries of concern » (États préoccupants) ou « the Axis of evil » (l'axe du mal) parmi lesquels on classe le plus souvent, l'Irak, l'Iran ou la Corée du Nord. Les attentats du 11 septembre 2001 ont été en partie le catalyseur dans la priorité accordée au projet du déploiement d'une NMD et à l'accélération de sa mise en œuvre. Le retrait des États-Unis du traité ABM peu après les attentats du 11 septembre, le 13 décembre 2001, en constitue la preuve certaine.

Ce projet est né en 1957 avec le programme Ballistic Antimissile Boost Interceptor (Bambi) et avait été désactivé en 1976 faute d'essais concluants. Sous l'instigation du Président Ronald REAGAN, il fut réactivé en pleine guerre froide avec la création le 23 mars 1983 de l'Initiative de Défense Stratégique (IDS) que d'aucuns appellent la « guerre des étoiles ». Suite à l'effondrement de l'URSS, le projet perdit de sa pertinence et fut abandonné en 1993 par le Président Bill CLINTON, qui opta pour un système plus réduit, la National Missile Defense, centrée sur la protection des forces armées. Ce bouclier devait être équipé par quatre niveaux :

– 1) des bases terrestres de lancement de missiles intercepteurs (Fort Greely en Alaska, et une base dans le Dakota du Nord) ;
– 2) une patrouille de sept Boeing 747 armés de laser pour détruire les missiles dès leurs lancements ;
– 3) des bateaux équipés d'un système de défense AM susceptible de se déplacer sur la zone de conflit potentielle et de détruire rapidement les menaces balistiques ;
– 4) une couverture de 24 satellites équipés de laser permettant de détruire un missile en vol.

La NMD devait aboutir, à l'horizon 2015, à la mise en place de 250 intercepteurs défensifs sur deux sites d'implantation. Le 20 juin 1999, le président américain impulsa un processus de négociation avec Moscou afin d'amender le traité ABM. Le 23 juillet 1999 intervint la signature du *National Missile Defense Act* qui prévoit la construction d'un bouclier antimissile. Réitérant les engagements pris pendant la campagne électorale, le Président George BUSH a conduit le projet à son terme. Il avait confirmé dans un discours prononcé devant la National Defense University à Washington le 1er mai 2001 que son administration était déterminée à développer et déployer une forme de bouclier antimissile dans les meilleurs délais afin de « contrer les différentes menaces du monde d'aujourd'hui.

Cependant, les motivations stratégiques et sécuritaires du projet de bouclier AM évoquées par l'administration BUSH, n'ont pas su convaincre totalement le président OBAMA, qui a décidé le 17 septembre 2009 de substituer au projet initial un projet bien moins ambitieux de bouclier contre les missiles de courte et de moyenne portée. Ceci permit aux différents États de renouer le dialogue vers la cessation de la course aux armes nucléaires autrefois suffisamment ébranlée. Le Président russe avait affirmé le 26 août 2008 qu'il n'avait peur de rien, y compris « d'une nouvelle guerre froide. D'une part, suite à la cette décision du président américain, le chef de l'État russe annonçait le 25 septembre 2009, en gage de bonne volonté, qu'il renonçait également à son programme anti-missile à Kaliningrad. D'autre part, à l'occasion de la visite de Barak OBAMA à Moscou le 6 juillet 2009, les deux États s'étaient accordés sur la nécessité de réduire d'un tiers leur arsenal nucléaire d'ici les sept prochaines années (donc en 2016) dans le cadre des négociations d'un nouveau traité START. Le Président russe avait conditionné tout nouvel accord au retrait du bouclier AM américain. Les négociations ont abouti à la conclusion du traité New START le 8 avril 2010. Il faut également noter le succès du Sommet de Washington sur la sécurité nucléaire tenu les 12 et 13 avril 2010 à l'initiative du Président OBAMA qui a réuni une cinquantaine d'États et qui a visé à sécuriser en quatre ans les matériaux fissiles susceptibles d'être détournés par des terroristes. À cette occasion, le Canada, le Chili, le Mexique et l'Ukraine se sont engagés à transmettre aux États-Unis et à la Russie de l'UHE pour son retraitement afin de le mettre en sécurité. La collaboration entre les États-Unis et la Russie s'est par ailleurs étendue sur des dossiers autrefois bien sensibles dont la question du programme nucléaire iranien, celle de la guerre en Afghanistan et celle de la sécurité économique, énergétique et environnementale.

Si le Traité ABM n'a pas permis une réduction conséquente des missiles antimissiles, il aura permis de les faire stagner dans une certaine mesure. La date du 13 décembre 2001 marque le retrait officiel des États-Unis du Traité et dès lors, sa fin. Le Traité ABM a constitué l'un des deux volets du Traité SALT I qui lui, a visé à limiter le nombre d'armes stratégiques offensives.

§ 2. Les accordS SALT

53. Au lendemain du Traité ABM, les États-Unis et l'URSS sont passés d'un accord SALT I (A) à un accord SALT II (B).

A- L'accord SALT I du 26 mai 1972

54. Préambule - forme (composition) de l'accord. - L'accord SALT I comporte le Traité ABM et son protocole du 3 juillet 1974 ainsi que l'accord intérimaire relatif à certaines mesures concernant la limitation des armes offensives stratégiques y compris son protocole du 26 mai 1972. S'agissant de SALT I, il ne s'agira pas dans cette partie de revenir sur l'examen du Traité ABM et sur son protocole. Par ailleurs, deux protocoles secrets se sont greffés à l'accord intérimaire : l'un du 8 juillet 1974 et l'autre des 25 avril, 19 et 30 mai 1977, qui ont entre autres défini les procédures pour le remplacement, le démantèlement ou la destruction des armes stratégiques limitées par ledit accord ainsi que sur la vérification des silos de lancement des ICBM. Le présent examen ne portera pas non plus sur lesdits protocoles qui d'ailleurs sont difficiles d'accès dû à leur caractère secret. Dès lors, l'examen portera principalement sur l'Accord intérimaire et sur son Protocole officiel du 26 mai 1972.

D'entrée, il convient de noter que trois convictions ont guidé les protagonistes dans la conclusion de l'accord intérimaire (§ 1 du Préambule). La première est le sentiment pour les deux Parties d'être sur le bon chemin quant à la limitation de la course à l'arme nucléaire. En effet, au sortir de l'expérience acquise lors de la négociation du Traité ABM, les deux acteurs ont été persuadés que le processus enclenché a été plus ou moins salvateur pour chacun d'eux. La conclusion de cet accord est ainsi considérée comme un pas supplémentaire susceptible de susciter des négociations futures plus conséquentes. D'ailleurs, les deux acteurs scellent le fondement des négociations de cet accord sur l'article VI du TNP consacrant l'obligation pour les EDAN de « négocier de bonne foi » pour un futur désarmement (§ 3 du Préambule). La conclusion de cet accord se révèle ainsi être la suite logique d'un processus en marche pour la mise en application effective du TNP. En effet, au regard du lien existant entre armes stratégiques offensives et défensives, si l'État ne peut se défendre par un système antimissile balistique, il va de soi qu'il ne puisse pas non plus employer des armes balistiques pour attaquer.

En second lieu, les deux États ont été guidés par la conviction que la limitation des armes nucléaires stratégiques est un facteur susceptible d'apaiser davantage le climat social relativement tendu. La détente des relations interétatiques est donc l'une des finalités ayant inspiré la conclusion de cet accord et l'on peut dire qu'il n'y a pas manqué, même si cela n'a été que lapidaire au regard des objectifs atteints à travers cet accord.

En troisième lieu, il faut souligner que la recherche de la confiance mutuelle entre les États dans les relations internationales est une problématique aussi vieille que la terre. En effet, la confiance se révèle être une nécessité impérieuse quant à la survie des relations interétatiques. Selon Pascal BONIFACE, le droit est « *toujours un rapport de force* », l'expression de la domination des États les plus forts sur les plus faibles. Certes, le droit international traduit un rapport de force entre les États, mais la confiance va au-delà. Certes, l'exemple de la règle de l'interdiction de recourir à la force dans les relations internationales est un exemple fort critique, mais il sied de relever que des États considérés comme faibles ont, dans certaines circonstances, marqué de plus d'une pierre la construction du droit international. L'absoluité de ce rapport de force doit ainsi être relativisée. À travers cet accord supplémentaire, les États-Unis et la Russie ont marqué leur confiance l'un envers l'autre à négocier pour une limitation des armes nucléaires et ont été de ce fait convaincus que cet exemple de coopération en susciterait d'autres. Toutefois, l'idée selon laquelle les deux pays sont en quête de la cessation de la course aux armements ainsi qu'ils l'affirment n'est pas partagée par tous les acteurs. Selon William EPSTEIN, « *les deux puissances se sentent très confortables dans leurs rapports et les efforts qu'elles déploient visent davantage un équilibre entre eux que la cessation de la course aux armements* ». L'affirmation de l'auteur est une vérité absolue au simple constat de l'échec du processus de désarmement général et complet depuis plus d'un demi-siècle.

55. Obligation fondamentale et application nationale. - L'obligation principale à laquelle ont souscrit les deux États consiste à limiter la course aux lanceurs de missiles balistiques. Au titre de cette obligation, les États-Unis et la Russie ont pris l'engagement dès l'article 1er de l'accord intérimaire, « de ne pas entreprendre la construction de nouveaux lanceurs fixes au sol de missiles balistiques intercontinentaux (ICBM) après le 1er juillet 1972 ». D'abord, cette disposition se focalise sur la proscription des « nouveaux » lanceurs. Conclu dans le but général de limiter la course aux armes nucléaires, l'accord intérimaire n'aurait revêtu de sens si les États disposaient toujours de la latitude de développer de nouveaux lanceurs. Cette interdiction traduit sans ambages la volonté des deux acteurs d'estomper la production quantitative de tels lanceurs. Ensuite, une autre caractéristique de cette interdiction est qu'elle porte uniquement sur les lanceurs « fixes au sol » des ICBM. Par déduction, les lanceurs « mobiles » au sol sont exclus de cette proscription. Ceci signifie que le développement de tels lanceurs est resté possible sur les plans quantitatif et qualitatif. Des limitations numériques ont néanmoins été fixées. Ainsi, les États-Unis ne devaient dépasser le seuil de 1 054 ICBM et l'URSS, 1 607. Il ressort que, depuis 1972, les Russes comme les Américains, ont fait des progrès considérables dans la technologie des têtes multiples (MIRV) et dans le domaine de la précision. Ils ont notamment développé quatre nouveaux systèmes d'ICBM qui sont plus lourds mais moins précis que le Minuteman III. Ces deux États ont délibérément choisi de faire des ICBM l'essentiel de leur force stratégique. Les ICBM soviétiques étaient plus lourds (ils représentent, en capacité d'emport, trois fois celle des ICBM américains) et avaient une puissance explosive supérieure (trois fois) à celle des ICBM américains.

La transformation de certains lanceurs fixes au sol a été proscrite par l'Accord. En effet, les États Parties ont été obligés aux termes de son article II, de « ne pas transformer de lanceurs au sol d'ICBM légers ou d'ICBM de type plus ancien utilisés avant 1964 en lanceurs terrestres d'ICBM lourds d'un type utilisé après cette date. ». Cette disposition établit la distinction entre les lanceurs d'ICBM « légers » et les lanceurs d'ICBM « lourds », ces derniers s'avérant logiquement être les plus dangereux. D'ailleurs, sur le plan technologique, la transformation de tels lanceurs ne comportait aucune difficulté particulière car chacune des Parties en maîtrisait la technologie. Par déduction, l'article II vient compléter l'article 1er en précisant les caractéristiques des « lanceurs au sol » proscrits. Il s'agit des lanceurs au sol d'ICBM « lourds ». Par conséquent, la construction ainsi que le développement qualitatif de nouveaux lanceurs au sol d'ICBM « légers » n'ont pas été interdits. L'obligation de non-transformation s'est également inscrite dans le temps par la proscription de la transformation des lanceurs d'ICBM existant avant 1964. Dès lors, comptant de l'année 1965, chacune des Parties a perdu le droit de perfectionner lesdits lanceurs au regard de la technologie qui prévalait à ladite date.

Outre les lanceurs terrestres, l'obligation de limiter la prolifération des armes offensives stratégiques a également porté sur les lanceurs installés à bord d'un sous-marin (SLBM), mais aussi sur les sous-marins lance-missiles (qui ne sont pas des armes à proprement parler). En effet, conformément à l'article III de l'Accord, les deux Parties ont pris l'engagement de « limiter le nombre de lanceurs de missiles balistiques installés à bord des sous-marins et celui des sous-marins lance-missiles modernes au nombre de ceux qui sont opérationnels et en cours de construction à la date de la signature de cet Accord ». Cela signifie que le nombre de SLBM et celui des sous-marins lance-missiles dont disposait chaque Partie devaient demeurer inchangés à partir du 26 mai 1972. Aucune augmentation quantitative ne devait à cet effet être enregistrée par aucune des Parties. Néanmoins, les deux Parties disposaient du droit d'achever les chantiers de construction des lanceurs et des sous-marins qui étaient jusqu'à cette date inachevés.

Le nombre de lanceurs installés à bord d'un sous-marin et celui des sous-marins lance-missiles avant 1972 devaient également être maintenus en égalité « au nombre de lanceurs et de sous-marins que l'une ou l'autre des États avait construit en vue du remplacement de lanceurs d'ICBM d'un type plus ancien qu'elle utilisait avant 1964 ou de lanceurs installés à bord de sous-marins plus anciens ». Le remplacement devait se faire en nombre égal. Aux termes de l'article II de l'Accord, le nombre de lanceurs et de sous-marins construits en remplacement devait garder la même technologie que ceux à remplacer. Cela permettait d'éviter que les lanceurs et sous-marins vieillissants ne soient remplacés par des lanceurs et sous-marins bénéficiant de la technologie qui prévalait après 1964.

Partie intégrante de l'Accord intérimaire, le Protocole du 26 mai 1972 a fixé de manière expresse et à l'égard de chacune des Parties, les limitations numériques portant sur les SLBM et les sous-marins lance-missiles modernes ainsi que les procédures de remplacement. C'est ainsi que les États-Unis ne pouvaient pas détenir plus de 710 SLBM et pas plus de 44 sous-marins lance-missiles modernes. L'Union soviétique quant à elle, ne pouvait pas détenir plus de 950 SLBM et plus de 62 sous-marins lance-missiles modernes (§ 5 du Protocole). Ces plafonds englobent pour chacune des Parties les arsenaux anciens existant avant 1964 mais aussi les arsenaux à jour après cette date jusqu'à la date de signature de l'Accord en 1972.

Au regard des obligations de l'Accord intérimaire, il faut retenir que la limitation des armes stratégiques offensives n'a été principalement que numérique. Chacune des Parties dispose du droit de moderniser et de remplacer lesdites armes et leurs lanceurs (article IV de l'Accord intérimaire). Outre les limites purement temporelles ci-dessus examinées, chaque Partie dispose de la latitude nécessaire pour adapter son arsenal à la technologie existante. Par ailleurs, l'accord intérimaire ne vise ni les bombardiers lourds ni les têtes nucléaires, ni les caractéristiques qualitatives ni les armes nucléaires de la zone grise c'est-à-dire l'arsenal américain entreposé en Europe et en Asie ; ce qui explique l'inégalité numérique que l'on observe entre les deux Parties quant aux plafonds à respecter. Les États-Unis possédaient en effet, une avance considérable dans ce domaine. Si l'accord avait pris en compte tout ce composant, on aurait certainement observé un renversement des obligations quant aux plafonds à observer. Afin de prévenir toute tentative de violation des plafonds, le Protocole a adopté comme mécanisme de calcul, la déduction. Chaque Partie avait obligation de déduire tout lanceur de missiles balistiques « modernes » installé à bord d'un sous-marin, du nombre total de SLBM auquel il a droit (§ 7 du Protocole).

56. Système de vérification – organe de décision politique – mesures de redressement. – A la suite du Traité ABM, l'Accord intérimaire reconduit de manière identique : le système de vérification ; les mesures propres à garantir le respect des dispositions de l'Accord ; le règlement et l'amendement des différends ainsi que le mécanisme d'examen et de retrait de l'Accord. Il ne s'agira pas de revenir en détails sur tous ces aspects sous peine de répétition. Il faut néanmoins noter qu'outre le recours aux MTN (alinéas 2 et 3 de l'article V), la CCP demeure à la fois l'instance suprême de promotion et de garantie de l'effectivité de l'Accord ainsi que de redressement de toute situation. En effet, l'article VI de l'Accord stipule : « *afin de promouvoir les objectifs et l'application des dispositions du présent Accord intérimaire, les Parties feront appel à la Commission consultative permanente établie en vertu de l'article XIII du Traité sur la limitation des systèmes antimissiles balistiques, conformément aux dispositions dudit article.* ».

57. Dispositions finales. - Entré en vigueur le 3 octobre 1972, date de l'échange des avis d'acceptation écrits par les Parties conformément à son article VIII al. 1, l'Accord intérimaire a été conclu pour une durée de cinq ans avec la possibilité de le remplacer par un accord plus complet avant l'écoulement de ladite période (article VIII al. 2). S'agissant du retrait, chaque Partie a disposé du droit souverain de se retirer de l'Accord par justification et par notification à l'autre Partie des événements jugés extraordinaires motivant son retrait (article VIII al. 3).

Au sortir des accords SALT I, l'on observe que les limitations apportées à la course à l'armement nucléaire n'ont été que bien lapidaires tant quantitativement que qualitativement. Accords « incomplets », les Accords SALT I ont du moins contribué d'une manière ou d'une autre à l'apaisement, fut-il temporaire, de la tension qui prévalait entre les deux puissances nucléaires. D'ailleurs, par rapport aux convictions partagées par les parties lors des négociations de ces accords, il faut dire qu'elles ont été plus ou moins atteintes. Ces accords ont symbolisé la capacité de deux grandes puissances mondiales à coopérer au-delà de la rivalité séculaire qui les oppose dans la convoitise du pouvoir « international » par l'arme nucléaire. Les deux Parties n'ont pas cessé de promouvoir, certes avec beaucoup de réticences, la cessation de la course à l'arme nucléaire. C'est à cet effet qu'ils ont poursuivi les négociations tel que l'article VII de l'accord intérimaire les y obligeaient. En effet, après avoir traversé un périple de sept ans de négociations, les deux acteurs consacraient la naissance, le 18 juin 1979 à Vienne, des accords SALT II.

B- L'accord SALT II du 18 juin 1979

58. Contexte - négociations. - L'histoire des négociations révèle que, le 21 juin 1973, les États-Unis et la Russie se sont accordés sur les principes fondamentaux devant guider les négociations envisagées sur le nouvel accord de limitation des armes stratégiques offensives. Lesdits principes étaient entre autres :

1. aucune partie ne cherchera à obtenir, ni directement, ni indirectement, des avantages unilatéraux ;
2. les parties reconnaissent que le principe de l'égalité doit prévaloir en ce qui concerne les intérêts de leur sécurité ;
3. les limitations convenues pourront s'appliquer aussi bien sur le plan quantitatif que sur le plan qualitatif.

Ainsi, à l'occasion du sommet de Moscou de juillet 1974, les deux Parties confirmèrent la nécessité de conclure ledit accord et de l'étendre jusqu'à la période 1985. C'est à l'occasion du sommet de Vladivostok tenu les 23-24 novembre 1974 que l'accord-cadre de l'accord SALT II fut élaboré. L'accord SALT II devra couvrir la période allant d'octobre 1977 au 31 décembre 1985.

Exceptionnellement longues, difficiles et lentes selon Georges FISCHER, ces négociations n'ont pas pu empêcher les Parties de poursuivre le perfectionnement de leur arsenal nucléaire. En effet, les négociations entamées en mars 1977 avaient échoué. Selon l'auteur, les négociations ont été d'une complexité technique extraordinaire du fait qu'elles touchaient à des catégories d'armes plus nombreuses, plus avancées ainsi qu'à des limitations quantitatives. Ayant durées six ans et demi, elles ont permis aux deux parties d'améliorer leurs armements à la fois quantitativement et qualitativement et aux adversaires de faire de la surenchère et d'organiser leur action contre les accords. Chaque partie a poursuivi l'objectif de contenir le progrès numérique et technologique de son antagoniste, principalement dans des domaines où celui-ci était en avance sur elle. Aussi, chaque partie s'est habituée à mieux connaître, à mieux comprendre l'autre et à acquérir une certaine expérience plus qualifiée dans les contacts et négociations.

59. Forme (composition) de l'accord. – L'accord SALT II, est un acte formel auquel sont greffés sept autres documents :

- un protocole ;
- un accord sur de nouvelles mesures limitant les armes stratégiques offensives ;
- des déclarations convenues et des interprétations communes relatives à diverses dispositions du traité et du protocole. Signées par les deux présidents à Vienne, les déclarations convenues et les interprétations communes ne font pas partie intégrante du traité. Mais elles lui sont liées et ne sauraient exister indépendamment de lui. Elles lient les parties au même titre que les dispositions de l'Accord. Les déclarations convenues décrivaient plus en détail les obligations des parties et les interprétations communes, précisaient le sens des termes ou expressions.
- un Mémorandum d'accord au sujet de l'établissement d'une base de données sur le nombre des armes stratégiques offensives ;
- une déclaration soviétique sur le bombardier Backfire ;
- une déclaration commune sur les principes et les orientations fondamentales des négociations ultérieures.

L'analyse de ce traité portera essentiellement sur l'accord proprement dit, y compris son protocole, ainsi que sur le Mémorandum d'accord au regard de leurs intérêts. Cela n'exclut pas que l'on recoure à l'une ou l'autre des déclarations communes afin d'étayer notre argumentation.

Composé de 19 articles, l'Accord SALT II apporte plus de définitions (voir son article 2) que l'Accord SALT I notamment du fait de l'augmentation de la catégorie d'armes couvertes et des précisions en chiffres qu'il apporte. Par exemple, contrairement à l'accord SALT I, l'accord SALT II emploie deux critères de précision dans sa définition de l'ICBM : 1) les missiles balistiques doivent être lancés d'un dispositif de lancement basé au sol ; 2) les missiles en question doivent avoir une portée supérieure à 5 500 km. Par cette précision chiffrée, l'Accord a fait prévaloir la conception que les États-Unis avaient retenue quant à la nature des armes stratégiques. Ne sont donc pas concernés par la limitation, les missiles balistiques d'une portée inférieure à 5 500 km, permettant ainsi aux Parties d'en fabriquer et d'en implanter sans aucune limitation. En effet, toujours guidés par les mêmes convictions exprimées dans les préambules des précédents accords, les États-Unis et la Russie ont tenu à ce que l'accord soit le moins ambigu possible.

60. Obligation fondamentale et application nationale. – S'agissant de l'obligation principale, elle s'avère logiquement plus étendue dans le présent accord. Il s'agit de l'obligation générale de limitation des armes nucléaires offensives stratégiques. Vu le caractère très détaillé de l'Accord et la complexité d'interprétation susceptible d'en découler, la présente analyse recommande préalablement des précisions élémentaires. À cet effet, il faut souligner que l'obligation principale s'est traduite en des interdictions formelles destinées à limiter à la fois les armes stratégiques défensives ainsi que les armes stratégiques offensives. Elle se traduit également en des interdictions portant sur la limitation des sites d'emploi des missiles antibalistiques. S'agissant des interdictions des armes offensives, il faut distinguer les interdictions quantitatives ou numériques et celles sur la qualité des armes. Par ailleurs, conclu pour s'étendre jusqu'en fin 1985, l'accord SALT II a encadré dans le temps certaines interdictions. Aussi, certaines interdictions se révèlent partielles tandis que d'autres sont totales. L'analyse du présent accord sera guidée par ces différents points.

En ce qui concerne la limitation des armes stratégiques défensives, elle a porté sur les systèmes de défense antibalistique (DAB), sur leurs missiles et sur leurs sites. L'article 1er al. 2 de l'Accord réaffirme le lien étroit entre système de défense antibalistique (DAB) et armes tactiques offensives en interdisant la mise en service des systèmes de DAB pour la défense de l'ensemble du territoire, l'établissement d'une infrastructure à cet effet, la mise en service des systèmes DAB pour la défense d'une région particulière.

Sachant que l'Accord n'était pas un instrument de désarmement mais plutôt de limitation, des exceptions précises ont été apportées à cette interdiction générale. En effet, aux termes des dispositions de l'article III de l'Accord, la mise en place d'un système DAB restait possible à condition qu'il ne permette ni la défense de tout le territoire ni même celle d'une région entière. Autrement dit, les interdictions de l'alinéa 2 de l'article 1 ne prévalent que si l'État Partie a envisagé protéger l'ensemble de son territoire ou toute une région déterminée.

Aux termes de l'article V al. 1 de l'accord, chaque Partie s'engage à ne pas mettre au point, expérimenter ou mettre en service des systèmes aux composants DAB installés en mer, dans les airs, dans l'espace ou sur des plates-formes terrestres mobiles. Le sens de l'article V al.1 a été longuement discuté devant les comités compétents du Congrès américain. Il y est ressorti que les termes « mettre au point et expérimenter » avaient une portée limitée. L'interdiction ne couvrait pas la mise au point ni l'essai en laboratoire ; elle s'applique après la phase de l'essai en laboratoire, au stade qui commence par l'expérimentation, sur le terrain, d'un premier prototype ou ébauche. Dès lors l'Accord permettait la recherche fondamentale et appliquée en laboratoire pour la bonne raison qu'une interdiction à ce stade, outre qu'elle n'était pas contrôlable, n'avait pas beaucoup de sens.

Il s'avère par conséquent, que le seul système de DAB autorisé est celui qui est immobile au sol. Une novation majeure de l'accord est que les précisions consacrées par l'article V al. 1 se sont révélées conformes à des engagements antérieurs notamment à l'article IV du Traité sur les principes régissant les activités des États en matière d'exploration et d'utilisation de l'espace extra-atmosphérique du 27 janvier 1967 (dit Traité sur l'espace extra-atmosphérique). Aussi, elles vont plus loin que le Traité interdisant de placer des armes nucléaires et d'autres ADM sur le fond des mers et des océans ainsi que dans leur sous-sol du 11 février 1971 (dit Traité sur le fond des mers). En effet, les interdictions de l'accord SALT II visent l'ensemble de la mer, l'espace aérien et les avions, domaines qui n'étaient jusque-là pas couverts par un accord de contrôle des armements.

Sont également interdits les missiles intercepteurs DAB disposant de plus d'une tête nucléaire indépendamment guidée (MIRV). Il s'agit des lanceurs DAB susceptibles de lancer chacun plus d'un missile intercepteur à la fois. Cette précision a été édictée dans le but de devancer la technologie nucléaire militaire. En effet, les systèmes DAB à l'époque étaient composés de lanceurs, d'intercepteurs et de radars. Si la DAB à MIRV est interdite par l'article V, celle à têtes multiples non indépendantes (MRV) reste autorisée. La première se distingue de la seconde du fait que le guidage des corps de rentrée se fait vers des cibles distinctes le long de trajectoires indépendantes.

L'interdiction s'applique en outre, à la modification dans ce sens des lanceurs existants ainsi que la mise au point, l'expérimentation et la mise en service de systèmes automatiques ou semi automatiques de rechargement des lanceurs DAB. Cette importante précision est apportée par l'article V al. 2. Est donc interdit sur sol, sur mer et dans l'espace tout système qui était d'une technologie plus avancée, tel à l'époque un système DAB à laser. Dans la déclaration commune paraphée E, les parties précisent que si, à l'avenir un système DAB différent était créé, les limitations concernant ce nouveau système et ses composants feraient l'objet de discussions entre elles et éventuellement d'amendements à l'Accord. Ainsi, les parties ont voulu éviter certaines innovations technologiques ayant un effet déstabilisateur et susceptible de renforcer l'efficacité d'un système DAB.

Quant à la limitation des sites de DAB, elle résulte de l'article III de l'Accord. Cette disposition prévoit deux sortes de limitation. La première vise le site dont le centre est la capitale de l'une ou de l'autre Partie. Dès lors, la nature de la limitation n'est ni quantitative ni qualitative mais plutôt spatiale. La limitation porte sur le nombre de sites, sur leur étendue, sur leur nature et sur la distance qui doit les séparer. Il ressort de cette disposition que chaque Partie peut disposer de deux sites et chacun de ces sites est limité à une zone de DAB d'un rayon de 150 km. L'un de ces sites aura pour centre la capitale du pays, l'autre contiendra des silos de lanceurs d'ICBM. Les centres de chacun de ces deux sites doivent être séparés par une distance qui ne peut être inférieure à 1 300 km. La portée de ces dispositions s'explique par la situation politico-militaire qui prévalait entre les deux États. Il ressort que les Russes avaient établi autour de Moscou 64 lanceurs DAB pour la protection de la capitale ainsi que le commandement et le centre nerveux du pays. Les Américains, au moment de la signature de l'Accord, étaient en train d'achever la construction de deux sites DAB destinés à protéger des ICBM. Dans le cadre du programme Safeguard, 12 sites devaient être construits. Au cours des négociations, les Soviétiques ont proposé en 1970, que chacune des parties soit limitée à un seul site. Mais les Américains, n'ont pas voulu abandonner leur programme qui était avancé.

L'article IV apporte une exception à la limitation énoncée à l'article III. Les polygones d'essai à l'époque en service ou ceux qui devraient être ultérieurement créés en vertu d'une autorisation des deux gouvernements pouvaient être utilisés pour la mise au point et l'expérimentation des systèmes DAB ou de leurs composants. À l'époque les États-Unis possédaient deux polygones d'essai (ces polygones se trouvaient à White Sands, New Mexico et sur l'atoll Kwajalein dans le Pacifique) et l'URSS un (près de Sary Shagan dans le Kazakhstan). On s'aperçoit que l'article IV rompt avec l'égalité quantitative que l'Accord établit, par ailleurs, entre les deux Parties. En vertu de l'article VIII, les systèmes DAB (ou leurs composants) excédant le nombre autorisé ou situés hors des zones définies par l'Accord ainsi que ceux qui sont prohibés seront détruits ou démantelés selon les modalités arrêtées en commun et dans les délais les plus brefs convenus par les parties. Comme implications, les États-Unis ont été appelés, en vertu de l'article VIII, à démanteler un de leur site, notamment celui non encore achevé de Malmstrom (Montana).

En ce qui concerne les limitations quantitatives, elles ont concerné les lanceurs, les intercepteurs, les radars et les têtes nucléaires. Globalement, l'accord limitait l'arsenal stratégique offensif de chaque Partie à 2 400 dispositifs de lancement d'ICBM et de SLBM, bombardiers lourds et ASBM. Ce chiffre devait être réduit à compter de janvier 1981, à 2 250 conformément à l'article III al. 1 et 2. Dans ces limites, chaque partie jouissait de la liberté de déterminer la composition de ses forces, c'est-à-dire le nombre de ses dispositifs de lancement, de ses bombardiers et de ses ASBM. Toutefois, l'article IV al.1 apporte une exception à cette règle en engageant chaque partie à ne pas entreprendre la construction de dispositifs de lancement fixes additionnels d'ICBM. L'objectif était de geler à un niveau inégal ces dispositifs à savoir à 1 398 pour l'URSS et à 1 054 pour les États-Unis. Les plafonds fixés (2 400 et 2 250) obligeaient l'URSS à supprimer dans la même période 104 dispositifs et, en 1981, 150 autres. Pour les États-Unis, il s'agira, en 1981 seulement, de 34 armes.

Par ailleurs, chaque Partie avait le droit de mettre en service, dans chacun des deux sites de lancement autorisés, un maximum de 100 lanceurs DAB et de 100 missiles intercepteurs DAB. Cette limite quantitative ne pouvait être dépassée dans un site même si elle n'est pas atteinte dans l'autre. En outre, chaque Partie jouissait du droit de moderniser ou de remplacer (par de plus modernes) sur chaque site, les systèmes DAB ou leurs composants. Il s'agit d'une autorisation expresse de l'article VII de l'Accord. Toutefois, aucune partie ne pouvait créer la base d'un système de défense s'étendant à l'ensemble du territoire national (article I, II), ou pour mettre au point, expérimenter ou mettre en service les types de système DAB interdits par l'article V, ou pour donner à des composants non DAB des capacités DAB (article VI al. 1 § a)).

Dans les limites ainsi fixées, l'article V établit un autre plafond en fonction du type d'armement. Pour chaque Partie, les lanceurs d'ICBM et de SLBM MIRVés, les ASBM MIRVés et les bombardiers lourds équipés pour recevoir des ALCM à longue portée (c'est-à-dire d'une portée supérieure à 600 km) ne pouvaient dépasser globalement le chiffre de 1 320. Pour les ICBM ou les SLBM MIRVés ou non, c'est le nombre des lanceurs ou dispositif de lancement qui est limité. Pour les ASBM, celui des missiles. Les bombardiers lourds étaient considérés comme des dispositifs de lancement de plusieurs missiles de croisière ; les bombardiers lourds porteurs de bombes nucléaires ne comptaient que dans le contingent global de 2 400 ou 2 250 et ceux équipés exclusivement pour recevoir des ASBM ne sont pas comptabilisés. Cette solution a été choisie pour des raisons de commodité : Les lanceurs peuvent être plus facilement vus et comptés que les missiles. Les adversaires de l'Accord ont critiqué cet aspect, déclarant que ce qui dévastait, c'étaient les missiles et les têtes.

Dans ce plafond de 1 320, les ASBM MIRVés ne peuvent dépasser, pour aucune Partie, 1 200. Après déduction du plafond, on observe que chaque Partie pouvait librement disposer de 120 bombardiers lourds équipés d'ALCM à longue portée. Elle pouvait en posséder davantage, mais dans ce cas, pour chaque bombardier supplémentaire de ce genre, elle devrait sacrifier un dispositif de lancement, soit d'ICBM MIRVé, soit de SLBM MIRVé. Dans le cas spécifique des ALCM MIRVés, l'article IX al. 2 interdit l'essai en vol à partir des aéronefs et de déployer sur des aéronefs des ALCM ayant une portée supérieure à 600 km et qui sont équipés de MIRV. Ainsi, le développement de ces armes n'est pas interdit tant qu'elles ne sont pas essayées en vol depuis un aéronef ou déployées sur des aéronefs.

S'agissant des têtes nucléaires (ou corps de rentrée), l'article IV al. 10 stipule qu'aucune partie ne doit essayer en vol ou installer des ICBM d'un type essayé en vol avant le 1er mai 1979 qui seraient munis d'un nombre de têtes nucléaires supérieur au nombre maximal avec lequel un ICBM de ce type a été essayé avant cette date par l'une quelconque des Parties. Cette limitation s'applique aussi bien aux MIRV qu'aux MRV. Sur le seul nouveau type d'ICBM que les parties sont autorisées à essayer en vol ou à installer, en vertu de l'accord, le nombre de corps de rentrée ne pouvait dépasser 10 (article IV al. 11 de l'Accord). Aucun SLBM ne peut être essayé en vol ou installé avec plus de 14 corps de rentrée. Quant aux ASBM, la limite est de 10 corps de rentrée. Il est interdit de procéder à des essais en vol d'ICBM d'un type essayé en vol avant le 1er mai 1979, avec des corps de rentrée plus légers que le plus léger essayé avant le 1er mai 1979 (article IV al. 10 de l'Accord). Cette dernière disposition a pour but d'empêcher les Parties de munir rapidement un missile d'un nombre de corps de rentrée supérieur à la limite autorisée.

L'Accord SALT II indique à l'article VI al. 1 que les limitations quantitatives et qualitatives prévues s'appliquent aux armes qui sont opérationnelles, se trouvant au stade final de leur fabrication, qui sont entreposées, stockées ou en réserve, qui sont en cours de révision, de réparation, de modernisation ou de transformation.

L'Accord SALT II ne s'est pas limité qu'à ces précisions. Il consacre une obligation de non-transformation. L'article VI al. 1 § a) interdit en effet aux parties de donner à des lanceurs, missiles ou radars qui ne sont pas des composants d'un système DAB la capacité d'intercepter des missiles balistiques stratégiques (ou leurs éléments) dans leur trajectoire de vol ainsi que d'expérimenter de tels lanceurs, missiles ou radars suivant la technique DAB. Dès lors, aucune des Parties ne devait modifier les missiles de défense anti-aérienne (les SAM) de manière à les doter de la capacité susmentionnée. Toutefois et par déduction, cette disposition n'interdit pas d'expérimenter les SAM contre des missiles balistiques dits tactiques. Quant à l'article V § b), il interdit à l'avenir la mise en service hors du territoire national des radars pré-alerte. Il s'agit des radars susceptibles de signaler à grande distance l'arrivée des missiles balistiques sans être liés à un système d'interception.

À l'exemple de l'Accord SALT I, une obligation de non-transfert est consacrée par l'Accord SALT II. Aux termes des dispositions de l'article IX, chaque Partie s'engage à ne pas transférer à d'autres États ni à déployer en dehors de son territoire national des systèmes DAB ou leurs composants couverts par l'Accord. Comparé au TNP, il s'agit d'une disposition qui va plus loin. En effet, ce dernier n'a pas expressément interdit à un EDAN d'entreposer ou d'installer des armes nucléaires sur le territoire d'un ENDAN lorsque le premier conserve la propriété ou le contrôle de ces armes. L'établissement d'un système DAB sur le territoire d'un allié est ainsi, totalement proscrit. Pour un plein respect de cette interdiction, les États-Unis et la Russie ont, par une déclaration paraphée, reconnu leur obligation commune de ne pas remettre ou communiquer à d'autres États des descriptions techniques et plans concernant la construction des systèmes DAB ou de leurs composants visés par l'Accord.

61. Secrétariat - organe de décision politique - système de vérification. – En ce qui concerne le processus de vérification du respect des limitations, il est identique à celui des SALT I. Il s'agit d'un processus continu de surveillance, d'évaluation et de jugement, mis en œuvre par chaque Partie (ou quelquefois par les deux). La finalité générale reste inchangée à savoir permettre à chaque Partie de constater si l'autre applique bien les obligations qu'elle a contractées. L'article XII de l'Accord définit les méthodes de vérification. Ce processus est principalement unilatéral. En effet, chaque Partie doit utiliser, conformément aux principes généralement reconnus du droit international, les MTN de vérification dont elle dispose. Par ailleurs, la CCP créée en 1972 par le Traité ABM demeure l'institution où sont évoqués, discutés et, si possible, réglés les doutes ou les accusations que pourrait éprouver ou formuler une Partie à l'égard de l'autre au sujet du respect des engagements assumés. L'histoire révèle qu'aucune violation formelle de l'accord SALT II n'a été alléguée. Toutefois, les États-Unis ont soulevé au sein de la CCP huit activités jugées ambiguës dont deux ne pouvaient en aucun cas constituer une violation du traité. Parmi les six autres, une seule paraissait réellement sérieuse : les essais soviétiques d'un missile balistique, le SA-5, associés à l'utilisation d'un radar. Les États-Unis ont contrôlé ces essais pendant plus d'un an, sans être à même de prouver que ces opérations violaient le traité.

Plusieurs dispositions de l'Accord ont été élaborées en vue de faciliter la vérification. D'abord, il est interdit aux Parties de recourir délibérément à des mesures de dissimulation qui empêcheraient la vérification par les MTN (article 15 al. 3 de l'Accord). Ensuite, il est prévu une obligation de vérification préalable. Ainsi, aux termes des dispositions de l'article XVI de l'Accord, chacune des Parties s'engage, avant de procéder à un lancement prévu d'ICBM, à avertir l'autre Partie suffisamment à l'avance. Échappent à cette obligation les lancements d'ICBM dont le vol, d'après les prévisions, ne doit pas déborder les limites du territoire national, sauf s'il s'agit d'un lancement d'ICBM multiples (deux ou plusieurs ICBM en vol en même temps).

62. Dispositions finales. – L'Accord SALT II a été conclu pour expirer le 31 décembre 1985, à moins qu'il ne soit remplacé avant cette date, par un accord apportant de nouvelles limitations aux armes stratégiques offensives. La clause de retrait, identique à celle qui avait été déjà insérée dans les accords de 1972 avait été reconduite.

Simples accords de limitation, les accords SALT I et II, n'avaient pas pour objet de mettre fin à la course aux armements d'où, logiquement, le peu de progrès qu'ils ont réalisé en matière de désarmement nucléaire. À titre illustratif et pour le seul cas des têtes nucléaires, les États-Unis disposaient à la date d'adoption de l'accord SALT II (18 juin 1979) d'environ 9 200 têtes et de bombes nucléaires. En 1983, soit deux ans avant la fin de l'accord, leur arsenal se composait d'environ 9 680 têtes nucléaires stratégiques totalisant 4 408 mégatonnes réparties sur 2 140 têtes nucléaires disposées sur 1 054 missiles Titan II et Minuteman II et III en silos auxquelles s'ajoutent 4 960 têtes embarquées sur 656 missiles Poséidon et Trident 1 à bord de 41 sous-marins nucléaires et 2 580 bombes à bord de 328 bombardiers auxquels il faut ajouter 130 bombardiers de réserve. D'après l'article XIV de l'Accord, des négociations ultérieures devront s'engager après son entrée en vigueur dans l'intention de conclure, avant 1985, un nouvel accord limitant les armes stratégiques offensives. La déclaration commune sur les principes et les orientations fondamentales des négociations ultérieures, c'est-à-dire des SALT III, adoptée en 1997, constitue une application de l'article XIV de l'Accord. Au cours des SALT III, il était prévu de discuter de toutes les armes, stratégiques ou non, offensives et défensives. Mais, plutôt qu'un accord SALT III de limitation, les Parties ont opté d'aller plus loin en passant à la réduction de leurs arsenaux.

SECTION II.

LA RÉDUCTION DES ARMES NUCLÉAIRES

63. L'idée de réduire les arsenaux nucléaires avait germé depuis 1981 avant même l'expiration de l'Accord SALT II. Les États-Unis et la Russie étaient toujours convaincus de la nécessité de poursuivre les échanges. En 1987, les signataires étaient les États-Unis et l'URSS. Après la chute de l'URSS, douze États ont été reconnus comme successeurs. Parmi ceux-ci, six possédaient des installations susceptibles d'être inspectées au titre du Traité sur l'élimination des forces nucléaires à portée intermédiaire et à plus courte portée ou euromissiles (Traité FNI) (Belarus, Kazakhstan, Russie, Turkménistan, Ukraine et Ouzbékistan). Seuls la Russie, l'Ukraine, le Bélarus et le Kazakhstan ont pris un rôle de participants actifs au Traité.

Cependant, les négociations sur la réduction des armements stratégiques des deux Supergrands seront bloquées à partir de novembre 1983 du fait d'une crise ; celle des euromissiles. Il s'agit de la période de tension durant laquelle les relations Est-Ouest étaient marquées par le déploiement de missiles soviétiques SS-20 et Pershing II des deux côtés du rideau de fer. Les missiles SS-20 avaient été braqués sur l'Europe occidentale et déployés par le leader soviétique Léonid BREJNEV à partir de 1977. Très précis et d'une portée de 5 000 km, ces missiles étaient susceptibles d'atteindre le continent européen en moins de 15 minutes. Les négociations américaines auprès de l'administration russe échouèrent. Le 12 décembre 1979, l'OTAN décide à travers deux décisions de déployer à la fois des missiles de croisières et des Pershing II américain dans cinq États de l'Alliance, à savoir la RFA, la Grande-Bretagne, les Pays-Bas, l'Italie, et la Belgique. La bataille des euromissiles a duré de 1977 à 1987. Cette crise qui aura duré dix ans, s'est pacifiquement débloquée avec la conclusion du Traité FNI (§ 1) en décembre 1987. Les négociations ont été débloquées d'abord par l'accord Shultz-Gromyko du 8 janvier 1985 et relancées par le Sommet Reagan-Gorbatchev de Genève les 19-21 novembre de la même année puis par le Sommet de Reykjavik des 11 et 12 octobre 1986. Dans la poursuite des négociations, les deux Parties sont parvenues en janvier 2010 à la conclusion d'un traité de réductions dit New START (§ 2).

§ 1. Le Traité FNI du 8 décembre 1987

64. Préambule - forme (composition) du Traité. - Composé d'un Préambule et de 17 articles, le Traité FNI comporte deux protocoles y faisant parties intégrantes, tous conclus le 8 décembre 1987. De manière succincte, le premier protocole (l'intitulé officiel du Protocole est : « Protocole sur les procédures réglant l'élimination des systèmes de missiles soumis au Traité entre les États-Unis d'Amérique et l'Union des Républiques Socialistes Soviétiques sur l'élimination de leurs missiles à portée intermédiaire et à plus courte portée ») fixe une procédure contraignante pour l'élimination des systèmes de missiles et le second, (son intitulé officiel est « Protocole sur les inspections relatives au Traité entre les États-Unis d'Amérique et l'Union des Républiques Socialistes Soviétiques sur l'élimination de leurs missiles à portée intermédiaire et à plus courte portée ».), un contrôle strict de l'application du Traité à travers les inspections comme mesure de vérification. Outre ces deux instruments, le Traité compte un Mémorandum d'accord portant sur l'établissement d'une base de données découlant de l'application du Traité. Le présent examen portera principalement sur les trois premiers instruments. Toutefois, cela n'empêchera pas un recours aux données du Mémorandum afin d'étayer nos développements.

L'aboutissement des négociations puis l'adoption du Traité découlent essentiellement du fait que les deux superpuissances étaient à la fois conscientes et convaincues qu'une guerre nucléaire serait le comble pour l'humanité (§ 2 du Préambule) et que les nouvelles limitations qu'elles prévoient contribueraient notablement à la prévention d'une telle guerre ainsi qu'au maintien de la stabilité internationale tant convoitée. On peut lire ceci dans le § 3 du Préambule : « *Convaincus que les mesures fixées dans le présent Traité aideront à réduire le risque de déclenchement d'une guerre et à renforcer la paix et la sécurité internationales* ». Les Parties étaient également guidées par la volonté certes douteuse d'aboutir à une date donnée à un désarmement nucléaire général et complet tel que prescrit par l'article VI du TNP (§ 5 du Préambule).

65. Obligation fondamentale – application nationale. – L'obligation principale consiste pour chaque Partie à éliminer tous leurs missiles à portée intermédiaire (IRM) et à plus courte portée (SRM) lancées du sol (le terme « missile balistique lancé du sol » ou Ground-Launched Ballistic Missile ou GLBM désigne un missile balistique lancé du sol qui est un vecteur porteur d'armes) et à ne pas en acquérir ultérieurement (article I du Traité). L'article II en ses alinéas 5 et 6 du Traité, désigne respectivement les premiers comme ceux ayant une portée comprise entre 1 000 et 5 500 km et les second entre 500 et 1 000 km. Selon l'alinéa 5, le terme « missile à portée intermédiaire » signifie un « GLBM ou un GLCM ayant une portée dépassant 1 000 kilomètres mais ne dépassant pas 5 500 kilomètres. ». Quant à l'alinéa 6, il stipule que : « le terme « missile à plus courte portée » signifie un « GLBM ou un GLCM ayant une portée égale ou supérieure à 500 kilomètres mais ne dépassant pas 1 000 kilomètres ». À la fois qualitatives et quantitatives, lesdites réductions étaient par ailleurs, circonscrites dans le temps.

Aux termes des dispositions de l'article III al. 1 et 2 du Traité, devaient être éliminés, côté américain, en tant qu'armes de portée intermédiaire, les Pershing II et les BGM-109G. Du côté russe, il s'agissait des RSD-10, des R-12 et des R-14, connus chez les Américains comme étant respectivement les missiles SS-20, SS-4 et SS-5. S'agissant des forces nucléaires de courte portée, étaient concernés les Pershing 1-A côté américain, et du côté soviétique, les OTR-22 et les OTR-23, respectivement désignés chez les Américains comme étant les SS-12 et les SS-23. Le Traité a également couvert les missiles testés mais non encore déployés avant l'entrée en vigueur du Traité. Il s'est agi des Pershing I-B pour les États-Unis et des SSC-X-4 pour l'URSS.

Le Traité ne prévoit pas la destruction des ogives nucléaires emportées par ces missiles. Il ne couvre pas les missiles installés à bord des sous-marins ou des bâtiments de surface. Sont également exclus les missiles aéroportés. Ceci permettait le déploiement en Europe des avions (notamment américains) à capacité nucléaire.

L'obligation d'éliminer les IRM et les SRM était une obligation complète. Cela ressort implicitement de l'article Ier du Traité lorsqu'il stipule qu'« *aucune des Parties ne devraient disposer de tels systèmes par la suite* ». En outre, mais cette fois-ci de manière expresse, l'article IV al. 1 du Traité fait obligation à chaque Partie d'éliminer à la fois « tous ses missiles à portée intermédiaire et les lanceurs de tels missiles, toutes les structures auxiliaires et tout le matériel auxiliaire des catégories énumérées dans le Mémorandum d'Accord et associés à ces missiles et lanceurs ». Dans la partie I § 1) et § 2) du Protocole portant procédure d'élimination, il ressort que les éléments des systèmes de missiles à éliminer étaient, côté américain :

- pour les Pershing II, le missile, le lanceur et l'abri d'aire de lancement.
- pour les BGM. 109G, le missile, le conteneur de lancement et le lanceur.
- pour les Pershing, le missile et le lanceur,
- pour les Pershing IB, le missile uniquement.

Du côté soviétique, devaient être éliminés :

- en ce qui concerne le RSD-10 (SS-20), les missiles, le conteneur de lancement, le lanceur, le véhicule transporteur de missiles et la structure fixe de lanceur ;
- pour le R-12 (SS-4), le missile, le véhicule transporteur de missiles, l'érecteur de missile, la table de lancement et le réservoir de propergol ;
- quant au R-14 (SS-5), simplement le missile ;
- en ce qui concerne le RK-55 (SSC-X-4), le missile, le conteneur de lancement et le lanceur ;
- enfin, respectivement pour les OTR-22 (SS-12) et OTR-23 (SS-23), le missile, le lanceur et le véhicule transporteur de missiles.

Le Protocole fait également obligation à chacune des Parties d'éliminer tous les missiles d'entraînement, les étages de missiles d'entraînement, les conteneurs de lancement d'entraînement et les lanceurs d'entraînement (Partie I. 3) du Protocole sur les procédures). S'ajoutent à ceux-ci tous les étages de GLBM à portée intermédiaire ou à plus courte portée (Partie I. 4) du Protocole sur les procédures) et toutes les parties hautes de missiles à portée intermédiaire ou à plus courte portée déployés (Partie I. 5) du Protocole sur les procédures).

En ce qui concerne l'encadrement temporel de ces obligations, il est respectivement consacré par les articles IV, V et X al. 6 du Traité. La première disposition s'est chargée de circonscrire dans le temps le processus de réduction des IRM tandis que la seconde se consacre aux SRM. La dernière, quant à elle, circonscrit dans le temps le processus de destruction des IRM et SRM qui avaient fait l'objet d'essais avant l'entrée en vigueur du Traité sans avoir jamais été déployés.

Conformément aux dispositions de l'article IV, chaque Partie est tenue, à compter de l'entrée en vigueur du Traité (c'est-à-dire le 1er juin 1988), de commencer et de poursuivre pendant la durée de chaque phase la réduction du nombre de tous les types de leurs missiles à portée intermédiaire déployés ou non déployés, des lanceurs déployés ou non déployés pour de tels missiles, des structures auxiliaires et du matériel auxiliaire associés à de tels missiles et lanceurs (alinéas 7, 10, 11 et 15 de l'article II du Traité et alinéa 1 de l'article VIII du Traité). Un « missile non déployé » désigne un IRM situé en dehors d'une zone de déploiement ou SRM situé à l'extérieur d'une base de mise en œuvre de missiles (article II, § 12 du Traité). Un « lanceur déployé » est un lanceur pour missile à portée intermédiaire situé à l'intérieur d'une zone de déploiement ou un lanceur pour missile à plus courte portée situé dans une base de mise en œuvre de missiles. Le terme « lanceur non déployé » désigne un lanceur pour missile à portée intermédiaire situé à l'extérieur d'une zone de déploiement ou un lanceur pour missile à plus courte portée situé à l'extérieur d'une base de mise en œuvre de missiles (article II, § 14 du Traité).

Dans le cadre de ce Traité, il faut entendre par « missile déployé » un missile à portée intermédiaire situé à l'intérieur d'une zone de déploiement ou un missile à plus courte portée situé dans une base de mise en œuvre de missiles. La zone de déploiement se distingue du « pays de déploiement » compris comme étant un pays autre que les États-Unis et l'Union soviétique sur le territoire duquel, après le 1er novembre 1987, se trouvent situés des IRM et SRM des Parties, des lanceurs pour de tels missiles, des structures auxiliaires associées à ces missiles ou à ces lanceurs.

L'article IV al. 2 du Traité a, en effet, consacré deux phases de réduction des IRM. L'histoire des négociations révèle que la limitation du processus à deux phases est le fruit d'un compromis entre les Parties. En effet, les États-Unis avaient proposé trois phases en trois ans et l'URSS deux phases en cinq ans.

La première étape a une durée de 29 mois (soit deux ans et cinq mois) comptant à partir du 1er juin 1988. Elle devait donc prendre fin au plus tard le 1er novembre 1990. Au plus tard à cette date, les objectifs fixés devaient être atteints. Pour ce qui concerne les lanceurs, le nombre de lanceurs pour IRM déployés de chaque Partie ne devait pas excéder le nombre de lanceurs capables de porter ou contenir à un moment donné des missiles considérés par les Parties comme pouvant porter 171 ogives nucléaires. Quant au nombre total de lanceurs pour

IRM, à la fois déployés et non déployés, il ne devait pas être supérieur pour chaque Partie, au nombre de lanceurs capables de porter ou contenir à un moment donné les missiles considérés par les Parties comme pouvant porter 200 ogives.

En ce qui concerne les missiles, le nombre d'IRM déployés par chacune des Parties ne devrait pas excéder le nombre de tels missiles considérés par les deux Parties comme pouvant porter 180 ogives nucléaires et, le nombre total d'IRM, à la fois déployés et non déployés, ne devra pas dépasser, pour chaque Partie, le nombre de ce genre de missiles considérés par les Parties comme pouvant porter 200 têtes nucléaires. Enfin, le rapport entre le nombre total de missiles balistiques lancés du sol ou GLBM à portée intermédiaire, déployés et non déployés des types existant pour chacune des Parties, et le nombre total des IRM déployés et non déployés des types existant pour chacune des Parties ne devra pas excéder le rapport, pour cette Partie, entre le nombre de tels GLBM à portée intermédiaire et le nombre de tels missiles à portée intermédiaire, à la date du 1er novembre 1987, conformément au Mémorandum d'accord.

La seconde phase du processus de réduction s'étale sur une durée de trois ans à compter de l'entrée en vigueur du Traité (le 1er juin 1988). Par conséquent, tous les IRM de chacune des Parties, les lanceurs de tels missiles, toutes les structures auxiliaires et tout le matériel auxiliaire des catégories énumérées dans le Mémorandum d'accord et qui sont associés à de tels missiles et lanceurs devront être éliminés à la fin de la seconde phase soit au plus tard le 1er juin 1991.

L'élimination complète et définitive des SRM, de leurs lanceurs ainsi que tout le matériel auxiliaire qui sont associés à de tels missiles et lanceurs devait, aux termes de l'article V du Traité, s'achever au plus tard 18 mois (un an et demi) après l'entrée en vigueur du Traité soit le 1er décembre 1989. Pour cela, les Parties se sont accordées un délai de 90 jours (trois mois) à compter de l'entrée en vigueur du Traité pour achever l'enlèvement de tous leurs SRM qui sont déployés, de leurs lanceurs déployés ou non déployés, afin de les placer dans des installations d'élimination où ils seront maintenus jusqu'à ce qu'ils soient éliminés conformément aux procédures fixées par le Protocole sur l'élimination. Les Parties se sont par ailleurs accordées, aux termes de l'article V al. 2 du Traité, 12 mois (un an) au plus tard après l'entrée en vigueur du Traité pour l'achèvement de l'enlèvement de tous les SRM qui n'avaient pas été déployés pour les placer dans des installations d'élimination où ils seront maintenus puis éliminés conformément au Protocole sur l'élimination.

Aux termes de l'article X al. 6 du Traité, l'URSS et les États-Unis avaient l'obligation, dans un délai de six mois après l'entrée en vigueur du Traité, d'éliminer les IRM et les SRM qui avaient été expérimentés avant l'entrée en vigueur du Traité mais non déployés. Il s'agissait des Pershing 1-B du côté américain et du missile de croisière soviétique RK-55, connu en Occident sous la dénomination SSC-X-4.

Parlant des réductions quantitatives, il faut noter que les précisions sont apportées par le Mémorandum d'accord. Pour être plus explicites, nous utiliserons un tableau utilisant les mêmes critères de classification que ledit Mémorandum. Ainsi, les armes seront classées selon qu'elles étaient déployées ou non et enfin selon qu'il s'agit d'armes à éliminer dans la seconde phase.

66. Tableau 1 : Les réductions quantitatives de missiles d'armes nucléaires opérées sous le Traité FNI.

Missiles à portée intermédiaires	**Quantité pour les États-Unis**	**Quantité pour l'URSS**
Missiles déployés et non déployés	689	826
Missiles de la seconde phase	282	650
Missiles de courte portée		
Missiles déployés et non déployés	178	926
Missiles de la seconde phase	183	726
Total	1 332	3 128

A la lecture du tableau on s'aperçoit que les réductions sont asymétriques entre les deux États. En effet, l'URSS, la seconde puissance, a détruit davantage de missiles (3 128 missiles au total) que la première (1 332 missiles), soit deux fois plus de missiles que les États-Unis. Cela s'est expliqué essentiellement par la supériorité numérique dont jouissait l'URSS, mais et surtout par la volonté affichée à l'époque par l'URSS d'établir un certain équilibre entre les systèmes d'armes déployés de part et d'autre pendant la phase finale de leur élimination. En effet, le Mémorandum d'accord, qui décrivait la situation au 1er novembre 1987, faisait état de 1 836 missiles soviétiques, à savoir : 650 SS-20, 17 SS-4, 6 SS-5, 726 SS-12, 200

SS-23 et 84 SSC-X-4. Quant aux États-Unis, ils ne possédaient que 859 missiles qui se décomposaient comme suit : 247 Pershing 2, 442 missiles de croisière terrestres GLCM (dénommés BGM-109G dans le Traité) et 170 Pershing 1-A.

Outre l'obligation d'éliminer les IRM et SRM et leurs composants, les Parties ont été obligées, aux termes des dispositions de l'article VI al. 1 § a), de ne pas produire ni procéder à l'essai en vol de tout IRM ni produire d'étages pour ce genre de missiles ou de lanceurs pour ce genre de missiles. Toujours dans la même disposition, obligation est faite aux Parties de ne pas produire, procéder à l'essai en vol ou lancer tout SRM ni produire d'étages pour ce genre de missiles ou de lanceurs pour ce genre de missiles. Cette obligation connaît une exception prévue par l'article VI al. 2 du Traité. En effet, chacune des Parties avait le droit de produire un type de GLBM non limité par le Traité qui utiliserait un étage extérieurement semblable, mais non interchangeable ; à un étage d'un type existant de GLBM à portée intermédiaire ayant plus d'un étage.

La nature complète de l'obligation fondamentale s'est également justifiée par l'interdiction faite à chacune des Parties, au titre de l'article VIII al. 5 du Traité, d'augmenter le nombre des zones de déploiement, des bases de mise en œuvre, des installations auxiliaires de missiles, ni d'en changer l'emplacement ou les limites, excepté en ce qui concerne les installations d'élimination. On entend par « installation auxiliaire pour missiles », une installation de production ou de réparation de missiles ou de lanceurs, une installation d'entraînement, une installation de stockage de missiles ou de lanceurs, un polygone d'expérimentations ou une installation d'élimination (article II al. 9 du Traité). Lesdites zones, bases et installations auxiliaires étaient également sujettes à élimination définitive conformément à l'article X al. 8 du Traité.

67. Secrétariat – Système de vérification. – Le Traité FNI a consacré un système presqu'identique à celui des accords ABM et SALT. Toutefois, à la différence de ces derniers, l'originalité du traité de Washington réside surtout dans le caractère compréhensif voire inquisitorial des dispositions relatives au contrôle. En effet, selon les dispositions de l'article XII du Traité, les MTN de vérification demeurent les instruments aux mains de chaque Partie pour assurer la vérification du respect des dispositions du Traité et ce sans interférence avec les MTN de vérification de l'autre Partie ni avec des mesures de dissimulation susceptibles d'empêcher ladite vérification.

Outre ce dispositif, le Traité a instauré un garde-fou afin de renforcer l'observation des MTN. Il s'agit de mesures de coopération. En effet, afin de renforcer l'observation par des moyens MTN de vérification, chacune des Parties a eu le droit, jusqu'à l'entrée en vigueur d'un traité entre les Parties sur la réduction et la limitation des armements stratégiques offensifs, mais en tout état de cause trois ans au maximum après l'entrée en vigueur du présent Traité, de requérir l'application de mesures de coopération (article XII al. 3). À cet effet, le Traité reconnaît à chaque Partie le droit de requérir l'application de telles mesures en tout état de cause, dans un délai de trois ans au maximum après l'entrée en vigueur du Traité. Sont concernées par lesdites mesures les bases de déploiement de GLBM mobiles sur route ayant une portée dépassant 5 500 km non anciennes et non éliminées après une inspection ou à l'expiration du délai prévu. Lesdites mesures de coopération offraient l'opportunité à chaque Partie de constater *de visu* que l'obligation de démantèlement était fidèlement observée par l'autre Partie. La Partie qui faisait une telle requête devait informer l'autre de la base de déploiement pour laquelle seront mises en œuvre les mesures de coopération. La Partie dont la base devait être observée devait prendre les mesures de coopération efficaces. Chacune des Parties avait le droit de faire six requêtes de ce genre par année.

Chaque Partie avait non seulement le droit d'effectuer des inspections sur le territoire de l'autre mais en sus l'obligation de faciliter les inspections effectuées par l'autre Partie. Étaient autorisées à chaque Partie les inspections sur place à la fois sur le territoire de l'autre Partie et sur celui des pays de déploiement. Chaque Partie avait le droit d'effectuer de telles inspections respectivement à chaque phase du processus d'élimination notamment durant la phase de préparation de l'élimination (ou inspection préliminaire) durant le processus d'élimination en cours et enfin, après l'élimination.

Le processus de vérification a été enfermé dans un délai spécifique. Ainsi, 90 jours comptant de l'entrée en vigueur du Traité ont été accordés aux Parties pour achever la première phase de vérification. Il devait débuter au plus tard 30 jours après l'entrée en vigueur du Traité. En rappel, conformément aux dispositions de l'article IX al. 3 du Traité, chaque Partie avait l'obligation de fournir à l'autre Partie au plus tard 30 jours après l'entrée en vigueur du Traité, des données mises à jour et arrêtées à cette date, pour toutes les catégories de données figurant dans le Mémorandum d'Accord. Les inspections dans les deuxième et troisième phase, elles, devaient se tenir respectivement dans un délai de 13 ans suivant l'entrée en vigueur du Traité et soit suivant 30 jours après l'entrée en vigueur du Traité (article XI du Traité).

Le Traité FNI ne s'est pas limité qu'aux MTN et aux mesures de coopération. Il a mis en place une Commission Spéciale de Vérification (SVC). À l'image de la CCP instaurée par les précédents accords, ladite commission était le cadre de résolution des difficultés relatives à l'application des obligations contractées et de prise, le cas échéant, de mesures propres à favoriser à la fois, la viabilité et l'efficacité continue du Traité. Cela faisait d'elle l'organe de décision politique commun.

À titre d'innovation par rapport aux précédents accords, le Traité FNI a mis en place deux organes permanents de communication dans le dessein de pallier tout défaut éventuel en matière de communication. Il s'agit des Centres de Réduction du Risque Nucléaire (NRRC). Ces centres avaient été établis après l'adoption du Traité FNI en vertu d'un accord du 15 septembre 1987 conclu entre les deux Parties. Dès lors, les Parties devaient passer par ces Centres qui avaient pour fonction principale d'assurer une communication permanente entre elles quant au fonctionnement de l'ensemble du dispositif de vérification et au respect du Traité.

68. Dispositions finales. - Parlant des dispositions finales, retenons que le Traité FNI avait été conclu pour une durée illimitée selon les termes de son article XV. À l'exemple des stipulations des précédents accords, chacune des Parties avaient de manière souveraine le droit de dénoncer et de se retirer du Traité après justification et notification faite à l'autre Partie. Seuls des « événements extraordinaires en rapport avec l'objet du Traité et ayant compromis les intérêts suprêmes » (langage du TNP) de la Partie qui notifie étaient susceptibles d'être invoqués par elle. La décision de retrait doit comprendre une déclaration sur les événements extraordinaires ayant compromis les intérêts suprêmes de l'État et notifiée à l'autre Partie six mois avant son retrait. Par ailleurs, il était susceptible d'amendements de la part de chacune des Parties conformément à l'article XVI, lesdits amendements devant faire l'objet d'un accord entre les Parties. Le Traité FNI est entré en vigueur à la date de l'échange des instruments de ratification.

S'agissant de la portée d'ensemble du Traité, pour rejoindre Daniel COLARD, on dira que le Traité FNI a été un vrai traité de désarmement car il n'a pas limité, il n'a pas réduit mais il a éliminé, pour la première fois, une catégorie complète d'armes nucléaires (3 à 4 % des forces). En outre, très détaillé, très technique et très complexe, il est incontestable que le Traité de Washington est le premier traité de désarmement assorti d'un système de garanties efficace conclu depuis la fin de la Seconde Guerre mondiale et, à ce titre, il mérite le qualificatif d'accord « historique », dira Jean KLEIN.

Le Traité FNI a valeur de précédent dans l'histoire des négociations *d'arm control* et a marqué un tournant décisif dans les rapports stratégico-politiques entre les États-Unis et la Russie. Cela peut s'observer à travers l'engouement démesuré observé lors des négociations du Traité ainsi que lors de son adoption. En effet, « plus de 7 000 journalistes venus des quatre coins du monde contribuèrent à faire de la signature du Traité à Washington le 8 décembre 1987 un événement médiatique de dimension planétaire. Ce jour-là, des centaines de millions de téléspectateurs ont pu voir Reagan et Gorbatchev signer, huit fois chacun, les deux exemplaires originaux abolissant pour la première fois dans l'histoire du désarmement nucléaire deux catégories entières d'armements », rapporte Jérôme PAOLINI. A titre de bilan, nous nous réfèrerons aux deux tableaux suivants :

69. **Tableau 2 : Armements qui devaient être éliminés avec le Traité FNI :**

	États-Unis		URSS		
	Missiles	Charges	Missiles	Charges	
• Pershing II	108	108	441	1323	SS-20
• Missiles de croisière	256	256	112	112	
• Pershing 1-A appartenant à la RFA mais avec des ogives américaines)	72	72	110	110	SS-4
			20	20	
		?		1450	SS-12
					SS-23
• Recharges					
Total :	**436**	**436**	**683**	**3015**	

70. Tableau 3 : Armement restants au lendemain de l'application du Traité FNI

	États-Unis		**URSS**	
Les arsenaux stratégiques (portée supérieure à 5 500 km)				
	Missiles	Charges	Missiles	Charges
ICBM	1 000	2 261	1 398	6 426
SLBM	640	5 632	922	3 232
Bombardiers	317	4 956	160	?
Total	**1 959**	**12 849**	**2 480**	**10 000+**
Ce qui restait en Europe*				
Missiles basés à terre avec 115 km de portée Avions	163	-	1 159	Frog, Scud, etc.
Avions :				
- F-111 (bombardiers américains en Grande-Bretagne)	150	-	340	Bombardiers (Backfire, etc.)
- Autres	921	-	1 664	Autres
- Avions embarqués	40	-	-	
- Pièces d'artillerie	3 000	-	3 800	
Total		**4 000**		**?**

Il s'agit des SRM que les deux États possédaient (avions de divers types et des pièces d'artillerie) sans tenir compte des forces de dissuasion française et britannique.

Source : *Le Monde Diplomatique*, janvier 1988 cité par Daniel COLARD, *op. cit*, p. 169.

La décision des États-Unis puis de la Russie de se retirer du Traité FNI, devenue effective en août 2019, apparaît comme l'issue de la crise qui s'est développée principalement autour des suspicions américaines d'une violation russe, rendues publiques à partir de 2013. En effet, les deux Parties se sont mutuellement accusées d'avoir violé le Traité. En juillet 2014, les États-Unis ont publiquement accusé la Russie d'avoir violé le Traité dans le rapport annuel non classifié établi par le Département d'État sur l'adhésion aux accords et engagements relatifs à la maîtrise des armements, à la non-prolifération et au désarmement, et le respect de leurs dispositions. Dans ce rapport, les États-Unis ont indiqué que la Fédération de Russie ne respectait pas ses obligations au titre du Traité, selon lesquelles elle ne doit pas posséder ou produire de missiles balistiques lancés à partir du sol ayant une portée comprise entre 500 et 5 500 km, procéder à des essais en vol de tels missiles ou posséder ou produire des lanceurs destinés à de tels systèmes. Le Président Obama a informé le Président Vladimir Poutine de sa détermination à cet égard dans une lettre datée du 29 juillet 2014.

De son côté, la Fédération de Russie a affirmé que les systèmes de lancement Mark-41 que les États-Unis s'apprêtaient à déployer en Pologne et en Roumanie dans le cadre de l'Approche adaptative phasée des États-Unis pour la défense antimissile en Europe constitueraient une violation du Traité si le lancement s'effectuait à partir du sol. Les accusations américaines se sont par la suite avérées jusqu'à la désignation en 2018 du missile russe 9M729 que les États-Unis nomment SSC-8. Moscou a fini par reconnaître l'existence dudit missile tout en continuant de nier toute violation du Traité FNI. Finalement, après les pressions réciproques et l'échec des tentatives de résolution diplomatique de cette situation, les États-Unis, aussitôt imités par la Russie, ont décidé de se retirer du Traité, y mettant ainsi fin en août 2019. En effet, le 1er février 2019, le président TRUMP annonçait que le retrait des États-Unis du Traité signé en 1987. Le lendemain, le gouvernement russe, en faisait de même par l'intermédiaire de son ministre des Affaires étrangères.

L'histoire des négociations du Traité FNI a révélé qu'au cours desdites négociations les États-Unis et l'URSS ont affirmé être résolus à réduire de moitié leurs armements stratégiques offensifs dans le cadre des accords START et à favoriser la conclusion d'autres accords, notamment sur l'arrêt des essais nucléaires, l'élimination des armes chimiques et la réduction des forces armées et des armements en Europe.

§ 2- Les traités START

71. L'annonce sur des négociations éventuelles sur un traité portant sur la limitation des armes nucléaires stratégiques ou Traité START (pour « *Strategic Arms Reduction Treaty* » en anglais. Toutefois, le nom complet du Traité est « *Treaty Between the United States of America and the Union of Soviet Socialist Republics on the Reduction and Limitation of Strategic Offensive Arms* »)) était faite depuis le 18 novembre 1981. Ce n'est que plus tard, le 9 mai 1982, que le président américain Reagan proposait à son homologue russe non plus de limiter mais de réduire leurs arsenaux nucléaires stratégiques. Les négociations START débutèrent officiellement le 29 juillet de la même année pour durer neuf ans.

A- Le Traité START 1 du 31 juillet 1991

72. Préambule - forme (composition). - Composé de 19 articles précédés d'un Préambule, le texte de base du Traité START I comporte neuf autres documents soit six Protocoles et trois annexes faisant partie intégrante du Traité. La présente analyse du Traité START I n'empruntera pas une autre méthode. Au titre des protocoles d'accord, il faut citer :

- un Protocole sur les procédures gouvernant la conversion ou l'élimination des armes nucléaires stratégiques ;
- un protocole sur les inspections et le contrôle continu des réductions ;
- un protocole sur les notifications dans le cadre du processus d'inspections ;
- un protocole sur la portée au lancement des ICBM et SLBM ;
- un protocole sur les informations télémétriques et enfin,
- un protocole instituant la commission consultative chargée de vérifier l'inspection.

Au titre des annexes, il faut citer : l'Annexe sur les déclarations convenues, l'Annexe sur les définitions des termes employés dans le Traité, et un mémorandum d'accord. L'examen portera principalement sur les dispositions du texte du Traité proprement dit. Le recours aux dispositions des autres instruments servira d'appui à nos développements.

Dans le Préambule du Traité, les deux acteurs restent porteurs d'un message identique aux précédents accords. En effet, les deux Parties demeuraient à la fois conscientes et convaincues de la nécessité d'apaiser en continu les relations interétatiques marquées par des tensions et d'éviter à tout prix une guerre nucléaire (§ 2 du Préambule). La réduction réciproque des arsenaux nucléaires en était ainsi l'un des moyens les plus efficaces, avaient-ils jugé (§ 3 du Préambule), non seulement au regard de l'obligation de désarmement consacrée par l'article VI du TNP mais également au regard des engagements pris en 1972 au titre de l'article XI du Traité ABM. En rappel, à l'article XI du Traité ABM, les Parties s'étaient engagés à « poursuivre activement les négociations en vue de la limitation des armes offensives stratégiques ». Dans le cadre de l'accord START I, les parties sont allées au-delà de cette disposition en s'engageant à réduire plutôt que de limiter. Ce Traité se traduit ainsi comme le gage de la bonne foi des deux acteurs de tenir leurs promesses et d'assumer leurs engagements antérieurs.

73. Obligation fondamentale et application nationale. - Il ressort de manière expresse de l'article 1er du Traité que l'obligation principale consiste à la fois pour chacun des acteurs, à limiter et à réduire ses forces nucléaires stratégiques conformément à ses engagements. Etaient concernés par lesdites réductions trois types d'armes stratégiques offensives à capacité nucléaire. Il s'agit, aux termes des dispositions de l'article II du Traité, des ICBM y compris leurs dispositifs de lancements (lanceurs), les missiles balistiques lancés depuis des sous-marins (SLBM) y compris leurs lanceurs, et les bombardiers lourds. Ces vecteurs étant susceptibles d'emporter plusieurs têtes nucléaires, le Traité avait en outre fixé des limites sur leur nombre pour chaque type de lanceur. Enfin, le Traité établit une distinction entre les armes déployées, c'est-à-dire prêtes à l'emploi opérationnel, et les armes non déployées, c'est-à-dire stockées mais non détruites.

L'histoire de la course à l'armement nucléaire révèle qu'en plus des dizaines de milliers d'armes nucléaires dites « de théâtre » entreposées en Europe, les États-Unis et la Russie disposaient en 1982 sur leur territoire ou en mer de plus de 17 000 ogives nucléaires stratégiques. En 1982, les États-Unis avaient à leur disposition 9 200 ogives nucléaires. S'agissant des vecteurs nucléaires stratégiques, ils disposaient de 1 052 vecteurs d'ICBM, 502 vecteurs de SLBM, 347 bombardiers lourds, soit un total de 1 919 vecteurs. La Russie, quant à elle, disposait de 8 000 ogives nucléaires. Elle disposait de 1 398 vecteurs d'ICBM, 950 vecteurs de SLBM, 156 bombardiers lourds soit un total de 2 504 vecteurs nucléaires stratégiques. À l'image du Traité FNI, l'obligation de réduction portait sur des réductions quantitatives et était organisée pour se réaliser en trois phases. Elle était par ailleurs, complète et encadrée dans le temps.

S'agissant des réductions quantitatives, l'article II al. 1 du Traité fixe la limite quantitative maximale de chaque catégorie d'armes que chaque Partie ne devait dépasser. Aucune des Parties ne devait disposer en termes d'armes déployées de plus de 1 600 vecteurs d'ICBM et de SLBM (y compris leurs lanceurs) ainsi que de bombardiers lourds. Dans ce chiffre, le total des bombardiers ne devait pas dépasser 154 (article II al. 1, § a) du Traité). Par ailleurs, elle ne devait disposer de plus de 6 000 ogives nucléaires stratégiques destinées à des ICBM, SLBM, et bombardiers lourds, tous déployés (article II al. 1, § b)). Les règles de dénombrement de chaque ICBM déployé, de chaque SLBM déployés, de chaque bombardier lourd, des ogives ainsi que des missiles de longues portées ALCM ont été prévues par l'article III du Traité. Ce total de 6 000 ogives est réparti comme suit :

- 4 900 ogives nucléaires sur ICBM et SLBM déployés, et,
- 1 100 ogives sur ICBM mobiles.

Dans les 4 900, les ogives sur ICBM lourds ne devait pas dépasser, pour l'URSS, 1 540 ogives sur 154 missiles balistiques intercontinentaux « lourds ». L'atteinte de ces limites impliquait le respect des délais de réduction et des modalités de réduction.

Sur la question des délais, l'article II al. 2 du Traité accordait au total 84 mois soit sept ans à chaque Partie pour assurer l'effectivité des réductions à des niveaux égaux soit 36 mois (3 ans) au plus tard après l'entrée en vigueur du Traité pour la première phase, 24 mois (2 ans) au plus tard après l'entrée en vigueur du Traité pour la deuxième et enfin 24 mois (2 ans) au plus tard après l'entrée en vigueur du Traité pour la dernière phase. Au sortir de la première phase, aucun des États ne devait disposer au total, plus de 2 100 ICBM (ensemble avec leurs lanceurs), SLBM (ensemble avec leurs lanceurs), et de bombardiers lourds. En outre, aucun d'eux ne devait disposer de plus 9 150 ogives nucléaires stratégiques placées sur des ICBM, SLBM déployés et de bombardiers lourds déployés ni plus de 8 050 ogives nucléaires destinées à des ICBM et SLBM déployés. On observe que les Parties devaient détruire au cours de la deuxième étape 150 ICBM, SLBM et bombardiers lourds, 1 200 ogives nucléaires stratégiques placées sur des ICBM, SLBM déployés et 1 300 ogives nucléaires destinées à des ICBM et SLBM déployés si l'on fait le calcul par rapport à la quantité d'armes existante à l'issue de la première étape (article II al. 1 § a) i) ii) et iii).

Au terme de la deuxième phase, aucun des États ne devait disposer d'un total de plus de 1 950 ICBM (ensemble avec leurs lanceurs), SLBM (ensemble avec leurs lanceurs) et de bombardiers lourds ni plus de 7 950 ogives nucléaires stratégiques placées sur des ICBM, SLBM déployés et de bombardiers lourds déployés ni plus de 6 750 ogives nucléaires destinées à des ICBM et SLBM déployés (article II al. 1 § b) i) ii) et iii)). Enfin, à l'issue de la troisième phase, aucune des Parties ne devait disposer de vecteurs stratégiques (d'ICBM, de SLBM et de bombardiers lourds) dont le total serait au-dessus de 1 600 ni d'ogives nucléaires déployées dont le nombre total serait supérieur à 6 000 tel que vu à l'alinéa 1 de l'article II du Traité.

L'obligation de réduction ne s'est pas focalisée uniquement sur les armes stratégiques déployées. Ainsi, aux termes des dispositions de l'article IV du Traité, chacune des Parties avait principalement l'obligation de limiter le nombre total de ses ICBM sur lanceurs mobiles non-déployés à 250. De ce chiffre, le nombre d'ICBM sur lanceurs mobiles par rails ne devait pas dépasser 125. Le nombre des ICBM non déployés mais dont la portée a été testée ne doit pas dépasser 35 au cours de la septième année de réduction (article IV al. 1 § d) du Traité) sans que ce nombre ne depasse 25 au lendemain de la septième année de réduction. S'agissant du nombre de lanceurs mobiles non-déployés des ICBM, il ne doit pas être supérieur à 110 (article IV al. 2 du Traité). Dans cette limite, le nombre de lanceurs mobiles d'ICBM par rails ne devait pas dépasser 18.

Le caractère complet de l'obligation a justifié la limitation des équipements entrant dans la constitution des ICBM, SLBM et des bombardiers lourds. Aux fins des dispositions de l'article IV al. 2 § d) du Traité, chacune des Parties était tenue de limiter le nombre total de ses lanceurs d'essai à 45 durant la période de sept ans (de ce chiffre le nombre de lanceurs d'essais immobiles ne devait pas excéder 25 et ceux mobiles 20) et celui des silos d'essai à 60. A l'alinéa 3 § a) de la même disposition, le nombre total de bombardiers lourds équipés d'armement non-nucléaire ajouté à celui des anciens modèles de bombardiers ainsi qu'à celui des bombardiers d'essai ne devait être supérieur à 75. Par ailleurs, le nombre total de tests de bombardiers lourds que chaque Partie avait le droit d'effectuer ne devait dépasser 20 au cours des sept ans de réductions (article IV al. 3 § b) du Traité).

À l'article V du Traité, la production, l'essai en vol ou le déploiement d'ICBM lourds d'un type nouveau ainsi que l'augmentation de poids et de l'emport des ICBM lourds d'un modèle déjà existant, sont proscrits. En outre, aucune des Parties n'avait le droit de produire ni d'effectuer des tests en vol ni de déployer des SLBM. Par ailleurs, étaient également proscrits, la production, l'essai ou le déploiement de lanceurs mobiles d'ICBM lourds, la production, l'essai ou le déploiement additionnel de silos de lanceurs d'ICBM à l'exception des silos de lanceurs d'ICBM lourds venus en remplacement de silos déjà éliminés (article V al. 2 du Traité).

Le Traité START I se voulait protecteur de l'espace terrestre et atmosphérique. Le nombre total de sites extra-atmosphériques autorisé pour des essais d'ICBM et de SLBM avait été limité à cinq pour chaque État. Chacune des Parties ne disposait sur terre que de deux sites pour y déployer ses ICBM et y effectuer des essais (article IV al. 5 du Traité). Également, deux bases sur mer étaient reconnues à chaque État pour le déploiement de ses sous-marins lanceurs de missiles balistiques stratégiques (article IV al. 6 du Traité). Dans la même lancée que les précédents accords, le Traité START a reconnu à chaque État le droit de moderniser et de remplacer ses armes nucléaires stratégiques et leurs composants à l'exception de celles proscrites (article V al. 1).

74. Secrétariat - système de vérification. - Le système de vérification du Traité est régi par les articles IX à XII. Le Traité reconduit un système identique à celui du Traité FNI. Les MTN demeurent les moyens de base que chaque Partie devait, de bonne foi (la bonne foi de chaque État se traduisait par le non-usage de moyens de dissimulation des informations), utiliser afin d'assurer l'effectivité du Traité (article IX al. 1 du Traité). En appui aux MTN, le Traité autorise chacune des Parties à user de la télémétrie lors des essais en vol d'ICBM ou de SLBM. Cela permettait de mesurer le niveau de vol mais aussi celui d'emport des missiles, d'obtenir toutes les informations et de déterminer s'il s'agit d'un vol prohibé ou non par le Traité. Cela constitue une particularité du système de vérification du Traité START I et chaque Partie avait l'obligation d'y donner plein effet en s'abstenant de toute manœuvre susceptible d'entraver le contrôle (alinéa 2 de l'article X du Traité).

En plus de ces mesures, le Traité START I accorde à chaque État le droit de mener des inspections sur place, une surveillance continue des armements et de leurs équipements ainsi qu'une exposition (article XI al. 1). Sept fois dans l'année, chaque Partie avait le droit d'inspecter les bases où sont situés les lanceurs mobiles sur route, sur rail ainsi que celles des bombardiers lourds (article XII al. 2 du Traité). En outre, elles pouvaient porter sur les différentes étapes du processus de réduction et par conséquent durer plusieurs jours. Le Traité a prévu les 12 formes d'inspections et expositions suivants :

–baseline data inspections ;
–data update inspections ;
–new facility inspections ;
–suspect-site inspections ;
–re-entry vehicle inspections ;
–post-exorcise dispersal inspections ;
–conversion or elimination inspections ;
–close-out inspections ;
–formerly declared facility inspections ;
–technical characteristics exhibitions ;
–distinguishability exhibitions and,
–baseline exhibitions of heavy bombers.

Les surveillances continues étaient autorisées dans la limite du périmètre et à l'entrée de chaque site où il existe une installation de production et d'assemblage d'ICBM mobiles sur terre. Les États-Unis avaient ainsi le droit d'établir une installation de vérification continue dans la région de Votkinsk, le site d'assemblage final des missiles SS-2S ; à Pavlograd, pour les SS-24. Quant aux soviétiques, ils pouvaient le faire à Thiokol, le site d'opérations stratégique, à Promontory en Utah, une installation d'assemblage final.

Tel que le Traité FNI l'avait prévu, le Traité START I reconnaît à chaque État le droit d'invoquer des mesures de coopération (article XII al.1 du Traité) principalement destinées à prévoir toute tentative de fraude au contrôle.

La Commission Conjointe d'Inspection et d'Observation (CCIO) était l'instance chargée de garantir le respect des dispositions du traité. Elle est le cadre de rencontre des Parties et de discussion sur l'application du Traité, et sur la prise des mesures de redressement nécessaires pour l'atteinte des objectifs du Traité.

75. Dispositions finales. – Le Traité START I avait été conclu pour une durée de 15 ans minimum. Les Parties étaient appelées à se rencontrer un an plutôt avant l'expiration du Traité pour discuter de sa probable prorogation. Également, elles avaient le droit de le proroger successivement cinq fois et pour des durées respectives de cinq ans (article XVII du Traité) ainsi que d'y proposer des amendements (article XVIII du Traité). Quant au droit de retrait, le Traité START reconduit telle une coutume, la même formule que le TNP et les accords précédents. Ceci signifie que chaque Partie avait le droit de se retirer du Traité en se fondant sur des « événements extraordinaires » qu'elle justifierait et notifierait à l'autre Partie six mois avant tout retrait (article XVII al. 3 du Traité). Le Traité n'a jamais fait l'objet de prorogation ni de retrait, expirant ainsi le 5 décembre 2009. Le 4 décembre 2009, les deux États ont publié un communiqué conjoint concernant l'expiration du Traité START I dans lequel ils ont reconnu les contributions de la Biélorussie, du Kazakhstan et de l'Ukraine à l'application effective du Traité et se sont félicités de leur attachement à leur statut d'ENDAN. Les deux Parties ont réaffirmé que les assurances de sécurité énoncées dans le mémorandum de Budapest du 5 décembre 1994 demeureraient en vigueur après l'expiration du Traité START.

Le Traité START I a été l'un des accords les plus importants dans la limitation de la course à l'arme nucléaire. Ses objectifs furent en partie atteints, ce qui est salutaire. En juillet 2009, les États-Unis disposaient d'un total de 1 188 lanceurs et d'un total de 5 916 ogives nucléaires stratégiques ; la Russie disposait de 839 lanceurs stratégiques et de 4 864 ogives stratégiques. Toutefois, en diminuant le nombre d'ogives sur les missiles balistiques les plus menaçants, en coupant substantiellement la capacité d'emport totale des missiles, le traité START I réduisait le potentiel d'attaque nucléaire des superpuissances. Il n'atteignit pourtant pas le but affiché d'une réduction de 50 % des forces stratégiques américaines et russes. En mettant l'accent sur les réductions des missiles à longue portée, des ogives et capacités d'emport, le traité laissait de côté les bombes gravitationnelles ; il ne limitait que partiellement les missiles aéroportés ; et il laissait pratiquement libres les missiles de croisière lancés de plateformes maritimes. En outre, les parties pouvaient moderniser leurs arsenaux d'armes stratégiques au fur et à mesure qu'étaient retirées les armes les plus anciennes.

B- Le Traité START 2 du 3 janvier 1993

76. Contexte – négociations. – Le 3 janvier 1993, les présidents américain (BUSH) et russe (ELTSINE), signaient le Traité START II tel que précédemment convenu et négocié de septembre 1991 à décembre 1992. Contrairement au Traité START I dont la négociation a duré neuf ans, celle du Traité START II n'a duré que 15 mois. En effet, le 1er avril 2009, les États-Unis et la Fédération de Russie ont publié une déclaration commune concernant les négociations au cours desquelles ils sont, entre autres, convenus de procéder à de nouvelles réductions vérifiables de leurs arsenaux stratégiques offensifs, à commencer par le remplacement du Traité START I qui est arrivé à expiration. Les deux acteurs sont convenus de collaborer pour s'acquitter des obligations que leur impose l'article VI du TNP et de jouer un rôle moteur dans l'action en faveur de la réduction du nombre des armes nucléaires. Il a été ratifié par les États-Unis en 1996 et par la Russie en 2000. Le Traité START II, bien que ratifié plusieurs années après sa signature, n'est finalement jamais entré en vigueur. Cette dernière était conditionnée par l'entrée en vigueur du Traité START I et du Protocole de Lisbonne qui faisait de la Biélorussie, du Kazakhstan, de la Fédération de Russie ainsi que l'Ukraine successeurs de l'URSS d'office parties au Traité (article VI al. 1 du Traité START II.). Par ailleurs, la Russie s'est déclarée libérée de ses obligations en vertu du Traité après que les États-Unis eurent dénoncé en 2001 le Traité ABM. En effet, lorsque le Traité ABM de 1972 fut unilatéralement dénoncé par l'administration républicaine, cela a donné une grande marge de manœuvre aux États-Unis pour relancer le programme de défense anti-missiles. Lorsqu'en 2001, le président américain a annoncé le déploiement d'un bouclier anti-missile en Europe de l'Est dans le cadre de la guerre contre le terrorisme, il provoqua la colère du président russe Vladimir Poutine qui y vit une menace contre son pays. Une nette détérioration des relations avait été observée depuis lors et aucune négociation d'un nouvel accord n'avait pu être concrétisée.

77. Préambule – composition – système de vérification – dispositions finales. – Dans son Préambule, dans sa constitution, dans ses garanties ainsi que dans son système de vérification, d'amendement et de retrait, le Traité START II reste sensiblement identique au Traité START I. Il ne s'agira pas de revenir sur ces aspects dans l'examen de ce Traité sous risque de redondance. L'analyse ne s'attardera que sur les points spécifiques du Traité. Il s'agit essentiellement de son obligation fondamentale. D'entrée, il faut souligner que le Traité START II comporte deux Protocoles, l'un sur la procédure d'élimination des ICBM et SLBM et l'autre, sur les inspections. Ils font parties intégrantes du Traité. Il comporte également un Mémorandum d'information.

78. Obligation fondamentale. – Le Traité START II avait pour objectif d'éliminer les ogives nucléaires à têtes multiples guidées indépendamment et lancées à partir du sol (MIRV) et de limiter les forces nucléaires stratégiques de chaque Partie. Il fixait des plafonds égaux pour les armes nucléaires stratégiques de chaque Partie. Ces plafonds devaient être atteints en deux phases. Au sortir de la première phase qui devait durer sept ans à compter de l'entrée en vigueur du Traité, chaque Partie devait avoir réduit le nombre total de ses ogives nucléaires stratégiques déployées de 3 800 à 4 250 (article I al.1 du Traité START II). Ces chiffres incluaient les ogives sur les ICBM et les SLBM ou aériens. Sur un total de 3 800 à 4 250 ogives, au maximum 1 200 pourraient être déployées sur missiles MIRVés, au maximum 2 160 sur missiles embarqués et au plus 650 sur ICBM lourds (article I al. 2 du Traité). A la fin de la dernière étape qui devait durer une année (année 2000 ou 2003), chaque Partie devait réduire le nombre total de ses ogives nucléaires stratégiques de sorte qu'il soit compris entre 3 000 et 3 500. Dans les limites de ces nombres, le nombre total d'ogives nucléaires stratégiques susceptibles d'être déployées sur des SLBM devait être compris entre 1 700 et 1 750. Aussi, à l'intérieur de ces limites, chacune restait libre de choisir le niveau auquel elle souhaiterait s'établir. Seuls les ICBM transportant une seule ogive devaient être autorisés (article I al. 3 du Traité).

Le Traité START II visait ainsi à améliorer la stabilité stratégique par l'élimination des ICBM MIRVés, les plus susceptibles de participer à une attaque préemptive. Son application devait mener à une réduction des deux tiers des forces nucléaires stratégiques que l'URSS et les États-Unis conservaient au sommet de la guerre froide. Mais, il n'a pas été appliqué. Aux termes des dispositions de son article VI al. 3, le Traité START II était prévu pour ne pas entrer en vigueur aussi longtemps que le Traité START I le restera. C'est plus tard, en mai 2002, qu'un autre accord symbolisera l'évolution des négociations entre les deux superpuissances.

§ 3. Le Traité SORT du 24 mai 2002

79. Contexte – négociations. - Les premiers signes d'un nouvel accord de contrôle des armes nucléaires entre les États-Unis et la Russie sont apparus au lendemain de la rencontre entre les présidents BUSH et POUTINE à Gênes en Italie lors du sommet du G8 tenu en juillet 2001. Cependant, ce n'est que plus tard, le 13 novembre 2001, à l'occasion d'une rencontre entre les deux présidents à Washington, que le gouvernement américain a manifesté sa volonté de réduire son arsenal nucléaire. Il annonçait que les États-Unis réduiraient leurs ogives nucléaires stratégiques déjà opérationnelles et déployées à un niveau compris entre 1 700 et 2 200 dans les dix prochaines années. Toutefois, la conclusion d'un accord formel avec son rival russe n'était pas à l'ordre du jour. En effet, le président américain avait affirmé que les États-Unis procèderaient à la réduction de ses forces de manière unilatérale, sans signer un accord formel avec la Russie et que les deux nations n'avaient pas besoin de « discussions perpétuelles sur le contrôle des armes » et d'accords sur le contrôle des armes « pour réduire de manière significative leurs armements nucléaires ». Ainsi, les deux chefs d'État ont souhaité réglementer et structurer à leur guise leurs forces suivant leurs besoins. Les États-Unis préféraient un processus moins formel tel un échange de lettres dans lequel les deux parties affirmeraient leurs intentions respectives de réduire leurs forces nucléaires

Tout en accueillant favorablement ce projet américain, le Président POUTINE s'était engagé à suivre la même démarche à travers une limitation à 1 500 de son arsenal nucléaire stratégique mais ce dans un processus formel de négociation à l'exemple des accords START. La Russie a entamé les négociations en cherchant à obtenir un « document juridiquement contraignant » qui assurerait « la prévisibilité et la transparence » et garantirait « l'irréversibilité de la réduction de la force nucléaire ». En substance, la Russie souhaitait un traité qui suive le modèle utilisé dans les traités de réduction des armes stratégiques (START I et START II), avec des règles de comptage, des règles d'élimination et des procédures de vérification similaires, mais une limite inférieure pour les ogives.

C'est ainsi que le processus officiel de négociation du Traité de réduction des armes stratégiques offensives (*Strategic Offensive Reduction Treaty* (SORT) en anglais) encore appelé Traité de Moscou, fut entamé en janvier 2002 pour être finalement conclu et signé le 24 mai 2002. A l'occasion de la signature du Traité, le président Bush et le président Poutine avaient fait une déclaration conjointe sur leur nouvelle relation stratégique. Cette Déclaration stipulait que les deux Parties intensifieraient leurs efforts pour affronter les menaces que le terrorisme et la prolifération des ADM et leurs vecteurs font planer sur le monde entier. Elle déclarait également l'intention de promouvoir dans le domaine de la défense antimissile, des initiatives concrètes communes.

80. Préambule – forme (composition). – Comparé aux précédents accords, le Traité SORT est un accord particulier. Cette particularité s'observe à la fois dans sa composition que dans son fond. S'agissant de sa composition, le Traité SORT ne comporte ni protocole ni Mémorandum d'accord ni d'annexe quelconque. Quant à son fond, il ne comporte que cinq articles. Il ne consacre ni définitions ni système de vérification ni règles de dénombrement ni procédure d'élimination des armes concernées. Ces éléments ne peuvent par conséquent être examinés dans le cadre de l'étude ce traité. L'histoire des négociations révèle que durant celles-ci, les États-Unis avaient suggéré à ce que les deux nations incluent de nouvelles mesures transparentes dans l'accord impliquant des échanges d'informations plus détaillées, des visites de sites particuliers, des inspections additionnelles et des activités afin de rehausser la confiance et aider à vérifier l'opérationnalité du système de réductions. Mais, ça n'a pas été le cas dans le document final car les parties ne s'accordaient pas sur plusieurs points.

Le Préambule traduit la volonté des Parties d'avoir mutuellement accepté de repartir sur de nouvelles bases et d'entretenir des relations amicales sincères et durables, nécessaires à la stabilité du monde. Cela ressort de la lecture croisée des § 2, 3 et 4 du Préambule. Par ailleurs, les Parties reviennent sur les affirmations conjointes faites lors du Sommet du G8 de Gênes et sur l'engagement de poursuivre la négociation pris au titre du Traité START I (§ 7 du Préambule), comme symboles de leur nouvel engagement à poursuivre des négociations tel que prescrit par l'article VI du TNP. Le § 8 du Préambule fait référence à l'obligation qu'elles ont de poursuivre de bonne foi la négociation pour un désarmement nucléaire général et complet conformément à l'article VI du TNP. En faisant référence aux affirmations du Président BUSH lorsqu'il annonça que les États-Unis ont l'intention de réduire ses armes nucléaires opérationnelles déployées et à celles du Président POUTINE en novembre et décembre 2001 lorsqu'il indiquait que la Russie était prête à réduire ses forces stratégiques jusqu'à 1 500 têtes (§ 6 du Préambule), le Traité indique que les États-Unis et la Russie ont chacun une définition propre quant au dénombrement de leurs armes nucléaires stratégiques.

Il faut préciser que le Traité SORT n'est pas venu remplacer le Traité START I qui est demeuré en vigueur sans changement jusqu'à son échéance le 5 décembre 2009. Le Traité SORT fait suite au refus des Russes de ratifier le Traité START II en raison du retrait des Américains du Traité ABM. D'ailleurs, l'article II du Traité le dit clairement lorsqu'il stipule : « les parties conviennent que le traité START reste en vigueur conformément à ses dispositions. ». Outre ces instruments réaffirmés, c'est sous la conviction que le nouveau Traité de réduction contribuera au renforcement de l'amitié entre les États et à celui de la sécurité internationale que les Parties se sont de nouveau engagées dans un acte formel (§ 9 du Préambule).

81. Obligation fondamentale – application nationale. - L'obligation fondamentale dans le cadre du Traité SORT a consisté, pour chaque Partie, à réduire et à limiter ses ogives nucléaires stratégiques. Le Traité SORT ne précise pas ce que l'on doit entendre par « ogives nucléaires stratégiques » et par ailleurs, n'indique pas si les Parties réduiront seulement les armes qui sont « opérationnellement déployées » ou toutes les armes soumises aux règles de dénombrement de l'accord START ou certaines autres quantités d'ogives. Toutefois, en restant dans les termes stricts de l'article 1er du Traité, il faut déduire que le Traité SORT porte exclusivement sur le nombre de têtes nucléaires déployées sur des lanceurs stratégiques d'ICBM, de SLBM et de bombardiers lourds.

Au titre des réductions quantitatives, l'article premier du Traité consacre la seule limite du Traité en stipulant que chaque Partie limitera le nombre de ses ogives nucléaires stratégiques de sorte qu'au 31 décembre 2012 leur nombre global soit compris entre 1 700 et 2 200 pour chacune d'elle. En effet, c'est le plafond de 6 000 têtes nucléaires déployées fixé par le Traité START I que le Traité SORT a ramené à la fourchette comprise entre 1 700 et 2 200 têtes. Le plafond de 1 600 lanceurs prévu par le traité START I demeure inchangé. Par conséquent, afin d'atteindre le plafond fixé par le Traité SORT, deux possibilités s'offraient aux Parties : soit réduire en-dessous du plafond START I le nombre de lanceurs stratégiques, soit réduire le nombre de têtes nucléaires emportées par ces lanceurs. Aussi, le rythme des réductions est laissé à la discrétion des Parties. En effet, l'article premier stipule que chaque Partie déterminera elle-même la composition et la structure de ses armements stratégiques offensifs, tout en respectant les limites fixées.

82. Secrétariat – système de vérification. – Si le Traité SORT ne consacre pas un système de vérification, il crée néanmoins une Commission bilatérale d'application qui se réunira deux fois par an pour discuter des questions concernant le Traité (article III du Traité). Aucune précision n'a été apportée par le Traité quant à l'organisation structurelle, au fonctionnement et aux attributions spécifiques de cet organe. Il faut comprendre qu'il s'agit d'un organe simplement formel servant de décoratif au Traité.

83. Dispositions finales. – Le Traité a été conclu pour demeurer en vigueur jusqu'au 31 décembre 2012 (soit une durée de 10 ans 7 mois) et pouvait être prorogé ou remplacé plus tôt par un accord ultérieur (article IV al. 2 du Traité). Sa ratification n'a d'ailleurs pas, posé de grandes difficultés aux Parties. Le Traité n'a pas été prorogé ni remplacé jusqu'à son extinction. Par ailleurs, chaque Partie a disposé du droit de se retirer du Traité sous réserve de procéder à la notification de son retrait trois mois avant à l'autre Partie (article IV du Traité). Aucune précision n'est apportée par le Traité quant aux événements susceptibles de motiver ce retrait. Par déduction, n'importe quel événement peut servir de motif de retrait, ce qui laisse le Traité sans garanties et sous le risque de s'éteindre à n'importe quel moment.

84. Les objectifs du Traité SORT ont été atteints. Selon les données publiées par les Parties conformément à l'échange de données semestriel prévu par le Traité, au 1er septembre 2012, les États-Unis possédaient un nombre total d'ogives de 1 722 et la Russie 1 499 (sur une limite comprise entre 1 700 et 2 200). Certes, en réduisant drastiquement le nombre d'ogives pouvant être lancées instantanément, SORT a diminué le risque d'une guerre nucléaire accidentelle, mais le bénéfice en termes de maîtrise des armements est faible. Les parties sont restées libres de produire ogives et vecteurs (missiles, y compris ICBM MIRVés, bombardiers) sans restriction. Les ogives non déployées pouvaient être stockées sans contrôle.

Chaque partie déterminait la composition et la structure de son arsenal d'armes stratégiques offensives. Au lieu de les réduire, la Russie et les États-Unis pouvaient en réalité restructurer, qualitativement et quantitativement, ou même élargir, leurs arsenaux.

§ 4- Le Traité New START du 8 avril 2010

85. Contexte – négociations. - Le 8 avril 2010, à Prague, les Présidents Dmitry MEDVEDEV et Barack OBAMA signaient le Traité sur des mesures visant de nouvelles réductions et limitations des armements stratégiques offensifs ou nouveau Traité START ou encore Traité New START (le nom officiel de ce traité en anglais est "Treaty between the United States of America and the Russian Federation on Measures for the Further Reduction and Limitation of Strategic Offensive Arms".). Le Traité a été conclu après d'âpres négociations. De manière succincte, le 6 juillet 2009, date marquant la relance du dialogue sur le désarmement nucléaire américano-russe, les présidents OBAMA et MEDVEDEV s'étaient entendus sur un accord-cadre fixant un objectif chiffré : réduire le nombre de têtes nucléaires entre 1 500 et 1 675 et le nombre de vecteurs nucléaires (missiles intercontinentaux embarqués à bord de sous-marins et bombardiers stratégiques) entre 500 et 1 100 dans les sept ans à venir. Sur la base de cet accord-cadre, les négociations se sont déroulées pendant près de huit mois. En raison de blocages persistants, la conclusion de l'accord a dû être repoussée à deux reprises (le 5 décembre 2009 et le 5 janvier 2010). En fin janvier 2010, les deux États déclaraient être d'accord sur près de 95 % des questions. Le 26 mars 2010, ils ont annoncé être enfin, parvenues à conclure un nouvel accord START, lequel sera signé à Prague le 8 avril. Des obstacles techniques tel que le choix de la méthode de dénombrement des ogives nucléaires et des vecteurs, la question de la conversion des missiles nucléaires en missiles conventionnels, celle du financement du processus de réduction de l'arsenal nucléaire ainsi que celle du bouclier anti-missile américain, ont constitué les principaux points d'achoppement au cours des négociations. La négociation et la conclusion de ce Traité, qui est entré en vigueur le 5 février 2011, se sont inscrites dans un contexte général de prise de conscience renouvelée de la nécessité de poursuivre le processus de réduction des armes nucléaires tel que les Parties au Traité avaient eu à le promettre. En effet, lors du Sommet d'Helsinki de mars 1997, les deux Parties s'étaient engagées à négocier, dès l'entrée en vigueur de START II, un traité START III qui ramènerait les niveaux globaux, pour chacune des Parties et à l'échéance du 31 décembre 2007, à un chiffre compris entre 2 000 et 2 500 têtes. Ce nouvel accord devait être assorti de mesures sur la destruction des têtes retirées, de mesures de transparence sur les arsenaux déployés et d'autres mesures conjointes destinées à promouvoir l'irréversibilité des réductions. Cette prise de conscience s'est concrétisée principalement par l'action de la société civile internationale et par la nouvelle posture nucléaire américaine adoptée au lendemain de l'arrivée au pouvoir du Président Barack OBAMA. En effet, précédemment en décembre 2008, la campagne « Option zéro » avait en effet été lancée par Global Zéro, une organisation de la société civile.

La campagne « Option zéro » était parrainée par 100 personnalités politiques éminentes, anciens militaires et personnalités de la société civile. Le 29 juin 2008 la campagne a publié un projet de plan d'action qui exposait une feuille de route en quatre phases pour éliminer toutes les ogives nucléaires d'ici à 2030, un accord mondial devant être signé et ratifié par tous les EDAN après 2020. Durant la première phase s'étalant de 2010 à 2013, les États-Unis et la Russie devaient parvenir à un nouvel accord bilatéral avec l'objectif de réduire jusqu'à 1 000 leur nombre d'ogives nucléaires. De 2014 à 2018, les deux pays devraient conclure un accord dans un cadre multilatéral en vue d'une réduction des ogives à un total de 500, tandis que les autres États nucléaires consentiront à geler leurs stocks jusqu'en 2018. La troisième phase, de 2019 à 2023, prévoit l'établissement d'un accord stipulant l'éradication de toute arme nucléaire d'ici à 2030 que tous les pays à capacité nucléaire seront conviés à signer et à ratifier. Enfin, l'année 2030 devrait marquer l'entrée dans une nouvelle ère libérée des armes nucléaires. Cette campagne visait ainsi, à promouvoir l'élimination graduelle et vérifiée des armes nucléaires, à commencer par de profondes réductions des arsenaux des États-Unis et de la Fédération de Russie. Elle eut un effet incitatif à la reprise du dialogue entre les deux puissances. Puis l'arrivée de Barack OBAMA fut le coup de grâce. En effet, l'arrivée du nouveau Président avait entériné la reprise du dialogue autrefois rompu entre Moscou et Washington. En rappel, le président russe Vladimir POUTINE avait vu dans la dénonciation du Traité ABM puis l'annonce en 2001 par le président américain du déploiement futur d'un bouclier anti-missile en Europe de l'Est dans le cadre de la guerre contre le terrorisme une menace contre son pays. Dès cet instant, une nette détérioration des relations entre les deux pays avait été observée depuis lors jusqu'à l'adoption d'une nouvelle politique nucléaire américaine.

Le 5 avril 2009, le président américain réaffirmait dans un discours prononcé à Prague le lien indéfectible existant entre non-prolifération et désarmement nucléaire et son engagement à « rechercher la paix et la sécurité dans un monde exempt d'armes nucléaires ». Par ailleurs, il avait reconnu la nécessité pour l'État américain et pour tous les États de collaborer en vue de prévenir la nouvelle menace qui planait, le « terrorisme nucléaire ». Selon Sylvain FANIELLE, deux constats expliquent l'attention particulière portée sur la menace du terrorisme nucléaire. En premier lieu, la chute de l'URSS a laissé de nombreux sites nucléaires presque sans protection alors qu'au lendemain de la Guerre froide et jusqu'à nos jours, la Russie possède la plus grande quantité de matériaux nucléaires dans le plus grand nombre d'installations. En second lieu, plusieurs groupes radicaux ont manifesté un intérêt certain à acquérir des matériaux nucléaires et/ou radioactifs dans le but de perpétrer des actions terroristes à grande échelle. En effet, en décembre 1998, le leader du groupe Al-Qaida Oussama Ben Laden, avait déclaré qu'« acquérir [des armes de destruction massive] pour la défense des musulmans était un devoir religieux ». Plusieurs sources attestent également des contacts fréquents, avant le 11 septembre 2001, entre des scientifiques nucléaires pakistanais et des islamistes radicaux. À cela, s'ajoutent les liens étroits qu'Al-Qaida a entretenus avec la Jemaah Islamiyah, auteur des attentats de Bali de 2002. Toutefois, la menace terroriste à l'arme nucléaire peut également être le fait de groupes singuliers, comme l'a montré dans les années 1990 l'attentat au gaz sarin du métro de Tokyo.

La nouvelle dynamique américaine avait pour objectif central « la sécurisation de tous les matériaux nucléaires vulnérables dans le monde dans les quatre ans ». Pour y parvenir, l'administration américaine avait dressé une trajectoire divisée en trois étapes : la première concernait principalement les États-Unis eux-mêmes. En effet, il s'agit de proposer des mesures visant à réduire et, à plus long terme, éliminer les stocks d'armes nucléaires existants. La deuxième étape consistait à réaffirmer le régime établi par le TNP et à s'en servir comme base d'une coopération internationale autour de la sécurisation des matériaux nucléaires. La troisième étape était d'assurer qu'aucun terroriste ne mette la main ni sur une arme nucléaire ni sur des matériaux nucléaires nécessaires à sa fabrication. C'est ainsi que, le 1er avril 2009, les deux Présidents, conjointement, affirmaient leur engagement de « parvenir à un monde exempt d'armes nucléaires ». Le Traité fut finalement adopté, à quelques semaines de deux échéances importantes qu'étaient le sommet sur la sécurité nucléaire qui était prévu pour se tenir les 12 et 13 avril 2009 et la Conférence d'examen du TNP, en mai 2010. En mai 2010, les États Parties au TNP ont tenu avec succès la Conférence d'examen, qui a débouché sur un document final contenant un plan d'action en 64 points visant à renforcer les trois piliers du Traité – désarmement nucléaire, non-prolifération et UPEN– tout en élaborant un mandat pour convoquer une conférence régionale qui était prévue en 2012 sur la création d'une ZEAN et de toutes autres ADM au Moyen-Orient. Le Traité succède au traité de 1991 (START I) qui a expiré le 5 décembre 2009. Le Traité New START remplace le Traité de 2002 (SORT) qui a pris fin le jour de l'entrée en vigueur de ce dernier.

86. Préambule – forme (composition). - Composé de 16 articles, le Traité New START comporte un Protocole additionnel en faisant partie intégrante. À la différence des précédents accords tant de limitation que de réduction, le Traité regroupe dans ce seul Protocole de 165 pages, les règles détaillées gouvernant le régime de vérification et inclut dix annexes consacrées à l'architecture de ce régime. La présente analyse portera sur le texte du Traité proprement dit tout en faisant recours au protocole pour plus d'éclaircissements.

Dans son préambule, le Traité reconnaît d'abord que la relation entre les armements stratégiques offensifs et les armements stratégiques défensifs deviendra plus importante avec la réduction des armements offensifs stratégiques (§ 9 du Préambule). Il traduit ensuite la volonté des Parties à assurer un monde stable et sécurisé de par l'apaisement du climat international marqué par des tensions (§ 8 du Préambule). Tout en reconnaissant l'obligation de désarmement général et complet qui leur est faite par l'article VI du TNP (§ 5 du Préambule), les Parties ont nourri l'espoir de voir ce processus de réduction s'étendre sur le plan multilatéral (§ 7 du Préambule) et ont manifesté leur volonté d'y contribuer (§ 4 du Préambule). Les Parties font ainsi du Traité un tremplin certain vers un monde « libéré » de l'arme nucléaire à travers un système de vérification plus efficace tel qu'elles l'avaient souhaité dans le cadre du Traité START I.

87. Obligation fondamentale - application nationale. - L'obligation fondamentale demeure la même que celle consacrée dans les précédents accords START. Il s'agit pour chaque Partie de réduire et de limiter son armement stratégique offensif. Les armes concernées demeurent également identiques. Il s'agit des ICBM, des SLBM et des bombardiers lourds. Sont également concernés les lanceurs de ces missiles ainsi que les ogives. À l'exemple des Traités START I et II, le Traité établit une distinction entre les armes déployées, c'est-à-dire prêtes à l'emploi opérationnel, et les armes non déployées, c'est-à-dire stockées mais non détruites.

Sur le plan des réductions quantitatives, le Traité New START exige, aux termes des dispositions de son article II, que chaque Partie limite le nombre total des ICBM déployés, des SLBM déployés et des bombardiers lourds déployés, à 700 (article I § a) du Traité). En effet, au cours des négociations, les Parties s'étaient entendues sur un accord-cadre qui visait à réduire le nombre de têtes nucléaires entre 1 500 et 1 675 et le nombre de vecteurs nucléaires entre 500 et 1 100 dans les sept ans à venir. Contraints de réduire leurs vecteurs nucléaires pour des raisons budgétaires, les Russes souhaitaient que le Traité impose une réduction significative de ceux-ci aux dépens des États-Unis. Ils désiraient donc, que le nombre de vecteurs soit limité entre 600 et 800 afin de pousser Washington à se séparer de près de 300 à 500 vecteurs tandis que la Russie ne devrait en détruire qu'une centaine. Moscou était également favorable à ce que soit imposée une diminution du nombre d'ogives sous la barre des 1 500 car ses ICBM étaient en partie en fin de cycle et devraient de toute façon être neutralisés les prochaines années. Il en était de même des ogives présentes dans les sous-marins nucléaires russes. Le nombre total de têtes nucléaires déployées attribuées à ces vecteurs, ne doit pas être supérieur à 1 550 (article I § b) du Traité). Quant au nombre total d'ICBM non-déployés, de SLBM non-déployés et de bombardiers lourds non-déployés, il devait être limité à 800 (article I § c) du Traité).

Le Traité New START consacre des méthodes de réduction par destruction et par conversion des vecteurs. Ces méthodes se révèlent sensiblement plus souples et donc moins coûteuses que celles que le Traité START I a consacrées. À titre illustratif et pour ne prendre que ces exemples, les silos d'ICBM seront, comme pour START, détruits par creusement ou par explosion à une profondeur déterminée, mais ils pourront être également remplis de débris et chaque Partie pourra utiliser une méthode alternative dont elle fera une démonstration à l'autre. Quant aux bombardiers, ils n'ont plus à être sectionnés en de multiples tronçons. Une simple découpe du fuselage ou d'une aile suffit. De plus, ils peuvent être convertis en bombardiers conventionnels par simple modification des systèmes d'emport.

Une des particularités du Traité New START est d'avoir consacré un délai unique de réduction desdites armes. En effet, un délai unique de sept ans comptant de l'entrée en vigueur du Traité a été accordé à chaque Partie pour procéder auxdites réductions. Cela signifie que les Parties ont jusqu'à la date du 5 février 2018 pour donner pleine effectivité aux réductions. Cette consécration n'a pas constitué un point de blocage lors des négociations. Cela peut s'expliquer par l'expérience que les Parties avaient acquise à travers les précédents accords mais également par la quantité d'armes à réduire. En effet, la particularité des armes n'est pas un critère à retenir et la quantité d'armes à limiter est légèrement en deçà de celle précédemment limitée.

Il convient de relever qu'à la date de l'entrée en vigueur du Traité, le 5 février 2011, les données initiales étaient les suivantes : du côté américain, 882 vecteurs déployés, 1 800 têtes, 1 134 lanceurs déployés et non-déployés. Du côté russe, 521 vecteurs déployés, 1 537 têtes, 865 lanceurs déployés et non-déployés. Il apparaît que la Russie avait d'ores et déjà presque atteint les objectifs fixés jusqu'en 2018, alors que les États-Unis n'étaient qu'à quelque 20 % au-dessus à l'exception des lanceurs. Les plafonds définis par le Traité étaient donc aisément accessibles et ne représentaient pas un effort bien considérable de désarmement. Selon Bernard SITT, ils permettaient même à la Russie de faire meilleure figure dans la gestion de l'obsolescence de l'arsenal.

L'obligation de limitation des arsenaux stratégiques offensifs impliquait une obligation de non-transfert. Ainsi, le Traité fait interdiction aux Parties de transférer de tels armements à toute autre Partie quelle qu'elle soit (article XIII du Traité). La consécration de cette obligation va de soi car l'effectivité du Traité en dépend. En effet, permettre un tel transfert, c'est permettre aux États Parties de renforcer la continuité de la prolifération par le biais d'autres acteurs. À l'exemple des accords de limitation et de réduction précédents, le Traité New START consacre également le droit pour chaque Partie de moderniser son arsenal nucléaire stratégique et de procéder au remplacement de l'arsenal vieillissant (alinéa 1 de l'article V). Une disposition essentielle du Traité est que, contrairement à START II, il n'impose aucun sous-plafond par catégorie de lanceur, ce qui fait que chaque Partie est libre de déterminer comme elle l'entend la manière de réduire son arsenal stratégique et de le recomposer en fonction de ses choix de posture. Les réductions pourront donc être accomplies de manière flexible, soit par diminution du nombre de vecteurs, par conversion ou par destruction, soit par diminution du nombre de têtes emportées par les missiles balistiques. Toutefois, à l'article V, le Traité apporte la précision suivant laquelle les lanceurs d'armes stratégiques offensives ne peuvent être interchangés avec ceux d'armes stratégiques défensives et vice versa. Cette disposition illustre l'accord partiel que les Parties avaient trouvé quant à la question toujours houleuse du système anti-missile américain. Dans les faits, la confrontation sur le sujet continue de se développer dans le contexte du Traité sans que les deux Parties ne parviennent, malgré quelques apparences, à exprimer une vision stratégique commune. Le cadre avait été posé une première fois lors de la rencontre du 1er avril 2009, où les deux Présidents avaient précisé d'un commun accord que les craintes de la Russie s'agissant des programmes américains de défense antimissiles seraient traitées dans un forum séparé de celui de la négociation New START. Ils avaient ensuite convenu, en juillet 2009, à Moscou, que le Traité inclurait une clause sur l'interrelation entre les armes stratégiques offensives et les armes stratégiques défensives. Il est également interdit aux Parties de convertir de tels lanceurs pour en faire des lanceurs d'armes stratégiques défensives et vice versa (alinéas 2 et 3 de l'article V du Traité). C'est un changement décisif par rapport au modèle qui prévalait dans START I. Cela est caractéristique de l'*arms control* de l'après-Guerre froide.

88. Secrétariat - organe de décision politique - système de vérification. - Comme système de vérification, le Traité New START inclut, à l'image de START I, la définition et la mise à jour d'une base de données exhaustive relative à l'ensemble des éléments limités par le Traité, des dispositions relatives à l'utilisation des MTN, un système régissant de manière précise les notifications et un régime d'inspection sur place. Ainsi, chaque Partie a l'obligation de donner plein effet au droit de l'autre Partie d'user des MTN en s'abstenant de tout comportement susceptible de compromettre l'effectivité et l'efficacité de la vérification par ces moyens. Par ailleurs, chaque Partie a le droit d'user de la télémétrie afin de s'assurer de l'exactitude des informations recueillies à l'occasion des tests en vol. En sus, chaque Partie a le droit d'effectuer des inspections sur les installations de l'autre Partie conformément aux dispositions de l'article XI du Traité et de la partie 5 du Protocole. Le Traité prévoit deux types d'inspections (§ 5 et § 6, Partie 5 du Protocole). Au nombre total maximum de 18 chaque année – au lieu de 28 pour START I, ces inspections sont à courte durée et à court délai de préavis.

Les inspections de type I (dix au maximum chaque année) concernent les bases opérationnelles d'ICBM, de sous-marins et de bombardiers, déployés et non déployés. Elles ont pour objet de confirmer l'exactitude des données déclarées concernant le type et le nombre de systèmes d'armes concernés par le Traité, sur la base d'un briefing de l'équipe d'inspecteurs suivi du choix, au hasard, d'un missile à inspecter. Quant aux inspections de type II (huit au maximum chaque année), elles concernent les installations dédiées au chargement, au stockage, à la réparation, aux essais et à l'entraînement. Elles peuvent également s'appliquer à des bases déclarées antérieurement afin de vérifier qu'elles ne sont plus utilisées de manière incompatible avec le Traité (article IX du Traité). À cet effet, chaque Partie a le droit de procéder à des inspections sur le territoire de l'autre Partie après 60 jours à compter de l'entrée en vigueur du Traité. À tout instant, elle peut procéder à une inspection (§ 2 et § 4 de la Partie 5 du Protocole). En outre, chaque Partie a le droit de procéder à des expositions de son arsenal et de participer à celles de l'autre Partie (al. 4 de l'article XI du Traité).

Le Traité New START a mis en place une Commission Consultative bilatérale (CCB) (article XII du Traité et partie 6 du Protocole) dont l'organisation ainsi que les attributions sont identiques à celles prévues par le Traité START I. Sans le prévoir expressément, il s'agit d'une institution permanente (CCP). Garante de l'effectivité et de l'efficacité du Traité, la CCB est le mécanisme juridique et politique de promotion et de mise en œuvre du Traité, de dialogue stratégique et, le cas échéant, de gestion des différends.

89. Dispositions finales. - Des dispositions finales du Traité, il ressort qu'il a été conclu pour une durée de dix ans au moins c'est-à-dire jusqu'en février 2021, sauf si un accord est conclu dans les limites de ce délai afin de le remplacer. Les Parties disposent toutefois du droit de proroger la durée du Traité à l'expiration du délai initial. Dans cette hypothèse, elles ne sauront le faire que pour une durée de cinq ans au moins à l'issue de laquelle elles pourront le remplacer par un autre accord de réduction et de limitation.

S'agissant du retrait, le Traité START III consacre la même formule que ses précédents. En effet, se retirer du Traité est un droit pour chaque Partie et son exercice relève de la pleine souveraineté de chacune d'elle sous réserve de la notification préalable que de la justification par des « événements extraordinaires » et irrésistibles de l'obligation de retrait. Le Traité s'éteindra, aux termes de l'Article XIV al. 3 du Traité, trois mois après la date de réception par l'autre Partie de la notification de retrait. Les oppositions anciennes entre les deux Parties et les divergences sur l'interprétation du Traité n'ont pas fait obstacle à sa ratification.

Selon Paul QUILÈS, « *l'importance du nouvel accord START de réduction des armements nucléaires stratégiques ne réside pas dans les limites qu'il impose, puisque les plafonds fixés ne sont pas très éloignés du niveau atteint par les arsenaux des deux puissances* [en raison notamment des règles de comptage des têtes nucléaires, les bombes et les missiles transportés par chaque bombardier étant comptés comme une seule tête]. *Sa portée réside surtout dans les mesures de vérification et d'information mutuelle qu'il prévoit et qui sont de nature à renforcer la confiance et la transparence sans lesquelles la dynamique de désarmement ne saurait être maintenue* » (Paul QUILÈS, *Nucléaire, un mensonge français. Réflexions sur le désarmement nucléaire,* Paris, Éditions Charles Léopold Mayer, 2012, pp. 44-45). Il faut ajouter que le Traité a surtout trouvé son intérêt dans la reprise du dialogue qu'il a permis d'opérer entre deux grands adversaires du nucléaire. Il s'avère que les deux Parties ont procédé à l'échange initial de données 45 jours après l'entrée en vigueur et aux activités d'inspection sur site à partir de 60 jours après l'entrée en vigueur. La première réunion de la CCB s'est tenue à Genève du 28 mars au 8 avril 2011. En octobre 2011, elles ont fait le point sur la mise en œuvre du régime de vérification et ont noté avoir procédé au total à 1 500 notifications et à 12 et 11 inspections respectivement pour les États-Unis et pour la Russie.

La preuve la plus convaincante est que les Parties ont atteint les résultats escomptés dans les délais. Bien que les inspections sur place aient dû être suspendues en raison de la pandémie de COVID-19, il est positif de noter qu'au moins 1 096 notifications ont été échangées par les États-Unis et la Russie entre fin mars et début octobre 2020, portant le total à au moins 20 911 notifications au cours de la dernière décennie. On note aussi 328 inspections sur site effectuées à la date du 20 octobre 2020. En effet, les données recueillies à la date du 1er septembre 2019 étaient :

90. Tableau 4 : Bilan des réductions quantitatives d'armes opérées sous le Traité START III

Les catégories de données	Nombre total pour les États-Unis	Nombre total pour la Fédération de Russie	Limite à ne pas dépasser aux termes du Traité
ICBM, SLBM et bombardiers lourds déployés	668	513	700
Têtes nucléaires d'ICBM, de SLBM et de bombardiers lourds déployés	1 376	1 426	1 550
Lanceurs non déployés d'ICBM, de SLBM et de bombardiers lourds	800	757	800

Source des données: Bureau of arms control, verification and compliance, "New START Treaty Aggregate Numbers of Strategic Offensive Arms", Fact Sheet January 1, 2020. Disponible en détail sur le site du Département d'État américain www.state.gov.

Il apparaît que le Traité New START a directement contribué à la réalisation de la dissuasion mutuelle à un niveau d'arsenaux nucléaires stratégiques beaucoup plus bas qu'espéré. En ce qui concerne l'après New START, il faut rappeler que les perspectives futures avaient été clairement tracées par le président OBAMA dans sa déclaration à l'occasion de la signature du Traité, le 8 avril 2010. Il y avait indiqué que le Traité préparerait le cadre pour de futures réductions, à travers lesquelles il souhaitait pour sa part aborder à la fois les armes stratégiques et les armes tactiques, déployées et non déployées. Mais, pour cela il faut que les deux acteurs arrivent à se défaire totalement de leurs desseins respectifs égoïstes et à s'accorder sur différents points. Comme l'a si bien noté Bernard SITT, les chances de succès d'une poursuite du processus paraissent aujourd'hui limitées, pour trois raisons. En premier lieu, l'interrelation entre armes stratégiques offensives et défensives fortement affirmée par la partie russe pèsera, plus encore lorsque des chiffres d'arsenaux au niveau du millier de têtes seront mis sur la table et le différend sur les défenses antimissiles n'en deviendra que plus prégnant. Ensuite, Moscou a toujours refusé d'aborder tout dialogue sur les armes nucléaires non stratégiques et la négociation d'un instrument juridiquement contraignant dans ce domaine ne pourra qu'être extrêmement complexe si elle veut aller au-delà de simples mesures de confiance ou de transparence et introduire en particulier des règles de comptage et un régime de vérification effectif – et la question des armes nucléaires de l'OTAN stationnées en Europe serait immanquablement remise à nouveau en débat. Enfin, les deux parties n'ont pas la même perception du déséquilibre des forces conventionnelles en Europe et la Russie a suspendu fin 2007 sa mise en œuvre du Traité sur les forces conventionnelles en Europe (FCE) ; des négociations sont en cours dans un autre forum depuis mi 2010 sur ce sujet non moins difficile et un lien ne manquerait pas d'être établi – à nouveau – entre cette problématique et celle des armes nucléaires non stratégiques. A la veille de l'expiration du Traité New START (prévue pour le 5 février 2021), plus de 75 parlementaires européens appelaient dans une lettre ouverte du 13 octobre 2020 leurs homologues du Congrès américain à proroger le Traité New START avec la Russie. Cet appel est aujourd'hui relayé par de nombreuses organisations de la société civile parmi lesquelles « Initiatives pour le Désarmement Nucléaire (IDN) ». Le processus de contrôle de la prolifération nucléaire n'a pas été que bilatéral. Il s'est également étendu à d'autres États. Ce processus multilatéral n'a pas été moins évocateur.

CHAPITRE II-

LA CODIFICATION MULTILATÉRALE DE LA NON-PROLIFÉRATION

Bibliographie : – Nations unies, *Recueil des Traités et accords*, n° 6964, 1963, pp. 93-99. – Frank BARNABY, « Le Traité interdisant les essais d'armes nucléaires » *in Bulletin de l'AIEA*, dixième anniversaire du Traité,1973, p. 10. – G. C. DELCOIGNE, « Le Traité interdisant les essais d'armes nucléaires », in *Bulletin de l'AIEA*, dixième anniversaire du Traité, 1973, p. 5. – Philip J. FARLEY, « Le Traité interdisant les essais d'armes nucléaires » in *Bulletin de l'AIEA*, dixième anniversaire du Traité, 1973, p. 20. – Osler HANPSON, *Multilateral Negotiations lessons from arms control, trade, and the environment*, Washington, The John Hopkins, University press, 1995, p. 55. – Prosper WEIL « Vers une normativité relative en droit international ? », *RGDIP*, tome LXXXVI, 1982, p. 11. – Ryuichi IDA, « Formation des normes internationales dans un monde en mutation - Critique de la notion de soft law », *Revue Juridique de l'Université de Kyoto,* vol. 117, n° 5-6, 1985, p. 16. – Office for Disarmament Affairs, *The United Nations disarmament yearbook,* vol. 16: 1991, New York, United nations publication, 1992, pp. 151-152. – Centre for Disarmament Affairs, *The United Nations disarmament yearbook*, vol. 21: 1996, Partie II, New York, United Nations Publication, 1997, p. 1. – Arundhati GHOSE « India's Security Concerns and Nuclear Disarmament », *The Journal of International Affairs*, 1997, p. 51. – Paul TAVERNIER « L'adoption du traité d'interdiction complète des essais nucléaires », *AFDI*, vol. 42, 1996, pp. 118-136. – Keith HANSEN, *The Comprehensive Nuclear-Test-Ban Treaty : An Insider's perspective*, 1st édition, *Stanford,* SUP, 2006, pp. 180-181. – Miguel MARIN-BOSCH, « A la croisée des chemins » in *Désarmement*, vol. XVIII, n°1, Nations unies, 1995, p. 58. – TIMERBAEV Roland, « Renforcement du régime institué par le Traité sur la non-prolifération nucléaire : Conclusion d'un traité d'interdiction complète des essais et arrêt de la production de matières fissiles » in *Désarmement*, vol. XVI, n° 2, Nations unies, 1993, pp. 103-115. – Johnson REBECCA, « Unfinished Business: The Negotiation of the CTBT and the End of Nuclear Testing », *UNIDIR*, Genève, 2009, p. 58. – Communiqué de presse CD/G/33, « Conférence du désarmement : le président du comité sur l'interdiction des essais nucléaires annonce qu'il n'y a pas de consensus sur le texte du traité », 20 août 1996. – Jean-Marie COLLIN, *Le traité sur l'interdiction des armes nucléaires*, les rapports du GRIP, vol. 9, 2018, p. 11. – Wolfgang HOFFMAN, « Le Régime de vérification », in *Désarmement*, vol. XVIII, n°1, Nations unies, 1995, p. 83. – Keith HANSEN, *The Comprehensive Nuclear-Test-Ban Treaty: An Insider's perspective*, *op. cit*, pp. 60-61. – Anthony AUST, *Modern Treaty Law and Practice*, Cambridge, CUP, 2007, pp. 250-255. – Ulf LINDERFALK, *On the interpretation of treaties. The Modern International Law as Expressed in the 1969 Vienna Convention on the law of treaties,* Stockholm, Springer, 2007, XXI + 410 p. – Ajit KUMAR, « Un traité qui se dérobe encore » in *Désarmement*, vol. XVIII, n°1, Nations unies, 1995, pp. 127-

147. – Mounir ZAHRAN, « L'Egypte et le Traité d'interdiction complète des essais » *in Désarmement*, vol. XVIII, n°1, Nations unies, 1995, pp. 184-195. – Cédric POITEVIN, « Le Traité d'interdiction des essais nucléaires plus que jamais nécessaire », *op. cit*, pp. 3-4. – Soemadi. D. M. BROTODININGRAT, « Un point de vue indonésien » *in Désarmement*, vol. XVIII, n°1, Nations unies, 1995, pp. 184-195. – Bureau des affaires de désarmement, *Annuaire des Nations unies sur le désarmement*, vol. 37 : 2012, Partie II, New York, Publication des Nations unies, 2016, p. 14. – Rebecca JOHNSON, « Le moment est-il venu d'envisager une application à titre provisoire du TICE ? », *Forum de désarmement*, UNIDIR, Genève, 2006, pp. 31-39. – AUST Anthony, *Modern Treaty Law and Practice*, Oxford, OUP, 2000, p. 231. – Bertrand M. GOLDSCHMIDT, « La négociation du Traité sur la non-prolifération des armes nucléaires (TNP) », in *Bulletin AIEA*, vol. 22, n° 3-4, 1980, p. 75. – ONU, *Les Nations unies et la non-prolifération nucléaire*, New York, Séries Livres bleus des Nations unies, vol. III, 1995, p. 36. – John HOLUM, « Pour une prorogation indéfinie et inconditionnelle » in *Désarmement*, vol. XVIII, n° 1, Nations unies, 1995, pp. 8-18. – Mohamed Ibn SHAKER, « Les raisons pour lesquelles les États non alignés pourraient ne pas soutenir une prorogation indéfinie » in *Désarmement*, vol. XVIII, n° 1, Nations unies, 1995, pp. 19-49. – Adolfo R. TAYLHARDAT, « La proposition vénézuélienne de prorogation » *in Désarmement*, vol. XVIII, n° 1, Nations unies, 1995, pp. 50-56. – Ibn Mohamed SHAKER, « Le régime du Traité sur la non-prolifération des armes nucléaires », *Conférence régionale sur la Campagne mondiale pour le désarmement,* Le Caire, 1985, p. 73. – Hervé NIFENECKER, *Le nucléaire : Un choix raisonnable ? op. cit*, pp. 12-14. – Dina ESFANDIARY et Claire DESPREAUX, « Nucléaire iranien : que sait-on ? », *Politique étrangère*, n° 3, 2012, p. 544. – Bruce G. BLAIR, "Why our nuclear weapons can be hacked", *New York Times*, 17 mars 2017. – Solène VIZIER, « La menace cyber » *in* Bernard NORLAIN (sous dir.), *Les nouvelles technologies et la stratégie nucléaire*, Paris, Initiatives pour le désarmement nucléaires, novembre 2021, pp. 24-32. – Robert KOLB, *La bonne foi en droit international public. Contribution à l'étude des principes généraux de droit*, Genève, Graduate Institute Publications, 2000, pp. 94-99. – Jean-Marie COLLIN, « Conférence sur l'impact humanitaire des armes nucléaires : un nouveau « Forum du désarmement » », *Note d'Analyse du GRIP*, 2013, pp. 1-7. – Jean-Marie COLLIN, « Conférence de Nayarit sur l'impact humanitaire des armes nucléaires. Un point de non-retour ! », *Note d'Analyse du GRIP*, 2014, pp. 1-15. – Jean-Marie COLLIN, « 3ème conférence sur l'impact humanitaire des armes nucléaires, un nouveau cycle d'actions », *Note d'Analyse du GRIP*, 2015, pp. 1-11. – Marc FINAUD, « Les insuffisances du désarmement, incitation à la prolifération ? », Compte rendu du Séminaire de la Délégation des Affaires Stratégiques sur le thème « 2040 : Un regard prospectif sur la prolifération », table ronde n° 1, Paris, 2008, p. 7. – Steven E. MILLER, « Proliferation, disarmament and the future of the Non-proliferation Treaty » *in* Bremer Morten MÆRLI and Sverre LODGAARD, *Nuclear Proliferation and International Security*, London and New York, Routledge, p. 52. – Bureau des affaires de désarmement, *Annuaire des Nations unies sur le désarmement,* vol. 40 : 2015, Partie II, New York, Publication des Nations unies, p. 7. – Bureau des affaires de désarmement, *Annuaire des Nations unies sur le désarmement*, vol. 42 : 2017, Partie II, New York, Publication des Nations unies, p. 7. – CIJ, *Avis consultatif sur*

la licéité de la menace ou de l'emploi d'armes nucléaires, Recueil 1996, 8 juillet 1996, § 99, p. 264. – Bureau des affaires de désarmement, *Annuaire des Nations unies sur le désarmement*, vol 39 : 2014, Partie II, New York, Publication des Nations unies, 2017, p. 11. – Robert KOLB, « La bonne foi en droit international public », *Revue belge de droit international*, 1998/2, p. 665. – Antoine BONDAZ, « Corée du Nord/États-Unis : jusqu'où ira la confrontation ? », *Politique étrangère,* vol. 4, 2017, pp. 103-114. – Barthélemy COURMONT, « Le difficile défi nord-coréen de Washington », *Revue internationale et stratégique,* vol. 1, n° 81, 2011, pp. 18-29. – Bruno HELLENDORFF, « Négocier avec la Corée du Nord : de l'opportunité d'un traité sur les missiles », *Éclairage du GRIP*, Bruxelles, 2017, 4 p. – Bruno HELLENDORFF, « Corée du Nord : le scénario du pire ? », *Note d'Analyse du GRIP*, 2016, 20 p. – Bruno HELLENDORFF, « *Corée du Nord : Questions nucléaires et balistiques* », *Note d'Analyse du GRIP*, Bruxelles, 2016, pp. 1-19. – Marianne PERON-DOISE, « La Corée du Nord en 2005 : décomposition ou ultimes métamorphoses ? », *Revue internationale et stratégique,* vol. 1, n°57, 2005, pp. 43-54. – Bruno HELLENDORFF et Thierry KELLNER, *Crise nord-coréenne. Diplomatie, menace nucléaire et défense antimissile*, Les rapports du GRIP, vol. 9, Bruxelles, 2016, 44 p. – Steven E. MILLER, « Proliferation, disarmament and the future of the Non-proliferation Treaty» *in* Bremer Morten MÆRLI and Sverre LODGAARD, *Nuclear Proliferation and International Security*, London and New York, Roudledge, pp. 51-52. – Jean Pierre COT, *La bonne foi en droit international public*, Cours de l'institut de Hautes Études Internationales (Paris), 1968/9, p. 3 et 9. – Jean Pierre COT, « La bonne foi et la conclusion des traités », *RBDI*, 1968/1, p. 141. – *Affaire du Lac Lanoux* (1957), Recueil des sentences arbitrales, vol. XII, p. 307. – *Affaire relative à la répartition des biens des collectivités locales* (France c. Italie) (1953), R.S.A, vol. XIII, p. 521. – Alain PLANTEY, *La négociation internationale, Principes et méthodes*, Paris, édition du Centre National de la Recherche Scientifique (CNRS), 1980, p. 118. – Affaire ''*Obligations relatives à des négociations concernant la cessation de la course aux armes nucléaires et le désarmement nucléaire (Îles Marshall c. Royaume-Uni),* C.I.J, 24 avril 2014''. – Jean-Pierre COT, « Affaire des Essais nucléaires (Australie c. France et Nouvelle-Zélande c. France). Demandes en indication de mesures conservatoires. Ordonnances du 22 juin 1973. », *AFDI*, vol. 19, 1973. pp. 252-271. - *Concessions Mavrommatis en Palestine*, arrêt n° 2, 1924, C.P.J.I. série A n° 2, p. 11. – Arrêt *Obligations relatives à des négociations concernant la cessation de la course aux armes nucléaires et le désarmement nucléaire (Iles Marshall c. Inde),* du 5 octobre 2016, n° 2016/3, p. 2. – *Avis consultatif sur la licéité de la menace ou de l'emploi d'armes nucléaires,* § F) de la conclusion, p. 267. – Affaire *Certains biens* (Liechtenstein c. Allemagne), exceptions préliminaires, arrêt, CIJ Recueil 2005, § 25, p. 19. – *Affaire de la frontière terrestre et maritime entre le Cameroun et le Nigéria* (Cameroun c. Nigéria), exceptions préliminaires, arrêt, CIJ Recueil 1998, § 93, p. 317. – AEN, *La concurrence sur les marchés de l'industrie nucléaire*, AEN n° 6247, Paris, 2008, pp. 9-11. – Michel QUENTIN, « Le contrôle des échanges internationaux nucléaires : le difficile équilibre entre le développement du commerce et la lutte contre la non-prolifération des armes nucléaires » *in* AEN, *Le droit nucléaire international : Histoire, évolution et perspectives,* n° 6935, Paris, 2010, p. 303. – Simone COURTEIX, *Exportations nucléaires et non-prolifération,* Paris, Économica, 1978, p. 32. – « Les accords de Londres entre pays exportateurs d'équipements et de matériels nucléaires », *AFDI*, Paris, 1976, pp. 27-50. – Georges FISCHER, « L'inde et la bombe », *Politique étrangère*, 1974, pp. 307-329. – Raphael PRENAT, « Les régimes multilatéraux de maîtrise des exportations de technologies sensibles à utilisation militaire », *AFDI*, Paris, 1998, pp. 298-311. – Maurice Couve de MURVILLE, ministre français des Affaires étrangères, *in* La Documentation française, Notes et Étude Documentaire, n° 3428 à 3430, 1967, pp. 31-33 et pp. 53-54. – Hans BLIX, « L'Agence internationale de l'énergie atomique et le Traité sur la non-prolifération nucléaire », *in Désarmement,* vol. VIII, n° 1, Nations unies, 1985, p. 11. – AIEA, *Les garanties de l'AIEA. Prévenir la dissémination des armes nucléaires*, Vienne, 2016, pp. 5-6. V. – AIEA, *Rapport annuel*, Vienne, 2017, p. 14. – Andreas PERSBO, « Le rôle des organisations non gouvernementales dans la vérification des accords internationaux » *in Forum du Désarmement*, UNIDIR, 2010, p. 74. – Berhanykun ANDEMICAEL, Merle OPELZ et Jan PRIEST, « Histoire d'un compromis : le TNP et l'avenir », *in Bulletin AIEA*, n° 3, 1995, p. 32. – AIEA, *Non-Proliferation of Nuclear Weapons and Nuclear Security – Overview of Safeguards Requirements for States with Limited Nuclear Material and Activities,* Vienne, 2006, pp. 5-9.

91. L'extension du processus de négociation amorcé par les deux premières puissances nucléaires allait de soi et se justifie aisément. D'abord, sur le plan politico-juridique, le désarmement nucléaire n'était pas que l'affaire de ces deux puissances. Certes, les efforts qu'elles ont consentis sont salutaires, mais elles ne peuvent à jamais, à elles seules, désamorcer la crise affectant le nucléaire militaire. D'ailleurs, ces deux puissances ne sont pas les seules à être tenues par l'article VI du TNP. Ensuite, lorsque la réponse à une question constitue une des priorités les plus urgentes pour l'existence paisible de l'humanité, tous sont concernés. Ainsi, l'ensemble des EDAN que des ENDAN ont été appelés à se joindre au processus de contrôle de la course à l'arme nucléaire au regard de son évolution que de sa criticité. La codification multilatérale a porté à la fois sur la question de la limitation au niveau mondial des essais nucléaires (section I), de la lutte contre la prolifération nucléaire (section II) que sur la question de la création au niveau régional de zones exemptes d'armes nucléaires (ZEAN) (section III).

SECTION I

LA LIMITATION DES ESSAIS NUCLÉAIRES

92. La question des essais nucléaires est l'une des questions les plus problématiques qui s'est immédiatement posée après 1945. Cette question a présenté toute sa pertinence car c'est grâce aux essais nucléaires que l'opérationnalité des armes nucléaires étaient confirmée ; c'est grâce aux essais nucléaires que la stratégie politico-militaire de la dissuasion nucléaire avait tout son sens, mais c'est par le fait des essais que l'environnement humain était affecté d'une manière inacceptable. Le processus multilatéral de limitation des essais nucléaires s'est manifesté d'abord par une interdiction partielle des essais à travers le TIPEN le 5 août 1963 (§ 1) puis par une tentative d'interdiction complète à travers le Traité d'interdiction complète des essais nucléaires (TICEN) du 24 septembre 1996 (§ 2).

§ 1. Le Traité d'interdiction partielle des essais nucléaires du 5 août 1963

93. Contexte – négociation. – Le premier essai d'armes nucléaires a eu lieu le 16 juillet 1945 au Nouveau-Mexique (États-Unis). Le Traité interdisant les essais d'armes nucléaires dans l'atmosphère, dans l'espace extra-atmosphérique et sous l'eau, appelé Traité d'interdiction partielle des essais d'armes nucléaires (TIPEN), a été signé à Moscou 18 ans plus tard. Pendant ces 18 années d'intervalle, 499 explosions nucléaires ont été signalées, dont 304 à l'actif des États-Unis, 164 de l'Union soviétique, 23 du Royaume-Uni et 8 de la France. Sur le nombre total, 379 ont eu lieu dans l'atmosphère et les 120 autres dans le sous-sol ou sous l'eau. Par ailleurs, la crise des fusées de Cuba en 1962 avait à l'époque fortement compromis les relations américano-soviétiques. La négociation du TIPEN était un défi que les deux acteurs étaient appelés à relever. Le Président KENNEDY faisait valoir les quatre avantages politiques que représenterait le Traité. Cet instrument permettrait de :

–réduire la tension mondiale ;

–libérer le monde de la crainte des retombées radioactives ;

–empêcher la propagation des armes nucléaires et,

–limiter la course aux armements nucléaires.

Ces observations ont été faites par le Président KENNEDY le lendemain de la signature du Traité. Certes, les efforts visant à limiter ces essais au moyen d'accords internationaux avaient déjà commencé en 1946, époque à laquelle l'ONU avait institué une Commission de l'énergie atomique chargée de formuler des propositions précises en vue de contrôler les utilisations de l'énergie nucléaire. Toutefois, ce n'est qu'à compter de 1958 que les véritables fondements d'un futur accord se sont fortement fait pressentir. En effet, le 31 mars 1958, juste après que l'URSS eut achevé une série d'essais d'armes nucléaires et juste avant que les États-Unis se mettent à entreprendre leur propre série d'essais, l'Union soviétique a annoncé qu'elle suspendait unilatéralement tous autres essais. Le 22 août 1958, les États-Unis et la Grande-Bretagne ont fait connaître leur intention de suspendre leurs essais pendant une année à partir du 1er octobre 1958, sous réserve que des négociations soient engagées en vue de la suspension des essais d'armes nucléaires et de la création d'un système de contrôle international.

La négociation du TIPEN a été lancée par les États-Unis et l'URSS. Plus tard, la Grande-Bretagne puis certains États ont rejoint le cercle des négociateurs lorsque le Comité du Désarmement fut saisi de la question. L'histoire révèle qu'en janvier 1963, les négociations entre les trois Puissances autrefois interrompues avaient repris pour échouer rapidement sur la question de l'inspection sur place. Les négociations ont alors été suspendues et le problème a été soumis au Comité des dix-huit puissances sur le désarmement. Le Comité devait se réunir à Genève en février 1963. À son tour, ce Comité s'est trouvé dans l'impasse à cause du problème de l'inspection. Il est donc catégorisé comme « un accord multilatéral » bien que la négociation n'ait commencé qu'à partir de l'action des « Parties originaires », les trois Puissances. Ce traité compte toutefois 124 États Parties au final, sans la Chine et la France. Il compte un Préambule et seulement cinq articles. Aucune annexe n'est jointe au Traité.

94. Préambule – forme (composition). – En trois paragraphes, dans le Préambule du Traité, les Parties originaires (le Royaume-Uni, les États-Unis et l'Union soviétique) s'engagent clairement à « assurer l'arrêt à tout jamais de toutes les explosions expérimentales d'armes nucléaires » (§1 du Préambule). En effet, ils évoquent les deux objectifs importants du confinement des essais nucléaires souterrains : parvenir à cesser la course à l'arme nucléaire en protégeant l'environnement. D'abord, ce Traité a dressé le chemin en vue de l'interdiction des essais nucléaires vers « un accord de désarmement général et complet sous un contrôle international strict » (§ 2 du Préambule), comme une mesure intermédiaire sous forme de document juridiquement contraignant. Ensuite, ce traité a été conçu comme le moyen de « mettre un terme à la contamination du milieu ambiant de l'homme par des substances radioactives » (§ 3 du Préambule). Néanmoins, le Traité ne consacre pas un désarmement *stricto sensu* même si la jurisprudence internationale avait auparavant condamné la contamination transfrontalière (Affaire de la *fonderie de Trail* (États-Unis c. Canada), ONU, Recueil des sentences arbitrales, vol. III, p. 1965).

95. Obligation fondamentale – application. – La première disposition du TIPEN oblige tous les États Parties « à interdire, à empêcher et à s'abstenir d'effectuer toute explosion expérimentale d'arme nucléaire, ou toute autre explosion nucléaire, en tout lieu relevant de sa juridiction ou de son contrôle » dans un lieu limité. Il s'agit de son obligation fondamentale. La même disposition précise que les essais nucléaires sont interdits « dans l'atmosphère, au-delà de ses limites, y compris l'espace extra-atmosphérique, ou sous l'eau, y compris les eaux territoriales ou la haute mer », ou « dans tout autre milieu, si une telle explosion provoque la chute de déchets radioactifs en dehors des limites territoriales de l'État sous la juridiction ou le contrôle duquel a été effectuée l'explosion » (article I al. 1 § a) et § b)). Il n'existe pas de définition communément admise de l'atmosphère et de l'espace extraatmosphérique et aucun accord ne précise à quel endroit l'un se termine et l'autre commence. Aux fins du TIPEN, les deux espaces sont considérés comme un environnement continu sans interruption ou limite. Le Traité sur l'espace de 1967, interdit les essais de tout type d'arme nucléaire sur des corps célestes. Aussi, l'environnement sous l'eau est pris dans une large acception. Toutes les masses d'eau (eaux intérieures et mers) sont visées.

Le Traité a voulu être le plus complet possible. En effet, le terme « autre » (dans « toute autre explosion ») a été inclus pour éviter de limiter le Traité aux explosions expérimentales d'armes nucléaires et aussi pour empêcher les explosions d'engins nucléaires à des fins pacifiques (y compris les essais de ces engins) dans les environnements mentionnés en raison de la difficulté que l'on a à faire une distinction entre les explosions à des fins militaires et les explosions à des fins pacifiques sans contrôles spéciaux. À l'alinéa 2 de l'article Ier du TIPEN, cette obligation implique celle pour chacune des Parties de « s'abstenir de provoquer ou d'encourager l'exécution ou de participer de quelque manière que ce soit à l'exécution de toute explosion nucléaire qui aurait lieu où que ce soit dans l'un quelconque des milieux indiqués ou qui entraînerait la chute de déchets radioactifs en dehors des limites territoriales de l'État sous la juridiction ou le contrôle duquel a été effectuée l'explosion ». En rappel, le TNP a exclu ce genre d'assistance en ce qui concerne les ENDAN. On doit en déduire, qu'*à contrario,* l'assistance aux autres pays qui procèdent à leurs propres essais nucléaires souterrains n'est pas interdite par le Traité aussi longtemps que ces essais ne produisent pas les effets décrits ci-dessus. Également, il faut en déduire qu'une coopération en matière d'essais souterrains entre les EDAN n'est pas interdite. Ils peuvent s'aider les uns les autres à mettre au point ou à perfectionner les techniques à utiliser pour ces essais sans violer leurs obligations internationales.

Le TIPEN n'interdit pas explicitement les explosions souterraines. Cependant, à la lecture de l'alinéa 2, on doit en déduire qu'elles sont implicitement incluses pour autant que de telles explosions soient susceptibles de « provoquer la chute de déchets radioactifs en dehors des limites territoriales de l'État sous la juridiction ou le contrôle duquel a été effectuée l'explosion ». Par conséquent, tous les types d'essais souterrains sont autorisés à condition qu'ils ne donnent pas lieu à la pénétration de déchets radioactifs au-delà des limites territoriales de l'État sous la juridiction ou le contrôle duquel l'explosion est effectuée. Toutefois, une difficulté persiste. En effet, le problème non résolu par le Traité est précisément celui de savoir ce qui constitue une violation. Suffirait-il de n'importe quelle quantité de matières radioactives ou doit-il s'agir d'une quantité dangereuse ? Dans ce dernier cas, il faudrait déterminer le seuil de nuisance radiologique. Vu les formules de cette disposition, tout pays a le droit de se plaindre de fuites radioactives s'étendant hors du territoire de l'État Partie au Traité procédant à des essais nucléaires et ce, même si les violations n'étaient pas intentionnelles.

L'interdiction des essais dans le cadre du TIPEN se révèle par conséquent fortement conditionnée. C'est en cela que Prosper WEIL affirme que le TIPE présente une vague obligation fondamentale et se catégorise ainsi comme *soft law* en dépit de la forme juridiquement contraignante du Traité.

96. Secrétariat – organe de décision politique – système de vérification. – Le TIPEN n'a prévu ni d'organisation de secrétariat, ni d'organe de décision politique, ni de système de vérification. Les puissances dotées d'armes nucléaires doivent avoir été convaincues que leurs instruments nationaux de vérification suffisaient pour éliminer toute possibilité d'échapper au contrôle et pour l'identification d'essais clandestins. Selon Frank BARNABY, dans la pratique, il n'est pas possible de procéder impunément à des essais dans les milieux prohibés. Tout [EDAN partie], déterminé à reprendre des essais dans ces environnements, recourrait plutôt à la clause de retrait qu'à des essais clandestins. Toute tentative de dissimulation serait extrêmement malaisée, onéreuse et des plus incertaines. En outre, les puissances qui seraient animées de ces intentions pourraient toujours atteindre leur objectif par le biais des explosions nucléaires souterraines. Les avantages éventuels qu'elles tireraient d'explosions nucléaires atmosphériques sont très limités. Mais en l'absence de tout organisme de contrôle international chargé d'étudier les situations en fonction de critères déterminés, il est difficile d'établir le bien-fondé d'une allégation selon laquelle des substances radioactives résultant d'une explosion nucléaire souterraine ont dépassé les frontières du pays procédant à l'essai (Frank BARNABY, « Le Traité interdisant les essais d'armes nucléaires » *in Bulletin de l'AIEA*, dixième anniversaire du Traité, 1973, p. 13).

97. Règlement des différends – Amendement. – Le Traité dédie un article à son amendement. En effet, selon l'article II al. 1 du Traité, toute Partie au Traité a le droit d'y proposer des amendements. Les amendements au Traité sont soumis à l'approbation de la majorité des États Parties y compris les Parties originaires et leur entrée en vigueur conditionnée par le dépôt des instruments de ratification par la majorité des Parties, y compris ceux de toutes les Parties originaires. Du 8 au 17 janvier 1991, 100 des 117 États Parties au TIPEN ont pris part à la Conférence d'amendement afin de transformer ce Traité en un traité d'interdiction totale comprenant toutes les explosions souterraines. Malgré ces efforts internationaux, les États-Unis, le Royaume-Uni et l'URSS ont fait échouer le projet d'amendement où il était nécessaire de qualifier la majorité des Parties, y compris les États originaires, aux amendements tel que le stipule l'article II al. 2 du Traité. Bien que le seuil de la majorité simple semble relativement bas, en comparaison de celui des deux tiers, et dont la formule est fréquemment utilisée pour la prise de décision sur les questions de fond, la condition d'approbation par les États originaires est suffisamment efficace comme droit de veto pour un blocage d'amendement. Il manque également au TIPEN des mesures propres à redresser une situation et à garantir le respect des dispositions du Traité. Toutefois, le TIPEN, en tant qu'instrument juridiquement contraignant, est bien muni d'une clause finale écrite.

98. Dispositions finales. – L'article IV indique que sa validité est d'une durée illimitée. Sa ratification par tous les États originaires est nécessaire pour son entrée en vigueur (article III al. 3 du TIPEN). Il reconnaît aussi le droit de retrait à chaque Partie (article IV du TIPEN) dans l'hypothèse où « des événements extraordinaires » viendraient à compromettre « les intérêts suprêmes du pays ». Dans le cas précis, peuvent être cités comme événements extraordinaires, l'exécution dans les milieux interdits d'essais nucléaires par des pays qui ne sont pas Parties au Traité. Cependant, cet événement pourrait difficilement compromettre les intérêts suprêmes des Parties originaires au Traité. Cela, du fait de la suprématie nucléaire écrasante de ces dernières sur les autres pays et de leur droit jusqu'ici illimité de poursuivre des essais souterrains. Les Parties sont seules à décider si de tels événements sont intervenus et n'ont pas besoin de motiver leur action auprès d'une autorité particulière vu que le Traité n'en désigne pas. Il suffira qu'elles notifient ce retrait à toutes les Parties au Traité avec un préavis de trois mois. En comparaison avec les clauses de retrait de certains accords de contrôle des armements, la facilité avec laquelle les Parties au TIPEN peuvent se décharger de leurs obligations contractuelles, est bien excessive. Par exemple, dans le cadre du TNP, le préavis doit être donné aux autres Parties et au CSNU et contenir un exposé relatif aux « événements extraordinaires » que l'État Partie estime avoir compromis ses intérêts nationaux (article X al. 1 du TNP).

99. Le TIPEN fournit un bon exemple de précédent dans le domaine du désarmement nucléaire. Sur le plan politique, il n'y a guère de doute que la conclusion du TIPEN a aidé la communauté internationale à franchir certaines étapes. Sur le plan environnemental, il est incontestable que le TIPEN a contribué à réduire la contamination radioactive de l'atmosphère. Cependant, il faut reconnaître que le TIPEN n'a pas de façon sensible ralenti la course aux armements nucléaires entre les États-Unis et l'Union soviétique, si l'on excepte certaines restrictions à la production d'armes thermonucléaires de grande puissance. Cela s'observe également à travers la non-adhésion de la France et la Chine au Traité du fait de leur programme d'essais atmosphériques tenu jusqu'en 1975 et 1980 respectivement. Un arrêt complet des essais nucléaires est d'une manière générale, considéré comme une mesure indispensable et urgente pour aboutir au désarmement nucléaire.

2. Le Traité d'interdiction complète des essais nucléaires du 24 septembre 1996

100. Contexte – négociation. – La négociation du TICEN s'est déroulée du 10 août 1993 jusqu'à l'ouverture de sa signature le 24 septembre 1996 au sein de la CD même si la question existait dans l'agenda de la communauté internationale il y avait de cela plus de quatre décennies. La négociation au sein de la CD a été engagée sur la base du mandat de négociation (CD/1212). Le début de la négociation de cet instrument découle fondamentalement des engagements personnels des États. En effet, en octobre 1991, l'Union soviétique annonçait un moratoire d'un an, qui sera renouvelé une fois et rendu permanent en 1993. L'année suivante, les États-Unis ont cessé également leurs essais nucléaires, ce qui eut pour conséquence la fin des essais nucléaires britanniques (qui étaient effectués sur le site américain d'essai). En 1992 toujours, la France débute un moratoire qu'elle transgresse en 1995 avant de le rendre permanent en janvier 1996.

Au lendemain de l'échec de la première Conférence d'amendement du TIPEN, deux années et demie d'intenses négociations ont été nécessaires pour aboutir au vote par l'AGNU du texte du Traité. En effet, l'Inde n'a pas été d'accord, notamment pour la condition d'entrée en vigueur qui l'oblige à ratifier le TICEN. Ceci n'a pas permis à la CD d'adopter le projet. C'est finalement, par renvoi de projet identique à l'AGNU que le TICEN a vu le jour. Le TICEN fut adopté par le vote suivant : 158 pour - 3 contre (Inde, Pakistan et Libye) - 5 abstentions (Cuba, Liban, Maurice, Syrie et Tanzanie).

Outre le TIPEN, le TICEN a eu deux prédécesseurs :

1. le Traité sur la limitation des essais souterrains d'armes nucléaires de juillet 1974 par les États-Unis et l'Union

soviétique et qui interdit les essais nucléaires souterrains dont la puissance est supérieure à 150 kilotonnes (kt) et,

2. le Traité sur les explosions nucléaires à des fins pacifiques du 28 mai 1976 par les États-Unis et l'Union soviétique interdisant les explosions nucléaires d'une puissance supérieure à 150 kt.

101. Préambule – forme (composition). – Le TICEN compte un préambule et 16 articles. Deux annexes sont jointes au Traité. La première annexe au Traité est une « liste d'États établie en application du paragraphe 28 de l'article II du Traité », afin de désigner la « répartition géographique équitable de sièges » pour le Conseil exécutif. La deuxième annexe au Traité est, quant à elle, une « liste d'États établie en application de l'article XIV du Traité » énumérant tous les États qui doivent ratifier le Traité afin d'engager son entrée en vigueur en raison de leurs activités nucléaires civiles et/ou militaires. Le TICEN comporte en outre, un protocole qui spécifie en trois niveaux et à travers deux annexes le système de vérification du Traité. La première partie du protocole consacre le Système de Surveillance internationale (SSI) et le fonctionnement du Centre internationale de données (CID) ; la seconde partie définit l'inspection sur place et la troisième partie les mesures de confiance. Les deux annexes au protocole sont la liste des stations pour le SSI et la liste des paramètres de caractérisation pour le filtrage standard des événements au CID. L'article X du TICEN clarifie le statut du Protocole et des Annexes en tant que « partie intégrante du Traité ».

De manière succincte, le préambule du TICE indique que son objectif principal est de freiner « le développement et l'amélioration qualitative des armes nucléaires » afin de concourir « efficacement au désarmement nucléaire et à la non-prolifération nucléaire sous tous ses aspects » (§ 6 du Préambule). Cela se traduit par l'obligation pour les États de « ne pas effectuer d'explosion expérimentale d'arme nucléaire ou d'autre explosion nucléaire ». Ainsi les Parties au Traité reconnaissent-elles le lien étroit existant entre la cessation des essais nucléaires et celle de la course à l'arme nucléaire. Nous partageons l'avis de Miguel MARIN-BOSCH selon lequel « la cessation de la course aux armements nucléaires dans une date rapprochée » n'est rien d'autre que la cessation définitive des essais nucléaires, c'est-à-dire la conclusion d'un TICEN (Miguel MARIN-BOSCH, « À la croisée des chemins », *in Désarmement*, vol. XVIII, n° 1, Nations unies, 1995, p. 58. V. aussi à ce propos, Roland TIMERBAEV, « Renforcement du régime institué par le Traité sur la non-prolifération nucléaire : Conclusion d'un traité d'interdiction complète des essais et arrêt de la production de matières fissiles », *in Désarmement*, vol. XVI, n° 2, Nations unies, 1993, pp. 103-115). Le TICEN se matérialise dès lors comme l'un des instruments les plus efficaces de contrôle des armes nucléaires et par conséquent de désarmement nucléaire (§ 7 du Préambule). On observe que la protection de l'environnement est un objectif indirect du Traité. D'ailleurs, le § 10 du Préambule note que le « Traité pourrait contribuer à la protection l'environnement ».

102. Obligation fondamentale – application nationale. - En ce qui concerne l'obligation fondamentale, le TICEN vise à l'interdiction complète des essais nucléaires y compris « de toutes les explosions souterraines ». C'est ainsi que son article I al.1 oblige chaque État partie « à ne pas effectuer d'explosion expérimentale d'arme nucléaire, ou d'autre explosion nucléaire, et à interdire et empêcher toute explosion de cette nature en tout lieu placé sous sa juridiction ou son contrôle. ». Cette obligation implique celle pour tous les États de « s'abstenir de provoquer ou d'encourager l'exécution - ou de participer de quelque manière que ce soit à l'exécution - de toute explosion expérimentale d'arme nucléaire ou de toute autre explosion nucléaire quel qu'en soit le lieu » (article I al. 2 du Traité). Cela ferme toute échappatoire susceptible de donner lieu à des lacunes d'exécution des obligations fondamentales.

Relevons que le Traité ne donne pas de définition précise d'une explosion nucléaire. Il ne s'agit pas d'un oubli. Il ressort, qu'il s'est avéré très compliqué lors des négociations, d'élaborer une définition à la fois exempte d'ambiguïté et conforme à l'entendement respectif des différents États. L'histoire de la négociation du Traité révèle que la question de la puissance d'explosion à interdire fut l'objet d'âpres discussions. En effet, le groupe des cinq EDAN (P5) avait voulu exclure une série d'expérimentation afin d'assurer le bon fonctionnement d'ogives nucléaires telles que celles des « essais sous-critiques », la simulation par hyper-ordinateur, l'essai hydro-nucléaire en laboratoire, etc. Par contre, d'autres délégations opposantes parmi lesquels l'Inde et le Pérou avaient souhaité une vraie interdiction complète. L'Inde avait tenté d'inclure des obligations interdisant la réalisation d'essais sous-critiques et de programmes de simulation nucléaire. Elle avait avancé l'argument selon lequel « les essais nucléaires réels ne constituent qu'une technique parmi d'autres, elle n'empêche pas le développement d'armes nucléaires de troisième génération ». Le Pérou avait dénoncé le risque d'un « glissement flagrant qui va de l'interdiction des essais nucléaires à l'interdiction des explosions ». Malgré ces interpellations, tous les essais nucléaires réalisés par des moyens autres qu'une explosion, ne sont pas interdits. Cependant, le TICEN permet les « essais sous-critiques » en laboratoire parce qu'ils sont indétectables ainsi que les simulations car elles ne constituent pas des « explosions nucléaires ». En effet, ce type d'explosion de très faible puissance utilise des explosifs chimiques et une quantité très faible de matières fissiles (plutonium ou uranium 235 de qualité militaire) et n'implique pas de réaction en chaîne. L'objectif est de valider la phase de fonctionnement de l'amorce de l'arme thermonucléaire et d'évaluer les performances et la sûreté des armes nucléaires stockées. En France, on parle également de « tirs froids ». La conséquence certainement négative est que les EDAN pourront continuer à améliorer qualitativement leur arsenal nucléaire.

Néanmoins, l'article 1er, sans prévoir de définitions de « l'explosion nucléaire », a voulu cerner la question dans toute sa variété. Certes, la phrase « d'autres explosions nucléaires » contient une possibilité de lacune illicite, mais elle signifie que le TICEN couvre tous les types d'explosions nucléaires (dont les essais de petites charges explosives et les explosions nucléaires pacifiques), qu'ils soient effectués en plein air, sous les mers, sous terre ou dans l'espace.

103. Secrétariat – organe de décision politique – système de vérification. – À l'article II al. 1 du TICEN, les États Parties ont établi « l'Organisation du Traité d'interdiction complète des essais nucléaires » (OTICE). L'Organisation comprend comme organes la Conférence des États Parties, le Conseil exécutif et le Secrétariat technique, lequel comprend le CID. Au titre de l'organe de décision politique, on compte « la Conférence des États parties » composée de tous les États Parties, en tant qu'organe principal de l'Organisation, et « le Conseil exécutif » composé de 51 membres élus de chaque groupe régional, dans le rôle d'organe exécutif de l'Organisation. Tous les États Parties sont d'office membres de l'Organisation. Ladite Organisation a essentiellement trois tâches : d'abord, réaliser l'objet et le but du Traité ; ensuite, assurer l'application de ses dispositions, y compris celles qui s'appliquent à la vérification internationale du respect du Traité ; enfin, ménager un cadre dans lequel les Parties pourront se consulter et coopérer entre elles. Elle a son siège à Vienne et une synergie avec l'AIEA est prévue, notamment dans le domaine du Système de Surveillance internationale (SSI), par exemple, pour la surveillance de radionucléides (article II al. 4 du TICEN). L'Organisation a une tâche très étendue, d'où un risque certain de dysfonctionnement. C'est ainsi que la Commission préparatoire pour l'Organisation du Traité d'interdiction complète d'essais nucléaires (Commission de l'OTICE) avec un Secrétariat technique provisoire, a été créée afin d'assurer un bon fonctionnement sur la base des résolutions, documents adoptés à la réunion des États signataires en attendant l'entrée en vigueur du Traité. La Commission doit être qualifiée de *soft law organisation* car malgré son caractère juridique, elle a été fondée sur la base d'une résolution, un document juridiquement non-contraignant et fonctionnait comme si elle était l'organe de décision politique avant même l'entrée en vigueur du TICEN. D'où surgit le problème de sa personnalité et sa capacité juridiques. Il ressort de l'article II al. 8 que « [l]'Organisation, en tant qu'entité indépendante, s'efforce d'utiliser selon qu'il convient les compétences techniques et les installations existantes et de maximiser le rapport coût-efficacité en prenant des arrangements de coopération avec d'autres organisations internationales telles que l'AIEA ».

104. Système de vérification. - Contrairement au TIPEN, le TICEN dispose d'un système de vérification et de surcroît très complexe. Cette complexité s'explique essentiellement par le fait que la vérification d'une interdiction complète est particulièrement difficile car elle doit décourager les essais dans tous les milieux possibles et sur l'ensemble du globe. En effet, l'article IV dédié au régime de vérification compte 68 alinéas dont le détail est indiqué dans le protocole et ses annexes. Au tout début, le premier alinéa de cet article décrit les quatre éléments du régime de vérification, à savoir le SSI (article IV en ses alinéas 1 à 28), la consultation et la clarification (alinéas 29 à 33 de l'article 4), les inspections sur place (alinéas 34 à 67 de l'article 4) et enfin, les mesures de confiance (alinéa 68 de l'article 4). En disposant qu'« *à l'entrée en vigueur du Traité, le régime de vérification est capable de satisfaire à ses exigences* [les quatre éléments de régime de vérification] *concernant la vérification* », le TICEN fait obligation à tous les États Parties, y compris la Commission préparatoire, de préparer leur disponibilité au moment de l'entrée en vigueur. Ceci signifie qu'elle oblige les Parties avant même son entrée en vigueur. Sur cet aspect, l'on peut s'interroger à la suite de FUKUI sur l'effet d'obligation exigée avant l'entrée en vigueur, malgré l'absence de stipulation pour l'application à titre provisoire du Traité face à la CVDT. Il faut répondre que cette consécration va en droite ligne avec l'article XVIII de cette Convention. En effet, cette disposition de la CVDT oblige les États signataires à ne pas priver un traité de son objet ni de son but avant son entrée en vigueur. L'article XVIII stipule en effet : « un État doit s'abstenir d'actes qui priveraient un traité de son objet et de son but : a) lorsqu'il a signé le traité ou a échangé les instruments constituant le traité sous réserve de ratification, d'acceptation ou d'approbation, tant qu'il n'a pas manifesté son intention de ne pas devenir partie au traité ; b) lorsqu'il a exprimé son consentement à être lié par le traité, dans la période qui précède l'entrée en vigueur du traité et à condition que celle-ci ne soit pas indûment retardée. ».

Le TICEN aura toutefois, péché en n'ayant pas expressément encadré son application provisoire par des dispositions exemptes d'ambiguïté quelconque. Pour exemple, la Chine a essayé de bloquer l'inclusion des capteurs de gaz rares tels que le Xénon 133, en profitant de cette formulation incomplète. À ce propos, la Chine s'est justifiée en exprimant son avis sur le texte officiel du TICEN en version chinoise. Elle avait souligné que son installation de capteurs de gaz rares était prévue « après l'entrée en vigueur » du traité, conformément au texte authentique en chinois alors que les textes en d'autres langues indiquent « au moment de l'entrée en vigueur ». Il ressort qu'au lendemain d'une longue discussion au sein de la commission préparatoire, il en a résulté le compromis que cette inclusion est censée s'effectuer dans un but d'évaluation et d'essai. Sur la question, le § 4 de l'article 33 de la CVDT stipule que « sauf le cas où un texte déterminé l'emporte conformément au paragraphe 1, lorsque la comparaison des textes authentiques fait apparaître une différence de sens que l'application des articles 31 et 32 ne permet pas d'éliminer, on adoptera le sens qui, compte tenu de l'objet et du but du traité, concilie le mieux ces textes ». Il faut déduire que du point de vue juridique, il s'agit d'un exemple pertinent d'application du § 4 de l'article 33 de la CVDT, qui indique la méthode de conciliation lors d'interprétations différentes de texte en d'autres langues de ce même traité. Le SSI prévu par le TICEN utilise quatre techniques modernes de détection des essais nucléaires. En effet, lors des travaux du groupe des experts scientifiques menés avant la négociation à partir de 1976 jusqu'en 1996, la technologie prévue pour la surveillance des essais nucléaires était principalement la surveillance sismologique. L'article IV al. 16 stipule à cet effet que « le SSI comprend des installations de surveillance sismologique, de surveillance des radionucléides, y compris des laboratoires homologués, pour la surveillance hydroacoustique et pour la surveillance par détection des infrasons [...] ». Le réseau de stations hydroacoustiques comprend en tout six stations à hydrophones et cinq stations de détection des phases T. (article XIII du protocole). Par ailleurs, ces différents systèmes sont connectés par des moyens de communication correspondants et appuyés par le CID du Secrétariat technique (Voir en détail le SSI et les fonctions du CID dans la première partie du Protocole au TICEN).

Dans l'utilisation de l'information dans le cadre de la mise en œuvre du système de vérification, chaque Partie dispose du droit d'utiliser ses MTN mais aussi toute autre technique pertinente qu'elle juge nécessaire à l'effectivité et à l'efficacité de la vérification (article IV al. 5 et 11 du TICEN). Le TICEN a tenu à prévenir tout risque d'abus dans l'interprétation de ce droit par un État inspecté lorsqu'il exige la compatibilité de l'information aux « principes généralement reconnus du droit international » et le « respect de la souveraineté des États ». Chaque État Partie a en sus le droit de demander une inspection sur place sur le territoire ou en tout autre lieu sous la direction ou le contrôle de tout autre Partie, ou une zone ne relevant de la juridiction ou du contrôle d'aucun État. À ce titre, l'État inspecté doit respecter l'inspection exécutée d'une manière licite.

105. Mesures de redressement – garantie du respect du traité. – Les mesures propres à redresser une situation et à garantir le respect des dispositions du Traité sont prévues par l'article V du Traité. Cette disposition confie à la Conférence des États parties la tâche de prendre les mesures nécessaires, afin d'« assurer le respect des dispositions du Traité » et de « redresser et corriger toute situation contrevenant aux dispositions du Traité » (article V al. 1 du TICEN). À cet effet, la Conférence peut prendre trois séries de mesures. Elle peut décider de restreindre ou suspendre l'exercice, par l'État violateur, des droits et privilèges dont il jouit en vertu du Traité, soit de recommander aux autres États Parties des mesures collectives qui sont conformes au droit international, soit de porter la question, y compris les informations et les conclusions pertinentes, à l'attention de l'ONU. Outre cela, la Conférence dispose de la faculté de recourir, le cas échéant, au CSNU. Dans cette dernière étape, des sanctions coercitives peuvent être prises en vertu du Chapitre VII de la CNU à l'encontre de l'État en faute. Cela explique en partie les sanctions coercitives qui ont été prises contre la RDPC suite à ses essais nucléaires. La RPDC a effectué sous Kim Jong-un 19 tests de missiles balistiques entre janvier et octobre 2017 (soit plus que les 16 tests que Kim Jong-Il avait ordonnés entre 1994 à 2011), soit un total de plus de 80 depuis son arrivée au pouvoir.

106. Règlement des différends. – Le TICEN indique deux règles essentielles pour le règlement des différends susceptibles de naître au sujet de son application ou de son interprétation. Premièrement, il s'agit de l'application « de ses dispositions pertinentes et d'une manière conforme aux dispositions de la CNU » tel que le stipule l'alinéa 1 de l'article VI. Deuxièmement, le TICEN prévoit à l'alinéa 2, la consultation préalable entre les Parties y compris le « recours aux organes appropriés du Traité » et la « saisine par consentement mutuel de la CIJ conformément au Statut de cette dernière ». Cela vise à permettre un règlement à la fois pacifique et rapide des différends entre les Parties concernées par la voie de négociation ou par un autre moyen pacifique qui leur agrée.

En sus, le TICEN prévoit deux organes, à savoir le Conseil exécutif et la Conférence des États Parties, comme habilités à contribuer au règlement des différends. À cet effet, le Conseil exécutif doit être disposé à offrir ses bons offices, à inviter les Parties en litige au règlement pacifique, à saisir la Conférence des États ou à faire des recommandations. Si les deux organes peuvent concourir au règlement des différends, le Conseil exécutif peut s'avérer être le plus efficace au regard de la fréquence de ses sessions. L'article II al. 34 précise que « le Conseil exécutif tient des sessions ordinaires. Entre les sessions ordinaires, il se réunit aussi souvent que l'exige l'exercice de ses pouvoirs et fonctions ». À l'alinéa 15 du même article, la Conférence tient ses sessions chaque année sauf si elle arrive à en décider autrement. Ses sessions extraordinaires sont convoquées sur décision de la Conférence à la demande du Conseil ou de tout État Partie appuyée par la majorité des États Parties. Cette lourdeur procédurale peut contrevenir au règlement rapide du différend. Toutefois, seule la Conférence des États parties peut « créer des organes chargés de contribuer au règlement des différends ou confier cette tâche à des organes existants » (alinéa 4 de l'article VI du Traité). Cela fait d'elle un organe plus puissant. En ce qui concerne la requête à soumettre à la CIJ en vue d'obtenir un avis consultatif, les deux organes sont habilités séparément sur un même pied.

107. Amendement. – Sur la question de son amendement, tous les États Parties peuvent, en vertu de l'article VII al. 1 du Traité, proposer « à tout moment suivant l'entrée en vigueur du Traité », des amendements au Traité, au Protocole ou aux Annexes du Protocole dans le respect des deux seuils essentiels. Les propositions peuvent être adoptées uniquement par une conférence d'amendement et par un vote positif d'une majorité des États Parties, sans aucun vote négatif d'un État Partie (alinéa 5 de l'article VII du Traité). Dès lors, du point de vue procédural, le seuil pour une proposition d'amendement se révèle assez haut. Néanmoins, il est possible d'amender la première et la troisième partie du Protocole ainsi que ses Annexes 1 et 2 d'une manière simple à la seule fin de « maintenir la viabilité et l'efficacité du Traité ».

108. Mécanisme d'examen. – À l'image des précédents accords internationaux examinés, le TICEN dispose également, d'un mécanisme d'examen. L'examen porte sur le bon « fonctionnement et l'efficacité du Traité » afin de « s'assurer que les objectifs et les buts énoncés dans le préambule et les dispositions du Traité sont en voie de réalisation » (article VIII al.1 du Traité). La conférence d'examen se tient dix ans après l'entrée en vigueur du Traité à moins qu'une majorité des États Parties en décide autrement. L'examen du Traité doit tenir compte « de toutes innovations scientifiques et technologiques ayant un rapport avec le Traité ». Dès lors, le régime de vérification est appelé à s'adapter à l'évolution technologique et à offrir à l'avenir d'autres techniques de surveillance à l'exemple de la détection par l'impulsion électromagnétique ou de la surveillance par satellite. Cela peut expliquer le fait que le Conseil scientifique consultatif crée soit composé d'experts indépendants siégeant à titre personnel pour améliorer le régime de vérification.

109. Dispositions finales. – S'agissant de la durée et du retrait, le TICEN a une durée illimitée. Il s'avère que durant la négociation du TICEN, les États-Unis ont cherché une possibilité de « opt-out » après dix ans afin de pouvoir continuer les essais nucléaires le cas échéant. En ce qui concerne le droit de retrait, le TICEN admet que chaque Partie à « le droit de se retirer du Traité s'il juge que des événements extraordinaires en rapport avec l'objet du Traité ont compromis ses intérêts suprêmes », à l'instar du TNP. Vingt-quatre ans après l'ouverture du Traité à la signature à l'occasion de son adoption le 26 septembre 1996, son entrée en vigueur demeure aujourd'hui, une question vivement discutée. Si le TICEN se dérobe encore malgré le nombre important de ses États Parties, cela est dû aux dispositions qui conditionnent son application. Il ressort que le Traité ne peut entrer en vigueur que 180 jours après le dépôt de l'instrument de ratification par les 44 États cités dans son annexe 2. Celle-ci énumère les États qui ont officiellement participé aux négociations en vue de l'élaboration du TICEN lors de la session de la Conférence sur le désarmement de 1996 et qui possèdent des centrales nucléaires ou des réacteurs nucléaires de recherche. À ce jour, huit États parmi les 44 manquent encore à l'appel. Parmi ces huit, trois États n'ont pas signé le Traité et cinq signataires ne l'ont pas ratifié. Les États qui ne l'ont pas signé sont : l'Inde, le Pakistan et la RPDC. L'Inde a réfuté le projet du TICEN vers la fin de la négociation au sein de la CD. Le cas nord-coréen est particulier. Il est actuellement peu probable que Pékin et Washington exigent l'adhésion de Pyongyang au TICEN alors qu'aucune des deux puissances ne l'a ratifié. Ne l'ont pas ratifié : les États-Unis, la Chine, l'Égypte, l'Iran et Israël. Les États-Unis n'ont finalement pas ratifié le TICEN principalement pour des raisons de politique interne ; le Sénat américain s'y opposant. Il semble bien que la Chine attende que les États-Unis fassent le premier pas avant de s'engager. La France et le Royaume-Uni l'ont ratifié le 6 avril 1998 et la Russie, le 30 juin 2000. Pour Téhéran, le TICEN ne limite que partiellement les développements futurs des armes nucléaires. Au Moyen-Orient, la ratification par Washington pourrait pousser son allié israélien à faire de même, coupant ainsi l'herbe sous les pieds de l'Égypte qui semble attendre un tel geste d'Israël pour l'imiter. En 2012, le TICEN s'est rapproché de son entrée en vigueur lorsque l'Indonésie a déposé, en février, son instrument de ratification auprès du SGNU. Le Guatemala a également ratifié le TICEN en janvier et Nioué l'a signé en avril. En octobre, la Commission a été informée que le Parlement irakien avait également approuvé sa ratification. Mais, même si aucune avancée mesurable n'a été réalisée à ce jour pour obtenir le nombre de ratifications nécessaires à l'entrée en vigueur du TICEN, les États l'ayant signé ou ratifié continuent de promouvoir cet objectif. Face à cette situation, l'on assiste à la suggestion d'une possibilité d'entrée en vigueur provisoire du Traité. En effet, à travers les exemples du Traité sur les forces armées conventionnelles en Europe de 1990 et la Convention des Nations unies sur le droit de la mer (CNUDM), Rebecca JOHNSON, activiste britannique, propose que l'application à titre provisoire du TICEN puisse être formulée et être approuvée par un vote à la majorité à l'AGNU. Selon FUKUI, « cette idée reviendrait à créer un autre accord, mais elle produirait un net effet d'apaisement de la pression qui pèse sur les États qui n'ont pas ratifié le TICE. À cause de la disposition sur l'amendement qui sera applicable après l'entrée en vigueur, on ne peut changer cette stricte disposition pour l'entrée en vigueur du TICEN. ».

La difficulté de l'entrée en vigueur du TICEN a été plus ou moins prévue par le Traité. Son article XIV al. 2 stipule en effet que « [s]i le Traité n'est pas entré en vigueur trois ans après la date de l'anniversaire de son ouverture à la signature », la Conférence des États peut être convoquée à cet effet (alinéa 2 de l'article XIV). Le Traité n'offre aucune précision quant à la formulation « anniversaire de son ouverture ». Ceci laisse libre cours à son interprétation. D'ailleurs, l'on peut se demander avec pertinence s'il s'agit de trois ans ou de trois ans plus une année. La dernière formule est la plus convenable mais, en inversant « une année plus trois ans ».

Il faut conclure avec POITEVIN qu'avec l'entrée en vigueur du TICEN, « l'interdiction des essais nucléaires ne sera plus sous le coup d'un moratoire que l'on peut transgresser sans danger mais bien d'un instrument contraignant de droit international. Le TICEN aura dès lors une portée universelle car tous les États possédant actuellement des armes nucléaires ou suspectés de vouloir en acquérir l'auront ratifié et s'y plieront. Parallèlement, d'un point de vue institutionnel, l'entrée en vigueur du Traité aura deux effets positifs pour le régime de non-prolifération : à court terme, elle endiguera la crise de confiance qui le traverse, ce qui, à plus long terme, permettra de le renforcer ». (Cédric POITEVIN, « Le Traité d'interdiction des essais nucléaires plus que jamais nécessaire », *Note d'analyse du GRIP*, 2007, 7 p.). En dehors de l'adhésion à des accords multilatéraux, il existe d'autres moyens, plus efficaces même, de démontrer clairement et fermement son attachement à la non-prolifération nucléaire. Nous voulons parler des accords régionaux qui bénéficient d'une garantie internationale.

SECTION II

LE TRAITÉ SUR LA NON-PROLIFÉRATION NUCLÉAIRE DU 1er JUILLET 1968

110. Il faut rappeler que l'AGNU avait convenu en 1965 de cinq principes sur la base desquels un traité en matière de non-prolifération nucléaire devait être conclu. L'Assemblée s'est prononcée ainsi dans sa Résolution 2028 (XX) du 19 novembre 1965. En premier, le traité ne devrait comprendre aucune faille qui puisse permettre aux États qui possédaient ou qui ne possédaient pas d'armes nucléaires de transférer d'une manière quelconque de telles armes. En second lieu, le traité devait assurer un équilibre acceptable de responsabilité et d'obligations entre les deux catégories d'États. En troisième lieu, le traité devait mener à un désarmement nucléaire général et complet. En quatrième lieu, il devait avoir des dispositions acceptables et pratiques pour assurer son efficacité. Enfin, en cinquième lieu, aucune clause de ce traité ne devait porter atteinte au droit d'un groupe quelconque d'États de conclure des traités régionaux de façon à assurer l'absence totale d'armes nucléaires sur leurs territoires respectifs. Au sortir de l'âpre négociation que l'histoire révèle, on observe que le Traité retenu a foncièrement péché en ce qui concerne le respect du second principe. Il faut préciser que le TNP n'aborde le désarmement qu'en tant que troisième pilier en faisant pression sur les EDAN afin qu'ils inversent la tendance de la course aux armements nucléaires. Cela signifie que son objet principal n'est pas de régir un processus de dénucléarisation. Il n'interdit pas à tous des armes nucléaires ni leur production. Il aménage simplement, la prolifération. Le TNP consacre le règne de la suprématie de cinq États sur le reste du monde. En « punissant » davantage les ENDAN par rapport à ces cinq États, il a permis à ces derniers de garder jusqu'aujourd'hui le monopole légal de l'arme nucléaire. Cette discrimination est propre au TNP (§ 2). Le TNP constitue le premier pas d'importance dans le domaine du désarmement et de la non-prolifération nucléaires (§ 1).

§ 1- Le premier pas d'importance dans le domaine la non-prolifération nucléaire

A- Contexte de négociation

111. Le processus de négociation du TNP a réuni un grand nombre d'États regroupés suivant un mécanisme classique de classification à savoir le niveau de développement. C'est ainsi qu'elle a réuni des États dits « moins avancés », des États en voie de développement (étaient présents parmi ceux-ci le Brésil et l'Inde) et des États dits développés ou industrialisés. Étaient présents parmi ces derniers, les États-Unis, la France, l'Italie, le Japon, la République fédérale d'Allemagne, l'Union soviétique. En fait, la France a appliqué la politique de la « chaise vide » pour protester contre la co-présidence américano-soviétique. Elle ne signera pas le TNP et n'y adhèrera qu'en 1992. Au début des négociations du TNP, les États à l'époque non-possesseurs d'armes nucléaires étaient conscients de la portée sur tous les plans du prestige attaché à l'arme nucléaire et la raison pour laquelle les États possesseurs s'y attachaient ardemment. Aucun État possesseur d'armes nucléaires ne souhaitait réellement donc, l'élargissement du club atomique. Il fallait cependant un instrument qui régirait juridiquement la question de sa possession. Ces négociations sur l'élaboration du TNP n'ont véritablement débuté qu'en 1965 par la présentation de deux projets de traité, l'un par les États-Unis et l'autre par l'URSS. En effet, Sa négociation commença à la suite de l'explosion nucléaire chinoise d'octobre 1964, et d'un vote de juin 1965 de la Commission du désarmement des Nations unies requérant le Comité des dix-huit États sur le désarmement (où la France refuse d'occuper le siège lui revenant) de considérer la question d'un traité ou d'une convention sur la non-prolifération. Le 17 août 1965, les États-Unis soumettent au Comité des dix-huit puissances sur le désarmement un projet de traité interdisant la dissémination des armes nucléaires. Le 24 septembre 1965, l'URSS soumet à l'AGNU un projet de traité interdisant la dissémination des armes nucléaires.

Requis pour abriter les négociations, le Comité des dix-huit puissances sur le désarmement, avait accompli des progrès dans ses négociations au cours de 1967 et avait présenté à l'AGNU un projet de traité au début de 1968. Ce Comité a été créé en 1959 spécialement pour négocier le désarmement. La fin de ses activités est située à 1969. Il deviendra dans la même année la Conférence du Comité de désarmement puis en 1984 la Conférence du désarmement (CD). C'est à partir du mois d'août 1967 que le Comité des dix-huit a procédé à l'examen des projets américain et soviétique ainsi que plusieurs amendements proposés par d'autres membres. Le 19 décembre 1967, l'AGNU adopte la résolution 2346 A (XXII) par laquelle elle prie le Comité des dix-huit de lui présenter au plus tard le 15 mars 1968, un rapport complet sur les négociations. Prenant en compte de nouvelles suggestions des ENDAN, le Comité a soumis une nouvelle révision du projet à l'AGNU à sa vingt-deuxième session. Le 12 juin 1968, est adoptée la résolution 2373 (Résolution de l'AGNU relative au TNP, A/RES/2373 (XXII), 12 juin 1968) contenant le texte du TNP dans laquelle elle se félicitait du traité tout en priant les Gouvernements dépositaires, c'est-à-dire les États-Unis, le Royaume-Uni et l'URSS, de faciliter l'ouverture à la signature de tous les États. Finalement ouvert à la signature le 1er juillet 1968 à Londres, à Moscou et à Washington, il entra en vigueur le 5 mars 1970 conformément à l'alinéa 3 de son article IX lorsque ses trois dépositaires l'ont ratifié et quarante autres États l'ont signé. L'article IX al. 3 du TNP stipule en effet, que « le Traité entrera en vigueur après ratification par les États dépositaires du Traité et par quarante autres États signataires et après le dépôt de leurs instruments de ratification. ». Il a une durée illimitée.

Aux termes de l'alinéa 3 de l'article VIII du TNP, une Conférence des parties au Traité devait avoir lieu à Genève (Suisse) cinq ans après son entrée en vigueur afin d'examiner son fonctionnement en vue de s'assurer que les objectifs du préambule et les dispositions du Traité sont en voie de réalisation. La première de ces conférences a ainsi été organisée à Genève en 1975. Ce même alinéa stipule aussi qu'une majorité des États parties au Traité peut proposer la convocation d'autres conférences, à intervalle de cinq ans. Il en a été ainsi et des conférences d'examen ont donc eu lieu à Genève en 1980, 1985 et 1990. À l'article X al. 2, le TNP prévoit que « 25 ans après son entrée en vigueur, les parties convoqueront une conférence en vue de décider si le Traité demeurera en vigueur pour une durée indéfinie, ou sera prorogé pour une ou plusieurs périodes supplémentaires d'une durée déterminée. ». Cette conférence ne fait pas partie du mécanisme d'examen prévu par l'article VIII al. 3. Cette conférence s'est tenue à New York du 17 avril au 12 mai 1995. Au sortir, il a été décidé que le TNP demeurera en vigueur pour une durée indéfinie.

B- Présentation du Traité

112. Préambule. – En ce qui concerne son préambule, il traduit l'idée essentielle qui sous-tend le TNP. C'est sous la persuasion « que la prolifération des armes nucléaires augmenterait considérablement le risque de guerre nucléaire » (§ 2 du préambule) et sous le désir « de promouvoir la détente internationale et le renforcement de la confiance entre États » (§ 11 du préambule) que les États parties au TNP ont déclaré « leur intention de parvenir au plus tôt à la cessation de la course aux armements nucléaires et de prendre des mesures efficaces dans la voie du désarmement nucléaire » (§ 8 du préambule). En appui à leur volonté déclarée de parvenir un jour à ce désarmement, les États parties au Traité rappellent, dans cet avant-propos, le préambule du Traité de 1963 interdisant les essais d'armes nucléaires dans l'atmosphère, dans l'espace extra-atmosphérique, et sous l'eau (« Traité d'interdiction partielle des essais nucléaires » - TIPEN). Dans son préambule, le TIPEN a « exprimé la détermination des États à chercher à assurer l'arrêt de toutes les explosions expérimentales d'armes nucléaires à tout jamais » tout en soulignant la nécessité de négociation pour un accord qui interdit de manière complète les essais nucléaires. À travers cette référence, les États parties au Traité ont conçu l'interdiction des essais nucléaires comme le point de départ du processus du désarmement nucléaire. Ceci est évident dans une large mesure et explique que la France et la Chine, soucieuses de mener à bien leurs programmes d'essais, soient restées à l'écart du TNP jusqu'en 1992. Le préambule du TNP ne se limite pas à cette référence. À son paragraphe 11, il évoque l'idée « d'un traité sur le désarmement général et complet sous un contrôle international strict et efficace » comme l'aboutissant ultime de la volonté des États à « faciliter la cessation de la fabrication d'armes nucléaires, la liquidation de tous les stocks existant desdites armes et l'élimination des armes nucléaires et de leurs vecteurs des arsenaux nationaux ». Une autre référence apparaît au terme de cet avant-propos. Il s'agit de l'alinéa 4 de l'article 2 de la Charte des Nations unies (CNU) qui interdit « le recours à la force » entre États, principe de base reconnu indispensable à la quête de la paix. Par ce rappel, le TNP s'inscrit en droite ligne avec les principes fondamentaux qui guident l'action de la communauté internationale.

113. Forme (composition). – Le TNP est un instrument assez succinct dans sa forme. Il ne comporte que 11 articles outre le préambule. Il ne compte ni annexe ni protocole supplémentaire. Dans leur organisation, les dispositions du TNP couvrent quatre aspects. Nous avons premièrement l'aspect prohibitif. Il s'agit de la non-prolifération. Cet aspect se manifeste à travers les trois premières dispositions (articles Ier, II et III) du Traité. Deuxièmement, nous avons l'aspect promotionnel. Il s'agit de l'UPEN. Cet aspect est traduit par les articles IV et V du Traité. Troisièmement, nous avons l'aspect sécurité aux articles VI et VII. Il s'agit de la question du désarmement et de la création de zones exemptes d'armes nucléaires (ZEAN). Enfin, quatrièmement, nous avons l'aspect « durée » dans les dispositions finales (article VIII à XI) du Traité. Cet aspect aborde les questions relatives à la durée, à l'amendement, à la révision et au retrait du Traité.

114. Obligation fondamentale. – En ce qui concerne l'obligation fondamentale du TNP, il s'agit d'un engagement à la non-prolifération des armes nucléaires et autres DNE. Pourquoi une interdiction des DNE ? Il faut dire qu'au cours des négociations du TNP, la possibilité d'utiliser des DNE à des fins pacifiques avait souvent été soulignée. Certains pays avaient réclamé le droit de fabriquer leurs propres DNE à des fins pacifiques : creusement de canaux, extraction de pétrole ou du gaz du sous-sol. Les DNE peuvent être utilisés à des fins militaires d'où leur interdiction. Dans son aspect prohibitif (consacré par les trois premières dispositions), le TNP catégorise les États parties en deux groupes distincts. Seuls cinq États sont autorisés à posséder des armes nucléaires conformément aux articles I et II du Traité. Si le régime discriminatoire du Traité sur la non-prolifération nucléaire a prévalu jusqu'aujourd'hui soit 54 ans après, il faut retenir qu'il s'agit d'un traitement de plus en plus mal vécu même s'il est toujours appliqué.

§ 2- Un traité discriminatoire

115. Le régime distinctif du TNP se manifeste à travers les obligations consacrées aux fins des articles Ier à III de son dispositif. Le premier article est destiné aux EDAN tandis que les articles II et III sont consacrés aux ENDAN. L'article I stipule : « tout État doté d'armes nucléaires qui est partie au Traité s'engage à ne transférer à qui que ce soit, ni directement ni indirectement, des armes nucléaires ou autres dispositifs nucléaires explosifs, ou le contrôle de telles armes ou de tels dispositifs explosifs ; et à n'aider, n'encourager ni inciter d'aucune façon un État non doté d'armes nucléaires, quel qu'il soit, à fabriquer ou acquérir de quelque autre manière des armes nucléaires ou autres dispositifs nucléaires explosifs, ou le contrôle de telles armes ou de tels dispositifs explosifs. ». Nous lisons aux termes de l'article II que : « tout État non doté d'armes nucléaires qui est partie au Traité s'engage à n'accepter de qui que ce soit, ni directement ni indirectement, le transfert d'armes nucléaires ou autres dispositifs explosifs nucléaires ou du contrôle de telles armes ou de tels dispositifs explosifs ; à ne fabriquer ni acquérir de quelque autre manière des armes nucléaires ou autres dispositifs nucléaires explosifs ; et à ne rechercher ni recevoir une aide quelconque pour la fabrication d'armes nucléaires ou d'autres dispositifs nucléaires explosifs. ». À son alinéa 1, l'article III stipule quant à lui que : « tout [ENDAN] qui est partie au Traité s'engage à accepter les garanties stipulées dans un accord qui sera négocié et conclu avec l'Agence internationale de l'énergie atomique, conformément au statut de l'Agence internationale de l'énergie atomique et au système de garanties de ladite Agence, à seule fin de vérifier l'exécution des obligations assumées par ledit État aux termes du présent Traité en vue d'empêcher que l'énergie nucléaire ne soit détournée de ses utilisations pacifiques vers des armes nucléaires ou autres dispositifs explosifs nucléaires [...] ».

A- Des obligations statutaires déséquilibrées

116. Les articles I, II et III alinéa 1 détermine respectivement, une obligation juridique spécifique pour l'État selon qu'il revêt le statut d'EDAN ou celui d'ENDAN. Les deux groupes d'États se sont ainsi vus obliger séparément. Il s'agit dès lors, d'obligations statutaires. Outre le nombre de dispositions, c'est véritablement au regard du déséquilibre existant dans la portée des obligations qui pèsent sur chaque catégorie d'États que le TNP est qualifié de discriminatoire. En effet, le TNP consacre des obligations statutaires déséquilibrées. Comparé à plusieurs autres accords internationaux de non-prolifération et de désarmement, le TNP se révèle unique en ce qui concerne son caractère distinctif. Cette discrimination est propre au Traité. D'un côté, l'article Ier du TNP engage les EDAN à ne pas aider un ENDAN à fabriquer des armes nucléaires ou DNE ou à acquérir le contrôle de tels armes et dispositifs. De l'autre, l'article II engage les ENDAN à ne pas accepter de tels armes ou dispositifs explosifs ni le contrôle de tels armes et dispositifs, à ne pas les fabriquer ni les acquérir de quelque autre manière, et à ne pas chercher ni recevoir une aide quelconque pour la fabrication de tels armes et dispositifs. En s'abstenant d'assister un État dans l'acquisition d'armes nucléaires ou de DNE, les EDAN évitent que le nombre d'États susceptibles d'en être possesseurs ne croisse. Cependant, aucune obligation à désarmer ne leur est faite. Il faut en conclure que l'obligation qui est faite aux EDAN est simplement, une obligation à ne pas proliférer (1). Quant aux ENDAN, ils sont appelés à s'abstenir définitivement de tels armes et dispositifs. L'interdiction de fabriquer des armes nucléaires et DNE s'applique uniquement à eux. Il faut donc retenir que l'obligation qui leurs est faite est une obligation à ne pas s'armer (2).

1- Une obligation à ne pas proliférer pour les EDAN

117. Avant l'entrée en vigueur du TNP, l'accroissement du nombre d'EDAN était susceptible d'être le fait des EDAN eux-mêmes. Ils pouvaient assister tout autre État dans l'acquisition des armes et dispositifs nucléaires en les lui transférant. Depuis l'entrée en vigueur du TNP, cela n'est plus autorisé. Aux termes de l'article Ier du TNP, tout EDAN qui est partie au Traité est tenu par le non-transfert des armements nucléaires vers un ENDAN (1.1). Toujours dans la dynamique de la cessation de la prolifération nucléaire et dans le dessein de convaincre les ENDAN quant à leur intention réelle de parvenir un jour au désarmement nucléaire général et complet, les EDAN ont pris l'engagement de poursuivre de bonne foi des négociations sur des mesures efficaces. Ils sont donc tenus par la négociation de bonne foi (1.2).

1.1. Le non-transfert des armements nucléaires vers un ENDAN

118. Si le refus de transférer des armements nucléaires ou leur contrôle à un ENDAN est un geste noble en ce sens qu'il limite la prolifération horizontale, refuser de se débarrasser des mêmes armes et de leur contrôle relève d'un autre dessein. Il s'agit de demeurer au centre de cet armement. Ceci est une monopolisation de l'armement nucléaire (1.1.1). Par ailleurs, les EDAN s'arrogent le droit de posséder un arsenal nucléaire au détriment des autres États. Ceci est une légitimation de la possession de l'arme nucléaire (1.1.2).

1.1.1. Une monopolisation de l'armement nucléaire

119. Le TNP autorise les EDAN à garder non seulement le monopole de l'armement nucléaire mais aussi celui de son contrôle. En effet, qui dit armement nucléaire dit éléments constitutifs de cet armement mais également capacité à faire fonctionner cet armement. Dès lors, garder le monopole de l'armement nucléaire, c'est garder le monopole du matériel entrant dans la fabrication de tel armement. En ce qui concerne le contrôle d'une arme nucléaire, il implique nécessairement des connaissances étendues et précises en la matière. Ceci signifie que garder le monopole du contrôle des armes nucléaires, c'est garder le monopole de la connaissance sur le nucléaire militaire. L'obligation de non-transfert comporte à la fois le non-transfert du matériel nucléaire militaire et le non-transfert de la recherche nucléaire militaire.

1.1.1.1. Le non-transfert du matériel nucléaire militaire

120. L'obligation de non-transfert du matériel nucléaire a une portée assez large. Le matériel nucléaire désigne tout ce qui entre dans la composition physique de l'arme nucléaire, les matières qui entrent dans son fonctionnement et tout ce qui permet son utilisation effective et efficace. Aux termes des dispositions de l'article Ier du TNP, *« [t]out État doté d'armes nucléaires qui est partie au Traité s'engage à ne transférer à qui que ce soit, ni directement ni indirectement, des armes nucléaires ou autres dispositifs nucléaires explosifs,* [...] *; et à n'aider, n'encourager ni inciter d'aucune façon un État non doté d'armes nucléaires, quel qu'il soit, à fabriquer ou acquérir de quelque autre manière des armes nucléaires ou autres dispositifs nucléaires explosifs,* [...] ». D'abord, il faut préciser que les EDAN se sont engagés « *à ne pas transférer* ». Par transférer, il faut entendre « transmettre, donner, léguer, fournir ». Cela signifie qu'ils doivent s'empêcher de transmettre, de donner, de léguer, de fournir à un ENDAN ou de soutenir d'une manière quelconque un ENDAN dans son dessein de posséder une arme nucléaire finie ou non-finie ou un DNE. Ensuite, ils se sont engagés à ne pas « *aider, encourager ou inciter* ». L'EDAN peut aider, encourager ou inciter un ENDAN à posséder un arsenal nucléaire en lui facilitant l'acquisition ou la fabrication de l'arme à travers notamment le transfert du matériel et même à travers un soutien économique. Il y a d'autre part, encouragement, incitation, lorsque l'EDAN soutient politiquement l'ENDAN dans son dessein. Il en est ainsi lorsque l'EDAN ne désapprouve ni ne condamne officieusement ou officiellement l'intention de l'ENDAN à entrer en possession d'une arme nucléaire.

L'obligation de non-transfert concerne d'abord, les armes nucléaires et les DNE proprement dits. En effet, tel qu'il ressort expressément de l'article Ier, les EDAN se sont engagés à ne pas transférer « *...des armes nucléaires ou autres dispositifs nucléaires explosifs* [...] » et à ne pas soutenir un ENDAN dans la fabrication, dans l'acquisition de « *telles armes ou de tels dispositifs* ». L'article Ier cite les « armes nucléaires » sans grande précision. Nous en déduisons qu'il s'agit de l'arme nucléaire au sens strict du terme et dans toute sa composante. Il s'agit donc des bombes atomique, thermonucléaire et à neutrons. Le DNE ne couvre pas les moyens de transport ou les vecteurs de ces armes ou de ces dispositifs s'ils peuvent être séparés et n'en constituent pas une partie indivisible. Sont donc interdites de transfert aux ENDAN les trois catégories d'armes nucléaires déjà prêtes à l'utilisation ou non encore prêtes et tout dispositif explosif sous forme non assemblée, partiellement assemblée ou totalement assemblée capable de libérer de l'énergie nucléaire et ce, quelle que soit la fin à laquelle ils peuvent être utilisés.

121. Savoir fabriquer une arme nucléaire n'a aucune utilité, si vous ne disposez pas d'un vecteur capable de l'amener à destination. En effet, pour atteindre sa destination, le vecteur de l'arme nucléaire ou du DNE doit être dans un premier temps propulsé et dans un second temps, guidé. Une arme nucléaire sans son vecteur a peu de valeur tactique ou stratégique et, de la même façon, un missile balistique sans arme nucléaire, a peu d'efficacité. La propulsion des missiles balistiques nécessite des moteurs-fusées. Ces derniers, pour fonctionner, utilisent du propergol, une combustion d'un combustible et d'un comburant. Il ne ressort pas expressément de l'article Ier du TNP que les moyens de transport, de propulsion, de guidages des armes nucléaires et des DNE sont interdits de transferts certes, mais il sied de relever que cette prohibition est de principe. Cela s'explique d'abord par le fait que les armes nucléaires et leurs moyens de transport ainsi que de propulsion sont indissociables. Ensuite, la finalité de l'obligation de non-transfert est d'éviter autant l'acquisition que l'utilisation de l'arme nucléaire par un ENDAN. Cette finalité serait vide de sens si le transfert des moyens d'utilisation de ces armes restait possible. Enfin, les moyens de transport ou les vecteurs de ces armes ou de ces dispositifs sont considérés comme des DNE s'ils ne peuvent pas être séparés de l'arme et en constituent une partie indivisible.

122. Sont également interdits de transfert les matières nucléaires et les équipements de traitement et d'utilisation desdites matières. La raison veut que si le transfert d'armes nucléaires ou de DNE proprement dit est interdit, que l'on interdise également le transfert de la matière et de l'équipement susceptibles de permettre leur acquisition. Il convenait donc de prévenir cette possibilité. C'est dans cette logique qu'aux termes de l'article III alinéa 2 du TNP, venu en complément à l'article Ier, les EDAN ont pris l'engagement « *à ne pas fournir : a) de matières brutes ou de produits fissiles spéciaux ou b) et d'équipements ou matières spécialement conçus ou préparés pour le traitement, l'utilisation de produits fissiles spéciaux à un État non doté d'armes nucléaires quel qu'il soit* [...] » même à des fins pacifiques. Les matières brutes et les produits fissiles spéciaux entrent dans la composition des matières nucléaires. La matière brute désigne la matière nucléaire à l'état naturel c'est-à-dire non encore traitée. Il s'agit de l'uranium contenant le mélange d'isotopes qui se trouve dans la nature ; l'uranium dont la teneur en U_{235} est inférieure à la normale ; le thorium ; toutes sous forme de métal, d'alliage, de composés chimiques ou de concentrés ; toute autre matière contenant une ou plusieurs de ces matières à des concentrations [déterminées]. La matière nucléaire désigne « le plutonium à l'exception du plutonium dont la concentration isotopique en plutonium 238 dépasse 80 pour cent ; l'uranium 233, l'uranium enrichi en U_{235} ou U_{233}, l'uranium contenant le mélange d'isotopes qui se trouve dans la nature autrement que sous forme de minerai ou de résidus de minerai, et toute matière contenant un ou plusieurs des éléments ou isotopes ci-dessus ».

Les matières nucléaires utilisées dans la fabrication de l'arme nucléaire sont le plutonium et l'uranium. Les produits fissiles qualifiés dits spéciaux désignent « le plutonium 239, l'uranium 233, l'uranium enrichi en uranium 235 ou 233 et tout produit contenant un ou plusieurs des isotopes 239, 233 et 235 ». Au regard de leur degré d'enrichissement l'U 235 et le Pu 239 (qui sont enrichis à 90%) sont celles adaptées à la fabrication de l'arme nucléaire. En ce qui concerne les équipements qui permettent de traiter puis d'utiliser les produits fissiles nucléaires, ils comportent entre autres les résines échangeuses, les conteneurs pour transport, les centrifugeuses, les réacteurs nucléaires. Au titre des réacteurs, il faut citer entre autres les réacteurs à neutrons rapides refroidis au sodium, les réacteurs à eau pressurisée ou bouillante, les réacteurs à eau lourde, les réacteurs de génération IV (exemple des réacteurs à gaz à haute température, des réacteurs surgénérateurs), etc.

123. Les EDAN ont veillé à ce que toutes les voies par lesquelles un ENDAN pourrait passer afin de disposer d'une arme nucléaire ou d'un DNE ou de le contrôler soient inaccessibles. Aux termes de l'article Ier et de l'article III al. 2 du TNP, les EDAN s'obligent en effet à ne pas transférer du matériel nucléaire militaire « *ni directement ni indirectement* » ni soutenir « *de quelque manière que ce soit* » un ENDAN dans l'acquisition d'un matériel nucléaire militaire. L'interdiction explicite d'un transfert « direct » de matériel nucléaire militaire vers un ENDAN implique que la diplomatie, la relation amicale ou d'alliance entre EDAN et ENDAN doit s'arrêter là où commence toute tendance d'un ENDAN à solliciter une assistance dans l'acquisition d'un quelconque matériel nucléaire à caractère militaire.

Le transfert indirect quant à lui, traduit l'idée où par l'entremise de l'EDAN un ENDAN entre en possession d'un DNE ou que l'EDAN dans ses actions favorise indirectement l'ENDAN dans son acquisition. Il en est par exemple ainsi lorsque l'EDAN soutient dans sa posture de quelque manière que ce soit la volonté d'un ENDAN d'entrer en possession d'une arme nucléaire ou d'un DNE. Le matériel nucléaire ne peut servir que lorsque de la matière grise est présente. C'est donc en toute logique que l'obligation de non-transfert de matière nucléaire a été suivie par le non-transfert de la recherche nucléaire militaire.

1.1.1.2. Le non-transfert de la recherche nucléaire militaire

124. Même ayant à sa disposition tout le matériel et toutes les matières nucléaires nécessaires à la fabrication d'armes nucléaires, un État ne peut développer un programme nucléaire militaire optimal s'il ne dispose des connaissances scientifiques et technologiques nécessaires. En effet, comme l'a souligné Daryl KIMBALL, « *se procurer une quantité de matières fissiles de qualité militaire suffisante pour produire une bombe n'équivaut pas à posséder un arsenal nucléaire* ». Il convenait donc de prévenir la possibilité qui serait offerte à un ENDAN d'accéder à cette connaissance. C'est ainsi qu'aux termes de l'article Ier du TNP, tout EDAN qui est partie au Traité s'engage à ne transférer « *le contrôle des armes nucléaires ou autres dispositifs nucléaires explosifs* » et à n'aider, n'encourager ni inciter d'aucune façon un ENDAN, quel qu'il soit, à acquérir de quelque autre manière « *le contrôle de telles armes ou de tels dispositifs explosifs* ». La proscription s'est donc également, étendue à ce contrôle.

125. Contrairement aux matériels nucléaires, le « contrôle » n'a pas une forme matérielle (physique). Par « contrôle » il faut entendre « la maîtrise, l'administration » de ce matériel. Dans ce cas spécifique, avoir le contrôle, c'est donc être en mesure de régler, de déclencher et d'arrêter le fonctionnement d'une arme nucléaire ou d'un DNE. L'administration d'une arme nucléaire peut se faire de manière directe ou à distance. Elle sera directe lorsque l'ENDAN a directement accès à l'arme. Cela est possible lorsque l'arme est par exemple stationnée sur son territoire. Le contrôle se fera à distance et donc indirectement lorsque l'arme est par exemple implantée sur un territoire étranger. Il peut s'agir d'un territoire étatique ou d'un espace international où le stationnement de telle arme est autorisé. Aux termes donc de cette disposition, aucun ENDAN ne doit bénéficier d'une faculté quelconque à administrer une arme nucléaire ou un DNE. Sachant que leur administration nécessite du savoir-faire à la fois scientifique et technologique, il faut en déduire que l'obligation des EDAN, c'est de faire en sorte que la connaissance dans la maîtrise de ce matériel ne soit pas transférée à un ENDAN. La technologie nucléaire militaire est d'ailleurs, extrêmement complexe. Elle nécessite des connaissances scientifiques importantes, des analyses et des recherches constantes pour comprendre l'atome, son fonctionnement, savoir le maîtriser, savoir reproduire l'énergie souhaitée en temps voulu. Maîtriser suffisamment la technologie nucléaire permet d'être à même d'exploiter et d'entretenir un parc nucléaire. Cela suppose cependant, de pouvoir s'appuyer sur un très grand nombre de sciences, depuis la physique nucléaire jusqu'à la conception des structures, et sur une infrastructure de recherche de taille.

Contrôler une arme nucléaire ou un DNE exige par conséquent du temps, une certaine patience dans l'acquisition que dans l'application de ce savoir. Ce n'est donc pas au bout de quelques semaines qu'un État même possesseur d'armes nucléaires, arrive à concevoir et à administrer une arme nucléaire. Arrêtons-nous un instant sur les révélations de l'amiral Arnaud COUSTILLIERE, ancien responsable français de la cyber-défense, en ce qui concerne l'incertitude susceptible de régner sur les composants informatiques utilisés dans les structures françaises de contrôle et de commandement des systèmes de la dissuasion nucléaire. Selon les propos de l'amiral, « *il y a une obligation d'achat de composants auprès d'entreprises étrangères qui utilisent des technologies de provenances diverses* ». *Or*, [poursuit-il], « *dans 80 % des cas, ce fabricant est asiatique. Nous devons donc apprendre à constituer un ensemble de sous-systèmes dont les composants ne nous inspirent pas la moindre confiance, et à entourer ces sous-systèmes de points de mesure pour être sûrs que ce qui y entre et ce qui en sort ne renseigne ni nos concurrents ni nos adversaires* » (audition de l'amiral Arnaud COUSTILLIERE, directeur du programme chargé de la coordination générale des actions du ministère de la Défense dans le domaine de la cyber-défense rapporté par Paul QUILÈS, Jean-Marie COLLIN, Michel DRAIN, *L'illusion nucléaire. La face cachée de la bombe atomique*, p. 101). C'est pour cette raison que les États détenteurs de la technologie nucléaire militaire poursuivent des programmes complexes de simulation et d'essais nucléaires afin de s'assurer de l'efficacité de la connaissance nucléaire appliquée. De multiples essais ont souvent été nécessaires pour valider des séries de calculs, s'assurer de la sécurité de la bombe, affiner de nouveaux postulats scientifiques et enfin procéder à l'ultime essai pour la qualification de l'arme.

Contrôler une arme nucléaire ou un DNE signifie également être capable d'éviter dans sa manipulation, de provoquer un incident ou un accident nucléaire. En effet, la technologie nucléaire reste très sensible dans son application. Des dangers liés à ce que nous pourrions nommer des failles ou, pour rester dans la terminologie informatique, des cyber-vulnérabilités, demeurent aujourd'hui. Plusieurs dénonciations de ces failles ont été faites aux États-Unis par un ancien contrôleur américain de lancement de missiles nucléaires balistiques nommé Bruce BLAIR.

126. L'histoire de l'arme nucléaire révèle que plusieurs incidents se sont malheureusement produits. À titre d'exemple, au cours de l'année 2010, un fait important s'est déroulé aux États-Unis : Pendant près d'une heure, 50 missiles balistiques Minuteman ont disparu des écrans de contrôle de lancement américain. Si les militaires avaient reçu un ordre de lancement présidentiel, ils auraient été incapables de l'exécuter ! S'agissait-il d'un dysfonctionnement technique ou de quelque chose de plus sérieux ? Des pirates avaient-ils découvert une porte numérique dérobée pour couper les liens de communication ? L'incident remonta jusqu'à la Maison Blanche et, après une enquête poussée, il s'avéra que ce dysfonctionnement était dû à la mauvaise installation d'une simple carte de circuit dans un ordinateur. Le savoir dans le domaine du nucléaire est un savoir qui doit être entretenu de manière constante. Ceci implique nécessairement un suivi à la fois sur le plan économique et technologique.

Le partage de la connaissance nucléaire peut se réaliser de différentes manières. Il peut par exemple s'agir de former des scientifiques relevant des ENDAN ; de divulguer des informations relatives aux techniques de fabrication de l'arme nucléaire, etc. Le TNP a veillé à ce qu'aucun EDAN n'ait une possibilité quelconque de transférer le contrôle d'une arme nucléaire ou d'un DNE à un ENDAN. Aux termes des dispositions de l'article Ier du Traité, ils ne peuvent en effet le faire ni directement ni indirectement, bref, ni de quelque manière que ce soit. Cela signifie que les parties ne peuvent passer ni par une voie contractuelle ni par une voie non contractuelle pour y procéder. Le TNP confère à l'État qui a disposé d'une arme nucléaire avant 1967, le droit de la garder avec « orgueil ». Ceci semble justifier la légitimation de sa possession.

1.1.2. Une légitimation de la possession de l'arme nucléaire

127. L'obligation faite à l'EDAN de ne pas partager son « trésor » nucléaire avec un autre État se présente comme un élément de légitimation de sa possession. Il est connu que, dans son dispositif, le TNP ne consacre pas de manière expresse un droit pour l'EDAN à détenir une arme nucléaire. Toutefois, en ne lui interdisant pas non plus de manière expresse d'en détenir, une certaine légitimité y apparaît. Certes la légitimité ne se confond pas à la légalité ou licéité, mais dans le cas précis, elle s'y intègre. En effet, les EDAN revendiquent un droit légitime à détenir des armes nucléaires en inscrivant leurs motifs à la fois dans l'obligation qui leur est faite de ne pas en transférer et dans celle faite aux ENDAN de ne pas en détenir. Retenons qu'il s'agit d'une possession liée au statut « État doté d'armes nucléaires » (1). Il faut cependant relever que l'EDAN se doit de « négocier de bonne foi » pour un désarmement futur ; d'où une légitimité temporaire (2) de cette possession.

1.1.2.1. Une possession statutaire

128. Le statut d'EDAN est un statut légal expressément consacré par le TNP à l'article IX alinéa 3 aux termes duquel l'« État doté d'armes nucléaires » est défini comme « *un État qui a fabriqué et a fait exploser une arme nucléaire ou un autre dispositif nucléaire explosif avant le 1er janvier 1967* ». Partant d'un raisonnement logique et abstrait, la possession des armes nucléaires serait un droit conventionnel et le statut d'EDAN, sa matérialisation. Par ce statut, l'État est officiellement reconnu par la communauté internationale comme possédant des armes nucléaires. Dès lors, il jouit des avantages attachés à cette possession et est tenu des obligations corrélatives. Il jouit également du droit de revendiquer cette possession et de l'exercer sous la protection du droit international et de la communauté internationale. En conséquence, ayant été autorisés à posséder des armes nucléaires, les EDAN disposent en toute légitimité de la faculté de défendre et de revendiquer les privilèges que leur confère cette autorisation. Conformément au principe « *pacta sunt servanda* », les ENDAN parties au TNP sont appelés à reconnaître et à respecter de bonne foi le droit de possession d'armes nucléaires dont bénéficie l'EDAN. La maxime *Pacta sunt servanda* est consacrée par l'article 26 de la Convention de Vienne sur le droit des traités entre États (CVDT) qui stipule que « *tout traité en vigueur lie les parties et doit être exécuté par elles de bonne foi.* ». Principe cardinal du droit des traités, elle exprime le caractère obligatoire des traités pour les États parties en droit international.

129. Les EDAN se sont toujours opposés à la remise en cause de leur droit de posséder des armes nucléaires. À la suite d'une série de conférences internationales sur les conséquences humanitaires de toute explosion nucléaire (à Oslo en 2013, Nayarit puis Vienne en 2014) et des semaines de discussions au sein d'un Groupe de travail à composition non limitée à Genève en 2013 et 2016, l'adoption du Traité sur l'interdiction des armes nucléaires (TIAN) est intervenue au terme d'une conférence convoquée par l'AGNU. En effet, la plupart des puissances nucléaires et des pays sous parapluie nucléaire avaient boycotté ces réunions et voté contre la résolution de l'AGNU qui a mis en place la négociation du traité : Oslo (mars 2013), Nayarit (février 2014) et Vienne (décembre 2014). Les cinq EDAN font en effet, valoir que leur droit légitime de posséder des armes nucléaires a été reconnu par le TNP sans aucune limite de temps. En rappel, au sortir de la Conférence de 1995 (tenue du 17 avril au 12 mai 1995), des parties au TNP chargée d'examiner le Traité et la question de sa prolongation, le TNP a été prolongé de façon illimitée avec un examen organisé tous les cinq ans pour juger du maintien de sa pertinence et de son efficacité. En toute logique, si le TNP est prolongé de façon illimitée, cela signifie que le régime juridique qu'il consacre s'appliquera sans limite de temps. Le droit de posséder des armes nucléaires le serait aussi sans limite de temps.

Dans cette logique les EDAN continuent de réfuter l'argument selon lequel la modernisation continue des arsenaux nucléaires, constituerait une prolifération. En effet, la plupart des EDAN laissent entendre clairement « qu'une raison principale pour laquelle ils ne désarment peut-être pas aussi vite ou pas dans une aussi large mesure que cela serait souhaité, c'est précisément parce que d'autres pays prolifèrent par l'acquisition et le développement de ces armes faisant donc peser une menace sur la sécurité de chaque EDAN ». Nous pouvons ainsi retenir que, selon les EDAN, juridiquement, ce sont les autres États qui prolifèrent parce qu'ils n'ont pas reçu légalement le droit de posséder des armes nucléaires. Le représentant de la France à la session de la Commission préparatoire pour le TNP qui s'est tenue à Genève en 2008 l'avait formulé en ces termes : « *si des doutes apparaissent sur la capacité de la communauté internationale à décourager ceux qui souhaitent développer le nucléaire à des fins autres que pacifiques, nous risquons d'amener des pays à considérer que leur sécurité sera mieux assurée par le développement de capacités analogues plutôt que par le respect des normes internationales de non-prolifération* ». Pour le représentant américain, une lutte commune des États contre la prolifération nucléaire s'impose contre les États proliférateurs dans la mesure où elle porte atteinte à la coopération sur les utilisations civiles et au désarmement. Il avait affirmé : « *il est impératif que les États parties travaillent ensemble de manière plus efficace pour accomplir le but central du Traité, qui est de prévenir la prolifération nucléaire. C'est sur cela que reposent les perspectives de poursuite de la coopération en matière de technologie nucléaire pacifique, ainsi que l'atteinte de l'universalité du Traité et du désarmement nucléaire éventuel. (...) En ce qui concerne la non-prolifération – le but primordial du TNP, et la base sur laquelle reposent les objectifs d'utilisation pacifique et de désarmement – le bilan est mitigé.* ».

130. Il est légitime pour le sujet de droit international de défendre le statut que lui reconnaît le droit international. Ceci implique le droit de lutter contre l'évincement de son statut et celui d'empêcher l'acquisition illicite du statut par tout autre sujet de droit international. Le statut d'EDAN est fondé sur trois éléments consubstantiels. Le premier élément est un élément factuel ; il s'agit de la disponibilité d'armes nucléaires par l'État. L'État doit avoir acquis une arme nucléaire et l'avoir à sa disposition. Si l'on part d'une interprétation stricte des termes de l'article IX, l'acquisition de l'arme seulement par sa fabrication permet de remplir la condition exigée. Ceci exclut l'acquisition par achat, par donation, par don. Cette acquisition s'appuie sur un second élément également factuel qui lui donne tout son sens et que l'on qualifie de fondamental. Il s'agit de l'essai de l'arme nucléaire. Certes, l'essai de l'arme nucléaire sert à la vérification de son bon fonctionnement, mais il est l'élément qui atteste véritablement que l'État possède une arme nucléaire opérationnelle susceptible d'être utilisée. Il atteste également que l'État a le contrôle de l'arme et que ce dernier est en mesure de participer à la stratégie de la dissuasion nucléaire car, les essais représentent le moyen de communication le plus fort en matière de dissuasion. Les essais constituent des signaux et des messages envoyés aux adversaires potentiels. Cela explique le fait pour les EDAN d'user de moyens considérables pour surveiller avec constance les essais des États ennemis tout aussi bien qu'amis. Les États-Unis et la Russie, à l'époque l'Union soviétique, avaient fait des essais leur moyen de communication : 2 400 essais nucléaires ont été effectués de 1945 à 2014 soit 2 323 essais au nom des EDAN officiellement reconnus et répartis comme suit :

- 1 054 essais pour les États-Unis ;
- 969 essais pour la Russie ;
- 210 essais pour la France ;
- 45 essais respectivement pour la Chine et le Royaume Uni.

Le troisième élément est un élément temporel. L'essai de l'arme nucléaire doit avoir eu lieu avant l'année 1967. Ainsi, seul l'État qui a rempli les trois conditions peut revêtir officiellement le statut d'EDAN. Le calendrier des explosions nucléaires les plus importantes peut être établi comme suit :

- le 16 juillet 1945 : première bombe atomique expérimentale américaine à Alamogordo dans le désert du Nouveau-Mexique ;
- le 14 juillet 1949 : première bombe atomique soviétique en Sibérie ;
- le 03 octobre 1952 : la Grande-Bretagne entre dans le club nucléaire ;
- le 31 octobre 1952 : explosion de la première bombe H américaine ;
- le 12 août 1953 : première bombe H soviétique ;
- le 15 mai 1957 : première bombe H britannique ;
- le 13 février 1960 : la France fait exploser à Reggane dans le Sahara sa première bombe A et, en juillet 1968 sa première bombe H ;
- le 16 octobre 1964 : la Chine populaire entre dans le club nucléaire ;
- le 17 juin 1967 : première bombe H chinoise ;
- le 18 mai 1974 : l'Inde entre dans le club nucléaire non militaire ;
- le 26 juin 1980, la France annonce ses premières expérimentations sur la bombe à neutrons ;
- le 7 juin 1981 : destruction par Israël du réacteur nucléaire irakien Osirak à Tamouz.

131. De cette chronologie, il ressort que de 1945 à 1949, les États-Unis avaient le monopole de la bombe A ; entre 1950 et 1957, les États-Unis et l'URSS se dotent de la bombe H. On est passé alors du monopole au duopole nucléaire. À partir de 1957, la France, la Grande-Bretagne, l'Inde, etc. sont entrées dans l'acquisition de l'arme nucléaire. En 1967, seul cinq États, à savoir les États-Unis, la Russie, la France, le Royaume-Uni et la Chine, avaient procédé à un essai d'arme nucléaire.

132. Le refus des cinq EDAN de répondre favorablement à la revendication de la Corée du Nord, de l'Inde, du Pakistan, d'Israël, à savoir leur reconnaissance officielle comme EDAN se révèle légitime. D'abord, une telle reconnaissance constituerait une violation des dispositions de l'article IX du TNP si cela venait à être admis, car la plupart de ces États ne remplissent pas la troisième condition, notamment l'élément temporel. De 1945 à 2017, la Corée du Nord a effectué 6 essais nucléaires. Son 1er essai est intervenu le 9 octobre 2006, soit trois ans après son retrait du TNP. L'Inde effectue son premier essai nucléaire le 18 mai 1974 ; le Pakistan le 28 mai 1998. Officiellement, Israël n'a pas procédé à un essai nucléaire, même si certaines informations indiquent qu'un essai aurait eu lieu en coopération avec l'Afrique du Sud à la fin des années 1970 dans l'océan Indien.

Ensuite, cela remettrait en cause le pilier principal du TNP à savoir la non-prolifération ainsi que la paix et la sécurité internationale car, comme l'a souligné Ban KI-MOON, l'ex-SGNU, « *accroître le nombre des États dotés d'armes nucléaires ne garantit pas la stabilité mondiale, mais, à l'inverse, y porte atteinte* ». Par ailleurs, si un État est autorisé à posséder un stock indéterminé d'armes nucléaires, il en va de soi qu'il les perfectionne au fil du temps. Cela est impératif et répond à une question de logique militaire, comme le dit Jacques VILLAIN : « *la double loi de l'armement est l'innovation et la prolifération* ». S'il est légitime pour les EDAN de revendiquer le droit qui leur a été reconnu, il ne s'agirait cependant que d'une légitimité temporaire.

1.1.2.2. Une légitimité en principe temporaire

133. Deux arguments sont avancés par la plupart des ENDAN pour contester le caractère illimité du droit à la possession des armes nucléaires reconnu aux EDAN. En premier lieu, la possession d'armes nucléaires ne serait nullement un droit mais plutôt une tolérance. En second lieu, cette tolérance ne serait pas perpétuelle mais pour une période intérimaire prévue pour être la plus courte possible. Sur le premier point, il sied de noter que cette tolérance qu'invoquent les ENDAN a été juridiquement matérialisée par le TNP. Par conséquent, le refus de reconnaître en la possession des armes nucléaires un droit n'a pas de fondement juridique. En effet, tel que vu la licéité de la possession des armes nucléaires par un EDAN ne se pose plus car implicitement consacrée par le TNP. L'analyse doit être plutôt tournée vers un autre champ. En partant de l'examen de l'objet du TNP, il faut dire que la cessation de la course aux armements a eu simplement pour but de limiter à la fois la quantité d'armes nucléaires et le nombre d'États qui en possèdent. Ainsi, la « possession limitée » d'armes nucléaires a été consacrée. Le TNP n'avance toutefois pas de chiffre limitatif de la quantité d'armes à posséder. Si les ENDAN contestent ce droit, c'est parce qu'ils se sentent trahis par les EDAN et estiment avoir été « imprudents » voire « naïfs » en ayant cru en leur bonne foi.

Sur la question du délai, il faut souligner que l'une des plus grandes imprudences des ENDAN est de n'avoir pas exigé une limite de temps défini, un délai plausible pour le désarmement nucléaire. D'une pierre deux coups, un délai aurait prévalu comme une limite temporelle à la possession des armes nucléaires. L'expression « date rapprochée » employée par l'article VI du TNP reste très imprécise. Il stipule en effet : « *chacune des parties au Traité s'engage à poursuivre de bonne foi des négociations sur des mesures efficaces relatives à la cessation de la course aux armements nucléaires à une date rapprochée* […]. ». Elle est imprécise dans la mesure où il ne s'agit pas de délai préfix clairement déterminé en nombre d'années. Steven MILLER a su bien l'affirmer lorsqu'il déclare : « tel qu'il est rédigé, [l'article VI] n'exige pas de succès ni même de progrès dans ces négociations, mais simplement des efforts de « bonne foi » pour parvenir à des mesures efficaces. Bien qu'il appelle à une tentative de mettre fin à la course aux armements nucléaires à une date « rapprochée » mais non spécifiée, il n'y a pas de date limite ou de calendrier associé à la poursuite du désarmement nucléaire... Une date limite aurait pu être introduite. L'article VI aurait pu fixer des jalons provisoires - la moitié des armes nucléaires retirées dans un délai de cinq ou dix ans, par exemple. Si l'on souhaitait éviter tout retard dans le lancement du processus de désarmement, le traité aurait pu préciser les mesures à prendre immédiatement ou à court terme. Pour inciter les ENDAN à respecter l'article VI et accroître leur confiance en son efficacité, l'avenir du traité aurait pu être subordonné au respect intégral des obligations de désarmement des EDAN dans un délai donné. En bref, l'article VI aurait pu être rendu moins ambigu et plus exigeant de plusieurs manières simples et évidentes. » (Steven E. MILLER, « Proliferation, disarmament and the future of the Non-proliferation Treaty » *in* Bremer Morten MÆRLI and Sverre LODGAARD, *Nuclear Proliferation and International Security*, London and New York, Routledge, p. 52).

134. Au regard du contexte (contexte de guerre froide), il était difficile, lors des négociations du TNP, de fixer une limite de temps déterminée aux EDAN pour procéder au désarmement. Aussi, il faut reconnaître avec Daniel COLARD qu'« une chaîne de fabrication d'armements [a fortiori nucléaire] ne s'arrête pas du jour au lendemain. Elle ressemble à un train qui a besoin d'un certain laps de temps pour s'immobiliser. ». Toutefois, les ENDAN auraient pu en faire la condition pour leur adhésion au traité. Vu qu'un délai même idéaliste n'ait pas été consacré par le TNP, les ENDAN ne peuvent pas juridiquement le revendiquer.

La contestation des ENDAN peut cependant trouver ses éléments de légitimité à partir des engagements pris par chaque groupe d'États parties lors des négociations du TNP et donc dans la finalité du Traité. En effet, lors de la négociation du TNP, les ENDAN, en connaissance de cause, ont renoncé aux armes nucléaires en échange d'un engagement de désarmement nucléaire. Les pays les moins avancés du Tiers Monde souhaitaient obtenir trois principales promesses de la part des puissances nucléaires : des mesures concrètes de désarmement, leur non-soumission à la politique dissuasive par la menace ou par les attaques et enfin, la promesse d'une assistance dans le développement de l'énergie atomique à des fins civiles. Les pays dits ''en développement rapide'' desquels le Brésil et l'Inde réclamaient en plus, celles de reconvertir une fraction de leurs stocks pour une utilisation pacifique par des pays en voie de développement.

Ce grand « marchandage » encore qualifié de « grand bargain » a abouti à l'adoption du TNP. Il va sans dire que le désarmement nucléaire ne verra donc pas le jour si la possession des armes nucléaires se révélait illimitée dans le temps. Par conséquent, l'engagement des EDAN à désarmer constitue du même coup la limite temporelle au droit de posséder des armes nucléaires. En effet, il est totalement paradoxal que les EDAN clament régulièrement leur engagement à désarmer tout en revendiquant du même coup un droit illimité de possession des mêmes armes. Par exemple, à l'occasion de la neuvième Conférence des parties chargée d'examiner le TNP convoquée du 27 avril au 22 mai 2015, « les États parties ont réaffirmé leur engagement en faveur de la mise en œuvre intégrale et effective de l'article VI, ainsi que des décisions et de la résolution adoptées lors de la Conférence de 1995 des parties au TNP chargée d'examiner le traité et la question de sa prorogation, des mesures pratiques pour le désarmement nucléaire contenues dans le document final de la Conférence d'examen de 2000, et des conclusions et recommandations concernant les mesures de suivi convenues lors de la Conférence d'examen de 2010. Les EDAN ont réitéré leur engagement ferme en faveur de l'élimination totale de leurs arsenaux nucléaires, qui incombe à tous les États parties en vertu de l'article VI du traité. ».

135. De l'autre côté, il est de bon droit pour les ENDAN de chercher à limiter dans le temps le droit de posséder des armes nucléaires dans la mesure où ils souhaitent que le désarmement nucléaire soit une réalité. En effet, qui dit désarmement nucléaire dit possession temporaire des armes nucléaires. Ces deux facteurs se révèlent consubstantiels. Si la possession se révèle illimitée, cela libère les EDAN de leur engagement à désarmer, ledit engagement qui a incité les ENDAN à être parties au traité. Ceci est difficile à concevoir. Le droit des EDAN de posséder des armes nucléaires reste légitime jusqu'à la date d'entrée en vigueur d'un traité qui enclenche le processus de désarmement nucléaire. L'adoption du TIAN le 7 juillet 2017 a sonné l'alarme de la fin future du droit de possession des EDAN. Cela n'a sûrement pas échappé à l'attention des EDAN qui se sont farouchement opposés à la négociation de ce traité en dépit de leur engagement solennel à y parvenir en poursuivant les négociations de bonne foi.

1.2. La négociation de bonne foi

136. Les États parties au TNP se sont engagés aux termes de son article VI à « poursuivre de bonne foi des négociations » en vue d'un futur désarmement général et complet. Si les ENDAN se doivent de collaborer en vue de ces négociations, il en va surtout des EDAN qui sont véritablement les plus concernés. L'obligation de négociation de bonne foi se révèle être une obligation en droit (1.2.1.). Une obligation juridique traduit toujours l'idée de contrainte et surtout de sanction en cas de manquement à son exécution. Paradoxalement, dans le cas d'espèce, l'obligation de négociation de bonne foi n'est pas suivie par un véritable régime dissuasif. Elle est ainsi une obligation légère (1.2.2.).

1.2.1. Une obligation en droit

137. Contrairement à l'obligation de moyens, l'obligation de résultat commande la réalisation d'un résultat précis. L'obligation de moyens une obligation en vertu de laquelle le débiteur n'est pas tenu d'un résultat précis. Le créancier d'une telle obligation ne peut mettre en jeu la responsabilité de son débiteur que s'il prouve que ce dernier a commis une faute ou n'a pas utilisé tous les moyens promis. Le simple constat de la non-atteinte de ce résultat est susceptible d'engager la responsabilité de son débiteur. La portée juridique de l'obligation considérée dépasse celle d'une simple obligation de comportement. L'obligation en cause ici est celle de parvenir à un résultat précis - le désarmement nucléaire dans tous ses aspects - par l'adoption d'un comportement déterminé, à savoir la poursuite de bonne foi de négociations en la matière (CIJ, *Avis consultatif sur la licéité de la menace ou de l'emploi d'armes nucléaires*, Recueil 1996, 8 juillet 1996, § 99, p. 264). Le régime de négociation est défini par les EDAN (1.2.1.1). Le TNP consacre par ailleurs des négociations sous la bonne foi des EDAN (1.2.1.2).

1.2.1.1. Un régime de négociation défini par les EDAN

138. Aux termes de l'article VI du TNP, « *chacune des parties au Traité s'engage à poursuivre de bonne foi des négociations sur des mesures efficaces relatives à la cessation de la course aux armements nucléaires à une date rapprochée et au désarmement nucléaire, et sur un traité de désarmement général et complet sous un contrôle international strict et efficace.* ». Cette disposition précise l'objet et la nature des négociations tout en consacrant une liberté de manœuvre aux différents acteurs quant au régime desdites négociations. Ces négociations ont deux objets. Elles doivent porter sur « des mesures efficaces » et sur « un traité de désarmement nucléaire général et complet ». Sans préciser ce que l'on doit entendre par « mesures efficaces », cette disposition mentionne que lesdites mesures doivent porter à la fois sur « la cessation de la course aux armements nucléaires » et sur « le désarmement nucléaire ». Nous constatons, au regard de sa formulation, que cette disposition consacre une double règlementation du désarmement nucléaire. Celle de négocier et de conclure. Il ressort en effet, que le désarmement nucléaire doit à la fois faire l'objet de mesures efficaces et d'un traité. L'article VI laisse ainsi subsister une certaine ambiguïté dans sa double formulation. Pourquoi n'avoir pas réduit la question du désarmement nucléaire simplement en l'adoption d'un traité ? L'obtention d'une réponse à cette interrogation mérite que l'on adopte une démarche déductive.

Il convient de partir du contexte d'adoption du TNP. L'article VI a été une disposition à l'époque proposée par les EDAN sur réclamation des ENDAN. Dès lors, l'idée était de convaincre les ENDAN sans pour autant se cloisonner dans une obligation stricte qui ne leur laisserait aucune marge de manœuvre. L'imprécision de la notion de « mesures » en est l'illustration. Une mesure est définie de manière générale comme l'acte d'une autorité étatique visant un effet déterminé. Il peut s'agir de simples *gentlemen's agreement,* de mémorandums, de protocoles d'accord ou d'entente, etc. indiquant une simple intention de suivre une politique déterminée sans obligation juridique. L'expression *gentlemen's agreements* est une expression empruntée à la pratique anglo-saxonne pour désigner un engagement d'honneur entre deux individus qui ne comporte pas d'obligations juridiques pour les États parties mais les lie moralement. Certains auteurs considèrent que les *gentlemen's agreements* tombent dans la catégorie des instruments concertés non conventionnels. Le mémorandum d'accord désigne certains accords internationaux sans implication précise quant aux modalités d'entrée en vigueur.

Il peut également s'agir de mesures conventionnelles et donc, de traités ou de mesures étatiques prises à titre individuel (mesures unilatérales internes ou internationales) suivies ou non d'effets juridiques. Vu la distinction qui est établie entre « mesure » et « traité » en ce qui concerne le désarmement nucléaire, on peut en déduire que la première notion a été expressément consacrée en vue d'attribuer à chaque EDAN un champ de compétence personnelle et individuelle en matière de désarmement nucléaire. En ce qui concerne le traité de désarmement général et complet, il entre dans le champ de la coopération interétatique. Il s'agit, par déduction, d'une convention multilatérale qui impliquera juridiquement tous les EDAN dans le processus de désarmement.

139. En ce qui concerne de « l'efficacité » des mesures, l'article VI reste imprécis sur le critère retenu. Chaque EDAN bénéficie par conséquent d'une liberté d'appréciation de la mesure dite efficace. Ce fait peut être apprécié positivement ou négativement. Dans le premier cas, on peut conclure que toute mesure susceptible de freiner la course à l'arme nucléaire ou d'engager le processus de désarmement nucléaire, est efficace quelle qu'en soit sa nature. La finalité de la négociation envisagée, à savoir le désarmement nucléaire, sous-tend ainsi l'efficacité de la mesure. Dans le second cas, cela laisse la large possibilité aux EDAN de prendre des mesures purement « conservatoires » de leur puissance nucléaire. Les traités afférents au contrôle des armements nucléaires y compris le TNP, doivent être qualifiés de la sorte. Ces traités ne limitent nullement la capacité et les recherches nucléaires des EDAN ; ils constituent au mieux des mesures de non-armement et dans certaines conditions ; ils ne consacrent que la bipolarité militaire russo-américaine et ferment la porte du ''club atomique'' en n'interdisant pas la prolifération verticale.

Le choix du processus de déroulement matériel des négociations reste un champ libre pour les EDAN. Le TNP n'impose aucune forme particulière de tenue des négociations alors que l'efficacité de l'instrument final dépend substantiellement de celle du processus de négociation. Outre la bonne foi, le processus de négociation doit, pour son efficacité, être concret en tenant compte de toutes les implications politiques, militaires, économiques, sociales, etc. du désarmement nucléaire. Il doit par ailleurs être pertinent en touchant du doigt les points les plus sensibles de la problématique du désarmement nucléaire général et complet. Face à la passivité des EDAN dans l'enclenchement du processus de négociation, la communauté internationale n'a cessé de proposer une méthode, une stratégie. En effet, de nombreuses déclarations sont invoquées pour justifier cette passivité en sous-estimant le secret budgétaire autour de la bombe ; le décaissement futur par la France de 6 milliards d'euros par an au titre de la dissuasion nucléaire ; l'explosion du coût du programme de simulation des essais nucléaires ; le rôle du complexe militaro-industriel ; la valeur du temps qui passe. Il en a ainsi été à l'occasion de la 69ème session de l'AGNU. À cette occasion, de nombreux États parties au TNP ont insisté sur la nécessité d'engager des négociations sur la base d'un programme échelonné selon un calendrier donné. Par ailleurs, certains États parties ont appelé à élaborer un cadre exhaustif et juridiquement contraignant qui comporterait divers éléments complémentaires et par lequel tous les États [dotés ou non dotés d'armes nucléaires] s'engageraient à édifier un monde exempt d'armes nucléaires. Appuyée par un solide système de vérification, la mise en œuvre de ce cadre s'effectuerait conformément à un calendrier et à des objectifs précis.

140. La doctrine n'a pas manqué de faire des propositions. Paul QUILÈS estime que : « l'élimination multilatérale de l'arsenal nucléaire existant est possible grâce à des paliers jalonnés et des contrôles réguliers » (Paul QUILÈS, *Nucléaire, un mensonge français. Réflexions sur le désarmement nucléaire*, *op. cit*, p. 12). Daniel COLARD quant à lui souligne que la « paix nucléaire » ne peut être maintenue que « par une politique contrôlée des armements (règlementation, limitation, réduction), ce qui implique des négociations continues et une concertation entre les Grands pour éviter les crises, les malentendus ou les accidents. » (Daniel COLARD, *Les Relations Internationales de 1945 à nos jours, op. cit*, p. 161). Selon Ward WILSON, il faut avant toute chose « déconstruire le mythe de la bombe atomique » si l'on veut sortir de l'âge nucléaire. L'auteur estime qu'il y a une absence de fondement empirique des théories stratégiques défendant la détention voire l'utilisation de l'arme nucléaire et que celle-ci a été légitimés et rationalisés qu'a *posteriori* par des enseignements plus proches de la théologie que de la science (IDN, *Revue de presse* du 2 avril 2021). Le juge Cançado TRINDADE pour sa part, relève les limites de l'approche « étape par étape » dans le désarmement. Il souligne que « *du fait que l'obligation de désarmement nucléaire est une obligation de résultat, l'approche dite « par étapes » ne peut pas se prolonger indéfiniment dans le temps, avec sa volonté insistante de garder en suspens l'épée de Damoclès nucléaire. Cette approche « par étapes » n'a produit à ce jour aucun résultat notable, faisant comme si les nombreuses déclarations des Nations unies confirmant l'obligation de désarmement nucléaire n'existaient pas. Or, l'interdiction absolue et pluridimensionnelle des armes nucléaires est une norme impérative de jus cogens.* » (Le juge s'exprime ainsi dans son opinion dissidente dans l'affaire *Obligations relatives à des négociations concernant la cessation de la course aux armes nucléaires et le désarmement nucléaire* (Iles Marshall c. Inde), par. 295 et 296. V. également le résumé de l'affaire, p. 19). Si l'approche « par étapes » est limitée, celle « globale » ou générale ne saurait mieux réussir que si les négociations restent sous la bonne foi des EDAN.

1.2.1.2. Des négociations sous la bonne foi des EDAN

141. La condition minimale du droit international doit être le respect des engagements assumés. Les EDAN se sont engagés depuis 1968 à négocier de bonne foi afin que le désarmement nucléaire soit une réalité proche. L'article VI du TNP stipule : « *chacune des parties au Traité s'engage à poursuivre de bonne foi des négociations* [...] ». À la lecture des premières lignes de cette disposition, il saute au premier constat que l'obligation de négociation est une obligation commune aux EDAN et aux ENDAN. Le TNP a ainsi fait de l'obligation de désarmer une obligation commune voire égalitaire impliquant tous les États. Il en allait de soi dans la mesure où avancer vers un monde sans armes nucléaires relève de la responsabilité partagée de tous les États. Le refus de certains États de collaborer n'a fait que plonger davantage le monde vers une série de crises.

L'ambiguïté de l'article VI reste posée. L'article VI n'est pas aussi clair ou direct que le suggère l'idée commune selon laquelle il exige ou demande le désarmement nucléaire des États dotés d'armes nucléaires. En fait, bien que l'article VI soit souvent invoqué, il se peut qu'il soit rarement lu, car le texte du traité est beaucoup plus vague et conditionnel que l'interprétation commune. L'article VI se compose d'une seule phrase équivoque… Bien que l'article VI soit souvent décrit comme si sa virgule était un point final et que la clause finale n'existait pas – suggérant qu'il ne concerne que les États détenteurs d'armes nucléaires. En fait, il est explicite que chacune des Parties – y compris les États non dotés d'armes nucléaires – a une obligation égale de poursuivre un désarmement général et complet. Comme on peut le constater, à y regarder de plus près, il est difficile d'éviter la conclusion que l'article VI a été rédigé de manière intentionnellement évasive et ambiguë.

L'obligation de négociation de bonne foi, en plus d'avoir été une monnaie d'échange, a été un stratège au cours des négociations du TNP. En effet, les EDAN, pour contourner l'obligation de désarmer tant réclamée, usèrent de stratège pour retirer aux mesures de désarmement tout caractère obligatoire. Négocier de bonne foi sur des mesures efficaces relatives à la cessation de la course aux armements nucléaires et au désarmement nucléaire, était désormais l'obligation.

142. Pivot central du droit international classique, la bonne foi est le hall juridique sous lequel la négociation des EDAN doit se mener. Certes, dans la négociation d'un traité les parties contractantes sont toujours présumées agir de bonne foi, mais la preuve de cette bonne foi reste sujette à des difficultés d'interprétation et de conception. L'expression « négociation de bonne foi » reste complexe. Il est peu de notions qui tout en étant canonisées sont restées aussi réfractaires à l'analyse juridique que celle quasi-mystique de 'négociation de bonne foi. On s'est plu, tour à tour, à en souligner le caractère vague ou peu engageant. Les EDAN sont appelés à se subordonner aux grands principes qui gouvernent des négociations de bonne foi.

Trois principes essentiels fondent le régime de l'obligation de négocier de bonne foi. Le premier principe est attaché à la finalité de la négociation. Ainsi, tant qu'on participe aux négociations, il est interdit de les priver de leur objet, de leur finalité. L'article 18 de la CVDT stipule que tout « *État doit s'abstenir d'actes qui priveraient un traité de son objet et de son but après la signature du traité et jusqu'à son entrée en vigueur, à condition que celle-ci ne soit pas indûment retardée.* ». Cette obligation s'impose avant même la signature du traité car elle est la motivation, l'élément catalyseur de la tenue et de la poursuite des négociations. Il doit y avoir une volonté réelle d'aboutir (Affaire du *Plateau continental de la mer du Nord*, CIJ, Rec. 1969, p. 47). Le second principe est que la bonne foi est consubstantielle à l'idée de négociation et, « *négocier autrement que de bonne foi n'est au fond pas négocier du tout* ». Lorsque la bonne foi est absente, la négociation se vide de son utilité. Est contraire à la bonne foi le mépris des procédures arrêtées, que ce soit par des moyens directs ou détournés ainsi que la rupture manifestement injustifiée des négociations, par exemple pour éviter d'être confronté avec des concessions ou des propositions raisonnables de l'autre partie, avait précisé le juge dans l'Affaire du *Lac Lanoux* (Affaire du *Lac Lanoux* (1957), Recueil des sentences arbitrales, vol. XII, p. 307. Voir aussi Affaire relative à la *répartition des biens des collectivités locales* (France c. Italie) (1953), R.S.A, vol. XIII, p. 521). La négociation de bonne foi peut impliquer l'obligation d'accepter un compromis raisonnable. Une obligation de loyauté s'impose donc par ailleurs, aux EDAN. La bonne foi interdit le comportement déloyal qui consiste à se prévaloir de sa propre faute pour obtenir un avantage juridique. Cependant, l'application pratique de la nullité pour dol reste exceptionnelle (article 49 de la CVDT). En troisième lieu, la bonne foi protège la confiance légitime des participants aux négociations par l'interdiction de l'abus de droit que l'on peut concevoir comme étant l'utilisation des négociations à des fins détournées. Ce dernier aspect ne nous intéresse pas dans le présent contexte.

143. Depuis près d'un demi-siècle, aucune initiative concrète des EDAN à négocier de bonne foi n'a vu le jour. Ceci signifie que le TNP, qui doit être respecté de bonne foi comme tout accord, ne l'a pas été et ne l'est toujours pas. La réduction quantitative des armes nucléaires n'a d'impact que de manière infime. En effet, certains États laissent croire qu'ils désarment - ce qui est vrai quantitativement-alors qu'ils s'arment davantage en remplaçant des matériels anciens par des matériels plus sophistiqués- ce qui est un réarmement qualitatif. À notre avis, il ne s'agit que d'une facette pour ces États. La prolifération horizontale demeure en effet. À la 39ème session de la CD tenue en 2014, de nombreux États dont des ENDAN ont reconnu que des progrès avaient été accomplis dans la réduction du nombre d'armes nucléaires mais se sont dits préoccupés par le fait que le nombre total des armes soit estimé à des milliers. La fin récente du Traité sur les forces nucléaires à portée intermédiaire (FNI) conclu en 1987 entre la Russie et les États-Unis, constitue l'une des illustrations dénotant cette absence de bonne foi. Ce Traité limitait la fabrication et les essais de missiles terrestres d'une portée comprise entre 500 et 5 500 km. L'inexistence de la bonne foi des EDAN s'est également manifestée de manière notoire lors de la négociation du TIAN. En premier lieu, l'initiative de la négociation de ce traité n'a pas été l'œuvre des EDAN. En second lieu, les EDAN ont désapprouvé l'initiative en votant contre la résolution de l'AGNU qui a mis en place la négociation du traité. Il s'agit de la résolution L.41 adoptée (sur la base du rapport OEWG) lors de la 71ème session de l'AGNU portant « Faire avancer les négociations multilatérales sur le désarmement nucléaire ».

L'adoption du traité dit « de désarmement humanitaire », le 7 juillet 2017, a été accueillie par les puissances nucléaires avec consternation. Le traité a été adopté par 122 voix pour, une voix contre – les Pays-Bas – et une abstention – Singapour. La non mise en œuvre de l'obligation de négocier de bonne foi par les EDAN a été l'objet d'un contentieux. Le Gouvernement des Îles Marshall a déposé le 24 avril 2014 auprès de la CIJ, des demandes d'ouverture de procédures contentieuses contre les cinq EDAN et quatre États non parties au TNP à savoir, la RPDC, de l'Inde, d'Israël et du Pakistan. Le gouvernement des Iles Marshall, un ENDAN, s'est montré déterminé et les autres États doivent l'imiter. La République des Îles Marshall a reproché aux EDAN de n'avoir pas poursuivi activement et de bonne foi des négociations comme l'exige l'article VI du TNP. Si l'objet de sa requête était bien pertinent, il n'obtint pas gain de cause au sortir de ce procès. L'obligation de négocier de bonne foi ne présente plus les éléments d'une obligation au sens propre. C'est une obligation légère.

1.3. Une obligation légère

144. Est léger, ce qui ne pèse guère. Juridiquement, la notion de « légèreté » est employée pour marquer l'insignifiance d'un fait, un acte notamment une faute quant à ses manifestations juridiques. Cette notion n'est pas ici, employée pour qualifier un fait. Nous qualifions l'obligation de négocier de bonne foi de « légère » parce qu'elle présente peu d'éléments susceptibles de la faire peser en tant que véritable obligation juridique à la charge et dans l'esprit des EDAN. La première caractéristique de cette légèreté est la subjectivité de la « bonne foi » (1). La seconde caractéristique émane du fait qu'il s'agit d'une obligation exemptée de sanctions (2).

1.3.1. La subjectivité de la « bonne foi »

145. La bonne foi est un principe juridique de base également énoncé à l'article 2, al. 2 de la Charte des Nations unies. Il figure en bonne place dans la déclaration sur les relations amicales entre États (résolution 2625 (XXV) du 24 octobre 1970) ainsi que dans l'acte final de la conférence d'Helsinki du 1er août 1975 ; il a aussi été incorporé à l'article 26 de la CVDT du 23 mai 1969, aux termes duquel « [t]out traité en vigueur lie les parties et doit être exécuté par elles de bonne foi ». En tant que principe juridique, la bonne foi présente trois acceptions : la bonne foi au sens subjectif (psychologique), la bonne foi au sens d'un simple standard juridique et la bonne foi au sens objectif (principe général de droit). Au sens subjectif (le sens le plus étroit), la bonne foi désigne un état d'esprit consistant en une fausse représentation de faits juridiquement pertinents et qui se manifeste dans l'ignorance d'un défaut de ceux-ci au regard de la norme dont l'application est réclamée. En tant que simple standard, la bonne foi n'a ici aucun corps propre ; il s'agit d'un pur standard, un simple terme utilisable de manière interchangeable.

Principe général de droit, la bonne foi possède une substance normative qui se décompose en deux aspects principaux. Sur son versant positif, la bonne foi protège la confiance légitime qu'un comportement a fait naître chez autrui, quelle que soit la volonté réelle mais non intelligible de l'opérateur. Sur son versant négatif, la bonne foi protège certaines finalités ancrées dans l'intérêt collectif contre des prétentions individualistes excessives (abus de droit) ; l'objet et le but d'un rapport juridique contre tout acte tendant à le priver de sens.

Si la bonne foi est un principe reconnu du droit international, l'interprétation qu'on en fait est susceptible de tourner au profit des EDAN et/ou au désavantage des ENDAN. En effet, les EDAN ont toujours nié leur manque de bonne foi comme à s'y attendre. Ils se justifient en avançant le processus d'*arms control* et les accords qui en ont découlé. Autrement dit, si pour d'aucuns ces mesures ont été purement conservatoires de leur souveraineté nucléaire, il n'en est pas ainsi selon les EDAN.

146. Pour illustration, la France, en réponse à la requête des Iles Marshall devant la CIJ a affirmé par le biais de son ministre des Affaires étrangères et du Développement international Laurent FABIUS que :

« [...] *La France est attachée au TNP, qui est un instrument fondamental de la sécurité collective, et à son article VI sur le désarmement auquel elle se conforme pleinement. La France a par ailleurs souscrit à la résolution 1887 du Conseil de sécurité du 24 septembre 2009 qui l'engage à œuvrer à un monde plus sûr pour tous et à créer les conditions pour un monde sans armes nucléaires, conformément aux objectifs énoncés dans le TNP* [...]. *La France a largement contribué aux efforts dans le domaine du désarmement nucléaire. Elle a pris des décisions unilatérales qui l'ont conduite, en près de vingt ans, à diminuer de moitié son arsenal nucléaire. Elle possède aujourd'hui moins de 300 têtes nucléaires et n'a pas d'armes en réserve. En outre, la France a été le premier État à avoir non seulement cessé la production des matières fissiles pour les armes nucléaires mais également entrepris de démanteler les installations de productions de manière irréversible. Dans un cadre multilatéral, la France a signé le Traité d'interdiction complète des essais nucléaires* [TICEN] *et démantelé de manière irréversible son centre d'essais du Pacifique. Enfin, elle plaide sans relâche dans les enceintes internationales pour le démarrage rapide de la négociation d'un traité d'interdiction de la production de matières fissiles pour les armes nucléaires qui représente la prochaine étape logique en matière de désarmement nucléaire.* [...]. *La France s'abstient de développer de nouveaux types d'armes, ou d'assigner de nouvelles missions à ses armes nucléaires.* » (Il s'agit de la réponse du Ministre à la question écrite n° 11666 du Sénateur Richard TUHEIAVA

(Polynésie française- SOC). V. la question au Journal Officiel (JO) du 15 mai 2014, p. 1100 et la réponse au JO du 26 juin 2014, p. 1521).

Tel que précédemment démontré, une mesure prise en matière de désarmement n'est efficace que lorsqu'elle est imprégnée de bonne foi. La France devait-elle conclure en sa bonne foi alors que dans les faits l'arme nucléaire demeure au centre de sa politique militaire ? Nous pouvons répondre par la positive dans la mesure où il s'agit d'une obligation exemptée de sanctions.

1.3.2. Une obligation exemptée de sanctions

147. Le 24 avril 2014, la République des Îles Marshall déposait devant la CIJ trois demandes d'ouverture de procédures contentieuses contre neuf États pour manquement allégué à leurs obligations concernant la cessation de la course aux armes nucléaires à une date rapprochée et le désarmement nucléaire. 67 essais d'armes nucléaires de grande portée ont eu lieu dans cette République entre 1946 et 1958. Les Îles Marshall étaient devenues parties au TNP par voie d'adhésion le 30 janvier 1995. Les Iles Marshall ont invoqué comme base de la compétence de la Cour le § 2 de l'article 36 de son Statut. Ils se sont, par ailleurs, référés aux déclarations d'acceptation de la juridiction obligatoire de la Cour du Pakistan, de l'Inde et du Royaume-Uni des 13 septembre 1960, 18 septembre 1974 et 5 juillet 2004.

Bien que l'Inde, le Pakistan et Israël ne soient pas parties au TNP et que la Corée du Nord s'en soit retirée, les Îles Marshall ont estimé que « les obligations énoncées à l'article VI du TNP [n'étaient] pas de simples obligations conventionnelles », qu'elles « exist[aient] aussi de manière autonome en droit international coutumier » et qu'elles « s'appliqu[aient] à tous les États en vertu [de celui-ci] ». Seuls l'Inde, le Pakistan et le Royaume-Uni ont accepté la juridiction obligatoire de la Cour. Ceci explique pourquoi seules ont été inscrites au rôle les requêtes introduites contre l'Inde, le Pakistan et le Royaume-Uni. La Cour a cependant adopté une approche unique à l'examen des trois affaires (Iles Marshall c. Inde, Iles Marshall c. Royaume-Uni et Iles Marshall c. Pakistan). Nous ne procèderons pas à une étude individualisée des affaires opposant les Iles Marshall à l'Inde (cette affaire est officiellement connue sous le nom : *Obligations relatives à des négociations concernant la cessation de la course aux armes nucléaires et le désarmement nucléaire* (*Îles*

Marshall c. Inde) CIJ, 24 avril 2014) et au Pakistan (le nom officiel de l'affaire est : "*Obligations relatives à des négociations concernant la cessation de la course aux armes nucléaires et le désarmement nucléaire (Îles Marshall c. Pakistan),* C.I.J, 24 avril 2014") afin d'éviter une répétition continuelle. Les particularités de chaque affaire seront néanmoins, distinctement examinées.

À ses prétentions à l'encontre de l'Inde et du Pakistan, les Iles Marshall ont soutenu qu'« en adoptant un comportement contrevenant directement aux obligations de désarmement nucléaire et de cessation de la course aux armements nucléaires à une date rapprochée, l'Inde et le Pakistan avaient manqué de s'acquitter et continuaient de ne pas s'acquitter de leur obligation juridique consistant à exécuter de bonne foi les prescriptions du droit international coutumier ». Elle a prié la Cour d'ordonner à ces deux États de « prendre toutes les mesures nécessaires pour se conformer, dans un délai d'un an à compter du prononcé de l'arrêt, auxdites obligations, parmi lesquelles celle de poursuivre des négociations de bonne foi, si nécessaire en engageant celles-ci, en vue de conclure une convention sur un désarmement nucléaire dans tous ses aspects et effectué sous un contrôle international strict et efficace. ». Les Républiques de l'Inde et du Pakistan soulevèrent respectivement des exceptions d'incompétence de la Cour invoquant dès lors leur irrecevabilité. Selon ces deux États il n'existe pas de différend entre les parties du fait que les Iles Marshall n'ont pas engagé de négociations et ne leur ont pas notifié la réclamation formulée dans la requête. Elles fondèrent leurs prétentions sur les dispositions de l'article 43 des Articles de la Commission du droit international (CDI) sur la responsabilité de l'État. Le Projet d'articles sur la responsabilité de l'État pour fait internationalement illicite est un texte adopté en 2001 par la CDI à sa 53ème session et soumis à l'AGNU dans le cadre du rapport de la Commission sur les travaux de ladite session. Le texte de Projet se trouve à l'annexe de la résolution 56/83 de l'AGNU du 12 décembre 2001.

Comme à l'accoutumée, la Cour s'est d'abord penchée sur les questions relatives à sa compétence et à la recevabilité des affaires. Elle a retenu l'exception d'incompétence soulevée par l'Inde et fondée sur l'absence de différend entre les parties (par neuf voix contre sept). Elle décida ainsi « *qu'elle ne peut procéder à l'examen de l'affaire au fond* » (par dix voix contre six). Dès lors, l'affaire fut rayée de son rôle. En retenant également l'exception d'incompétence (par neuf voix contre sept) soulevée par le Pakistan, le même dispositif a été reconduit par la Cour dans la seconde affaire (par dix voix contre six) ; la rayant ainsi de son rôle.

148. La troisième affaire a opposé les Iles Marshall au Royaume-Uni de Grande Bretagne et d'Irlande du Nord (le nom officiel de l'affaire est : ''*Obligations relatives à des négociations concernant la cessation de la course aux armes nucléaires et le désarmement nucléaire (Îles Marshall c. Royaume-Uni)* C.I.J, 24 avril 2014''). Les Îles Marshall ont invoqué des manquements, de la part du Royaume-Uni, à l'article VI du TNP. Elles ont soutenu à leurs prétentions que « le Royaume-Uni a manqué de s'acquitter et continu[ait] de ne pas s'acquitter de son obligation juridique consistant à exécuter de bonne foi les prescriptions du TNP et du droit international coutumier ». Elles prièrent la Cour d'ordonner au Royaume-Uni « de prendre toutes les mesures nécessaires pour se conformer, dans un délai d'un an à compter du prononcé de l'arrêt, aux obligations qui lui incombaient en vertu de l'article VI du TNP et du droit international coutumier. Le 15 juin 2015, le Royaume-Uni, se référant au § 1 de l'article 79 du Règlement de la Cour, a soulevé certaines exceptions préliminaires à la compétence de la Cour et à la recevabilité de la requête. L'article 79 du Règlement de la cour (tel qu'amendé en 2001) stipule qu'« [a]près dépôt de la requête et après consultation des parties lors d'une réunion avec le président, la Cour peut décider si les circonstances l'exigent, qu'il sera statué séparent sur toute question concernant sa compétence ou la recevabilité de la requête. ». Dans son arrêt du 5 octobre 2016, la Cour a retenu (par huit voix contre huit, par la voix prépondérante du président) la première exception soulevée par le Royaume-Uni et fondée sur l'absence de différend entre les parties. Sur ce, elle décida, « *qu'elle ne peut procéder à l'examen de l'affaire au fond.* » (par neuf voix contre sept), la rayant également de son rôle.

La Cour a ainsi reçu favorablement les exceptions d'incompétence invoquées par les défendeurs dans les trois affaires. Cette incompétence de la Cour trouve sa consécration légale dans l'article 36 al. 2 de son Statut en vertu duquel les États parties peuvent déclarer reconnaître comme obligatoire, la juridiction de la Cour sur « *tous les différends d'ordre juridique* ». La Cour dont la mission est de régler conformément au droit international « *les différends* [d'ordre juridique] » (article 38 alinéa 1 du Statut de la CIJ) qui lui sont soumis, est par conséquent, incompétente lorsqu'il n'en existe pas entre les parties ou lorsqu'ils ont cessé d'exister. Par exemple, dans l'*Affaire des essais nucléaires français* la Cour a constaté que le différend qui opposait les parties avait disparu et estima dès lors qu'elle n'avait plus à statuer.

149. Comment expliquer que la mauvaise foi des EDAN soit manifeste et que la CIJ n'y voie aucune source de différend ? La contestation demi-séculaire entre États possesseurs et non possesseurs d'armes nucléaires ne traduit-elle pas automatiquement l'existence d'un différend ? Au sens général, le terme différend a pour synonyme le terme « conflit » et par conflit, l'on entend une « contestation », un « désaccord ». La source de cette contestation est naturellement diverse. Si l'on se réfère à l'entendement juridictionnel, le différend désigne « un désaccord sur un point de droit ou de fait, une opposition de thèses juridiques ou d'intérêt entre deux personnes [sujets de droit international] ». Cette définition du différend a été celle retenue par la CPJI dans l'Affaire des *concessions Mavrommatis en Palestine*. De façon substantielle, il ressort de cette affaire que, la Grèce intervient au profit d'un de ses nationaux, qui, établi en Palestine, à l'époque de la souveraineté turque, était menacé dans ses droits, relatifs à des concessions, par la Grande-Bretagne à laquelle avait été confié, après 1919, le mandat d'administrer ce territoire. Vu que Mavrommatis n'avait pas subi de préjudice, la réclamation fut rejetée (*Concessions Mavrommatis en Palestine*, arrêt n° 2, 1924, C.P.J.I. série A n° 2, p. 11.).

Avant l'examen des présents cas d'espèce, la Cour a rappelé que « *l'existence d'un différend entre les parties est une condition à sa compétence. Pour qu'un différend existe, il faut démontrer que la réclamation de l'une des parties se heurte à l'opposition manifeste de l'autre ;* [...]. *La détermination par la Cour de l'existence d'un différend est une question de fond et non de forme ou de procédure* » (Affaire *Iles Marshall c. Inde*, § 25-55. V. également CIJ, Résumé de l'arrêt *Obligations relatives à des négociations concernant la cessation de la course aux armes nucléaires et le désarmement nucléaire (Iles Marshall c. Inde),* du 5 octobre 2016, n° 2016/3, p. 2.). Dans le but d'établir la preuve que les EDAN et les ENDAN possesseurs d'armes nucléaires ne s'acquittent pas de leurs obligations en matière de négociation de bonne foi, il aurait suffi, selon les Iles Marshall, à la Cour de se demander pourquoi l'obligation qu'elle a, elle-même affirmée il y a 24 ans n'a pas été encore exécutée ? (*Avis consultatif sur la licéité de la menace ou de l'emploi d'armes nucléaires, op. cit,* § F) de la conclusion, p. 267). La conclusion unanime par la Cour dans cet avis, énonçait qu'« *il existe une obligation de poursuivre de bonne foi et de mener à terme des négociations conduisant au désarmement nucléaire dans tous ses aspects, sous un contrôle international strict et efficace* ». La Cour estima que la jurisprudence invoquée par les Iles Marshall n'étaye pas cette assertion. Elle relève que dans l'affaire relative à *Certains biens*, les échanges bilatéraux qui avaient eu lieu entre les parties avant la date du dépôt de la requête attestaient clairement l'existence d'un différend ; que dans l'*Affaire de la frontière terrestre et maritime entre le Cameroun et le Nigéria* (Cameroun c. Nigeria), la prise en compte d'éléments postérieurs à cette date avait trait à la portée du différend, et non à l'existence de celui-ci et qu'« *en principe, la date à laquelle doit être appréciée l'existence d'un différend est celle du dépôt de la requête* » (Affaire *Certains biens* (Liechtenstein c. Allemagne), exceptions préliminaires, arrêt, CIJ Recueil 2005, § 25, p. 19 ; *Affaire de la frontière terrestre et maritime entre le Cameroun et le Nigéria* (Cameroun c. Nigéria), exceptions préliminaires, arrêt, CIJ Recueil 1998, § 93, p. 317).

Les Iles Marshall ont avancé comme second argument ses déclarations et celles des États défendeurs comportant acceptation de la juridiction obligatoire de la Cour faites au cours de la procédure. En réponse, la Cour a considéré que « *la déclaration des* [Iles Marshall] *revêt un caractère d'exhortation et ne saurait être considérée comme une allégation selon laquelle* [les défendeurs ou toutes les autres puissances nucléaires] *manquaient à l'une quelconque de* [leurs] *obligations juridiques* ».

Comme troisième argument, les Iles Marshall ont reproché aux États défendeurs le fait de n'avoir pas pleinement participé à certaines initiatives diplomatiques. La Cour a relevé que les Iles Marshall, de par les souffrances qu'a endurées leur population par suite des importants programmes d'essais nucléaires dont elles ont été le théâtre, ont des raisons particulières de se préoccuper du désarmement nucléaire. C'est plus le sentiment d'insatisfaction du processus de désarmement nucléaire multilatéral qui a fondé l'action des Iles Marshall qu'un différend.

150. Dans l'affaire les opposant au Royaume-Uni, les Iles Marshall avaient défendu un quatrième argument. Elles se sont en effet référées aux votes exprimés par les parties dans diverses enceintes multilatérales traitant du désarmement nucléaire. Sur ce plan, la Cour a relevé que le libellé d'une résolution et les votes ou habitudes de vote sur des résolutions ayant le même objet peuvent constituer des éléments de preuve pertinents concernant l'existence d'un différend d'ordre juridique en présence de déclarations d'États visant à expliquer leur vote. Cependant, certaines résolutions contiennent nombre de propositions différentes. Ainsi, le vote d'un État sur une résolution de ce type ne saurait en soi être considéré comme indiquant la position de cet État sur chacune des propositions qui y figurent, et moins encore l'existence, entre lui-même et un autre État, d'un différend d'ordre juridique relatif à l'une de ces propositions.

151. Par son arrêt, la CIJ est venue, sans le vouloir, en renfort aux EDAN dans leur position de proliférateurs. La Cour a justifié la lenteur unanimement condamnée du processus de désarmement nucléaire. Les EDAN sont dès lors, en droit de persister dans la non-négociation. La bonne foi est désormais fort battue en brèche au point qu'on peut la qualifier de non-sens en matière de désarmement nucléaire. Cette obligation perd ainsi de sa valeur alors qu'elle constitue la contrepartie de celle prise par les ENDAN qui est une obligation à ne pas s'armer.

2- Une obligation à ne pas s'armer pour les ENDAN

152. Les États non possesseurs de l'arme nucléaire étaient conscients de trois choses lors de la négociation du TNP. D'abord, que seul le désarmement nucléaire saurait prévenir la paix et la sécurité de tous ; mais il s'est avéré que cette question était complexe et que l'effectivité du processus exigeait un ensemble de mesures concrètes. Ils étaient en outre conscients qu'essuyer une menace ou une attaque par une arme nucléaire était la dernière chose qu'un État en sous-développement aurait souhaitée : il fallait donc se soustraire de la dissuasion nucléaire. Ils étaient enfin conscients de la nécessité pour chaque État de rattraper son retard sur le plan énergétique sous l'assistance nécessaire des puissances nucléaires. De leur côté, les puissances nucléaires étaient conscientes que le prestige de l'arme nucléaire s'effritait du fait de l'augmentation du nombre d'États à la convoiter. C'est ainsi qu'en contrepartie des engagements pris par les EDAN, les ENDAN ont accepté la renonciation à l'arme nucléaire (2.1). Allant plus loin, ils ont conclu à l'acceptation des garanties de l'AIEA (2.2).

2.1. La renonciation à l'arme nucléaire

153. Il est vrai que, lors des négociations du TNP, tous les États présents ne pouvaient prétendre à l'arme nucléaire. Y renoncer relève d'une noblesse particulière. Il faut le dire, l'obligation de renonciation à l'arme nucléaire a été la contrepartie la plus énorme que les EDAN ont obtenue au sortir de ce processus. Elle s'avère être une victoire d'étape des EDAN. D'ailleurs, les ENDAN ne se sont pas engagés à moitié dans ce désistement. En effet, ils ont accepté une renonciation complète (2.1.1). Ce désistement absolu constitue vraisemblablement une limitation de la volonté souveraine de l'ENDAN (2.1.2).

2.1.1. Une renonciation complète

154. L'acquisition d'une arme nucléaire peut relever de l'initiative personnelle de l'État tout comme elle peut être le fruit d'une influence extérieure. Le caractère complet de la renonciation à l'arme nucléaire s'explique par le fait que les ENDAN se sont engagés à tous les versants. Ils se sont engagés au même titre sur le plan interne que sur le plan externe. Sur le plan interne, ils s'obligent à une renonciation à toute politique interne d'acquisition d'une arme nucléaire (1). Sur le plan externe, ils se sont engagés à la renonciation à toute assistance externe en nucléaire militaire (2).

2.1.1.1.La renonciation à toute politique interne d'acquisition d'une arme nucléaire

155. Les ENDAN ont pris l'engagement, aux termes des dispositions de l'article II du TNP, de « [...] *ne fabriquer ni acquérir de quelque autre manière des armes nucléaires ou autres dispositifs nucléaires explosifs ; et* [de] *ne rechercher* [...] *une aide quelconque pour la fabrication d'armes nucléaires ou d'autres dispositifs nucléaires explosifs.* ». Comme précédemment vu, la fabrication d'une arme nucléaire ou d'un DNE nécessite une convergence de plusieurs facteurs : un budget, un savoir-faire scientifique et technologique, une capacité de gestion, etc. De la production des matières nucléaires fissiles à l'opérationnalisation de l'arme en passant par son modelage, la fabrication de l'arme nucléaire est l'aboutissement d'un processus intellectuel et mécanique relativement long.

Le désistement des ENDAN porte en premier lieu sur tout matériel nucléaire militaire. Il s'agit d'abord des armes et dispositifs nucléaires proprement dits. L'acquisition renvoie à l'action d'acquérir et donc d'achat. L'acquisition d'armes nucléaires ou de DNE reste en effet une faculté pour l'État qui ne remplit pas les conditions pour en fabriquer ou qui a fait de l'acquisition un choix exprès. Ainsi l'ENDAN doit-il s'abstenir d'acheter une arme ou un DNE. Cela signifie que les ENDAN doivent s'exclure expressément du marché de l'énergie nucléaire militaire. Ils doivent s'empêcher d'en faire le commerce et d'en faire une propagande commerciale.

En renonçant au nucléaire militaire, les ENDAN ont renoncé à une grande partie des opérations associées à la production de l'énergie nucléaire militaire. Ces opérations comprennent notamment l'extraction et le traitement des minerais d'uranium ou de thorium, l'enrichissement élevé de l'uranium ; la fabrication du combustible nucléaire militaire, l'exploitation des réacteurs nucléaires (y compris les réacteurs de recherche) ; le retraitement du combustible usé, les activités de gestion des déchets (dont le déclassement) liées aux opérations associées à la production d'énergie nucléaire militaire et toute activité de recherche-développement connexe.

En rappel, la première façon d'obtenir la matière fissile nécessaire à la fabrication d'une arme nucléaire passe par l'extraction de plutonium 239 et la seconde façon, par la production d'uranium hautement enrichi (UHE). Par conséquent, lors de l'enrichissement de la matière fissile pour une utilisation civile, les ENDAN doivent se réserver de dépasser le seuil d'enrichissement nécessaire à la production de l'énergie civile. Cela implique que sur le plan scientifique, les chercheurs des ENDAN se doivent de ne se focaliser que sur la recherche sur le développement de l'énergie nucléaire civile. La science étant cependant universelle voire ouverte, les chercheurs dans les ENDAN même ayant une maîtrise du cycle du combustible nucléaire militaire, se doivent de ne jamais soumettre leur connaissance à une politique quelconque de mise en œuvre. Ces connaissances peuvent être divulguées mais doivent rester « dans les tiroirs » en ce qui concerne leur mise en application.

L'article II du TNP, en consacrant l'obligation de renonciation, est resté, en plus, ferme quant aux modalités de fabrication ou d'acquisition d'arme nucléaire et de DNE. La fabrication et l'acquisition sont proscrites « *de quelque autre manière* ». Il en résulte plusieurs implications. En premier lieu, cela implique pour les

ENDAN une renonciation à l'enrichissement clandestin de la matière nucléaire fissile à des fins militaires. Il en va de soi dès lors que les ENDAN ont renoncé à l'enrichissement légal de ces matières à des fins militaires. Par conséquent, ils ne doivent pas dissimuler une intention quelconque à produire de telles matières et ne doivent même pas en concevoir l'idée. En second lieu, les ENDAN doivent renoncer au détournement de l'utilisation civile de l'énergie nucléaire vers des utilisations militaires. Par exemple, la production de plutonium se déroule après l'utilisation d'uranium naturel dans un réacteur. Cette production suscite un intérêt particulier pour les États désirant se doter de l'arme nucléaire en raison de la possibilité de détourner le programme civil à des fins militaires tout en gardant les mêmes installations. Pour plus d'efficacité et en guise de bonne foi, les ENDAN se sont engagés à renoncer à toute assistance externe en nucléaire militaire.

2.1.1.2. La renonciation à toute assistance externe en nucléaire militaire

156. Aux termes de l'article II du TNP, les ENDAN ont pris l'engagement de « *n'accepter de qui que ce soit, ni directement ni indirectement, le transfert d'armes nucléaires ou autres dispositifs explosifs nucléaires ou du contrôle de telles armes ou de tels dispositifs explosifs ;* [de] [...] *ne recevoir une aide quelconque pour la fabrication d'armes nucléaires ou d'autres dispositifs nucléaires explosifs* ». Cela signifie qu'ils renoncent à toute assistance qu'un autre État est susceptible de leurs offrir dans le développement de tout programme nucléaire militaire et à tout le privilège de contrôler un tel programme. L'obligation de renoncer à toute assistance extérieure s'inscrit dans le cadre de la coopération interétatique. Elle suppose un seul scénario : l'ENDAN qui souhaite s'armer en nucléaire militaire fait appel à un État ou à un acteur autre qu'un État pour l'assister. Cette obligation s'adresse ainsi principalement à l'ENDAN qui ne dispose pas des ressources nécessaires (ressources matérielles, scientifiques, techniques, industrielles, financières, militaires et architecture militaire, etc.) au développement d'un tel programme militaire. En effet, l'État peut avoir une carence dans la maîtrise effective du cycle du combustible nucléaire, ce qui peut être dû à l'absence de compétences humaines qualifiées. L'EDAN qui tient à s'armer est tenu de s'adapter à l'évolution technologique. La technologie fait à la fois l'effectivité et l'efficacité d'un programme nucléaire. Par ailleurs, technologie et stratégie militaire vont de pair. Suivant le développement technologique, de nouveaux modes de pensée et de conception stratégiques naissent et se développent. Cet État est amené à rechercher de l'aide auprès d'autres États afin de rendre effectif son projet. L'obligation de renoncer à toute assistance extérieure s'adresse également à l'ENDAN qui peut, non pas par manque de compétence, facilement obtenir les faveurs d'un EDAN ou d'un autre ENDAN. C'est l'hypothèse dans laquelle l'État entretient de bonnes relations avec un État possesseur d'armes nucléaires (exemple de l'Inde, du Pakistan). Toutefois, cette dernière hypothèse reste utopique dans la mesure où les EDAN souhaitent garder « jalousement » entre leurs mains le prestige attaché à cette arme.

157. L'obligation de renonciation à une assistance extérieure se dissèque en deux grandes obligations. Il s'agit de l'obligation de ne pas rechercher une aide extérieure et l'obligation de ne pas recevoir une aide extérieure. Ces deux obligations qui se veulent complémentaires marquent la "robustesse", le rigorisme avec lequel le TNP tient à empêcher l'acquisition de cette arme ou d'un DNE par les ENDAN. L'obligation de ne pas rechercher une aide implique d'emblée que l'ENDAN ne doit pas être l'auteur, l'instigateur d'une demande de soutien en nucléaire militaire. En interprétant de manière stricte l'article II, il laisse supposer que le projet de l'ENDAN de s'armer est un projet individuel, national, né de la politique interne et mûri par l'ordre politique interne de l'État sans l'influence directe ou indirecte d'un autre État doté ou non d'armes nucléaires. Par conséquent, l'ENDAN qui a personnellement décidé de s'armer en nucléaire militaire en outrepassant l'interdiction faite par le TNP, ne doit compter que sur lui-même. Il est toutefois utopique de penser qu'un État puisse nourrir un tel projet sans une influence politique externe quelconque. L'État aura toujours besoin de recourir au marché de l'industrie nucléaire même civile afin d'acquérir un élément essentiel à l'effectivité de son programme. Dans le secteur de la conception, de l'ingénierie et de la construction des centrales nucléaires, les constructeurs de centrales nucléaires continuent à mettre au point leur conception et proposent des produits de plus en plus performants que ceux commercialisés au cours des dernières grandes périodes d'expansion nucléaire. L'enrichissement de l'uranium fait appel à une des technologies les plus sensibles au regard de la non-prolifération. C'est pour cette raison, qu'elle n'est détenue que par un nombre limité de pays et n'est confiée par les gouvernements qu'à un petit nombre d'opérateurs commerciaux. Ainsi, il est impossible pour un ENDAN de développer un tel programme en s'enfermant sur lui-même.

158. Quant à l'obligation de ne pas recevoir une aide pour le développement de l'énergie nucléaire militaire, elle suppose un seul scénario : l'ENDAN à qui il est proposé un soutien externe afin de développer une énergie nucléaire militaire ou d'en contrôler, se doit de le refuser et ce, quel que soit l'auteur, quelle que soit la nature ou la valeur et quelle que soit la circonstance dans laquelle les parties se trouvent et dans laquelle le soutien est apporté. En ce qui concerne la nature de l'aide, elle peut être de divers ordres : financier, matériel, humain, intellectuel, etc. S'agissant de la consistance de l'aide, elle peut être partielle ou totale. Cette dernière hypothèse est difficile à envisager car elle serait d'abord très exigeante et ensuite très visible. En effet, une installation nucléaire complète est très coûteuse pour l'État qui le sollicite et ensuite une lourde tâche pour l'État chargé de l'installation du site. Qui dit dissuasion dit concurrence et instinct de domination. Il en découle que l'État qui sollicite une installation nucléaire militaire sera déjà répertorié par les puissances nucléaires et les desseins de son projet immédiatement dévoilés et mis en quarantaine. Les exemples de la Corée du Nord et de l'Iran sont révélateurs sur ce point.

159. Dans le but de rechercher ou recevoir de l'aide, l'ENDAN peut choisir entre deux voies. La première, qui se veut honorable, est la conclusion d'accord de fourniture à travers le mécanisme de la commande. C'est le chemin que certains États non-possesseurs d'armes nucléaires avaient emprunté. L'Allemagne avait remporté les commandes des deux premières centrales nucléaires iraniennes, la France avait fourni les deux suivantes ainsi qu'un réacteur de recherche à l'Irak et l'Union soviétique avait remporté le marché libyen. La seconde voie est la voie frauduleuse. C'est le fait pour l'ENDAN de rechercher et de recevoir clandestinement des ressources nécessaires au développement d'un programme nucléaire militaire en détournant l'utilisation pacifique qu'il a développée. C'est l'exemple actuel de l'Iran. L'État non-possesseur peut également recéler des ressources mal acquises. En effet, il ne faut pas écarter le scénario dans lequel un ENDAN donnerait son consentement à un vol par exemple de plutonium par un groupe de terroristes au cours d'une attaque d'un centre de stockage de plutonium. Retenons que la valeur de l'arme nucléaire vaut le coup d'un tel scénario. L'obligation de renoncer à toute assistance externe n'a pas été respectée par certains ENDAN non parties au TNP. De ceux-là, il sied de citer en exemple l'Inde. La renonciation complète à l'arme nucléaire entraine la limitation de la volonté souveraine de l'ENDAN.

2.1.2. Une limitation de la volonté souveraine de l'ENDAN

160. Selon les Nations unies, le TNP est un accord librement conclu entre EDAN et ENDAN pour trouver le meilleur moyen de tirer avantage des applications pacifiques de l'énergie nucléaire tout en veillant à ne pas mettre en danger la paix et la sécurité internationales. Nous pouvons en conclure ainsi au regard de la nature conventionnelle de l'instrument. Toutefois, il peut être suspicieux qu'un État renonce « aisément » à l'arme susceptible d'assurer sa sécurité. L'ENDAN n'est plus pleinement souverain sur le plan militaire vu qu'il supporte une exclusion de l'arme nucléaire de ses garanties de sécurité (2.1.2.1). La limitation de la volonté souveraine de l'ENDAN constitue en outre une confiscation de sa capacité de dissuasion nucléaire (2.1.2.2).

2.1.2.1. L'exclusion de l'arme nucléaire des garanties de sécurité de l'ENDAN

161. L'arme nucléaire est présentée, par les pays qui la détiennent, comme un instrument visant à assurer la paix, une paix par l'équilibre de la terreur. Paul QUILÈS et autres rapportent que « *[s]elon la formule en vigueur depuis la mise en œuvre du premier escadron français des forces aériennes nucléaires en 1964, seule l'arme nucléaire apporte une garantie ultime de sécurité à la France* [et] *depuis cette date, la sécurité du territoire français et de sa population serait en permanence assurée par la bombe et uniquement par elle, les protégeant de toute agression d'un autre État contre ses "intérêts vitaux"* » (Paul QUILÈS, Jean-Marie COLLIN, Michel DRAIN, *L'illusion nucléaire. La face cachée de la bombe atomique, op. cit,* p. 13). L'arme nucléaire est ainsi présentée par l'ensemble des EDAN comme un facteur de prestige, l'instrument par lequel ils garantissent leur sécurité intérieure mais aussi régionale et internationale. Les ENDAN ont été, quant à eux, privés par le TNP et de manière complète, du droit de se procurer ce facteur de sécurité nationale et internationale.

En examinant ce scénario, nous notons ouvertement une absence de logique et de bon sens. Dans un premier temps, l'interdiction faite aux ENDAN de se procurer de telles armes signifie que ceux-ci sont appelés à garantir leur sécurité sans armes nucléaires. Cette arme ne serait donc pas le moyen idéal susceptible de leur permettre de prévenir toute insécurité contrairement aux EDAN. Les ENDAN sont ainsi appelés à se rabattre sur les armes classiques. L'expression « arme conventionnelle » précédemment utilisée a été remplacée par l'expression « arme classique ». La catégorie des armes classiques regroupe l'ensemble des armes à l'exception des ADM (nucléaire, biologique, chimique). Ceci signifie que l'arme de destruction massive, à savoir l'arme nucléaire, ne leur serait pas utile ou nécessaire car leur niveau d'insécurité ne serait pas élevé au point qu'ils en aient besoin. Si nous suivons bien le raisonnement, cela signifie d'abord, que le niveau d'insécurité entre EDAN et ENDAN n'est pas le même ; celui des EDAN serait « supérieur » à celui des ENDAN. Ensuite, une question d'adaptation de l'insécurité à l'arme nucléaire se pose. Étant élevé, le niveau d'insécurité des EDAN contrairement à celui des ENDAN, y serait adapté d'où la nécessité de posséder de telles armes.

162. Dans un second temps, la bombe atomique est également brandie par ses possesseurs comme l'arme qui a permis de maintenir la paix internationale depuis 1945 et d'éviter une confrontation militaire Est/Ouest, c'est-à-dire une troisième guerre mondiale. Aussi, vu qu'aucun EDAN n'est passé de la menace atomique à son exécution sur le terrain, cela témoignerait du bon fonctionnement de la politique de dissuasion. La logique voudrait que, dans une telle mission mondiale de maintien de la paix internationale, tous les acteurs soient armés à la même enseigne. En excluant les ENDAN du maintien de la paix et de la sécurité internationales, fût-ce par l'arme nucléaire, le TNP n'a fait reposer le maintien de ces dernières que sur les EDAN. Ainsi, les EDAN continuent d'affirmer qu'entre leurs mains, l'arme nucléaire est une garantie supplémentaire de sécurité, alors que dans celles des autres elle menace la paix mondiale. Si l'arme nucléaire n'est pas adaptée au niveau d'insécurité des ENDAN, cela signifie qu'en en possédant elle serait, en plus d'être inutile pour eux, une source d'insécurité pour la paix mondiale. À l'aboutissant de ce raisonnement, on s'aperçoit que le TNP érige implicitement l'EDAN en l'acteur « preux », aguerri, susceptible de posséder une telle arme sans remettre en cause la paix et la sécurité internationale et, l'ENDAN comme « l'incapable », le « troubleur », l'acteur « malingre » susceptible de bouleverser l'unité sociale internationale s'il en vient à posséder l'arme nucléaire.

Certes, il faut reconnaître que les EDAN, contrairement à la plupart des ENDAN, sont des puissances économiques fortement industrialisées et qui ont plus ou moins une forte maîtrise de l'arme nucléaire dans ses différentes facettes. Toutefois, comme l'ancien ministre français des Affaires étrangères Maurice Couve de MURVILLE a su bien en faire la remarque, « *il n'y a pas d'intérêt, il y aurait même un très grand danger à ce que de plus en plus de pays fabriquent des armes nucléaires* [...] ; *je ne peux pas arriver à penser qu'il soit moins dangereux qu'une grande puissance comme les États-Unis, la Russie soviétique, plus tard la Chine, ait les moyens de détruire le monde que de voir des petits pays posséder des armements qui ne seraient capables que d'atteindre leurs voisins immédiats* » (Maurice Couve de MURVILLE, ministre français des Affaires étrangères, *in* La Documentation française, Notes et Étude Documentaire, n° 3428 à 3430, 1967, pp. 31-33 et pp. 53-54). D'ailleurs, aucune source du droit international ne prescrit que le maintien de la paix et de la sécurité internationales, fût-ce par l'arme nucléaire, se doit de ne reposer que sur les États possesseurs de l'arme. Sachant que le maintien de la paix et de la sécurité internationales est l'affaire de tous les États et que l'arme nucléaire est l'arme de la sécurité internationale, les ENDAN, dès lors, devraient y être associés en ayant également la capacité de la brandir.

En outre, face au reproche fait aux EDAN de proliférer, ces derniers laissent entendre qu'une raison principale pour laquelle ils ne désarment pas dans une aussi large mesure que cela serait souhaité, c'est précisément parce que d'autres États prolifèrent, acquièrent ces armes, les développent, donc font peser une menace sur la sécurité des États dotés de l'arme. Si le développement des armes nucléaires par des États qui n'en possédaient pas constitue une menace à leur sécurité, cela signifie en toute logique, qu'eux, EDAN, qui ont possédé de telles armes depuis un demi-siècle, ont toujours fait peser et continuent de faire peser la même menace sur ces États non-possesseurs. La logique ne devrait donc pas être partisane, inversée en fonction des desseins nourris par chaque statut.

Retenons que ces différentes logiques ne coïncident pas parfaitement avec la raison voire la morale. C'est la logique qui le commande. En effet, la morale non partisane ne commanderait qu'une chose : le respect strict du TNP aboutissant à l'élimination des armes nucléaires. Par conséquent, et dans le sens inverse, si l'attachement à l'arme nucléaire est aujourd'hui irraisonné, cela implique que son élimination doit être générale c'est-à-dire qu'aucun État, indifféremment de son statut, ne doit disposer de cette arme. Le TNP a su bien le comprendre lorsqu'il « propose » un désarmement nucléaire général et complet. N'ayant pas l'arme « pionnière » en main, les ENDAN ont perdu le droit de jouir des « plaisirs » de la politique de dissuasion nucléaire. Il s'agit vraisemblablement d'une confiscation de leur capacité de dissuasion nucléaire.

2.1.2.2. La confiscation de la capacité de dissuasion nucléaire de l'ENDAN

163. La dissuasion nucléaire est conçue et défendue par les EDAN comme « la capacité de montrer sa force pour ne pas avoir à s'en servir ». Il s'agit d'amener l'adversaire à capituler sans utiliser son arme nucléaire. En effet, si l'arme vient à être utilisée, ce sera l'échec de la dissuasion. Nous retenons des principes qui sous-tendent la politique de la dissuasion nucléaire que l'essentiel du rôle de l'arme nucléaire réside dans son existence et non dans son emploi. Par conséquent, la logique voudrait que, si l'arme nucléaire ne doit pas être utilisée, tel que le prescrivent lesdits principes, tout État puisse donc la posséder, à savoir tous les ENDAN. Cela semble raisonnable dans la mesure où l'arme nucléaire ne constituerait pas un danger vu qu'aucun État ne devrait l'utiliser. Comme certains défenseurs de l'arme l'ont si bien conçu, l'arme nucléaire ne serait pas immorale puisqu'elle n'est pas utilisée. Il suffirait simplement de la brandir pour défendre sa sécurité nationale et internationale.

La présente analyse serait susceptible d'être qualifiée d'immorale vu la configuration actuelle de la lutte contre l'arme nucléaire et selon que l'on est partisan ou non de la dissuasion nucléaire. Elle ne recevra certainement pas l'assentiment des partisans de la dissuasion nucléaire ni de l'ensemble de la communauté internationale dans sa majorité. En effet, comme l'a relevé Paul QUILÈS, « *arme anachronique, elle ne garantit plus l'équilibre entre les deux grands blocs, elle déstabilise* ». En toute logique, si la possession d'armes nucléaires par cinq États fortement armés déstabilise aujourd'hui, cela commande que le nombre d'États dotés n'augmente pas et surtout qu'il soit ramené à néant. Nous partageons avec l'ex-SGNU Ban KI-MOON l'idée que « [...] *promouvoir les doctrines de dissuasion nucléaire ne fait pas obstacle à la prolifération, mais renforce l'attrait des armes nucléaires* » (Extrait du discours d'Angela KANE la Haut-Représentante pour les affaires de désarmement cité par Ban KI-MOON *in* Bureau des Affaires de désarmement, *Annuaire des Nations unies sur le désarmement*, vol. 39 : 2014, p. 3). En effet, elle participe à surélever la psychose d'une frappe nucléaire, à démontrer aux États que la frappe nucléaire n'est plus qu'une question de temps et que tout est prêt pour défendre l'intérêt supérieur de la nation.

L'exemple de la Corée du Nord illustre bien cet état de fait. En dépit du caractère avéré des risques liés à l'utilisation de l'arme nucléaire pour la paix, cette République a mis au point des armes nucléaires et s'active à leur perfectionnement. Les essais nucléaires opérés par elle en dépit des instruments internationaux, des sanctions de la communauté internationale et des menaces de représailles des États-Unis et de certains de leurs alliés attestent bien sa détermination. La crise nord-coréenne s'est transformée en un test décisif pour la politique de sanctions de la communauté internationale. Les sanctions considérablement renforcées par le Conseil de sécurité de l'ONU n'ont pas réussi à l'amener à la table des négociations. Dans le même temps, les échanges enflammés entre le président américain et le régime nord-coréen n'ont fait que renforcer la logique de la dissuasion. Les sommets Trump-Kim de 2018 et 2019 n'ont pas été suivis de véritables négociations.

164. Le TNP, en interdisant aux ENDAN d'acquérir de telles armes, les a privés de la faculté de participer à la dissuasion en tant qu'acteurs. Sachant que la dissuasion a pour finalité, selon les États possesseurs, de prévenir toute atteinte à la sécurité nationale, il conviendrait qu'elle soit également un moyen pour tous les États d'assurer leur sécurité interne. À travers cette interdiction, le TNP cloisonne les ENDAN qui sont appelés à subir la dissuasion, à l'essuyer. Dans ce confinement, ne peut-on pas dire que la sécurité des ENDAN est également mise à mal ? La réponse à cette interrogation est, peut-on le dire, facile à déceler. Il faut cependant, se situer à la fois à l'amont et à l'aval de l'analyse. En amont, l'État dissuadant, c'est-à-dire possesseur de l'arme nucléaire, ne répondra que par rapport à sa logique. On peut retenir que sans dissuasion, il n'existe pas de sécurité nationale effective selon l'EDAN. Dans cette conception, la menace viendrait de l'adversaire, c'est-à-dire de l'État possesseur, mais et surtout non-possesseur qui souhaiterait également s'armer. De l'autre côté, à l'aval, la menace proférée par l'EDAN est susceptible d'amener l'État non-possesseur à fléchir. Ceci constitue logiquement un trouble à sa sécurité. D'ailleurs, la menace permanente sur l'État l'amène à douter de sa politique sécuritaire.

Dans le but d'échapper à cette menace, la plupart des EDAN avaient formulé une doléance au cours des négociations du TNP. Ils avaient en effet pressenti que la dissuasion nucléaire ne saurait se limiter à la sphère des EDAN. En rappel, les pays dits à l'époque les moins avancés avaient entre autres exigé la promesse de la part des EDAN de ne jamais les menacer ou les attaquer avec des engins nucléaires. Ces États souhaitaient par conséquent ne pas participer à la dissuasion nucléaire ni la subir. Ce souhait n'est pas aujourd'hui une réalité totale si l'on analyse l'incessante « confrontation » qui se poursuit par exemple entre la Corée du Nord et les États-Unis. Le TNP a exigé des ENDAN une garantie de leur bonne foi à ne jamais envisager un détournement de l'utilisation pacifique qu'ils auront à faire de l'énergie nucléaire en utilisation militaire. À cette fin, les ENDAN se sont engagés à accepter les garanties de l'AIEA.

2.2. L'acceptation des garanties de l'AIEA

165. L'obligation pour l'ENDAN à subir un contrôle par une agence internationale n'a pas obtenu à ses débuts un accueil favorable de la part des ENDAN. Elle a été l'obstacle sur lequel ont achoppé d'innombrables propositions relatives à la limitation des armements. Elle a en effet suscité beaucoup de méfiance. Nous retenons qu'au cours des négociations du TNP, la plupart des ENDAN qui étaient à un niveau d'industrialisation plus ou moins élevé avaient redouté que ce contrôle ne soit qu'un moyen d'espionnage industriel aux mains des EDAN. La République fédérale d'Allemagne (RFA), le Japon et l'Italie ont exigé en contrepartie de l'imposition de ce contrôle international l'assurance de jouir, dans le domaine du nucléaire civil, exactement des mêmes libertés et avantages que les EDAN. Certains ont redouté qu'il ne s'agisse que d'un instrument dont les EDAN pourraient se servir afin de les handicaper dans la compétition nucléaire, eux qui ont conservé toute leur liberté d'action et qui profitent des retombées dans le domaine civil de leurs travaux militaires. En conséquence à cela, beaucoup d'entre eux ont réclamé entre autres que les installations civiles des puissances nucléaires soient aussi soumises à l'inspection de l'AIEA si les leurs devaient l'être ou le droit d'utiliser l'énergie nucléaire à des fins militaires non-explosives ou encore le droit de jouir des avantages susceptibles de découler de l'utilisation militaire. Il s'agit en particulier de la propulsion nucléaire navale. Il s'agit de la propulsion exercée sur les navires et sous-marins équipés de réacteurs nucléaires produisant de la chaleur transformée en vapeur pour activer une turbine (couplées aux hélices de propulsion) ou un ensemble électrique. Le premier réacteur de propulsion fut fabriqué aux États-Unis en 1953. Entre autres, la propulsion nucléaire navale a l'avantage, à travers l'énergie nucléaire, de permettre une grande autonomie de l'engin et de lui accorder une puissance considérable. C'est avec satisfaction que les ENDAN ont accepté de se soumettre à une obligation de vérification (2.2.1). La négociation de ces garanties se mène sous la coupe de l'Agence (2.2.2).

2.2.1. Une obligation de vérification

166. La vérification consiste à confirmer l'exactitude d'une donnée. Le système de garanties du TNP laisse sous-entendre un régime juridique rigoureux et complexe au regard de la complexité des activités nucléaires. L'UPEN a toujours été susceptible de détournement vers une utilisation militaire. Il s'agit d'un moyen par lequel l'ENDAN est susceptible de passer pour développer l'arme nucléaire. Afin de ne laisser aucune occasion aussi minime soit-elle à l'ENDAN de se soustraire à l'obligation de renonciation à l'arme nucléaire, le TNP consacre à la fois un contrôle généralisé de l'activité nucléaire de l'ENDAN (2.2.1.1) et un contrôle de l'effectivité des engagements pris par l'ENDAN (2.2.1.2).

2.2.1.1. Le contrôle généralisé de l'activité nucléaire de l'ENDAN

167. Le système de garanties du TNP a deux types d'objectifs : des objectifs politiques et des objectifs techniques. Les objectifs politiques de ce système consistent d'une part à assurer à la communauté internationale qu'un État partie au Traité respecte les engagements qu'il a pris d'utiliser les matières nucléaires à des fins pacifiques et d'autre part à dissuader, par le risque de détection, le détournement de matières et d'installations nucléaires. Quant aux objectifs techniques, il s'agit d'une part que l'AIEA soit en mesure de détecter, suffisamment tôt, le détournement de matières nucléaires servant à des activités nucléaires pacifiques et d'autre part que toutes les matières nucléaires soumises aux garanties dans un État soient déclarées à l'Agence. Les garanties sont une forme de système internationalisé de transparence dans le domaine nucléaire et elles servent à créer le degré accru de confiance que permet la vérification.

L'accord de garanties mis en place pour le TNP est un accord global qui couvre tout le cycle du combustible nucléaire des ENDAN. Le TNP exige des ENDAN qui y sont parties qu'ils concluent avec l'AIEA des accords juridiquement contraignants connus sous le nom d'accords de garanties généralisées (AGG). En effet, aux termes des dispositions de l'article III al. 1 du TNP, « *[t]out État non doté d'armes nucléaires qui est partie au Traité s'engage à accepter les garanties stipulées dans un accord qui sera négocié et conclu avec l'Agence internationale de l'énergie atomique, conformément au statut de l'Agence internationale de l'énergie atomique et au système de garanties de ladite Agence, à seule fin de vérifier l'exécution des obligations assumées par ledit État aux termes du présent Traité en vue d'empêcher que l'énergie nucléaire ne soit détournée de ses utilisations pacifiques vers des armes nucléaires ou autres dispositifs explosifs nucléaires* ». Dans le cadre d'un AGG, l'ENDAN s'engage à accepter que l'AIEA applique des garanties à toutes les matières nucléaires et équipements utilisés dans toutes les activités pacifiques exercées sur son territoire.

168. En ce qui concerne le champ matériel du contrôle, la vérification porte sur les équipements, matières brutes, matières fissiles spéciales susceptibles d'être utilisées dans toutes les activités nucléaires pacifiques que l'ENDAN aura déclarées à l'Agence. Deux implications essentielles peuvent en découler. Premièrement, le contrôle s'étend au commerce ainsi qu'à l'échange de tous les équipements et matières nucléaires sans distinction. En effet, à l'article III al. 2 du TNP, obligation est faite à chaque État partie de ne pas fournir de matières brutes ou matières fissiles spéciales, équipements ou matières spécialement conçus ou préparés pour le traitement, l'utilisation ou la production de matières fissiles spéciales à un ENDAN à des fins pacifiques « *à moins que la matière brute ou les matières fissiles spéciales ne soient soumises aux garanties de* *l'Agence* ». Il en résulte qu'un ENDAN ne saurait bénéficier ou acheter de telles matières et matériels que sous garanties. Il s'agit donc de la condition préalable à tout processus de transfert de tels matières et matériels. Deuxièmement, la vérification porte sur l'ensemble des opérations associées à la production de l'énergie nucléaire. Il s'agit notamment de l'extraction et du traitement des minerais d'uranium ou de thorium ; de l'enrichissement de l'uranium ; de la fabrication du combustible nucléaire ; de l'exploitation des réacteurs nucléaires ; du retraitement du combustible usé et de toutes les activités de gestion des déchets.

Les programmes nucléaires irakien et iranien clandestins et la découverte en RPDC de matières nucléaires non déclarées ont démontré la nécessité de contrôler également les activités et les matières non déclarées. Grâce aux protocoles additionnels aux accords de garanties, l'AIEA peut avoir accès à tout endroit d'un site et à tout emplacement où pourraient se trouver des matières nucléaires.

Le TNP a tenu à prendre toutes les précautions nécessaires en soumettant le transfert des matières et matériels nucléaires civils à usage purement civil (usage unique) au contrôle international. Il faut rappeler que l'obligation de non-transfert à laquelle sont soumis les EDAN ne concerne que la matière et le matériel nucléaire militaire. En conséquence, ils devraient logiquement être tenus par le contrôle lorsqu'ils sont appelés à assister des ENDAN dans le développement du nucléaire civil. L'on note toutefois, à la lecture du l'article III al. 1 du Traité que le contrôle des transferts ne vaut qu'entre EDAN vers ENDAN et entre ENDAN. Dès lors, ne sont pas soumis au contrôle, les transferts effectués par un ENDAN vers un EDAN ni ceux effectués entre deux EDAN.

169. En ce qui concerne le champ territorial du contrôle, l'article III al. 1 du TNP prévoit que les garanties requises s'appliqueront « *sur le territoire d'un tel État, sous sa juridiction, ou entreprises sous son contrôle en quelque lieu que ce soit* ». Le contrôle s'étend ainsi à tout espace sur lequel une activité nucléaire d'un ENDAN est susceptible d'être menée que cela soit dans ses limites territoriales ou sur un autre territoire. Cette extension a le mérite d'empêcher qu'un ENDAN ne se prévale d'activités menées sur un territoire étranger pour se soustraire à l'obligation de contrôle. En effet, il ne faut pas exclure l'hypothèse dans laquelle un EDAN accueillerait favorablement le développement clandestin ou l'acquisition clandestine de matières et matériels d'activités nucléaires à partir de son territoire. Si le régime généralisé de vérification se révèle rigoureux, c'est parce qu'il se veut être une assurance pour le contrôle de l'effectivité des engagements pris par les ENDAN.

3. Le contrôle de l'effectivité des engagements pris par l'ENDAN

170. « Faire confiance c'est bien, mais contrôler c'est mieux » a-t-on l'habitude d'entendre. Chaque ENDAN est tenu de conclure un accord bilatéral de garanties « à seule fin de vérifier l'exécution des obligations » acceptées. La méfiance de la communauté internationale s'est principalement déportée sur les ENDAN. Cette conception unidirectionnelle du contrôle laisse subsister plusieurs interprétations. En premier lieu, elle s'avère logique si l'on part de l'objectif que le contrôle doit notamment éviter le détournement vers une utilisation militaire. Il faut dire que le détournement de l'utilisation pacifique à l'utilisation militaire est un processus clandestin que seul l'État non autorisé à posséder une arme nucléaire peut suivre. Du moment où les EDAN jouissent pleinement du privilège de développer des armes nucléaires, ils n'ont pas, avec raison, à recourir à la clandestinité.

En second lieu, si l'on raisonne toutefois, à partir du fondement originel de l'obligation de contrôle qui est de mettre fin à la prolifération, l'inégalité de la soumission des États au contrôle ne saurait obtenir un écho favorable. En effet, les EDAN sont potentiellement proliférateurs et sont susceptibles de convertir une installation civile en installation militaire. Ceci passerait certainement inaperçu dans la mesure où ils ne sont soumis à aucun contrôle. La logique aurait donc commandé que les activités nucléaires pacifiques des EDAN se mènent également sous le contrôle obligatoire de l'AIEA. Hélas, ces derniers ne s'y soumettent que volontairement.

171. Le rigorisme dont est fait le régime de vérification lève tout doute sur la volonté des États parties au TNP de ne laisser aucune passerelle aux développements clandestins du nucléaire militaire. Toutefois, le caractère unidirectionnel de ce contrôle jette un discrédit sur les ENDAN. Ces derniers ont été considérés comme les seuls proliférateurs. Cela traduit l'absence de confiance à l'égard des ENDAN à la fois de la part des EDAN et de la communauté internationale. Par ailleurs, à travers ce contrôle, les EDAN ont un œil sur les niveaux de développement industriel des ENDAN et sur leurs mouvements nucléaires. En conséquence, leur souveraineté se voit considérablement effritée.

La contestation du contrôle unidirectionnel n'a pas disparu avec l'adoption du TNP. Aujourd'hui, certains ENDAN parmi lesquels l'Égypte, l'Algérie, la Syrie, le Brésil, qui disposent d'un savoir-faire important dans le domaine nucléaire civil, s'opposent à l'extension du système de vérification mis en œuvre par l'AIEA par le biais des protocoles additionnels. Ces ENDAN estiment ne pas être tenus d'accepter des mesures de vérification contraignantes tant que les EDAN ne s'acquittent pas de leurs obligations de désarmement et ce, en dépit du fait que ces mesures découlent des accords de garanties négociés.

2.2.2. Des accords de garanties négociés

172. Chaque ENDAN est tenu d'accepter les garanties qui seront stipulées dans un accord conclu. En 2015, 174 ENDAN avaient fait entrer en vigueur l'AGG qu'ils avaient conclu avec l'AIEA, et 12 États parties au TNP ne l'avaient pas encore fait, contrairement à ce qu'impose le Traité. Parmi les États ayant un AGG en vigueur, 121 ont également en vigueur un protocole additionnel (PA) à cet accord. En 2017, des garanties ont été appliquées dans 181 États parmi lesquels 34 avaient un accord de garanties en vigueur. Les accords de garanties sont des accords juridiquement contraignants (2.2.2.1). Il s'agit par ailleurs d'accords négociés sous la coupe de l'AIEA (2.2.2.2).

2.2.2.1. Des accords juridiquement contraignants

173. D'entrée, précisons que le système de garanties de l'AIEA n'est pas prévu pour empêcher au moyen d'une action physique que le matériel nucléaire soit détourné de ses utilisations pacifiques vers des armes nucléaires. Les garanties ne sont pas des mesures policières au sens propre. Elles ne sont pas non plus destinées à déceler ou évaluer l'intention des États. Le TNP illustre bien l'intérêt des déclarations dans la vérification de la non-prolifération et les efforts nécessaires pour vérifier ces déclarations. S'il est assez simple de vérifier l'exactitude d'une déclaration, de s'assurer qu'un site déclaré dispose d'une certaine quantité de matières ou qu'il mène une activité précise, il est bien plus délicat de confirmer l'exhaustivité des déclarations et de s'assurer qu'aucune activité non déclarée n'est menée ou que des matières ne sont pas dissimulées sur un site non déclaré. Il faut donc analyser un grand nombre d'informations, surtout que celles provenant de sources librement accessibles sont de plus en plus nombreuses.

Les accords de garanties comportent un certain nombre d'obligations pour les ENDAN. Vérifier qu'un État respecte un accord international est une activité technique qui implique une coopération active de l'État concerné. La confiance est en effet au cœur même de la vérification. L'acteur chargé de la vérification doit avoir la confiance de l'acteur qui fait l'objet de l'inspection. Il est aussi impératif que les autres acteurs aient confiance dans les résultats de l'enquête. Ainsi donc, un système de vérification n'obtiendra la coopération des pays examinés que s'il est objectif, impartial et par ailleurs, non discriminatoire. Les données doivent être scrupuleusement rassemblées, vérifiées et évaluées selon des principes définis ; les évaluations subjectives devant être réduites au minimum dans un tel processus. L'AIEA devrait être en mesure de donner une assurance crédible en ce qui concerne non seulement le non-détournement des matières nucléaires déclarées par un État mais aussi l'absence de matières et d'activités non déclarées.

En adhérant au TNP et à des accords de garanties, l'ENDAN accepte le principe d'une inspection sur place systématique et dans certains cas continue, par les fonctionnaires de l'AIEA de toutes les matières nucléaires et de toutes les activités concernant ces matières dans les installations qu'il a déclarées. Il accepte ainsi une surveillance régulière. La surveillance peut être effectuée à distance. L'ENDAN est par conséquent tenu de permettre aux agents à l'AIEA d'avoir accès à tous les emplacements où sont menées, ou ceux où pourraient être menées des activités liées au cycle du combustible nucléaire. Lors de leurs visites, l'ENDAN se doit de fournir aux inspecteurs toutes les informations détaillées nécessaires ainsi que l'accès à certains lieux et les codes des ordinateurs lorsque la demande est faite, et leur permettre de s'entretenir avec le personnel et les voisins du site s'ils le souhaitent.

174. En vertu des accords de garanties, l'Agence est chargée de vérifier l'absence d'éventuelles matières et activités non déclarées. Pour qu'elle puisse le faire de manière crédible, les ENDAN ont la possibilité de conclure et de mettre en vigueur un protocole additionnel à leur accord de garanties, basé sur le modèle approuvé par l'Agence. Les autorités chargées de l'inspection ont à leur disposition de nombreuses techniques comme l'inspection visuelle, les contrôles des différents relevés et des méthodes non destructrices de mesure (par exemple, des détecteurs portables de rayons gamma ou de rayons X). Des appareils de surveillance sur place non destructeurs pourraient être placés aux points d'entrée et de sortie ou le long du périmètre des installations critiques pour suivre les mouvements des différents éléments et matières et comprendre la conception et le rôle du matériel.

L'ENDAN se doit de « soutenir » tout le dispositif technique qui est susceptible d'être mis en place. Il doit, par ailleurs, être capable de supporter toutes les atteintes à sa souveraineté qu'il pourrait subir indirectement. En effet, comment une inspection peut-elle réunir suffisamment d'informations pour répondre aux besoins de l'inspection sans révéler des informations que l'État inspecté souhaite garder secrètes ou qui sont protégées par un traité ? Ou comment surveiller le démantèlement d'une ogive nucléaire avec la participation d'un ENDAN sans divulguer des informations protégées par le TNP concernant les armes nucléaires ? L'ENDAN objet du contrôle se doit de négocier l'accord de garanties sous la coupe de l'Agence en dépit des énormes atteintes qu'il est susceptible de connaître.

2.2.2.2. Des négociations sous la coupe de l'Agence

175. L'Agence est le seul intermédiaire par lequel tout ENDAN est tenu de passer s'il souhaite transporter ou échanger du matériel nucléaire avec un autre État. Organisme autonome des Nations unies depuis 1957, l'AIEA est la seule organisation du système de l'ONU à avoir les compétences requises dans le domaine des technologies nucléaires. Elle s'est vu confier le rôle de vérification de l'utilisation faite des matières nucléaires en vertu de l'article III du TNP et des dispositions de son Statut. Elle est selon son ex-Directeur général Yukiya AMANO, le « gendarme du nucléaire à l'échelle mondiale », celui qui permettra d'alerter le monde sur tout risque de prolifération en détectant très tôt tout détournement de matières ou toute utilisation abusive de la technologie nucléaire. Elle est l'inspecteur international en matière de garanties. Les ENDAN qui sont parties au Traité « concluront des accords avec l'AIEA soit à titre individuel, soit conjointement avec d'autres États conformément au statut de l'Agence internationale de l'énergie atomique » stipule l'alinéa 4 de l'article III du TNP. La même disposition précise que la négociation de ces accords commencera dans les 180 jours qui suivront l'entrée en vigueur initiale du Traité et que pour les États qui auront déposé leur instrument de ratification ou d'adhésion après cette date, la négociation débutera au plus tard à la date de dépôt dudit instrument. Chaque accord de garanties entre en vigueur au plus tard 18 mois après la date du commencement des négociations.

L'AIEA n'a pas d'autorité supranationale ; elle ne peut par conséquent imposer ses garanties. Les États non parties au TNP sont libres de s'y soumettre en adhérant au TNP et en concluant un accord avec l'AIEA, ou de s'abstenir de le faire. Si toutefois un État non-possesseur se soumet librement aux garanties, il va de soi que les autres États aient de bonnes raisons d'en tirer des conclusions positives quant à ses intentions. S'il advint qu'il ne le fasse pas, son comportement est simplement susceptible de susciter la méfiance. Afin de simplifier certaines procédures au titre des accords de garanties pour les États ayant peu ou n'ayant pas de matières nucléaires et n'en ayant aucune dans une installation, l'AIEA a commencé à mettre à disposition, depuis 1971, un « Protocole relatif aux petites quantités de matières » (PPQM), qui permet de suspendre l'application de la plupart des dispositions détaillées des AGG tant que les États concernés satisfont à ces critères.

CHAPITRE III

LA CONSTITUTION DES ZONES EXEMPTES D'ARMES NUCLÉAIRES (ZEAN)

Bibliographie :– Pour le texte de la loi mongole, v. www.unodc.org/tldb/pdf/mongolia/moN_Nuclear.pdf. – KWANG-HO Chun, « Etablir une Zone Exempte d'Arme Nucléaire en Asie du Nord- Est ? Les leçons tirées de la comparaison des traités internationaux », *Revue internationale de politique comparée,* vol. 13, n° 3, 2006, p. 521. – *Licéité de la menace ou de l'emploi d'armes nucléaires*, avis consultatif, CIJ Recueil 1996, § 59. – Hector GROS ESPIELL, « La signature du traité de Tlatelolco par la France et la Chine », *AFDI,* vol. 19, 1973, pp. 131-146. – David FISCHER, « Mise en place d'une zone africaine exempte d'armes nucléaires », *in Désarmement,* vol. XIV, n° 3, Nations unies, 1991, pp. 123-124. – Oluyemi ADENIJI, *The Treaty of Pelindaba on the African Nuclear-Weapon-Free Zone*, Genève, UNIDIR, n° 16, 2002, p. 19. – Sandra SZUREK, « De Rarotonga à Bangkok et Pelindaba. Note sur les traités constitutifs de nouvelles zones exemptes d'armes nucléaires », *AFDI,* vol. 42, 1996, pp. 182-183. – Maurice TORRELLI, « La reprise des essais nucléaires français », *AFDI*, 1995, pp. 755-776. – *Licéité de la menace ou de l'emploi d'armes nucléaires*, avis consultatif, CIJ, Recueil 1996, § 59. - Roger CROSS « Nuclear tests and indigenous people », *The British Nuclear Weapons Programme 1952-2002*, London, Frank Cass company limited, 2003, pp. 76-90. – Yves LE BAUT, *Les Essais nucléaires français*, Bruxelles, Bruylant, 1996, pp. 15-17. – Brigitte STERN « L'affaire des Essais nucléaires français devant la Cour internationale de justice », *AFDI*, vol. 20, 1974, pp. 300-301. – Georges FISCHER, « La zone dénucléarisée du Pacifique Sud », *AFDI*, 1985, pp. 30-31. – Nathalie HOFFMANN, « Les zones dénucléarisées en Asie », *Défense nationale*, 1996, p. 108. – Josef GOLDBLAT, *Arms control: The new guide to negotiations and agreement*, Stockholm, SIPRI, 2002, p. 206. – Nathan SHAMUYARIRA « L'Afrique, zone exempte d'armes nucléaires », *in Désarmement*, vol. XV, n° 1, Nations unies, 1992, p. 115. – Bariyu A. ADEMIYI, « L'Afrique, zone exempte d'armes nucléaires », *in Désarmement*, vol. XIV, n° 3, Nations unies, 1991, pp. 101-115. – David A. FISCHER, « Mise en place d'une zone africaine exempte d'armes nucléaires », *in Désarmement*, vol. XIV, n° 3, Nations unies, 1991, pp. 116-135. – Bruno BARILLOT, « Les irradiés de la République. Les victimes des essais nucléaires français prennent la parole », *GRIP-Complexe*, 2003, pp. 18-112. – Joseph CIRINCIONE, Jon B. WOLFSTHAL et Miriam RAJKUMAR, *Deadly Arsenals. Nuclear, Biological and Chemical Threats,* Washington Carnegie Endowment for Peace, 2e édition, 2005, pp. 407-418. – Cédric POITEVIN, *Le traité de Pelindaba, l'Afrique face aux défis de la prolifération nucléaire*, Les Rapports du GRIP, n° 3, 2009, p. 9 et ss. – Sandra SZUREK « De Rarotonga à Bangkok et Pelindaba. Note sur les traités constitutifs de nouvelles zones exemptes d'armes nucléaires », *AFDI*, vol. 42, 1996, pp. 169-170. – Sola OGUNBANWO, « History of the Efforts to Establish an African Nuclear-Weapon-Free Zone », *Disarmament,* vol. XIX, n° 1, United Nations, 1996, pp. 13-20.

– Noel STOTT, Amelia DU RAND et Jean DU PREEZ, *Guide pratique sur le Traité de Pelindaba. Vers l'entrée en vigueur du Traité sur la zone exempte d'armes nucléaires en Afrique*, Institut d'Etudes de Sécurité/GRIP, Pretoria, 2009, p. 6. – AGNU, *Rapport de la première réunion du groupe d'experts ONU/OUA à Addis-Abeba, document A/C.1/46/9, § 14,* p. 4. – AGNU, *Rapport du Groupe d'experts chargé de rédiger un projet de traité sur une ZEANA sur les travaux de ses quatrième et cinquième réunions*, doc. A/49/436, 27 septembre 1994, p. 7 § 15.). – Cédric POITEVIN, *Le traité de Pelindaba, l'Afrique face aux défis de la prolifération nucléaire, op. cit*, p. 22. – Jean-François GUILHAUDIS, « L'établissement d'une zone exempte d'armes nucléaires en Asie centrale », *AFRI*, vol. IX, 2008, p. 610. – Josef GOLDBLAT, « Arms control: The new guide to négociations and agreement », Stockholm, SIPRI, 2002, p. 212. – Bureau des affaires de désarmement, *Annuaire des Nations unies sur le désarmement*, vol 37 : 2012, Partie II, New York, Publication des Nations unies, 2016, p. 196. – Ban KI-MOON, message vidéo adressé à l'AGNU lors de la célébration de la Journée internationale contre les essais nucléaires, New York, 6 septembre 2012. – Jozef GOLDBLAT, « La dénucléarisation de l'Asie centrale », *Forum du désarmement*, n° 4, 2007, p. 30.

176. À son article VII, le TNP reconnaît à tout groupe d'États le droit d'assurer au niveau régional l'absence totale d'armes nucléaires et autres DNE sur leurs territoires respectifs. L'article VII du TNP stipule : « *aucune clause du présent Traité ne porte atteinte au droit d'un groupe quelconque d'États de conclure des traités régionaux de façon à assurer l'absence totale d'armes nucléaires sur leurs territoires respectifs.* ». Ceci part du fait que le statut d'État exempt d'armes nucléaires est l'un des moyens d'assurer la sécurité nationale des États. Cette exemption doit se concrétiser par le biais d'accords régionaux. À ce jour, un État notamment la Mongolie et cinq régions du monde dont un continent ont déclaré leur neutralité face à l'utilisation militaire de l'énergie nucléaire. La Mongolie a autoproclamé son exemption. La « loi mongole sur le statut d'État exempt d'armes nucléaires de la Mongolie » a été adoptée par le Parlement de la Mongolie le 3 février 2000 et est entrée en vigueur le même jour. Le 12 janvier 2009, l'AGNU, à sa 63è session, a adopté la résolution 63/56, intitulée « Sécurité internationale et statut d'État exempt d'armes nucléaires de la Mongolie » reconnaissant ainsi son statut autoproclamé. Après l'étude de l'exemption nucléaire de l'Amérique latine, des Caraïbes et du Pacifique sud (section I) suivra celle des régions de l'Asie du sud-est, du continent africain et de l'Asie centrale (section II) et celle de l'État de Mongolie (section III) Un neuvième critère s'adjoindra aux huit critères retenus pour l'examen des traités bilatéraux et multilatéraux. Il s'agit du critère de la délimitation géographique. Ce critère précèdera celui de l'obligation fondamentale.

SECTION I

L'EXEMPTION NUCLEAIRE DE L'AMÉRIQUE LATINE, ET DES CARAÏBES ET DU PACIFIQUE SUD

177. La première région a s'exempté fut la région d'Amérique latine et des Caraïbes par le biais du Traité de Tlatelolco conclu le 14 février 1967 (§ 1). S'en est ensuivis le Pacifique Sud, à travers les traités de Rarotonga du 6 août 1985 (§ 2).

§ 1. Le Traité de Tlatelolco du 14 février 1967

178. Contexte – négociation. – L'idée de la dénucléarisation de l'Amérique latine et des Caraïbes a été exacerbée par les tensions nées de la crise des missiles de Cuba en 1962. L'histoire révèle que l'Amérique du Sud et l'Amérique centrale étaient en danger immédiat et craignaient de se retrouver au centre d'une guerre nucléaire entre la Russie et les États-Unis. À cela s'ajoutaient des tensions nucléaires latentes qui prévalaient entre certains de ces pays. C'est dans ce contexte que la Bolivie, le Chili, l'Équateur et le Mexique ont décidé de pencher leur réflexion vers une zone « libérée » de l'arme nucléaire. Il a été adopté le 14 février 1967 et est en vigueur depuis le 24 avril 1968.

179. Préambule – forme (composition). – Le Traité de Tlatelolco compte en plus de son texte (Préambule plus 32 articles et 4 annexes) deux protocoles additionnels soumis à la ratification des puissances nucléaires. De manière objective et il faut le dire, dans la situation actuelle du monde, l'existence d'une ZEAN ne saurait être effective sans l'accompagnement des EDAN. Les États compris dans la ZEAN ont, de manière avérée, besoin de la promesse de ces derniers de respecter les termes de leur traité. Cela explique pourquoi chaque Traité instituant une ZEAN comporte des protocoles destinés aux EDAN appelés « protocoles garantis » des autres pays. Le premier Protocole a été ratifié par les quatre EDAN. Il faut noter que ces EDAN ont des territoires d'outre-mer comme les dominions, les anciennes colonies dans la région destinée à être ZEAN. C'est la raison pour laquelle ce Protocole leur est destiné et que toutes les surfaces y compris les territoires maritimes, soient couvertes. Le premier protocole détermine l'obligation de quatre EDAN (France, Pays-Bas, Grande-Bretagne, États-Unis) à respecter les termes du traité. Le premier Protocole a été ratifié par les quatre EDAN. Il faut noter que ces EDAN ont des territoires d'outre-mer comme les dominions, les anciennes colonies dans la région destinée à être ZEAN. C'est la raison pour laquelle ce Protocole leur est destiné et que toutes les surfaces y compris les territoires maritimes, soient couvertes. Quant au second, il porte interdiction à tous les EDAN (cinq États) d'y utiliser l'arme nucléaire ou de menacer de l'utiliser. Le second protocole a été ratifié par l'ensemble des cinq EDAN d'où une efficacité certaine. Ce Protocole a fourni pour la première fois dans ce type de traité ce qu'on appelle des « garanties négatives de sécurité ». Il faut noter que sa ratification a été accompagnée de déclarations diverses. Aucune de ces déclarations n'a suscité de commentaire ni d'objection de la part des parties au traité de Tlatelolco (*Licéité de la menace ou de l'emploi d'armes nucléaires*, avis consultatif, CIJ Recueil 1996, § 59). Le Traité de Tlatelolco est de ce fait le premier instrument de désarmement international qui implique dans son cadre juridique non seulement les États Parties, mais aussi les États reconnus officiellement comme étant dotés de l'arme nucléaire.

Dans son Préambule, le Traité rappelle que « les zones militairement dénucléarisées ne constituent pas une fin en soi, mais un moyen d'aboutir à une étape ultérieure, au désarmement général et complet » (§ 4 du Préambule) et que par conséquent, elle contribue notablement à garantir la paix et de la sécurité internationale mais aussi, un environnement viable (§ 2 et § 12 du Préambule). Tout en dénonçant les méfaits de la prolifération nucléaire et de la course aux armements nucléaires (§ 8 et § 9 du Préambule), les États Parties n'ont pas omis de louer le rôle salvateur joué par l'AGNU dans la dénucléarisation du Pacifique Sud et des Caraïbes. Les Parties ont respectivement fait référence à la résolution 808 (IX) de l'AGNU par laquelle elle a approuvé à l'unanimité, « l'interdiction absolue de l'utilisation et de la fabrication des armes nucléaires et des ADM de toute sorte » ; à sa résolution 1911 (XVIII) par laquelle elle a déterminé que les mesures qu'il convient d'adopter en vue de la dénucléarisation de l'Amérique latine et dans les Caraïbes doivent être prises « à la lumière des principes de la CNU et des accords régionaux » ; enfin à sa résolution 2028 (XX) par laquelle, elle a établi le principe d'un équilibre acceptable de responsabilités et d'obligations mutuelles pour les puissances nucléaires et non nucléaires (§ 3, § 5 et § 6 du Préambule). Par ailleurs, ils se sont engagés, en vertu de l'article VI du TNP, à œuvrer de tout leur possible à maintenir pour toujours leurs territoires libres d'armes nucléaires de sorte à éviter à leurs peuples le gaspillage, en armements nucléaires, de leurs ressources limitées, à les protéger contre des attaques nucléaires éventuelles de leurs territoires, et d'autre part, à contribuer vaillamment à la cessation de la prolifération des armes nucléaires ainsi qu'au désarmement général et complet (§ 17 du Préambule).

180. Application géographique. – Le Traité de Tlatelolco s'applique aux 33 États constitutifs de la ZEAN d'Amérique latine et des Caraïbes. Des 33 États d'Amérique latine et des Caraïbes de la région, aujourd'hui tous ont signé et ratifié le Traité. Cuba (qui l'a signé le 27 mars 1995 et ratifié le 23 octobre 2020) est le seul État qui doit encore confirmer sa déclaration d'exemption aux termes de l'article 29 du Traité. En ce qui concerne les accords de garanties, des 33 États, seul Haïti doit encore finaliser les négociations avec l'AIEA. Il faut préciser que, dans la détermination de son champ d'application, le Traité est parti du concept de « périmètre extérieur » en étendant ses obligations à des États extérieurs à la Zone. Kwang HO CHUN distingue deux standards pour la délimitation géographique des territoires. L'une des conceptions est « territoriale » et l'autre fait référence au « périmètre extérieur ». Le concept territorial est limité aux droits territoriaux des pays concernés tandis que le concept de périmètre extérieur inclut non seulement le territoire, mais aussi les voies maritimes, et comporte une frontière représentée sur une carte. Le concept « territorial » est d'application dans les Traités de Pelindaba, de Bangkok et dans la Déclaration commune pour la dénucléarisation de la Péninsule coréenne. Pour être précis, la zone d'application du Traité est constituée de l'ensemble des territoires pour lesquels le Traité est en vigueur (article 4 al. 1 du Traité) et se situe, aux termes des dispositions de l'article 4 al. 2 du Traité, « dans l'hémisphère occidental dans les limites déterminées à l'exception de la partie du territoire continental et eaux territoriales des États-Unis d'Amérique ». Il est applicable dans la région à la frontière entre les États-Unis et le Mexique jusqu'à l'Amérique du Sud et de l'océan Atlantique jusqu'à l'océan Pacifique, en incluant le Pôle Sud. Par déduction, la ZEAN ne couvre pas le sol ni le territoire maritime des

États-Unis. Ceci signifie que les zones aériennes sur le territoire et les eaux territoriales sont censées être sous son contrôle.

Une difficulté notable a été décelée de cette délimitation géographique. La délimitation géographique se révèle être la première et parfois la principale difficulté de l'élaboration d'un traité instituant une ZEAN. En effet, la ZEAN ne comprend pas seulement le territoire terrestre des parties mais aussi les espaces maritimes et aériens Cela passe par une extension maximale de l'espace géographique. Ceci peut être inacceptable pour les États extérieurs qui craignent une atteinte à leurs droits de libre circulation. En effet, le Traité de Tlatelolco ne précise pas jusqu'à quelle distance en kilomètres la zone aérienne est attribuée comme son espace aérien à partir du sol ou du niveau de la mer. Cela laisse subsister des droits sous-jacents et une large marge d'interprétation aux États, ce qui est susceptible de nuire à son efficacité. À titre d'exemple, d'un point de vue pratique, les États-Unis peuvent exercer le droit sur les zones d'identification aérienne (ADIZ) en tant que défense contre tout objet volant qui y pénètre, tel des missiles. Il s'avère ainsi qu'au cours des négociations la discussion juridique sur l'espace aérien n'a pas suffisamment été mûrie.

181. Obligation fondamentale – application nationale. – L'article 1er du Traité oblige les États Parties à renoncer complètement à toute arme nucléaire qu'il définit comme « tout dispositif susceptible de libérer de l'énergie nucléaire de manière non contrôlée et qui possède un ensemble de caractéristiques propres à l'emploi à des fins belliqueuses. Si tous les Traités interdisent l'utilisation de l'arme nucléaire, la définition de celle-ci et la manière dont elle peut être sujette à interprétation demeurent souvent très complexe. Est-ce que le Traité concerne seulement les armes nucléaires ou aussi toutes les installations liées au nucléaire ? De même, est-ce que le concept d'arme nucléaire est limité seulement à l'ogive nucléaire ou s'applique-t-il à une arme complètement assemblée ou même aussi au système de téléguidage d'un missile ? Les systèmes et les armes nucléaires sont autorisés s'ils ont des « objectifs pacifiques », qui sont les points clé du Traité de Tlatelolco.

L'engin pouvant servir au transport ou à la propulsion du dispositif n'est pas compris dans cette définition, s'il peut être séparé du dispositif et ne fait pas partie intégrante de celui-ci » (article 5 du Traité). Cette définition telle quelle est très limitée et n'offre pas toutes les garanties d'une Zone véritablement dénucléarisée et demeure ainsi une interrogation laissée à interprétation. En effet, les moyens de transport et de propulsion ne faisant pas partie intégrante de l'arme ne perdent pas pour autant de leur utilité et peuvent toujours servir d'une manière quelconque sur le plan militaire. À cet instant, la définition devait être la plus large que possible afin de parer à toute éventualité.

Plus précisément, l'obligation de renonciation comporte trois grandes implications. Premièrement, les États Parties s'engagent « à ne pas effectuer d'essais ni employer, fabriquer, produire, acquérir par quelque moyen que ce soit toute arme nucléaire, pour leur propre compte, directement ou indirectement, pour le compte de tiers ou de toute autre manière » (article 1 al.1 § a) du Traité). Deuxièmement, le Traité oblige les Parties à ne pas « réceptionner, entreposer, installer, mettre en place ou posséder sous quelque forme que ce soit toute arme nucléaire, directement ou indirectement, pour leur propre compte, par l'intermédiaire de tiers ou de toute autre manière » (article 1 al.1 § b) du Traité). Troisièmement enfin, obligation est faite aux États Parties de « s'abstenir de réaliser, d'encourager ou d'autoriser, directement ou indirectement, tout essai, emploi, fabrication, production, possession ou contrôle d'une arme nucléaire quelconque et de toute participation, sous quelque forme que ce soit, à de telles activités » (article 1 al. 2 du Traité).

Par ces obligations, les 33 États d'Amérique latine et des Caraïbes renoncent pleinement au nucléaire sous son aspect militaire. Ils renoncent dès lors, à la recherche scientifique et technologique sur le nucléaire militaire et à ses applications sous toutes ses formes. En outre, ils s'autoexcluent comme États de transit et sites de déploiement de tout DNE quelconque. En résumé, retenons que la renonciation revêt essentiellement trois formes. Il s'agit pour chaque partie de renoncer, pour soi-même et par soi-même, à avoir une arme nucléaire et autres DNE, mais aussi de s'interdire de faire appel à toute personne (étatique ou non-étatique, sujet de droit international ou non) à cette fin et enfin de s'abstenir d'aider ou d'encourager les autres dans cette voie.

Toutefois, le Traité de Tlatelolco reconnaît aux Parties le droit d'utiliser les systèmes et les installations nucléaires s'ils ont des « objectifs pacifiques ». En effet, son article 1 al. 1 stipule que « [l]es Parties contractantes s'engagent à utiliser à des fins exclusivement pacifiques le matériel et les installations nucléaires soumis à leur juridiction [...] » et l'article 18 al. 1 du Traité de préciser que « [l]es

Parties contractantes pourront procéder à des explosions de dispositifs nucléaires à des fins pacifiques – même s'il s'agit d'explosions qui rendent nécessaire l'emploi de dispositifs semblables à ceux qui sont utilisés dans l'armement nucléaire – ou collaborer avec de tiers à cet effet, à condition de ne pas enfreindre les dispositions du présent article, de même que les autres stipulations du traité, notamment celles énoncées aux articles 1 et 5. Il leur reconnaît ainsi le droit d'effectuer des essais nucléaires à but pacifique. Sur ce point, il faut retenir que le Traité de Tlatelolco est le seul instrument parmi les cinq autres Traités instituant des ZEAN à permettre cela. Certes, le Traité émet des garde-fous à la violation de cette disposition par le biais d'un contrôle ; toutefois, cette consécration est marquée d'une ambigüité importante face à la finalité propre à l'institution d'une Zone bannissant l'arme nucléaire. En effet, aux termes de l'article 18 al. 2, « [l]es Parties contractantes qui auraient l'intention de procéder ou de collaborer à de telles explosions devront aviser l'OPANAL et l'AIEA avec le préavis qu'exigent les circonstances, de la date de l'explosion et fournir simultanément les renseignements suivants :

–a. type et origine du dispositif nucléaire ;
–b. Lieu et objectif de l'explosion projetée ;
–c. Procédure à suivre pour appliquer les dispositions du § 3 du présent article ;
–d. Puissance escomptée du dispositif ; et,
–e. Les données les plus complètes sur les retombées radioactives possibles à la suite de l'explosion ou des explosions et les mesures envisagées pour éviter tout dommage à la population, à la flore et à la faune, ainsi qu'au territoire d'une ou de plusieurs autres Parties ».

En effet, un État peut effectuer une explosion nucléaire sous le prétexte d'un essai nucléaire pacifique vu d'ailleurs la difficulté demeurante quant à la distinction de l'essai pacifique de celui militaire. Cette consécration peut dès lors constituer une lacune pour l'interdiction des essais nucléaires. Tel que vu plus haut avec la problématique du TICE, seul une interdiction complète des essais nucléaires, fussent-ils pacifiques, est l'unique remède susceptible de contribuer à l'affaiblissement de l'intérêt pour l'arme nucléaire. Tel que nous le constatons, seule l'entrée en vigueur du TICE saurait combler cette défaillance du Traité de Tlatelolco. En rappel le TICE n'autorise pas les explosions nucléaires à ce stade. Elles ne le seront, qu'une fois décidée par la Conférence d'examen stipule l'article VIII al. 1 du TICE.

182. Système de vérification. – Au sujet de la vérification, le Traité de Tlatelolco consacre un double contrôle par l'AIEA et par l'Organisme pour l'interdiction des armes nucléaires en Amérique latine et dans les Caraïbes (OPANAL). L'OPANAL a pour objectif d'assurer le respect des obligations contractées dans son cadre. Outre l'AIEA, l'OPANAL, dans cette mission, a poursuivi sa coopération avec la Communauté des États d'Amérique latine et des Caraïbes (CELAC). Ces efforts de coopération permettent de parvenir à une position commune pour les questions de désarmement nucléaire et de non-prolifération des armes nucléaires. C'est dans ce contexte que le deuxième sommet des chefs d'État et de gouvernement des États membres de la CELAC, organisé à La Havane les 28 et 29 janvier 2014, a réaffirmé l'importance d'une telle coopération et à l'issue duquel l'Amérique et les Caraïbes ont été déclarées « zone de paix sur la base du respect des principes et des normes du droit international ». À cet effet, le Traité prévoit, à l'article 13, l'obligation pour tous les États contractants de conclure des accords de garanties avec l'AIEA et son application aux installations sur son territoire. L'article 13 stipule que « *chaque Partie contractante négociera des accords - multilatéraux ou bilatéraux - avec l'AIEA en vue de l'application de son système de garanties à leurs activités nucléaires. Chaque Partie contractante devra entamer les négociations dans un laps de 180 jours après la date de dépôt de son instrument de ratification respectif du Traité. Ces accords devront entrer en vigueur, pour chacune des Parties, au plus tard dix-huit mois à compter de la date du commencement desdites négociations, sauf en cas imprévu ou de force majeure* ». La conséquence directe à déduire est que tous les 33 États sont censés adhérer au TNP. C'est ainsi que toutes les installations nucléaires sont soumises collectivement à la garantie de l'AIEA. Cette adhésion massive sert de mesure d'encouragement vers une stabilité régionale effective. Par le biais de ce système de vérification, le Traité de Tlatelolco instaure aussi, de manière implicite, une mesure efficace de confiance pour les États de la Zone.

Outre ce système, le Traité de Tlatelolco s'est doté, à l'article 14, du système de vérification par les rapports des Parties. Les Parties sont en effet dans l'obligation de présenter à l'OPANAL ainsi qu'à l'AIEA « des rapports semestriels attestant qu'aucune activité interdite par les dispositions du Traité n'a eu lieu sur leurs territoires respectifs » à fin d'information. Ce système permet, en cas d'irrégularité, d'appliquer l'article 16 du Traité sur le mécanisme d'inspection spéciale. L'alinéa 1 de l'article 16 stipule que « [l'AIEA] de même que le Conseil créé aux termes du présent Traité ont la faculté d'effectuer des inspections spéciales dans les cas ci-après :

- a) L'AIEA, conformément aux accords visés à l'article 13 du présent Traité ;
- b) Le Conseil :
  - i) quand une quelconque des Parties formule une demande à cette fin, en indiquant les raisons sur lesquelles elle se fonde pour soupçonner que des activités interdites en vertu du présent Traité ont eu lieu ou vont avoir lieu, sur le territoire d'une autre Partie contractante quelconque, ou en quelque autre lieu pour le compte de cette dernière, [...] ;
  - ii) quand une quelconque des Parties soupçonnée ou accusée d'avoir violé le présent Traité en formule la demande, le Conseil fera immédiatement procéder à l'inspection spéciale sollicitée, conformément aux dispositions de l'article 10 al. 5 ».

Cela laisse supposer des mesures coercitives du CSNU en cas de violation des obligations prévues par le Traité. Aux termes de l'alinéa 2 de l'article 21, « *au cas où [la conférence générale de l'OPANAL] estimerait que le manquement en question constitue une violation du présent traité de nature à mettre en danger la paix et la sécurité, elle en informera simultanément le CSNU et l'AGNU par l'intermédiaire du Secrétaire général de ladite Organisation, ainsi que le Conseil de l'Organisation des États Américains. Elle informera de même l'AIEA pour qu'elle prenne les dispositions pertinentes conformément à son Statut.* ». Vraisemblablement, le Traité de Tlatelolco a prévu une issue de secours. En effet, à l'article 20, le Traité reconnaît à l'OPANAL le droit de collaborer avec d'autres organismes nationaux ou internationaux autres que l'AIEA dans le seul dessein de faciliter le fonctionnement efficace du système de contrôle qu'il établit. Ainsi, elle dispose, de manière large, de la capacité de recourir à toute institution susceptible de contribuer d'une manière ou d'une autre au respect du Traité. Ceci permet de prévenir tout risque de violation du Traité et de faciliter la résolution de toute difficulté apparente. Également, les Parties contractantes pourront demander l'assistance de la Commission interaméricaine de l'énergie nucléaire (CIEN) pour toute question de caractère technique relative à l'application du Traité (article 20 al. 2 du Traité). Dès lors, tous les moyens sont réunis afin que le Traité ne souffre d'aucune difficulté d'application d'ordre technique.

183. Dispositions finales. – Le Traité de Tlatelolco a été conclu pour une durée illimitée (article 31 du Traité) et ne peut faire l'objet de réserves (article 28 du Traité). Toutefois, chaque Partie dispose du droit de présenter des propositions d'amendement au Traité (article 30) et plus, de le dénoncer s'il estime que « des événements menaçant ses intérêts suprêmes, ou la paix et la sécurité d'une ou plusieurs Parties contractantes, se sont produits ou risquent de se produire » (article 31 al. 1 et 2 du Traité). Le Traité prévoit comme mesure de redressement de toute situation litigieuse la voie pacifique et pour toute question ou tout différend concernant l'interprétation ou l'application du Traité qui n'aura pas été résolu le recours à la CIJ (article 29 du Traité). Le Traité de Tlatelolco est entré en vigueur entre les États qui l'ont ratifié après échange des instruments de ratification conformément à son article 29.

184. En dépit de ses faiblesses, nous convenons avec Oluyemi ADENIJI que « l'importance du Traité de Tlatelolco allait bien au-delà de son importance régionale pour la sécurité de la région latino-américaine. C'était une preuve de la faisabilité d'un instrument régional, contraignant sur le plan légal, pour la non-prolifération nucléaire et donc un exemple que d'autres régions devaient suivre. Il a établi certains principes pour l'implication des États non régionaux qui sont devenus par la suite des éléments standards pour d'autres instruments de ZNFP. ». Mais, il ne demeurera l'exemple pertinent que si ses membres en conviennent de bonne foi. Retenons que ce Traité, qui a institué la première ZEAN et est traditionnellement considéré comme un modèle, ne l'est pas du point de vue de la portée de l'exemption. Ne consacrant pas une exemption totale, il s'agit au contraire, d'un traité « proliférant ». (Oluyemi ADENIJI, *The Treaty of Pelindaba on the African Nuclear-Weapon-Free Zone*, Genève, UNIDIR, n° 16, 2002, p. 19). Aussi, il ne règle pas non plus de manière rigoureuse le problème du transit des armes nucléaires. Inspirée par cette volonté de l'Amérique latine et des Caraïbes de contribuer au désarmement nucléaire, la région du Pacifique Sud n'hésita pas à lui emboîter le pas par le biais du Traité adopté à Rarotonga le 6 août 1985.

§ 2- Le Traité de Rarotonga du 6 août 1985

185. Contexte – négociation. – Le Traité de Rarotonga (Nations unies, *Recueil des traités*, vol. 1445, n° 24592, 1987, pp. 187-196) est le second traité instituant une ZEAN après celui de Tlatelolco. Il a été conclu le 6 octobre 1985. Le texte du Traité fut en effet adopté le 6 août 1985 par le Forum du Pacifique Sud, un organe comprenant les pays indépendants et autonomes du Pacifique Sud (l'Australie, les Îles Cook, les Fidji, Kiribati, Nauru, la Nouvelle-Zélande, Niue, la Papouasie-Nouvelle-Guinée, les Îles Salomon, Tonga, Vanuatu et les Samoa Occidentales). C'est ledit Forum qui l'a proposé à la signature. Il est entré en vigueur le 11 décembre 1986. Le traité est entré en vigueur à la date du dépôt auprès du Directeur du Bureau de coopération économique du Pacifique Sud du huitième instrument de ratification, conformément à l'alinéa 1 de l'article 15 du Traité.

186. Préambule – forme (composition). – Comme celui de Tlatelolco, le Traité de Rarotonga a été pensé suite à l'exaspération des habitants de la région du Pacifique Sud face à la pollution et aux essais nucléaires auxquels la zone était, à profusion, sujette. Dans le Pacifique Sud, l'effet des essais effectués à Mururoa par la France a été prépondérant. S'y est ajoutée la perspective de l'immersion dans le Pacifique de déchets nucléaires par un autre pays extrarégional, le Japon ; les essais nucléaires effectués par la Grande-Bretagne en Australie et dans les îles Gilbert, par les États-Unis dans les îles Marshall et en Micronésie et par la France en Polynésie. En 1966, la France avait entrepris un vaste programme d'essais nucléaires dans l'atmosphère en Polynésie jusqu'en 1974, période à laquelle les essais ont été souterrains avant d'être définitivement arrêtés en 1996. Il se réclame par ailleurs de l'application régionale du désarmement prônée par le TNP.

Le Traité de Rarotonga compte 16 articles et quatre annexes et tous précédés d'un Préambule. Il compte en sus trois protocoles faisant partie intégrante du Traité. Le premier protocole traduit l'engagement des EDAN à respecter les termes du Traité. Il est ouvert aux seules signatures des États-Unis, de la France et du Royaume-Uni en qualité d'États extérieurs à la zone. Les protocoles 2 et 3 portent respectivement sur les garanties négatives de sécurité et l'absence d'essai de DNE dans la zone. Le Second Protocole porte interdiction aux cinq EDAN d'utiliser l'arme nucléaire ou de menacer de l'utiliser, et le troisième, interdiction d'effectuer des essais nucléaires sur le territoire des États membres. Ils ont été ouverts à la signature de tous les États y compris les cinq puissances nucléaires. L'Union soviétique a signé les Protocoles 2 et 3 le 15 décembre 1986. Ces deux protocoles ont été ratifiés par l'Union soviétique et sont entrés en vigueur à son égard le 21 avril 1988. La Chine a signé les deux protocoles le 10 février 1987 et les a ratifiés le 21 octobre 1988. Quinze ans se sont écoulés après la signature du Traité avant que la France, les États-Unis et le Royaume-Uni ne signent les trois Protocoles. L'histoire révèle que la France, la Grande-Bretagne et les États-Unis avaient déclaré ne pas pouvoir signer les protocoles du Traité de Rarotonga. Les deux derniers avaient mis en avant leurs intérêts de sécurité tout en notant que leurs activités ne contrevenaient pas au Traité. Quant à la France, elle a pendant longtemps estimé « que le traité impose un régime discriminatoire à l'encontre de ses droits légitimes à procéder à des essais de dispositifs nucléaires dans les îles du Pacifique Sud qu'elle considère comme faisant partie de la République française ». C'est à Suva, le 25 mars 1996, que ces trois puissances ont signé les trois protocoles, la France les ratifiant le 20 septembre 1996 (après avoir signé le TICE). La Grande-Bretagne a également ratifié les trois protocoles. Les États-Unis ont simplement signé les trois protocoles.

Le Préambule du Traité traduit à la fois l'anxiété (§ 2 du Préambule) des Parties face à la course effrénée à l'arme nucléaire, à ses conséquences négatives sur l'humanité et leur volonté déterminée à ne ménager aucun effort afin d'atteindre l'objectif de l'élimination générale et complète des armes nucléaires prôné par le TNP (§ 3 et § 6 du Préambule). Tout en traduisant une reconnaissance relative pour les résultats déjà atteints dans la dénucléarisation de l'espace et dans l'interdiction des essais nucléaires, les Parties au Traité sont restées convaincues qu'en dénucléarisant le Pacifique Sud, elles contribueraient d'une manière ou d'une autre aux efforts de promotion de la paix et de la sécurité dans la région et dans le monde (§ 4 du Préambule). Elles rappellent leurs engagements pour « les interdictions d'installer ou de placer des armes nucléaires sur le fond des mers et des océans ou dans leur sous-sol, énoncées dans le Traité interdisant de placer des armes nucléaires et d'autres armes de destruction massive sur le fond des mers et des océans ainsi que dans leur sous-sol » et pour « l'interdiction de procéder à des essais d'armes nucléaires dans l'atmosphère ou sous l'eau, y compris les eaux territoriales et la haute mer, énoncée dans le Traité interdisant les essais d'armes nucléaires dans l'atmosphère, dans l'espace extra-atmosphérique et sous l'eau » (§ 8 et § 9 du Préambule).

187. Délimitation géographique. – Sur le plan de la délimitation géographique, le Traité de Rarotonga a privilégié le concept de « périmètre extérieur » à l'exemple du Traité de Tlatelolco. La ZEAN du Pacifique Sud s'étend au territoire des 13 États membres du Forum du Pacifique Sud : l'Australie, la Nouvelle-Zélande, Fidji, Kiribati, Nauru, la Papouasie-Nouvelle-Guinée, les îles Salomon, Tonga, Tuvalu, le Vanuatu, les Samoa occidentales, les îles Cook et Nioué (ces deux derniers pays ayant un statut d'État associé à la Nouvelle-Zélande). Le Forum a été créé le 5 août 1971 à Wellington en Nouvelle-Zélande à l'occasion d'une rencontre ayant réuni l'Australie, les îles Cook, le Fidji, Nauru, la Nouvelle-Zélande, Tonga et les Samoa occidentales. Le Forum se réunit chaque année et est ouvert à la participation des États indépendants et autonomes de la région. Rebaptisé ''Forum des Iles du Pacifique'', il réunit aujourd'hui 18 pays (les 16 pays indépendants de l'Océanie, la Nouvelle-Calédonie et la Polynésie française). La zone couvre aussi les territoires dont sont responsables la France (la Polynésie française, la Nouvelle-Calédonie, Wallis et Futuna), les États-Unis (les Samoa américaines) et le Royaume-Uni (l'île Pitcairn). Les repères géographiques de la zone sont précisés par l'Annexe 1 au Traité. Il en ressort que la zone d'application du Traité se révèle beaucoup plus large que celle du Traité de Tlatelolco. L'alinéa b) de l'article premier entend par « territoire », « les eaux intérieures, la mer territoriale et les eaux archipélagiques, les fonds marins et leur sous-sol, les étendues terrestres et l'espace aérien sus-jacent ».

En délimitant ainsi la Zone du Pacifique Sud, le Traité pose la problématique du droit de passage inoffensif maritime (ou aérien) garanti par le droit international dans ladite Zone. À titre illustratif, pendant la guerre des îles Falkland/Malouines, le Royaume-Uni, Partie aux Protocoles I et II de 1967, a été accusé d'avoir introduit des navires chargés d'armes nucléaires dans la zone couverte par ces textes. Ce dernier a nié ces accusations. Il a été cependant allégué qu'en introduisant des armes nucléaires dans la zone, le Royaume-Uni aurait agi en violation de l'article 1er du Traité de Tlatelolco qui prévoit l'utilisation à des fins exclusivement pacifiques du matériel et des installations nucléaires soumis à la juridiction des États à qui cet engagement s'impose. Dès lors, cette définition doit être considérée en liaison avec le second alinéa de l'article 2 qui garantit ce droit lorsqu'il reconnaît le droit souverain pour chaque pays d'accepter ou non l'entrée au port d'un navire ou l'atterrissage d'un aéronef étranger. À cet effet, l'article 5 al. 2 du Traité indique que « chaque Partie demeure libre, dans l'exercice de ses droits souverains, de décider par elle-même si elle doit autoriser ou non des escales de navires et d'aéronefs étrangers dans ses ports maritimes et ses aérodromes, le passage en transit d'aéronefs étrangers dans son espace aérien et la navigation de navires étrangers dans sa mer territoriale ou ses eaux archipélagiques, effectués dans des conditions ne relevant pas des droits de passage inoffensif, de passage dans les voies de circulation archipélagiques ou de passage en transit par les détroits ». Cette obligation s'est appliquée aux EDAN à travers les deux Protocoles.

188. Obligation fondamentale – application nationale. – L'obligation fondamentale du Traité est posée par l'article 3 du Traité. Il s'agit de l'obligation pour chaque Partie au Traité de renoncer aux armes nucléaires et autres DNE. Dans ses définitions données à l'article 1er, le Traité de Rarotonga interdit non seulement les « armes nucléaires » mais aussi tous les DNE. Il définit le DNE comme étant toute « arme nucléaire ou tout dispositif explosif capable de libérer de l'énergie nucléaire, quelle que soit la fin à laquelle celle-ci pourrait être utilisée et qu'il soit sous forme non assemblée ou partiellement assemblée mais pas les moyens de transport ou les vecteurs de ces armes ou de ces dispositifs s'ils peuvent en être séparés et n'en constituent pas une partie ».

L'obligation de renonciation dans le cadre du Traité de Rarotonga va plus loin que celle consacrée par le Traité de Tlatelolco. En effet, outre les obligations de « ne pas fabriquer, acquérir, posséder ou exercer un contrôle sur tout DNE » (§ a) de l'article 3) ; de « ne pas rechercher ni recevoir une aide quelconque pour la fabrication ou l'acquisition de tout DNE » (§ b) de l'article 3) et de « s'abstenir de tout acte visant à aider ou encourager la fabrication ou l'acquisition de tout DNE par tout État quel qu'il soit » (§ c) de l'article 3), le Traité de Rarotonga oblige les Parties à renoncer aux essais nucléaires même pacifiques (article 6 du Traité) et à s'abstenir de tout rejet de déchets radioactifs ou d'autres matières radioactives par qui que ce soit, en quelque lieu que ce soit à l'intérieur de la zone dénucléarisée ou d'y contribuer d'une manière quelconque (alinéa 1 de l'article 7 du Traité).

Le Traité de Rarotonga a toutefois, omis des obligations centrales. En effet, il n'interdit pas expressément la conservation sur un territoire des installations susceptibles de guider des armes nucléaires ou des engins porteurs d'armes nucléaires. En outre, il n'interdit pas de manière expresse tel que l'a fait le Traité de Tlatelolco, le stationnement de tout DNE sur les territoires respectifs. Le stationnement comprend l'implantation, la mise en place, le transport sur terre ou dans les eaux intérieures, le stockage, le magasinage, l'installation et le déploiement. En interprétant les dispositions du Traité, on peut retenir qu'implicitement chaque État Partie doit s'obliger à ne pas servir de pont de transit de DNE. Toutefois, le Traité aurait mieux fait d'être plus explicite et aussi large que possible afin d'éviter toute incompréhension.

À l'image du Traité de Tlatelolco, l'utilisation de l'énergie atomique à des fins pacifiques est autorisée sous condition d'être strictement pacifique stipule l'article 4. En effet, conformément à cette disposition, chaque Partie s'est engagée « a) à ne pas fournir de matières brutes ou de produits fissiles spéciaux ou de l'équipement ou du matériel spécialement conçu et préparé pour traiter, utiliser ou fabriquer des produits fissiles spéciaux à des fins pacifiques ; b) à œuvrer en faveur de l'efficacité continue du système international de non-prolifération fondé sur le TNP et le système de garanties de l'AIEA ». Tout ce, en excluant toute explosion pacifique. L'application des garanties de l'AIEA se fera séparément pour les ENDAN et les EDAN. Elles s'appliqueront à tout EDAN conformément aux garanties requises en vertu du § 1 de l'article III du TNP ; à tout ENDAN, conformément à des accords de garanties applicables conclus avec l'AIEA. Aussi, son article 17 stipule qu'« [a]ucune des dispositions du présent traité ne portera atteinte au droit des Parties contractantes, conformément aux dispositions de cet instrument, d'utiliser l'énergie nucléaire à des fins pacifiques, notamment celles visant leur développement et leur progrès social. ».

189. Système de vérification. – Le Traité de Rarotonga prévoit à l'article 8 un système de contrôle garanti par l'AIEA et par le Comité consultatif institué à cet effet par l'Annexe 3 au Traité. L'Annexe 3 § 1 précise que « le Comité consultatif sera composé de représentants des Parties, chaque Partie ayant le droit de désigner un représentant qui peut être accompagné de conseillers. À moins qu'il n'en soit autrement convenu, ce Comité sera présidé à une réunion donnée par le représentant de la partie qui aura été l'hôte de la dernière réunion en date des chefs de gouvernement des membres du Forum du Pacifique Sud. Le quorum sera constitué par les représentants de la moitié des Parties. Sous réserve des dispositions de l'article 11, les décisions du Comité seront prises par consensus ou, à défaut, à la majorité des 2/3 des membres présents et votants. [...] ». Le Bureau de coopération économique pour le Pacifique Sud vient en appui dans la réalisation de ce contrôle. Ce système se résume aux comptes rendus et échanges d'informations, aux consultations, à l'application aux activités nucléaires pacifiques des garanties de l'AIEA et enfin, une procédure de plainte. Tout événement survenant sous la juridiction d'un État Partie et ayant des incidences négatives sur l'application du Traité doit faire l'objet d'un compte rendu auprès du Directeur du Bureau qui communiquera le compte rendu sans retard à toutes les parties. Par ailleurs, chaque État Partie est appelé à négocier et à conclure des accords de garantie avec l'AIEA concernant toutes matières brutes ou tous produits fissiles spéciaux dans toutes les activités nucléaires pacifiques exercées sur le territoire de cet État sous sa juridiction, ou entreprises sous son contrôle « en quelque lieu que ce soit » afin « de vérifier que des matières nucléaires ne sont pas détournées des activités nucléaires pacifiques vers des DNE. ».

190. Mécanisme de redressement. – Pour le redressement de toute situation susceptible d'opposer les Parties, le Traité de Rarotonga prévoit comme dispositifs, la consultation et la plainte auprès du Comité consultatif (la procédure de plainte est décrite à l'annexe 4 au Traité). Le Comité peut décider d'une inspection spéciale sur le territoire de l'État concerné et éventuellement des sanctions au regard du droit international. Le Traité ne prévoit pas expressément un recours au CSNU. Toutefois, il est de droit que le Comité recourt audit Conseil lorsque l'évolution de la situation l'exige.

191. Amendement. – Chaque Partie dispose du droit de proposer des amendements auprès du Comité consultatif chargé de l'examen. Le Comité examinera les propositions d'amendement qui auront été communiquées à toutes les parties par le Directeur trois mois au moins avant la réunion du Comité à cette fin. Toute proposition acceptée par consensus par le Comité sera communiquée au Directeur qui la transmettra à toutes les parties pour acceptation. Un amendement entrera en vigueur 30 jours après réception par le dépositaire desdites acceptations (article 11 du Traité).

192. Dispositions finales. – Le Traité de Rarotonga a une durée illimitée et « dans le cas d'une violation, par une Partie, d'une disposition du Traité qui est essentielle pour la réalisation de ses objectifs ou pour l'esprit de celui-ci, chacune des autres Parties aura la faculté de se retirer du Traité ». Le retrait s'effectue en adressant, avec un préavis de 12 mois, une notification au Directeur, qui communiquera celle-ci à toutes les autres Parties (alinéa 2 de l'article 13). Il faut retenir que les motifs du retrait sont très simples dans la mesure où chaque Partie peut se retirer du fait d'un simple événement ordinaire ne menaçant aucunement ses intérêts « vitaux ». Sans possibilité de réserve, le Traité est entré en vigueur à la date du dépôt par l'Australie du huitième instrument de ratification conformément à l'article 15 al. 1.

193. Même si certains d'entre eux sont alliés à des puissances nucléaires (telle l'Australie avec les États-Unis), les États du Pacifique Sud se sont constitués en ZEAN. Cela est salutaire et exemplaire. En effet, cette décision revêt une importance plus grande sur le plan moral, politique et stratégique. Cependant, il sied de relever que la portée du Traité de Rarotonga est singulièrement réduite en raison de la liberté laissée aux Parties de conserver sur leur territoire des installations susceptibles de guider des armes nucléaires ou des engins porteurs d'armes nucléaires. La même remarque vaut pour la faculté reconnue aux adhérents d'autoriser ou non le transit ou les escales des navires et aéronefs étrangers munis desdites armes. On critique aussi la distinction opérée par le Traité entre missiles et têtes nucléaires, distinction dont la portée a diminué en raison des développements technologiques intervenus depuis la conclusion du Traité de Tlatelolco. Toutefois, cela n'a pas empêché l'Asie et l'Afrique à s'en inspirer.

SECTION II

L'EXEMPTION DE L'ASIE DU SUD-EST, DU CONTINENT AFRICAIN ET DE L'ASIE CENTRALE

194. Ces trois zones se sont exemptées, respectivement par les traités de Bangkok du 15 décembre 1995, de Pelindaba du 11 avril 1996 et de Semipalatinsk du 8 septembre 2006.

§ 1- Le Traité de Bangkok du 15 décembre 1995

195. Contexte – négociation. – Le Traité de Bangkok est le premier aboutissement concret d'un ensemble de projets destinés à la création de zones de paix ou de ZEAN sur le continent asiatique. En effet, de nombreux projets avaient été proposés en vue de la création de telles zones, mais la plupart, à l'exemple des projets de ZEAN en Asie du Sud, en Asie du Nord-Est, ou encore celui de zone de paix dans l'océan Indien, ne sont toujours que dans leur phase de discussion. Par ailleurs, négocié et élaboré dans un cadre strictement régional, la ZEAN d'Asie du Sud-est a été établie comme une partie du projet « Zone de Paix, de Liberté et de Neutralité (ZPLN) » en Asie du Sud-Est et ce depuis 1971. Elle est également connue sous le sigle de ZOPFAN (Zone of Peace, Freedom and Neutrality). L'histoire révèle que c'est à cette date que l'Association des Nations du Sud-Est asiatique (ANASE), à travers la déclaration de Kuala-Lumpur du 27 novembre 1971 visant la ZPLN, a lancé l'établissement d'une ZEAN. L'ANASE est une organisation régionale. À sa création elle avait pour objectif la promotion de la paix régionale et de la stabilité dans la région. Elle était composée par l'Indonésie, la Malaisie, les Philippines, le Singapour et la Thaïlande. Viendront rejoindre ces États fondateurs, Brunei en janvier 1984 et le Vietnam en juillet 1995. L'ANASE est plus connue sous sa dénomination anglaise d'Association of South Est Asian Nations (ASEAN). Toutefois, la création de ladite Zone ne sera formellement proposée pour la première fois qu'à la rencontre de l'ANASE à Djakarta, en juillet 1984 par l'Indonésie. Lors du premier sommet de l'ANASE en février 1976 en Indonésie, on a assisté à l'adoption de deux documents : un Traité d'amitié et de coopération réaffirmant les principes de respect mutuel de l'indépendance et de la souveraineté des États membres et une Déclaration de Concorde fixant les principes directeurs de l'établissement d'une ZPLN. Un programme d'action sur ladite zone avait été par la suite adopté lors de la 26ème réunion ministérielle de l'ANASE à Singapour en juillet 1993. Ce n'est que suite à une mobilisation continue pendant les années 1990 autour de l'initiative de dénucléarisation que le Traité de Bangkok a finalement vu le jour. C'était le 15 décembre 1995. L'initiative a été propulsée par la fermeture de la base militaire américaine aux Philippines.

La création de la ZEAN en Asie du Sud-Est répond pour l'essentiel aux mêmes besoins que ceux manifestés au cours du processus de dénucléarisation de l'Amérique latine et des Caraïbes ainsi que du Pacifique Sud. En effet, la conclusion du Traité de Bangkok dans le cadre de l'ANASE est une réponse aux problèmes de sécurité accrue auxquels la région était confrontée depuis des années. Il s'avère qu'en juillet 1992 la réunion des ministres des Affaires étrangères de l'ANASE appelait à un règlement pacifique du différend concernant les îles Spratly, dans la mer de Chine du Sud, qui étaient revendiquées, en tout ou en partie par la République populaire de Chine, le Viet Nam, Taiwan, Brunei, la Malaisie et les Philippines. En sus, au début de l'année 1995, la tension dans la région devenait très vive en raison de l'occupation par la Chine d'une partie des territoires objet des revendications d'autres États. Il s'agit notamment de la mer de Chine méridionale car une partie de cette étendue maritime est incluse par la Chine dans ce qu'elle appelle ses « eaux territoriales » mais était comprise dans le Traité. Aussi, la Chine était libre d'interpréter la création de cette zone comme un obstacle à ses propres prétentions. Dans l'espoir de trouver une solution pacifique à ce différend qui empoisonnait les relations entre les États de la région, fut établi en juillet 1993 le Forum régional de l'ANASE (ARF) dont l'un des objectifs était d'engager la Chine dans un dialogue régional. La première réunion formelle du Forum qui s'est tenue à Bangkok en juillet 1994 s'est conclue par différentes propositions concernant la non-prolifération nucléaire.

196. Préambule – forme (composition). - Le traité de Bangkok est constitué en sus du Préambule, de 22 articles, d'une annexe et d'un protocole ouvert à la signature des cinq EDAN. Le protocole qui garantit la non-utilisation des armes nucléaires contre les pays adhérents et interdit la menace nucléaire à leur encontre, n'a pas été ratifié par un seul EDAN. L'obstacle principal à sa signature réside dans l'extension de la zone géographique d'application du Traité au plateau continental et à la ZEE. Les EDAN estiment en effet que le Traité risque de limiter leur droit de libre circulation et de navigation conformément à la CNUDM de 1982. C'est en particulier l'objection majeure exprimée par la France et les États-Unis. L'autre point d'incertitude concerne la nature des garanties négatives de sécurité contenues dans le Protocole. Enfin, les conflits territoriaux dans la zone ne manquent pas de poser des difficultés et d'être une source d'attentisme pour un engagement des États nucléaires à l'égard du Traité.

Dans le Préambule au Traité, les États Parties conçoivent la Zone comme étant leur noble contribution au processus de désarmement nucléaire général et complet et de promotion de la paix et la sécurité internationales (§ 5 du Préambule). Dans leur engagement à protéger la Zone contre les pollutions dues aux rejets de déchets et matières radioactifs et à y préserver la paix et la stabilité (§ 2 du Préambule), les États Parties ont réaffirmé l'importance du TNP et la nécessité d'en faire pleine application. Le Préambule consacre trois paragraphes au TNP. Il y réaffirme son importance (§ 6), rappelle son article VII (§ 7), et les principes et objectifs de non-prolifération et de désarmement nucléaires adoptés lors de la Conférence de 1995 des parties au TNP notamment la nécessaire coopération des EDAN par leur appui aux protocoles (§ 9). Sans omettre de saluer l'effort régional et international consenti, lesdits États restent déterminés à respecter l'ordre juridique régional désormais établi par le Traité. Les États Parties ont tenu à rappeler la « déclaration sur la ZPLN signée à Kuala Lumpur le 27 novembre 1971, le programme d'action sur la ZPLN adopté lors de la 26ème réunion ministérielle de l'ANSEA qui s'est tenue à Singapour en juillet 1993 » et « le document final de la dixième session spéciale de l'AGNU qui encourage la création de ZEAN » (§ 8 du Préambule).

197. Délimitation géographique. – Sur le plan géographique, la ZEAN de l'Asie du Sud-Est s'entend, aux termes de l'article 1er § a) du Traité, au sens de l'espace comprenant le territoire de tous les États de l'Asie du Sud-Est, nommément énumérés : Brunei Darussalam, Cambodge, Indonésie, Laos, Malaisie, Myanmar, Philippines, Singapour, Thaïlande et Vietnam, ainsi que leurs plateaux continentaux et leurs ZEE respectifs. Le « territoire » désigne « la zone terrestre, les eaux intérieures, les eaux territoriales, les eaux archipélagiques, le fond et le sous-sol de la mer, ainsi que l'espace aérien sus-jacent » (article 1 § c) du Traité). Le Traité de Bangkok s'applique dès lors au territoire, au plateau continental et à la zone économique exclusive (ZEE) des États Parties de la Zone dans laquelle le Traité est en vigueur.

La zone d'application du Traité de Bangkok a créé une difficulté d'adhésion des EDAN au régime de cette ZEAN. L'obstacle principal résidait dans l'inclusion dans la zone géographique d'application du Traité du plateau continental et de la ZEE des États Parties. Les EDAN, notamment les États-Unis, étaient très réservés de par le fait que le Traité risquait de limiter leur droit de libre circulation de navigation, conformément à la CNUDM. L'extension de l'application géographique de ce traité au plateau continental et à la ZEE, a produit une sérieuse inquiétude pour les EDAN dont les opérations militaires liées à la dissuasion nucléaire, risquaient d'être affaiblie. La fin de la Guerre froide avait cependant rendu caduques ces objections ainsi que le retrait publiquement annoncé de toutes les armes nucléaires tactiques des bateaux de la Navy. Le Président américain a salué le fait que la négociation du protocole entre les EDAN et les États Parties se soit bien terminée après plus de 40 ans de pourparlers. Afin de rassurer les EDAN, le Traité, à l'article 2 al. 2, stipule clairement que « nulle disposition du [...] Traité ne porte préjudice aux droits ou à l'exercice des droits, par l'un quelconque des États en vertu des dispositions de la CNUDM, notamment en ce qui concerne la liberté de la haute mer, le droit de passage inoffensif, le droit de passage dans les voies de circulation archipélagiques ou le passage en transit des navires et aéronefs, et en conformité avec la CNU ». Nonobstant cela, à l'article 7, le Traité reconnaît le droit pour chaque pays d'accepter ou non l'entrée au port d'un navire ou l'atterrissage d'un aéronef étranger. Il est bien raisonnable que les EDAN s'inquiètent notamment de l'opérabilité de leur navires et aéronefs qui servent à la dissuasion nucléaire car ils ont besoin d'une autorisation pour effectuer des escales de navires et aéronefs à l'étranger dans des ports et aéroports.

198. Obligation fondamentale. – L'obligation fondamentale est, ici, identique à celle du Traité de Rarotonga. Les États Parties s'interdisent toute activité nucléaire militaire. À l'article 1 al. c), le Traité de Bangkok désigne par arme nucléaire « tout dispositif explosif capable de libérer de l'énergie nucléaire de manière incontrôlée, mais n'inclut pas son moyen de transport ou de lancement, s'il peut en être séparé et ne forme pas une partie intégrante de celui-ci ». Comme on peut l'observer, cette définition est la même que celle du Traité de Tlatelolco ; mais elle précise que les armes nucléaires sont des « dispositifs explosifs capables de libérer de l'énergie nucléaire de manière incontrôlée », s'apparentant de ce fait au Traité de Rarotonga. Toutefois, c'est de manière plus exhaustive que le Traité de Bangkok énonce à la fois les obligations propres de chaque État Partie et les obligations que ceux-ci s'engagent à tenir vis à vis des États extérieurs à la zone. Aux termes de l'article 3 al. 1 du Traité, chaque État Partie prend en effet l'engagement propre « à l'intérieur ou à l'extérieur de la zone [de] ne pas développer, fabriquer, acquérir, posséder ou contrôler des armes nucléaires » et aussi, de ne pas « stationner ou transporter des armes nucléaires de quelque manière que ce soit » ni « tester ou utiliser des armes nucléaires ». Il convient de remarquer que le Traité de Bangkok se révèle plus explicite que les Traités de Tlatelolco et de Rarotonga lorsqu'il précise que l'obligation de non-possession vaut tant à l'intérieur qu'à l'extérieur de la zone. En effet, cela permet d'éviter que les États Parties à la zone ne contournent les obligations souscrites au titre de la ZEAN en se livrant à des activités interdites sur le territoire d'autres États extérieurs à la Zone. Complétant d'ailleurs ces dispositions, l'article 3 al. 4 porte engagement de l'État Partie à ne pas « demander ou recevoir de l'aide pour commettre un acte en violation des dispositions des alinéas 1, 2 et 3 de l'article 3 (§ a), et à ne pas « prendre des mesures pour aider ou encourager un acte » en violation des mêmes dispositions (§ b). D'ailleurs, les États Parties se sont en engagés aux termes de l'article 3 al. 2 du Traité, à ne pas laisser utiliser leurs territoires respectifs par d'autres États à des fins contraires au Traité. Chaque État Partie s'est engagée à ne pas autoriser, sur son territoire, qu'un autre État Partie « développe, fabrique, [acquière], stationne, possède ou contrôle, teste ou utilise des armes nucléaires ». Comme le Traité de Rarotonga, le Traité de Bangkok y proscrit expressément les essais nucléaires pacifiques. Par ailleurs, à l'alinéa 3 de la même disposition, il est interdit aux Parties de verser des matières ou déchets radioactifs quels qu'ils soient, susceptibles de polluer la Zone.

À l'image des Traités de Tlatelolco et de Rarotonga, le Traité de Bangkok consacre expressément le droit inaliénable des États Parties à l'UPEN notamment pour leur développement économique et leur progrès social (article 4 al. 1). Afin d'assurer l'effectivité dudit droit, sa jouissance est encadrée par des obligations déterminées touchant à l'utilisation, à la non-prolifération, et au non-transfert des matières fissiles. D'abord, l'article 4 al. 2 exige entre autres une « sûreté nucléaire en conformité avec les directives et les normes recommandées par l'AIEA pour la protection de la santé et la minimisation des risques pour la vie et pour les biens conformément à son Statut », et l'évacuation des « déchets radioactifs et autres matières radioactives conformément aux normes et procédures de l'AIEA ». Quant à l'article 5, il encourage chaque État Partie à conclure un accord avec l'AIEA en vue de l'application de garanties générales avant ou après l'entrée en vigueur du Traité afin de renforcer le régime de la non-prolifération à l'échelle régionale. L'article 6, lui, désigne l'obligation de s'efforcer à adhérer à la Convention sur la notification rapide d'un accident nucléaire de 1986.

199. Secrétariat – organe de décision politique – mécanisme de vérification. – Le Traité de Bangkok a uniformisé et standardisé tous les mécanismes de contrôle en soumettant tous les États à partir du moment où ils deviennent membres d'une ZEAN au même régime de contrôle de l'AIEA. Outre, les garanties de l'AIEA, le système comprend, les mécanismes des « rapports et d'échange d'informations » (article 11), des « demandes de précisions » (article 12) et les « demandes et procédures régissant la mission d'enquête » (article 13). Certes, ce pouvoir de l'État est cependant atténué par la possibilité pour tout État de demander d'abord des précisions. Toutefois, nous convenons avec Sandra SZUREK que peut-être la rédaction très vague de cette disposition a-t-elle répondu au souci louable des négociateurs d'élargir le plus possible l'accès à un mécanisme de contrôle. Ces termes risquent de provoquer des tensions entre les États, le « soupçon » de l'un quant à l'exécution du traité par l'autre pouvant être pris pour une mesure particulièrement inamicale à son égard. L'État requis répond dans les meilleurs délais en apportant l'information nécessaire.

Pour assurer efficacement ce contrôle, le Traité a institué la Commission pour la ZEAN en Asie du Sud-Est et un Comité exécutif de contrôle. La Commission comprend tous les États Parties à la Zone et a pour fonction, généralement définie, de « surveiller l'application du traité et de veiller au respect de ses dispositions ». Quant au Comité exécutif, il est composé de tous les États Parties au Traité. Il est habilité à prendre une décision suite à la demande d'une mission d'enquête et des mesures pour remédier à une situation. À l'article 14, le Traité de Bangkok autorise l'État concerné à avoir recours à l'AIEA et en cas de risque contre la paix et à la sécurité internationales, de recourir au CSNU et à l'AGNU afin de remédier à toute situation litigieuse. Le recours à la CIJ reste ouvert pour tout différend d'interprétation du Traité persistant. En effet, l'Article 21 du Traité stipule que « [t]out différend quant à l'interprétation des dispositions du Traité est réglé par des moyens pacifiques convenus par les États parties au différend. Si dans un délai d'un mois, ils ne parviennent pas à un règlement du différend par la négociation, la médiation, l'enquête ou la conciliation, l'une des parties concernées peut, avec l'accord des autres Parties concernées, le soumettre à l'arbitrage de la CIJ. ».

200. Mesures de redressement. – Si le Comité exécutif décide, conformément à l'annexe, qu'un État partie a violé le Traité, cet État partie prend, dans un délai raisonnable, toutes les mesures nécessaires pour se mettre en conformité avec ledit Traité et informe rapidement le Comité exécutif des mesures qu'il a prises ou qu'il envisage de prendre. Lorsqu'un État partie omet ou refuse de se conformer à cela, le Comité exécutif demande à la Commission de convoquer une réunion conformément aux dispositions du paragraphe 3 (e) de l'article 9 al. 3. Lors de la réunion convoquée conformément au paragraphe 2 du présent article, la Commission examine la situation en cause et arrête les mesures qu'elle juge appropriées pour y remédier, y compris soumettre l'affaire à l'AIEA et, lorsque cette situation risque de porter atteinte à la paix et à la sécurité internationales, au Conseil de sécurité et à l'AGNU. En cas de violation du Protocole annexé au Traité par un État partie à ce protocole, le Comité exécutif convoque une réunion spéciale de la Commission afin d'arrêter les mesures appropriées

201. Amendement – mécanisme de règlement des différends. – À l'article 19, le traité prévoit la possibilité d'amendement de même que celle d'un examen du Traité. Tout État partie peut proposer des amendements au Traité et à son Protocole et soumettre ses propositions au Comité exécutif qui les communique alors à tous les autres États parties. Le Comité exécutif demande immédiatement à la Commission de convoquer une réunion pour examiner les amendements proposés. Le quorum requis pour cette réunion est atteint si tous les membres de la Commission sont présents. Tout amendement est adopté par décision unanime de la Commission. Les amendements adoptés entreront en vigueur 30 jours après la réception par l'État dépositaire du septième instrument d'acceptation des États parties.

Aux termes de l'article 21, tout différend quant à l'interprétation des dispositions du Traité est réglé par des moyens pacifiques convenus par les États parties au différend. Si dans un délai d'un mois, les parties au différend ne parviennent pas à un règlement pacifique du différend par la négociation, la médiation, l'enquête ou la conciliation, l'une des parties concernées peut, avec l'accord des autres parties concernées, soumettre le différend à l'arbitrage de la Cour internationale de justice.

202. Mécanisme d'examen. – Dix ans après l'entrée en vigueur du Traité, une réunion de la Commission sera convoquée afin d'en examiner l'application. Une réunion de la Commission dans le même objectif pourra également être convoquée à tout moment par la suite si tous ses membres en sont d'accord.

203. Dispositions finales. – L'entrée en vigueur du Traité était prévue après le dépôt du septième instrument de ratification (article 15 al. 1), ce qui s'est passé le 27 mars 1997 après dépôt des instruments de ratification du Cambodge et de Singapour. Le Traité avait été ratifié par le Laos le 16 juillet 1996, le Myanmar le 17 juillet 1996, la Malaisie le 11 octobre 1996, Brunei le 22 novembre 1996, le Vietnam le 26 novembre 1996, le Cambodge le 20 janvier 1997 et la Thaïlande le 20 mars 1997. Conclu pour une durée illimitée, le Traité de Bangkok ne peut faire l'objet de réserves (article 17). Par ailleurs, le droit de retrait est reconnu aux États Parties. Le motif de retrait retenu par le Traité de Bangkok à l'article 22 al. 2, est la violation du Traité par l'un quelconque des États parties « de manière essentielle pour la réalisation des objectifs du Traité ». Le retrait prend effet après un préavis de 12 mois adressé aux membres de la Commission.

Jusqu'à présent, le Traité de Bangkok est le seul des traités portant création d'une ZEAN à ne pas encore être assorti de garanties négatives de sécurité juridiquement contraignantes en vigueur. Il y a 25 ans que les cinq EDAN continuent de se déclarer prêts à signer son Protocole ; ce qui signifie que le Traité, malgré ses garanties juridico-politiques et sa place noble dans le dispositif international de promotion du désarmement nucléaire, demeure aujourd'hui partiellement appliqué. Le Bureau des affaires de désarmement des Nations unies rapporte qu'à l'occasion de la septième réunion du groupe P5 (le groupe des 5 EDAN) qui s'est tenue les 14 et 15 septembre 2016 à Washington, les EDAN ont renouvelé leur soi-disant engagement à travers une déclaration conjointe. Aucun progrès tangible dans ce sens n'a été jusque-là enregistré. Si le Traité de

Bangkok a suivi les traités de dénucléarisation précédents en se limitant à une région, il en est autre pour le Traité de Pelindaba. Ce dernier dénucléarise en effet, tout un continent.

§ 2- Le Traité de Pelindaba du 11 avril 1996

204. Contexte – négociation. – La ZEAN en Afrique (ZEANA) est le fruit d'une synergie d'efforts tant sur le plan régional qu'international. Contrairement au Traité de Bangkok, le Traité de Pelindaba couronne plus de 30 ans d'efforts et son cadre de négociation qui a été le sien, a associé étroitement l'ONU et l'Union africaine (UA). Deux éléments essentiels ont propulsé son initiative. Il s'agit des essais nucléaires procédés sur le continent africain par la France (en Algérie), et le programme de développement nucléaire par l'Afrique du Sud. En effet, les essais français dans la région du Sahara ont été dévastateurs à la fois sur le plan environnemental et sanitaire pour le continent africain. Il s'avère que les régions proches du site d'essais parmi lesquelles l'Algérie, la Libye, le Mali, le Tchad et la Tunisie furent touchées par les retombées radioactives. Rien qu'en 1958 et 1959, le Maroc a envoyé cinq lettres de protestation à la France. Le Nigéria, indépendant depuis peu, a rompu ses relations diplomatiques avec la France en 1960. Par ailleurs, le Traité de Pelindaba constitue l'une des composantes clé de la Politique africaine commune de défense et de sécurité (PACDS) mise en marche en 2004.

La PACDS a été instaurée par la Déclaration solennelle faite à l'occasion de la seconde session extraordinaire de l'Assemblée des chefs d'État et de gouvernement de l'UA qui s'est tenue à Syrte, en Libye, le 28 février 2004. L'idée d'une politique commune dans le domaine de la sécurité et de la défense entre dans la logique de la politique d'intégration communautaire des États africains. La nature commune de cette politique découle en premier lieu du caractère indivisible de la sécurité en Afrique. En effet, cette politique a vu le jour lorsque les États africains ont pris conscience que la question de la lutte contre l'insécurité est une question commune et que seul l'effort de collaboration leur permettrait d'y venir à bout. En second lieu, le besoin d'harmoniser les efforts collectifs et de disposer de politiques efficaces en matière de défense et de sécurité les ont guidés dans cette démarche après leur constat que l'insécurité n'était plus qu'une question nationale. Pour donner pleine effectivité à la Politique commune, un Protocole de défense commune de l'unité africaine a été adopté par la quatrième session ordinaire de la conférence des États africains, tenue le 31 janvier 2005 à Abuja au Nigeria. On peut lire à l'article 2 c) de ce Protocole que « […] *toute agression ou menace d'agression dirigée contre l'un quelconque des États membres constitue une menace ou une agression contre l'ensemble des États membres de l'Union* ».

L'histoire révèle que les toutes premières propositions pour faire de l'Afrique une zone dénucléarisée remontent à l'année 1960. Dès le lendemain de la constitution de l'UA. La conférence constitutive de l'OUA (devenue UA) s'est déroulée à Addis-Abeba du 23 au 28 mai 1963. Le processus fut activement mis en marche avec une motivation régionale et internationale particulière. C'est ainsi qu'en juillet 1964, le premier grand pas est avancé avec la Déclaration du Caire sur la dénucléarisation de l'Afrique adoptée par la première Assemblée des Chefs d'États et de Gouvernement de l'UA. La 1ère Assemblée des Chefs d'État et de Gouvernement de l'OUA s'est tenue du 17 au 21 juillet 1964. En 1990, les négociations en vue de mettre en place la ZEANA commencent officiellement. De la multiplication des sessions de l'UA à celle des résolutions des Nations unies, un projet de traité est finalisé en juin 1995 et le traité est adopté le 11 avril 1996. Le Conseil des ministres de l'OUA se dit convaincu que l'évolution de la situation internationale est propice à l'application de la Déclaration du Caire, lors de ses 54ème et 56ème sessions ordinaires tenues respectivement à Abuja au Nigeria, du 27 mai au 1er juin 1991, et à Dakar au Sénégal, du 22 au 29 juin 1992. Le rapport du Groupe d'experts installé en 1995 pour l'élaboration d'un traité et le projet de traité sont examinés lors des réunions du Conseil des ministres de l'OUA et des chefs d'États africains à Addis Abeba, du 21 au 28 juin 1995. Le projet du Traité est soumis à la 31ème Session ordinaire de l'Assemblée des chefs d'État et de gouvernement pour adoption. En effet, à partir de 1970 et jusqu'en 1990, des résolutions annuelles axées sur les obstacles à la réalisation d'une ZEAN en Afrique seront adoptées par l'AGNU. Cela avait pour effet, de rappeler aux États africains qu'il était incontournable que la ZEANA voie le jour et à traduire tout l'intérêt que la communauté internationale accordait à cette zone. En décembre 1989, la résolution 44/113 B de l'AGNU commandant une étude sur les « capacités de l'Afrique du Sud en matière de missiles balistiques à ogive nucléaire » est adoptée. En 1990, il y eut l'adoption de la Résolution 45/56A de l'AGNU appelant à la création d'un groupe d'experts au lendemain de l'adhésion de l'Afrique du Sud au TNP ; en 1994, la Résolution 49/138 demandant notamment au SGNU, agissant en consultation avec l'OUA, de faire le nécessaire pour permettre au Groupe d'experts de finaliser le texte d'un traité sur la ZEANA.

205. Préambule – forme (composition). – Le Traité de Pelindaba est un texte de 22 articles précédés d'un Préambule. Il comporte quatre annexes auxquels sont rattachés trois protocoles. Le premier protocole est relatif à l'engagement des EDAN à ne pas utiliser ou menacer d'utiliser des armes nucléaires contre les États Parties au Traité. Il a été signé par tous les EDAN et ratifié par la France, la Chine et le Royaume-Uni. En vertu du deuxième protocole, les EDAN s'engagent à ne pas procéder à des essais nucléaires à l'intérieur de la zone ni à y concourir. Il a été signé par tous les EDAN et ratifié par la France, la Chine et le Royaume-Uni. Enfin, le troisième protocole porte sur le respect des dispositions du Traité par les États qui sont *de jure* ou *de facto* internationalement responsables de territoires situés dans la ZEANA, à savoir la France et l'Espagne. Il a été signé et ratifié par la France uniquement car l'Espagne s'oppose à ce que ses territoires (les enclaves de Ceuta et Melilla au Maroc et l'archipel des Canaries) soient inclus dans la Zone.

Du Préambule du Traité, il ressort que les États africains sont convaincus que la ZEANA sera d'une grande contribution dans l'effectivité du régime de non-prolifération, dans la promotion de l'UPEN, dans le domaine du désarmement général et complet que dans celui de la paix et la sécurité régionale et internationale (§ 5, 6 et 7 du Préambule). Les § 1 et 2 du Préambule rappelle trois instruments fondamentaux adoptés dans le cadre de l'OUA. Il s'agit d'abord de la Déclaration sur la dénucléarisation de l'Afrique, adoptée par la Conférence des chefs d'État et de gouvernement de l'OUA à sa première session ordinaire tenue au Caire du 17 au 21 juillet 1964 (AHG/Res.11(1)), dans laquelle ceux-ci se sont solennellement déclarés prêts à s'engager, par un accord international à conclure sous les auspices de l'ONU, à ne pas fabriquer ou contrôler d'armes nucléaires. Il s'agit en outre des résolutions (CM/Res.1342(LIV) et (CM/ Res.1395(LVI), adoptées par le Conseil des ministres de l'OUA à ses 54ème et 56ème sessions ordinaires, tenues respectivement à Abuja du 27 mai au 1er juin 1991 et à Dakar du 22 au 28 juin 1992, dans lesquelles le Conseil se disait convaincu que l'évolution de la situation internationale était propice à l'application de la Déclaration du Caire ainsi que des dispositions pertinentes de la Déclaration de 1986 de l'OUA sur la sécurité, le désarmement et le développement en Afrique ». Le § 3 du Préambule rappelle la résolution 3472 B (XXX) de l'AGNU en date du 11 décembre 1975, dans laquelle celle-ci considérait que les ZEAN constituaient l'un des moyens les plus efficaces d'empêcher la prolifération tant horizontale que verticale des armes nucléaires. Le § 8 du Préambule « not[e] avec satisfaction qu'il existe déjà des ZEAN et considère que la création d'autres zones, notamment au Moyen-Orient, renforcerait la sécurité des États Parties au Traité sur une ZEAN en Afrique ». Tout en traduisant leur reconnaissance face aux efforts consentis au niveau régional et international, les États Parties au Traité ont réaffirmé la valeur fondamentale du TNP et leur désir de bénéficier des avantages qu'offre l'exploitation civile de l'énergie nucléaire (§ 10 du Préambule) pour un développement social et économique durable du continent africain (§ 11 du Préambule) et pour un environnement sain (§ 12 du Préambule).

206. Délimitation géographique. – En ce qui concerne sa délimitation géographique, la ZEANA couvre l'ensemble du continent africain et les îles suivantes : l'île Agalega, l'Archipel des Chagos-Diego Garcia, Bassas da India, le Cap-Vert, les Canaries, les Comores, Europa, Juan de Nova, Madagascar, l'île Maurice, Mayotte, les îles du Prince-Edouard et Marion, la Réunion, l'île Rodrigues, l'île de Saint-Brandon, Sao Tome-et-Principe, les Seychelles, l'île Tromelin et les îles de Zanzibar et Pemba. En effet, le Traité entend par « zone exempte d'armes nucléaires en Afrique » le « territoire du continent africain, les États insulaires membres de l'OUA et toutes les îles que l'OUA, dans ses résolutions, considère comme faisant partie de l'Afrique » (Article 1, § a) du Traité). Il s'avère que l'opinion qui a prévalu lors de la première réunion du groupe d'experts ONU/OUA à Addis-Abeba, était d'appliquer le statut de dénucléarisation à tout le continent, « y compris les îles adjacentes », les experts rappelant la résolution de l'OUA CM/res. 676 (XXXI) sur l'intégrité territoriale de l'Afrique et des îles entourant le continent africain. Néanmoins, il était convenu que la CNUDM serait utile pour délimiter la zone maritime. Toutefois, à la dernière réunion du groupe d'experts en 1995, alors que le projet de traité était achevé, les participants reconnaissaient que la définition des paramètres géographiques de la zone d'application du traité constituant l'annexe I posait encore des difficultés. Le rapport fait état de l'absence d'accord au sujet « de la liste des îles devant être incluses dans la zone, outre celles qui sont membres de l'OUA et au sujet de l'établissement de la carte de la zone ». Le rapport recommanda toutefois « que la zone englobe toutes les îles situées entre le continent et l'État insulaire le plus éloigné, membre de l'OUA, y compris tout territoire revendiqué par ledit État ». Mais le projet de traité issu de cette réunion, dit texte d'Addis-Abeba retient « le continent africain, les États insulaires membres de l'OUA et les îles qui le bordent », renvoyant à une annexe non encore élaborée.

Ainsi, pour ce qui est de l'espace géographique, la ZEAN est définie selon deux critères : le premier est un critère géographique que l'on peut qualifier de « naturel », celui du territoire du continent africain. Le second, au contraire, est un critère de reconnaissance que l'organisation régionale a retenu à l'égard des îles.

Relativement à l'application du Traité de Pelindaba, l'article 2 § 1) désigne le champ d'application en stipulant que « sauf indication contraire, le présent Traité et ses Protocoles s'appliquent au territoire situé à l'intérieur de la ZEANA tel qu'indiqué sur la carte figurant à l'annexe 1 ». Le Traité défini le « territoire » comme « le territoire terrestre, les eaux intérieures, la mer territoriale et les eaux archipélagiques, et l'espace aérien surjacent ainsi que les fonds marins et leur sous-sol » tel qu'indiqué sur la carte figurant à l'annexe 1 du Traité (Article 1, § b) du Traité). Il faut en déduire que le Traité de Pelindaba n'étend pas la ZEAN à la ZEE contrairement au Traité de Bangkok. Toutefois, comme ce dernier, il prévoit que ses dispositions sont sans préjudice « des droits de tout État relatifs à la liberté de navigation en mer, et de l'exercice de ces droits, et n'y portent aucunement atteinte » (article 2 du Traité).

Par ailleurs, comme les autres Traités, le Traité de Pelindaba reconnaît en outre le droit pour chaque État Partie d'accepter ou non l'entrée au port d'un navire ou l'atterrissage d'un aéronef étranger. L'article 4 al. 2 prévoit que « [s]ans préjudice des buts et objectifs du traité, chaque Partie demeure libre, dans l'exercice de ses droits souverains, de décider par elle-même d'autoriser ou non l'entrée de navires et d'aéronefs étrangers dans ses ports et la navigation de navires étrangers dans sa mer territoriale ou ses eaux archipélagiques, dans les cas qui ne sont pas couverts par le droit de passage inoffensif, de passage archipélagique ou de transit par un détroit ».

Cette délimitation de l'espace géographique couvert par le Traité soulève deux difficultés. La première est la question des îles entrant dans le champ territorial du traité. La seconde difficulté résulte de la question épineuse, bien qu'à plus lointaine échéance, du recouvrement de cette zone géographique par une autre zone en projet au Moyen-Orient. En effet, le projet de création d'une zone au Moyen-Orient fait que, dans sa partie africaine, la zone moyen-orientale comprendrait au moins l'Égypte. Mais elle pourrait aller jusqu'à inclure le Soudan et les cinq pays membres de l'Union du Maghreb arabe : Algérie, Libye, Maroc, Mauritanie et Tunisie. Dans cette hypothèse, cela recouvrirait les petites enclaves espagnoles de Ceuta et Melilla. Dès lors, certains États pourraient se trouver parties à deux ZEAN, ce qui ne pose pas d'objection de principe, à condition qu'il n'en résulte pas pour eux d'obligations contradictoires. D'ailleurs, on a pu noter que « certains pays arabes membres de l'OUA risquent de ne pas vouloir faire partie d'une zone africaine tant que leurs obligations au titre d'une zone au Moyen-Orient n'auront pas été mieux définies ».

La question du recouvrement de cette zone géographique par une autre zone en projet au Moyen-Orient est sujet à débats entre les experts. La controverse qui persiste avec les États extérieurs a surtout concerné l'archipel de Chago que la Grande-Bretagne considère comme un Territoire britannique de l'océan Indien (BIOT) et que l'île Maurice estime faisant partie de son propre territoire. La création de cette ZEAN oblige donc à l'affrontement de la question des litiges territoriaux sur certaines zones qui sont stratégiquement importantes, et c'est ainsi que la définition du terme « territoire » pose une question assez compliquée aux États concernés. Avec Sandra SZUREK, on peut regretter la « rapidité » de la formule. Selon l'auteur, « il est possible qu'avant de s'engager à respecter la zone africaine, des puissances nucléaires émettent une réserve « ... pour demander la réaffirmation de la Convention de Constantinople de 1888 sur la libre circulation sur le canal de Suez, y compris pour leurs navires transportant des armes nucléaires et ce, malgré le droit de passage inoffensif dans les eaux territoriales ainsi que dans les détroits internationaux (Gibraltar) et les voies navigables (comme le canal de Suez) que le droit international leur reconnaît ».

207. Obligation fondamentale – application nationale. – L'obligation fondamentale est identique à celle des Traités de Tlatelolco, de Rarotonga et de Bangkok jusqu'ici examinés. Il s'agit ainsi à l'article 3 de la renonciation aux armes nucléaires et aux DNE. Comme le Traité de Rarotonga, le Traité de Pelindaba interdit à l'article 1 § c), simplement les armes nucléaires et tous les DNE sans couvrir les moyens de transport ou les vecteurs de ces armes ou de ces dispositifs s'ils peuvent en être séparés et n'en constituent pas une partie indivisible. À l'article 3 du Traité, chaque Partie s'engage : [à] ne pas entreprendre de recherche ni mettre au point, fabriquer, stocker, acquérir d'une autre manière, posséder ou exercer un contrôle sur tout DNE par quelque moyen que ce soit ou en quelque lieu que ce soit ; [à] ne pas chercher ni recevoir une aide quelconque pour la recherche, la mise au point, la fabrication, le stockage, l'acquisition ou la possession de tout DNE ; [à] s'abstenir de tout acte visant à aider ou encourager la recherche, la mise au point, la fabrication, le stockage, l'acquisition ou la possession de tout DNE par tout État quel qu'il soit ». Comme implication, l'article 4 consacre l'« interdiction du stationnement de DNE » ; l'article 5, l'« interdiction des essais de DNE » et l'article 7, l'« interdiction du déversement de déchets radioactifs ». Aux termes de l'article 7, « [c]haque Partie s'engage : a) [à] mettre effectivement en œuvre les dispositions de la Convention de Bamako sur l'interdiction d'importer des déchets dangereux en Afrique et le contrôle de leurs mouvements transfrontaliers dans la mesure où elles s'appliquent aux déchets radioactifs ou à se guider sur ces dispositions ; b) [à] s'abstenir de tout acte visant à aider ou à encourager le déversement de déchets radioactifs et autres matières radioactives où que ce soit à l'intérieur de la zone exempte d'armes nucléaires de l'Afrique. ».

Le Traité de Pelindaba comporte en outre une disposition clé qui en fait tout l'intérêt. Il s'agit de l'inclusion de l'obligation désignée à l'article 6 de « déclaration, démontage, destruction ou conversion des DNE et des installations permettant leur fabrication ». Chaque Partie s'engage :

- –a) à déclarer tout moyen dont elle dispose pour la fabrication de DNE ;
- –b) à démonter et détruire tout DNE qu'elle aurait fabriqué avant l'entrée en vigueur du présent traité ;
- –c) à détruire les installations permettant la fabrication de DNE ou, lorsque cela est possible, à les transformer en vue d'utilisations pacifiques ;
- –d) à autoriser l'AIEA et la Commission créée par l'article 12 à vérifier les processus de démontage et de destruction des DNE ainsi que la destruction ou la conversion des installations en permettant la production.

Cette stipulation est unique parmi les traités instituant des ZEAN. Dans le cas précis, elle s'adresse particulièrement à l'Afrique du Sud du fait de son programme de développement nucléaire ultérieurement abandonné. À cet effet, elle se révèle comme étant l'assurance pour l'avenir dans l'hypothèse où d'autres installations viendraient à exister, la clause préventive visant à empêcher toute nouvelle introduction de DNE sur le territoire de la Zone.

Le Traité de Pelindaba accorde une place prépondérante à l'UPEN. En effet, il envisage l'UPEN non seulement dans un cadre individuel, mais également dans un cadre régional, entre États africains tout en les incitant. Ainsi, à l'article 8 § a), le Traité garantie le droit pour chaque Partie d'utiliser la science et la technologie nucléaires à des fins pacifiques. À cet effet, les États Parties ont l'obligation de « promouvoir, individuellement et collectivement, l'utilisation de l'énergie nucléaire » pour leur « développement économique et social » (article 8 § b). Le groupe d'experts réuni à Addis-Abeba avait dégagé trois principes en la matière :

- « la reconnaissance active de la nécessité pour les pays africains de s'engager résolument dans la maîtrise de la technologie nucléaire aux fins de développement économique et social » ;
- « la nécessité pour eux d'établir et de renforcer, à l'échelle régionale et sous-régionale, la coopération entre eux dans le domaine de l'UPEN » ;
- « le droit pour eux de rechercher et d'obtenir de la part des pays développés et de l'AIEA une assistance dans les différents domaines de l'UPEN ».

Par ailleurs, le groupe avait préconisé une participation accrue des pays africains à l'AIEA et à l'AFRA. Cette disposition incite par conséquent, le recours aux programmes d'assistance offerts par l'AIEA. Outre cela, l'Accord régional de coopération pour l'Afrique sur la recherche, le développement et la formation dans le domaine de la science et de la technologie nucléaires (AFRA) est aussi prévu afin de renforcer la coopération dans le domaine des activités nucléaires pacifiques. Cet accord est entré en vigueur en 1990. 19 pays africains en sont Parties.

208. Secrétariat – organe de décision politique – Système de vérification – mesures de redressement. – Le Traité indique à l'article 9 § a) que la vérification des utilisations pacifiques se déroule dans le respect de mesures rigoureuses de non-prolifération, et que les matières seront utilisées exclusivement à des fins pacifiques. Cela explique pourquoi les États Parties doivent conclure un accord de garanties étendues avec l'AIEA (article 9 § b)). Afin de parfaire l'engagement des États et en particulier des EDAN, l'article 9 au dernier alinéa, les oblige « [à] ne pas fournir de matières brutes ou de produits fissiles spéciaux ou de l'équipement ou du matériel spécialement conçu et préparé pour traiter, utiliser ou fabriquer des produits fissiles spéciaux à des fins pacifiques à tout ENDAN si ce n'est conformément à un accord de garanties étendues conclu avec l'AIEA ». Comme le Traité l'a si bien fait ressortir, cet engagement ne peut être effectif sans un respect des plus hautes normes de sûreté que de sécurité dans la manipulation de l'énergie nucléaire civile. L'article 10 du Traité engage les Parties à respecter les plus hautes normes de sécurité et de protection physique effective afin de prévenir les vols de matières et équipements, de manipulation ou d'utilisation non-autorisée. L'article 11 les oblige à ne prendre, faciliter ou encourager aucune mesure ayant pour but une attaque armée, par des moyens classiques ou autres, contre des installations nucléaires situées à l'intérieur de la Zone.

Outre la référence à l'AIEA, à l'article 12, le Traité porte création de la Commission africaine de l'énergie nucléaire (CAEN). La Commission comptera 12 membres élus par les Parties au Traité pour trois ans. Ladite Commission joue le rôle d'autorité régionale de contrôle des activités nucléaires sur le continent africain. Cela signifie que la Commission a un droit de regard sur la politique nucléaire de chaque État Partie qui est tenu de lui divulguer, de lui révéler et de le tenir informer de tout acte et de toute information relative à toute intention d'exploitation de l'énergie nucléaire sur le territoire de la Zone (article 13 du Traité). Le Traité de Pelindaba consacre les procédures de plaintes et de règlement des différends à l'annexe IV. Est un motif de plainte de la part d'une Partie, le manquement d'une autre aux obligations du Traité. Le Traité n'apporte aucune précision de plus sur le motif, ce qui peut être source d'abus de la part de certains États. Au § a) de l'Annexe 4 au Traité, on lit en effet que « toute Partie qui estime avoir des motifs de plainte du fait d'un manquement d'une autre Partie ou d'une Partie au Protocole III aux obligations qui lui incombent en vertu du présent Traité devra porter la question à l'attention de cette autre Partie et lui laisser 30 jours pour fournir une explication et régler la question. Cette procédure pourra inclure des inspections techniques entre les Parties. ». Le § 4 al. h de l'Annexe IV précise qu'« en cas d'abus, la Commission décidera s'il y a lieu de faire supporter des incidences financières à l'État Partie requérant ».

209. Amendement. – Même s'il ne consacre pas le droit d'émettre des réserves (article 16), le Traité de Pelindaba reconnaît à chaque Partie le droit de proposer des amendements (article 19 § a)) au Traité auprès de la Commission. Toute modification du Traité proposée par une Partie est soumise à la Commission, qui la communique à toutes les Parties. La décision relative à l'adoption d'une telle modification est prise à la majorité des deux tiers des Parties, soit par communication écrite à la Commission, soit par une conférence des Parties convoquée à la majorité simple. Un amendement ainsi adopté entre en vigueur pour toutes les Parties après réception par le Dépositaire de l'instrument de ratification par la majorité des Parties.

210. Dispositions finales. – Le Traité reconnaît le droit pour chaque Partie de se retirer de manière souveraine du Traité après avoir justifié que des événements extraordinaires ayant un rapport avec le contenu du Traité, ont compromis ses intérêts suprêmes (article 20 du Traité). L'article précise que le retrait s'effectuera après notification des événements extraordinaires au Dépositaire du Traité avec un préavis de 12 mois. En conditionnant le retrait, on observe que le Traité de Pelindaba se révèle plus rigoureux comparativement aux Traités de Tlatelolco, de Rarotonga, et de Bangkok. En ce qui concerne la durée et son entré en vigueur, le Traité de Pelindaba a une durée illimitée et reste en vigueur pour une durée indéterminée (article 17 du Traité). Le Traité a été ouvert à la signature le 11 avril 1996 au Caire en Egypte jusqu'à son entrée en vigueur. Celle-ci ne pouvait avoir lieu qu'à la date du dépôt du 28ème instrument de ratification. Suite à la ratification du Burundi le 15 juillet 2009, le Traité de Pelindaba est entré en vigueur faisant officiellement de l'Afrique une ZEAN. Il a été à ce jour signé par 52 États et 42 l'ont ratifié ou y ont adhéré. Le Traité de Pelindaba a mis 13 ans pour entrer en vigueur. Néanmoins, dire qu'il existe un manque d'intérêt de la part des pays du continent pour ce Traité, serait pour le moins réducteur. Par la ZEANA, le continent africain représente un gage de plus pour la stabilité de l'humanité. L'entrée en vigueur du Traité de Pelindaba, au-delà des différents obstacles, « marque de manière éclatante l'engagement de l'Afrique pour un monde sans arme nucléaire et rehausse le prestige moral du continent ». Outre les ambiguïtés que le

Traité laisse apercevoir, notons que les obstacles majeurs à son effectivité ont été à la fois techniques et politiques. Par exemple, il s'avère qu'historiquement sur le plan politique, les pays africains ont tendance à ratifier les traités internationaux avec un certain retard.

§ 3- Le Traité de Semipalatinsk du 8 septembre 2006

211. Contexte – négociation. – Un traité établissant une ZEAN en Asie centrale a enfin été signé à Semipalatinsk (Kazakhstan) le 8 septembre 2006. L'idée de la création d'une telle zone en Asie fut officiellement avancée par le président de l'Ouzbékistan au sein de l'AGNU en septembre 1993. Il faut dire que l'initiative en revient à la Mongolie qui, en 1992, décidait de s'auto-proclamer ZEAN. À cette occasion, elle lança un appel en faveur de la constitution de la ZEAN d'Asie centrale. Cette idée fut reprise par Islam A. KARIMOV, Président de la République d'Ouzbékistan lors de la 61ème séance plénière de l'AGNU tenue le 28 septembre 1993. Tout comme les traités précédemment examinés, le Traité de Semipalatinsk n'est pas né d'un coup d'éclat. Pour le cas spécifique, les circonstances étaient d'hostilités et de rivalités particulières. Ce n'est qu'en 1997 que les cinq États d'Asie centrale (le Kazakhstan, le Kirghizistan, l'Ouzbékistan, le Tadjikistan et le Turkménistan) et l'ONU s'accordaient pleinement sur la création de la Zone puis en 2002, sur un projet de traité. Il y a près de 15 ans entre le lancement de l'idée de créer cette zone et la signature du Traité de Semipalatinsk. Trois périodes peuvent être distinguées avant la signature du Traité : il faudra d'abord 5 ans (de 1992 à 1997) pour que se constitue un consensus international sur l'idée de la création de la zone. Le 27 février 1997, les cinq Présidents des États d'Asie centrale adoptèrent la Déclaration d'Almaty, favorable à la création de la zone et la situant dans le contexte du défi environnemental. Le 15 septembre 1997, les ministres des Affaires étrangères des cinq républiques asiatiques adoptèrent la Déclaration de Tachkent, où ils proclamaient la nécessité de déclarer l'Asie centrale de ZEAN. Cette initiative fut aussitôt soutenue par l'AGNU dans sa résolution 52/38 S du 9 décembre 1997. Cela fait, viendra le temps d'une négociation très complexe entre les pays de la zone et avec les EDAN de 1998 à 2005. C'est en 2002, que les cinq pays d'Asie centrale s'accorderont sur un projet de traité à Samarkand. Enfin, suivra un effort de la diplomatie occidentale pour éviter que le Traité voie le jour. Sans succès, la signature aura lieu, en septembre 2006. Il est entré en vigueur le 21 mars 2009 conformément à son article 15.

La situation géopolitique de la Zone a été à la base de sa très longue et complexe genèse. En effet, cette ZEAN se situe auprès de deux EDAN, à savoir la Russie et la Chine, alors que l'Inde et le Pakistan, qui étaient aussi bien proches, brandissaient leur capacité nucléaire. Ainsi, des rivalités opposèrent les cinq États de la région et surtout des approches différentes des relations à entretenir avec la Russie troublèrent sensiblement les négociations. Même ayant tous appartenu à l'URSS, les États qui la composaient n'avaient pas des intérêts communs ni une position homogène. D'abord, au début de la négociation, la Russie était la puissance régionale. Ensuite, les États de la zone feront des choix différents. Le Kazakhstan, le Kirghizstan et le Tadjikistan gardaient avec la Russie des liens étroits en matière de sécurité. Mais le Turkménistan et l'Ouzbékistan avaient pris une position plus distante. En effet, le Turkménistan a opté pour la neutralité ; les quatre autres États d'Asie centrale étaient membres de la Communauté des États indépendants (CEI) avec Moscou et aussi au Traité de Tachkent, traité d'alliance. De même, ils étaient membres de l'Organisation de Coopération de Shanghai (OCS) dont Moscou et Pékin étaient les deux principaux membres. Par ailleurs, la Russie garantissait l'assurance de sécurité collective des États parties au Traité de Tachkent.

Aussi, en plus de la rivalité ancienne entre les États-Unis et la Russie, ces deux pays étaient, avec la Chine, les trois puissances nucléaires présentes dans la zone. Également, un autre défi pour la négociation de ce traité se rapportait au traitement à réserver à la zone de la mer Caspienne. Certes, ladite mer était juridiquement considérée comme « un lac », conformément à la CNUDM, mais cette dernière ne s'appliquerait pas pour la délimitation des États voisins. Au § 1 de l'article 8, la CNUDM indique pour les eaux intérieures : « sous réserve de la partie IV, les eaux situées en deçà de la ligne de base de la mer territoriale font partie des eaux intérieures de l'État ». C'est ainsi que le règlement de délimitation désigné dans ladite convention est établi. La conclusion du Traité répondait dès lors à un besoin essentiel de sécurisation de la Zone contre les risques découlant des essais nucléaires et des rivalités politico-stratégiques entre puissances nucléaires. En 2012, le Président de l'Agence de l'énergie atomique du Kazakhstan, Timur ZHANTIKIN, a fait observer lors de la réunion d'un groupe de haut niveau organisée par la mission permanente du Kazakhstan à l'occasion de la commémoration de la troisième Journée internationale contre les essais nucléaires, qu'il avait été procédé par l'URSS à quelque 490 explosions au seul site de Semipalatinsk qui avaient affecté 1,5 million de personnes.

L'hostilité des États-Unis, de la France et du Royaume-Uni s'est manifestée dès que le projet de traité leur a été communiqué, en septembre 2002, dans le cadre du processus de consultation ouvert avec eux. Alors que la Chine et la Russie affirmaient leur approbation du projet, les trois Occidentaux ont adressé aux États d'Asie centrale des commentaires comportant des critiques importantes, sur trois points, et annoncèrent à l'occasion, leur refus déterminé à ne pas signer le protocole éventuel au Traité. Le premier point était le point majeur et portait sur l'article 12 § 1 du projet de texte du traité selon lequel le Traité n'affectait pas les droits et obligations des parties découlant d'accords internationaux conclus avant son entrée en vigueur et sur la combinaison de ce paragraphe avec celui qui suit, dans lequel les parties prévoient de prendre toutes les mesures pour l'application effective des buts et principes du Traité. Ils estimaient que les deux paragraphes étaient contradictoires. Le deuxième point portait sur la disposition du projet prévoyant l'extension possible de la zone aux États voisins. Washington craignait que l'Iran puisse utiliser cette possibilité pour compliquer la politique de non-prolifération menée contre lui. En troisième point, il y eut aussi une opposition sur la possibilité que le projet réservait pour chaque État de la zone, de résoudre librement dans l'exercice de sa souveraineté, la question du transit à travers son territoire, aérien et terrestre, y compris l'accostage dans ses ports et l'atterrissage sur ses aérodromes.

212. Préambule – forme (composition). – Un protocole et un document définissant les « règles de procédure pour l'application de l'article 10 du Traité », sont joints au Traité. L'article 10 stipule que « les parties conviennent de tenir des réunions annuelles de leurs représentants, sur une base rotative, ainsi que des réunions extraordinaires, à la demande de l'une ou l'autre des parties, afin d'examiner le respect du traité ou d'autres questions liées à sa mise en œuvre. ». Ce document précise ainsi, les détails sur la tenue de ces réunions.

Dans le Préambule du Traité, les États Parties n'ont pas manqué de rappeler le besoin ainsi que la nécessité pour tous les acteurs, de poursuivre avec bonne foi, les objectifs du TNP (§ 2 et § 6 du Préambule). Tout en reconnaissant le long périple traversé au cours de la négociation du Traité ainsi que les intrépides efforts consentis (§ 1 du Préambule), les États Parties ont eu la pleine conviction que la présente ZEAN sera d'une contribution solennelle (§ 3 du Préambule) à l'édification d'un monde débarrassé à jamais du « harcèlement » nucléaire (§ 5 du Préambule).

213. Délimitation géographique. – Géographiquement, la ZEAN d'Asie centrale couvre, à la lecture croisée des articles 1er § a) et 2 § a), tout le territoire terrestre, les eaux (les ports, les lacs, les fleuves, rivières et cours d'eau) ainsi que l'espace aérien surjacent qui appartiennent au Kazakhstan, au Kirghizstan, à l'Ouzbékistan, au Tadjikistan et au Turkménistan. Quant à la mer Caspienne, bien qu'elle se trouve en Asie centrale, elle n'est pas comprise dans la ZEAN car seulement deux des cinq États côtiers (le Kazakhstan et le Turkménistan) sont concernés par cette partie. En tant qu'EDAN, la Fédération de Russie ne fait pas partie de la zone. La zone ne concerne pas non plus les eaux territoriales des États Parties, comme c'est le cas dans les autres traités de dénucléarisation dans la mesure où la mer Caspienne, qui est une mer intérieure, n'est pas soumise au droit de la mer. D'ailleurs, il n'existe pas de démarcation juridiquement reconnue entre les eaux territoriales et les eaux internationales. Il a donc fallu laisser l'intégralité de la mer Caspienne en dehors de la portée géographique de la ZEAN d'Asie centrale. En effet, lors des négociations du Traité, une proposition fut avancée pour permettre aux États ayant des frontières communes avec les États de la ZEAN en Asie centrale de devenir parties à la zone. Consultés sur ce point, les EDAN ont déconseillé d'ouvrir une telle possibilité, très probablement parce que l'extension de la zone pourrait signifier l'inclusion de l'Afghanistan, ravagé par la guerre, ou de l'Iran, accusé de violer les règles de non-prolifération nucléaire. La proposition fut abandonnée. Le paragraphe 2 de l'article 2 précise expressément que ce Traité ne préjuge ou n'affecte pas le droit de possession ou la souveraineté des États de cette région sur leur territoire ou les eaux qui seraient inclus dans cette ZEAN.

214. Obligation fondamentale – application nationale. – L'obligation fondamentale du Traité est identique à celle du Traité de Pelindaba. Les États Parties se sont engagés, à l'article 3 du Traité, à renoncer à l'exploitation de l'énergie nucléaire militaire sous toute ses formes et à ne pas y contribuer d'une manière ou d'une autre. Elles s'interdisent d'autoriser sur leur territoire : la production, l'acquisition, le stationnement, le stockage ou l'usage de toute arme nucléaire ou DNE (article 3, § 1, al. d, i) ; la réception, le stockage, l'installation ou toute autre forme de possession ou de contrôle (article 3, § 1, al. d, ii) de toute arme nucléaire ou DNE ou toute action pour les aider ou les encourager (article 3, §1, al. d, iii).

À l'article 5 du Traité, ils s'interdisent également d'entreprendre des essais d'armes nucléaires ou autres DNE, s'engagent à les interdire, à les empêcher en tout lieu placé sous leur juridiction, à ne pas y contribuer mais aussi à appuyer les efforts visant à la réhabilitation des terres qui furent, dans la région, contaminées à l'époque soviétique. De tout cela, l'obligation la plus importante souscrite par les Parties au Traité est celle de l'article 3 al. 1, § d) point ii). Il s'agit de l'engagement des Parties à ne pas autoriser le stationnement d'armes nucléaires sur leur territoire. Aux termes de l'article 1 § c) du Traité, le terme « stationnement » s'entend de l'implantation, la mise en place, le stockage, l'entreposage, l'installation et le déploiement. Toutefois, il sied de remarquer que le Traité n'établit pas une différence nette entre transit et stationnement ni ne détermine la limite ni la fréquence ni la durée d'un transit. Aux termes de l'article 4 du Traité, « sans préjuger aux buts et objectifs de ce traité », « chaque État Partie, dans l'exercice de son droit souverain, est libre de résoudre les problèmes relatifs au passage sur son territoire par les espaces aérien, terrestre et maritime y compris les visites de ports par les navires étrangers, les atterrissages sur les aérodromes par les aéronefs étrangers ». Par exemple, le Turkménistan a transmis au SGNU le 8 novembre 2005, une déclaration de son Conseil du peuple, dans laquelle il est précisé, sur la base du « statut de neutralité permanente du Turkménistan, reconnu et soutenu par l'ONU », qu'il interdit d'utiliser son espace aérien souverain pour le transport d'armes de destruction massive et de matières connexes, de missiles et de technologies de missiles. Cela signifie que le droit de passage libre sur le territoire auquel ce traité s'applique est garanti. Dès cet instant, le transit d'armes nucléaires peut être autorisé ou refusé pour autant que ces décisions ne portent pas préjudice aux buts et objectifs du Traité. En conséquence, l'introduction d'armes nucléaires dans la zone, même pour une courte période, serait contraire à l'objectif visé de dénucléarisation régionale. Mais, l'absence totale d'armes nucléaires dans la ZEAN en Asie centrale ne peut être garantie. Aussi, le droit des États de la zone de refuser le transit d'armes nucléaires restera fictif tant que les EDAN demeurent susceptibles de garder secret le contenu de leurs navires et aéronefs en transit. Le Traité de Semipalatinsk prend exemple sur le Traité de Pelindaba et interdit même la recherche liée à la fabrication d'armes nucléaires. Toutefois, le Traité de Semipalatinsk autorise la présence dans la zone, d'installations auxiliaires ayant un lien avec le nucléaire comme les installations de communication, de surveillance et de renseignement. Ces installations font partie du système stratégique utilisé en cas d'attaque nucléaire et sont, en même temps, des cibles prioritaires pour une telle attaque.

Sur la question des utilisations pacifiques, le Traité de Semipalatinsk confirme à l'article 7, le droit pour chaque État Partie d'utiliser l'énergie nucléaire à des fins pacifiques. Afin d'éviter que cette énergie ne soit détournée de cette fin pour des armes nucléaires ou d'autres DNE, les signataires sont dans l'obligation d'accepter des mesures de vérification notamment les garanties généralisées gérées par l'AIEA. Ils sont également dans l'obligation d'adhérer au Protocole additionnel qui renforce les garanties et ce au plus tard, 18 mois après l'entrée en vigueur du Traité (article 8 § b)).

En sus, le Traité interdit aux États Parties de fournir de l'équipement ou des matières nucléaires aux ENDAN qui refusent de signer le Protocole additionnel (article 8 § c)). En disposant ainsi, le Traité de Semipalatinsk autorise la fourniture de tels équipements ou matières à des EDAN. Ceci est très lacunaire pour un traité d'exemption. Par ailleurs, les installations et matières nucléaires en cours d'utilisation, de stockage et de transport sur le territoire national ainsi que celles en cours de transport international doivent être protégées, au moins aussi efficacement que dans le cadre de l'application de la Convention de 1980 sur la protection physique des matières nucléaires et des recommandations et directives élaborées par l'AIEA. Il faut relever que ce dispositif de sûreté aurait sans doute pu être davantage renforcé même s'il faut reconnaître qu'il est le plus évolué de tous les dispositifs établis à ce jour pour les zones dénucléarisées.

Le traité de Semipalatinsk n'affecte pas les droits et obligations des parties en vertu d'autres traités internationaux qu'elles pourraient avoir conclus avant sa date d'entrée en vigueur. Les parties prennent toutes les mesures nécessaires à la mise en œuvre effective des buts et des objectifs du traité, conformément aux grands principes qui y sont énoncés.

215. Secrétariat – organe de décision politique – système de vérification. – En matière de vérification, le Traité de Semipalatinsk est pauvre. En effet, il ne comporte pas d'élément institutionnel significatif. Il prévoit seulement, à l'article 10, des réunions consultatives annuelles des Parties complétées éventuellement par des réunions extraordinaires, pour examiner l'application du Traité (article 10). L'aspect le plus pertinent de ce dispositif se retrouve dans l'obligation faite aux Parties de conclure avec l'AIEA un accord de garanties et d'adhérer à un protocole additionnel. Il faut en déduire qu'en cas d'application des accords de garanties, le système de vérification désigné par lesdits accords fonctionne, y compris l'inspection spéciale. Aussi, à travers le renvoi aux accords internationaux dans le domaine du désarmement et de la non-prolifération (article 12), le Traité renforce assez-bien son obligation fondamentale.

Le Traité de Semipalatinsk n'envisage pas la création d'une organisation ou d'un secrétariat pour contrôler l'application du Traité et gérer les questions administratives. Le Kirghizstan, l'État dépositaire, est chargé de toute la communication concernant les réunions consultatives. Cette formule peut trouver ses éléments d'explications dans le nombre des parties qui n'est pas élevé. On peut également y voir un indice de confiance entre les États Parties de sorte qu'ils acceptent la transparence sur leurs activités nucléaires sans avoir à conserver entre eux un contrôle. On peut l'interpréter comme un signe d'ouverture vis-à-vis des grandes puissances et de la communauté internationale. De ce point de vue, l'absence d'une organisation régionale peut être analysée comme étant un élément positif. Elle est probablement regrettable à d'autres égards, en particulier pour ce qui concerne les relations avec d'autres organismes internationaux tels que les Nations unies et l'AIEA ainsi que les autres ZEAN.

216. Mesures de redressement. – Pour le redressement des situations litigieuses, le Traité de Semipalatinsk prévoit le règlement par la négociation ou par d'autres moyens pacifiques que les Parties auront jugés nécessaires (article 11).

217. Amendements. – Tout amendement au Traité, proposé par une Partie, est communiqué par celle-ci à toutes les Parties et soumis à la Réunion consultative au moins 90 jours avant la Réunion. Les décisions relatives à l'adoption d'un tel amendement sont prises par consensus par les Parties. Un amendement ainsi adopté entre en vigueur à l'égard de toutes les parties après réception par le dépositaire de l'instrument de ratification de cet amendement par toutes les parties.

218. Dispositions finales. – En ce qui concerne les clauses finales, il faut noter que le Traité de Semipalatinsk est entré en vigueur 30 jours après la date de dépôt du cinquième instrument de ratification. Il a été conclu pour une durée illimitée (article 15) et ne peut pas faire l'objet de réserves (article 13). Le droit de retrait est garanti. Chaque État Partie peut se retirer du Traité s'il estime que « des événements extraordinaires touchant l'objet du Traité ont compromis ses intérêts supérieurs ». Tout comme pour le Traité de Pelindaba, le retrait prend effet 12 mois (soit une année) après que la notification de retrait énonçant les événements extraordinaires aura été reçue par le Dépositaire (la République kirghize). Par ailleurs, chaque Partie dispose du droit de proposer des amendements au Traité. Lesdits amendements doivent être soumis à la réunion consultative des États Parties qui peut les adopter, mais uniquement par consensus. Ils entrent en vigueur pour toutes les Parties lorsqu'ils ont été ratifiés par tous (article 17).

219. Le Traité de Semipalatinsk est le Traité qui souffre le plus de la conjoncture politique actuelle de la communauté internationale surtout en matière d'armement nucléaire. Les plus forts (les EDAN) souhaitant imposer à tout instant et à tout prix leur volonté aux plus faibles (les ENDAN). Cependant, il est peu probable que les parties au Traité cèdent à la pression exercée par trois États dotés d'armes nucléaires et acceptent de le modifier. Il est également peu probable que ces États dotés d'armes nucléaires renoncent à leur objection concernant la formulation actuelle. Les États, de part et d'autre, sont toutefois disposés à poursuivre leurs consultations. Ainsi, aucun des deux camps n'est assez fort pour faire plier l'autre. Le Traité de Semipalatinsk existe, il fait déjà partie de la réalité internationale et produit des effets, y compris pour Washington, Londres et Paris. Premier Traité à voir le jour dans l'hémisphère nord de la planète et dernier Traité instituant une ZEAN, le Traité de Semipalatinsk soulève la question de l'évolution dans le futur, du dynamisme du processus de dénucléarisation par région. Pourrait-il encore y avoir d'autres ZEAN ? La réponse à cette interrogation dépend d'un certain nombre de facteurs à la fois juridiques, politiques et stratégiques. Toutefois, ce qui est clairement établi au sortir de l'expérience de Semipalatinsk est que le temps n'est plus où les États d'une région pouvaient ambitionner d'imposer leur concept de dénucléarisation aux EDAN et où ces derniers pouvaient d'un simple claquement de doigts imposer leur propre loi. Aujourd'hui, 14 ans après, un espoir si faible soit-il pourrait être gardé à ce que des changements interviennent positivement dans la Péninsule coréenne ou au Moyen-Orient pour l'émergence de futures zones exemptées de la « précieuse » arme. La Déclaration commune pour la dénucléarisation de la Péninsule coréenne de 1992 est l'un des pas les plus importants aujourd'hui franchi. Pour un aperçu sur les défis à relever pour l'émergence d'une ZEAN dans ladite péninsule. L'arme nucléaire israélienne constitue l'obstacle majeur à la constitution du Moyen-Orient comme ZEAN. Celle-ci exige une révision majeure de la posture nucléaire israélienne.

SECTION III

LE STATUT AUTOPROCLAMÉ D'ÉTAT EXEMPT D'ARMES NUCLÉAIRES DE LA MONGOLIE

220. La loi de la Mongolie relative à son statut d'État exempt d'armes nucléaires adoptée le 3 février 2020 est constituée de seulement 9 articles. Est annexée à cette loi, la Résolution 19 adoptée par le Grand Houral d'État de la Mongolie, au sujet des mesures à prendre suite à son adoption. Par lettre datée du 23 mars 2000, adressée au secrétaire général de la Conférence du désarmement (CD), le représentant permanent de la Mongolie, transmettait le texte de la loi. À sa 69è séance plénière tenue le 20 novembre 2000, l'AGNU adoptera la résolution 55/33S intitulée « Sécurité internationale et statut d'État exempt d'armes nucléaires de la Mongolie » par laquelle elle reconnaîtra le statut d'État exempt d'armes nucléaires de la Mongolie. L'AGNU est convaincue que le statut d'État exempt d'armes nucléaires est l'un des moyens d'assurer la sécurité nationale des États (§ 4 de la résolution) et que « *le statut internationalement reconnu de la Mongolie aide à renforcer la stabilité et la confiance dans la région et promeut la sécurité de la Mongolie en consolidant l'indépendance, la souveraineté et l'intégrité territoriale du pays, l'inviolabilité de ses frontières et la préservation de son équilibre* *écologique* » (§ 5 de la résolution). C'est notant les efforts entrepris par les cinq EDAN et par la Mongolie pour appliquer les dispositions de la résolution concernant le statut d'État exempt d'armes nucléaires de ce pays, et prenant note de la déclaration commune des cinq EDAN en date du 5 octobre 2000, sur les assurances de sécurité données à la Mongolie en raison de son statut d'État exempt d'armes nucléaires, y compris leur volonté de coopérer avec la Mongolie pour appliquer la résolution 53/77 D du 12 janvier 1999, conformément aux principes énoncés dans la Charte, que l'Assemblée générale s'est félicitée du rôle actif et concret joué par la Mongolie pour ce qui est d'établir des relations pacifiques, amicales et mutuellement avantageuses avec les États de la région et d'autres États et à approuver et appuyer les relations équilibrées et de bon voisinage entretenues par la Mongolie avec ses voisins tout en invitant les États Membres à continuer de coopérer avec la Mongolie en vue de prendre les mesures nécessaires pour consolider et renforcer l'indépendance, la souveraineté et l'intégrité territoriale de ce pays, l'inviolabilité de ses frontières, sa sécurité économique, son équilibre écologique et son statut d'État exempt d'armes nucléaires ainsi que l'indépendance de sa politique étrangère. La loi mongole définit clairement le régime du statut de la Mongolie (§ 1) tout en prévoyant un régime rigoureux de vérification et de responsabilité (§ 2).

§ 1- Le régime des obligations de la Mongolie

221. La loi mongole consacre un ensemble d'interdictions découlant de son statut (A) tout en promouvant l'utilisation pacifique du nucléaire (B).

A- Les interdictions découlant du statut d'État exempt d'armes nucléaires

222. Ces interdictions sont définies par l'article 4 de la loi. Il est interdit aux personnes physiques et morales et à tout État tiers de mener ou d'entreprendre les activités ci-après, ayant trait aux armes nucléaires, ou d'y participer sur le territoire de la Mongolie :

- développer, fabriquer ou acquérir d'une autre manière, posséder ou avoir sous son contrôle des armes nucléaires ;
- entreposer ou transporter, de quelque manière que ce soit, des armes nucléaires ;

–tester ou utiliser des armes nucléaires ;
–déposer ou détruire des matières radioactives de qualité militaire ou des déchets nucléaires

Par ailleurs, il est interdit de transporter par le territoire de la Mongolie des armes nucléaires et leurs composantes ou des déchets nucléaires ou toute autre matière nucléaire conçue ou fabriquée à des fins militaires.

B- L'utilisation de l'énergie et des technologies nucléaires

223. L'utilisation de l'énergie et des technologies nucléaires est définie par l'article 5 de la loi. Elle n'est autorisée que par l'autorité administrative de l'État qui est responsable de l'énergie nucléaire, et ce uniquement à des fins pacifiques telles que les traitements médicaux, l'extraction minière, la production d'énergie et la recherche scientifique conformément aux dispositions des traités internationaux auxquels la Mongolie est partie et conformément aux normes et principes du droit international.

Aux fins d'appliquer l'article 5 al. 1 et d'interdire la décharge ou le stockage à proximité des frontières de la Mongolie de matières ou déchets nucléaires risquant de porter atteinte, directement ou indirectement à long terme, à la sécurité de la population et de l'environnement, la Mongolie coopère avec l'AIEA, les autres organisations internationales compétentes et les États ayant des programmes nucléaires.

§ 2- Le régime de vérification et de responsabilité

224. Un régime de vérification (A), de responsabilité (B) et de résolutions (C) engagent depuis quelques années, l'État mongol.

A- Le régime de la vérification

225. Les articles 6 et 7 de la loi sont consacrés à la vérification de l'application des textes législatifs concernant le statut d'État exempt d'armes nucléaires. L'article 6 se focalise sur le régime de vérification nationale tandis que l'article 7 s'attèle à définir le régime de vérification internationale. Ainsi, aux termes de l'article 6 al. 1, sur la base des propositions de l'autorité administrative centrale responsable des relations extérieures et d'autres entités, le Conseil national de la sécurité de la Mongolie assure la coordination dans les domaines ci-après, dans les limites de ses fonctions et compétences :

– application de la politique de l'État ayant trait aux activités proscrites ou autorisées compte tenu du statut d'État exempt d'armes nucléaires de la Mongolie ;
– institutionnalisation, sur le plan international, du statut d'État exempt d'armes nucléaires de la Mongolie ;
– participation active aux travaux des organisations internationales compétentes, échange d'informations sur les activités proscrites et autorisées en Mongolie et information des organisations internationales.

L'autorité compétente de la Mongolie a le droit de réunir des informations sur tout aéronef, train, véhicule, personne ou groupe de personnes suspects, et de procéder à des arrestations, détentions et perquisitions. L'autorité administrative centrale responsable des relations extérieures est chargée de veiller au respect de la présente loi et des engagements internationaux assumés par la Mongolie en raison de son statut d'État exempt d'armes nucléaires.

Le public - organisations non gouvernementales et particuliers - a, dans les limites de la loi, droit de regard sur l'application des lois relatives au statut d'État exempt d'armes nucléaires et peut soumettre des propositions à ce sujet à l'autorité d'État compétente.

Aux termes de l'article 7, la Mongolie organise la vérification internationale de l'application de la loi en coopération avec les organisations internationales compétentes ou dans le cadre d'accords internationaux spéciaux conclus à cet effet.

B- Le régime de la responsabilité

226. L'article 8 de la loi définit le régime de la responsabilité en cas de violation des lois relatives au statut d'État exempt d'armes nucléaires. À cet effet, une personne physique ou morale qui enfreint aux interdictions prévues à l'article 4 de la loi est tenue pour responsable, conformément au Code pénal. L'État saisit les installations, les équipements, le matériel, les matières premières et les moyens de transport utilisés pour des activités interdites aux termes.

Une personne physique ou morale qui enfreint la loi est tenue de verser une compensation pour l'atteinte aux intérêts de la Mongolie et pour les dommages causés à la population, à l'environnement et aux biens, conformément aux lois de la Mongolie applicables ou conformément au traité international pertinent, et aux normes et principes du droit international.

En cas de violation avérée ou soupçonnée de la loi par un État tiers, la Mongolie, compte tenu des obligations découlant pour elle des traités internationaux ou des normes et principes du droit international, notifie officiellement à l'État en cause la violation avérée ou soupçonnée, demande des éclaircissements et règle toute question qui pourrait se poser par des moyens pacifiques. Si elle le juge nécessaire, elle peut solliciter l'assistance de l'AIEA ou d'autres organes compétents. En cas de différend d'ordre juridique, l'affaire peut être soumise au tribunal international compétent ou à une procédure d'arbitrage.

C- Les résolutions de la Mongolie

227. La Mongolie a pris plusieurs résolutions dans le cadre de la mise en œuvre de cette loi. En politique extérieure, la Mongolie se donne comme objectif de défendre ses intérêts nationaux, de développer une coopération amicale avec tous les pays du monde et de contribuer activement, dans la mesure de ses moyens, aux efforts déployés par la communauté internationale pour renforcer la paix et la sécurité. Elle a, en outre, pour politique de s'abstenir de devenir partie à toute alliance ou groupement militaire ou d'autoriser que son territoire soit utilisé contre un État tiers et d'interdire le stationnement sur son territoire de troupes étrangères et d'armes, y compris d'armes nucléaires et d'autres armes de destruction massive. À l'égard des deux États voisins, la Mongolie poursuit une politique de relations amicales et équilibrées et de large coopération.

La Mongolie plaide résolument en faveur du désarmement et, pour sa part, prend des mesures concrètes pour promouvoir l'objectif de non-prolifération des armes nucléaires. C'est ainsi qu'en 1992 elle a déclaré son territoire zone exempte d'armes nucléaires et qu'elle poursuit depuis lors une politique visant à institutionnaliser et garantir ce statut, prenant les mesures nécessaires à cet effet. Cette politique a débouché notamment sur l'adoption, par l'Assemblée générale des Nations Unies à sa cinquante-troisième session ordinaire, le 4 décembre 1998, de la résolution 53/77 D. Il est entièrement conforme à la politique mongole de renforcement de la sécurité nationale par des moyens politiques et diplomatiques de garder le territoire de la Mongolie exempt d'armes nucléaires.

Selon le gouvernement mongol, il serait utile, pour renforcer la confiance et le climat de sécurité extérieure de la Mongolie et pour établir un lien entre la sécurité nationale du pays et la sécurité et la stabilité régionales, de promouvoir au niveau de la politique de l'État le statut d'État exempt d'armes nucléaires de la Mongolie, de définir encore plus clairement ce statut et de le respecter. Il estime que dans la pratique des relations internationales, le statut d'État exempt d'armes nucléaires de la Mongolie représente une démarche novatrice, que l'on pourrait considérer, dans son contexte plus large, comme une contribution concrète de la Mongolie à la politique suivie et aux efforts déployés par la communauté internationale pour renforcer le régime de non-prolifération des armes nucléaires.

Compte tenu de ce qui précède et à l'occasion de l'adoption de la loi de la Mongolie relative à son statut d'État exempt d'armes nucléaires, le Grand Houral d'État de la Mongolie a décidé de prendre les mesures suivantes :

1) coopérer activement avec les États et les organisations internationales compétentes,
y compris l'Agence internationale de l'énergie atomique et s'assurer de leur assistance dans l'application de la loi de la Mongolie relative à son statut d'État exempt d'armes nucléaires et de la résolution de l'Assemblée générale des Nations Unies intitulée d'État exempt d'armes nucléaires de la Mongolie.

2) prendre les mesures nécessaires pour assurer le bon fonctionnement des stations de détection des essais d'armes nucléaires se trouvant sur le territoire de la Mongolie ;

3) faire rapport, le cas échéant, au Comité permanent de sécurité et de politique étrangère du Grand Houral d'État de la Mongolie sur l'application de la loi de la Mongolie relative à son statut d'État exempt d'armes nucléaires, de la résolution la résolution 55/33S et des autres textes législatifs adoptés conformément à ces instruments.

DEUXIÈME PARTIE

LE RÉGIME DE L'INTERDICTION DE L'ARME NUCLÉAIRE

228. Au lendemain des premières frappes nucléaires opérées en 1945, une partie de la communauté internationale considèrera la limitation de la prolifération des armes nucléaires, comme une nécessité au regard des risques qu'encourt l'humanité. La première étape fut la signature à Moscou, le 5 août 1963, du TIPEN. Le 1er juillet 1968, une avancée majeure est observée avec la conclusion du TNP. Le processus de négociation ne se limitera pas à cette victoire d'étapes. Il se poursuivra à la fois sur le plan multilatéral et sur le plan bilatéral entre Washington et Moscou. Plusieurs accords naîtront des négociations multilatérales parmi lesquels le TICEN conclu le 24 septembre 1996 à New York. Ces différents accords n'abordaient cependant pas la question la plus cruciale aux yeux du monde à savoir, l'interdiction des armes nucléaires. Il s'avère que le TNP, l'instrument majeur, n'a pas pu mettre fin à la prolifération desdites armes après 55 ans d'existence en dépit du fait qu'il consacre une obligation pour les États parties de négocier un traité de désarmement nucléaire général et complet. Cet échec est principalement dû, à la fois, à son régime discriminatoire et à la mauvaise foi des États dotés d'armes nucléaires (EDAN) ainsi que des États tiers au TNP possesseurs d'armes nucléaires. La réflexion dans le cadre de la lutte contre la prolifération nucléaire ne s'est pas déroulée qu'au sein des instances dessinées par les États. La pratique internationale s'est également appropriée la question.

CHAPITRE I

L'INTERDICTION DANS LA PRATIQUE INTERNATIONALE

Bibliographie : – Omar KHELIFATI, *La légitime défense préventive au regard du droit international public et son effectivité dans le cadre de la deuxième guerre du Golfe*, Thèse en Doctorat en droit, Université Mouloud Mammeri de Tizi-ouzou, Faculté de droit et des sciences politiques/département de droit, Alger, p. 1. – Robert KOLB, « La violence et le droit international », *AFDI,* Paris, 2005, p. 35. – Théodore CHRISTAKIS, « Vers une reconnaissance de la notion de guerre préventive », *in L'intervention en Irak et le droit international*, Paris, Pédone, 2004, p. 16. – Pierre Marie DUPUY, *Les grands textes de droit international public,* Paris, Dalloz, 2004, pp. 11-12. – Frédérique Mestre LAFAY, *L'Organisation des Nations unies*, Que sais-je ? n° 748, 17è édition, Paris, PUF, 2003, p. 59. – Jérôme CARIO, *Droit et guerre : D'hier à aujourd'hui,* Éditions Lavauzelle Graphic, France, 2011, p. 46. – Maurice KAMTO, *L'agression en droit international*, Paris, Pédone, 2010, p. 190. – Alexandra NOVOSSELOF, *Le Conseil de sécurité des Nations unies et la maîtrise de la force armée*, Bruxelles, Bruylant, 2003, p. 15. – *Affaire des activités militaires et paramilitaires au Nicaragua et contre celui-ci,* (Nicaragua c. États-Unis d'Amérique), arrêt, 27 juin 1986, CIJ, Recueil 1986, p. 14, § 176. – Joe VERHOEVEN, « Les "étirements" de la légitime défense », *AFDI*, 2002, vol. 48, n°1, pp. 49-80. – Olivier CORTEN, *Le droit contre la guerre, l'interdiction du recours à la force en droit international contemporain*, Paris, Pédone, 2008, pp. 613-615. – Patrick DAILLER, Mathias FORTEAU, Nguyen Quoc DINH, Alain PELLET, *Droit international public*, 8è édit., Paris, LGDJ, 2009, p. 942. – *Avis consultatif sur la licéité de la menace ou de l'emploi d'armes nucléaires,* CIJ, Recueil 226, 1996, p. 245, § 41. – Prosper WEIL, *Écrits de droit international*, Paris, PUF, 2000, p. 64. – CIJ, *Avis consultatif relatif aux conséquences juridiques de l'édification d'un mur dans le territoire palestinien occupé*, 9 juillet 2004, pp. 55-56, §§ 137-138. – Affaire des *activités militaires et paramilitaires au Nicaragua et contre celui-ci (Nicaragua contre les États-Unis d'Amérique)*, CIJ, Recueil 1986, p. 94, § 176. – Serge SUR, « Éloge du Conseil de sécurité », *in AFRI*, Paris, Bruylant, 2005, p. 77. – Règlement de La Haye de 1907 concernant les lois et coutumes de la guerre sur terre. – Department for disarmament affair, *The United Nations and disarmament 1945-1970*, New York, United Nations publication, 1970, pp. 300-301. – Bureau des affaires de désarmement, *Annuaire des Nations unies sur le désarmement*, vol. 34 : 2009, Partie II, New York, Publication des Nations unies, 2012, appendice IV, p. 275. – Jean-Marie COLLIN, « L'Assemblée générale de l'ONU ouvre la porte à un traité d'interdiction des armes nucléaires », *Note d'Analyse du GRIP*, Bruxelles, 2016, p. 4. – Marc FINAUD, « Abolishing nuclear weapons: prospects and challenges », *Geneva Academy of International Humanitarian Law and Human Rights,* Geneva, 2018, p. 2. – Catherine TRIOMPHE, « Une vingtaine de pays se positionnent contre l'interdiction des armes nucléaires », New York, Agence France-Presse, *Monde*, 27 mars 2017. – Marc SEMO, « L'interdiction de l'arme nucléaire fait débat à l'ONU. Une conférence sur l'abrogation de ces armes s'ouvre à New York le lundi 27 mars avec le soutien de 113 pays contre l'avis de la France, des États-Unis, du Royaume-Uni, de la Chine et de la France », *Le Monde*, 27 mars 2017. – Pressenza, « Pourquoi la France n'aime pas Oslo ? », 1er mars 2013. – Jean-Marie COLLIN, « Dimension humanitaire du désarmement nucléaire et danger du nucléaire militaire en France », *Note d'Analyse du GRIP*, Bruxelles, 2015, p. 4. – Jean-Marie COLLIN, « La Convention d'interdiction des armes nucléaires : de la négociation au premier « draft » », *Note d'Analyse du GRIP*, Bruxelles, 2017, p. 3. – Daniel RIETIKER, « New Hope for Nuclear Disarmament or "Much Ado About Nothing?": Legal Assessment of the New "Treaty on the Prohibition of Nuclear Weapons" and the Joint Statement by the United State, UK, and France Following its Adoption », *in Harvard International Law Journal* (Online Journal), vol. 59, 2017, pp. 26-27. – Giovani MALINVERNI and Daniel RIETIKER, "Swiss Government not keen on ratifying the Treaty on the Prohibition of Nuclear Weapons (TPNW): A Missed Opportunity in the Fight against Nuclear Weapons" Editorial published in *Wochenzeitung WoZ*, n° 41, 2018, pp. 1-2.

226. Aux premières heures de la conception de l'arme atomique, la communauté internationale dans sa globalité était appelée à réfléchir sur le futur de cette « monstrueuse » arme. La justice internationale n'a pas été épargnée par la problématique soulevée par la question du nucléaire militaire de même que la « mère » des institutions internationales, l'ONU. Ce n'est que 28 ans après l'adoption du TNP que la question de la licéité de la menace par l'arme nucléaire et de son emploi sera finalement portée devant la CIJ par la plus « grande » assemblée existante, l'AGNU. La Cour n'a cependant pas pu conclure de manière définitive à la non-exclusion de l'emploi ou la menace par l'arme nucléaire (section 1). La pratique onusienne de 1968 à 2017 (section 2) juste avant l'adoption du TIAN, met en relief l'importance des efforts que la communauté des États n'a cessé de consentir.

SECTION I.

L'INTERDICTION DEVANT LA CIJ

227. « Est-il permis en droit international de recourir à la menace ou à l'emploi d'armes nucléaires en toute circonstance ? » était la question posée par l'AGNU à la Cour. Cette question était contenue dans sa résolution 49/75 K du 15 décembre 1991. C'est par une lettre en date du 19 décembre 1994 que le SGNU a officiellement communiqué au Greffier de la Cour la décision prise par l'AGNU de soumettre cette question à la Cour pour avis consultatif (l'article 96 al. 1 de la CNU reconnaît à l'AGNU le droit de demander un avis consultatif à la Cour). À cette question la Cour a d'abord, procédé à l'appréciation *in concreto* de la légalité des armes nucléaires (§ 1) avant de répondre ne pas pouvoir conclure de façon définitive que la menace ou l'emploi d'armes nucléaires serait licite ou illicite dans une circonstance extrême de légitime défense dans laquelle la survie même d'un État serait en cause. Sans préciser ce qu'on doit entendre par « circonstance extrême de légitime défense », la Cour a laissé le champ libre à l'interprétation de la notion ; d'où l'incidence de la définition de la circonstance extrême sur l'étendue de la légitime défense (§ 2).

§ 1. L'appréciation *in concreto* de la légalité des armes nucléaires

228. Les puissances nucléaires se servent de la menace d'emploi de l'arme nucléaire pour dissuader tout État adversaire qui voudrait s'en prendre à leurs intérêts suprêmes. Les États-Unis se sont déjà servis de l'arme nucléaire lors de la Seconde Guerre mondiale en se retranchant derrière le droit à la légitime défense. Au regard du droit international, y avait-il vraiment légitime défense ? Avant de conclure à l'illicéité de l'emploi de l'arme nucléaire en droit international humanitaire (DIH) (B), il faut au préalable cerner les éléments de définition de la légitime défense en droit international (A).

A. Éléments de définition de la légitime défense en droit international

229. La légitime défense est un concept aussi vieux que la société humaine. L'histoire révèle en effet, que depuis l'entrée de l'homme en société, elle a toujours existé. Toutefois, sans pour autant disparaître, elle a dû s'adapter à l'évolution de la société internationale ainsi qu'à l'institutionnalisation des relations internationales et à leur codification. Jusqu'à la fin du XIXe siècle, la guerre était considérée comme un attribut de la souveraineté des États. Ce n'est qu'avec le début du XXe siècle que le regard sur la guerre a véritablement changé. Ce changement est principalement le fruit de la CNU. La guerre est désormais régie par le droit. C'est le « *jus contra bellum* ».

Au lendemain de la Seconde Guerre mondiale, la CNU introduisait une nouvelle vision de la guerre. Désormais, il faut parler de *jus contra bellum* (ou droit contre la guerre) en lieu et place de « *jus ad bellum* » (droit de faire la guerre) autrefois légitimé. En effet, jusqu'au Pacte de la SdN (1919), l'État disposait de ce droit. Le Pacte Briand-Kellog de 1928 n'a fait que recommander le non-usage de la force. Tout en proscrivant le recours à la force dans les relations internationales (article 2 § 4), la Charte reconnaît aux États le droit de se défendre en toute légitimité. La légitime défense est en effet consacrée à l'article 51 de la Charte qui stipule qu'« [a]*ucune disposition de la* [...] *Charte ne porte atteinte au droit naturel de légitime défense, individuelle ou collective, dans le cas où un Membre des Nations unies est l'objet d'une agression armée, jusqu'à ce que le Conseil de sécurité ait pris les mesures nécessaires pour maintenir la paix et la sécurité internationales. Les mesures prises par des Membres dans l'exercice de ce droit de légitime défense sont immédiatement portées à la connaissance du Conseil de sécurité et n'affectent en rien le pouvoir et le devoir qu'a le Conseil, en vertu de la présente Charte, d'agir à tout moment de la manière qu'il juge nécessaire pour maintenir ou rétablir la paix et la sécurité internationales.* ».

La légitime défense peut ainsi être définie comme le « droit de réaction armée dont dispose à titre individuel ou collectif, tout État qui a été victime d'une agression armée ». Il s'agit d'un droit « naturel » c'est-à-dire qu'il est immanent et insusceptible de remise en cause. Son caractère coutumier a été reconnu par la CIJ en 1986 notamment dans son arrêt *Activités militaires et paramilitaires au Nicaragua* (Affaire des *activités militaires et paramilitaires au Nicaragua et contre celui-ci,* (*Nicaragua c. États-Unis d'Amérique*, arrêt, 27 juin 1986, CIJ, Recueil 1986, p. 14, § 176). Par ailleurs, ce droit existe autant au profit de l'État attaqué (légitime défense individuelle) que des États tiers (légitime défense collective). Toutefois, il s'agit d'un droit subsidiaire. En effet, l'article 51 introduit un tempérament à ce droit lorsqu'il stipule qu'il ne peut être invoqué que « jusqu'à ce que le Conseil de sécurité ait pris les mesures nécessaires » en vue de rétablir la paix. Il soumet en effet l'exercice de la légitime défense à l'existence d'une « agression armée ». En d'autres termes, toute violation de l'article 2 § 4 de la Charte ne donne pas nécessairement lieu à un droit de légitime défense. Que devons-nous entendre par « agression armée » (*armed attack* en anglais) ? En effet, le niveau d'intensité que doit atteindre une attaque pour être considéré comme une agression armée n'est pas défini dans la CNU. De surcroît, l'usage du terme agression en français et du terme « attack » en anglais ne permet pas d'éclaircir la notion.

230. Pour caractériser l'agression, il faut l'interpréter à la lumière de sa définition formulée par la résolution 3314 du 14 décembre 1974 de l'AGNU reprise lors de la Conférence de révision du statut de la Cour pénale internationale (CPI) en 2010. À l'article premier alinéa 1, la résolution 3314 (XXIX) 1974 précise que « l'agression est l'emploi de la force armée par un État [...] ». On observe bien qu'elle ne désigne que l'emploi et rejette la menace (d'une agression) et toute autre forme d'agression non armée notamment économique, idéologique. Sans être une liste exhaustive, l'agression est dite armée lorsqu'il y a entre autres invasion ou l'attaque du territoire d'un État par les forces armées d'un autre État ou toute occupation militaire, même temporaire en résultant, etc. C'est l'exemple des troupes de la Corée du Nord envahissant la Corée du Sud le 25 juin 1950, des troupes irakiennes envahissant le Koweït dans la nuit du 3 au 4 août 1990 ou encore des troupes de la coalition envahissant l'Irak le 20 mars 2003. Dès cet instant, c'est la nature de l'agression armée qui détermine l'étendue du droit de la légitime défense. Par conséquent, en plus d'être armée, l'agression doit être préalable, effective et surtout, grave. Aux termes de l'article premier al. 1 de la résolution 3314, l'agression armée est qualifiée de « grave » lorsqu'elle porte atteinte à la souveraineté de l'État. Il en résulte que l'agression doit être imminente de sorte à rompre la paix internationale et donc incompatible avec les buts et principes de l'ONU.

Comment qualifier la forme armée de l'agression ? Sans être très précise, la résolution 3314 offre néanmoins des éléments de réponse lorsqu'elle stipule à l'article 2 que « l'emploi de la force armée en violation de la Charte par un État agissant le premier constitue la preuve suffisante à première vue d'un acte d'agression ». À la lecture de cette disposition, trois critères cumulatifs permettent de qualifier la forme armée de l'agression. Le premier critère est relatif à la violation du principe sacré de l'interdiction du recours à la force dans les relations internationales. Le deuxième critère est celui de l'antériorité, c'est-à-dire que l'État agresseur doit agir le premier. Enfin, le troisième critère est relatif à la gravité des faits. Lorsque les trois critères sont réunis, l'exercice de la légitime défense devient légitime pour l'État.

L'exercice de la légitime défense doit satisfaire à deux conditions essentielles lorsqu'elle est de droit. Il s'agit des conditions de nécessité et de proportionnalité. La CIJ qualifie ces critères de fondamentaux lorsqu'elle relève que « [l]*a soumission de l'exercice du droit de légitime défense aux conditions de nécessité et de proportionnalité est une règle du droit international coutumier*. [...] *Cette double condition s'applique également dans le cas de l'article 51 de la Charte, quels que soient les moyens mis en œuvre.* ». La Cour l'avait déclaré dans l'affaire des Activités militaires et paramilitaires au Nicaragua et contre celui-ci (Nicaragua c. États-Unis d'Amérique). Elle avait déclaré qu'il existe une « règle spécifique ... bien établie en droit international coutumier » selon laquelle « la légitime défense ne justifierait que des mesures proportionnées à l'agression armée subie, et nécessaires pour y riposter ». En ce qui concerne le critère de nécessité, il signifie que l'État doit être menacé de telle sorte que la nécessité de se défendre s'impose impérativement à lui. Il implique que le recours à la force armée constitue le seul moyen pour écarter la menace manifestement imminente ; la seule alternative. Par exemple Israël a mis en exergue le critère de nécessité dans deux cas différents : lors de l'opération de sauvetage des otages sur l'aéroport d'Entebbe en Ouganda le 4 juillet 1976. Même justification pour le cas de la construction du mur en territoire palestinien. La CIJ a rejeté le critère de nécessité sans condamner le principe de la construction du mur mais son édification en Palestine (CIJ, *Avis consultatif relatif aux conséquences juridiques de l'édification d'un mur dans le territoire palestinien occupé*, 9 juillet 2004, pp. 55-56, §§ 137-138). C'est une nécessité instantanée et évidente. Quant au critère de proportionnalité (par exemple dans l'Affaire des *activités militaires et paramilitaires au Nicaragua et contre celui-ci* (Nicaragua contre les États-Unis d'Amérique), CIJ, Recueil 1986, § 176.), il suppose un équilibre ou une adéquation entre les dommages causés par l'agression armée et la réaction qui s'ensuit. Cela veut dire que les mesures nécessaires prises dans le but de riposter et de neutraliser définitivement la source du danger ne doivent pas dépasser en ampleur les effets de l'agression armée. Ce principe reste en général difficile d'application dans la mesure où la réaction d'un État agressé dépend très souvent de la nature des cibles visées dans la riposte.

Au vu de la gravité de l'agression armée et de la farouche riposte qui pourrait s'ensuivre, la CNU limite la portée de la légitime défense dans le temps. L'État victime perd en effet rapidement sa liberté d'action et son droit de légitime défense cesse d'être appliqué une fois que le Conseil de sécurité entre en action en sa qualité de gardien de la paix mondiale et moteur du dispositif onusien de sécurité collective. Dans l'avis qui lui a été demandé, la Cour n'a pas hésité à conclure à l'illicéité de l'emploi de l'arme nucléaire en DIH.

B. L'illicéité de l'emploi de l'arme nucléaire en droit international humanitaire

231. D'entrée de jeu, il faut souligner que l'interdiction des armes nucléaires dans les conflits armés internationaux (CAI) est le produit de l'application d'une approche déductive à l'ordre juridique international des conflits armés. En effet, il n'existe aucune prescription spécifique de droit international coutumier ou conventionnel qui autoriserait l'emploi d'armes nucléaires dans certaines circonstances et même en particulier lorsqu'il y a un exercice justifié de la légitime défense. Il n'existe pas non plus de principe ou de règle de droit international qui ferait dépendre d'une autorisation particulière la licéité de l'emploi d'armes nucléaires ou de toute autre arme (*Avis consultatif sur la licéité de la menace ou de l'emploi d'armes nucléaires*, § 52). Toutefois, il faut s'accorder avec la CIJ qu'on ne se trouve pas pour autant devant un vide juridique dans la mesure où les règles du DIH doivent pouvoir logiquement s'appliquer aux armes nucléaires. Par 11 voix contre trois, la Cour a décidé que « [l]a menace ou l'emploi d'armes nucléaires devrait aussi être compatible avec les exigences du droit international applicable dans les conflits armés.

Rappelons que deux principes cardinaux forment le tissu du droit international des conflits armés. Le premier principe est destiné à protéger la population civile et les biens de caractère civil en établissant la distinction entre combattants et non-combattants. En vertu de ce principe, les États belligérants ne doivent jamais prendre pour cible des civils, ni en conséquence utiliser des armes qui sont dans l'incapacité de distinguer les cibles civiles des cibles militaires. Aux termes du second principe, les États ne doivent jamais causer des maux superflus aux combattants. À cet effet, il est interdit d'utiliser des armes leurs causant de tels maux ou aggravant inutilement leurs souffrances. En application de ce second principe, les belligérants n'ont pas un choix illimité quant aux armes qu'ils emploient pour nuire à l'ennemi (article 22 du Règlement de La Haye de 1907 concernant les lois et coutumes de la guerre sur terre).

Pour des « considérations élémentaires d'humanité » (la CIJ a utilisé cette expression dans son arrêt du 9 avril 1949 rendu dans l'affaire du Détroit de Corfou au § 22), le droit humanitaire a ainsi interdit certaines armes, soit parce qu'elles frappaient de façon indiscriminée les combattants et les populations civiles, soit parce qu'elles causent aux combattants des souffrances inutiles, Ces règles fondamentales s'imposent d'ailleurs à tous les États, qu'ils aient ou non ratifié les instruments conventionnels qui les expriment, parce qu'elles constituent des principes intransgressibles du droit international coutumier. La partie du DIH conventionnel qui est sans doute devenue partie du droit international coutumier est le droit applicable aux conflits armés faisant l'objet des instruments suivants : les Conventions de Genève du 12 août 1949 pour la protection des victimes de la guerre ; la Convention de La Haye (IV) concernant les lois et coutumes de la guerre sur terre et les règles y annexées du 18 octobre 1907 ; la Convention pour la prévention et la répression du crime de génocide du 9 décembre 1948, le statut du Tribunal militaire international du 8 août 1945.

De manière générale, il faut citer entre autres l'article 23 § a) du Règlement concernant les lois et coutumes de la guerre sur terre, annexé à la Convention IV de La Haye du 18 octobre 1907 qui interdit l'emploi du poison ou des armes empoisonnées. Également, le protocole de Genève du 17 juin 1925 interdit « l'emploi à la guerre de gaz asphyxiants, toxiques ou similaires, ainsi que de tous liquides, matières ou procédés analogues ». De manière spécifique, outre les armes classiques, la prohibition a concerné les ADM notamment les armes biologiques et chimiques. En ce qui concerne les armes classiques, il faut citer entre autres, la deuxième Déclaration de La Haye du 29 juillet 1899 interdisant l'emploi de projectiles qui ont pour but unique de répandre des gaz asphyxiants ou délétères ; la Convention sur l'interdiction ou la limitation de l'emploi de certaines armes classiques produisant des effets traumatiques excessifs ou comme frappant sans discrimination de 1980 ; la Convention sur les armes à sous-munitions de 2008Les armes biologiques ont été prohibées plus tôt avec la CIAB du 10 avril 1972 et les armes chimiques avec la CIAC du 13 janvier 1993.

232. Au regard de cet ordre juridique, l'emploi d'armes nucléaires n'est pas expressément interdit au cours d'un conflit armé. Comme l'a cependant estimé la CIJ dans son avis consultatif de 1996, « *on ne peut cependant en conclure que les principes cardinaux et règles établis du droit humanitaire applicables dans les conflits armés ne s'appliquent pas aux armes nucléaires. Une telle conclusion méconnaîtrait la nature intrinsèquement humanitaire des principes juridiques en jeu, qui imprègnent tout le droit des conflits armés et s'appliquent à toutes les formes de guerre et à toutes les armes, celles du passé, comme celles du présent et de l'avenir.* » (Avis Consultatif sur la licéité de la menace ou de l'emploi de l'arme nucléaire, § 86). Il s'avère que l'emploi de l'arme nucléaire dans un conflit armé, même en situation de légitimité, ne saurait en aucune manière distinguer les cibles civiles de celles militaires, ni causer un mal normal ni manifester un quelconque signe d'humanisme. Il remet totalement à plat l'essence du DIH. Cela expliquerait l'interdiction de leur emploi par ce dernier. Toutefois, seuls sept juges dont le président sur les quatorze ont estimé que son emploi est contraire au DIH. Est-ce que cela vaut-il même dans une « circonstance extrême de légitime défense » ? Reste donc percevable, l'incidence de la définition de la circonstance extrême sur l'étendue de la légitime défense.

§ 2. Incidence de la définition de la circonstance extrême sur l'étendue de la légitime défense

233. Si la Cour n'a pas expressément défini tous les paramètres de ce que l'on doit entendre par « circonstance extrême », elle a néanmoins laissé des indices. En effet, en affirmant qu'elle ne peut conclure que la menace ou l'emploi d'armes nucléaires serait licite ou illicite dans une circonstance extrême de légitime défense « dans laquelle la survie même d'un État serait en cause », elle érige la menace de la survie de l'État comme critère (A) principal traduisant le caractère extrême de la circonstance dans laquelle se trouverait ledit État. Toutefois, cette conception tend vers une remise en cause du critère de proportionnalité de la légitime défense à la menace d'agression (B).

A. La menace de la survie de l'État comme critère retenu par la Cour

234. L'article 51 de la CNU ne spécifie pas, au-delà du caractère « armé », l'agression dont l'État doit être victime. L'on peut affirmer que la riposte qui se veut nécessaire et proportionnée à une telle attaque entre dans le cadre de la « simple » légitime défense. En effet, en parlant de circonstance « extrême » de légitime défense, la Cour procède à une certaine différenciation de la notion même de légitime défense. Désormais, l'on peut sur cette base parler de circonstance « simple » de légitime défense et de circonstance « extrême » de légitime défense. Cela découle d'une interprétation extensive du droit international en matière de légitime défense.

À quel moment la circonstance autrement dit l'agression armée est-elle « extrême » ? L'on peut avancer une hypothèse. La première impression peut se focaliser sur l'ampleur de l'attaque armée. Ainsi, la circonstance de légitime défense serait « extrême » au regard de l'ampleur de l'agression armée dont l'État a été victime. Autrement dit, lorsque l'agression armée va au-delà d'une simple attaque armée. Cela nous amène à qualifier l'attaque armée dit « simple ». En rappel, lorsque l'agression armée porte atteinte à la souveraineté de l'État, elle est qualifiée de « grave ». L'agression armée doit être dirigée « contre la souveraineté, l'intégrité territoriale de l'État, son indépendance politique et/ou de toute autre manière incompatible avec la CNU » (article 1er al. 1 de la résolution 3314).

Partant du droit international, l'ampleur de l'attaque se déduit principalement de la qualité des armes utilisées et de l'ampleur des dégâts. On peut ajouter la stratégie d'attaque.
Une attaque par des armes classiques ne saurait avoir la même ampleur que celle par des ADM.
Même si toute attaque armée est susceptible de porter atteinte à la souveraineté de l'État, toute attaque armée n'est pas susceptible de mettre en péril la « survie de l'État ». En interprétant de manière extensive la conclusion de la Cour, l'on peut renvoyer la notion de « survie » de l'État à celle de l'existence de l'État. Sur cette ligne, nous serons dans une circonstance extrême de légitime défense lorsque l'existence de l'État serait en cause, autrement dit, lorsque l'État (territoire, population et gouvernement) peut être rayé de la carte comme l'avait une fois proféré le président américain Donald TRUMP à l'encontre de la Corée du Nord. Dans un discours à

l'occasion de la 72e AGNU, le président TRUMP tint les propos suivants : « *si nous sommes obligés de nous défendre ou de défendre nos alliés, nous n'aurons d'autre choix que de détruire totalement la Corée du Nord.* ». On aura compris que le mot « survie » est pris dans son sens large. Objectivement, pour remettre en cause l'existence d'un État de par la menace d'une agression ou par l'agression même, il faut une ADM. À ce propos l'arme nucléaire est la mieux placée. Sans revenir sur les conséquences d'une attaque par arme nucléaire, il s'ensuit que seule une menace d'emploi ou une agression armée par une ADM et particulièrement par une arme nucléaire permettrait à l'État victime de se retrouver dans une circonstance « extrême » de légitime défense où sa survie serait en péril. Dans un sens restreint, la menace de la « survie » de l'État peut désigner simplement l'atteinte à sa souveraineté, à son intégrité territoriale, à son indépendance politique, c'est-à-dire l'agression « grave ». Dans cette hypothèse, la circonstance « extrême » de légitime défense serait remplie, du fait d'une « simple » attaque susceptible de porter atteinte à l'une ou l'autre des composantes essentielles de l'État. L'exigence d'une ADM et en particulier, de l'arme nucléaire ne serait donc pas nécessaire.

235. La précision de la Cour quant au risque de survie que l'État peut courir ne peut pas affecter sensiblement la position d'un État victime d'une attaque armée. Deux éléments d'explications peuvent être avancés. D'abord, le droit international permet à l'État victime d'une attaque de riposter même face à une attaque insusceptible de mettre en cause sa survie au sens large du terme. Ceci implique que l'État surtout épris de montrer sa force de frappe ne perdra pas du temps dans la qualification de l'agression armée en évaluant son impact sur sa survie. Dans cet élan, la circonstance, fut-elle « extrême » ou non, ne saurait influencer le choix de l'État à riposter. Ensuite, en dehors d'une menace d'emploi ou d'une agression par ADM, l'appréciation du caractère « extrême » d'une attaque reste bien subjective. Dès lors, l'appréciation du caractère « extrême » d'une circonstance née d'une agression armée relève de l'interprétation souveraine de l'État. Ce dernier peut donc, riposter en considérant toute agression armée « grave » comme mettant en péril sa survie. En invoquant la survie de l'État comme critère de détermination de la circonstance extrême de légitime défense, la CIJ avait l'opportunité d'apporter une interprétation claire de la compréhension des qualificatifs qu'elle emploie. Par ailleurs, si l'arme nucléaire peut être utilisée dans une circonstance extrême de légitime défense, cela tend vers une remise en cause certaine du critère de proportionnalité nécessaire à la qualification de la légitime défense.

B. Vers une remise en cause du critère de proportionnalité de la légitime défense à la menace d'agression

236. D'entrée, il faut rappeler que le critère de proportionnalité commande un équilibre ou une adéquation entre les dommages causés par l'agression armée et la riposte qui s'ensuit. Il reste d'application difficile. D'ailleurs, il a été violé dans bien des cas. À titre illustratif, en 2001, les États-Unis, en réponse aux attaques du 11 septembre 2001, se sont lancés dans le bombardement des cellules terroristes du groupe Al-Qaïda et des infrastructures de base de l'État afghan. Ils l'ont fait par des moyens militaires très sophistiqués. Il s'avère que même si les États-Unis avaient demandé à l'Afghanistan avant d'exercer leur droit à la riposte de livrer les commanditaires des attaques, cela ne leur donnait aucun droit de s'attaquer à d'autres cibles autres que les cellules terroristes. Également, durant l'été 2006, en réponse à une attaque du Hezbollah contre une de ses patrouilles qui avait fait deux morts et l'enlèvement d'un de ses soldats, Israël décidait d'envahir le Liban en légitime défense. Le non-respect du principe de la proportionnalité dans cette riposte lui avait valu une condamnation quasi-unanime.

237. N'ayant pas expressément exclu la menace par l'arme nucléaire ou son emploi dans une circonstance de légitime défense, la Cour ouvre une large brèche aux EDAN. Cela signifie qu'ils peuvent s'en servir en se retranchant derrière cette « faveur » de la Cour. Dès lors, si une puissance nucléaire peut utiliser son arme nucléaire en riposte à une agression armée, cela implique que le principe de proportionnalité ne soit plus de mise. En effet, pour un équilibre ou une adéquation entre les dommages causés par l'agression armée par arme nucléaire et la riposte en réponse, l'État menacé ou agressé doit également faire usage d'une arme nucléaire. N'oublions pas la situation des États sous parapluie nucléaire. L'État sous parapluie nucléaire bénéficie de la protection de l'EDAN contre toute agression armée à l'arme nucléaire. Cela signifie que l'EDAN peut intervenir en appui et même en lieu et place de l'État qui se trouve sous son parapluie dans la riposte contre toute attaque nucléaire que ce dernier aurait subi. En amont, cela signifie que le principe de proportionnalité ne peut être effectif lorsque l'arme nucléaire est en cause, qu'uniquement entre États en disposant. Dans ce contexte, la légitime défense ne prévaudrait qu'entre puissances nucléaires et donc dans une situation de destruction mutuelle et par ricochet, de l'humanité tout entière. Une telle proportionnalité devient du coup totalement inacceptable vu qu'*a fortiori* son utilisation ou sa menace d'utilisation par un seul État est inacceptable. Il faut toutefois, admettre qu'il serait très difficile de convaincre un EDAN victime d'une agression par arme nucléaire qui a pu, bien sûr, se relever, de ne pas riposter ou de ne le faire qu'avec des armes conventionnelles.

En aval, cela signifie que la puissance nucléaire peut faire usage de son arme contre un État qui n'en dispose pas si ce dernier, par quelque moyen que ce soit, a pu mettre en péril la survie de la puissance nucléaire. Dans cette hypothèse extrême, le critère de proportionnalité vole en éclats. Heureusement, une barrière est établie dans ce sens par le TNP et que la résolution 255 du Conseil de sécurité du 19 juin 1968 confirme. En effet, les EDAN ont offert des garanties négatives de sécurité aux ENDAN en contrepartie de leur renonciation totale à l'arme nucléaire. Ils se sont engagés à ne jamais employer d'armes nucléaires contre les ENDAN parties au TNP quel qu'en soit la circonstance et à les protéger en cas de menace ou d'agression. Cela implique que, même dans une circonstance extrême de légitime défense, l'arme nucléaire ne saurait être utilisée comme arme de riposte à l'encontre d'un ENDAN. Ainsi, par exemple, les États-Unis ne sauraient même invoquer une légitime défense quelconque pour utiliser l'arme nucléaire contre un ENDAN, soit-il son pire ennemi tel l'Iran. Si la CIJ a joué sa partition en se prononçant sur la légalité de l'utilisation de l'arme nucléaire, qu'en a-t-il été de l'ONU proprement dite depuis l'adoption du TNP à celui du TIAN c'est-à-dire de 1968 à 2017 ?

SECTION II.

L'INTERDICTION DEVANT L'ONU

238. Les premiers efforts de diplomatie multilatérale dans le domaine du nucléaire militaire ont abouti à l'adoption d'un certain nombre de résolutions à la fois par l'AGNU et le CSNU. Rappelons que la toute première résolution de l'AGNU en 1946 contenait précisément la promesse de l'élimination de toutes les ADM. Ce n'est que plus tard que l'AGNU tiendra du 23 mai au 30 juin 1978 à New York sa dixième session extraordinaire, la première qui soit officiellement consacrée au désarmement de façon générale. À cette session, puis avant la fin de la même année, les cinq EDAN ont donné aux ENDAN des garanties unilatérales en matière de sécurité. Six documents matérialisent ces garanties. Le CSNU, quant à lui, ne condamnera officiellement « la prolifération de toutes les ADM » comme « menace à la paix et à la sécurité internationales » que le 31 janvier 1992 dans sa déclaration prononcée à l'occasion d'une réunion qu'il avait tenue au niveau des chefs d'État et de gouvernement à New York au siège des Nations unies. On observe depuis longtemps que l'activité de l'AGNU dans la limitation de la course à l'arme nucléaire bat de loin celle du Conseil. Cela est tout à fait logique vu qu'elle est l'instance qui accueille tous les États, tous les grands événements et vu les fonctions et pouvoirs qui lui ont été reconnus. L'article 10 de la CNU stipule en effet : « l'Assemblée générale peut discuter toutes questions ou affaires rentrant dans le cadre de la présente Charte ou se rapportant aux pouvoirs et fonctions de l'un quelconque des organes prévus dans la Charte, et sous réserve des dispositions de l'article 12, formuler sur ces questions ou affaires des recommandations aux Membres de l'ONU, au Conseil de sécurité, ou aux Membres et au Conseil de sécurité ». La présente analyse portera en premier lieu, sur les résolutions du Conseil de sécurité relatives à l'utilisation de l'arme nucléaire (§ 1) puis en second lieu, sur l'interdiction de l'arme nucléaire devant l'AGNU (§ 2).

§ 1. L'interdiction devant le Conseil de sécurité

239. Pour l'analyse des résolutions du CSNU, nous suivrons le même cheminement que celui utilisé dans l'examen du contenu des traités dans le domaine du désarmement et de la non-prolifération. Loin de là l'idée d'égaler les résolutions du Conseil aux traités. En effet, une résolution adoptée par le CSNU n'a pas de forme similaire à un traité et leurs contenus sont susceptibles de varier notablement. La structure des résolutions adoptées par le CSNU présente en général deux composants : un préambule et un dispositif opérationnel. Le préambule traite de « références générales à l'événement, déclarations, accords, etc. ». Quant au dispositif opérationnel, il contient une série d'éléments déterminants qu'exigent les États concernés. La résolution du CSNU peut revêtir un caractère contraignant. La résolution juridiquement contraignante est généralement prise en vertu du chapitre VII de la Charte. On y trouve habituellement une référence audit chapitre en fin de préambule et dans sa partie « décision », des verbes tels que « décider », « exiger », « ordonner » en lieu et place de « demander ». Le présent examen portera sur la résolution 255 (A) puis sur la résolution 1887 (B) tous du CSNU.

A. La résolution 255

240. La résolution 255 a été adoptée le 19 juin 1968 et porte « question relative aux mesures à prendre pour garantir la sécurité des [ENDAN] parties au TNP ». Elle a été adoptée dans un contexte où la question de la limitation de la prolifération nucléaire était à son point des plus sensibles. La scène internationale dans son entièreté était « bouleversée » par les négociations sur le TNP qui tiraient à leur fin. Telle qu'intitulée, la résolution 255 se rapporte aux « garanties positives de sécurité » au bénéfice des ENDAN. En effet, les EDAN s'étaient engagés dans le texte du TNP à ne jamais utiliser d'arme nucléaire contre un ENDAN partie au TNP, d'où l'idée d'une résolution accordant des garanties d'intervention du CSNU et offrant une assistance en cas d'attaque nucléaire contre des ENDAN. La contrepartie était la renonciation pour toujours des ENDAN à l'arme nucléaire. La résolution 255 a été proposée au CSNU par les États-Unis, la Russie et le Royaume-Uni. Appuyé par l'AGNU, le CSNU a voulu confirmer la bonne foi des EDAN à respecter leur engagement. L'histoire révèle que l'adoption de cette résolution a été plus ou moins aisée bien que la méfiance de certains États ne se soit pas fait attendre. Outre quelques tractations, la Russie, les États-Unis et le Royaume-Uni se sont finalement accordés sur l'intérêt de cet instrument. Ils furent suivis par la France et certains États même si certains ENDAN n'étaient pas convaincus de la portée réelle de cet instrument.

241. La résolution 255 est l'une des plus brèves résolutions du CSNU dans le domaine de désarmement et de la non-prolifération nucléaire. On peut citer entre autres comme première catégorie de résolutions, les résolutions S/RES/1172(1998) (Les essais nucléaires de l'Inde et du Pakistan), S/RES/1695(2006) (Le lancement des missiles balistiques par la RPDC), S/RES/1718(2006) et S/RES/1874(2009) (Les essais nucléaires par la RPDC) condamner les menaces à la paix et la sécurité internationales. Une autre catégorie est celle des résolutions plus génériques dans le domaine du désarmement et la non-prolifération telles que S/RES/1540(2004) (La non-prolifération des armes de destruction massive) et S/RES/1887(2009) (Maintien de la paix et de la sécurité internationales : Non-prolifération et désarmement nucléaire). Il faut citer les résolutions S/RES/1737(2006), S/RES/1747(2007), S/RES/1803(2008) et S/RES/1929(2010) sur le programme nucléaire clandestin iranien.

La résolution 255 présente un préambule de trois paragraphes et un dispositif opérationnel de trois paragraphes de même. Sans aucune annexe ni renvoi à d'autres documents, cette résolution ne comprend pas non plus d'organisation de secrétariat, ni mécanisme d'examen ni mesures propres à redresser une situation, etc., c'est-à-dire les éléments généralement conçus sous forme d'un traité.

Adoptées par dix voix contre zéro avec cinq abstentions (se sont abstenus : l'Algérie, le Brésil, la France, l'Inde et le Pakistan) lors de la 1433ème séance du Conseil, la résolution 255 réaffirme, dans son préambule, l'engagement pris par les ENDAN en vertu du TNP, à renoncer de manière complète à tout DNE (§ 1 du préambule). Toutefois, le souci de ces États quant à l'effectivité de la protection que les EDAN leur garantissent a été l'unique considération en vertu de laquelle la résolution a été adoptée (§ 2 du préambule). Il s'avère que la vérifiabilité de l'engagement dépendait d'une agression armée contre les ENDAN avec emploi d'armes nucléaires même si le CSNU n'avait pas omis que, même dans une circonstance de légitime défense, une telle agression ne saurait que mettre notablement en péril la paix et la sécurité internationale (§ 3 du préambule).

242. Du dispositif de la résolution, il ressort que le CSNU définit d'abord l'urgence et la nécessité pour lui et pour les EDAN d'assister les ENDAN face à toute menace ou à tout emploi d'armes nucléaires contre un ENDAN (première disposition de la résolution). C'est ce qu'on appelle les garanties positives de sécurité. L'obligation de défendre les ENDAN appartient au premier chef aux EDAN dans la mesure où ils se sont engagés à titre principal à travers le TNP. L'intervention du Conseil tout comme celui des EDAN doit être conforme à la CNU. En effet, tel que vu à l'article 51 de la Charte, le droit souverain des États à se défendre en toute légitimité face à une agression armée est garanti. À travers leur engagement, les EDAN se sont érigés en défenseurs légitimes des ENDAN. Ceci implique que, face à une agression armée par arme nucléaire contre un ENDAN, les

EDAN doivent automatiquement se considérer comme étant les États agressés et supplanter immédiatement les ENDAN dans la riposte contre l'agression. Quant au Conseil, en sa qualité de gardien de la paix et de la sécurité internationales, il pourrait intervenir en vertu de la même disposition mais également, en vertu de l'article 42 de la Charte afin de maintenir lesdites paix et sécurité internationales. En rappel, cet article stipule que « le Conseil de sécurité peut entreprendre, au moyen de forces aériennes, navales ou terrestres, toute action qu'il juge nécessaire [...] ». Ensuite, en exprimant sa satisfaction quant à l'engagement pris par les EDAN (Deuxième disposition de la résolution), le Conseil a réaffirmé le droit naturel de chaque État (donc y compris les EDAN) à la légitime défense (Troisième et dernière disposition de la résolution). Si la Résolution 255 s'est focalisée sur les garanties positives de sécurité, un point tout à fait différent est abordé par la Résolution 1887 du Conseil de sécurité.

B. La résolution 1887

243. Contrairement à la résolution 255, le contenu de la résolution 1887 est étoffé. En effet, son préambule se décline en 25 paragraphes et le dispositif opérationnel, en 29 dispositions. Toutefois, comme la résolution 255, elle ne renvoie pas non plus à une annexe ni ne consacre de secrétariat, ni un dispositif de vérification etc. Comme observation générale, la majorité des dispositions constituant son dispositif opérationnel revêtent une forme de simple sollicitation. La résolution 1887 a été adoptée à l'unanimité le 24 septembre 2009 à l'occasion de la première réunion au sommet des Chefs d'État ou de gouvernement des États membres du CSNU consacrée à la non-prolifération et au désarmement nucléaires. Ledit Sommet était présidé par le président américain Barack OBAMA. La résolution 1887 n'est que le fruit de l'initiative « un monde sans armes nucléaires », que le président a énoncée le 5 avril 2009 à Prague.

Dans le préambule, la résolution 1887 énonce tout d'abord son but ultime. Elle vise un monde sans armes nucléaires (§ 1 du préambule). Pour ce, la résolution n'a pas manqué de rappeler les responsabilités incombant à la CD, aux organisations internationales ainsi qu'à l'ONU dans l'effectivité du processus de désarmement (§ 5 du préambule). Par ailleurs, elle rappelle l'importance du TNP comme fondement essentiel du processus de désarmement nucléaire (§ 6 du préambule) tout en encourageant les États au respect de son article VI consacrant l'obligation de négocier de bonne foi le désarmement nucléaire (§ 12 du préambule). Sans se limiter au TNP, le préambule fait également référence à une série de déclarations (§ 2 du préambule), de résolutions du Conseil (§ 16 et § 17 du préambule) et des documents finaux des conférences d'examen de 1995 et de 2000 adoptés par consensus. Si la question du désarmement nucléaire est un point focal, celle du terrorisme nucléaire n'en était pas moins. Il allait ainsi de droit que la résolution 1887 rappelle le danger émergeant du terrorisme nucléaire et la nécessité d'une symbiose des actions. Au § 19 du préambule, le Conseil se dit « profondément préoccupé par la menace que constitue le terrorisme nucléaire, et reconnaissant qu'il est nécessaire que tous les États adoptent des mesures efficaces pour empêcher que les terroristes aient accès à des matières nucléaires ou à une assistance technique » et il affirme au § 22, « son appui […] à la Convention internationale pour la répression des actes de terrorisme nucléaire (CIRATN) ».

244. Le dispositif de la résolution identifie plusieurs mesures visant à renforcer le processus de désarmement nucléaire, la sécurité nucléaire dans le monde et à enclencher une dynamique plus forte vers l'utilisation pacifique et l'interdiction complète des essais nucléaires. Aux premières lignes, la résolution 1887 consacre le rôle éminent des Nations unies dans le renforcement du cadre global de la non-prolifération des ADM et particulièrement des armes nucléaires. Elle réaffirme ainsi l'implication du CSNU dans la lutte contre la prolifération nucléaire. En effet, aux termes de sa première disposition, la Résolution 1887 précise que toute situation de non-respect des obligations en matière de non-prolifération sera portée à l'attention du Conseil qui appréciera si elle constitue ou pas une menace pour la paix et la sécurité internationales. Elle octroie donc au Conseil la responsabilité principale dans le domaine de la lutte contre lesdites menaces. Par « obligation en matière de non-prolifération », l'on entend les différents engagements pris par les États en matière de non-prolifération notamment dans le TNP mais aussi dans la CIAC et dans la CIAB ainsi qu'en vertu de cette même Résolution 1887.

En ce qui concerne le processus de désarmement, la résolution se réfère aux engagements pris en matière de désarmement et demande à ce que des mesures soient prises en ce qui concerne la non-prolifération et le terrorisme nucléaire. Elle s'appuie à cet effet sur les obligations et les initiatives existantes. Respectivement à ses dispositions 4 et 5, elle attache une attention particulière à l'adhésion au TNP, à son respect et rappelle l'engagement des États parties en vertu de son article VI à poursuivre de bonne foi les négociations pour un désarmement général et complet sous un contrôle international strict et efficace tout en invitant l'ensemble des États à se joindre à cette entreprise. En outre, en se référant à la résolution 984 (1995) qui ajoute aux garanties « positives » de sécurité de la résolution 255 les garanties « négatives » de la part des EDAN, la résolution 1887 rappelle l'obligation pour les EDAN de protéger les ENDAN contre l'utilisation des armes nucléaires.

La résolution 1887 n'a pas fait fi du projet d'interdiction de la production de matières fissiles militaire. À cet effet, elle lance un appel aux principaux acteurs, à savoir les États, à s'accorder sur les principes de cette interdiction et à se mobiliser pleinement pour l'émergence d'un traité. En effet, le Conseil a prié « la CD de négocier dès que possible un traité interdisant la production de matières fissiles pour des armes nucléaires et autres engins explosifs nucléaires » (Disposition 8 de la résolution). Dans cette lancée, elle fait la promotion de l'UPEN en réaffirmant le droit inaliénable des États parties au TNP à cette utilisation (Disposition 12 de la résolution), en encourageant les efforts déjà déployés à cet effet (Disposition 11 de la résolution) et en reconnaissant l'efficacité de l'action ainsi que des garanties de l'AIEA dans ce sens. La disposition 17 « affirme que des garanties efficaces de l'AIEA sont indispensables pour empêcher la prolifération nucléaire et faciliter la coopération dans le domaine de l'UPEN [...] ». Sur ce dernier point, le Conseil met un accent particulier sur l'obligation des États dotés ou non d'armes nucléaires à soutenir l'action de l'Agence (Disposition 16 de la résolution) et traduit en nécessité absolue son fonctionnement continuel et efficace. À cet effet, le Conseil « encourage les travaux que l'AIEA [...] et prie le Conseil des gouverneurs de l'AIEA d'adopter dès que possible des mesures à cette fin » (Disposition 14 de la résolution).

En ce qui concerne la question de la sécurité nucléaire, les sollicitations émises portent sur l'adhésion des États à la Convention Internationale pour la Répression des Actes de Terrorisme Nucléaire (CIRATN) du 13 avril 2005 (Disposition 21 de la résolution) ; sur la mise en œuvre intégrale de la résolution 1540 (2004) par les États Membres (Disposition 23 de la résolution) ; sur l'amélioration des normes de sûreté et les pratiques en matière de sécurité nucléaire afin de réduire le risque de terrorisme nucléaire (Disposition 24 de la résolution) mais aussi, sur la nécessité d'une large implication des États dans la sécurisation des installations nucléaires dans tous leurs composants. Le Conseil appelle les États à la responsabilisation dans tous les secteurs du nucléaire (respectivement les dispositions 25, 26 et 27 de la résolution).

En ce qui concerne les essais nucléaires, la résolution 1887 prie les EDAN et ceux qui ne l'ont pas encore fait, de consacrer l'interdiction des essais nucléaires et de négocier un nouveau traité pour mettre fin à la production de matières fissiles. Elle fait une référence expresse au TICE en invitant « tous les États à s'abstenir de procéder à des essais nucléaires et à signer et ratifier le TICE afin qu'il entre rapidement en vigueur » (Disposition 7 de la résolution), ce qui traduit une nouvelle posture américaine sur la question. L'administration Bush s'opposait à la ratification du TICE. Il était donc très difficile d'inclure la phrase liée au TICE. Cette difficulté s'est présentée à deux reprises notamment dans les résolutions S/RES/1718 et S/RES/1874. La résolution S/RES/1174 quant à elle, contient un appel à l'adhésion au TICE. Le CSNU joue un rôle vraiment actif en faveur du processus de désarmement nucléaire. Dominé cependant par les cinq EDAN, d'ailleurs membres permanents, son action normative est facilement assimilée à l'expression de leurs intentions. Le débat fut aussi houleux devant l'AGNU sur la question de l'interdiction de l'arme nucléaire.

§ 2. L'interdiction devant l'Assemblée générale

245. En rappel, la Conférence multilatérale tenue du 27 au 31 mars 2017 a été la première session sur la négociation du TIAN et celle tenue du 15 juin au 7 juillet, la seconde session. Elles se sont toutes tenues au siège de Nations unies à New York. C'est au sortir de la seconde session que le texte du TIAN fut adopté. L'adoption de cet instrument a été accueillie par la plupart des États avec joie et soulagement, mais par les puissances nucléaires avec consternation. Cela laisse aisément imaginer le climat qui a régné tout au long de ces sessions. En effet, il y eut l'opposition des États possesseurs d'armes nucléaires (A) à l'interdiction desdites armes. Au final, c'est la consécration de l'interdiction de l'arme nucléaire (B) qui fut cependant retenue.

A. L'opposition des États possesseurs d'armes nucléaires

246. Au lendemain d'une série de conférences intergouvernementales sur les conséquences humanitaires d'une explosion nucléaire et des semaines de discussions au sein de l'OEWG à Genève en 2013 et 2016, des résolutions parmi lesquelles la résolution A/C.1/71/L.41 (cette résolution est intitulée « Faire avancer les négociations multilatérales sur le désarmement nucléaire ».), ont été déposées par le mouvement dit de « l'Initiative humanitaire » (les États déposants sont précisément l'Autriche, le Mexique, l'Afrique du Sud, l'Ireland, le Brésil et le Nigéria) auprès de l'AGNU. Sur la création de l'OEWG, il faut dire qu'en décembre 2015, la résolution 70/33 « Faire avancer les négociations multilatérales sur le désarmement nucléaire » est adoptée par 135 voix à la 70e AGNU. Ce texte a créé pour l'année 2016, l'OEWG dont les sessions étaient ouvertes à tous les États et à la société civile. Avec plus de 100 États par session, le Groupe fut un succès en termes de participation.

Le document final de la 8e Conférence d'examen du TNP de 2010 faisait mention de la vive préoccupation de la Conférence face aux conséquences catastrophiques sur le plan humanitaire qu'aurait l'emploi d'une arme nucléaire. Dès cet instant, la porte fut ouverte au mouvement de « l'Initiative humanitaire ». Le Mexique, l'Autriche, le Costa Rica, l'Afrique du Sud et l'Irlande ainsi que la société civile ont engagé un vaste mouvement de prise de conscience du danger de la détonation d'une arme nucléaire.

L'adoption de cette résolution le 27 décembre 2016 a ouvert la voie à une conférence « ayant pour objectif la négociation d'un instrument juridiquement contraignant visant à interdire les armes nucléaires en vue de leur élimination complète ». Le texte a été approuvé au sein de l'ONU à une large majorité : 123 votes pour, 38 contre et 16 abstentions. Sous la présidence d'Elayne Whyte GOMEZ, Ambassadrice du Costa Rica, le premier cycle de négociations a réuni du 27 au 31 mars au sein des Nations unies à New York en moyenne plus de 115 États par jour (pour atteindre le chiffre de 132 lors de la dernière journée) et des organisations de la société civile. On observa cependant de manière logique l'absence des neuf États possédant des arsenaux nucléaires (les cinq EDAN et les quatre autres possesseurs d'arsenaux nucléaires) et de leurs alliés qui, dès le départ s'étaient opposés à la naissance de ce processus.

À l'ouverture de la session, la Conférence des États a entendu trois allocutions. Celles du président par intérim de l'AGNU, Masud Bin MOMEN du Bangladesh, puis du Haut représentant du Bureau des affaires de désarmement des Nations unies, Kim WON-SOO et enfin, celle du Pape François. Dans son allocution, le Haut représentant a révélé le nouvel besoin des États en matière de sécurité et son urgence en ces termes : « les États doivent trouver un nouveau moyen d'inspirer et de motiver le public en faveur du désarmement. La persistance des armes nucléaires constitue encore une autre menace existentielle pour l'humanité. La nécessité de progresser dans le domaine du désarmement nucléaire a rarement été aussi urgente qu'aujourd'hui. » (Office for Disarmament Affairs, *The United Nations disarmament yearbook,* vol. 42, part II, p. 23). La Conférence a également suivi un message-vidéo du président du Comité International de la Croix Rouge (CICR) portant sur le témoignage des survivants du bombardement nucléaire d'Hiroshima. Le caractère sacré de la vie humaine emporte obligatoirement la nécessité de prévenir tout cataclysme nucléaire, tel a été le fond du message passé par le Pape François.

Cette session a porté sur l'examen de l'idée générale du projet de texte du Traité et sur les points jugés pertinents. Si les initiateurs du projet et la large majorité des États participants ont estimé que l'adoption d'un traité interdisant les armes nucléaires était une nécessité incontournable, cela n'a pas été le cas avec les États possesseurs d'armes nucléaires. La principale pomme de discorde a porté sur l'interprétation des dispositions du TNP de 1968 : les EDAN font valoir que leur droit légitime de posséder des armes nucléaires avait été reconnu dans cet instrument sans aucune limite de temps, tandis que la plupart des ENDAN considèrent qu'ils ont renoncé à ces armes en échange d'un engagement de désarmement nucléaire « à une date rapprochée ». Les puissances nucléaires de façon générale ont renouvelé leur rejet de l'argument humanitaire c'est-à-dire moral qui sous-tendait la négociation du Traité. En effet, certains EDAN rejettent cette approche et insistent sur le fait que, puisque leur propre sécurité et celle de leurs alliés seraient censées dépendre des armes nucléaires. La seule méthode possible pour atteindre l'objectif commun ultime d'un monde sans armes nucléaires serait, selon certains d'entre eux, d'adopter des mesures par étapes en tenant compte de l'environnement sécuritaire.

247. Le 27 mars 2017, jour de l'ouverture de la session, l'administration américaine, à travers une conférence de presse tenue devant la salle de négociation, avançait l'argument selon lequel l'interdiction des armes nucléaires serait irréaliste et dangereuse car la sécurité des États-Unis en dépendait fondamentalement. L'ambassadrice américaine à l'ONU Nikki HALEY déclara à l'époque que : « *en tant que mère ou fille, il n'y a rien de plus important que je souhaite pour ma famille qu'un monde sans armes nucléaires, mais il faut être réaliste. Y-a-t-il quelqu'un qui croit que la Corée du Nord serait d'accord pour interdire les armes nucléaires ?* » (Le Monde, 27 mars 2017, www.lemonde.fr). Quant à la Russie, elle avait fait part de sa frustration à l'occasion du débat général de la Première Commission de l'AGNU le 4 octobre 2016 portant sur l'adoption de la résolution L.41. Ce regret a particulièrement porté sur le canal emprunté par les parties pour mener la négociation. En effet, elle aurait préféré que ladite négociation soit menée au sein de la CD effectivement instituée à cet effet (en omettant de rappeler le veto des EDAN à toute négociation à la CD sur le désarmement nucléaire).

En ce qui concerne la France, elle a exprimé au nom du Royaume-Uni et des États-Unis, sa consternation lors de l'explication de son vote de la résolution L.41. Elle s'est dite « consternée par le fait que le débat sur le désarmement ait pris une telle direction » et soit « ouvert à tous autres canaux de discussion ». Elle avait auparavant officiellement rejeté l'approche humanitaire. En effet, le 16 janvier 2013, le ministère des Affaires étrangères français Frédéric JOURNÈS annonçait sa non-participation à la conférence d'Oslo lors d'une conférence commémorant les 20 ans de la campagne contre les mines antipersonnel. Cette déclaration peu diplomatique disait :

> « *la France n'ira pas à Oslo car le problème actuel est celui de la prolifération. Une conférence sur le désarmement humanitaire est suicidaire pour le désarmement nucléaire, c'est une erreur mentale car elle va faire plaisir aux bonnes âmes et seulement embêter les diplomaties françaises et britanniques, car de toute façon les autorités de l'État ne bougeront pas. Ceux qui s'amuseront bien sont les Pakistanais, les Iraniens, les Chinois... Le risque aujourd'hui, c'est une bombe tactique pakistanaise. Sortir la prolifération du débat est une erreur de raisonnement* ». (Pressenza, « Pourquoi la

France n'aime pas Oslo ? », 1er mars 2013 disponible sur www.pressenza.com).

248. En outre, le 20 janvier 2014, à l'occasion d'une Conférence sur l'impact humanitaire des armes nucléaires, l'ambassadeur à la CD, Jean-Hugues SIMON-MICHEL, fixait la ligne diplomatique française au Sénat en ces termes : « *cette approche humanitaire vise à stigmatiser les États dotés et n'est donc pas une approche pragmatique qui est tournée vers l'action. L'action s'entendant par la mise en place d'un processus de désarmement étape par étape. Cette approche ne mène nulle part. Elle risque au contraire de faire dévier le désarmement nucléaire de la feuille de route tracée par le plan d'action TNP de 2010.* » (V. Jean-Marie COLLIN, « *Dimension humanitaire du désarmement nucléaire et danger du nucléaire militaire en France* », *Note d'Analyse du GRIP*, Bruxelles, 2015, p. 4).

Absente des négociations de la résolution L.41, la Chine s'était abstenue lors de son vote malgré qu'elle y eût assisté. À travers une annonce du président XI faite auparavant le 18 janvier 2017 au sein de l'ONU, l'administration chinoise avait admis que « les armes nucléaires devraient être totalement interdites et détruites afin de construire un monde sans armes nucléaires » mais, dans une démarche progressive dans le cadre de la CD qui est paralysée. Parmi les quatre autres États possédant des armes nucléaires, Israël est resté muet. La Corée du Nord quant à elle, avait voté en faveur de la résolution L.41 en 2016 mais était absente lors de la négociation. Concernant l'Inde et le Pakistan, ils se sont tous abstenus lors du vote de la résolution L.41 et ne furent pas présents au processus de négociation. New Delhi prit soin de mentionner le 28 mars à la CD que cette instance était le seul « bon endroit pour la poursuite du désarmement nucléaire » car « le mandat, l'adhésion et les règles pour s'engager sur le chemin du désarmement nucléaire » y sont réunis.

Deux ENDAN opposés à ce processus étaient présents. Il s'agit du Japon et des Pays-Bas. Le Japon n'a pris part à la négociation qu'à sa première journée. Il invoqua une difficulté à participer à cette Conférence de manière constructive et de bonne foi en soulignant que « ce futur traité compromettrait les mécanismes de désarmement existants et approfondirait le schisme entre les États qui ont et ceux qui n'ont pas d'arme nucléaire ». Quant aux Pays-Bas, ils étaient le seul État de l'OTAN présent. Son administration avait souligné que les Pays-Bas souscrivaient à l'objectif d'un monde sans armes nucléaires mais souhaitait l'implication de tous les acteurs. En dépit du « sabotage » du processus de négociation entamé, le document final portera consécration de l'interdiction de l'arme nucléaire.

B. La consécration au final de l'interdiction de l'arme nucléaire

249. La seconde session de négociation du TIAN s'est tenue conformément au calendrier prévu du 15 juin au 7 juillet 2017. Elle a porté à la fois sur la négociation et sur l'adoption du texte du futur traité. Avant le début de cette session, les États participants avaient reçu le 22 mai 2017 le texte du traité retenu à l'issue de la première session. Au début de la Conférence, son objectif final fut fixé, à savoir l'adoption du texte au dernier jour de la session. Prenant la parole, le président de Conférence affirmait que les obligations générales dans le futur traité seraient aussi exhaustives et précises que possible et viseraient à parfaire le futur processus de désarmement. Il précisa par ailleurs la nécessité d'adopter un traité qui serait un jour, universellement accepté. C'est dans ce contexte que le texte du Traité fut revisité de fond en comble dans tous ses points. En dehors des différences d'interprétation sur certaines dispositions portant sur le dispositif de vérification et sur les garanties de l'AIEA, des objections particulières ne furent pas observées dans l'ensemble.

Le 27 juin 2017, le second texte prenant en compte les observations des États participants était disponible. Certains articles du texte furent de nouveau, objets de débat. Il s'agissait particulièrement des dispositions portant sur les mesures d'élimination des armes nucléaires, de vérification de l'effectivité de l'élimination, de garantie, de retrait, de prohibition de la menace d'utilisation, de réserves et des essais. Le 30 juin, un troisième texte du futur traité fut rendu disponible. Après deux jours de consultations à huis-clos entre le président de la Conférence et les représentants d'Irlande, de la Chili et de la Thaïlande, en parallèle des groupes de travail sur diverses dispositions du traité, un quatrième texte a été posé sur la table le 3 juillet 2017. Soumis à adoption le 7 juillet, le Traité est adopté par 122 voix, soit les deux tiers de la communauté internationale.

250.L'aboutissement des négociations et l'adoption finale du Traité n'a pas clairement reçu l'assentiment des puissances nucléaires comme on s'y attendait. Le représentant des États-Unis auprès des

Nations unies rejetait catégoriquement le Traité le jour même de son adoption dans un point de presse en affirmant que :

> « *la France, le Royaume-Uni et les États-Unis n'ont pas participé à la négociation du traité sur l'interdiction des armes nucléaires. Nous n'avons pas l'intention de le signer, de le ratifier ou de le devenir un jour partie. Par conséquent, il n'y aura pas de changement dans les obligations juridiques de nos pays en ce qui concerne les armes nucléaires. Par exemple, nous n'accepterions aucune prétention selon laquelle ce traité reflète ou contribue de quelque manière que ce soit au développement du droit international coutumier* ». (Joint Press Statement from the Permanent Representatives to the United Nations of the United States, United Kingdom, and France Following the Adoption of a Treaty Banning Nuclear Weapons, United States mission to the United Nations (July 7, 2017), disponible sur https://usun.state.gov/remarks/7892).

Certains États sous parapluie nucléaire n'ont pas manqué de crédibiliser l'argumentaire de leurs protecteurs. Même des pays neutres à l'exemple de la Suisse ont été influencés par les arguments de l'OTAN et ont refusé d'adhérer au Traité. Daniel RIETIKER et Giorgio MALINVERNI rapportent que selon le Conseil fédéral suisse, « le Traité pourrait avoir un impact négatif sur les relations bilatérales de l'armée suisse avec d'autres forces armées et, dans des cas extrêmes, limiterait le champ d'action pour la défense nationale... [et] affirme en outre que les effets positifs du Traité restent limités, surtout parce qu'il y a peu d'espoir que les États dotés d'armes nucléaires signent le Traité dans un avenir proche ». En révélant la position contradictoire adoptée par le gouvernement suisse, les auteurs ont démontré comment cette position porte atteinte à ses propres intérêts. Le 50ème instrument de ratification du TIAN est intervenu le 22 octobre 2020. Il est ainsi entré en vigueur le 22 janvier 2021 soit 90 jours après.

CHAPITRE II

LE TRAITÉ D'INTERDICTION DES ARMES NUCLEAIRES

Bibliographie. – Marc FINAUD, « Un traité d'interdiction des armes nucléaires : et après ? », *Éditorial du Geneva Centre for Security Policy* (GCSP), 24 juillet 2017, 7 p. – ICAN, *Wasted: 2022 Global Nuclear Weapons Spending*, rapport, juin 2023, p. 4. – Gérard CHEVRIER, *La prochaine guerre sera nucléaire. Ce qu'il faut savoir pour se protéger des retombées radioactives*, Paris, Les Éditions du Roqual, 2022, 206 p. – Steve TULLIU et Thomas SCHMALBERGER, *Les termes de la sécurité : Un lexique pour la maîtrise des armements ; le désarmement et l'instauration de la confiance*, Genève, UNIDIR, 2007, p. 81. – Jean-Marie COLLIN, « Conférence de Nayarit sur l'impact humanitaire des armes nucléaires. Un point de non-retour ! », *Note d'Analyse du GRIP*, 2014, pp. 1-15. – Jean-Marie COLLIN, « 3ème conférence sur l'impact humanitaire des armes nucléaires, un nouveau cycle d'actions », *Note d'Analyse du GRIP*, 2015, pp. 1-11. – Jean-Marie COLLIN, « L'Assemblée générale de l'ONU ouvre la porte à un traité d'interdiction des armes nucléaires », *Note d'Analyse du GRIP*, Bruxelles, 2016, p. 4. – Catherine TRIOMPHE, « Une vingtaine de pays se positionnent contre l'interdiction des armes nucléaires », New York, Agence France-Presse, *Monde*, 27 mars 2017. – Marc SEMO, « L'interdiction de l'arme nucléaire fait débat à l'ONU. Une conférence sur l'abrogation de ces armes s'ouvre à New York le lundi 27 mars avec le soutien de 113 pays contre l'avis de la France, des États-Unis, du Royaume-Uni, de la Chine et de la France », *Le Monde*, 27 mars 2017. – Jean-Marie COLLIN, « La Convention d'interdiction des armes nucléaires : de la négociation au premier « draft » », *Note d'Analyse du GRIP*, Bruxelles, 2017, p. 3. – Jean-Marie COLLIN, « Dimension humanitaire du désarmement nucléaire et danger du nucléaire militaire en France », *Note d'Analyse du GRIP*, Bruxelles, 2015, p. 4. – "Joint Press Statement from the Permanent Representatives to the United Nations of the United States, United Kingdom, and France Following the Adoption of a Treaty Banning Nuclear Weapons, United States mission to the United Nations (July 7, 2017). – Daniel RIETIKER, « New Hope for Nuclear Disarmament or "Much Ado About Nothing ?": Legal Assessment of the New "Treaty on the Prohibition of Nuclear Weapons" and the Joint Statement by the United State, UK, and France Following its Adoption », in *Harvard International Law Journal* (Online Journal), vol. 59, 2017, pp. 26-27. – Jean-Marie COLLIN, *Le traité sur l'interdiction des armes nucléaires*, Les Rapports du GRIP, vol. 9, Bruxelles, 2018, p. 25. – IDN, « Un appel associatif à éliminer les armes nucléaires avant 2045 », *Revue de presse* du 7 novembre 2020. – Reed Jonathan WINKLER, « La surenchère des arsenaux nucléaires », *Revue électronique du Département d'État des États-Unis*, p. 30.

251. Les efforts pour élaborer un instrument interdisant les armes nucléaires ont manifestement débuté avec une série de conférences internationales sur les conséquences humanitaires de toute explosion nucléaire. La première conférence s'est tenue du 4 au 5 mars 2013 à Oslo au Norvège. 132 États étaient présents dont l'Inde, le Pakistan, l'Iran, la majorité des pays membres de l'Alliance Atlantique (OTAN) (aujourd'hui, l'OTAN comprend 30 membres). La seconde conférence intergouvernementale s'est tenue à Nayarit (Mexique) du 13-14 février 2014 avec la participation de 146 États et le boycott des cinq EDAN. La troisième conférence intergouvernementale s'est tenue à Vienne (Autriche) du 8 au 9 décembre 2014 avec la participation de 158 États, dont les États-Unis, le Royaume-Uni et une délégation chinoise non officielle en 2014. Négocié dans un contexte tendu (section 1), le TIAN consacre l'interdiction expresse de la possession (section 2) et de l'utilisation (section 3) de l'arme nucléaire.

SECTION I

CONTEXTE DE NÉGOCIATION DU TRAITÉ

252. De 1968 à nos jours, une panoplie d'instruments a émané de la concertation acceptée par certains États. Les concessions acceptées par les deux premières puissances au lendemain de l'adoption du TNP ont donné l'espoir dans les premiers instants que le désarmement général et complet était proche. Ce ne fut pas le cas. Du Traité ABM jusqu'au Traité New START qui a expiré en février 2021 en passant par les accords SALT, on a observé une limitation d'ensemble assez faible de la course à l'arme nucléaire. Cependant, ce processus bilatéral a été un catalyseur certain de la dynamique multilatérale et régionale qui s'est ensuivie. La non-entrée en vigueur de l'interdiction des essais nucléaires traduit aujourd'hui l'échec cuisant de l'ensemble des acteurs internationaux dans ce domaine. Sur un autre plan, si cinq régions ont accepté s'exempter de l'arme nucléaire, il est aujourd'hui plusieurs autres régions qui ne l'ont pas encore fait. Cependant, tout ce pan de désespoir semble s'estomper du fait de l'existence du TIAN. Ce désespoir ne le sera vraiment que si l'ensemble des acteurs de la scène internationale poursuivent la « bataille » pour son acceptation par les EDAN ; ce qui n'est véritablement possible que si ces derniers revoient à la baisse leur orgueil de possesseurs de l'arme nucléaire. Le contexte de la négociation de cet instrument fondamental est révélateur de la mauvaise foi de certains États (§ 1). D'ailleurs, l'attente du processus de désarmement est désormais inacceptable car l'interdiction des armes nucléaires est formellement actée (§ 2).

253. La première conférence intergouvernementale sur les conséquences humanitaires des armes nucléaires s'est tenue du 4 au 5 mars 2013 avec la participation de 127 États et le boycott des cinq EDAN. Des semaines de discussion ont été par la suite menées à Genève en 2014 et en 2016 au sein de deux Groupes de travail à composition non limitée de l'ONU (OEWG). La première résolution votée aux Nations unies le 24 janvier 1946, avait pour objectif de créer une commission chargée d'étudier les problèmes soulevés par la découverte de l'énergie atomique, avec un mandat en particulier qui devait proposer des recommandations pour « éliminer des armements nationaux, les armes atomiques et toutes autres armes importantes permettant des destructions massives ». Ce fut cependant un échec. Au titre de la résolution 68/46 adoptée le 5 décembre 2013, l'AGNU lance l'OEWG chargé d'élaborer des propositions visant à faire avancer les négociations multilatérales. Ce groupe a été reconduit en application de la résolution 70/33 de l'AGNU en date du 7 décembre 2015. Le groupe s'est réuni à trois reprises à Genève en 2016.

Le 23 décembre 2016, en réaction aux résultats concluants du Groupe de travail, l'AGNU vote la résolution 71/258 dans laquelle elle demande la convocation d'une Conférence des Nations unies pour la négociation dudit instrument. Cette résolution a reçu un écho favorable auprès de 123 États. Le 15 mai 2017, un projet de texte de traité fut publié. Le 7 juillet 2017, 122 États ont voté pour l'adoption du traité au terme d'une conférence convoquée par l'AGNU. Cette conférence a été convoquée par le biais de la résolution 71/258 du 23 décembre 2016. Ouvert à la signature le 20 septembre 2017, il entra en vigueur 90 jours après le dépôt du 50ème instrument de ratification (soit le 22 janvier 2021). Il a regroupé, au 24 octobre 2020, 84 États signataires et 50 États parties. En sus du préambule, le TIAN compte un dispositif de 20 articles sans aucune annexe.

SECTION II.

L'INTERDICTION EXPRESSE DE LA POSSESSION DE L'ARME NUCLÉAIRE

254. Le TIAN est bâti sur la conviction que l'élimination complète des armes nucléaires est le seul moyen de garantir qu'elles ne seront plus jamais utilisées quelles que soient les circonstances (§ 2 du préambule du Traité) § 2 du préambule du Traité. Pour cela, chaque État quel qu'il soit se doit d'agir pour que de réels progrès soient accomplis sur cette voie (§ 16 du préambule du Traité). La nécessité pressante d'instaurer un monde exempt à jamais d'armes nucléaires ne peut être possible que si la course à cette arme a cessé. Raison pour laquelle le TIAN fait obligation à chaque État partie de ne pas acquérir ni multiplier un arsenal nucléaire. Il s'agit de l'obligation de non-prolifération (§ 1). La cessation de cette course ne saurait cependant présenter un intérêt si sa possession était toujours admise. Ceci justifie l'obligation de désarmer (§ 2) qu'il consacre.

§ 1. L'obligation de non-prolifération

255. Contrairement au TNP, le TIAN emploie l'expression « État partie » dans ses différentes formulations pour désigner à la fois les États qui l'ont ratifié ou qui adhèreront, soient-ils possesseurs ou non d'armes nucléaires au moment de l'entrée en vigueur du traité à leur égard. L'obligation de ne pas proliférer engage désormais les EDAN. Il s'agit, par conséquent, d'une obligation désormais commune (A) aux États parties sans distinction de statut. Le TIAN n'oblige pas que les États dans ce sens. Il engage la communauté internationale dans sa vaste composante. L'obligation de non-prolifération est désormais à vocation universelle (B).

A. Une obligation désormais commune

256. L'article 1er du TIAN consacre un ensemble d'interdictions à l'encontre de « chaque État partie ». Le TNP désigne au contraire « les ENDAN ». L'article II du TNP stipule : « *Tout État non doté d'armes nucléaires qui est partie au Traité s'engage ...* ». À travers cette formule commune à la CIAC (formule qu'utilise la CIAC à l'article 1er al. 1) et à la Convention sur l'interdiction des armes biologiques (CIAB) (Cette formule est également utilisée par la CIAB dès sa première disposition), le TIAN met fin à la distinction demi-séculaire établie par le TNP entre EDAN et ENDAN. Désormais, le développement quantitatif et qualitatif des armes nucléaires et des DNE est prohibé de manière générale à l'égard de chaque État partie. Tous les États parties sont en effet tenus, de manière égale, par les mêmes obligations. L'État, soit-il possesseur ou non d'armes nucléaires, est tenu « quel qu'en soit la circonstance » par l'obligation de ne jamais « *mettre au point, produire, fabriquer, acquérir de quelque autre manière, posséder ou stocker des armes nucléaires ou autres dispositifs explosifs nucléaires* » (article 1er § a)). Cette consécration égalitaire entre dans la logique des choses. Au regard à la fois de son objet et du contexte dans lequel la négociation du TIAN s'est faite, il était absolument improbable qu'une telle discrimination soit reconduite. Cette considération sur un même pied des États parties traduit dès lors tout l'intérêt que l'ensemble de la communauté internationale a à ce que le désarmement nucléaire soit enfin une réalité.

257. L'obligation de non-prolifération comporte plusieurs implications tel qu'il ressort de l'article 1er § a) du TIAN. Elle peut être résumée à une obligation principale : l'obligation de renonciation à l'arme nucléaire. L'obligation de renonciation se manifeste à deux niveaux. D'une part, au niveau interne et d'autre part, au niveau externe. Sur le plan interne, chaque État est tenu de renoncer à toute politique interne d'acquisition d'armes nucléaires ou de DNE. Cela implique pour chaque État partie l'adoption de la législation adaptée à la pleine application du TIAN et le respect des interdictions qu'il pose. Dans un premier temps, l'État partie doit s'abstenir de mettre au point ou d'acquérir fût-ce à titre gratuit, de tels armes et dispositifs. L'acquisition à titre gratuit peut se faire par héritage, par donation. Il doit renoncer à l'ensemble des opérations associées à la production d'énergie nucléaire militaire c'est-à-dire au cycle du combustible nucléaire militaire et surtout à l'enrichissement de la matière fissile nucléaire à des fins militaires. Il faut rappeler, à cet effet, l'extraction et le traitement des matières fissiles, leur enrichissement pour une utilisation militaire, l'exploitation des réacteurs nucléaires (y compris les réacteurs de recherche) à des fins militaires ; le retraitement du combustible usé à des fins militaires, les activités de gestion des déchets liées aux opérations associées à la production d'énergie nucléaire militaire et toute activité de recherche-développement connexe. Ceci implique que, sur le plan scientifique, les chercheurs nationaux doivent désormais, porter leur champ de recherche uniquement sur le nucléaire civil et ne jamais soumettre leurs connaissances sur le nucléaire militaire à une politique quelconque de mise en œuvre. Logiquement, si les États parties y renoncent le marché de l'énergie nucléaire militaire doit, en principe, s'effriter puis disparaître.

Dans un second temps, l'obligation de renonciation à l'arme nucléaire implique le non-transfert desdites armes. En effet, il va de soi que l'État à qui il est interdit de posséder des armes nucléaires ne puisse pas non plus être source de prolifération. Aux termes des dispositions des paragraphes b) et c) de l'article 1er du TIAN, il est interdit à chaque État partie de « *transférer à qui que ce soit, ni directement ni indirectement, des armes nucléaires ou autres dispositifs explosifs nucléaires, ou le contrôle de telles armes ou de tels dispositifs explosifs* » et inversement d'« *accepter, ni directement ni indirectement, le transfert d'armes nucléaires ou autres dispositifs explosifs nucléaires ou du contrôle de telles armes ou de tels dispositifs explosifs* ». La première interdiction s'adresse expressément aux États possesseurs d'armes nucléaires car ne peut transférer des armes nucléaires que l'État qui en possède. Toutefois, le TIAN se veut préventif lorsqu'il fait prévaloir cette interdiction à l'égard de « chaque État (partie) ». En effet, le mieux n'est jamais sûr. Pour dire que l'État qui ne constitue pas aujourd'hui une menace parce qu'il ne dispose pas d'armes nucléaires peut entrer en possession desdites armes d'une certaine manière, fût-ce clandestinement. La seconde interdiction, quant à elle, s'adresse à la fois à l'État possesseur et à l'État non-possesseur d'armes nucléaires.

Sont implicitement interdits de transfert, même si le TIAN ne le prévoit pas expressément, les matières nucléaires et les équipements entrant dans la fabrication, la mise au point, la production des armes nucléaires et des DNE. Il s'agit des matières brutes ou des produits fissiles spéciaux et des équipements ou matières spécialement conçus ou préparés pour le traitement ou l'utilisation de produits fissiles spéciaux. Il s'agit des matières et équipements interdits de transfert aux ENDAN par le TNP. En effet, à l'article 3 al. 2 du TNP, les EDAN ont pris l'engagement « à ne pas fournir : a) de matières brutes ou de produits fissiles spéciaux ou b) et d'équipements ou matières spécialement conçus ou préparés pour le traitement, l'utilisation de produits fissiles spéciaux à un État non doté d'armes nucléaires quel qu'il soit [...] ».

258. Sur le plan externe, l'obligation de renonciation à l'arme nucléaire comporte celle de renoncer à toute assistance externe en nucléaire militaire. Comme le TNP, le TIAN consacre cette interdiction de manière expresse et ce à travers l'article 1er § e) et § f). Conformément à ces dispositions, il est interdit à chaque État partie d'« *aider, encourager ou inciter quiconque, de quelque manière que ce soit, à se livrer à une activité interdite à un État partie par le présent Traité* » et de « *demander ou recevoir de l'aide de quiconque, de quelque manière que ce soit, pour se livrer à une activité interdite à un État partie par le présent Traité* ». Il ressort que la renonciation à l'assistance extérieure comporte deux obligations essentielles. Il s'agit de l'obligation de ne pas rechercher une aide extérieure et celle de ne pas recevoir une aide extérieure. Quant à la notion d'« activité interdite », elle est d'ordre général. Elle regroupe les activités de mise au point, de fabrication, d'acquisition, de stockage, de transfert et d'emploi (mise à l'essai) des armes nucléaires ou autres DNE.

À l'image du TNP, l'article 1er du TIAN est ferme et strict quant à l'obligation de renoncer à l'arme nucléaire. En effet, chaque État partie s'engage « *à ne jamais, en aucune circonstance* » et « *de quelque autre manière* » participer au développement de l'énergie nucléaire à des fins militaires. Il s'agit d'interdictions absolues. Il en résulte deux implications. En premier lieu, chaque État partie est tenu de renoncer à l'enrichissement clandestin de la matière nucléaire fissile. En second lieu, chaque État partie doit renoncer au détournement de l'utilisation civile de l'énergie nucléaire à des fins militaires. En plus des États parties, interdiction est faite à tout autre acteur de la scène internationale de proliférer, d'où une obligation désormais universelle.

B. Une obligation désormais universelle

259. D'emblée, précisons que l'universalité de l'obligation de non-prolifération doit être distinguée de l'universalité du Traité à proprement parler. Tel que le note Jean Pascal ZANDERS, l'universalité d'un traité s'observe sur le plan quantitatif et sur le plan qualitatif. Sur le plan quantitatif, elle repose sur le nombre d'États indépendants qui adhèrent à un traité mondial reflétant ainsi la force des règles qu'il définit. D'abord, le TIAN est ouvert à tous les États sans distinction.

« *Le présent Traité est ouvert à la signature de tous les États* [...] », stipule l'article 13 du TIAN. Le TIAN a voulu parfaire la possibilité pour les États tiers ainsi que des organisations internationales d'y adhérer. De son article 8 al. 5 il ressort que « *les États non parties au présent Traité, de même que les entités compétentes du système des Nations unies, d'autres organisations ou institutions internationales compétentes, des organisations régionales, le Comité international de la Croix-Rouge, la Fédération internationale des Sociétés de la Croix-Rouge et du Croissant-Rouge et les organisations non gouvernementales concernées, seront invités à assister aux réunions des États parties et aux conférences d'examen en qualité d'observateurs* ». À travers cette disposition, le TIAN a offert la possibilité à des États non parties au TIAN (simples signataires ou non signataires) de participer aux différentes réunions des États parties portant sur le Traité. Il s'agit dès lors, d'une porte d'entrée pour tous les États qui souhaiteraient suivre et mieux comprendre les objectifs de ce traité avant d'y adhérer ou qui sont dans l'attente du processus de leur ratification. Toutefois, cette ouverture n'est pas surprenante car on se rappelle bien que les négociations du Traité étaient ouvertes à tous les États et la présence des ONG y a été bien reconnue.

Ensuite, le TIAN fait une référence expresse au principe d'universalité que nous qualifierons de « quantitatif » à l'article 12 qui stipule que « *chaque État partie encourage les États non parties au présent Traité à le signer, à le ratifier, à l'accepter, à l'approuver ou à y adhérer, dans le but de susciter l'adhésion de tous les États au présent Traité.* ». Au lendemain de la signature du TIAN, plusieurs initiatives ont été prises pour inciter et appeler à l'adhésion universelle au Traité. Parmi ces initiatives figure la Conférence organisée par le Saint-Siège le 20 septembre 2017 soit deux mois après la cérémonie de signature du TIAN. Ayant eu pour thème général « Perspectives pour un monde libéré des armes nucléaires et pour le désarmement intégral », cette conférence a été l'occasion pour le Saint-Siège de rappeler la nécessité absolue d'éliminer pour toujours les armes nucléaires. Au sortir de cette conférence, nous pouvons dire que le Saint-Siège a joué sa partition et a en quelque sorte mis en œuvre l'obligation d'adhésion au TIAN. En effet, à cette occasion, de nombreux diplomates et experts internationaux ont découvert le TIAN et tout l'espoir qu'il promet pour l'humanité. Dans ce même esprit, le Guatemala, dans le cadre du Conseil des Droits de l'homme et de son Examen périodique universel, s'était adressé en tant que signataire du TIAN à un certain nombre d'États desquels le Togo, la Suisse, le Gabon, le Japon, le Benin en leur recommandant des actions à réaliser sur le TIAN. Il avait par exemple demandé au Bénin et au Gabon de « signer le TIAN ».

L'adhésion de tous les États au Traité est un objectif qui découle de la volonté des parties « d'instaurer un monde exempt à jamais d'armes nucléaires, bien public mondial des plus précieux, servant les intérêts de la sécurité nationale et collective » (§ 5 du préambule du TIAN). L'adhésion de tous les États au TIAN est donc un objectif recherché même s'il ressort qu'aucun traité mondial n'a atteint à ce jour l'adhésion universelle. Sur le plan qualitatif, l'universalité porte sur la nécessité pour un traité de s'imposer à l'ensemble des parties pendant toute sa durée afin de garantir un respect universel. À cet effet, le TIAN n'est pas limité dans le temps (article 17). Ainsi, les États parties sont tenus durant toute leur existence par ses obligations.

260. Le caractère universel de l'obligation de non-prolifération ne découle pas du fait qu'elle s'impose à un très grand nombre d'États parties mais plutôt du fait qu'elle s'impose à des États tiers au Traité. Cela ressort expressément de ses dispositions. À l'article 1er § e) et § f) il ressort que chaque État partie s'engage à ne jamais, en aucune circonstance aider, encourager ou inciter « *quiconque, de quelque manière que ce soit, à se livrer à une activité interdite à un État partie par le* [...] *Traité* » ni à demander ou recevoir de l'aide « *de quiconque, de quelque manière que ce soit, pour se livrer à une activité interdite à un État partie par le* [...] *Traité* ». On constate que le Traité utilise le pronom relatif indéfini « quiconque » dans sa formulation.

En premier lieu, cette formulation est particulière. Cette particularité s'exprime dans le fait que l'on ne la retrouve ni dans le TNP qui a tenu à distinguer nettement les États, ni dans la CIAC ni dans la CIAB. En second lieu, elle signifie que tous les sujets du droit international sans restriction sont tenus par l'obligation de non-prolifération et de désarmement. Dès lors, sont à la fois impliqués les organisations intergouvernementales (OIG), les organisations non-gouvernementales (ONG), les sujets discutés du droit international et les acteurs non reconnus comme sujet de droit. Il en découle une série de conséquences particulières pour certains États. D'abord, les États qui ont accepté un parapluie nucléaire (exemple de la Corée du Sud auprès des États-Unis) sans être des parties au TIAN se trouvent dans l'obligation de revoir leurs politiques militaires vis-à-vis de l'État garant s'ils deviennent parties au TIAN. Concrètement, ils doivent remettre en cause la garantie nucléaire qui leur est offerte. Ensuite, les États parties ayant accepté le stationnement d'armes nucléaires étrangères sur leur sol et ceux qui tolèrent le transit de telles armes par leur territoire se trouvent dans l'obligation de mettre fin à ces politiques. Ainsi, les États membres de l'OTAN doivent remettre en cause leur politique d'accueil des armes nucléaires.

Enfin, le TIAN induit une interdiction du financement des entreprises fabriquant des systèmes d'armements nucléaires. Ceci signifie que les particuliers et les institutions financières des États parties ont l'obligation de mettre fin aux investissements divers qu'ils apportent à l'industrie du nucléaire militaire et vice versa. Dans cette compréhension, certaines banques et fonds de pensions à travers le monde ont décidé, au lendemain de l'adoption du TIAN, de l'inclure dans leur politique sectorielle de défense. Il en est ainsi du Fonds de pension de la Norvège, du Fonds de pension de la Suède (AP4 et AP1), du Fonds de pension des Pays-Bas (ABP), de la banque japonaise Resona, de la banque belge KBC et de celle allemande, Deutsche Bank.

L'imposition du désarmement nucléaire aux groupements et acteurs non-étatiques constitue la plus grande trouvaille à la prévention du terrorisme nucléaire. En effet, malgré l'appel de Prague en avril 2009 de l'ex-président américain Barack OBAMA, aucun instrument juridique conventionnel multilatéral n'a expressément prohibé la possession d'armes nucléaires par un groupe terroriste dans le cadre de la lutte contre le phénomène de l'insécurité nucléaire. En effet, avant les années 2000, seule la Convention internationale pour la répression du financement du terrorisme du 9 décembre 1999 abordait la question de l'insécurité nucléaire en s'attaquant à ses fondements. La Convention sur la protection physique des matières nucléaires (CPPMN) de 1979 et quelques recommandations de l'AIEA traitaient quant à elles partiellement de la question. Ce n'est qu'au lendemain des attentats du 11 septembre que les débats sur l'amendement de la CCPNM et l'adoption de la Convention internationale pour la répression des actes de terrorisme nucléaire (CIRATN) le 13 avril

2005, ont vu le jour. Le TIAN demeure sur ce point, tout à fait innovant. À travers cette prohibition, le TIAN vient manifestement appuyer l'ordre juridique international en engageant juridiquement les auteurs probables d'actes de terrorisme nucléaire. Le concept de « terrorisme nucléaire » se décline en quatre scénarios distincts :

- 1) le vol ou l'achat d'un engin nucléaire provenant d'un arsenal existant dans le but de le faire exploser ;
- 2) le vol ou l'achat de matériaux fissiles afin de fabriquer un engin dans le but de le faire exploser ;
- 3) l'attaque d'installations nucléaires militaires ou civiles (par exemple d'une centrale nucléaire ou encore d'un réacteur de recherche) qui générerait la libération de grandes quantités de radioactivité.
- 4) le vol ou l'achat de matières radioactives pour fabriquer et faire exploser une bombe dite « sale » combinant à la fois matières radioactives et explosifs classiques.

Par conséquent, les EDAN doivent à cet effet jouer leur partition en acceptant l'obligation de désarmer.

§ 2. L'obligation de désarmer

261. À l'image de la CIAC, le TIAN a inscrit le processus de désarmement général et complet des EDAN dans un planigramme bien ficelé. Le désarmement nucléaire se fera désormais en deux étapes (A). D'abord, le retrait des armes, leur destruction ensuite. L'efficacité du processus de désarmement a commandé qu'il soit effectué sous un contrôle strict. C'est pour cela que le désarmement nucléaire se fera sous le contrôle d'une autorité *ad hoc* (B).

A. Un désarmement désormais en deux étapes

262. Les traités d'interdiction des armes de destruction massive (biologiques et chimiques) jusque-là en vigueur permettent la possession temporaire d'armes illégales à condition qu'elles ne soient pas employées et qu'elles soient détruites dans les délais prévus. Contrairement à ces conventions, le TIAN à travers son article 4 offre plus de souplesse aux États possesseurs d'armes nucléaires puisqu'ils ont le choix entre « désarmer et adhérer » selon la formule anglaise « *destroy, then join* » ou encore l'approche dite ''sud-africaine'' et « adhérer et désarmer » selon la formule anglaise « *join, then* *destroy* ». À la fin des années 1980, sous le régime de l'apartheid, l'Afrique du Sud accède secrètement à un petit arsenal de six ogives nucléaires. Ces armes, adaptées à une stratégie très précise, n'auraient été révélées qu'en cas d'attaque des forces soviétiques et cubaines stationnées en Angola en proie à une guerre civile depuis 1975 (cette guerre était devenue un champ de bataille de substitution de la guerre froide). Le président DE KLERK, élu en septembre 1989, décide de manière totalement unilatérale et sans pression extérieure (surtout de la communauté internationale qui n'était pas informée de cette capacité nucléaire) de démanteler son arsenal. L'Afrique du Sud détruit son arsenal à la fin des années 1980, avant de l'annoncer à la communauté internationale et de rejoindre le TNP le 10 juillet 1991.

L'alinéa premier de l'article 4 s'adresse aux États possesseurs d'armes nucléaires qui ont opté de suivre la première formule. Il stipule : « *chaque État partie qui, après le 7 juillet 2017, a été propriétaire d'armes nucléaires ou d'autres dispositifs explosifs nucléaires ou qui en a possédé ou contrôlé et qui a abandonné son programme d'armement nucléaire, y compris en éliminant ou en reconvertissant irréversiblement toutes les installations liées aux armes nucléaires, avant l'entrée en vigueur du présent Traité à son égard coopère avec l'autorité internationale compétente désignée* […] *afin de vérifier l'abandon irréversible de son programme d'armement nucléaire.* ». Ainsi, le TIAN permet aux États qui ne disposent plus d'armes nucléaires ou de DNE et qui n'en contrôlent plus d'adhérer au Traité sans condition en acceptant de se soumettre à un « contrôle » de la véracité du désarmement clamé.

Ce mécanisme présente deux étapes. La première étape consiste pour l'État à présenter les armes et dispositifs qu'il dit avoir détruits à travers des déclarations. À cet effet, il doit y confirmer conformément l'article 3 al. 1 § a) « [qu'] *il a été propriétaire ou détenteur d'armes nucléaires ou de dispositifs explosifs nucléaires ou* [qu'] *il en a contrôlé, et* [qu'] *il a abandonné son programme d'armement nucléaire, y compris en éliminant ou en reconvertissant irréversiblement toutes les installations liées aux armes nucléaires, avant l'entrée en vigueur du* […] *Traité à son égard* ». Cette communication doit être faite par l'État auprès du SGNU au plus tard 30 jours après l'entrée en vigueur du Traité à son égard (article 3 al. 1 du TIAN). Elle se révèle d'un grand intérêt. Cette déclaration est en effet, le moyen par lequel la communauté internationale peut se rassurer de la concordance à la fois entre le nombre d'armes déclaré et celui que l'État a effectivement possédé et celle entre le nombre d'armes déclaré et le nombre d'armes détruit. Dans le but de confirmer de manière effective la destruction des armes et DNE et de prévenir toute fraude, toute rechute dans le nucléaire militaire, l'État partie concerné doit, dans une deuxième étape, conclure en conformité avec l'article 4 al. 1 du TIAN, « un accord de garanties suffisant » avec l'AIEA.

263. En ce qui concerne les États qui ont choisi l'approche « *join, then destroy* », ils doivent dès leur adhésion au TIAN, « *retirer sans délai du service opérationnel les armes nucléaires et dispositifs explosifs nucléaires et les détruire dans les meilleurs délais, mais au plus tard à la date fixée à la première réunion des États parties, conformément à un plan juridiquement contraignant et assorti d'échéances précises en vue de l'abandon vérifié et irréversible de son programme d'armement nucléaire* [...] » (article 4 al. 2 du TIAN). Ainsi, le retrait puis la destruction des armements nucléaires doivent se faire dans un laps de temps précis suivant un plan contraignant et être soumis à « un accord de garanties suffisant » conclu avec l'AIEA tel qu'exigé par l'alinéa 1 à l'égard des États qui ont opté pour la première approche. L'alinéa 3 reprend typiquement le premier alinéa consacré aux États possesseurs qui ont désarmé avant d'être parties au Traité. Il stipule : « *Un État partie visé par le paragraphe 2 conclut avec l'*[AIEA] *un accord de garanties suffisant* [...]. *Les négociations relatives à cet accord commencent au plus tard le jour où la mise en œuvre du plan visé au paragraphe 2 est achevée. L'accord entre en vigueur au plus tard 18 mois après la date d'engagement des négociations.* [...] *Après l'entrée en vigueur de l'accord, ledit État partie communique au Secrétaire général de l'ONU une déclaration finale indiquant qu'il s'est acquitté de ses obligations* [...]. ».

Le retrait des armes et dispositifs nucléaires consiste à les disponibiliser pour leur destruction. La disponibilisation « sans délai » traduit quant à elle, toute l'urgence que commande le désarmement. Si le retrait doit être fait sans délai, il faut se poser la question de savoir, à quel moment cela doit se faire ? Est-ce au jour de l'adhésion au Traité ? Au jour de l'entrée en vigueur du Traité à l'égard de l'État ? Ou au jour choisi par l'État ? Il existe par conséquent un flou susceptible de permettre à des États parties ou non parties de trouver de quoi remettre en cause le TIAN en tout point. Le processus de retrait doit raisonnablement débuter assez rapidement. Ceci est bien manifeste.

La phase de destruction doit débuter « au plus tard à la première réunion des États parties ». Aux termes de l'article 8 al. 2 du TIAN, « *le Secrétaire général de l'Organisation des Nations unies convoque la première réunion des États parties dans l'année suivant l'entrée en vigueur du présent Traité* ». Il ressort que le processus de destruction ne pourra pas débuter au-delà d'une année dans la mesure où la première réunion doit se tenir un an au plus tard après la date d'entrée en vigueur du Traité (soit le 22 janvier 2022). Concrètement, le processus doit débuter à partir de la date d'entrée en vigueur du Traité et se poursuivre jusqu'à la date retenue pour la réunion. Cependant une interrogation mérite d'être soulevée. Il s'agit de savoir jusqu'à quelle date le processus de destruction doit s'achever ? Le TIAN n'apporte aucune réponse. Cela réside surement dans la complexité du démantèlement et de la destruction des armes et des installations nucléaires. Cette complexité s'attache principalement au coût du processus et à la sensibilité du matériel nucléaire. À titre illustratif, le démantèlement des installations, des armes et DNE est aux États-Unis du ressort de la National Nuclear Security Administration et de ses divers centres de traitements hautement spécialisés. Il s'agit d'une agence rattachée au Département de l'Energie (DoE). Ainsi, lorsqu'une arme nucléaire est démantelée, elle est transférée vers le site de Pantex, près d'Amarillo au Texas, où les composants nucléaires et non nucléaires sont d'abord séparés et ensuite les noyaux de plutonium sont stockés temporairement. Les éléments comportant de l'uranium seront acheminés vers un autre site spécialisé, le Y-12 National Security Complex situé à Oak Ridge dans le Tennessee. Les autres composants non nucléaires sont, selon leur nature, expédiés vers d'autres sites. Tous ces mouvements se font sous le contrôle de l'Office of Secure Transportation.

Nul ne conteste cette complexité malgré la discrétion qui caractérise habituellement la question. Les informations sur les processus nationaux de démantèlement des armes et installations nucléaires sont très confidentielles pour certains États. L'on peut se poser la question de savoir comment, quand, par qui et où ont été démantelées les charges nucléaires des missiles SSBS français ? S'agissant du lieu de démantèlement desdites armes, des missiles Pluton et Hadès, il semble que la Direction des applications militaires du CEA, et les centres de Valduc ou Le Ripault, aient été au centre de ces processus de démantèlement des armes nucléaires obsolètes.

264. Avant d'amorcer le processus de destruction, l'État partie doit, au préalable, présenter l'état statistique à la fois des armes et dispositifs dont il est propriétaire ou dont il a le contrôle. De ce fait, il doit indiquer à travers une déclaration « [qu'] *il est propriétaire ou détenteur d'armes nucléaires ou d'autres dispositifs explosifs nucléaires ou [qu']il en contrôle* » et « [que] *sur son territoire* [et dans des lieux précis] *placé*[s] *sous sa juridiction ou son contrôle, se trouvent des armes nucléaires ou d'autres dispositifs explosifs nucléaires dont un autre État est propriétaire ou détenteur ou qu'il contrôle...* » (article 2 al.1, § b) et § c)). Cette déclaration doit être faite 30 jours (soit 1 mois) après l'entrée en vigueur du TIAN à son égard. Après vérification de la concordance des données déclarées, l'État doit présenter un plan juridiquement contraignant avec des échéances précises de destruction. Ledit plan doit être présenté par l'État au plus tard 60 jours (soit deux mois) après l'entrée en vigueur du Traité à son égard (article 4 al. 2 du TIAN). Dans l'esprit de veiller à l'effectivité du désarmement et de s'en assurer, l'État partie doit conclure un autre accord appelé « accord de garanties suffisant ». Les négociations relatives audit accord doivent commencer « au plus tard le jour où la mise en œuvre du plan de destruction est achevée. Les négociations relatives à cet accord commenceront 180 jours (soit 6 mois) après l'entrée en vigueur du TIAN à son égard. L'État partie doit communiquer au SGNU sa déclaration finale indiquant l'aboutissement complet du processus.

Comme il est loisible de le constater, l'État qui s'est au préalable débarrassé de son arsenal nucléaire avant de rejoindre le TIAN, a une longueur d'avance sur les autres États et échappe à une procédure de vérification plus longue et plus échelonnée. En effet, il ne restera pour cet État qu'à confirmer la véracité et la crédibilité de son désarmement par sa déclaration. Par ailleurs, en imposant à l'État partie de conclure un accord de garanties suffisant sans user du terme « protocole additionnel », le TIAN laisse la possibilité aux États ayant désarmé et à l'institution de contrôle de recourir à une panoplie d'accords de vérification susceptibles d'être de meilleure facture, c'est-à-dire plus pertinents et efficaces.

L'« accord de garanties suffisant » que l'État doit conclure avec l'AIEA indépendamment de l'approche choisie, désignerait selon Jean-Marie COLLIN à la suite de Carlson JOHN, « *obligatoirement un protocole additionnel auquel il ne fait pas expressément référence mais aussi des mesures nouvelles du système de garanties approprié à la situation* ». Ce raccordement direct fait par ces auteurs doit être nuancé car trop strict. Nous rappelons qu'un protocole additionnel suppose un accord préalable et dans le cas d'espèce un accord de garantie. Ce protocole donne à l'AIEA un accès plus large à l'information et aux emplacements d'un État. Avant l'avènement du TIAN, seuls les États déjà soumis à un Accord de Garanties Généralisé (AGG) c'est-à-dire les ENDAN devaient dans le cadre du TNP, également avoir en vigueur un protocole additionnel. Les EDAN, s'y engageaient selon leur volonté. Le TIAN en son article 3 al. 1 (qui ne concerne que les ENDAN) le confirme lorsqu'il fait une référence directe à l'AGG et incite tous les États à maintenir au minimum les obligations de l'AIEA en matière de garanties qui sont applicables au moment de l'entrée en vigueur du TIAN, et ce « *sans préjudice des futurs instruments de garanties supplémentaires qu'ils pourraient adopter à l'avenir* ». De ce fait, sachant qu'à partir de l'année 2015, tous les EDAN étaient liés par un protocole additionnel contrairement à certains États possesseurs non parties au TNP, deux hypothèses doivent être avancées. En premier lieu, s'il s'avère qu'il s'agit d'un État possesseur d'armes nucléaires partie au TNP qui s'est désarmé puis à adhérer au TIAN, il est sans détour logique de qualifier l'« accord de garanties suffisant » de « protocole additionnel ». Si toutefois, il s'agit d'un État possesseur non partie au TNP, qui s'est désarmé puis a adhéré au TIAN, l'appellation « protocole additionnel » ne convient pas dans la mesure où ce dernier ne sera qu'à son premier accord de garanties. Il ne s'agira donc pas d'un « accord » de plus, additionnel. À la différence du TNP et des conventions d'interdictions des armes chimiques et biologiques, le TIAN consacre un désarmement nucléaire sous le contrôle d'une autorité *ad hoc.*

C. Un désarmement sous le contrôle d'une autorité *ad hoc*

265. L'autorité *ad hoc* chargée du contrôle du processus de désarmement nucléaire est une institution préétablie au cours des négociations, telle que l'AIEA dans le cadre du TNP et l'OIAC pour ce qui concerne la CIAC. La CIAB, qui ne comprend pas de régime de vérification, stipule seulement d'une « Unité d'appui à l'application »

(ISU) de la Convention. Aux termes de l'article 4 al. 6 du TIAN, « *les États parties désignent une ou des autorités internationales compétentes pour négocier et vérifier l'abandon irréversible des programmes d'armement nucléaire, y compris l'élimination ou la reconversion irréversible de toutes les installations liées aux armes nucléaires* ». Aux termes de cette disposition, le TIAN ne définit ni le statut de ladite autorité ni son organisation, ni son mode de fonctionnement ni ses attributions ni son champ de compétence. Il laisse la charge de la désignation de ladite autorité aux mains des États parties tout en restant néanmoins précis sur trois points. Le premier point ne mérite pas que l'on s'y attarde. En effet, il se rapporte à la nature de l'autorité. Elle doit être une autorité internationale. En ce qui concerne le second point, il est plus important. Il se rapporte à la mise en place de l'autorité internationale, c'est-à-dire à sa désignation. La désignation de l'autorité internationale relève des attributions de ses futurs membres. Les États ont la lourde tâche de désigner une autorité ou plusieurs autorités suivant que le besoin se pose. Ce constat peut être interprété comme une marque de confiance à l'égard des États parties. Ayant pour la plupart été négociateurs du Traité, ils sont, en fait, les mieux placés pour désigner une telle institution. Le TIAN encadre dans le temps le processus de désignation de l'autorité. En effet, dans la suite de l'alinéa 6, il ressort que « *si cette désignation n'a pas eu lieu avant l'entrée en vigueur du* [...] *Traité à l'égard d'un État partie visé au paragraphe 1 ou 2 du présent article, le Secrétaire général de l'Organisation des Nations unies convoque une réunion extraordinaire des États parties pour prendre toute décision qui pourrait être nécessaire.* ». Il faut en déduire que la désignation de cette autorité doit se faire, en principe, avant l'entrée en vigueur du Traité à l'égard d'un État possesseur. Dans une circonstance contraire, le SGNU devient d'office l'autorité compétente chargée de prendre toute décision nécessaire en accord avec la volonté des États.

Également pertinent, le troisième point se rapporte aux rôles et moyens d'action de l'autorité internationale. Elle est chargée de « négocier et de vérifier l'abandon irréversible des programmes d'armement nucléaire, y compris l'élimination ou la reconversion irréversible de toutes les installations liées aux armes nucléaires ». Il s'agit en d'autres termes, d'assurer la transparence du processus de désarmement nucléaire qui doit être fiable et irréversible car « la transparence dans le domaine du contrôle des armements sous-entend la mise en œuvre de deux autres principes : la vérification et l'irréversibilité. Ces mesures vont de pair et s'alimentent mutuellement pour augmenter la confiance entre les parties. ». L'autorité internationale doit donc « négocier » le processus de désarmement nucléaire. Il s'agira pour ladite institution d'obtenir l'assentiment de tous les États et de tous les acteurs concernés quant au bien-fondé du processus de désarmement. Le rôle principal de ce système de vérification sera « *le même* [Comme] *pour tous les traités de maîtrise des armements, à savoir dissuader de tricher* ». La coopération se trouve ainsi être le fondement sur lequel repose l'effectivité de la vérifiabilité du processus.

266. Les États parties au Traité ont su traduire le caractère complémentaire de ces trois principes lorsqu'ils estiment « *qu'une interdiction des armes nucléaires juridiquement contraignante constitue une contribution importante en vue d'instaurer un monde exempt à jamais d'armes nucléaires, dans lequel ces armes auraient été éliminées de manière irréversible, vérifiable et transparent...* » (§ 15 du préambule). Le terme « transparence » est absent du texte du TNP. Néanmoins, il ressort implicitement dans l'esprit du texte. En effet, l'alinéa 10 de son préambule souligne le désir des États parties « *de promouvoir la détente internationale et le renforcement de la confiance entre États* [...] ». Il est manifeste que cette confiance ne peut être obtenue sans une transparence dans l'application des dispositions du Traité. Le TIAN l'entérine lorsqu'à son article 4 al. 1, il stipule que « *[c]haque État partie,* [...] *coopère avec l'autorité internationale compétente* [...] *afin de vérifier l'abandon irréversible de son programme d'armement nucléaire. L'autorité internationale compétente rend compte aux États parties* ».

Pour l'irréversibilité du processus de désarmement, l'autorité internationale compétente doit composer avec l'AIEA. En effet, le TIAN reconnaît le TNP comme étant la pierre angulaire du régime de non-prolifération (§ 18 du préambule du TIAN) et duquel dépend l'effectivité du désarmement nucléaire. À cet effet, dans un esprit de complémentarité, il n'a pas remis en cause les dispositions formelles et institutionnelles prévues par le TNP. Ceci veut dire que les EDAN et les ENDAN parties au TNP restent soumis au système de garanties de l'AIEA lorsqu'ils adhèrent au TIAN. Les États qui n'y étaient pas soumis parce que non parties au TNP doivent s'y soumettre. L'article 3 al. 2 stipule en effet que « *chaque État partie auquel les paragraphes 1 ou 2 de l'article 4 ne s'appliquent pas et qui ne l'a pas encore fait conclut un accord de garanties généralisées avec l'AIEA* [...] *et le met en vigueur.* ».

L'effectivité d'un contrôle international strict et efficace du processus de désarmement repose également sur la compétence de l'autorité de contrôle. À la différence de l'AIEA qui a pour mission de prévenir la dissémination des armes nucléaires et d'aider tous les pays à tirer parti de l'utilisation pacifique, sûre et sécurisée de la science et de la technologie nucléaires, l'autorité internationale de contrôle dans le cadre du TIAN a pour mission principale, non pas de « prévenir » cette dissémination mais plutôt de l'empêcher et d'y mettre fin. Dans cette logique, il est établi qu'il doit s'agir d'une institution autonome dont l'organisation, le fonctionnement et les ressources seront adaptés à la mesure de sa tâche. Ladite autorité devra s'inspirer à la fois de l'AIEA et de l'OIAC dont les mérites sont incessamment reconnus. Pour mettre fin à la dissémination des armes nucléaires, le TIAN consacre une interdiction expresse de l'utilisation de l'arme nucléaire.

SECTION III.

L'INTERDICTION EXPRESSE DE L'UTILISATION DE L'ARME NUCLÉAIRE

267. La politique de la dissuasion nucléaire trouve son essence dans la menace de l'utilisation de l'arme nucléaire. Cette menace est possible parce que ses moyens existent, à savoir les armes nucléaires. Partant du constat que tout emploi d'armes nucléaires serait inacceptable au regard des principes de l'humanité et des exigences de la conscience publique (§ 12 du préambule), le TIAN rappelle un principe élémentaire du droit international suivant lequel les États doivent s'abstenir, dans leurs relations internationales, de recourir à la menace ou à l'emploi de la force, et qu'il ne faut détourner vers les armements que le minimum des ressources humaines et économiques du monde (§ 13 du préambule). C'est ainsi que le TIAN consacre l'illicéité de la menace par l'arme nucléaire (§ 1) et celle de l'emploi de l'arme nucléaire (§ 2).

§ 1. L'illicéité de la menace par l'arme nucléaire

268. Au regard de la prohibition du TIAN, on ne doit plus en principe entendre de la part d'un État que cette arme est le fondement de sa sécurité nationale et internationale. On ne doit pas non plus voir un État se vanter d'avoir construit une arme nucléaire jamais vue auparavant. L'arme nucléaire est désormais prohibée comme instrument d'une politique quelconque pour tout État. C'est l'exclusion de l'arme nucléaire comme arme politique (A). Aussi, la menace par l'arme nucléaire est désormais illicite en toute circonstance (B).

A. L'exclusion de l'arme nucléaire comme arme politique

269. « *Chaque État partie s'engage à ne jamais, en aucune circonstance* [...] *menacer d'employer des armes nucléaires ou d'autres dispositifs explosifs nucléaires* » ; telle est la formule retenue par le TIAN à son article 1er § d). Donc la menace d'occasionner des dommages inacceptables pour un adversaire, base de la dissuasion nucléaire, est désormais illégale pour les États parties. Si, de façon générale, l'arme nucléaire est consubstantielle aux différents régimes politiques possesseurs, la menace de son utilisation quant à elle n'y a pas toujours occupé la même place. Un parcours des différentes conceptions militaro-politiques s'avère révélateur. L'accent sera ici porté sur les politiques française et américaine au regard de leurs particularités.

Il est évident que pour la France le remède à l'insécurité et à la guerre, c'est simplement la bombe atomique. Jean-Pierre CHEVENEMENT, ancien ministre français de la Défense, ne va pas plus loin lorsqu'il affirme : « *l'arme nucléaire empêche la guerre, la guerre entre États dotés de l'arme. Il n'y a pas de doute là-dessus. Elle empêche également tout État possédant l'arme nucléaire ou pas de s'en prendre à nos intérêts vitaux.* [...] *Il n'y a pas de doute là-dessus* ». Dans cette même lancée, Henry KISSINGER, diplomate américain, rappelle que « *des tensions politiques qui, en d'autres temps, auraient conduit immanquablement à la guerre restaient contenues par la crainte d'une conflagration nucléaire, ce qui permit de préserver la paix pendant un demi-siècle.* » (Henry KISSINGER,

Diplomatie, Paris, Fayard, 1996, p. 547) et à François GÉRÉ de s'exclamer : « *On n'a rien trouvé de mieux. Rien d'aussi radicalement efficace.* ».

La menace par l'arme nucléaire demeure une politique jugée indispensable par le gouvernement français. La construction de la puissance nucléaire française ainsi que sa singularité se sont faites sous la présidence de Charles DE GAULLE entre 1958-1969. Après De GAULLE, on observa logiquement une continuité et une certaine inflexion de la politique française autour du nucléaire. Selon Bruno COLSON, l'indépendance, le rang et le leadership européen de la France sont assurés par sa stratégie militaire de dissuasion. En 2014, Manuel VALLS, alors Premier ministre français, indiquait que « *désormais* [la France] *fait la course en tête pour les technologies de dissuasion* ». Le président français Emmanuel MACRON ne dit pas le contraire lorsqu'il affirme : « *la dissuasion fait partie de notre histoire, de notre stratégie de défense, et elle le restera.* [...] *Je suis convaincu que la pertinence de notre modèle de dissuasion, basé sur la stricte suffisance, demeure* » (Extrait du discours de présentation de vœux aux armées du président français, le 23 janvier 2018, à Toulon).

270. La politique dite de la « stricte suffisance » est celle que prétend mener la France afin de garantir sa sécurité. Ce concept de « stricte suffisance » a été théorisé en 1985. La « stricte suffisance » s'avère être un concept brumeux au point que l'ex-ministre français de la Défense Paul QUILÈS l'interprète comme une expression incessamment invoquée « *tout simplement parce que cela met un terme à tout débat sur de possibles actions de désarmement* ». « *Mais, qu'est-ce que la stricte suffisance ? Comment est-elle fixée et par qui ? Est-elle revue à la hausse ou à la baisse en fonction des tensions géopolitiques ? Est-elle toujours pertinente ou est-elle dépassée ?* se demandent Paul QUILÈS et autres. À la question « Que pensez-vous de la doctrine française de la stricte suffisance ? », Paul QUILÈS répond : « *je n'ai jamais compris ce que voulait dire « stricte suffisance », car si c'est suffisant, pourquoi y ajouter l'adjectif « strict » ? Cela voudrait peut-être dire qu'on ne sait pas ce qui est suffisant et on a raison de s'interroger, puisque le nombre de têtes nucléaires françaises était d'environ 200 en 1975.* [...]. ». Il s'agit d'une réponse donnée à l'occasion de l'intervention de l'auteur au colloque du Club Démocratie du 21 novembre 2011 sur le thème « L'absence du nucléaire militaire dans les programmes politiques ». (V. le contenu de l'intervention *in* Paul QUILÈS, *Nucléaire, un* *mensonge français. Réflexions sur le désarmement nucléaire,* , Paris, Éditions Charles Léopold Mayer, 2012, pp. 17-31). Selon Yann MENS, il s'agirait d'un principe simple. Il le schématise, comme suit : « *la France est un gentil pays qui ne veut agresser personne, mais qui a besoin d'un stock minimal de têtes nucléaires pour faire face aux menaces qui pourraient la guetter. Aujourd'hui, nos 300 têtes sont censées nous permettre de dormir tranquilles* » (Yann MENS, « Éditorial : La stricte suffisance de la France », *Alternatives internationales* ; n° 46, 1er mars 2010).

André DUMOULIN nous explique cette stratégie : « *la stratégie nucléaire française repose sur le postulat selon lequel la dissuasion ne doit pas être dépendante de l'évolution de la perception de la menace, mais de la préservation de ses propres intérêts vitaux qui peuvent évoluer quelque peu mais qui sont associés à la défense du territoire. Dès lors, le nucléaire n'est pas considéré comme une arme de combat selon le principe d'échanges nucléaires sur le champ de bataille régional ou de théâtre organisant une guerre nucléaire limitée. L'idée est bien plutôt de donner à l'arme nucléaire une fonction exclusivement « défensive » quand bien même les outils peuvent être perçus comme « offensifs ».* » (André DUMOULIN, *Vers une érosion du soutien à la dissuasion nucléaire française ?* Bruxelles, Institut Royal Supérieur de Défense/ Centre d'Études de Sécurité et Défense, 2015, p. 11.). Il s'avère que l'essentiel de la force principale de la dissuasion française réside dans quatre sous-marins nucléaires lanceurs d'engins (SNLE). Cela n'a pas empêché la France de développer et de perfectionner son arsenal nucléaire en y consacrant des moyens conséquents. Elle s'attache à sa politique de dissuasion, dira Paul QUILÈS, « *comme une beauté fanée conserverait précieusement les vestiges de sa gloire* ».

271. En ce qui concerne les États-Unis, ils réaffirment le rôle fondamental de la menace nucléaire comme socle de leur politique de défense et de sécurité. Ils ont été le « commanditaire » de toutes les idéologies nationales bâties autour de l'arme nucléaire et ont placé cette dernière au centre de leur politique unilatéraliste. Colin POWELL affirme que « *chaque fois que nous serons convaincus de quelque chose, nous montrerons le chemin.* » (V. Géraldine LHOMMEAU, *Le droit international à l'épreuve de la puissance américaine*, Paris, L'Harmattan, 2005, pp. 41-42.). Les États-Unis se sont ainsi auto-octroyés un pouvoir souverain de direction du monde « vers le bon chemin » et ce même au mépris du droit international. À cet effet, ils ont développé une lecture sélective de la prolifération nucléaire en différenciant les pays selon qu'ils sont alliés ou non à l'Amérique. Des pays tels que l'Iran, la Corée du Nord, l'Irak sont considérés comme de « mauvais proliférants » et à l'inverse comme « bons proliférants », l'Inde, Israël et même le Pakistan. En effet, le gouvernement du président George W. BUSH adoptait en 2001 une stratégie mettant l'accent sur l'intervention militaire des États-Unis en vue d'éliminer les régimes étrangers jugés hostiles et susceptibles de se procurer des armes nucléaires. Cette doctrine avait guidé et alimenté la justification de la guerre menée en Irak. En 2010, le président américain d'alors, Barack OBAMA, a insufflé une nouvelle dynamique consistant à réduire le rôle de l'arme nucléaire dans la politique de défense des États-Unis.

272. À Prague le 5 avril 2009, le président Barack OBAMA affirme : « *En tant que... la seule puissance nucléaire ayant eu recours à l'arme nucléaire, les États-Unis ont une responsabilité morale à agir... Alors aujourd'hui, j'affirme clairement et avec conviction l'engagement de l'Amérique à rechercher la paix et la sécurité dans un monde sans armes nucléaires. Je ne suis pas naïf. Ce but ne pourra être atteint avant longtemps, sans doute pas de mon vivant. Il faudra de la patience et de l'obstination. Mais maintenant, c'est à nous d'ignorer les voix qui nous disent que le monde ne peut pas changer...* […]. » (Sur les détails sur la prise de conscience américaine en 2010 quant à l'insécurité nucléaire, v. Sylvain FANIELLE, « Le Sommet sur la sécurité nucléaire de La Haye 2014 : réussite ou occasion manquée ? », *Note d'Analyse du GRIP*, Bruxelles, 2014, pp. 2-16 ; Sylvain FANIELLE, *Le sommet sur La sécurité nucléaire à la croisée des chemins. Entre doutes et ambitions*, *op. cit*, pp. 7-30 ; Département d'État des États-Unis, « Un monde libéré de l'arme nucléaire », *op. cit*, pp. 4-37). Toutefois, au-delà de cette intention, « *la garantie suprême de la sécurité des Alliés est* [toujours] *apportée par les forces nucléaires stratégiques de l'Alliance, en particulier celles des États-Unis* […]. ». Ceci ressort du § 17 du Concept stratégique de l'Alliance atlantique adopté le 19 novembre 2010 au Sommet de Lisbonne.

273. La nouvelle posture nucléaire américaine mise en place par le président Donald TRUMP vient confirmer la place centrale des armes nucléaires dans la politique américaine. Quatre rôles ont été réattribués aux armes nucléaires : la dissuasion à l'égard de toute attaque nucléaire et non nucléaire ; l'assurance envers les alliés et les partenaires ; la réalisation des objectifs des États-Unis en cas d'échec de la dissuasion ; et la capacité de se prémunir contre toute incertitude de l'avenir. Cette doctrine de dissuasion repose pour l'essentiel sur ce qu'ils ont appelé « la triade nucléaire stratégique » (terre, mer, air). Elle se compose actuellement de 14 SNLE de la classe Ohio équipés de missiles mer-sol balistiques stratégiques (MSBS), d'ICBM (il s'agit de 400 missiles Minuteman III à ogive unique déployés répartis dans plusieurs États) basés à terre et de bombardiers stratégiques équipés de bombes gravitaires et de missiles de croisière à lanceur aérien (ALCM) ; de 46 bombardiers stratégiques B-52H à capacité nucléaire et de 20 bombardiers stratégiques furtifs B-2A à capacité nucléaire. Les États-Unis ont lancé un programme pour développer et déployer le bombardier de la prochaine génération, le B-21 Raider. Il est débuté à partir du milieu de l'année 2020. Quant à la force nucléaire non stratégique actuelle, elle se compose d'un nombre relativement limité de bombes gravitaires B61 emportées par des F-15E et des avions alliés à double capacité. La stratégie de la dissuasion militaire américaine a également consisté à faire dépendre l'Europe, l'Asie et le Pacifique de son armement nucléaire. Rappelons que des armes nucléaires tactiques ont été déployées dès le milieu des années 1950 par les États-Unis et la Russie sur le continent européen. Pour les deux acteurs, cela avait pour but de dresser un rempart nucléaire contre toute éventuelle avancée des armées ennemies. L'Amérique y voyait également un moyen de pallier la supériorité des forces conventionnelles du Pacte de Varsovie. En 2012, les États-Unis disposaient de près de 200 bombes nucléaires réparties sur six bases de l'OTAN en Europe : Büchel en Allemagne, Kleine Brogel en Belgique, Volkel aux Pays-Bas, Aviano et Ghedi Torre en Italie et Incirlik en Turquie. Avec l'avènement du TIAN, les États parties possesseurs sont appelés à reconsidérer les socles de leurs politiques de sécurité et de défense nationales. L'arme nucléaire ne doit plus y avoir sa place. La prohibition du TIAN ne se limite pas qu'à la menace dans une période de tension. La menace est illicite en toute circonstance.

B. Une menace illicite en toute circonstance

274. Les États parties au TIAN se sont engagés « à ne jamais » et en « aucune circonstance », user de la menace par l'arme nucléaire dans leurs relations mutuelles. La notion de circonstance n'a pas été définie par le TIAN. Dans le but d'éviter toute ambiguïté dans l'appréhension de l'expression, il sied de procéder à une définition conceptuelle. D'abord, la notion de circonstance a un champ sémantique fourni. Du latin « *circumstantia* », de « *circumstare* » qui signifie « se tenir (*stare*) autour », la notion de « circonstance » désigne « la particularité qui accompagne et conditionne un fait, un événement, une situation ». Elle désigne par ailleurs « ce qui constitue, caractérise le moment présent tel l'actualité, la conjoncture, l'état (des choses), l'événement, l'heure (heure actuelle), le moment, la situation, le temps ». Cette dernière définition retient notre attention et semble être la plus en lien avec l'esprit dans lequel le TIAN emploie l'expression. En effet, à la lecture de son article 1er § d), il ressort expressément que le TIAN ne conditionne pas ses interdictions et ne souhaite laisser subsister aucune possibilité de remise en cause desdites interdictions. La prohibition de la menace par l'arme nucléaire se veut dès cet instant, à la fois intemporelle et inconditionnée. Si la menace ne doit « à jamais » et en « aucune circonstance » être employée, cela signifie logiquement qu'elle est prohibée en « toute circonstance », « à toute période », « à tout moment », « en tout temps ». Dès lors, la menace par l'arme nucléaire est illicite « en tout temps » sans prise en compte de la circonstance dans laquelle se trouveraient les parties et qui serait susceptible de justifier l'usage de la menace. La menace par l'arme nucléaire peut être employée dans une variété de circonstances. Elle peut l'être en temps de paix, y compris les situations de crise politique, et en temps de conflit armé interne ou international comprenant les situations de crise sécuritaire. En rappel, la menace par l'arme nucléaire est dite dissuasive lorsqu'elle vise à prévenir et à empêcher toute attaque militaire entre les parties. Elle se passe en principe en temps de paix et de crise politique comme lors de la guerre froide. La guerre froide a été une période de folie nucléaire. De l'épuisement économique de l'URSS à la vélocité de la France à s'armer en passant par les 7 000 bombes d'Hiroshima regroupées dans un seul sous-marin, l'auteur étale la foi accomplie que les États avaient placée en l'arme nucléaire. Par déduction, la menace par l'arme nucléaire en temps de paix (la dissuasion préventive) est ainsi prohibée.

275. En prohibant la menace en « toute circonstance », le TIAN répond désormais à la question posée à la CIJ en 1996 par l'AGNU : « *Est-il permis en droit international de recourir à la menace* […] *d'armes nucléaires en toute circonstance ?* » (§ 11 de la

Résolution 49/75 K adopté le 15 décembre 1994 par l'AGNU et par laquelle elle a énoncé la question sur laquelle un avis consultatif est demandé à la Cour). Pour répondre à la question, la Cour, après avoir examiné les dispositions de la Charte relatives à la menace ou à l'emploi de la force, s'est penchée sur le droit applicable dans les situations de conflit armé. Elle a d'abord traité de la question de savoir s'il existait en droit international des règles spécifiques qui régissent la licéité ou l'illicéité du recours aux armes nucléaires. Elle est ensuite passée à l'examen de la question qui lui a été posée à la lumière des principes et règles du DIH applicable dans lesdits conflits ainsi que du droit de la neutralité.

En 1996, la CIJ a été saisie de deux demandes d'avis consultatif. La première émane de l'Organisation mondiale de la santé (OMS) et la seconde de l'AGNU. Sur la première, la Cour a estimé qu'elle n'était pas en mesure de rendre l'avis consultatif sollicité. Certes, la Cour ne s'est pas prononcée sur la « politique de dissuasion » (§ 67) mais, avait constaté que contrairement au droit international humanitaire (DIH) (§ 74 à 86), « ni le droit international coutumier ni le droit international conventionnel n'autorisent spécifiquement la menace par l'arme nucléaire ni ne comportent d'interdiction complète et universelle de la menace par lesdites armes en tant que telles » (§ 52, 67, 74, 86 de l'Avis de la Cour et réponses A et B de la Cour). Par rapport au principe de la neutralité, la Cour estime que, comme dans le cas des principes du droit humanitaire applicable dans les conflits armés, le droit international ne laisse aucun doute quant au fait que le principe de neutralité qui a un caractère fondamental analogue à celui des principes et règles humanitaires, s'applique sous réserve des dispositions pertinentes de la CNU à tous les conflits armés internationaux, quel que soit le type d'arme utilisé (§ 89 de l'Avis).

La Cour répondit qu'elle *« ne* [pouvait] *cependant conclure de façon définitive que la menace* [...] *d'armes nucléaires serait licite ou illicite dans une circonstance extrême de légitime défense dans laquelle la survie même d'un État serait en cause* » (réponse E de la Cour). Le vide juridique que la Cour a constaté en droit international quant à la question et l'ambiguïté de cette conclusion qu'elle donne, se trouvent désormais comblés par le TIAN. En effet, l'examen du texte de l'Avis et des réponses données laisse apercevoir que la Cour a tenté de satisfaire à la fois les partisans et les adversaires de la licéité. Le diplomate français Marc PERRIN DE BRICHAMBAUT ne dit pas le contraire. Toutefois, le président Mohammed BEDJAOUI estime dans son avis dissident que « la Cour ne pouvait à l'évidence pas aller au-delà de ce que dit le droit. Elle ne pouvait pas dire ce que celui-ci ne dit pas ». En plus d'être « illicite dans une circonstance contraire au principe de non-recours à la menace et à l'emploi de la force dans les relations internationales ainsi qu'aux prescriptions de l'article 51 de la CNU », la menace par l'arme nucléaire est illicite même dans une « circonstance extrême de légitime défense dans laquelle la survie même d'un État serait en cause ». Cela ressort expressément de la réponse D de la Cour. Le principe de non-recours à la menace et à la force est consacré à l'article 2 al. 4 de la CNU. L'Article 51 de la CNU quant à lui, consacre le principe de la légitime défense et les compatibilités des dispositions de la Charte au principe.

La menace par l'arme nucléaire devient désormais illicite dans toutes les circonstances et hypothèses susceptibles de se présenter. Par cette prohibition, le TIAN disqualifie par le même coup tout mobile susceptible de sous-tendre l'usage de la menace. Par conséquent, aucun justificatif quelconque ne saurait être avancé par un État afin de légitimer l'emploi de cette menace. L'argument stratégico-sécuritaire et même la légitime défense (fût-elle ''préventive'') incessamment invoqué par les États possesseurs pour donner de l'élan à l'arme nucléaire se révèle à partir de cet instant flétri.

L'illicéité de la menace par l'arme nucléaire est d'ordre général. En effet, cette prohibition disqualifie l'usage de la menace comme arme de guerre. Désormais, l'État possesseur ne peut brandir son arsenal nucléaire afin de faire capituler l'adversaire en face. Dès lors, la menace ne peut être employée au niveau interne en période de crise contre un groupement non-étatique. Le terrorisme nucléaire ne doit plus être combattu par la menace par l'emploi de l'arme nucléaire. D'ailleurs, et en toute évidence, la menace par l'arme nucléaire a été et demeure inefficace face à la menace terroriste ; menace qui se situe dans les « angles morts » de la stratégie de dissuasion. Par « angles morts », il faut comprendre les failles imminentes difficiles à combattre de par la simple menace de l'emploi d'armes nucléaires. En effet, la stratégie de la dissuasion nucléaire présente certaines failles nouvelles. Par exemple, les cybermenaces sont désormais une réalité susceptible de prendre à revers les forces nucléaires en infectant leurs systèmes de commandement, de contrôle et de lancement. Aussi, l'introduction d'un logiciel pirate lors de la conception des systèmes ou pendant leur maintenance peut les rendre défaillants au moment de leur utilisation. Ces logiciels pourraient compromettre le fonctionnement du réacteur nucléaire ou la furtivité du sous-marin en émettant un signal. Certains acteurs politiques et militaires français avaient reconnu l'existence de ces « angles morts » dans la stratégie de la dissuasion.

Dans le sens inverse, cesdits groupements ne pourront non plus se servir de la menace par l'arme nucléaire pour satisfaire leurs revendications. Toutefois, aucune assurance n'est évidente quant au respect de cette interdiction par lesdits groupements, acteurs qui se trouvent dans la liste des « gangsters » de la communauté internationale. Il n'existe qu'une seule issue face aux risques d'emploi de l'arme nucléaire par ces acteurs : éviter qu'ils ne se les approprient. Le TIAN consacre l'illicéité de l'emploi de l'arme nucléaire outre celle de la menace.

§ 2. L'illicéité de l'emploi de l'arme nucléaire

276. L'arme nucléaire peut être employée dans une large variété de circonstances, avec des résultats très différents. Sur le plan militaire, dans certains cas, comme celui de l'emploi d'une arme nucléaire de faible puissance contre des navires de guerre en haute mer ou sur des troupes dans une région à la population très clairsemée, il est possible d'envisager une attaque nucléaire produisant relativement peu de pertes civiles. Il n'est absolument pas exact que toute utilisation d'armes nucléaires contre un objectif militaire s'accompagnerait inévitablement de très lourdes pertes civiles. ». (*Avis consultatif sur la licéité de la menace ou de l'emploi d'armes nucléaires*, § 91, p. 39). Elle peut être utilisée en temps de paix comme en temps de conflit armé. Dans la première circonstance, l'utilisation est dite pacifique. Dans la seconde, l'arme est considérée comme un moyen pour remporter une guerre. Ceci constitue une exclusion de l'arme nucléaire comme arme de guerre (A). À titre de conséquence logique, son emploi est illicite en toute circonstance (B).

A. L'exclusion de l'arme nucléaire comme arme de guerre

277. Aux termes de son article 1er § a), le TIAN consacre l'obligation des États parties à ne jamais « *mettre à l'essai* » des armes nucléaires et au § d) à ne jamais « *employer* [...] *des armes nucléaires ou d'autres dispositifs explosifs nucléaires* ». Contrairement à la menace, l'emploi de l'arme nucléaire ne s'inscrit pas que dans des affrontements verbaux entre acteurs politiques. Il va au-delà et se traduit par des actions « positives ». L'emploi de l'arme nucléaire peut être simplement démonstratif. C'est le cas de l'essai nucléaire ou explosion nucléaire. Il peut être d'application, on parle de tirs de combat ou frappes nucléaires.

Les deux expressions « explosion nucléaire » et « essai nucléaire » laissent place à interprétation et ne renvoient vraisemblablement pas à la même réalité. Cette situation s'explique par le fait qu'aucun instrument conventionnel (le TICE comme le TIAN) ne donne de définitions clairement établies de ces notions.

Selon le *Dictionnaire de droit international public*, les essais nucléaires sont « *des explosions expérimentales d'armes nucléaires ou de tout autre dispositif obtenu par la fusion ou la fission de l'atome qui libère d'énormes quantités de chaleur, d'énergie ainsi qu'un rayonnement puissant et prolongé* ». Cette définition assimile ainsi les essais nucléaires aux explosions nucléaires en les caractérisant par la réaction nucléaire employée et par l'énormité des effets produits par l'explosion. Quid alors des essais sous-critiques ou des programmes de simulations nucléaires ainsi que des essais sans explosions ? Les essais sous-critiques sont des « types d'explosion de très faible puissance utilisant des explosifs chimiques et une quantité très faible de matières fissiles (plutonium ou uranium 235 de qualité militaire) n'impliquant pas de réaction en chaîne ». L'objectif de l'essai sous-critique qualifié de « tirs froids » consiste à valider la phase de fonctionnement de l'amorce de l'arme thermonucléaire et d'évaluer les performances et la sûreté des armes nucléaires stockées.

Il faut également citer les essais effectués à travers les programmes de simulation nucléaire par le biais d'ordinateur ou de systèmes lasers. Ces derniers seraient exclus si l'on se fonde sur la conception retenue par *Dictionnaire de droit international public*. D'ailleurs, le TIAN emploie l'expression « essai nucléaire » en lieu et place de « explosion nucléaire » que l'on retrouve dans le TICE. Le TICE ne donne pas non plus de définition de l'explosion nucléaire. En général, les essais d'armes nucléaires sont effectués en temps de paix (absence de guerre) d'où la qualification essai « pacifique ». L'essai pacifique fait partie du schéma d'élaboration logique de toute arme. Il s'agit de la phase qui confirme la mise au point effective de l'arme et permet de convaincre du bon fonctionnement de l'ensemble du système, nœud de l'arme. Par ailleurs, il s'avère que les explosions d'engins nucléaires sont susceptibles d'être utilisées pour des travaux d'excavation notamment de canaux, de ports, de routes de montagne, de recherches de pétrole, de gaz et de ressources hydrauliques. C'est ce qui a été envisagé notamment aux États-Unis dans le cadre du programme Plowshare arrêté en 1977. Le programme Plowshare (soc de charrue) avait été présenté par Edward TELLER à la conférence de 1958 : l'utilisation de la bombe atomique pour de grands travaux de génie civil. On a proposé par exemple, de recreuser le canal de Panama pour l'amener à un niveau de la mer. Il y eu 35 explosions expérimentales Plowshare entre 1961 et 1973. Le programme fut abandonné car les problèmes de contamination sont vites apparus insurmontables.

278. L'essai pacifique a également un objectif politico-stratégique dont la finalité est militaire. En effet, il constitue objectivement, le moyen de communication le plus fort en matière de dissuasion. Par l'essai d'armes nucléaires, l'État apporte la preuve certaine qu'il dispose de l'arme la plus crainte. En outre, il lève tout doute sur l'opérationnalité de l'arme. Il faut en déduire, à la suite de Jacques VILLAIN, que les essais d'armes nucléaires constituent « autant de signaux et de messages envoyés aux adversaires potentiels et au monde ». Jusqu'aux moratoires des années 1990 (à l'exception de la Corée du Nord), les essais explosifs ont toujours été effectués dans ce dessein par les États possesseurs qui en ont fait un instrument privilégié de leur politique de dissuasion au point de s'en méfier lorsqu'il est d'un autre État. Il ressort de l'histoire que les États-Unis ont utilisé des moyens considérables pour espionner les essais nucléaires français en Polynésie ou les lancements de missiles effectués à partir du golfe de Gascogne (Océan Atlantique). Par ailleurs, avec l'arrivée au pouvoir de Donald TRUMP, le régime nord-coréen a testé pour la première fois des missiles balistiques à portée intermédiaire (Hwasong-12) et intercontinentale (Hwasong-14) susceptibles théoriquement de frapper l'île de Guam et le continent américain. La réplique du président TRUMP aux essais nord-coréens ne se fit pas attendre. Dans un tweet du 30 juin 2017 : « *L'ère de la patience stratégique avec le régime de la Corée du Nord a échoué. Cette patience est terminée.* », puis devant l'AGNU (72e AG), « *Si nous sommes obligés de nous défendre ou de défendre nos alliés, nous n'aurons d'autre choix que de détruire totalement la Corée du Nord* » et le 3 janvier 2017 : « *La Corée du Nord a déclaré qu'elle était dans les dernières étapes du développement d'une arme nucléaire capable* *d'atteindre une partie des États-Unis. Cela n'arrivera pas !* ». L'histoire l'a donc confirmé. Il faut se rappeler que malgré les efforts affichés par les États possesseurs à partir de 1946, en vue de limiter les essais d'armes nucléaires au moyen d'accords internationaux, lesdits essais n'ont jamais cessé. Ouvert à la signature en 1996, le TICE n'est toujours pas entré en vigueur. De 1945 à 2014, 2 400 explosions nucléaires expérimentales ont été réalisées par huit des neuf pays possesseurs de l'arme nucléaire. Seul Israël n'a jamais officiellement procédé à des essais même si certaines informations indiquent qu'un essai aurait lieu en coopération avec l'Afrique du Sud en 1970 dans l'océan Indien.

279. Dans la seconde hypothèse, l'emploi de l'arme nucléaire est effectué lors d'une guerre. Elle traduit l'échec à la fois de la dissuasion par la menace de l'emploi et de celle par l'essai. L'humanité a fait sa première expérience de tirs d'armes nucléaires et de l'effet dévastateur desdites armes lors de la Seconde Guerre mondiale. Un seul bombardier B-29 ayant largué deux bombes atomiques respectivement sur Hiroshima et Nagasaki a suffi en quelques instants pour anéantir lesdites villes et causer la mort de dizaines de milliers de civils et de militaires. Malgré le fait que l'histoire ait révélé une multitude de situations dans lesquelles le risque d'emploi d'armes nucléaires se situait à l'extrême, le scénario d'emploi d'armes nucléaires est à l'heure actuelle planifié en permanence notamment par les États-Unis, la Russie, le Royaume-Uni et la France qui disposent d'armes nucléaires en état de haute alerte permanente. Lors de la Crise de Cuba, un affrontement nucléaire entre les États-Unis et l'URSS a été évité de justesse. Le 27 octobre 1962, un sous-marin soviétique B-59 armé d'une torpille nucléaire est traqué depuis deux jours par les navires américains. En dépit de la pression, le capitaine russe refusera de donner l'ordre d'employer la torpille pour détruire le porte-avions américain *USS Randolph* qui était ciblé.

Il s'agit d'armes nucléaires prêtes à être lancées en moins d'un quart d'heure. En effet, des centaines de missiles transportant approximativement 1 800 ogives nucléaires sont prêts à être lancées à tout moment partout dans le monde. La disponibilité opérationnelle de ces armes dénote à la fois l'intention des États à les employer dès que l'occasion se présente, mais également des risques notamment le lancement accidentel, par erreur ou intentionnel que l'humanité court. Avec le TIAN, l'emploi de l'arme nucléaire est illicite en toute circonstance. Des centaines d'accidents nucléaires militaires ont été révélés. À titre illustratif, en France une mission nucléaire aérienne a été lancée par erreur en 1966. Les faits se déroulent sur la base aérienne d'Orange où l'équipage d'un Mirage IV, alors seul avion capable de mettre en œuvre l'arme nucléaire, est en posture d'alerte dite A15. Le système de communication affiche alors, conformément à la procédure d'alerte, l'ordre « décollage de guerre, noir sur rouge ». Le processus d'attaque a été engagé et l'avion était armé d'une bombe nucléaire AN-21 de 55 kilotonnes, soit plus de trois fois la puissance de celle qui explosa sur la ville d'Hiroshima. Une fois le bombardier en vol, les autorités militaires françaises se rendent compte de l'erreur d'affichage provoquée par des orages : il n'était pas prévu que le Mirage IV emporte une arme nucléaire. L'avion qui a été alors rappelé a dû se poser au sol avec son arme.

B. Un emploi illicite en toute circonstance

280. L'interdiction de l'emploi de l'arme nucléaire est désormais inconditionnée et intemporelle avec le TIAN pour ses États parties. En effet, le Traité consacre similairement l'obligation de « ne jamais » et « en aucune circonstance » mettre à l'essai ni employer d'armes nucléaires. En partant de l'interprétation stricte de cette interdiction, aucune raison ne peut justifier toute forme d'essai d'armes nucléaires et *a fortiori* la circonstance dans laquelle il est mené. Tout essai impliquant un DNE même purement pacifique est interdit. Par conséquent sont interdits l'emploi d'un DNE quel qu'il soit pour des travaux dits d'excavation, les programmes de simulation des essais nucléaires par des systèmes laser ou et supercalculateurs. Par ailleurs, les essais d'armes nucléaires ne doivent plus servir de moyen de communication, de dissuasion.

Le TIAN se veut strict et complet en interdisant l'emploi d'armes nucléaires en « toute circonstance », et en « tout temps ». Par conséquent, aucun critère comme le nombre de victimes civiles, l'ampleur des dégâts et la durée d'un conflit ne pourra désormais justifier l'emploi de ladite arme. Les États parties, même dans une circonstance de péril existentiel, ont l'obligation formelle de ne pas utiliser l'arme nucléaire. Cette prohibition inconditionnelle de l'emploi des armes nucléaires en période de conflit armé vient renforcer à la fois le *jus in bello* et combler le vide juridique du droit international sur la question, en servant de régime de prévention de tout usage militaire de l'arme nucléaire. Elle vient en effet répondre à la question posée à la CIJ sur la licéité de l'emploi de l'arme nucléaire. Tout comme la menace, la légitime défense ne peut plus justifier l'emploi de ces armes et ce même dans une circonstance extrême où la survie de l'État serait en jeu. Par le TIAN, l'arme nucléaire est désormais déclassée à l'exemple des armes biologiques et chimiques des armes susceptibles d'être employées lors d'un conflit armé soit-il interne ou international. Si toutefois la CIJ est amenée à revenir sur la question, nous convenons avec Jean-Marie COLLIN qu'il ne s'agira pour la Cour que de confirmer simplement ce qu'énonce désormais le droit international par le TIAN. La Cour aura la tâche moins lourde désormais de prouver que l'interdiction de l'emploi des armes nucléaires reflète la pratique des États (au moins pour les États parties) et qu'il existe, au sein de la communauté internationale, la conviction que cette pratique est requise par le droit international.

281. La confrontation du régime du TNP à celui du TIAN a révélé la véritable spécificité du TNP. Ce régime n'a pas son semblable dans le catalogue international des instruments multilatéraux contraignants consacrés à la question du désarmement prise de façon générale. La CIAC et le TIAN ont pu respectivement se focaliser sur leur objectif ultime pour consacrer des régimes fondés sur l'égalité des États. Les États parties à ces instruments ont compris qu'aucun État n'était moins proliférateur ni moins « dangereux » que l'autre. À partir de ce constat, tous les États devaient être juridiquement conduits sur un même pied vers une même destinée : le désarmement. Il paraît évident que l'entrée en vigueur du TIAN donne lieu à un retour de la question de la licéité de l'arme nucléaire devant la CIJ. Dans une telle hypothèse, la Cour se verra probablement amenée à confirmer ce que stipule le TIAN pour ses parties. Les imperfections du droit international sur la question de l'illicéité de la menace et de l'emploi étant désormais corrigées par le TIAN, aucune difficulté particulière d'interprétation et d'appréciation du droit international conventionnel sur la question ne saurait véritablement se poser. Aujourd'hui, la paix et la prospérité du monde participent toujours d'une gageure qui consiste, d'une part, à faire admettre universellement les avantages de l'UPEN et, d'autre part, à garantir qu'il ne sera plus jamais fait usage de l'arme atomique alors que la réalité est différente. Ce constat plus ou moins amer découle manifestement du fait que l'objectif principal du TNP, à savoir l'engagement à la non-prolifération nucléaire tant horizontale que verticale reste plus de 50 ans après, non atteint. Le TNP a permis d'éviter dans une certaine mesure une troisième guerre mondiale et d'atténuer la course à l'arme nucléaire et demeure aujourd'hui la pierre angulaire du système international de non-prolifération certes, mais fallait-il un traité injuste pour le soi-disant bien du monde ? Non, bien sûr vu que la prolifération se poursuit. Toutefois, depuis le 7 juillet 2017, l'anomalie dans la sphère du droit régissant les ADM est en voie d'être comblée.

282. Le TIAN a créé la révolution autrefois tant attendue dans les domaines du désarmement et de la non-prolifération nucléaires en consacrant l'interdiction des armes nucléaires. Si huit ans après son adoption, cet instrument est toujours à quête de son effectivité, cela est principalement dû à un manque de volonté manifeste des puissances nucléaires à composer pour le bien-être commun de l'humanité. Le traitement inégalitaire des États en droit international public demeure une réalité. Le principe de l'égalité souveraine des États, ce principe central tant brandi par l'ordre juridique international, n'a pas reçu une application effective dans le domaine du nucléaire militaire. Ce traitement discriminatoire est cependant, de plus en plus mal vécu.

CHAPITRE III

L'ÉCHEC DU DÉSARMEMENT ET DE L'INTERDICTION DES ARMES NUCLÉAIRES DANS LA PRATIQUE

Bibliographie : – Department for Disarmament Affairs, *The United Nations Disarmament Yearbook*, vol. 1:1976, New York, United Nations publication, 1977, p. 102. – AGNU, *Rapport de la Conférence du désarmement,* 51ème session, Supplément n° 27 (A/51/27), New York, 1996, pp. 24-25. – Arundhati GHOSE, « India's Security Concerns and Nuclear Disarmament », *The Journal of International Affairs,* 1997, p. 51. – Department for Disarmament Affairs, *The United Nations Disarmament Yearbook*, vol. 24: 1999, New York, United Nations publication, 2000, p. 3. – SIPRI, *SIPRI Yearbook 2013: Armaments, Disarmament and International Security,* (Résumé en français), GRIP and SIPRI, Sweden, 2013, p. 13. – Bureau des affaires de désarmement, *Annuaire des Nations unies sur le désarmement*, vol. 36 : 2011, Partie II, New York, Publication des Nations unies, 2015, p. 292. – SIPRI, *SIPRI Yearbook 2015: Armaments, Disarmament and International Security,* (Résumé en français) Sweden, GRIP and SIPRI, 2015, p. 18. – SIPRI, *SIPRI Yearbook 2017: Armaments, Disarmament and International Security,* (Résumé en français), Sweden, GRIP and SIPRI, 2017, p. 16. – SIPRI, *SIPRI Yearbook 2019: Armaments, Disarmament and International Security,* (Résumé en français), GRIP and SIPRI, Sweden, 2019, p. 10. – SIPRI, *SIPRI Yearbook 2020: Armaments, Disarmament and International Security,* Sweden, 2020, p. 326. – Christopher CLARY, « A.Q. Khan et les limites du régime de non-prolifération », in *Forum du désarmement*, n° 4, UNIDIR, 2004, p. 38. – Richard YILMAZ, « Les armes de destruction massive au Moyen-Orient », *Outre-Terre,* vol. 1, n° 14, 2006, p. 30. – Bremer Morten MÆRLI and Sverre LODGAARD, *Nuclear Proliferation and International Security*, London and New York, Routledge Global Security Studies, 2007, p. 140. – Bureau des affaires de désarmement, *Annuaire des Nations unies sur le désarmement*, vol. 29 : 2004, New York, Publication des Nations unies, 2005, p. 63. – Office for Disarmament Affairs, *The United Nations Disarmament Yearbook,* vol. 20 : 1995, New York, United Nations Publication, 1996, pp. 84-86. – Avi BEKER, « Paix et dénucléarisation : Un point de vue israélien », *in Désarmement*, vol. XVI, n° 2, Nations unies, 1993, pp. 139-159. – Cédric POITEVIN et Manuela TUDOSIA, « Le Groupe des fournisseurs nucléaires dans le régime international de non-prolifération », *Note d'Analyse du GRIP*, 2008, pp. 1-10. – Carlton STOIBER, « Sécurité nucléaire : Aspects juridiques de la protection physique ainsi que de la lutte contre le trafic illicite et le terrorisme nucléaire », *in* AEN, *Le droit nucléaire international : Histoire, évolution et perspectives*, n° 6935, Paris, OCDE, 2010, p. 252. – Christophe JAFFRELOT, « L'Inde, nouvel allié asiatique des États-Unis », *Études*, vol. 10, tome 403, 2005, p.

310. – AIEA, « Implementation of the India-United States Joint Statement of July 18, 2005 : India's Separation Plan », INFCIRC/731 du 25 juillet 2008. – Raja MOHAN, « India's nuclear exceptionalism » in Bremer Morten MÆRLI and Sverre LODGAARD, *Nuclear Proliferation and International Security*, London and New York, Routledge global security studies, 2007, p. 153 et ss. – Wendy FRIEMAN, *China, Arms Control, and Nonproliferation,* London and New York, RoutledgeCurzon, 2004, p. 49. – Simone COURTEIX, « La coopération nucléaire internationale de la République populaire de Chine », *AFDI*, vol. 32, 1986, p. 667. – La Documentation française, NED, n° 3428 à 3430, 24 octobre 1967, pp. 31-33 et pp. 53-54. – Claude ALLEGRE, Dominique DE MONTVALON, *Faut-il avoir peur du nucléaire ?* Paris, Plon, 2011, p.44. – Alban LAPOINTE, « Pourquoi une révision du Traité de non-prolifération ? », *Études*, vol. 5, 2010, p. 604. – Ali RASTBEEN, *Le nucléaire iranien : une approche française,* Thèse de doctorat en sciences de l'information et de la communication, Université Panthéon-Assas, 2012, pp. 66-69. – Jean-Paul HEBERT, « L'Iran nucléaire face aux États-Unis », *Recherches internationales*, n° 79, 2007, p. 90. – Astrid VIAUD, *L'Union européenne face à la crise du nucléaire iranienne (2003-2017),* UCL Presses Universitaires de Louvain, 2017, p. 15. – Susan EISENHOWER, « L'atome au service de la paix, 50 ans plus tard », *Bulletin AIEA*, n° 45, vol. 2, 2003, pp. 5-6 ; AIEA, *L'atome pour la paix et le développement,* Bulletin de l'AIEA (édition spéciale), 2015, p.1. – Daniel H. JOYNER, *Iran's nuclear program and international law, from confrontation to accord*, Oxford University Press, New York, 2016, p. 44. – François NICOULLAUD, « La France et la négociation avec l'Iran », *L'Harmattan - Confluences Méditerranée*, n° 96, vol. 1, 2016, p. 48. – Gary SICK, « La révolution iranienne et les grandes puissances », *Politique étrangère*, n° 2, 1987, pp. 339-355. – Ahmad SALAMATIAN et Simine CHAMLOU, « Les dix années de la Révolution islamique en Iran », *Tiers-Monde*, tome 31, n°123, 1990, pp. 509-535. – Dominique LORENTZ, *Secrets atomiques. La bombe iranienne ou la véritable histoire des otages du Liban*, Paris, Les Arènes, 2002, p. 86. – Blaise TCHIKAYA, *Mémento de la jurisprudence du droit international public*, Paris, Hachette supérieur, 2017, p. 113. – CIJ, *Affaire du personnel diplomatique et consulaire américain à Téhéran (Iran c. États-Unis),* ordonnance en mesures conservatoires et fond, arrêts des 15 décembre 1979 et 24 mai 1980, CIJ, Recueil 1979, p. 23, CIJ, *Recueil* 1980, p. 3. – Saira KHAN, *Iran and Nuclear Weapons. Protracted conflict and proliferation,* London and New York, Roudledge, pp. 11-25. – AIEA, *Rapport annuel 2003*, Vienne, 2004, p. 9. - AIEA, *Rapport annuel 2004*, Vienne, 2005, pp. 72-73. – Thérèse DELPECH, *Iran and the Bomb. The Abdication of International Responsibility*, New York, Columbia University Press, 2006, p. 1. – AIEA, *Rapport annuel 2006*, Vienne, 2007, p. 78. – Tariq KHAITOUS, « Ce que veut véritablement Téhéran », *Confluences Méditerranée,* vol. 1, n° 60, 2007, p. 71. – AIEA, *Rapport annuel 2014*, Vienne, 2015, p. 14. – Sébastien BOUSSOIS, « *L'accord iranien sur le nucléaire, une révolution géopolitique pour la région et pour le monde* », *Note d'Analyse du GRIP*, Bruxelles, 2015, p. 1. – AIEA, *Rapport annuel 2016,* Vienne, 2017, p. 14. – AIEA, « Vérification et contrôle en République islamique d'Iran à la lumière de la résolution 2231 (2015) du Conseil de sécurité de l'ONU », Rapport du Directeur général, GOV/INF/2020/16, 17 novembre 2020, p. 1 et ss. – Olivier CORTEN, François DUBUISSON, Vaios KOUTROULI et Anne LAGERWALL, « L'exécution de Quassem Soleimani et ses suites : Aspects de *jus*

contra bellum et de *jus in bello* », *in RGDIP*, 2020, n° 1, Paris, Pédone, pp. 41-74. – IDN, Revue de presse du 15 octobre 2020. – Tom O'CONNOR, « L'Iran déclare qu'il est prêt à commencer à acheter et à vendre des armes avec de ''nombreux amis'', tandis que les États-Unis sont restés ''isolés'' », *Le Monde*, *Newsweek* du 15 octobre 2020. – Leon SIGAL, *Disarming Strangers - Nuclear Diplomacy with North Korea*, Princeton University Press, Princeton, 1998, p. 39. – Grégory BOUTHERIN, « Le Traité sur la non-prolifération à l'épreuve du droit de retrait », *Politique étrangère*, vol. 4, 2008, pp. 793-794. – David E. SANGER, « North Korea says it has a program on nuclear arms », *New York Times*, 17 octobre 2002. – Bruno HELLENDORFF et Thierry P. KELLNER, *Crise nord-coréenne. Diplomatie, menace nucléaire et défense antimissile*, Les rapports du GRIP, vol. 9, Bruxelles, 2016, p. 15. – SIPRI, *SIPRI Yearbook* 2009: *Armaments, Disarmament and International Security,* (résumé en français), SIPRI and IRIS, Sweden, 2009, p. 16. – SIPRI, *SIPRI Yearbook 2012: Armaments, Disarmament and International Security,* (résumé en français), SIPRI and GRIP, Sweden, 2012, p. 15. – Glenn H. SNYDER, *Deterrence by Denial and Punishment*, Princeton, Princeton University, 1959, 39 p. – Marianne PERON-DOISE, « La Corée du Nord en 2005 : décomposition ou ultimes métamorphoses ? », *Revue internationale et stratégique,* vol. 1, n° 57, 2005, p. 45. – Jean Marie COLLIN, *Le traité sur l'interdiction des armes nucléaires*, Les Rapports du GRIP, vol. 9, Bruxelles, 2018, p. 25. – IDN, « Un appel associatif à éliminer les armes nucléaires avant 2045 », *Revue de presse* du 7 novembre 2020. – Reed Jonathan WINKLER, « La surenchère des arsenaux nucléaires », *Revue électronique du Département d'État des États-Unis*, p. 30. – Marc SEMO, « Inquiétudes européennes autour de l'escalade iranienne sur le nucléaire. L'Agence internationale de l'énergie atomique a détecté des « particules d'uranium » sur un site non déclaré, en violation avec l'accord de 2015 », *Le Monde,* 13 novembre 2019. – Piotr SMOLAR et Carrie NOOTEN, « Le ton monte entre les États-Unis et l'Europe au sujet d'un retour des sanctions contre l'Iran », *Le Monde*, 21 août 2020. – Henry TISSOT, *Les atomes,* Lausanne, édition Robert LAFFONT-Grammont, 1975, p. 121.

283. Depuis quelques années, le traitement discriminatoire du TNP ne reçoit plus l'assentiment de certains ENDAN. Ce ressentiment se manifeste par la défiance à l'égard du régime du TNP. Certains ENDAN ont opté pour une application partielle du TNP par le biais de la clandestinité tandis qu'un autre (la Corée du Nord) a choisi de « claquer la porte » du TNP. L'insatisfaction de ces États face au processus de désarmement se trouve au cœur de ce ressentiment. Il s'avère que près d'un demi-siècle après la signature du TNP, la grande majorité des pays ont le sentiment que la promesse du désarmement nucléaire n'a pas été respectée comme elle aurait dû l'être. Certes, les arsenaux nucléaires des deux principaux possesseurs, les États-Unis et la Russie, ont, depuis la Guerre froide, connu une réduction notable par rapport à leur maximum. Cependant, les quelque 3 000 armes stratégiques déployées des États-Unis et de la Russie à elles seules, représentent encore plus de 700 fois la totalité de la puissance explosive utilisée au cours de toute la Deuxième Guerre mondiale. Un seul missile intercontinental russe équivaut à 53 bombes d'Hiroshima et est capable d'exterminer jusqu'à 5,3 millions de civils innocents. L'obligation de négociation de bonne foi du processus de désarmement n'a donc pas produit les résultats attendus. En effet, la panoplie d'accords bilatéraux et multilatéraux auxquels ont adhéré les puissances nucléaires, associée à l'action normative conséquente de la communauté internationale, n'ont pas pu remettre en cause le rôle de l'arme nucléaire dans la politique de ces États. Cet atermoiement du processus de désarmement nucléaire se manifeste par un rejet (SECTION I) et une remise en cause (SECTION II) du TNP après un demi-siècle déjà sans désarmement réel. Ceci dénote un difficile désarmement des puissances nucléaires (SECTION III).

SECTION I

LE REJET DU TNP

284. Le désarmement promis aux ENDAN lors de l'adoption du TNP demeure une fiction plus d'un demi-siècle après. Certes, le TIAN est en vigueur, mais le TNP demeure. D'ailleurs, les séquelles laissées par ce Traité ne sont pas près de disparaître même avec ce nouveau traité. La plupart des ENDAN ont depuis longtemps le sentiment d'avoir été trahis voire bernés par les EDAN qui promeuvent inlassablement la prolifération nucléaire. Promouvoir la dissuasion nucléaire ne fait cependant pas obstacle à la prolifération, mais renforce l'attrait des armes nucléaires. En effet, comme nous l'avons vu, les motifs de l'acquisition d'une arme nucléaire sont divers parmi lesquels figure en bonne place le désir de s'imposer diplomatiquement sur la scène internationale. Ce but est cependant déguisé par certains États qui invoquent le besoin d'assurer leur sécurité nationale et internationale. Cet objectif ne peut être atteint par l'État qu'en s'armant. On comprend très aisément que pour dissuader, il faut une arme nucléaire et que, pour ne pas être dissuadé, il faut également une arme nucléaire. D'où logiquement la grande course à l'armement nucléaire qui s'opère au mépris des risques que cela crée pour la stabilité internationale. Nous observons aujourd'hui un rejet continu du TNP (SECTION I) par certains États qui refusent toujours d'y adhérer et qui ont décidé de s'armer en dépit de l'interdiction faite par le Traité. Certains États ont, quant à eux, opté pour la remise en cause continue du TNP (SECTION II) soit en s'en retirant soit en adoptant clandestinement le chemin de la prolifération nucléaire.

§ 1 : UN REJET TOUJOURS MANIFESTE

285. Les ENDAN parties au Traité sont autant frustrés par le traitement dissymétrique dont ils font l'objet depuis tant d'années que les ENDAN non parties. N'étant pas parties au Traité, les États tiers ne se voient pas tenus par sa « loi ». C'est ainsi que certains États vont se lancer à la conquête de l'arme nucléaire contre vent et marées. En effet, si ces États ne peuvent être juridiquement influencés, ils peuvent l'être politiquement. C'est donc sur le plan politique qu'ils ont dû faire face à l'adversité des EDAN qui tenteront, avec l'appui de la communauté internationale, de les en empêcher. Accroître le nombre des EDAN ne garantit pas en effet la stabilité mondiale, mais, à l'inverse, y porte atteinte. La communauté internationale en est bien consciente. Après avoir passé au peigne fin la prolifération nucléaire par les États tiers au Traité (A), nous porterons un regard critique sur l'échec de la communauté internationale dans le désarmement des États tiers (B).

A. La prolifération nucléaire par les États tiers au Traité

286. Trois États tiers au TNP ont emprunté le chemin de l'arme nucléaire au lendemain de son adoption. Il s'agit de l'Inde, du Pakistan et d'Israël. Le programme nucléaire de chacun de ces États présente un historique spécifique. En effet, ils n'ont pas mûri l'idée de se nucléariser au même moment ; ils n'ont pas bénéficié des mêmes facilités ; ils n'ont pas subi les mêmes épreuves sur ce chemin difficile, étroit, périlleux, rocailleux, et jalonné d'obstacles. Si l'Inde est passée officiellement mais frauduleusement de l'utilisation pacifique au nucléaire militaire, ce ne fut pas le cas du Pakistan. Par ailleurs, si l'Inde a indirectement bénéficié de l'appui de certains EDAN dans le développement de son programme, il en fut tout autrement pour le Pakistan. On observe dès l'entrée que ces deux programmes ne présentent pas la même évolution. Les programme nucléaire militaire indien (1), pakistanais (2) et israélien de 1968 à nos jours (3), seront examinés.

1. Le programme nucléaire militaire indien de 1968 à nos jours

287. L'Inde a inauguré ses propres recherches nucléaires en 1948 et disposait déjà en 1954 d'une infrastructure nucléaire à vocation civile. C'est à partir de 1962 que sa tendance vers le nucléaire militaire se fit observer. En effet, après avoir essuyé une défaite militaire face à la Chine sur la frontière himalayenne en 1962, elle a vu cette dernière procéder à l'explosion de sa première bombe atomique en 1964, ce qui l'a résolument engagée sur la voie du nucléaire militaire. Le 18 mai 1974, le Gouvernement indien qualifiait de « pacifique » l'essai d'un dispositif atomique au plutonium qu'il venait d'effectuer (soit deux mois après l'adoption des directives du Comité Zangger). Trois jours plus tard, soit le 21 mai, son ministre des Affaires étrangères affirmait en effet l'intention de l'Inde de ne pas développer d'armes nucléaires. Cet essai avait cependant relancé la polémique sur l'adéquation des mécanismes et instruments internationaux de lutte contre la prolifération des armes nucléaires.

L'histoire révèle que la réussite du programme atomique militaire indien est en partie imputable à l'assistance matérielle et technique à vocation pacifique octroyée par les États-Unis, le Canada, la France et l'France. Il ressort qu'en 1955, le Canada avait accepté de l'Inde un marché de construction d'un réacteur expérimental à eau lourde (oxyde de deutérium) qui fut achevé en 1960. Deux ans plus tard soit en 1962, l'France fournissait à l'Inde une seconde installation de production d'eau lourde. Quant à la France, elle a apporté son assistance à la construction d'une usine pilote de retraitement de combustible irradié qui fut achevée en 1966. Il s'agit de l'usine qui a permis à l'Inde de procéder à l'extraction du plutonium nécessaire à l'élaboration de sa bombe nucléaire dite pacifique. Elle a ainsi développé son programme nucléaire militaire au vu de certaines puissances qui étaient en transe dans la compétition internationale pour l'obtention des marchés nucléaires.

En 1995, l'Inde invoquait entre autres les essais nucléaires français et chinois pour rester en dehors du TNP alors qu'il venait d'être prolongé indéfiniment. En 1996, la surprise ne fut pas grande lorsque l'Inde fit échec à l'adoption par la CD du projet de TICE. Elle avait en effet, réfuté la condition d'entrée en vigueur qui l'obligeait à le ratifier. Ainsi paralysée, la CD a été dans l'obligation de renvoyer ledit projet à l'AGNU qui l'a adopté. Les 11 et 13 mai 1998, l'Inde procédait à de nouveaux essais nucléaires dans le désert de Pokharan (dans l'État indien du Rajasthan). Au sortir de ces essais, elle s'autoproclamait puissance nucléaire. L'Inde venait d'anéantir ainsi 40 ans d'efforts de la communauté internationale dans la négociation d'un accord interdisant complètement les essais d'armes nucléaires alors qu'elle s'était auparavant engagée à n'utiliser le plutonium produit qu'à des fins pacifiques même si elle avait refusé toute forme de vérification de cet engagement.

Condamnée au lendemain desdits essais, l'Inde s'est déterminée à convaincre la communauté internationale qu'elle ne serait pas une puissance nucléaire « agressive » ni déstabilisatrice de l'ordre juridique international. Il n'était toutefois pas question pour elle de désarmer. En 1998, le Pakistan effectua des essais nucléaires en réponse à ceux de l'Inde. Sans distinction, le CSNU avait condamné lesdits essais à travers deux déclarations. Par le biais de la résolution S/RES/1172(1998) portant sur « les essais nucléaires de l'Inde et du Pakistan ».

288. La doctrine nucléaire de l'Inde repose sur le principe d'une dissuasion minimale crédible et du non-emploi en premier des armes nucléaires. En effet, le 17 août 1999, l'administration indienne rendait publics les fondements de sa doctrine nucléaire. Il ressort qu'aux termes de ladite doctrine, qu'en l'absence d'un désarmement nucléaire mondial, les intérêts stratégiques de l'Inde exigent une dissuasion efficace et crédible, ainsi qu'une capacité de riposte adéquate en cas d'échec de la dissuasion. L'Inde a réaffirmé sa politique de non-recours en premier aux armes nucléaires, son refus d'utiliser des armes nucléaires contre des États ne possédant pas d'armes nucléaires ou non alignés avec des EDAN, et a réitéré son moratoire sur les essais nucléaires. L'arme nucléaire est donc un facteur de prestige, un instrument par le biais duquel, la République indienne a décidé de se faire connaître du monde. Néanmoins, elle se déclinait comme une puissance nucléaire « pacifiste », s'alignant à l'exemple des EDAN derrière des garanties négatives de sécurité en faveur des ENDAN.

S'agissant du moratoire sur les essais nucléaires, l'Inde s'était alignée derrière les appels incessants de l'AGNU lancés entre autres dans sa résolution 54/54 G intitulé « Vers un monde exempt d'armes nucléaires : le besoin d'un nouvel Agenda ». En effet, la disposition 9 de la Résolution invite les États qui ne l'ont pas encore fait à signer et à ratifier, sans condition et sans délai, le TICEN et, dans l'attente de l'entrée en vigueur du Traité, à observer un moratoire sur les essais nucléaires. Malgré cette réticence à semer le trouble, l'Inde continue de rappeler à l'ensemble des États que « les armes nucléaires font partie intégrante de sa sécurité nationale et que cette situation demeurerait inchangée tant qu'il n'aura pas été procédé à un désarmement mondial vérifiable et non discriminatoire ». L'Inde a fait cette affirmation à l'occasion de l'explication de sa position lorsqu'elle a voté contre le projet de Résolution n° 66/40 « Vers un monde exempt d'armes nucléaires : accélération de la mise en œuvre des engagements en matière de désarmement nucléaire ». Ce projet de Résolution avait été présenté le 28 octobre 2010 par la Nouvelle-Zélande au nom de la Coalition pour un nouvel ordre du jour. Un signe de la politique de dissuasion indienne se lie dans les propos tenus au cours d'une conférence de presse par le Chef de l'armée indienne, Bipin RAWAT en janvier 2018 : *« Si nous devons vraiment nous engager dans une confrontation avec le Pakistan et qu'u e mission nous est donnée, nous n'allons pas dire que nous ne pouvons pas passer la frontière parce qu'ils ont des armes nucléaires. Nous ne nous laisserons pas intimider par leur armement nucléaire »*.

289. L'Inde poursuit actuellement la miniaturisation de son arsenal nucléaire. En effet, elle développe sa capacité de production de matières fissiles militaires et déploie de plus en plus de nouveaux types de missiles balistiques et de croisière à capacité nucléaire. Il s'avère que sa stratégie de dissuasion nucléaire ne se limiterait pas qu'à l'aspect régional. Elle vise également la réalisation de missiles intercontinentaux. Aussi, elle n'a pas hésité a affirmé son besoin en composante sous-marine. Dans sa prospective, Bruno TERTRAIS n'hésite pas à révéler que l'Inde est le seul pays nucléaire parmi les puissances nucléaires de fait, à pouvoir prétendre au statut de nouvelle grande puissance à l'horizon 2030 et à parier que ce pays continuera à faire de sa force de dissuasion un symbole de son statut, y compris par le développement d'une triade de moyens stratégiques.

En avril 2012, l'Inde avait franchi une nouvelle étape en réalisant son premier tir d'essai d'un missile intercontinental dénommé « Agni V » capable de couvrir toute la Chine l'alliée d'un de ses ennemis jurés, le Pakistan. Cependant, l'Inde n'a pas encore déployé de DNE. De janvier 2013 à janvier 2015, l'Inde disposait au total d'environ 90 à 110 têtes nucléaires. De janvier 2017 à janvier 2018, elle disposait d'un total d'environ 120 à 130 ogives nucléaires. En janvier 2019, l'Inde disposait d'un total compris entre 130 et 140 ogives nucléaires et en janvier 2020, de 150 ogives nucléaires. En janvier 2025, ce total s'élevait à 180. On observe de façon générale une augmentation variable de l'ordre de 10 à 20 ogives nucléaires au fil des années. Comparé à certaines puissances nucléaires, nous pouvons dire que cela est bien minime. Certes, mais, même bien lentement, l'Inde ne risque aucunement d'être considérée à l'heure actuelle comme une « sous-puissance » nucléaire. Contrairement à celle de l'Inde, l'évolution du programme nucléaire militaire pakistanais présente une tout autre histoire dont la découverte se révèle intéressante.

2. L'évolution du programme nucléaire militaire pakistanais

290. Les premières recherches nucléaires pakistanaises remonteraient à sa défaite particulièrement humiliante contre son voisin, l'Inde, en 1971. En effet, le Pakistan avait perdu à trois reprises dans trois guerres distinctes contre l'Inde respectivement en 1948, en 1965 et 1971. La dernière défaite consacrait entre autres l'indépendance de l'État du Bangladesh et avait créé une crainte particulière face à l'Inde. En plus des sanctions économiques et militaires américaines et de l'Occident, le programme nucléaire indien qui était en cours, amplifiait davantage cette hantise. Un programme nucléaire militaire était la solution pour se libérer de ce joug, avait jugé le Pakistan. Il s'avère que plus tôt, en 1970, le Pakistan considérait déjà l'arme nucléaire comme sa raison d'être. En effet, au début de l'année 1970, l'effet cumulatif de ces facteurs a fourni aux décideurs pakistanais la raison d'être nécessaire pour poursuivre un programme nucléaire indépendant et se doter d'une capacité punitive suffisante pour dissuader par la dissuasion un adversaire qu'ils ne pouvaient espérer dissuader par la seule défense. Le développement du programme nucléaire pakistanais est attribué au Docteur Abdul Qadeer (« AQ ») KHAN, directeur-fondateur de Khan Research Laboratories. Né à Bhopal en Inde, en 1935, le Dr KHAN avait effectué un long séjour en Europe et avait une grande connaissance de différents pays et de leurs entreprises de production. En février 2004, le Dr KHAN admettait avoir été responsable de la prolifération vers d'autres pays et ce dès les années 1980, pendant plus de dix ans. Accusé depuis le milieu des années 1970 d'avoir copié les plans des centrifugeuses d'enrichissement d'uranium de l'usine Urenco aux Pays-Bas, Dr KHAN était de retour dans son pays en 1976 avec lesdits plans et une liste « d'une centaine de sociétés qui fournissaient des pièces et des matières de très grande qualité pour la fabrication de centrifugeuses.

Au milieu des années 1980, le Pakistan disposait déjà d'une capacité d'armement nucléaire et ce en dépit du contrôle intermittent du GFN. Cet état de fait trouve ses explications dans le chemin emprunté par le Dr KHAN. En effet, il avait contourné le Groupe en instituant un réseau d'acquisition fonctionnant grâce à de faux certificats d'utilisateur final et dont les filières d'approvisionnement passaient par des bureaux du Gouvernement pakistanais à l'étranger, par des sociétés écrans, ou des intermédiaires qui transitaient par des plaques tournantes à Malte ou à Dubaï. Bénéficiant à l'époque de la protection et du soutien de l'ex-président pakistanais Pervez MUSHARRAF, le Dr KHAN vendit son savoir-faire à plusieurs pays du Proche et du Moyen-Orient : Irak, Iran, Libye et Arabie saoudite. Aussi, il aurait même conseillé la Corée du Nord sur la manière d'enrichir l'uranium et aurait échangé ce savoir-faire contre l'acquisition de missiles No-Dong (devenus Ghauri I). L'arme nucléaire fut accueillie avec satisfaction par le Gouvernement pakistanais malgré sa clandestinité. Après avoir gracié le Dr KHAN, le président MUSHARRAF avait affirmé : « *Si les activités de toutes les puissances nucléaires du monde étaient passées en revue depuis le début, nous verrions qu'elles se sont toutes établies en faisant appel aux milieux illégaux. Nous avons, nous aussi, acquis* [notre capacité nucléaire] *grâce aux milieux illégaux, tout comme l'Inde* » (PTV World in Urdu, « Musharraf Addresses News Conference on Proliferation, Pardons Khan », 5 février 2004).

291. Contrairement à l'Inde, la sécurité nationale est au centre de la politique nucléaire pakistanaise. En effet, la posture nucléaire adoptée par le Pakistan conçoit l'arme nucléaire, non pas comme un facteur de prestige ni de reconnaissance, mais essentiellement comme un instrument de sécurité nationale. Pour le Pakistan, défendre la sécurité nationale est nécessaire même par l'arme nucléaire. Les décideurs politiques pakistanais sont arrivés à la conclusion que la sécurité ne pouvait être que partiellement assurée par une politique délibérée d'amitié avec les grandes puissances, et que le Pakistan devait compter sur ses propres forces. Il s'agit de l'arme par le biais de laquelle le Pakistan compte s'affranchir définitivement des « moqueries » indiennes et prévenir toute invasion. Toutefois, comme la plupart des puissances nucléaires, le Pakistan n'entendrait utiliser son arme que contre une puissance nucléaire et de préférence en seconde option c'est-à-dire dans une circonstance extrême, sans exclure un emploi en riposte à une attaque conventionnelle. Jacques VILLAIN se pose la question de savoir qui contrôle l'arme nucléaire pakistanaise. Le président ? L'armée ? Il s'avère que le président pakistanais n'est aujourd'hui qu'un faible pion dans le mécanisme de prise de décision quant à l'emploi ou non de l'arme nucléaire.

292. En 1996, le Pakistan refuse de signer le TICE comme il l'avait fait en 1968 face au TNP. Il explique : « *les négociations relatives au* [TICE] *ont manqué de transparence,* [...], *et le texte qui en est issu n'est pas entièrement le produit de pourparlers multilatéraux qui auraient été menés de concert avec tous les membres du Comité spécial.* [...] ». *L'obligation fondamentale énoncée à l'article premier ne porte que sur l'interdiction des explosions nucléaires expérimentales et ne couvre pas tous les essais liés aux armes nucléaires. Le traité à l'examen ne sera donc pas aussi complet qu'il est prévu dans le mandat de négociation du Comité spécial.* [...] » (Déclaration de la délégation pakistanaise *in* AGNU, *Rapport de la Conférence du désarmement,* 51ème session, Supplément n° 27 (A/51/27), pp. 37-38). Outre la transparence des négociations, le Pakistan a soulevé de vives insatisfactions quant au mécanisme de vérification prévu par le projet de Traité et a manifesté son opposition à toute modification des dispositions relatives à l'entrée en vigueur du projet de Traité. Pour le Pakistan, la vérification de l'exécution du TICE devait s'effectuer principalement au moyen du SSI. Les inspections sur place devaient rester l'exception. Aussi, il a souhaité le recours aux MTN de vérification. De ce fait, au lendemain des essais nucléaires indiens de 1998, le Pakistan répliqua en opérant sa première explosion nucléaire dite expérimentale 15 jours après. Le 11 août 2005, l'autorité militaire pakistanaise annonçait le test réussi du missile de courte portée « Babar » en précisant qu'il était susceptible de toucher l'Inde notamment les villes de New Delhi, d'Amritsar et, à partir de la mer, la ville de Bombay et certaines villes côtières. Il bénéficie dans le développement de son programme de l'assistance de la Chine et dans une certaine mesure de la Corée du Nord. En 2012, le

Pakistan réplique à l'essai du missile intercontinental indien ''Agni'' par une série d'essais de missiles à portée intermédiaire allant de 2 500 à 3 000 km.

293. Le Pakistan continue de développer son principal complexe de production de plutonium à Khushab, au Punjab. Sa force nucléaire se compose d'avions de chasse à charge nucléaire, de missiles à courte portée et à portée intermédiaire. La force nucléaire pakistanaise repose davantage sur les missiles sol-sol. Il produit principalement de l'UHE tout en accroissant sa capacité à produire du plutonium. Tout comme l'Inde, le Pakistan ne dispose pas à cette heure d'armes nucléaires déployées. Le SIPRI rapporte qu'en janvier 2013, le nombre total d'armes nucléaires pakistanaises était compris entre 100 et 120. Ce chiffre est resté le même jusqu'en janvier 2015. En janvier 2017, le Pakistan comptait un total de 130-140 armes nucléaires et en janvier 2018 d'un total compris entre 140-150 armes. En janvier 2019, le total cumulé d'armes nucléaires pakistanaises était compris entre 150 et 160 et 160 en janvier 2020. Cinq ans après, soit en janvier 2025, ce total cumulé s'élève à 170. On constate qu'à l'instar de l'Inde, le Pakistan prolifère au fil des ans même si le taux de production n'est que bien faible. L'Inde et le Pakistan sont deux États ennemis qui se sont armés pour se neutraliser et pour jouir des soi-disant « bienfaits » de la « grande » arme nucléaire. Dans une autre région du monde, c'est Israël qui fait l'objet d'une attention particulière. Allons donc à la découverte du programme nucléaire militaire israélien de 1968 à nos jours.

3. Le programme nucléaire militaire israélien de 1968 à nos jours

292. L'État d'Israël est parmi les États tiers au TNP le plus « humble » ou doit-on dire le plus « épouvanté » et même le plus abyssal. En effet, si l'Inde et le Pakistan ont officiellement reconnu détenir l'arme nucléaire et ont exposé officiellement leur posture nucléaire, ce n'est pas le cas pour cet État. Il n'existe que des soupçons parfois confirmés, parfois démentis sur la possession par Israël de l'arme nucléaire. Aucune fuite d'informations officielles n'a été aussi observée. Les manœuvres d'Israël dans le domaine du nucléaire militaire n'ont cependant pas échappé à l'histoire ; ce qui permet de parcourir l'évolution du programme nucléaire militaire israélien (1). Nonobstant le secret qui couvre ce programme, l'arme nucléaire israélienne est considérée comme l'obstacle principal à la constitution du Moyen-Orient comme ZEAN (2).

3.1. L'évolution du programme nucléaire militaire israélien

293. Entouré de pays arabes qui ne reconnaissent pas son existence, Israël aurait décidé de fabriquer une bombe atomique au cours des années 1950 sur une initiative clandestine de son Premier ministre David Ben GOURION. Il ressort qu'à la fin des années 1950, David Ben GOURION, alors Premier ministre, avait mis en place un programme clandestin de recherche nucléaire pour faire échec aux menaces qui pèsent sur la survie de son État. Le « Centre de recherche nucléaire du Néguev » qui se trouve à proximité de la ville de Dimona avait été le site choisi à cet effet. Tout comme le Pakistan et l'Inde, Israël n'a atteint son objectif que par l'assistance de certaines puissances nucléaires. Il faut citer parmi ceux-ci la France et les États-Unis dont les actions ont été notables. Jacques VILLAIN révèle qu'après la crise de Suez déclenchée en 1956, la France a assisté Israël dans la construction du réacteur de recherche nucléaire de Dimona dans le Néguev et dans celle d'une installation de production de plutonium semblable aux installations de Marcoule qui ont fourni à la France le plutonium de ses premières bombes. Dans les années 1960, la société française Dassault avait réalisé le premier missile balistique d'Israël, le MD-620 qui deviendra plus tard le Jericho I. Dans la même année, Israël avait reçu des États-Unis une fourniture de missiles Lance dont la portée était de l'ordre de 120 km.

294. À l'image de l'Inde et du Pakistan, l'arme nucléaire occupe une place centrale dans la politique israélienne. Toutefois, à la différence de ces États, Israël a adopté une posture nucléaire très particulière. En effet, l'État juif a adopté une politique d'opacité. Cette politique consiste pour Israël à ne pas confirmer officiellement ni ne nier posséder des armes nucléaires. Elle consiste en outre, pour les gouvernements israéliens, quelle que soit leur tendance, à ne pas commenter son supposé programme nucléaire. Cela signifie qu'aucune information concernant ce supposé programme ne doit être aucunement dévoilée ni par un membre du gouvernement ni par un citoyen israélien. Il s'agit de secret d'État et toute brèche est, de manière logique, hautement condamnable. En 1985, Mordechaï VANUNU, un technicien ayant travaillé dans la centrale de Dimona, avait révélé des informations sur le programme nucléaire militaire israélien notamment la production de radioisotopes de tritium et de lithium par l'État juif. Cela lui a valu une condamnation à 18 ans de prison pour divulgation de secrets d'État. Comment expliquer la rationalité d'une telle politique en matière de dissuasion ?

Il ressort que cette posture vise à conserver deux intérêts stratégiques : en premier lieu, il s'agit pour Israël de convaincre ses potentiels adversaires de sa capacité à riposter à une menace ou à une attaque nucléaire tout en les gardant dans l'incertitude. Dans ce doute, et c'est ce qui constitue le second intérêt, l'adversaire ne peut faire d'Israël sa référence pour justifier aux yeux de la communauté internationale la menace qui l'amènerait à acquérir une arme nucléaire. Le doute profite à l'accusé, peut-on dire. Si Israël n'a jamais reconnu officiellement qu'il possède un arsenal nucléaire, il l'a laissé pressentir à plus d'une reprise. Par exemple, le 11 décembre 2006, le Premier ministre israélien Ehud OLMERT, avait affirmé devant la chaîne de télévision allemande au sujet de l'arme nucléaire iranienne : *« l'Iran menace ouvertement, explicitement et publiquement de rayer Israël de la carte. Pourriez-vous dire qu'il s'agit du même niveau de menace lorsque les Iraniens aspirent à avoir des armes nucléaires comme l'Amérique, la France, la Russie et Israël ?... Israël ne sera pas le premier pays à introduire l'arme nucléaire au Proche-Orient. C'était notre position, c'est notre position, cela restera notre position. Bref : nous n'avons pas la bombe, mais nous sommes tout à fait capables de vous la flanquer sur la figure. »*. (V. Jacques VILLAIN, *Le livre noir du nucléaire militaire,* Paris, Fayard, 2014, p. 147).

295. En ce qui concerne la place de l'arme nucléaire dans la politique nucléaire israélienne, il faut dire qu'il s'agit essentiellement d'un moyen de sécurité et de dissuasion. Il faut dire qu'en plus de voir sa souveraineté en tant qu'État contestée, Israël est entouré d'États ennemis, à savoir le Pakistan, une puissance nucléaire, la Syrie et surtout l'Iran, qui a souhaité farouchement le devenir. L'arme nucléaire s'est révélée être le parchemin le plus solide vers la sécurisation de son territoire, un enjeu vital au regard des crises sécuritaires qu'il a dû supporter. Pour illustration, en 1973, lors de la guerre du Kippour, Israël avait craint une invasion par ses voisins arabes et surtout de la Syrie. Ainsi, sans attendre une certification particulière de la menace, il avait procédé au même instant à la mise en place de têtes nucléaires sur ses missiles Jericho, et était prêt à frapper pour toute violation de ses frontières.

Vraisemblablement, Israël ne fait pas de l'arme nucléaire un facteur de prestige, un instrument par lequel il compte se hisser à un rang donné notamment celui d'EDAN. Tenu par les exigences de sa posture nucléaire (négociée avec les États-Unis en 1969), cet État n'a, à aucune fois, marchandé du moins officiellement son désarmement ni réclamé à la communauté internationale le titre d'« EDAN ». Quant à la dissuasion, elle occupe une place secondaire pour Israël. En rappel, les essais nucléaires constituent l'expression clé de la dissuasion nucléaire. Il s'avère qu'en dehors de quelques soupçons, l'État juif est le seul pays qui n'a jamais procédé à des essais nucléaires, même s'il n'a pas non plus reçu très favorablement l'idée du TICE. En effet, même si l'État juif a signé ce traité, il ne l'a toujours pas ratifié. Des informations indiquent qu'un essai aurait eu lieu en coopération avec l'Afrique du Sud à la fin de l'année 1970 dans l'océan Indien. Sans preuves tangibles, il ressort qu'Israël aurait collaboré dans les années 1970 et 1980 avec cet État en lui apportant ses compétences en matière de missiles et l'Afrique du Sud le pourvoyant en uranium.

Si la dissuasion nucléaire de l'État juif se révèle plus ou moins expressive, cela est dû en grande partie aux faveurs obtenues auprès des États-Unis. En effet, comme le notent Marvin MILLER et Lawrence SCHEINMAN, « les États-Unis ont également toléré les armes nucléaires israéliennes, s'inclinant à la fois devant la réalité, mais aussi devant le sentiment qu'Israël a le droit de posséder de telles armes, compte tenu des menaces et de l'hostilité auxquelles il a été confronté de la part de la plupart des pays arabes tout au long de son existence. S'il est juste de s'opposer à l'émergence de nouveaux États dotés d'armes nucléaires en toutes circonstances, il est également juste de s'y opposer davantage dans certains cas que dans d'autres. ». Contrairement à certains États, Israël est considéré comme un « bon » proliférateur par les États-Unis. Ainsi, c'est en toute logique que l'État juif a également réfuté l'idée d'une interdiction complète de la production de matières fissiles. Le 4 novembre 2004 au sein de la CD, Israël avait opposé son veto au projet de résolution d'« un traité multilatéral, non discriminatoire et internationalement et effectivement vérifiable interdisant la production de matières fissiles pour la fabrication d'armes et autres DNE » précédemment présenté par le Canada le 19 octobre de la même année. Il s'expliquait en ces termes : « [...] *dans le contexte mondial, le non-respect des obligations internationales et l'utilisation à mauvais escient des capacités du cycle de combustible nucléaire et leur diffusion non contrôlée étaient devenus les problèmes les plus pressants dans le domaine de la non-prolifération nucléaire.* [...] *Un traité d'interdiction des matières fissiles ne réglerait pas ces problèmes et pourrait même les compliquer et la première priorité en matière de non-prolifération doit être de concevoir un nouvel accord effectif de non-prolifération concernant le cycle du combustible nucléaire.* » (Bureau des affaires de désarmement, *Annuaire des Nations unies sur le désarmement*, vol. 29 : 2004, New York, Publication des Nations unies, 2005, p. 63). Comme l'Inde, Israël poursuit jusqu'aujourd'hui sa production de plutonium.

296. En janvier 2013 la force nucléaire israélienne était estimée à environ 80 armes nucléaires intactes dont 50 susceptibles d'être lancées par missiles balistiques à moyenne portée Jericho II (de 1 500 à 3 500 km) et 30 bombes à gravité à lancement par avion. Un missile balistique à plus longue portée Jericho III (4 800 km) dérivé du véhicule spatial israélien Shavit était déjà disponible. En janvier 2020, la force nucléaire israélienne était estimée à 90 armes nucléaires tous modèles et portées confondus. C'était toujours le même nombre en janvier 2025. Selon Richard YILMAZ, si l'on prend pour base les capacités de production de plutonium du réacteur de Dimona, il faut estimer aujourd'hui les capacités de l'État juif à environ plus de 200 têtes nucléaires. Israël aurait développé avec l'aide des États-Unis le missile antimissile « Arrow » et aurait testé avec succès le missile antibalistique « Arrow-2 ». C'est dans ce contexte de dissémination nucléaire que l'arme nucléaire israélienne est perçue comme l'obstacle principal à la constitution du Moyen-Orient comme ZEAN.

3.2. L'arme nucléaire israélienne comme obstacle à la constitution d'une ZEAN au Moyen-Orient

297. Depuis 1974, la question de la constitution du Moyen-Orient en ZEAN n'a toujours pas accouché d'une souris et ce, malgré la détermination manifeste des États membres de la région et l'intérêt particulier que la communauté internationale n'a cessé d'y apporter. En effet, le 9 décembre 1974, l'AGNU adoptait la résolution A/RES/3263 XXIX portant « création d'une ZEAN au Moyen-Orient ». En 1995, soit 21 ans plus tard, la question de la création de la ZEAN au Moyen-Orient figurait en bonne place dans l'agenda de la

Conférence d'examen et de prolongation du TNP. 14 États (Algérie, Bahreïn, Égypte, Irak, Jordanie, Koweït, Libye, Mauritanie, Maroc, Qatar, Arabie Saoudite, Soudan, Tunisie et Yémen) de la région avaient soumis à ladite Conférence un projet de résolution qu'elle a adopté et dans lequel ils réaffirmaient leur volonté déterminée à établir ladite zone et interpellaient Israël à adhérer au TNP en tant qu'ENDAN et à se soumettre aux garanties de l'AIEA. Le 21 septembre 1995, le Conseil de la Ligue des États arabes (composée de 22 États membres) adoptait une résolution intitulée « Établissement d'une zone exempte d'armes nucléaires dans la région du Moyen-Orient ». Par cette résolution, la Ligue renouvelait son adhésion à la ZEAN et interpellait le CSNU en tant que gardien de la paix et de la sécurité internationales afin qu'il prenne toutes les dispositions nécessaires (et même recourir au chapitre VII) pour protéger les ENDAN contre toutes formes de menaces et d'emploi de l'arme nucléaire.

Encore, le 7 novembre 1995, l'Égypte introduisait auprès de l'AGNU le projet de résolution portant « Établissement d'une zone exempte d'armes nucléaires dans la région du Moyen-Orient ». Ce projet fut adopté sans vote par l'AGNU. Il s'agit de la résolution 50/66. Cette résolution est devenue une résolution annuelle reconduite à chaque session de l'AGNU.

Plus récemment, les 24 et 25 février 2003, se tenait à Kuala Lumpur la XIIIème Conférence des chefs d'État ou de gouvernement du Mouvement des pays non alignés. Le Document final adopté au sortir de cette Conférence a prié toutes les parties concernées « à prendre d'urgence des mesures concrètes pour établir une ZEAN dans la région, et qu'en attendant sa création, Israël renonce à son programme d'armement nucléaire ». En 2018, Israël a cessé de soutenir cette résolution.

298. En dépit de la motivation de son voisinage, « Israël, pour sa part, estimait que la question nucléaire devait être traitée dans le contexte global du processus de paix et de tous les problèmes de sécurité régionale ; que les mesures générales visant à instaurer la confiance devaient être la priorité absolue ; et qu'une zone exempte d'armes nucléaires pourrait être mise en place une fois la paix assurée au Moyen-Orient. » (Office for Disarmament Affairs, *The United Nations Disarmament Yearbook*, vol. 20 : 1995, p. 76). Ainsi, selon l'État juif, « certains États au Moyen-Orient ne respectent pas leurs obligations en vertu des traités internationaux, obtiennent des technologies nucléaires à des fins militaires sous de faux prétextes, font preuve d'une profonde hostilité à son égard et refusent de parvenir à toute forme de réconciliation pacifique et de coexistence avec lui ». Il a tenu ces propos en justification de son vote contre le projet de résolution 59/106 intitulé « Le risque de prolifération nucléaire au Moyen-Orient » adopté par la Première Commission de l'AGNU sur proposition, le 19 octobre 2004, de l'Égypte au nom des États Membres des Nations unies qui sont membres de la Ligue des États arabes.

Malgré la multiplication des résolutions auprès de l'AGNU (voir l'adoption de la résolution 58/68), l'État juif, seule puissance nucléaire de la région, a logiquement refusé d'adhérer au TNP, aux garanties de l'AIEA, et refuse d'entamer tout processus de négociation vers une ZEAN tant qu'une paix durable n'existera pas entre ses voisins et lui. L'on peut donc comprendre le scepticisme de Marvin MILLER et de Lawrence SCHEINMAN lorsqu'ils relèvent : « Israël a refusé d'entamer des négociations en vue de la création d'une zone exempte d'armes nucléaires tant qu'une paix juste et globale n'aura pas été établie entre lui et le peuple palestinien ainsi que les États voisins. À l'heure actuelle, cette perspective semble lointaine, ce qui a suscité un scepticisme considérable quant à l'utilité des discussions sur une zone exempte d'armes nucléaires dans la région, en particulier face à la crainte généralisée que l'Iran tente de se doter d'armes nucléaires sous le couvert d'un programme nucléaire civil. [...]. ». D'ailleurs, l'État juif l'avait confirmé en 2012 lorsqu'il avait affirmé dans une déclaration générale auprès de la Première Commission des Nations unies : « *il est évident qu'il existe un risque de prolifération nucléaire au Moyen-Orient, étant donné que quatre des cinq cas de violation des obligations découlant du TNP se trouvent au Moyen-Orient. Ces cas constituent une menace pour la sécurité d'Israël et assombrissent les chances de lancer un processus de sécurité régionale digne de ce nom* » (Bureau des affaires de désarmement, *Annuaire des Nations unies sur le désarmement*, vol. 37 : 2012, p. 253).

La conférence sur la création au Moyen-Orient d'une ZEAN et de toutes autres ADM, qui devait être tenue en 2012 n'a pas pu se tenir. La responsabilité de ce report est rejetée sur Israël. En 2016, le Groupe des États arabes réitérait de nouveau sa profonde déception malgré les incessantes initiatives car la Conférence n'avait toujours pas eu lieu. Le Groupe était satisfait de l'initiative proposée par l'Égypte le 28 septembre 2013 durant le débat général à la 68ème session de l'AGNU. Y faisant référence, l'Égypte a déclaré que l'incapacité persistante de convoquer cette conférence remettait en question la crédibilité et la pertinence du processus d'examen du TNP voire du traité lui-même. Il avait par ailleurs, reproché aux États de la région de ne pas participer à un dialogue direct et continu fondé sur le principe du consensus pour traiter la large gamme des problèmes de sécurité dans la région. Israël a rappelé avoir participé aux cinq réunions multilatérales informelles ayant eu lieu en Suisse à l'initiative du facilitateur finlandais de la conférence, pour traiter des arrangements et des conditions nécessaires à la convocation d'une conférence sur la création d'une ZEAN et autres ADM au Moyen-Orient, mais que la sixième réunion n'avait pas eu lieu en raison du retrait des États arabes et d'autres États.

299. L'État israélien continue aujourd'hui, de camper sur sa position et la réussite d'une telle Conférence n'est pas pour demain. Finalement, comment conduire le processus de création de ladite ZEAN à bon terme ? Selon l'Iran, « *la communauté internationale n'a d'autre choix que d'exercer le maximum de pressions sur le régime israélien pour qu'il procède à l'élimination de ses armes nucléaires, qu'il adhère au TNP en tant qu'*[EDAN] *et qu'il place toutes ses installations nucléaires sous les garanties généralisées de l'AIEA* » (Bureau des affaires de désarmement, *Annuaire des Nations unies sur le désarmement*, vol. 39 : 2014, p. 321). Pour l'allié de l'État juif, les États-Unis, pour progresser réellement vers la création d'une telle zone, il est essentiel d'avoir l'engagement et la participation constructive de tous les États concernés, sur la base de dispositions librement adoptées.

Il faut rappeler le rôle fondamental que les États-Unis doivent jouer pour un début effectif du processus. Les États-Unis ont un rôle indispensable à jouer pour minimiser la valeur militaire et symbolique perçue des armes nucléaires et pour aider à régler les conflits régionaux de longue date, en particulier au Moyen-Orient, afin de réduire considérablement les incitations à acquérir ou à utiliser des armes nucléaires. En particulier, un processus visant à lier les progrès vers le double objectif de la paix et de l'élimination de toutes les armes de destruction massive dans la région doit être lancé et activement soutenu par les États-Unis. Seules une réussite du contrôle de la prolifération des armes dans la région et une prise de conscience des différents acteurs politiques de la région pour la paix sont susceptibles de concrétiser les incessants efforts. Il est indéniable que, même si par miracle, l'État juif décidait de se débarrasser de son arsenal nucléaire, une ZEAN au Moyen-Orient ne saurait voir le jour tant que les États de la région n'auront pas pris conscience que les relations politiques ne doivent pas toujours être que des rapports de force. Par ailleurs, même avec tout l'arsenal juridique, tant que les EDAN et en particulier les États-Unis ne seront pas prêts à aller dans ce sens, la ZEAN au Moyen-Orient demeurera encore pour un temps inconnu, une simple espérance, un semblant de rêve. Cela explique en partie l'échec de la communauté internationale à désarmer l'ensemble des États possesseurs non parties au TNP.

B- L'échec de la communauté internationale dans le désarmement des États tiers aux TNP

300. L'ONU a, aujourd'hui, 80 ans. Ces trois quarts de siècle de lutte n'ont cependant pas permis à l'institution « mère » de mettre fin à la dissémination continue des armes nucléaires à travers le monde. L'Inde, le Pakistan et Israël rejettent toujours la pierre angulaire du processus de non-prolifération nucléaire, c'est-à-dire le TNP. De manière manifeste, l'échec des Nations unies est lié à la fois à la mauvaise foi de certains États possesseurs ou non de l'arme nucléaire, mais aussi aux insuffisances entachant le TNP lui-même. Il s'agira dans les lignes qui suivent de passer en revue les facteurs politiques (1) et juridiques (2) qui empêchent les Nations unies de jouer leur pleine partition dans l'éradication définitive de la terreur de l'arme nucléaire.

1. Les facteurs politiques

301. Au lendemain de l'adoption du TNP, il était de plus en plus difficile pour des États tiers de s'approprier une arme nucléaire. En effet, les États parties au TNP et particulièrement les EDAN avaient essayé de verrouiller l'accès aux matériels nucléaires à travers la création de groupement de contrôle du marché de fournitures des articles nucléaires. C'est à travers leurs partenariats accompagnés de prétextes fallacieux que la plupart des États tiers ont pu franchir la barrière et s'approprier la « denrée » précieuse à savoir l'arme nucléaire. Le partenariat nucléaire Inde-EDAN (1.1) puis les partenariats nucléaires des autres États tiers avec les EDAN (1.2) ont été les principaux facteurs.

1.1. Le partenariat nucléaire entre l'Inde et les EDAN

302. L'Inde n'aurait pas pu développer une arme nucléaire si des EDAN n'avaient pas failli dans le respect de leur politique nationale d'exportation en matière de non-prolifération nucléaire. En rappel, la nécessité d'une politique concertée en la matière afin de contrôler la prolifération nucléaire, avait entraîné l'instauration du Comité Zangger en 1971 puis du GFN (*Nuclear Suppliers Group* - NSG en anglais) en 1974. Le GFN adopta une série de directives très strictes. Les mesures de contrôle du GFN sont plus larges que celles appliquées dans le cadre du Comité Zangger, n'étant liées à aucun instrument juridique international. Par exemple, elles couvrent les articles dits « à double usage ». Depuis 1992, les mesures du GFN comportent l'exigence que les ENDAN destinataires acceptent d'appliquer des garanties intégrales dans le cadre des AGG.

C'est au moment où l'ensemble des États avaient pris conscience de la nécessité de renforcer le régime de non-prolifération et de prévenir les nouvelles menaces venant à la fois de la Corée du Nord et de l'Iran que les États-Unis décident d'exempter l'Inde de ce régime et de la faire bénéficier d'un régime particulier. En effet, le 18 juin 2005, un accord est signé entre le président américain George W. BUSH et le Premier ministre indien, M. Manmohan SINGH. Le rapprochement diplomatico-stratégique entre les États-Unis et l'Inde se poursuivait également dans d'autres secteurs. Par exemple, en octobre 2004, des exercices conjoints des marines indienne et américaine eurent lieu à Goa. Pour la première fois, les États-Unis engagèrent dans ces opérations des P3C Orion, des avions spécialisés dans la reconnaissance maritime. En janvier 2005, ils conclurent l'accord *open skies*, qui fut ratifié en avril 2005. Cet accord, remplaçant celui de 1956 nommé *Air Service Agreement*, permettait à toute compagnie indienne ou américaine d'établir une liaison entre n'importe quelle ville de ces deux pays. *Air India* annonçait que le nombre de ses rotations passerait de 28 à 37 par semaine, un signe éloquent de l'intensité des échanges.

303. L'accord du 18 juin 2005 a annoncé la création d'un partenariat global incluant une coopération complète sur l'énergie nucléaire civile entre les deux pays. Par ailleurs, il conditionnait la réouverture du marché nucléaire aux exportateurs étrangers, en particulier américains, à la mise en œuvre d'une série d'engagements des autorités indiennes. Par cet accord, l'Inde devenait sur le coup, un ENDAN « particulier », un ENDAN pas comme les autres, un ENDAN bénéficiant du régime EDAN. En substance, l'Inde s'engageait à identifier ses installations nucléaires civiles et à les séparer de toute activité militaire, à placer volontairement ses activités civiles nucléaires sous un AGG de l'AIEA et à signer et mettre en œuvre un Protocole additionnel. Elle s'engageait en outre à maintenir un moratoire unilatéral sur les essais nucléaires, à développer un régime de contrôle des exportations conforme aux régimes existants. Enfin, elle s'engageait à « sécuriser » les technologies et matières détenues en vue d'éviter leur prolifération, à soutenir le projet de Convention sur l'interdiction de la production de matières fissiles pour les armes nucléaires ainsi qu'à tendre vers le désarmement nucléaire.

Au lendemain d'une farouche bataille politico-juridique interne, les États-Unis et l'Inde avaient respectivement convaincu leur opinion nationale de la nécessité de cette collaboration nucléaire. L'administration BUSH était confrontée à une forte opposition d'une partie de sa classe politique. Le président BUSH devait convaincre le Congrès américain d'amender la loi nationale sur le contrôle à l'exportation, la loi sur la non-prolifération nucléaire (*Nuclear Non-Proliferation Act*) de 1978. Il devait également convaincre les États participants au GFN d'introduire dans leurs directives une exception spécifique pour les échanges commerciaux avec l'Inde car ce dernier ne répondait pas aux deux conditions principales d'exportation du GFN à savoir garantir que les transferts reçus ne seront pas détournés à des fins militaires et mettre en œuvre un AGG avec l'AIEA. Il s'avère que l'Inde n'avait pas scindé ses programmes nucléaires militaire et civil. Le gouvernement indien devait donc convaincre la classe politique de la nécessité de les séparer et de les soumettre à un système de garanties permanent.

Suite à cette victoire, l'Inde adopta le 7 mars 2006 un plan de séparation de ses activités nucléaires civiles et militaires tel que convenu. Ce plan plaçait sous garanties de l'AIEA dix réacteurs en service et quatre réacteurs en construction. Le 18 décembre 2006, le président BUSH signait l'*Hyde Act*, c'est-à-dire l'acte législatif introduisant la dérogation spécifique pour l'Inde. Dans la même année, l'Inde recevait un soutien de plus, celui de la France. La France était soucieuse de laisser le monopole du marché nucléaire indien aux mains des États-Unis. Elle a réagi spontanément par l'intermédiaire de rencontres et de déclarations. La Déclaration de février 2006 venait confirmer l'entente des parties (« Déclaration conjointe du président français Jacques CHIRAC et de M. Manmohan SINGH, Premier ministre Indien, au Palais de l'Élysée le 12 septembre 2005 ». Voir aussi la « Déclaration de la France et de l'Inde sur le développement de l'énergie nucléaire à des fins pacifiques », à New Delhi, 20 février 2006).

304. Le 1er août 2008, le Conseil des gouverneurs de l'AIEA approuva par consensus un accord de garanties conclu entre l'Inde et l'AIEA, et ce dernier est entré en vigueur le 11 mai 2009. Le 6 septembre 2008, le GFN, réuni en session plénière extraordinaire, adopta la décision d'exemption indienne. Le 15 mai 2009, l'Inde signa le Protocole additionnel qui confère à l'AIEA les pouvoirs d'inspection et de contrôle les plus étendus sur les installations et activités civiles soumises aux garanties. À titre de conséquence logique, le GFN autorisa ses membres à transférer, conformément aux listes prévues à cet effet, des articles et des technologies nucléaires vers l'Inde. Une seule contrainte existait à l'usage de l'exception indienne qui est que les États parties devaient s'informer mutuellement des transferts opérés à destination de l'Inde et sur une base volontaire, des accords bilatéraux nationaux conclus avec elle. À cet effet, les États-Unis, la France et la Russie conclurent des accords de coopération en 2008. Ils sont rejoints en 2009 par l'Argentine, le Canada, le Kazakhstan, la Mongolie et la Namibie.

Dans la crainte que l'État indien ne reprenne ses essais nucléaires une fois l'exception accordée, plusieurs États desquels l'Autriche, la Chine, l'Irlande, les Pays-Bas, la Norvège, la Nouvelle-Zélande, etc. ont contesté l'approbation de l'exception indienne par le GFN et ce, en dépit de l'engagement de New Delhi à ne pas proliférer et à éviter tout essai nucléaire. Même si l'exception accordée à l'Inde ne devait prévaloir que dans le domaine du nucléaire civil, nous conviendrons, qu'outre l'ouverture du marché nucléaire indien, l'introduction d'une exception par le NSG a bouleversé les principes de non-prolifération nucléaire tels qu'établis par le TNP, en accordant de facto à l'Inde le statut d'EDAN. Pour s'en convaincre, il suffit de regarder les conditions imposées par le NSG afin de permettre la reprise des échanges commerciaux nucléaires : celles-ci s'apparentent fortement aux engagements volontaires des EDAN signataires du TNP. Dès lors, l'accord de garanties généralisées, établi à l'image de celui des EDAN, qui s'appliquent uniquement aux installations énumérées par les autorités indiennes en constitue l'exemple le plus significatif.

Il ne faut pas oublier de relever que si l'Inde a désormais largement accès au marché du nucléaire civil, cela est dû grandement au silence du TNP. En effet, le TNP promeut l'UPEN sans qu'aucune de ses dispositions ne s'oppose expressément à des coopérations nucléaires à des fins pacifiques avec des États non parties au Traité si ces coopérations sont placées sous garanties de l'AIEA. Par ailleurs, il faut convenir qu'en développant son programme nucléaire militaire, l'Inde n'a enfreint aucun engagement international puisqu'elle n'était pas partie au TNP. Cela explique grandement l'échec de la communauté internationale à convaincre l'Inde d'emprunter le chemin de la non-prolifération. Les États pakistanais et israélien ont également obtenu de la part des EDAN certaines faveurs assez importantes ; d'où l'intérêt d'examiner les partenariats nucléaires des autres États tiers avec les EDAN.

1.2. Les partenariats nucléaires des autres États tiers avec les EDAN

305. L'histoire révèle que le Pakistan n'aurait jamais pu effectuer son premier essai nucléaire en 1998 sans l'assistance technique de la République Populaire de Chine (RPC) dans les années 1980. La République de Chine (Taïwan à partir du 1er octobre 1949) n'a jamais eu d'arsenal nucléaire et siégera au CSNU jusqu'en 1972, date de l'entrée de la RPC à l'ONU. Par le biais de la résolution 275 du 25 octobre 1971, la Chine de Mao remplace la Chine de Tchang Kaï-chek au sein des différentes instances de l'ONU. Plus tôt, en 1956, le Pakistan obtenait du Canada, un ENDAN, la construction de réacteurs « CANDU » à eau lourde qui se révélaient particulièrement bien adaptés pour la production de plutonium militaire. De son côté, la RPC avait refusé de signer en 1968 le TNP, de participer aux réunions du Club de Londres, d'accepter ses Directives adoptées en 1976, d'occuper en 1971 le siège laissé vacant au Conseil des gouverneurs de l'AIEA. Elle estimait en effet, « qu'on ne pouvait empêcher d'autres pays de se doter de leur propre capacité de défense » et de ce fait, opta pendant cette même période, de soutenir les pays du tiers monde dans leur désir d'accéder à l'arme atomique. Elle aurait procédé à des transferts de matières ou de technologies nucléaires à certains pays notamment l'Afrique du Sud, l'Argentine et le Pakistan, sans exiger en contrepartie des garanties d'utilisation pacifique.

Au lendemain de son adhésion au TNP le 9 mars 1992, la Chine révélera avoir signé en décembre 1991 un contrat de 500 millions de dollars pour la construction au Pakistan d'un réacteur nucléaire de 300 MWe qu'elle disait soumis aux garanties de l'AIEA. Plus tard en 1997, un rapport de la CIA révèlera que la Chine était le principal État qui accompagnait le Pakistan dans l'acquisition d'équipements nucléaires. En effet, le Pakistan accédait à ces équipements sous la couverture de n'en faire qu'une utilisation pacifique à l'exemple de l'Inde qui avait obtenu la faveur du GFN. Lorsque le Pakistan (comme l'Inde) a été sanctionné pour ses essais nucléaires de 1998, la Chine lui manifesta son soutien en décriant ces sanctions sans pour autant reconnaître officiellement sa responsabilité dans l'effectivité du programme nucléaire militaire pakistanais. En 1999, de nouvelles révélations sont faites. Le programme nucléaire pakistanais a bénéficié de l'aide de la Chine tant en ce qui concerne les missiles que l'arme nucléaire proprement dite. La Chine aurait également fourni les plans d'une bombe nucléaire au Pakistan et aurait été à la base de la réalisation d'un réacteur plutonigène. Entre 1960 et 1987, Israël aurait bénéficié respectivement des États-Unis et de la France, des transferts de missiles susceptibles de porter des têtes nucléaires.

La coopération entre la Chine et le Pakistan s'est poursuivie jusqu'à la conclusion officielle d'un accord de coopération nucléaire en 2004 dans le domaine du nucléaire civil. Cet accord est semblable à celui conclu par les États-Unis et l'Inde. En effet, même si elle ne s'y opposa pas au final, la Chine a fait initialement partie des États qui avaient contesté l'approbation de l'exception indienne par le GFN. La Chine aurait tenté de faire tomber la proposition américaine tout au long de la négociation. Aujourd'hui, Israël et le Pakistan essaient actuellement d'obtenir du NSG l'octroi d'une exception similaire. Le mauvais exemple donné par l'Inde à travers son programme militaire clandestin compromet cependant fortement les chances de ces États.

306. Au matin du 2 janvier 2014, la presse française affichait : « *la Chine prête 4,7 milliards d'euros au Pakistan pour son programme nucléaire : ce prêt sur vingt ans doit permettre de financer la construction de nouvelles centrales nucléaires dans ce pays miné par une crise énergétique sans précédent* » (Titre du Journal *Le Monde*, 2 janvier 2014.). Plus tôt, en 2010, l'assistance de la Chine au Pakistan s'était manifestée par la conclusion d'un accord de coopération nucléaire. Même si les deux acteurs ont rangé cet accord dans le domaine du nucléaire civil, cela n'a pas manqué de soulever de vives inquiétudes en Occident. En effet, le 7 juillet 2010, *Le Figaro* affichait : « Entente nucléaire entre la Chine et le Pakistan. Un nouvel accord de coopération sur le nucléaire civil inquiète les Occidentaux ». On pouvait y lire : *« Un « simple » accord de coopération sur le nucléaire civil entre la Chine et le Pakistan suscite un certain émoi à Washington et dans quelques autres chancelleries. L'annonce de la future construction de deux réacteurs nucléaires de plus par Pékin chez son voisin et allié pakistanais a relancé les craintes de prolifération nucléaire.* […] *Au cœur de la polémique, l'annonce par des compagnies chinoises de contrats signés pour la construction de deux nouveaux réacteurs à Chashma, dans la province du Pendjab. C'est là que Pékin a déjà construit deux réacteurs, Chashma 1 et 2. Le premier est opérationnel depuis 2000 et le deuxième doit être terminé pour 2011 ou 2012* » (Journal *Le Figaro*, 7 juillet 2010).

À ce jour, le Pakistan, tout comme Israël, bénéficie toujours de l'assistance de certains pays membres du GFN. Même s'ils remettent sensiblement en cause l'efficacité de la lutte contre la prolifération nucléaire, les États tiers ne le font-ils pas avec juste raison si ceux-là même qui sont censés être sur le ring de la lutte les accompagnent sur le chemin contraire ? Comme en 2004, le GFN se dit jusqu'à ce jour, « [inquiet] de la persistance de la prolifération des activités nucléaires à l'échelle mondiale et réaffirme sa détermination à continuer de coopérer étroitement en vue de dissuader, d'entraver et de prévenir le transfert d'articles ou de technologie soumis à contrôle, de nature à contribuer à la fabrication d'armes nucléaires ou d'autres DNE » (Bureau des affaires de désarmement, *Annuaire des Nations unies sur le désarmement*, vol. 29 : 2004, pp. 48-49). En effet, à l'occasion de sa 14ème réunion plénière tenue à Göteborg en Suède les 27 et 28 mai 2004, le Groupe en séance plénière, a examiné les conditions nécessaires à la fourniture de produits nucléaires et d'articles à double usage figurant sur la liste de contrôle du GFN et, à la suite de décisions prises par le Conseil des gouverneurs de l'AIEA, la suspension de la fourniture d'articles nucléaires aux États qui ne respectent pas le TNP ou ne s'acquittent pas des obligations qui leur incombent conformément à leurs accords de garanties. Il a conclu qu'il était prêt à poursuivre ses travaux en vue de renforcer les mesures afin d'empêcher le transfert de matières ou technologies dangereuses à des bénéficiaires qui pourraient les utiliser pour fabriquer des explosifs nucléaires dans le contexte du TNP ainsi que des initiatives internationales. Outre les avantages politiques, les États tiers ont également profité de certains facteurs juridiques pour se garder de ne pas proliférer.

2. Les facteurs juridiques

307. Depuis 1968, la communauté internationale n'a à jamais cessé de promouvoir l'universalité du TNP, c'est-à-dire l'adhésion universelle de tous les États au Traité. Les États tiers continuent cependant d'en faire fi. Sans pour autant faire la sourde oreille, ils réfutent l'exigence qui leur est faite d'adhérer de manière inconditionnelle au TNP, c'est-à-dire sans un marchandage quelconque. L'Inde et le Pakistan revendiquent officiellement le statut d'EDAN consacré par le TNP. Tenu par sa politique d'opacité nucléaire, Israël refuse de s'afficher officiellement. L'exigence d'une adhésion inconditionnelle au TNP (1) constitue un obstacle majeur au refus des États tiers d'accepter le Traité dans la mesure où le critère de l'essai nucléaire avant 1967 constitue un obstacle à l'acquisition du statut « EDAN » (2).

2.1. L'exigence d'une adhésion inconditionnelle au TNP

308. De manière répétée depuis l'adoption du TNP, les États parties, représentant la majorité écrasante de la communauté internationale, demandent à l'Inde, à Israël et au Pakistan, « *d'y adhérer inconditionnellement en tant qu'ENDAN, promptement et sans condition, et de mettre en vigueur les accords globaux concernant les garanties, ainsi que le Modèle de protocole additionnel, afin d'assurer la non-prolifération nucléaire, et d'abandonner d'une manière claire et urgente toute politique visant à poursuivre la mise au point d'armes nucléaires ou leur déploiement et de s'abstenir de toute action qui pourrait compromettre la paix et la sécurité régionales et internationales ainsi que les efforts déployés par la communauté internationale en vue du désarmement nucléaire et de la prévention de la prolifération des armes nucléaires.* » (Bureau des affaires de désarmement, *Annuaire des Nations unies sur le désarmement*, vol. 28 : 2003, pp. 77-89). À cet ensemble de requêtes, les États tiers ont toujours respectivement manifesté leur opposition. À titre illustratif, récemment en 2016, l'Inde a affirmé « ne pas pouvoir accepter la demande qui lui a été faite d'adhérer au [TNP] en qualité d'[ENDAN], estimant que cette demande est contraire au principe du libre consentement dans l'adhésion à un traité et que les armes nucléaires font partie intégrante de sa sécurité nationale. » (Bureau des affaires de désarmement, *Annuaire des Nations unies sur le désarmement*, vol. 41 : 2016, p. 290). L'Inde a fait cette déclaration après avoir voté contre le projet de résolution 71/54 intitulé « Vers un monde exempt d'armes nucléaires : accélération de la mise en œuvre des engagements en matière de désarmement nucléaire » présentée par l'Égypte le 13 octobre 2016. Quant au Pakistan, il dit « [...] regretter vivement les appels l'invitant à adhérer au TNP en qualité d'[ENDAN], ajoutant que, en cette qualité, il ne saurait souscrire aux conclusions et décisions du Traité. » (Bureau des affaires de désarmement, *Annuaire des Nations unies sur le désarmement*, vol. 41 : 2016, p. 290). Au regard de sa politique nucléaire, Israël s'est jusque-là abstenu de déclarer officiellement son rejet du TNP sans pour autant manifester un soutien particulier audit Traité.

L'Inde et le Pakistan ne peuvent par conséquent, adhérer au TNP vu qu'ils ont toujours manifesté une condition essentielle comme monnaie d'échange à la cessation de la prolifération nucléaire : le statut d'« EDAN ». À comprendre les EDAN et la communauté internationale, les États tiers doivent, de manière schématique, décider un beau jour de s'adresser à l'un des gouvernements dépositaires du Traité (Il s'agit des États-Unis, de la Grande-Bretagne et de la Russie. Cf. l'alinéa 2 de l'article IX du TNP), déposer leurs instruments d'adhésion puis faire appel à l'AIEA pour l'accomplissement de toutes les formalités nécessaires au contrôle de leurs activités nucléaires civiles une fois la destruction de leurs armes et installations nucléaires militaires, accomplie. Cela ne paraît-il pas extrêmement simple voire simpliste ? Sans rappeler l'ampleur des efforts économiques, politiques, militaro-stratégiques consentis par les États tiers pour concevoir leur programme nucléaire militaire et vu le prestige qui y est attaché, il est possible de reconnaître sans ambages que seul un État dupe accepterait de désarmer aussi facilement. Certes, d'aucuns citeront l'Afrique du Sud, l'Argentine, le Brésil, la Suède, la Suisse etc. qui, sans grande résistance et en toute intelligibilité, ont respectivement abandonné leur programme nucléaire à un degré variable d'avancement. L'Argentine aussi a entrepris des programmes de recherche sur les missiles et l'arme nucléaire mais y a mis fin à la fin des années 1990 sous la pression internationale et après un accord bilatéral avec le Brésil. Comme l'Égypte, l'Algérie et la Syrie, le Brésil dispose d'un savoir-faire important dans le domaine du nucléaire civil et militaire. Il renonça au programme militaire après un accord avec l'Argentine et adhésion au GFN en 1990. La Suède a développé un programme nucléaire militaire au cours de la décennie 1950-1960 dans le but de se protéger d'une éventuelle invasion de l'URSS. Ce programme a été abandonné lorsqu'elle a adhéré au TNP en 1968. La Suisse aurait construit des installations d'enrichissement d'uranium et aurait engagé des pourparlers avec la France, la Grande-Bretagne et les États-Unis. Quelques années plus tard, il y renonce et signe le TNP.

L'on peut certainement convenir cependant, que les pays qui ont renoncé à la bombe nucléaire tout en ayant la capacité industrielle de la réaliser, sont ceux aussi qui ne susciteraient aucune inquiétude particulière s'ils disposaient d'une force nucléaire. Au contraire, aujourd'hui, ce sont des régimes instables et, pour tout dire, inquiétants qui se lancent dans la voie de la prolifération. Cette conception peut être relativisée si l'on sait que, du simple fait de son existence, l'arme nucléaire soulève des inquiétudes et constitue un danger imminent. Dès lors, quel que soit l'État (si pacifiste soit-il) entre les mains duquel elle se trouve, cette inquiétude demeurera et le ministre français des Affaires étrangères Maurice COUVE DE MURVILLE l'a si bien traduit lorsqu'il avait affirmé : « *Il n'y a pas d'intérêt, il y aurait même un très grand danger à ce que de plus en plus de pays fabriquent des armes nucléaires.* [...] *Je ne peux pas arriver à penser qu'il soit moins dangereux qu'une grande puissance comme les États-Unis, la Russie soviétique, plus tard la Chine, ait les moyens de détruire le monde que de voir des petits pays posséder des armements qui ne seraient capables que d'atteindre leurs voisins immédiats* » (La Documentation française, NED, n° 3428 à 3430, 24 octobre 1967, pp. 31-33 et pp. 53-54).

309. Certains auteurs définissent les abandons de programme nucléaire militaire sur la base de critères moraux. Il s'agirait ainsi de bon sens, de sagesse. Il en est de Claude ALLEGRE et de Dominique DE MONTVALON qui affirment : « *Nelson Mandela, lorsqu'il est devenu président, a constaté que l'Afrique du Sud possédait du combustible enrichi* [...]. *Il a fait diluer le combustible* [...] *! Combien de dirigeants ont la sagesse de Mandela ?* » (Claude ALLEGRE, Dominique DE MONTVALON, *Faut-il avoir peur du nucléaire ?* Paris, Plon, 2011, p. 44). D'autres par contre considèrent ces abandons comme étant le résultat d'un courage politique inédit né d'une certaine prise de conscience de l'inutilité de l'arme nucléaire pour l'humanité. En effet, le président De Klerk, élu en septembre 1989, avait décidé de manière totalement unilatérale et sans pression extérieure – la communauté internationale n'était pas au courant de cette capacité nucléaire – de démanteler son arsenal. Cette décision tactique et stratégique fut le fruit d'une prise de conscience de l'inutilité des armes nucléaires dans un contexte intérieur qui aspirait au changement et où, sur le plan géopolitique, la menace soviétique avait disparu. Le courage politique du président De Klerk, renonçant à des armes créées pour contrer une menace disparue, a permis de « désinventer » la bombe sud-africaine.

Il est clairement plausible que les États tiers ne se dénucléarisent pas tant que l'intérêt pour lequel ils ont acquis l'arme nucléaire n'aura pas disparu, c'est-à-dire tant que cette dernière ne se révèlera pas inutile pour chacun d'eux. Au regard des revendications indiennes et pakistanaises, cela signifie que ces États ne seront pas prêts à désarmer tant que le statut « EDAN » demeura « prestigieux ». Ils souhaitent également jouir en toute égalité des éloges et aubaines attachés au rang « EDAN » que de la préséance politique qu'il permet sur la scène internationale. Cela implique que tant que l'arme nucléaire ne cessera d'être clamée à travers la dissuasion nucléaire comme la source de la paix dans le monde, les États tiers ne sauraient y renoncer. Ayant également besoin d'assurer leur sécurité, il est tout à fait logique qu'ils traduisent leur foi en ce « catéchisme nucléaire ». On se rappelle les propos de l'ex-président français François HOLLANDE dans sa déclaration au Sommet de Rio le 20 juillet 2012 : « *la dissuasion est un élément qui contribue à la paix* ». Il s'agit clairement d'une fausse certitude. N'ayant pas effectué d'essais nucléaires avant 1967 et n'étant pas parties au TNP, les États tiers ne peuvent bénéficier du statut sollicité. L'essai nucléaire avant 1967 constitue un obstacle à l'acquisition dudit statut.

2.2. L'essai nucléaire avant 1967 : un obstacle à l'acquisition du statut « EDAN »

310. En 1968, les pays ont signé un accord reconnaissant le droit à certains de détenir des armes mais pas à tous. Peut-on laisser indéfiniment l'Inde, le Pakistan et Israël en dehors de ce groupe ? Il faudra un jour étudier sans tabou cette question. Sur la non-prolifération, il est nécessaire que ces trois pays appliquent les mêmes règles que celles qui engagent les États dotés. Toutefois, s'il est vrai que la question doit être étudiée sans tabou, l'auteur a cependant omis de souligner que l'Inde, Israël et le Pakistan ne sauraient appliquer les mêmes règles que celles qui engagent les EDAN qu'uniquement lorsqu'ils auront revêtu le même statut que ces États. En rappel, un EDAN est « un État qui a fabriqué et a fait exploser une arme nucléaire ou un autre [DNE] avant le 1er janvier 1967 ». L'Inde n'a procédé à son premier essai nucléaire, d'ailleurs qualifié de pacifique, qu'en 1974. Le Pakistan ne l'a fait que plus tard en 1998. Quant à Israël, il n'existe que de simples soupçons d'essais. Ainsi, conformément à l'article IX al. 3 du TNP, aucun État tiers n'est éligible au statut « EDAN » pourtant objet principal des revendications de l'Inde et du Pakistan.

Pour lever ce verrou juridique, une seule possibilité s'offre aux États tiers. Il s'agit du processus juridique de l'amendement du Traité. Toutefois, pour accéder à ce processus, une condition fondamentale s'impose à eux : l'adhésion au TNP car le droit d'y proposer des amendements n'est reconnu qu'aux États parties. Dans l'hypothèse éventuelle où les États tiers décideraient d'adhérer au TNP en tant qu'ENDAN afin de faire jouer leurs droits, ils seraient *ipso facto* en violation du Traité puisqu'ils possèdent des armes nucléaires. En outre, ils doivent impérativement s'assurer au préalable de l'aboutissement du processus d'amendement qui se révèle très complexe et dont le seuil est assez difficile d'atteinte. En effet, aux termes de l'alinéa 1 de l'article VIII, le TNP assure pour tous les États parties le droit de faire des propositions en vue de son amendement. Toutefois, une telle proposition est uniquement possible après approbation par une Conférence d'amendement convoquée par les gouvernements dépositaires sur la base d'une demande exprimée par « un tiers des parties au Traité ou davantage ». Pour un amendement, l'alinéa 2 de l'article VIII exige des États parties l'approbation du projet d'amendement par « la majorité des voix de toutes les parties au Traité, y compris les voix de tous les EDAN et de toutes les autres parties qui, à la date de la communication de l'amendement, sont membres du Conseil des gouverneurs de l'AIEA ». Le projet d'amendement, même adopté, peut donc ne pas entrer en vigueur dans la mesure où les États parties, EDAN comme ENDAN, sont susceptibles de bloquer assez aisément le processus si besoin est.

Ce processus complexe n'offre pas de garanties aux États tiers de voir aboutir leurs prétentions. D'abord, les gouvernements dépositaires des trois États jouent un rôle important pour l'acceptation d'un amendement. Si l'un ou l'autre de ces États dépositaires a soutenu d'une certaine manière l'un ou l'autre des États tiers dans son processus d'armement nucléaire, il faut reconnaître que les disparités politiques constitueront des obstacles majeurs pour l'entame d'un processus d'amendement. En effet, les États ennemis de l'un ou l'autre des États tiers n'hésiteront pas à user de toutes les manœuvres pour empêcher tout processus susceptible de favoriser ces derniers à leur détriment, de voir le jour. Pourrait-on envisager que la Chine partenaire du Pakistan, en vienne à agréer un processus d'amendement engagé par l'Inde, ennemi du Pakistan et partenaire des États-Unis ? L'Inde et le Pakistan, ennemis séculaires, sont-ils capables de s'accorder sur un processus qui risque d'envenimer davantage leur relation en rehaussant le risque de conflit nucléaire ? Les réponses tendent fortement vers la négative.

Il sied d'ajouter qu'un processus d'amendement du TNP en vue d'accroître le nombre d'EDAN serait fondamentalement contraire à la raison du TNP, à sa finalité essentielle. Ainsi, l'échec d'un processus d'amendement est d'avance une évidence. Vu cette évidence, il est clair que les États tiers ne cèderont pas le pas. Comme vu avec l'Inde, les États tiers estiment ne pas agir en violation du TNP vu qu'ils n'y sont pas parties. À ce propos, il faut néanmoins relever que le TNP n'a pas de disposition expresse dédiée aux mesures de redressement lors d'une situation entrant dans le cadre de sa violation. Cela signifie que, dans une situation grave relative au fonctionnement du Traité, le CSNU peut jouer le rôle de mécanisme de redressement. Il peut ainsi intervenir dans le cadre de la coercition d'acte de non-respect. D'ailleurs, le CSNU n'a cessé d'interpeller les États tiers par le biais de résolutions. Cependant, les principales difficultés pour une intervention du CSNU s'observent sur le plan politique du fait que ce Conseil est aux mains des EDAN, ceux-là même qui ont contribué à l'armement des États tiers.

311. Juridiquement, le Conseil ne peut intervenir parce que le TNP ne lie pas les États tiers en vertu du principe de la relativité des conventions et parce que l'obligation de non-prolifération nucléaire n'a pas pour le moment valeur coutumière. En effet, aux termes de l'article 26 de la CVDT, un traité ne crée des effets de droit qu'à l'égard des États parties à ce traité. L'article 34 vient en appui en disposant qu'« un traité ne crée ni obligations ni droits pour un État tiers sans son consentement ». Il en découle que les États tiers ne peuvent se prévaloir des dispositions du TNP et que le TNP ne peut créer des obligations ou des droits à leur égard. Par conséquent, l'obligation de non-prolifération ne naîtra pour eux qu'à deux conditions : si les parties à ce Traité ont entendu créer l'obligation au moyen des dispositions du TNP prohibant la prolifération nucléaire (articles Ier à IV) et si les États tiers acceptent par écrit cette obligation, ce qui n'est pas le cas. L'article 35 de la CVDT stipule : « *une obligation naît pour un État tiers d'une disposition d'un traité si les parties à ce traité entendent créer l'obligation au moyen de cette disposition et si l'État tiers accepte expressément par écrit cette obligation.* ». En conclusion, sans se reconnaître expressément un droit de proliférer en vertu du TNP, les États tiers restent néanmoins protégés par le droit international fondamental. D'ailleurs, les États parties au TNP n'ont pas entendu leur reconnaître ce droit. Ils auraient consenti à ce droit conformément à l'article 36 de la CVDT qui stipule : « un droit naît pour un État tiers d'une disposition d'un traité si les parties à ce traité entendent, par cette disposition, conférer ce droit à l'État tiers et si l'État tiers y consent. ». Outre son rejet, on observe une remise en cause continue du TNP.

SECTION II

LA REMISE EN CAUSE CONTINUE DU TNP

312. Certains ENDAN parties au TNP n'ont pas eu la patience d'attendre jusqu'aujourd'hui le désarmement promis par les EDAN. Il s'agit en particulier de la République islamique d'Iran et de la République populaire démocratique de Corée (RPDC). Ces États n'ont pas la même histoire nucléaire et n'ont d'ailleurs pas, emprunté le même chemin dans la « dénigration » du TNP. Au début, partie au TNP, la RPDC fera prévaloir l'article X du Traité pour s'en retirer. Désormais légalement libéré du TNP, l'État nord-coréen mettra officiellement à nu une politique totalement contraire aux principes et valeurs promus par le Traité en matière de non-prolifération. L'Iran, quant à lui, ne donnera pas effet au droit de retrait que le Traité lui reconnaît. Il optera plutôt pour la clandestinité. La présente partie consistera à parcourir sous un regard critique la situation de crise que le TNP, et par ricochet l'ordre juridique international, connaît aujourd'hui du fait de la politique nucléaire de ces États. Seront respectivement examinées, la crise nucléaire iranienne (§ 1) et celle nord-coréenne (§ 2).

§ 1. La crise nucléaire iranienne

313. Le 1er juillet 1968, l'Iran (sous le régime du Shah) signait le TNP en tant qu'ENDAN. Dès lors, par ce statut, il acceptait officiellement de se plier aux exigences posées par le TNP, mais aussi par le système de garanties instauré par l'AIEA. Toutefois, le désir de l'arme nucléaire sera manifesté par la République islamique d'Iran pendant quelques années après la Révolution de 1979. Cette crise bouleversera le monde de manière permanente. En effet, en usant de manœuvres savamment tissées, l'Iran parviendra à camoufler son programme clandestin durant un bon moment. Au final cependant, on observera une résignation de la République islamique d'Iran (B) à mettre fin au détournement de l'utilisation pacifique du nucléaire (A).

A. Le détournement de l'utilisation pacifique du nucléaire

314. Comment la République islamique a-t-elle procédé pour passer de la promesse d'une UPEN à un programme militaire à l'insu de toute la communauté internationale ? Dans la présente partie, l'analyse portera d'abord sur l'option clamée par l'Iran en 1968 (1) à savoir l'utilisation pacifique du nucléaire. Il s'agira de parcourir les contours de cette promesse et ses implications politico-juridiques. Elle portera ensuite, sur l'évolution du programme nucléaire militaire iranien de 2002 à 2015 (2). Ceci permettra de présenter les différentes initiatives iraniennes ayant permis d'aboutir audit programme.

1. L'option clamée par l'Iran en 1968

315. En 1953, la nouvelle administration iranienne du Shah d'Iran Mohamed Reza PAHLAVI qui venait d'être mise en place, lançait son programme nucléaire civil. Ce programme était une composante d'un large processus de modernisation du pays. On a parlé de « Révolution blanche ». Trois éléments essentiels ont précipité l'Iran dans ce programme : l'évolution des marchés de l'énergie dans le monde entre 1973-1974 ; l'existence des pressions externes sur l'Iran ; les soucis d'une réduction de ressources pétrolières. En 1953, un coup d'État orchestré par les États-Unis et le Royaume-Uni renverse le régime en place dirigé par Mohammed MOSSADEGH et porte le Shah d'Iran Mohamed Reza PAHLAVI au pouvoir. Ce dernier restera monarque de l'Iran jusqu'au 11 février 1979. De toute évidence, ce lancement était le signe de l'adhésion du nouveau gouvernement iranien à la nouvelle politique américaine qui appelait à se servir de l'atome comme instrument de paix. Le 8 décembre 1953, le président américain Dwight D. EISENHOWER avait lancé à travers un discours devant l'AGNU, le programme « atomes pour la paix » (*Atoms for Peace)*. Il y rappelle la conviction américaine suivant laquelle « le pouvoir pacifique de l'énergie atomique n'est pas un rêve sans avenir ». Hâtant le pas, l'Iran constitue en 1956 le Centre de recherche nucléaire de Téhéran (CRNT) au sein de l'Université de Téhéran. Ce Centre sera plus tard dirigé par l'Organisation de l'énergie atomique d'Iran (OEAI). Dans la même dynamique, il signe le 5 mars 1957, un « accord pour la coopération scientifique pour un usage civil de l'énergie atomique » avec les États-Unis. Cet accord impliquait également la livraison à Téhéran par les États-Unis d'un réacteur de recherche. Le réacteur fonctionnait à l'uranium 235 enrichi à 19,8 %. Ce fut le point de départ d'une période de coopération particulière entre les deux nations.

Le 16 septembre 1959, l'Iran devient membre de l'AIEA dont l'objectif avait été décliné depuis 1953 par le président EISENHOWER. Cependant, ce n'est que 14 ans après, ayant signé le TNP, qu'il couronna son engagement à faire de l'énergie nucléaire qu'une énergie de paix par la conclusion avec l'AIEA le 19 juin 1973 d'un AGG qui entra en vigueur le 15 mai 1974. Partie au TNP et au système de garanties, l'Iran verra à la fois son cercle d'amitié s'élargir et son programme nucléaire fleurir de manière admirable. En 1973, l'Institut de recherche de Stanford évaluait à 20 000 MWe les besoins en énergie électrique de l'Iran à l'horizon 1994, ce qui laisse imaginer le défi qui devait être relevé.

L'année 1974 a été marquée par de nombreuses avancées tant en ce qui concerne le programme nucléaire civil iranien qu'en ce qui concerne sa reconnaissance sur la scène internationale. La perspective du Shah PAHLAVI était de construire 23 réacteurs nucléaires susceptibles de produire 23 000 MWe d'énergie en vingt ans. Ce fut tout d'abord l'année de la création de l'OEAI. Ce fut ensuite l'année où les États-Unis ont réitéré leur soutien au programme nucléaire civil iranien. Par ailleurs, en 1974, l'Iran et les États-Unis ont signé un accord pour la construction de huit centrales nucléaires d'une valeur de 6,4 milliards de dollars. D'un autre côté, la France et l'Iran étaient parvenus à des accords de coopération nucléaire. En effet, le 22 décembre 1974, ils ont conclu un accord prévoyant en contrepartie d'un investissement d'un milliard de dollars par l'Iran au Commissariat à l'énergie nucléaire français pour la construction d'installations d'enrichissement d'uranium au compte du Consortium Eurodif, une assistance technique pour la réalisation du centre de technologie nucléaire d'Ispahan et la fourniture d'uranium par la France. La même année, un second accord fut signé entre les deux sur la construction de cinq centrales nucléaires qui seront alimentées par l'uranium enrichi en France, chacune engendrant 1 000 MWe d'électricité. Un troisième accord est signé dans la même année entre l'Iran et la compagnie française Framatome sur la construction de deux centrales nucléaires à eau pressurisée à Bandar Abbas chacune de 900 MWe. Cette coopération s'est poursuivie jusqu'en 1979. Toujours en 1974, l'Iran et la société allemande Kraftwerk Union (KWU), une filiale de Siemens, signaient un accord pour la construction de deux centrales de 1 293 MWe chacune sur le site de Bushehr, un chantier ouvert en 1974.

Au lendemain des essais nucléaires indiens de 1974, le gouvernement iranien avait laissé pressentir une certaine aspiration à l'arme nucléaire mais, il avait aussitôt pu le dissimuler. Il ressort qu'à la question posée par le Journal français « Les informations » au Shah iranien de savoir s'il pourrait fabriquer une arme nucléaire, il aurait répondu : « Sans aucun doute et plus tôt que l'on ne le pense ». Invoquant une manipulation de l'information, l'ambassadeur d'Iran en France essaya de dissuader du contraire. En 1975, devant la presse américaine, le Shah iranien avait réaffirmé son engagement à ne demeurer que dans l'énergie nucléaire civil et dans l'armement conventionnel : « la meilleure garantie que je ne veux pas d'armes nucléaires est le programme que j'ai lancé dans le domaine des armes conventionnelles. Je veux être en mesure de tout régler avec des armes non nucléaires ». Les États-Unis, suivis par certains États occidentaux et africains, s'engagèrent dès lors, de manière plus spécifique dans la réalisation du programme nucléaire pacifique iranien. Le 14 mars

1975, dans un mémorandum sur la sécurité nationale (National Security Study Memorandum 219), le président américain Gerald R. Ford avait ordonné une étude des questions liées à la conclusion d'un accord acceptable avec le gouvernement iranien qui permettrait le commerce nucléaire entre les deux pays, notamment la vente de réacteurs et de matières nucléaires américains, l'investissement iranien dans les installations d'enrichissement américaines et d'autres transactions nucléaires appropriées à l'avenir. Dans le mémorandum sur la décision de sécurité nationale n° 292, daté du 22 avril 1975, le président Ford a, en outre, décidé que les États-Unis autoriseraient la fabrication de combustible à partir de matières américaines en Iran pour une utilisation dans ses propres réacteurs et pour le transfert vers des pays tiers avec lesquels nous avons conclu des accords. En outre, les États-Unis ont proposé à l'Iran des technologies d'enrichissement et de retraitement de l'uranium, ainsi que la possibilité d'investir dans des installations d'enrichissement américaines. Au sortir de ces études, le gouvernement américain promit en 1976 huit centrales à Téhéran puis conclut en juillet 1978 un accord global sur les fournitures de matériel nucléaire, par lequel l'Iran aura accès à la technologie américaine alors que l'Iran recevait déjà en 1976 700 millions de dollars de minerai d'uranium en participant au financement d'une usine d'enrichissement en Afrique du Sud.

Jusqu'en 1979, les EDAN et les autres puissances européennes étaient favorables au développement du nucléaire civil iranien et en étaient de fervents adeptes. C'est en cette même année que cet enchantement verra cependant ses premiers chamboulements. En effet, la Révolution islamique de 1979 avait conduit au pouvoir l'Ayatollah Ruhollah Moussavi KHOMEINI, un régime théocratique chiite. Cette révolution a touché de manière sensible tant l'estime que la place qu'occupait autrefois l'Iran dans le concert des nations. Le nucléaire iranien se verra repositionner temporairement au second plan à la fois parce que le nouveau pouvoir en place n'en faisait pas une priorité et parce que les puissances occidentales n'éprouvaient plus la même hardiesse d'antan dans l'équipement du pays.

En 1982, alors que la guerre contre l'Irakbattait son plein, l'Iran relancera son programme nucléaire civil. Les deux pays se sont opposés dans un conflit armé entre 1980-1988. En 1979, le gouvernement du premier Ministre iranien Mehdi BAZARGAN stoppera les travaux sur le site de Bushehr qui n'était pas encore complètement installé. Durant ce conflit, le site sera presque rasé par des bombardements répétés (en mars 1984, février 1985, mars 1985, juillet 1986, novembre 1987). Après de vaines tentatives à la fin de la guerre pour renouer avec ses anciens partenaires, le nouveau gouvernement iranien, avec à sa tête Ali Akbar Hashemi RAFSANJANI (président de l'Iran de 1989 à 1997), se tournera vers la Russie et la Chine. Les États-Unis mettent un terme à la livraison de combustible nucléaire au bénéfice du réacteur nucléaire de Téhéran. Sous la pression américaine, la firme allemande Kraftwerk Union refuse de livrer les composants et la documentation technique des réacteurs de Bushehr. Cette pression empêchera en 1990 que l'Institut national espagnol pour l'industrie et l'équipement nucléaires termine le projet.

En 1993, la firme italienne Ansaldo et en 1994, la firme tchèque Skoda, suspendent leurs relations commerciales avec l'Iran. La relation entre l'Iran et les États-Unis sombrera définitivement à l'automne 1979 avec la prise d'otages de l'Ambassade américaine à Téhéran considérée comme une « seconde révolution iranienne ». Cette prise d'otages traduisait le conflit qui existait depuis plusieurs mois entre le président américain Jimmy CARTER et l'ayatollah Khomeiny. De manière succincte, les événements se sont produits à l'occasion d'un séjour du Shah dans un hôpital américain. Durant ce séjour, Khomeiny s'est servi d'un groupe d'étudiants fanatiques qui se nommaient les « *étudiants suivant la ligne de l'Imam* » pour attaquer l'ambassade des États-Unis à Téhéran. En effet, le 4 novembre 1979, après avoir défilé dans les rues en scandant « *Marg bar Amerika* (À bas l'Amérique) », ceux-ci envahirent la représentation américaine et prirent une cinquantaine de diplomates en otage. Khomeiny exigea que Carter accepte que l'Iran fût dirigé par les mollahs et attendait, en signe de sa bonne volonté, la reprise des fournitures d'armes à Téhéran. Ce dernier tenait cependant au bras de fer. Cette prise d'otage a duré 444 jours. Désormais considéré comme violateur du droit international et une menace pour la paix et la sécurité internationale, l'Iran verra sa responsabilité internationale sévèrement engagée pour violation de son devoir de diligence et de protection à l'égard des citoyens étrangers sur son territoire. Les premières mesures de rétorsion ont consisté en un gel des avoirs iraniens localisés aux États-Unis et à un arrêt des importations de pétrole en provenance d'Iran.

Se prononçant sur la question, la CIJ a conclu à une violation grave et manifeste des obligations résultant respectivement de la

Convention de Vienne sur les relations diplomatiques et celle sur les relations consulaires des 18 avril 1961 et 24 avril 1963 bien que les faits reprochés ne fussent pas directement imputables à l'État iranien (CIJ, Affaire du *personnel diplomatique et consulaire américain à Téhéran* (Iran c. États-Unis), ordonnance en mesures conservatoires et fond, arrêts des 15 décembre 1979 et 24 mai 1980, CIJ, Recueil 1979, p. 23 ; CIJ, Recueil 1980, p. 3.). À partir de 2002, un autre pan de l'histoire se dressa. C'est sous un climat tendu que sera scellée l'évolution du nucléaire militaire iranien de 2002 à 2015.

2. L'évolution du nucléaire militaire iranien de 2002 à 2015

316. Plusieurs facteurs nationaux, régionaux et internationaux ont convaincu le gouvernement iranien à revoir son programme nucléaire. Le revirement de Téhéran vers un nucléaire militaire s'explique vraisemblablement par ses considérations politiques et stratégiques. L'argumentaire relatif au besoin en énergie n'a été qu'une façade. D'abord, on a observé que c'est durant sa guerre contre l'Irak qu'il s'est véritablement lancé vers l'acquisition d'articles nucléaires militaires en coopération avec le Dr KHAN du Pakistan. Cela signifie que la crainte de l'existence d'un programme nucléaire en Irak, pays ennemi et rival, aurait joué un rôle considérable dans cette réorientation. D'ailleurs, il ne faut pas oublier qu'au sortir de son conflit avec l'Irak en 1988, ce dernier était considéré comme étant la première puissance régionale au Moyen-Orient.

L'argument sécuritaire semble être le plus convaincant. L'Iran s'est en effet, lancé dans un programme militaire en procédant à l'enrichissement de l'uranium au-delà de la norme. Comment cela fut-il possible ? Il s'est en effet retranché derrière l'article IV du TNP qui reconnaît à tout État partie un droit inaliénable à l'UPEN. À l'accusation d'avoir violé le TNP, il répond : « l'Iran a souligné son « droit inaliénable », conformément à l'article IV du TNP, de maintenir un programme d'énergie nucléaire pacifique. Ainsi, l'Iran a fait valoir qu'il n'avait à aucun moment violé les termes du TNP ». En réponse aux accusations de chercher à contourner les vérifications de l'AIEA, il les niait purement et simplement en arguant qu'il s'était conformé à ses obligations en matière de garanties en ne déclarant pas l'existence des installations de Natanz et d'Arak, et que les problèmes liés à la non-déclaration des matières nucléaires, des installations connexes et des expériences étaient relativement mineurs et avaient été résolus en 2008 grâce à la coopération avec l'AIEA. La version de ses engagements figurant dans son accord d'arrangements subsidiaires en vigueur en 2003 n'exigeait pas de l'Iran qu'il divulgue les détails de la conception ou l'existence des installations de Natanz et d'Arak, car au moment de leur découverte, aucune matière nucléaire n'avait encore été introduite dans ces installations.

317. Désormais, inscrit dans « l'axe du mal » par le président George W. BUSH en 2002, l'Iran se devait de résister à la fois à la menace irakienne et à la rancœur des États-Unis. Les premiers soupçons sur le développement par l'Iran d'un programme nucléaire militaire furent avancés. En 1998, un rapport de l'Agence nationale de renseignement américain (CIA) dénonçait la fourniture par des entreprises chinoises et russes de matériaux susceptibles. Aucun résultat concluant n'avait été cependant obtenu par l'AIEA au lendemain des contrôles effectués entre 1992 et 1997. Si les soupçons retenaient malgré tout l'attention de la communauté internationale et de l'AIEA, cela était dû en partie à l'imprudence du gouvernement iranien qui, à travers des déclarations belliqueuses, altérait de plus en plus sa situation. Le 14 août 2002, le pic sera atteint lorsqu'un représentant des Moudjahidines du Conseil national de la Résistance iranienne (CNRI) Alireza JAFARZADEH, révélera sur la chaîne américaine Fox News l'existence au sud de Téhéran à Natanz (usine d'enrichissement de l'uranium) et à Arak (production d'eau lourde) d'installations nucléaires non déclarées à l'AIEA. Le CNRI se présente comme un mouvement d'opposition composé de groupes très hétérogènes parmi lesquels figure l'Organisation des Moudjahidines du peuple iranien. Cette dernière a figuré sur la liste des organisations terroristes dressée par l'Union européenne jusqu'au 26 janvier 2009 et sur celle des États-Unis de 1997 à 2012.

Sans attendre, l'AIEA procède à l'inspection du site de Natanz en février 2003. Le site de Natanz était équipé de 160 centrifugeuses et de pièces pour assemblage de plusieurs autres machines. Au sortir de cette inspection, Mohamed El BARADEI, à l'époque Directeur général de l'AIEA présentait trois rapports au Conseil des gouverneurs de l'Agence respectivement en juin, septembre et novembre 2003. Il ressort du premier rapport que « [l]*'Iran ne s'est pas acquitté des obligations qui lui incombent en vertu de son accord de garanties en ce qui concerne la déclaration des matières nucléaires, leur traitement et utilisation ultérieures et la déclaration des installations où ces matières sont entreposées et traitées* ». Cinq mois plus tard, le constat était toutefois relativement le même.

L'Iran fut dès lors, incessamment appelé à une plus grande transparence quant à son programme nucléaire et à une plus grande coopération. C'est ainsi qu'à l'issue d'une série de pourparlers, Téhéran accepta de geler ses activités d'enrichissement et signa le protocole additionnel à son accord de garanties le 18 décembre 2003. En début octobre 2003, une délégation d'inspecteurs de l'AIEA se rend en Iran. Puis, le 21 octobre 2003, on observe une visite conjointe à Téhéran des ministres des Affaires étrangères français, britannique et allemand. En juillet 2004, l'Iran décevra à nouveau la communauté internationale par l'annonce faite de la reprise de la construction de centrifugeuses sur le site de Natanz. En réplique à l'appel intermittent de l'Agence à suspendre toutes ses activités relatives à l'enrichissement d'uranium, l'Iran revendiqua son droit à l'enrichissement de l'uranium et manifesta un refus catégorique jusqu'en 2005. Toujours dans la même année, le Directeur général de l'AIEA a soumis au Conseil des gouverneurs quatre rapports sur l'application des garanties en Iran. Le Conseil adopta quatre résolutions sur la question.

L'année 2005 a été une année décisive pour l'Iran car le nouveau président Mahmoud AHMADINEJAD élu en fin juin a marqué un virage à la fois vers un autoritarisme interne accru et une provocation externe. Ultra-conservateur, ancien membre des services secrets iraniens, membre des Pasdaran (Gardiens de la révolution islamique), Mahmoud AHMADINEJAD était considéré comme un extrémiste. Avec lui, il n'y avait aucune chance de compromis ». C'est en cette même année que l'AIEA découvrira un programme clandestin d'enrichissement et de retraitement d'uranium mais sans toutefois pouvoir le rallier à un programme militaire nucléaire.

En juillet 2006, le CSNU, face à la conclusion de l'Agence, adopta une série de six résolutions suivant l'évolution de la situation. En prenant la première résolution 1696 (31 juillet 2006), le Conseil de sécurité agissait en vertu du chapitre VII de la CNU. Il s'agissait d'une mise en demeure adressée à l'Iran afin de le contraindre à collaborer. Face au refus du régime des Mollahs de coopérer, il décida d'un ensemble de sanctions dites « intelligentes » allant *crescendo* dans ses résolutions 1737, 1747, 1803, 1835. Ces sanctions comprenaient entre autres, un embargo sur des matériaux pouvant entrer dans le développement d'une utilisation militaire du nucléaire et des restrictions visant des entités et des personnalités iraniennes. Les sanctions dites « intelligentes » sont appliquées par les OI depuis une dizaine d'années après que les conséquences dévastatrices des sanctions ordinaires sur les populations des pays visés eurent été constatées. Depuis lors, l'ONU tend à « personnaliser » les sanctions en ne visant que les individus coupables. L'ensemble de ces mesures n'a pas eu l'impact espéré par ses initiateurs. À la mi-février 2012, Téhéran annonce être capable de produire de l'uranium enrichi à 20 % tout en doublant sa capacité d'enrichissement par la mise en service d'une deuxième usine d'enrichissement à Fordow, près de la ville sainte chiite de Qom. Dès lors, il ne restait qu'à augmenter le taux d'enrichissement pour l'obtention d'uranium enrichi de qualité militaire (90 %). En 2013, une nouvelle lueur d'espoir renaissait. En effet, les négociations se sont poursuivies entre l'Iran et la France, l'Allemagne et le Royaume-Uni (E3), la Chine, la Russie et les États-Unis (+3), facilitées par l'Union européenne (UE) (l'ensemble est désigné par E3/UE+3) afin d'atteindre un accord mutuel global à long terme qui permettrait d'assurer le caractère exclusivement pacifique du programme nucléaire iranien. Le 24 novembre 2013, un plan d'action conjoint (PAC) intérimaire est convenu entre l'E3/UE+3 et l'Iran. En 2014, l'AIEA a indiqué que « l'Iran n'a pas enrichi d'hexafluorure d'uranium (UF6) au-delà de 5 % dans ses installations déclarées » (AIEA, *Rapport annuel 2014*, Vienne, 2015, p. 14).

En juillet 2014, les choses ont failli se chambouler de nouveau : le général israélien Uzi Eilam, qui fut impliqué dans le programme nucléaire de son pays, déclare que le gouvernement Netanyahou a volontairement exagéré la menace nucléaire iranienne et qu'il doute même que Téhéran ait la volonté de réaliser une arme nucléaire. Il ajoute qu'il n'y a donc aucune raison qu'Israël se livre à des actions de destruction préventive des installations nucléaires iraniennes. Pire, ce serait, à coup sûr, le déclenchement d'une guerre totale. Malgré quelques frayeurs, la République islamique se résigna enfin, à faire le bon élève jusqu'à la conclusion d'un Plan d'action global commun (PAGC ou *Joint Comprehensive Programme of Action* - JCPOA - en anglais) portant sur les limites de son programme nucléaire le 14 juillet 2015.

Parallèlement au PAGC, l'AIEA devait clarifier toutes les questions passées et présentes en suspens concernant le programme nucléaire iranien par le biais d'une Feuille de route. Cette Feuille de route avait pour objectif essentiel d'accélérer la coopération en vue de régler, avant la fin de l'année 2015, toutes les questions passées et présentes en suspens. Le 14 juillet 2015 à Vienne, le président de l'OIEA, Ali Akbar SALEHI, et le directeur général de l'AIEA, Yukiya AMANO signaient ladite Feuille. Malgré plus de dix ans d'activités clandestines, la République islamique d'Iran n'a pas pu disposer de DNE et n'en disposerait plus à jamais très sûrement vu l'austérité du régime auquel il est désormais soumis en vertu du PAGC. Ce sont les conséquences de sa résignation.

B. La résignation de la République islamique d'Iran

318. La conclusion du PAGC se révèle être un coup de force fait à Téhéran. Ce dernier n'avait pas autre choix que de conclure ledit accord. Assailli de part et d'autre par la communauté internationale et les États-Unis, le gouvernement iranien essuyait déjà des sanctions énormes. Prise en tenaille, la République islamique s'est « confessée » au grand soulagement de tous. L'accord sur le nucléaire iranien est un instrument particulier qui essaie de ne laisser aucune brèche et de boucler à double tour toute ouverture susceptible de permettre à l'État iranien de poursuivre son dessein « malsain ». Cela a entraîné une véritable révolution géopolitique. Après avoir passé en revue la limitation de la capacité nucléaire de Téhéran de 2015 à nos jours (1), nous analyserons le contrôle désormais inédit de l'activité nucléaire de Téhéran (2).

1. La limitation de la capacité nucléaire de Téhéran de 2015 à nos jours

319. Au premier semestre de l'année 2015, le groupe E3/UE+3 et la République islamique d'Iran ont poursuivi les négociations en vue de parvenir à un accord sur le cadre politique du PAGC. Au terme de neuf jours de pourparlers à Lausanne du 25 mars au 2 avril 2015, en présence des ministres des Affaires étrangères des différentes parties, Federica MOGHERINI, la Haute-Représentante de l'UE pour les Affaires étrangères et la Politique de Sécurité et le ministre iranien des Affaires étrangères annonçaient la conclusion d'un accord-cadre sur le cadre politique du PAGC. En effet, ces pourparlers ont fait par la suite l'objet d'un examen minutieux par les législateurs des deux États. Le 22 mai 2015, le Congrès américain adoptait sa loi de 2015 relative à l'examen de l'accord sur le nucléaire iranien. Le Parlement iranien a également adopté le 23 juin 2015, une loi exigeant que l'accord soit conforme aux politiques du Conseil suprême de sécurité nationale. Au cours du dernier cycle de négociations, les parties ont été obligées de prolonger le délai initialement fixé au 30 juin 2015. Le PAC a été prolongé à trois reprises, la dernière prorogation a daté du 30 juin 2015. C'est finalement le 14 juillet 2015, après une ultime négociation de 18 jours sans interruption à Vienne, que l'Iran et le groupe E3/UE+3 sont enfin, parvenus au PAGC (Il s'agit d'un document de 106 pages dont cinq annexes) comme aboutissement de plus d'une décennie de négociations.

Comme prévu dans le PAGC, le CSNU adopta le 15 juillet 2015, la résolution 2231 par laquelle il a approuvé l'accord et a pris les décisions voulues en faveur de sa pleine mise en œuvre. Cela a marqué le lancement du processus d'entrée en vigueur du PAGC. Le 18 octobre 2015, soit 90 jours après l'adoption de la résolution 2231, le PAGC est considéré comme adopté. Le 16 janvier 2016 (cette date est considérée comme celle du début de la mise en œuvre du PAGC), l'AIEA confirme que l'Iran se conforme aux engagements pris dans le cadre du PAGC, notamment ceux contenus dans les § 15 al. 1 à 11 de l'Annexe V. Cela a autorisé le début de la levée progressive des sanctions prises au nom de la communauté internationale, ainsi que celles prises unilatéralement par certains acteurs du P5+1.

320. Sur la question de la limitation de la capacité nucléaire de Téhéran, le PAGC prévoit une série d'interdictions à quatre niveaux : sur le plan de l'enrichissement de l'uranium ; sur le plan de la production de plutonium ; sur le plan de la militarisation de la matière nucléaire et sur le plan de la prolifération nucléaire et balistique. En ce qui concerne l'enrichissement de l'uranium, le PAGC prévoit des restrictions d'une durée de dix ans qui garantissent une durée de *breakout* (le temps requis pour la fabrication de la matière nécessaire à une bombe nucléaire) de 12 mois. Le PAGC est prévu pour s'appliquer durant dix ans après la date d'adoption. Son extinction est donc prévue pour le 18 octobre 2025. À cette date, les mesures imposées par la résolution 2231 arriveront à extinction. Aussi, le CSNU aura terminé l'examen de la question du nucléaire iranien. À cet effet, l'Iran ne pourra pas utiliser plus de 5 060 centrifugeuses IR-1 durant cette période. Les centrifugeuses en excès seront stockées sur le site de Natanz sous scellés de l'AIEA (§ 2 du

PAGC). L'Iran ne pourra enrichir l'uranium que jusqu'à 3,67 % pendant 15 ans et sur le seul site de Natanz (§ 5 du PAGC). Tout l'uranium enrichi au-delà de 3,67 % devra être expédié hors du territoire iranien ou dilué, à l'exception de l'uranium contenu dans le combustible du réacteur de recherche de Téhéran. Pendant 15 ans, l'Iran ne pourra pas conserver sur son territoire plus de 300 kg d'uranium enrichi à moins de 3,67 % sous forme d'UF6 (ou l'équivalent sous une autre forme chimique). L'excédent devra être exporté ou dilué (§ 7 du PAGC). Aussi, le site de Fordow, aujourd'hui utilisé pour l'enrichissement de l'uranium, sera transformé en un centre de physique et de technologie nucléaires. Il conservera 1 044 centrifugeuses IR-1 (de première génération) dans cette installation. Les autres centrifugeuses pourront être utilisées comme stock de remplacement (§ 6 du PAGC). Par ailleurs, les tests sous uranium des centrifugeuses avancées seront limités aux modèles IR-4, IR-5, IR-6 et IR-8 (de génération avancée). L'Iran ne pourra pas développer d'autres technologies de séparation isotopique de l'uranium (§ 3 et § 4 du PAGC).

En ce qui concerne la production de plutonium, les restrictions visent à garantir que l'Iran ne pourra pas acquérir le plutonium nécessaire à la fabrication d'une arme nucléaire. Pour cela, le réacteur d'Arak sera transformé de manière à ne plus produire de plutonium en quantité et qualité militaires. La conversion du réacteur sera menée sous le contrôle des E3/UE+3 et de l'AIEA. Le combustible usé ne pourra pas être retraité et sera transféré hors d'Iran pour la durée de vie du réacteur (§ 8 du PAGC). Outre cela, il est interdit à l'Iran de développer d'autres réacteurs à eau lourde pendant 15 ans. Il lui est également interdit d'accumuler de l'eau lourde en excès de ses besoins pour le réacteur d'Arak. Enfin, Téhéran est tenu de ne pas effectuer de retraitement de combustible usé pour l'extraction du plutonium pendant 15 ans.

En ce qui concerne la militarisation de la matière nucléaire, il est fait obligation à l'Iran de ne mener aucune activité nécessaire à la transformation de la matière nucléaire en arme. Il s'agit par exemple de la détonique (il s'agit de l'étude des composés explosifs) ou de la métallurgie de l'uranium et du plutonium.

En ce qui concerne enfin la limitation de la prolifération nucléaire et balistique, elle se traduit sous forme de sanctions. Ainsi, pendant dix ans, l'acquisition par l'Iran de biens nucléaires sensibles sera étroitement contrôlée par un mécanisme de « canal d'acquisition » et des mesures d'inspection du fret. Ce mécanisme permet à chacun des E3+3 de s'opposer à un transfert pouvant contribuer à une activité contraire à l'accord. Aussi, pendant cinq ans, il est fait interdiction pour la plupart des individus et entités ayant participé à la prolifération nucléaire iranienne, de voyager. L'annexe 2 au PAGC indique six listes des personnes susceptibles de subir ces interdictions. S'agissant des activités balistiques et du commerce des armes, le PAGC interdit pendant huit ans le transfert de biens sensibles pouvant contribuer au programme balistique iranien sauf autorisation explicite du CSNU. Par ailleurs, l'exportation ou le transfert des armes depuis l'Iran et de certaines armes lourdes vers l'Iran sera interdit pendant cinq ans sauf autorisation explicite dudit Conseil.

321. Jusqu'en 2019, l'AIEA a continué d'assurer l'effectivité du PAGC. Tout se passait bien jusqu'au jour où les États-Unis ont décidé, le 8 mai 2018, de se retirer unilatéralement du PAGC et de réitérer des sanctions qui avaient été levées. Depuis ce retrait, le président Donald TRUMP ne cesse d'accroître la pression sur l'Iran à travers des sanctions de plus en plus restrictives. Qualifiant les nouvelles sanctions américaines de violation de l'accord, l'Iran a appelé les autres États parties, en particulier l'UE, à garantir le maintien des allégements de sanctions dont il a bénéficié comme condition pour rester partie à l'accord. Devant l'incapacité des Européens à faire revenir le président américain sur sa décision, l'Iran a adopté une série de mesures calibrées consistant à dépasser certaines des restrictions imposées par le PAGC tout en restant largement en deçà des capacités requises pour un programme militaire. Plus grave encore, l'assassinat ciblé par les États-Unis du général Qassem Soleimani, l'un des principaux dirigeants iraniens, le 2 janvier 2020 a mis le feu aux poudres. Cette exécution s'est produite à l'occasion d'une opération menée par les États-Unis contre les Forces Al Quds du Corps des gardiens de la révolution islamique de l'Iran sur le territoire irakien. En réaction, l'Iran avait lancé une attaque contre deux bases militaires de la coalition internationale abritant des soldats américains sur le sol irakien dans la nuit du 7 au 8 janvier 2020. Outre ses aspects politiques, cette exécution et sa réplique par l'Iran ont soulevé d'importantes questions juridiques. L'une de ces questions était de savoir si elle entrait dans le cadre du droit de la légitime défense tel que l'invoquaient les États-Unis contre l'Iran. Il s'est avéré que non. Les aspects politiques de cette question ont affecté négativement l'application effective du PAGC.

Plus récemment, alors que s'achevaient, le 18 octobre 2020, les cinq années de moratoire imposées sur les importations et exportations iraniennes de matériel militaire par la résolution 2231, le représentant permanent de l'Iran auprès des Nations unies a affirmé la volonté du gouvernement iranien de reprendre le commerce des armes. Caractérisant les États-Unis comme une puissance géopolitique isolée dans sa stratégie de « pression maximale » à son égard, le diplomate iranien a laissé entendre que son pays pourrait faire affaire avec la Chine et la Russie, les deux principaux adversaires des États-Unis. Cependant, la situation économique de chacune des parties et leur volonté à limiter l'escalade des tensions devraient « dans un premier temps mener à des accords commerciaux restreints, contredisant ainsi la thèse ''trumpienne'' d'une omnipotence de l'Iran dans la région du Moyen-Orient. D'ailleurs, Téhéran fait face à un contrôle désormais inédit de ses activités nucléaires.

2. Un contrôle désormais inédit de l'activité nucléaire de Téhéran

322. La clandestinité du programme nucléaire militaire iranien était si « sophistiquée » et si organisée au point que le PAGC a dû faire recours à des mesures de transparence et de contrôle inédit. En toute logique, il fallait avant toute chose clarifier les activités passées et présentes de l'Iran ayant une possible dimension nucléaire militaire, ce que le PAGC n'a pas omis de faire (§ 14 du PAGC). L'évaluation finale présentée par le Directeur général de l'AIEA d'alors, Yukiya AMANO, le 2 décembre 2015, après la mise en œuvre de la Feuille de route adoptée à cet effet, avait également permis de faire le point de ces activités et de les contrôler. Une autre exigence de transparence est l'obligation qui a été faite à l'Iran de continuer à mettre en œuvre puis ratifier le protocole additionnel à son accord de garanties et à appliquer le « code modifié 3.1 » relatif à la déclaration anticipée des nouvelles installations nucléaires (§ 13 du PAGC). En vertu de ce code, la République islamique se retrouve dans l'impossibilité de développer et de disposer de nouvelles installations nucléaires sans passer préalablement par l'AIEA. Quant au protocole additionnel, il permet entre autres aux inspecteurs de l'AIEA d'accéder aux sites militaires iraniens si besoin est. Cette mesure de transparence se révèle être le standard le plus élevé en matière de vérification par l'AIEA des activités nucléaires d'un pays.

Le PAGC ne s'est pas limité là. Il a renforcé les mesures de transparence et d'accès en faisant obligation à l'Iran de permettre à l'AIEA de vérifier les engagements du pays au moyen d'une procédure d'accès et de mesures de vérification spécifiques. Ainsi, aux termes d'une procédure de dialogue entre les E3/UE+3 et l'Iran, la procédure d'accès établie par le PAGC garantie l'accès de l'AIEA à toute installation iranienne, y compris dans un site militaire. La particularité de ce régime réside dans le fait que c'est la voie diplomatique qui est ici privilégiée en lieu et place de celle juridique (la procédure spécifiée par le système de garanties de l'AIEA). Désormais, il suffit que les parties « s'accordent » si l'on peut dire, pour que les inspecteurs de l'AIEA « descendent » en Iran. Au regard du rapport de force dont le PAGC se fait le traducteur et de son engagement, l'Iran n'a pas autre choix que d'accepter de s'accorder avec ses partenaires. En outre, l'AIEA pourra vérifier durant 20 ans la production par l'Iran de centrifugeuses et pendant 25 ans la production de concentré d'uranium (le « yellow cake ») (§ 15 du PAGC).

Dans le dessein d'assurer pleinement que le Gouvernement de Téhéran ne fera pas preuve de désinvolture à l'avenir, le PAGC a prévu un mécanisme spécifique consacrant le retour automatique de toutes les sanctions de l'ONU dès manquement par l'Iran de ses obligations. Nommé « snap-back », cette procédure permet de répondre à d'éventuelles plaintes d'une quelconque partie, soit un État membre des E3+3, soit l'Iran concernant le non-respect manifeste d'engagements par un autre membre.

Le « snap-back » permet à chaque membre des E3+3 de saisir la Commission conjointe en cas de difficulté dans la mise en œuvre du PAGC. En cas de réponse insatisfaisante de l'Iran dans un délai maximum de 35 jours, chaque membre des E3+3 pourra saisir le Conseil de sécurité qui devra alors soumettre à ses membres un projet de résolution concernant le maintien de la levée des sanctions. Si la résolution n'est pas adoptée dans les 30 jours suivant la notification du Conseil de sécurité, les résolutions précédemment abrogées (les résolutions 1696 (2006), 1737 (2006), 1747 (2007), 1803 (2008), 1835 (2008) et 1929 (2010) du CSNU) seront alors automatiquement réintroduites (§ 37 du PAGC). Ainsi, ce mécanisme permet à n'importe quel membre du Conseil de mettre son veto au maintien des sanctions en cas de non-respect manifeste des engagements pris par l'Iran. Il est prévu pour une période initiale de dix ans par la résolution 2231 correspondant à la durée des engagements pris par l'Iran sur le sujet de l'enrichissement. Toutefois, les E3+3 se sont engagés à prolonger le mécanisme de « snap-back » pour une durée supplémentaire de cinq ans après les dix ans. L'UE et les États-Unis réintroduiront également les sanctions en cas de violation du PAGC. La crise iranienne ne cesse d'ébranler le monde et n'est pas étrangère à la passivité des EDAN à désarmer après toutes ces années d'attente. À cette crise s'ajoute une autre autant complexe et délicate. Il s'agit de la crise nucléaire nord-coréenne.

§ 2. La crise nucléaire nord-coréenne

323. Au lendemain du conflit armé qui l'a opposé à la Corée du Sud (Le 25 juin 1950, les troupes de Kim Il Sung, alors dirigeant de la RPDC avaient envahi la Corée du Sud dans le but d'imposer l'unification des deux États qui venaient d'être créés (1947). Toutefois, le 27 juin 1950, le CSNU, par sa résolution 83, avait autorisé l'intervention militaire d'une coalition internationale ayant à sa tête les États-Unis. Les troupes communistes furent alors repoussées. Ce fut le début des hostilités entre Pyongyang et Washington), la RPDC s'est révélée par la suite être un État foncièrement hostile vis-à-vis de certains de ses voisins. Cependant, en 1985, elle adhérait en dépit de cela au TNP en tant qu'ENDAN et ratifiait un accord de garanties conclu avec l'AIEA en 1992. Plus précisément, l'accord de garanties avec l'AIEA a été signé le 30 janvier 1992 à Vienne puis ratifié par l'Assemblée Suprême du Peuple à Pyongyang le 10 avril 1992.

Dans sa première déclaration devant l'AIEA le 4 mai 1992, Pyongyang avait présenté une infrastructure nucléaire de six bâtiments lui ayant permis de produire seulement 90 grammes de plutonium. Toutefois, ayant constaté après une série de contrôles, des incohérences notables contrastant avec cette déclaration, l'AIEA a dû faire face à l'opposition ferme du gouvernement nord-coréen lorsqu'elle manifesta sa volonté d'accéder aux installations concernées. En effet, Hans BLIX, alors directeur général de l'AIEA, avait effectué des visites officielles en Corée du Nord du 11 au 16 mai 1992 puis y est retourné de manière inopinée fin mai 1992. Il est ressorti que deux bâtiments situés à proximité du réacteur principal de Yongbyon n'avaient pas été déclarés. Aussi, les étages inférieurs de ces deux bâtiments étaient ensevelis sous terre. Par ailleurs, les isotopes produits et prélevés révèlent qu'au moins trois épisodes de retraitement ont eu lieu entre 1989 et 1991 alors que seul l'épisode de 1990 avait été déclaré par Pyongyang.

Les exigences de l'Agence n'apparurent par la suite que comme un coup de couteau dans l'eau. Une réunion du Conseil des gouverneurs de l'AIEA s'est tenue le 25 février 1993 après une nouvelle tentative de convaincre le régime nord-coréen. En effet, le 9 janvier 1993, l'AIEA avait à nouveau demandé sans succès à Pyongyang l'autorisation d'inspecter les deux sites suspects. Aussi, le ministre nord-coréen de l'énergie atomique Choi Hak Gun, convoqué à Vienne par l'Agence, n'avait fait que réitérer la position de son gouvernement. Au sortir de la réunion de février 1993, la RPDC est sommée d'autoriser la tenue d'inspections spéciales. Le véritable imbroglio adviendra le 12 mars 1993 lorsque Pyongyang annonce son retrait futur du TNP en application de son article X. Après avoir détaillé le contexte dans lequel s'inscrit le retrait de la Corée du Nord du TNP (A) et ses implications, nous verrons que, contrairement au cas de l'Iran, il existe une incertitude quant à un accord sur le nucléaire nord-coréen (B).

A. Le retrait de la Corée du Nord du TNP

324. L'article X du TNP autorise chaque État partie dans l'exercice de sa souveraineté nationale, à se retirer du Traité s'il décide que des événements extraordinaires en rapport avec l'objet du Traité ont compromis ses intérêts suprêmes. En vérité, si le contexte international s'était détérioré au point que Pyongyang recoure à cette disposition du TNP, c'est dû grandement à l'échec de l'accord-cadre du 21 octobre 1994 par lequel il avait accepté une coopération approfondie avec les États-Unis. L'échec de l'accord de Genève (1) a été, parmi la panoplie d'arguments existants, le fer de lance du début et de l'évolution du nucléaire militaire nord-coréen de 2003 à nos jours (2).

1. L'échec de l'accord de Genève

325. Le 12 mars 1993, le régime de Kim Il Sung a invoqué comme « événements extraordinaires » justifiant l'invocation de l'article X du TNP la tenue de l'exercice militaire conjoint dénommé

« *Team Spirit* » réunissant les troupes américaines et sud-coréennes qu'il avait précédemment condamné ainsi que les incessantes demandes d'inspections spéciales de l'AIEA. Cet exercice était annuel. Il avait réuni le 8 mars 1993, 120 000 troupes dont 50 000 troupes américaines. La Corée du Nord avait sonné l'état d'alerte face à cette mobilisation militaire. Pour Pyongyang, en plus d'être un acte criminel, cet exercice constitue une guerre nucléaire en test, traduisant ainsi très nettement la volonté américaine de désarmer le pays d'une manière brutale ainsi que d'étrangler le système socialiste nord-coréen. Par rapport aux refus des inspections de l'AIEA, il a invoqué la nature militaire des installations concernées qui sortaient du champ d'application de l'accord de garanties.

À la fois stupéfaite et craintive, la communauté internationale s'est activée à prendre à bras le corps cette agitation nord-coréenne tout en restant ferme. D'abord, les diverses instances de l'AIEA ont interpellé la RPDC sur son attitude à travers une série de résolutions puis ont transféré le dossier au CSNU. La RPDC avait accepté de poursuivre le dialogue à trois conditions :

1) l'assurance contre toute menace et toute attaque incluant l'arme nucléaire ;
2) la paix et la sécurité dans la péninsule coréenne, l'application impartiale des garanties de l'AIEA, le respect mutuel par chaque État de la souveraineté de l'autre et la non-ingérence dans les affaires intérieures des États ;
3) le soutien à la réunification pacifique des deux Corées.

Cette accalmie ne dura que jusqu'au mois de mai 1994 lorsque Pyongyang provoque une autre frayeur en annonçant le retrait des 8 000 tiges de combustible irradiés de son réacteur de Yongbyon. Le retraitement éventuel de ces tiges allait lui permettre de produire suffisamment de plutonium pour quatre à cinq bombes nucléaires et ce sans que l'AIEA ne puisse à jamais faire toute la lumière sur le passé nucléaire de la RPDC. Le 25 mai 1994, dépêchés pour superviser le retrait des tiges de combustible irradiées en Corée du Nord, les inspecteurs de l'AIEA constatent que plus de la moitié d'entre elles avaient déjà été retirées. La relation entre la RPDC et l'AIEA s'est détériorée au fil du temps malgré les interventions persistantes des États-Unis. En octobre 1993, l'administration CLINTON avait décidé de recourir à une diplomatie informelle. À cet effet, le représentant démocrate Gary ACKERMAN effectue une visite en territoire nord-coréen afin de proposer une reprise du dialogue. En décembre 1993, le Secrétaire d'État adjoint Thomas HUBBARD s'entretient à New York avec les officiels nord-coréens. Le 29 décembre 1993, il parvient à conclure une entente provisoire avec ceux-ci. Il y est décidé que la RPDC accepte les inspections de l'AIEA sur le site de Yongbyon et échange des envoyés spéciaux avec la Corée du Sud. En retour, Washington devait suspendre l'exercice *Team Spirit* pour l'année 1994 et tenir une troisième série de pourparlers avec Pyongyang. Ces pourparlers n'auront cependant pas lieu. En janvier 1994, c'est le révérend Billy GRAHAM qui est l'émissaire. Ce fut un autre échec. Dans la même période, Pyongyang est déclaré violateur du TNP par Hans BLIX dans sa lettre du 27 mai 1994 adressée au SGNU Boutros BOUTROS-GHALI et c'est partant de là que l'administration CLINTON s'engage dans une action coercitive contre le régime nord-coréen.

326. L'accord-cadre du 21 octobre 1994 est le fruit des pourparlers menés à Genève du 23 septembre au 21 octobre 1994 entre Kang SOK JU alors Chef de la délégation et Premier vice-ministre des Affaires étrangères de la RPDC et Robert L. GALLUCI alors ambassadeur extraordinaire et Chef de la délégation américaine. Quatre secteurs de coopération sont déclinés dans l'accord-cadre : l'équipement de la RPDC en réacteurs nucléaires adaptés à ses besoins, la normalisation des relations politiques et économiques, le maintien de la paix et de la sécurité dans une péninsule coréenne dénucléarisée et enfin le renforcement du régime international de non-prolifération nucléaire.

Cet accord ne répond pas à la structure des accords jusqu'ici examinés. Il s'agira donc de l'examen de ses obligations fondamentales. En ce qui concerne le premier secteur, les deux parties se sont engagées à coopérer au remplacement des réacteurs modérés par graphite et des installations connexes de la RPDC par des centrales électriques équipées de réacteurs à eau ordinaire (REO). À cet effet, les États-Unis s'étaient engagés aux termes des dispositions du § 1 al. 1 de l'Accord à fournir à la RPDC des tranches à REO d'une puissance installée totale d'environ 2 000 MWe d'ici à 2003, année d'échéance. Aussi, ils s'engageaient à constituer, sous leur conduite, un consortium international pour financer et fournir les tranches à REO destinées à la RPDC et de mettre tout en œuvre afin que le contrat de fourniture soit conclu dans les six mois de la conclusion de l'Accord, soit au plus tard le 21 avril 1995. Aux termes de l'alinéa 2 du § 1, les États-Unis avaient obligation de prendre des dispositions pour compenser les pertes d'énergie dues au gel des réacteurs modérés par graphite et des installations connexes de la RPDC. Cela impliquait la fourniture à la RPDC d'une énergie de substitution sous la forme de fuel lourd pour le chauffage et la production d'électricité. La livraison de ce fuel devait commencer dans les trois mois suivant la date de conclusion de cet accord c'est-à-dire à partir du 21 janvier 1995 de sorte à atteindre le rythme de 500 000 tonnes par an conformément à un calendrier de livraison convenu. De son côté, comme engagement, la RPDC devait aux termes de l'alinéa 3 de la même disposition, de geler ses réacteurs modérés par graphite et ses installations connexes et à les démanteler dès qu'elle aurait reçu des garanties des États-Unis concernant la fourniture de REO et les dispositions relatives aux solutions de remplacement temporaires en matière énergétique. Le gel intégral devait se réaliser au plus tard le 21 novembre 1994 soit un mois suivant la date de l'accord.

Sur le second secteur, les deux parties se sont engagées aux termes du § 2 de l'Accord à cheminer vers une normalisation complète de leurs relations politiques et économiques. Pour cela, elles ont pris l'engagement de réduire dans leurs rapports les obstacles au commerce et aux investissements et notamment les restrictions sur les services de télécommunication et de transactions financières dans un délai de trois mois suivant la date de conclusion de l'accord (§ 2 al. 1 de l'Accord). Cela impliquait que chaque partie ouvre un bureau de liaison dans la capitale de l'autre partie lorsque les questions consulaires et les autres questions techniques auraient été résolues grâce à des discussions au niveau des experts.

En ce qui concerne le maintien de la paix et de la sécurité dans la péninsule coréenne dénucléarisée, il était convenu que les deux parties œuvreraient de concert en faveur de la paix et de la sécurité dans ladite péninsule. C'est ainsi que les États-Unis avaient pris l'engagement de donner des garanties formelles à la RPDC contre la menace ou l'emploi d'armes nucléaires par eux (§ 3 al. 1 de l'Accord). De son côté, la RPDC devait prendre des mesures pour appliquer systématiquement la Déclaration conjointe Nord-Sud sur la dénucléarisation de la péninsule coréenne (§ 3 al. 2 de l'Accord) et à poursuivre le dialogue avec le Sud afin de créer un climat de paix (§ 3 al. 3 de l'Accord). Après adhésion au TNP en 1985, la RPDC avait réfuté ses obligations jusqu'à ce que les États-Unis retirent, en septembre 1991, les 100 armes nucléaires tactiques déployées en Corée du Sud. Ceci a permis la signature de la Déclaration commune Nord-Sud le 20 janvier 1992.

En ce qui concerne enfin, la lutte contre la prolifération nucléaire, la RPDC s'était engagée à rester partie au TNP et à permettre l'application de son accord de garanties en vertu du Traité (§ 4 al. 1 de l'Accord). Également, une fois conclu le contrat de fourniture pour les tranches à REO, les inspections ad hoc et régulières pourront reprendre dans le cadre de l'accord de garanties en ce qui concerne les installations auxquelles le gel ne s'applique pas. En attendant la conclusion de ce contrat, les inspections requises par l'AIEA pourront se poursuivre dans lesdites installations (§ 4 al. 2 de l'Accord). Enfin, lorsque les tranches à REO seront en grande partie achevées, mais avant que des composants nucléaires essentiels ne soient fournis, la RPDC appliquera intégralement son accord de garanties avec l'AIEA et prendra toutes les mesures qui pourraient être jugées nécessaires par elle, en vue de vérifier que le rapport initial de la RPDC sur toutes les matières nucléaires se trouvant sur son territoire est exact et complet.

327. Sans avoir été la panacée, l'accord-cadre de 1994 avait maintenu l'accalmie dans les relations entre la RPDC et la communauté internationale jusqu'en 2002. Sans cet accord, les trois réacteurs de 5,50 et 200 MWe auraient pu produire dès le début des années 2000 entre 210 et 280 kg de plutonium de qualité militaire (de quoi produire entre 35 et 45 bombes). C'est en octobre 2002 que les États-Unis ont commencé à émettre des soupçons selon lesquels la RPDC aurait mis en place un programme secret d'enrichissement d'uranium. Il s'avère que Pyongyang avait obtenu du réseau pakistanais d'Abdul Qadeer KHAN des centrifugeuses et une assistance technique dès 1999. Le Dr Khan l'aurait avoué en 2004. Ces révélations, en plus des tensions qui prévalaient à nouveau entre les deux acteurs, avaient fortement contribué à interrompre les négociations. Le 10 janvier 2003, Pyongyang annonçait l'effectivité de son retrait définitif du TNP, mettant dès lors fin à l'Accord-cadre. Devant cette annonce, nombre d'États parties avaient exprimé leurs inquiétudes. Par exemple, l'UE avait souligné que « la RPDC devait s'acquitter de ses obligations découlant du Traité, revenir sur sa décision de se retirer du Traité et admettre à nouveau les inspecteurs de l'AIEA et faire en sorte que les programmes d'armes nucléaires soient démantelés immédiatement et de manière vérifiable ». À cette occasion, les États parties ont réaffirmé qu'il était impératif que tous soient tenus entièrement responsables en ce qui concerne le strict respect de toutes leurs obligations en vertu du TNP. L'évolution du nucléaire militaire nord-coréen de 2003 à nos jours se révèle assez spectaculaire.

3. L'évolution du nucléaire militaire nord-coréen de 2003 à nos jours

328. La République nord-coréenne s'est radicalisée sur les armes nucléaires dès son retrait du TNP. Cependant, il faut préciser qu'elle entretient un programme nucléaire militaire secret et très opaque. Il est établi qu'au lendemain de la fin de l'Accord-cadre en 2003, la RPDC a remis son réacteur de Yongbyon en marche et a mené au moins deux « campagnes » de retraitement de ses déchets nucléaires. Elle annonça disposer des simples capacités à fabriquer une arme nucléaire. Jusqu'en janvier 2016, aucune information publique des officiels nord-coréens ne permettait de vérifier que la RPDC disposait effectivement de capacités nucléaires militaires opérationnelles. De ce fait, aucune donnée officielle n'existait quant au stock d'armes nucléaires que Pyongyang détenait éventuellement et ce même s'il avait réalisé en 2006 sa première explosion nucléaire expérimentale, avait produit en 2008 suffisamment de plutonium pour fabriquer quelques têtes nucléaires. Le SIPRI rapporte qu'en 2008, les stocks militaires mondiaux de plutonium séparé représentaient un total d'environ 255 tonnes, et les stocks civils totalisaient 246 tonnes. Il avait procédé à un second essai nucléaire d'une puissance comprise entre 10 et 20 kilotonnes en mai 2009.

En fin 2011, on estimait que la RPDC avait séparé quelque 30 kilogrammes de plutonium. Cela lui permettait de construire jusqu'à huit armes nucléaires en fonction de ses compétences en matière de conception et d'ingénierie. Il était toutefois impossible d'indiquer la taille des stocks. En 2012, plusieurs rapports non gouvernementaux ont conclu, sur la base de l'analyse de l'imagerie satellitaire et de certaines preuves, que Pyongyang menait des préparatifs techniques en vue d'un troisième essai nucléaire souterrain dans les tunnels de son site d'essai nucléaire Punggye-ri, dans le nord-est du pays. Le 12 février 2013, la République populaire a procédé à son troisième essai nucléaire déclaré. Cet essai avait un caractère particulier par comparaison aux deux premiers essais déjà effectués car étant de plus grande ampleur. Cela a permis d'identifier le lieu de l'essai avec plus d'exactitude. Les signaux sismiques et acoustiques de l'essai ont été détectés par les stations du SSI de l'OTICE. L'essai a été enregistré par 96 stations et a été estimé se situer dans une zone de 181 km^2. Les deux précédents essais ont été localisés dans des zones estimées à 880 km^2 en 2006 et 265 km^2 en 2009. La conclusion était que le programme nucléaire nord-coréen était en pleine opérationnalisation. Le 6 janvier 2016, la RPDC procède à sa quatrième explosion nucléaire souterraine. Selon Pyongyang, il s'est agi d'une bombe à hydrogène, même si l'ensemble des gouvernements et des experts non gouvernementaux sont restés sceptiques. Puis, le 9 septembre de la même année, elle a annoncé son cinquième essai nucléaire. Les niveaux de ces essais étaient respectivement plus élevés, ce qui confirmait que la RPDC était en plein dans la modernisation de son arsenal nucléaire.

Finalement, en janvier 2017, un inventaire approximatif des armes nucléaires que Pyongyang possèderait, était disponible. Il révélait un total compris entre dix à 20 ogives nucléaires opérationnelles mises en stock. Le 3 septembre 2017, la RPDC a procédé à son sixième et plus grand essai nucléaire. En janvier 2019, le stock d'ogives nucléaires nord-coréen était en hausse. Il était estimé entre 20 et 30 ogives nucléaires opérationnelles. À ce jour, la RPDC n'a déployé aucune arme nucléaire. Elle semble en avoir été dissuadée par les sanctions internationales pesant fortement sur elle. Déjà « libéré » du TNP, Pyongyang brandit son arsenal nucléaire. Cela dénote à la fois l'échec du TNP et la place qu'il a faite à l'arme nucléaire. À cette heure, il est totalement incertain qu'un accord sur le nucléaire nord-coréen émerge.

C. L'incertitude d'un accord sur le nucléaire nord-oréen

329. Assaillie d'une part par les États-Unis et de l'autre par la communauté internationale, l'Iran a finalement succombé et s'est « confessé ». Il n'en est pas encore ainsi avec la RPDC. Cela ne signifie pas que ce régime a jusque-là vécu une belle époque. Il a aussi essuyé les « châtiments » et la hantise de la part des États-Unis et de l'ensemble des États. Cette résistance exceptionnelle de la République populaire s'explique principalement par l'apologie que l'arme a reçue au sein du régime. En effet, l'arme nucléaire est désormais consubstantielle au régime nord-coréen (1) au point de justifier l'échec des négociations de 2003 à nos jours (2).*

1. Une arme désormais consubstantielle au régime nord-coréen

330. En plus d'être prétendument des outils au service de la sécurité nationale, les armes nucléaires sont aussi des objets politiques d'une importance considérable dans les débats intérieurs et les luttes bureaucratiques internes, des armes qui permettraient de garantir également la sécurité d'un régime. La RPDC ne s'inscrit pas non plus dans la politique de non-emploi en premier de l'arme nucléaire. Elle a conçu l'arme non seulement comme une arme de dissuasion mais aussi comme une arme identitaire. L'argument sécuritaire est majoritairement utilisé pour expliquer la nucléarisation de Pyongyang. En effet, on se rappelle bien qu'en contrepartie de son respect du TNP et du système de garanties de l'AIEA, Pyongyang avait exigé entre autres la cessation des exercices militaires conjointement menés par les États-Unis et la Corée du Sud parce qu'il y voyait une source d'insécurité. La crainte d'une éventuelle agression par son ennemi premier, les États-Unis, l'a poussé vers cette arme.

L'État communiste a clairement exprimé sa position devant les Nations unies lors de la troisième et dernière session du cycle triennal de délibérations de la Commission du désarmement de l'AGNU qui s'est tenue du 7 au 25 avril 2014. En effet, sur le sujet du désarmement nucléaire et de la non-prolifération des armes nucléaires, la RPDC avait attiré l'attention « *sur la nécessité pour les États-Unis de mettre fin à leurs manœuvres militaires conjointes avec la République de Corée, car celles-ci s'apparentent à un chantage nucléaire,* [...] de *cesser d'induire le monde en erreur avec de fausses rumeurs sur les prétendues provocations et menaces de son pays, alors qu'il ne s'agit que de mesures de légitime défense tout à fait justifiées et appropriées en réponse aux exercices militaires conjoints et au chantage des armes nucléaires* » (Bureau des affaires de désarmement, *Annuaire des Nations unies sur le désarmement*, vol. 39 : 2014, p. 227). Elle ajoutait que « les États-Unis ont effrontément fait la sourde oreille à ces propositions les appelant à arrêter de mobiliser des armes nucléaires et ont déclaré publiquement au monde qu'ils ne changeraient pas leur politique et qu'ils sont à l'origine de l'escalade des tensions sur la péninsule coréenne et que, tant que les États-Unis continueront d'acheminer les divers moyens nécessaires à une frappe nucléaire sur la péninsule coréenne sous le couvert de manœuvres conjointes simulant une guerre nucléaire, il sera normal que la République populaire démocratique de Corée prenne des contremesures d'autodéfense pour renforcer sa force de dissuasion nucléaire et sa puissance. ».

L'État communiste exige, surtout des États-Unis, d'être désormais reconnu comme un EDAN même si elle s'est autoproclamée puissance nucléaire dans sa constitution. Juridiquement, il ne peut accéder à ce statut car il a effectué son premier essai nucléaire après 1967. Politiquement, considérer Pyongyang comme EDAN, c'est augmenter de fait le nombre d'États possesseurs d'armes nucléaires reconnus, ce qui constitue du coup une remise en cause des fondements tant du TNP que ceux de la paix et la sécurité internationales. Toutefois, Pyongyang n'en a pas fait un instrument de marchandage susceptible de lui permettre de quémander une clémence particulière auprès de la communauté internationale, *a fortiori* d'un État donné. *À contrario*, la RPDC a bravé les sanctions internationales et a démontré qu'elle visait une chose autre que des « dollars américains ». Son arsenal n'est donc pas une monnaie d'échange contre une certaine clémence économique dont elle pourrait bénéficier des États-Unis ou de la communauté internationale. L'économie nord-coréenne, malgré les sanctions et les embargos commerciaux, est parvenue à poursuivre son développement. Cela s'explique tant par la mutation du système économique et la centralisation forte de celui-ci que par les réformes partielles engagées par le dirigeant nord-coréen, à tel point que la croissance économique du pays était estimée à 3,9 % en 2016 par la Banque centrale de Corée du Sud. Pour certains auteurs parmi lesquels Glenn SNYDER, la dissuasion dans le cas de la RPDC est plus une « dissuasion par punition » (« *deterrence by punishment* »), qui ferait porter un coût inacceptable à l'alliance américano-sud-coréenne en cas d'attaque, qu'une « dissuasion par déni » (« *deterrence by denial* ») visant à empêcher une victoire de l'alliance.

331. La posture nucléaire nord-coréenne revêt une autre spécificité. Elle semble ne pas faire de cette arme un levier de négociation politique. Cela signifie que pour la RPDC l'arme nucléaire n'est pas un moyen pour s'imposer politiquement ou pour amener sous la contrainte certains États à engager des négociations. Il ne s'agit pas ainsi d'une arme de domination politique. Il faut toutefois relativiser cette appréhension car il s'agit également pour la

RPDC de jouer sa partition politique. Sinon, pourquoi une politique de dissuasion à l'égard des États-Unis et de son allié, la Corée du Sud ? La RPDC, en invoquant l'argument sécuritaire comme le fondement de son projet nucléaire, laisse entendre à ses adversaires qu'ils pourraient essuyer tout comme elle, des dégâts considérables. Par ailleurs, la politique nucléaire nord-coréenne vise à prouver à certains États qu'ils peuvent déjouer les « pièges » attachés au TNP et se libérer d'une domination qui ne dit pas son nom.

Outre la dissuasion, l'arme nucléaire est devenue une arme identitaire pour Pyongyang. Elle est devenue pour la République populaire, « une arme politique qui renforce la légitimité du régime, accroît l'autorité du dirigeant, consolide le système héréditaire, légitime les sacrifices de la population, renforce la cohésion interne du pays et stimule le moral national. La communication officielle du pays, avant et après les essais nucléaires, est d'ailleurs avant tout tournée vers sa propre population, plus que vers la communauté internationale ». Il en découle que la RPDC s'en est servie pour bâtir un pan de son identité. L'arme nucléaire est identitaire parce qu'elle a servi de pilier à la construction de sa politique interne. Le régime en place s'en est servi pour forger sa force politique, « moraliser » le peuple nord-coréen de sorte que ce dernier accorde sa confiance au régime. « Tous unis autour de l'arme nucléaire, nous sommes un peuple victorieux et nos ennemis frémiront », tel pourrait être le message solennel adressé au peuple nord-coréen. L'un des points les plus critiques est le fait de l'adéquation parfaite des armes nucléaires à l'idéologie nationaliste de la RPDC, le *Juche*. Cette idéologie a été inscrite dans la Constitution nord-coréenne en 1972. Elle a été construite en opposition au Sadae, qui a caractérisé pendant des siècles la dépendance de la péninsule vis-à-vis de l'empire chinois. Le *Juche* est la recherche d'une indépendance politique (le *Jaju*) qui passe par la création d'une économie autonome (le *Jarip*) et d'une capacité d'autodéfense (le *Jawi*). En institutionnalisant le *Juche*, la RPDC s'est faite garante de l'indépendance et de l'autonomie de toute la nation coréenne dans la région. Dès lors, les armes nucléaires se sont révélées indispensables pour l'accomplissement d'une telle mission.

Abandonner les armes nucléaires reviendrait pour Pyongyang à remettre en cause la rationalité de ses anciennes politiques, et donc de ses anciens dirigeants Kim Il-Sung et Kim Jong-Il. Ceci affectera évidemment le triptyque monarchie/néoconfucianisme/nationalisme qui le caractérise, et remettra en cause la légitimité du régime et de son dirigeant actuel. En effet, comme le pense le professeur Wang JISI, président de l'Institut d'études internationales et stratégiques de l'université de Pékin : « Quoi que Washington ou Pékin fassent, Pyongyang est déterminé à garder son arsenal nucléaire. La Corée du Nord ne changera pas. La dénucléarisation est impossible tant que la Corée du Nord demeure la Corée du Nord ». L'échec des négociations de 2003 à nos jours avec Pyongyang n'est donc pas une surprise.

2. L'échec des négociations de 2003 à nos jours

332. Une partie de bras de fer s'est au fil du temps engagée entre d'un côté les États-Unis, l'ONU et l'AIEA et de l'autre la RPDC. Face à cette situation, les États parties au TNP avaient souhaité lors de la deuxième session du Comité préparatoire de la Conférence d'examen du TNP de 2005 que la question nucléaire en RPDC soit résolue « pacifiquement, par la voie diplomatique et que des pourparlers avec les pays intéressés d'une manière responsable, ouverte et constructive soient entrepris au niveau multilatéral ». Pour sa part, la RPDC a fait clairement observer que « son retrait du TNP avait pris effet et que la CD n'était pas l'instance appropriée pour discuter de la situation dans la péninsule coréenne » (Département des affaires de désarmement, *Annuaire des Nations unies sur le désarmement,* vol. 28 : 2003, p. 29). De son côté, le Conseil des gouverneurs de l'AIEA a adopté, respectivement en janvier et en février 2003, deux résolutions concernant la RPDC (résolutions GOV/2003/3, 6 janvier 2003 et GOV/2003/14, 12 février 2003). En dépit de la résolution du 12 février 2003, la RPDC n'a pas été traduite devant le CSNU principalement en raison de l'opposition de la Chine à une internationalisation de la question nucléaire nord-coréenne. Sur le plan multilatéral, les États-Unis ont lancé dès mai 2003 la *Prolifération Security Initiative* (PSI). Par cette stratégie politique ad hoc, ils se sont attaqués aux transferts proliférants et aux sources de revenus clandestins de Pyongyang parmi lesquels figure le trafic de drogue. Il s'agissait ainsi pour la Maison-Blanche de faire pression sur Pyongyang tout en espérant que le programme nucléaire nord-coréen manquerait de quoi prospérer.

La première étape importante sur la voie d'une solution pacifique à la question nucléaire en RPDC a été la tenue d'une série de rencontres multilatérales avec cette dernière appelée le

« Pourparlers à Six ». Il avait été mis en place en 1991 pour faire face à la première crise nord-coréenne. En effet, si l'État communiste a réfuté la CD, il avait offert ses faveurs à ce cadre multilatéral. À cet effet, la Chine, les États-Unis, le Japon, la République de Corée et la Russie et la RPDC se sont réunis pour la première fois du 27 au 29 août 2003 afin de résoudre le problème. Comme il était prévisible, cette rencontre n'a été qu'une « préface » à l'examen du problème nord-coréen. Dans l'optique d'approfondir l'examen de la question, une deuxième série de Pourparlers à Six s'est tenue à Pékin du 25 au 28 février 2004. À cette occasion, les parties ont décidé de créer un groupe de travail en vue de préparer une autre rencontre qui se voulait indispensable. La troisième série de pourparlers a ainsi eu lieu à Pékin du 23 au 26 juin 2004. Au sortir de celle-ci, les parties ont souligné la nécessité d'adopter une approche graduelle, « mot à mot » et « pas à pas » dans la résolution de la question.

Une quatrième série de pourparlers était prévue pour septembre 2004, mais la RPDC a refusé d'y participer. La série de pourparlers fut ainsi suspendue. Après avoir annoncé le 10 février 2005 qu'il possédait des armes nucléaires, Pyongyang, comme par ironie, déclare plus tard, en septembre 2005, être prêt à abandonner ses armes et ses programmes nucléaires, à réintégrer le TNP et à autoriser des inspections en échange d'une aide dans le domaine de l'énergie et de certains avantages. Les pourparlers qui avaient effectivement repris ont abouti à l'adoption d'une Déclaration conjointe le 19 septembre 2005 dans laquelle les parties s'engagent à satisfaire la RPDC. Dans cette dynamique, les six parties se rencontrèrent pour la cinquième série de pourparlers en novembre 2005. Il n'y eut cependant pas de résultats probants au sortir car la rencontre a été suspendue sans date fixe de reprise. D'ailleurs, la tension est montée d'un cran lorsqu'en juillet 2006 Pyongyang a procédé au tir d'une dizaine de missiles parmi lesquels un « Taepodong 2 » dont la portée serait d'environ 4 300 km. Cependant, le tir fut un échec. Selon des experts américains ce missile serait capable d'atteindre Hawaï et l'Alaska. Cette information a créé un certain émoi aux États-Unis.

L'année 2007 sera l'année la plus satisfaisante de tout le processus de résolution de la crise. En effet, le 13 février 2007, les Pourparlers à Six ont abouti à un accord sur le démantèlement des installations nucléaires nord-coréennes à Yongbyon en échange d'une aide énergétique et d'autres bénéfices économiques et politiques pour la RPDC. Il s'agissait de l'application de la Déclaration commune du 19 septembre 2005. Le 18 juillet 2007, des inspecteurs de l'AIEA ont confirmé que plusieurs installations nucléaires de Yongbyon avaient été fermées. La RPDC avait en effet, invité l'AIEA à Pyongyang pour discuter de la fermeture du réacteur de Yongbyon. Une équipe de quatre inspecteurs de l'AIEA est arrivée le 26 juin 2007. Deux semaines plus tard, une deuxième équipe d'inspecteurs y était pour superviser la fermeture du réacteur. Le 18 juillet, le Directeur général de l'AIEA rapportait dans un communiqué de presse les vérifications effectuées.

La RPDC avait reçu en ce moment un premier envoi de 50 000 tonnes de combustible conformément aux termes de l'accord. En septembre 2007, la RPDC a accepté de déclarer et de mettre hors service tous ses programmes nucléaires d'ici la fin de l'année 2007 (Bureau des affaires de désarmement, *Annuaire des Nations unies sur le désarmement*, vol 32 : 2007, p. 27). Elle a cependant échoué. L'impasse diplomatique quant au sort du programme nucléaire nord-coréen est demeurée irrésolue jusqu'en 2012. En effet, en décembre 2011, invoquant le décès du président KIM Il Sung, le pays avait suspendu les négociations sur un accord avec les États-Unis. Malgré l'impasse, la RPDC a accepté une reprise des échanges. Le 11 janvier 2012, dans sa première déclaration officielle sur son programme nucléaire, le ministre des Affaires étrangères nord-coréen affirmait la volonté de la RPDC de parvenir à un accord. Dans cette visée, le 23 février 2012, son vice-ministre des Affaires étrangères Kim Kye GWAN, a tenu une troisième réunion bilatérale à Pékin avec le représentant spécial des États-Unis pour la politique en RPDC, Glyn DAVIES, pour discuter de la reprise des pourparlers à six. Effectivement, le 29 février de la même année, dans un accord bilatéral, la RPDC accepte un moratoire sur les lancements de missiles à longue portée, sur les essais nucléaires et les activités nucléaires à Yongbyon, y compris la suspension des activités d'enrichissement de l'uranium ainsi que la vérification par l'AIEA de la suspension des activités et le démantèlement des installations nucléaires à Yongbyon. En contrepartie de cet engagement, les États-Unis s'étaient engagés à fournir 240 000 tonnes d'aide alimentaire à la RPDC. Cependant, cet accord s'est rapidement effiloché lorsque Pyongyang a procédé, en commémoration du centième anniversaire de la naissance de son fondateur, au lancement le 13 avril 2012 d'une fusée porteuse de satellite dénommée « Kwangmyŏngsŏng-3 » après que le lancement de la fusée à trois étages ''Unha 3'' eut échoué.

Ce tir sera condamné et les sanctions contre Pyongyang renforcées par la Résolution 2087 du Conseil en date du 22 janvier 2013. Pyongyang, en réponse au Conseil déclara n'être plus désormais liée par la déclaration commune des Pourparlers à Six de septembre 2005 ni par l'accord du 29 février 2012 et qu'elle continuerait ses essais. Joignant l'acte à la parole, Pyongyang procède à une démonstration de force en effectuant son troisième essai nucléaire le 12 février 2013 au grand dam de la communauté internationale. Le CSNU était une fois de plus sur les nerfs. En toute urgence, dans une déclaration à la presse, il a fermement condamné l'essai et a adopté le 7 mars 2013, la résolution 2094 (2013).

Il a lancé, entre février et mars 2014, au moins 80 missiles balistiques en réponse à ces exercices militaires. Il s'agit des exercices militaires « Foal Eagle » et « Key Resolve ». Selon le Département de la Défense américain, 10 000 troupes américaines ont participé à l'exercice de 2013. Elles ont piloté des bombardiers stratégiques à capacité nucléaire au-dessus de la Corée du Sud et pour la première fois des B-2. L'année 2013 s'est achevée avec un pessimisme accru quant à la reprise des négociations. Une relative accalmie fut ainsi observée jusqu'en 2016. Dès janvier 2016, la RPDC est venue en force à travers trois essais nucléaires et des manœuvres militaires. Pour ces seuls cas, le Conseil a tenu dix communiqués de presse entre le 6 janvier et le 17 octobre 2016 dans lesquels il fustige le comportement de Pyongyang. Il a adopté des résolutions en réponse à chaque essai.

L'État communiste n'a pas cessé de se livrer à de nouvelles bravades en dépit des sanctions continuellement renforcées en fonction de son attitude. Comme pour justifier auprès du nouvel homme fort américain l'échec que les précédentes administrations ainsi que la communauté internationale avaient essuyé, la RPDC procède, le 3 septembre 2017, à l'essai d'une bombe nucléaire d'au moins 100 kilotonnes qui, à ses dires, est une bombe thermonucléaire à deux étages. Le régime nord-coréen avait aussi testé pour la première fois des missiles balistiques à portée intermédiaire (Hwasong-14) et intercontinentale (Hwasong-15) pouvant théoriquement frapper l'île de Guam et le continent américain. Il a procédé à 20 tirs de missiles balistiques en 2017. Au lendemain de ses nouvelles condamnations le CSNU adoptait quatre résolutions supplémentaires entre le 2 juin 2017 et le 22 décembre 2017. Le Conseil a tenu 8 communiqués de presse, 9 rencontres d'urgence et deux rencontres de haut niveau. Cette calamité dans la résolution de la crise n'a pas empêché les États-Unis de nourrir l'espoir d'un retour à l'ordre de Pyongyang. En effet, après quelques échanges privés, Donald TRUMP et Kim JONG-UN se sont rencontrés à Singapour le 12 juin 2018. Au sortir de cette rencontre, Pyongyang, comme par ironie, a réaffirmé son engagement envers une « dénucléarisation complète » de la péninsule coréenne. Dans l'optique d'apporter un début de décision concrètes après le sommet de Singapour, les deux chefs d'États ont tenu un second sommet à Hanoï, du 27 au 28 février 2019. Toutefois, ce sommet, comme le précédent, s'est soldé par un échec et n'a été suivi d'aucune véritable négociation. À ce jour, la RPDC continue de considérer l'arme nucléaire comme une arme qui lui est innée. Le 8 septembre 2022, le Parlement nord-coréen adoptait une loi contenant deux points affermissant encore davantage sa doctrine nucléaire. Le premier qualifie ''d'irréversible'' le statut de puissance nucléaire de Pyongyang. Le second ouvre la porte à de possibles frappes préventives. En janvier 2025, elle disposait de 50 têtes nucléaires stockées (SIPRI, *SIPRI Yearbook 2025: Armaments, Disarmament and International Security,* « Summary » SIPRI, Sweden, 2025, p. 9).

SECTION III

LE DIFFICILE DÉSARMEMENT DES PUISSANCES NUCLÉAIRES

333. Aujourd'hui, le désarmement général et complet (§ 1) prôné par le TIAN, demeure une fiction. Même si les exigences d'un futur désarmement (§ 2) sont connues, la mauvaise foi des États en constitue le principal blocage.

§ 1- Un désarmement général et complet toujours incertain

334. Cette incertitude découle principalement de l'opposition des puissances nucléaires au TIAN. En rappel, le TIAN a été négocié sans leur collaboration. Le fait qu'il soit négocié puis adopté par des États qui ne possèdent pas les armes nucléaires, constitue un fait sans précédent dans l'histoire des négociations du désarmement. Les EDAN étaient en effet, au premier rang dans la négociation du TNP et des autres instruments multilatéraux applicables au nucléaire militaire. L'absence des puissances nucléaires n'a toutefois pas empêché l'aboutissement des négociations parce que, les partisans du traité étaient plus que jamais déterminés et conscients de l'inutilité des armes nucléaires pour l'humanité et de leurs conséquences désastreuses pour tous. Il s'avère qu'une guerre nucléaire n'affecterait pas directement ou indirectement, que les seules puissances nucléaires mais, tous les États sans discrimination.

§ 2- Les exigences d'un futur désarmement

335. Le désarmement nucléaire total ne se fera pas aussitôt et instantanément mais plutôt, de manière progressive. Une des premières nécessités est l'interdiction de la production de matières fissiles à usage militaire afin d'éviter la fabrication continue de ces armes. Il faudra poursuivre également les négociations afin de limiter les crises et les malentendus.

A- L'interdiction de la production de matières fissiles à usage militaire

336. Un traité interdisant la production de matières fissiles pour des armes nucléaires ou d'autres DEN, serait un instrument de désarmement très important. En effet, la matière fissile se trouve au cœur de l'arme. En rappel, il s'agit de l'uranium enrichi à 20% ou plus en isotope 235 ou 233 ; du plutonium séparé contenant moins de 80% d'isotope 238 et de toute matière non irradiée contenant de l'uranium enrichi à 20% ou plus en isotope 235 ou 233 ou du plutonium séparé. Dès lors, la cessation définitive de la production de matières fissiles à usage militaire, juridiquement contraignante et de portée universelle, établira une limite quantitative d'ensemble pour les arsenaux nucléaires. Aussi, elle freinera le développement et l'amélioration qualitative de ces arsenaux. Il faut dans ce sens, l'adoption d'un traité multilatéral non discriminatoire, internationalement et effectivement vérifiable interdisant la production de ces matières. Il s'agit d'une étape nécessaire vers la réalisation de l'objectif final d'un monde sans arme nucléaire.

Des travaux ont été tenus dans le cadre de la Conférence du désarmement, en vue de la prompte ouverture des négociations d'un tel traité. Il faut rappeler en particulier, le document CD/1299 du 24 mars 1995, dans lequel tous les États membres de la Conférence se sont entendus sur le mandat visant à négocier un traité interdisant la production de matières fissiles à usage militaire. Des discussions ont également été menées au sein du Groupe d'experts gouvernementaux institué par la résolution 67/53 de l'AGNU pour faire des recommandations sur les aspects susceptibles de contribuer à la négociation de ce traité.

Outre l'obligation qui doit être faite aux États parties de cesser toute production de matières fissiles à usage militaire et de ne pas utiliser les matières déjà produites après son entrée en vigueur, le futur traité, doit engager chaque État partie à mettre à l'arrêt de manière définitive ses installations de production de matières fissiles à usage militaire et à les démanteler ; ou encore, à les convertir à des usages civils. À l'image de certains accords multilatéraux en matière de développement, le futur traité doit établir une organisation réunissant tous les États parties qui sera chargée de réaliser l'objet et le but du traité, d'assurer l'application de ses dispositions, et de ménager un cadre dans lequel ils puissent se consulter et coopérer. Il doit également, établir un régime de vérification dont les objectifs seraient entre autres d'attester de l'arrêt définitif et, le cas échéant, du démantèlement ou encore de la conversion à des usages civils des installations de production de matières fissiles à usage militaire ; de vérifier que les matières fissiles produites après l'entrée en vigueur du traité dans les installations déclarées par les États parties, ne sont pas détournées vers des armes nucléaires ou DEN ; d'assurer de l'absence de toute production de matières fissiles dans des installations non déclarées.

B- La poursuite des négociations

337. L'inquiétude qui demeure est que les puissances nucléaires n'adhèrent pas à cet instrument comme ils l'ont fait avec le TIAN. D'ailleurs, il n'a toujours pas été adopté du fait, entre autres, de leur opposition à discuter de toute question remettant en cause l'utilité de l'arme nucléaire pour l'humanité mais et surtout, du fait de leur mauvaise foi. En mars 1995, la CD a approuvé le rapport CD/1299 établi par le représentant permanent du Canada Gerald Shannon. Ce dernier avait donné mandat à un comité spécial pour négocier ce traité. Le comité spécial établi en 1998, n'a jamais pu démarrer ses travaux.

En mai 2009, la CD décidait d'établir un groupe de travail chargé de négocier ledit traité. Ce fut un autre échec.

En dépit du refus des puissances nucléaires d'adhérer à l'idée d'un monde sans armes nucléaires et de la frustration que cela crée, il sied de poursuivre les négociations. Avant toute chose, il faut poursuivre les négociations afin de réduire d'urgence le risque d'utilisation des armes nucléaires à travers une diminution au niveau le plus bas possible du niveau d'alerte nucléaire. Cela passera par le retrait des armes nucléaires tactiques américaines et russes déployées et en état d'alerte. Il faut également négocier pour l'entrée en vigueur du TICEN et l'adhésion des puissances nucléaires au TIAN et à son système de désarmement. Ce traité, adopté en 1996, est toujours dépendant de la ratification de huit pays (Chine, Corée du Nord, Égypte, États-Unis, Inde, Iran, Israël, Pakistan. Le 24 mai 2018, le SG des Nations unies, Antonio GUTERRES, présentait un programme pour « sécuriser notre avenir commun », dans lequel il nomme trois priorités : « le désarmement pour sauver l'humanité, le désarmement pour sauver des vies et le désarmement pour les générations futures ».

Les acteurs de la société civile internationale, pour la plupart, ont souhaité ne plus être sous le joug de l'arme nucléaire pour le 100ème anniversaire de l'ONU en 2045 et mettent à cette fin, leur espoir dans le TIAN. Vingt années seront-elles vraiment suffisantes pour nous « libérer » définitivement de la monstrueuse arme ? Rien n'est sûr. Pour la première fois, le G7 (il s'agit du groupe des sept États suivants : Japon, Italie, Canada, France, États-Unis, Grande-Bretagne, Allemagne) s'est réuni à Hiroshima, l'une des villes symbole de la destruction et de l'horreur atomique. Tenu du 19 au 21 mai 2023, ce sommet a laissé espérer une déclaration forte des dirigeants sur la menace nucléaire. Avant la rencontre, le pape François avait interpellé les chefs d'États dans une lettre adressée à l'évêque d'Hiroshima dans laquelle il affirme que l'arme nucléaire « n'est qu'un multiplicateur de risques qui n'offre qu'une illusion de paix ». Pax Christi International avait également interpellé le premier ministre japonais en appelant à une série de mesures visant, à terme, l'élimination général et complet des arsenaux nucléaires. Hélas, ce sommet n'a finalement pas été à la hauteur des attentes.

Par ailleurs, si le désarmement nucléaire est un facteur essentiel de sécurité et de paix, il sera également, sans doute, un facteur de relance financière et de développement économique des EDAN et par ricochet, de l'ensemble des États du monde. Retenons que si le maintien coûteux d'énormes stocks d'ogives nucléaires était le prix de la paix pendant la guerre froide, ça ne l'est plus aujourd'hui. Un euro ou un dollar dépensé dans la modernisation d'une force nucléaire est un euro ou un dollar retiré aux autres besoins également importants comme l'adaptation des forces de sécurité extérieures et intérieures aux nouvelles menaces telles que le terrorisme ou les cyber-attaques, le renforcement du niveau de vie des populations, la lutte contre les changements climatiques, etc. Il ressort donc que non seulement l'armement nucléaire grève le budget des États d'une charge considérable, il ne renforce plus réellement la sécurité de ces États. Comment convaincre les puissances nucléaires de signer le TIAN alors que la Russie agite l'arme nucléaire en Ukraine ? Cette actualité nous rappelle encore, toute la complexité de la lutte qui est menée.

338. L'attente du processus officiel de désarmement nucléaire général et complet sous un contrôle strict et efficace tel que promis par les EDAN a fini par être source de frustrations et d'éréthisme. Toujours rejeté par les États tiers, le TNP apparaît de plus en plus à leur égard comme un « non-événement ». « Bafoué » par l'Iran puis par le régime de Pyongyang, le TNP a perdu de sa capacité à inculquer le bon comportement de la non-prolifération à ces États, tout ceci au regard impuissant de la communauté internationale. Ces différentes crises semblent toujours avoir de beaux jours devant elles vu l'échec continu des tentatives de résolution pacifique. Si la situation iranienne semble avoir été maîtrisée par la communauté internationale, elle présente toujours des tumultes. L'Agence internationale de l'énergie atomique a détecté des « particules d'uranium » sur un site non déclaré, en violation avec l'accord de 2015. Une lueur d'espoir demeure toutefois. Il s'agit du TIAN qui est en vigueur depuis le 22 janvier 2021. Toutefois, cette étape est pour l'instant extrêmement symbolique. En effet, si les premiers concernés, c'est-à-dire les puissances nucléaires « dénigrent » cet instrument, que pourront vraiment espérer des EDAN de fait ? Ce qui est cependant bien clair est qu'ils seront désormais tous en situation de porte-à-faux au regard de ce traité même s'ils n'y adhèrent pas.

TROISIÈME PARTIE

LA LUTTE CONTRE LE TERRORISME NUCLÉAIRE

339. Les activités nucléaires pacifiques ou militaires ne sont pas exemptes d'actions malveillantes de l'être humain. Il peut s'agir par exemple de vol, de sabotage, d'accès non autorisé, de transfert illégal etc. Ces actions mettent en jeu des matières nucléaires et autres matières radioactives ou les installations associées. Cela fait appelle à une sécurisation desdites activités. Il s'agit, par conséquent, de mettre en œuvre des mesures qui permettent de prévenir de telles actions, de les détecter et d'intervenir en pareil cas. L'intervention consistera, à éliminer les conséquences immédiates des actions non autorisés. Il s'agira, par exemple, de récupérer les matières frauduleusement acquises suite à un vol ou à un trafic illicite. La responsabilité de la sécurité nucléaire incombe au premier chef à chaque État, s'agissant d'une question de souveraineté nationale. Toutefois, depuis les premières heures du nucléaire, la communauté internationale était bien consciente des risques d'insécurité qu'encouraient les installations nucléaires et des limites qu'un État aurait à les prévenir à lui seul. Toutefois, c'est véritablement à la suite des événements du 11 septembre 2001 qu'une place importante sera réservée aux questions de sécurité nucléaire (V. L'aménagement sécuritaire au niveau international au lendemain de ces attentats avec Thierry COOSEMANS, « Les dispositifs de sécurité avant et après le 11 septembre 2001 », *Courrier hebdomadaire du CRISP,* n° 1762-1763, vol. 17, 2002, pp. 5-86 ; Serge SUR, *Le Conseil de sécurité dans l'après 11-Septembre*, Paris, LGDJ, 2005, pp. 09-113).

Unanimement condamnées, les tentatives d'actes de terrorisme nucléaire retiendront de manière exceptionnelle l'attention de l'ensemble de la communauté internationale. Au lendemain de l'incrimination de ces actes par le biais d'instruments conventionnellement acceptés, une nouvelle dynamique verra le jour. En effet, le domaine du droit nucléaire a connu récemment une très importante évolution (V. à ce propos Carlton STOIBER, « Need for an International Law of Nuclear Security? », Effective Nuclear Regulatory Systems - Facing Safety and Security Challenges, Compte rendu d'une Conférence internationale, Moscou, 27 février-3 mars

2006, AIEA, Vienne, 2006, pp. 215-236 ; Carlton STOIBER, « Nuclear Security: An Emerging Domain of International Nuclear Law », Actes du Congrès "Nuclear Inter Jura 2007" de l'Association internationale du droit nucléaire, Bruxelles (1-4 octobre 2007), Bruylant (2008), pp. 851-868.). L'importance de la sécurité nucléaire au niveau mondial a remarquablement été mise en exergue à partir du mois d'avril 2010 avec la convocation d'un Sommet sur la sécurité nucléaire à Washington par le Président américain Barack OBAMA. C'est ainsi que le régime international de prévention des actes de terrorisme nucléaire (CHAPITRE I) sera renforcé par un régime de répression (CHAPITRE II).

CHAPITRE I.

LA PRÉVENTION INTERNATIONALE DU TERRORISME NUCLÉAIRE

Bibliographie. – Carlton STOIBER, « Need for an International Law of Nuclear Security? », Effective Nuclear Regulatory Systems - Facing Safety and Security Challenges, Compte rendu d'une Conférence internationale, Moscou, 27 février-3 mars 2006, AIEA, Vienne, 2006, pp. 215-236. – Carlton STOIBER, « Nuclear Security: An Emerging Domain of International Nuclear Law », Actes du Congrès "Nuclear Inter Jura 2007" de l'Association internationale du droit nucléaire, Bruxelles (1-4 octobre 2007), Bruylant (2008), pp. 851-868. – Odette JANKOWITSCH-PREVOR, « Convention internationale pour la répression des actes de terrorisme nucléaire », *in* AEN, *Bulletin de droit nucléaire*, n°76, vol. 2, 2005, pp. 7-8. – Bureau des affaires de désarmement, *Annuaire des Nations unies sur le désarmement*, vol. 24 : 1999, New York, Publication des Nations unies, 2000, pp. 34-35. – Thierry COOSEMANS, « Les dispositifs de sécurité avant et après le 11 septembre 2001 », *Courrier hebdomadaire du CRISP*, n° 1762-1763, vol. 17, 2002, pp. 5-86. – Serge SUR, *Le Conseil de sécurité dans l'après 11-Septembre*, Paris, LGDJ, 2005, pp. 09-113. – Serge SUR, « La Résolution 1540 du Conseil de sécurité (28 avril 2004) entre la prolifération des armes de destruction massive, le terrorisme et les acteurs non étatiques », *RGDP*, 2004, n° 4, pp. 855-882. – Carlton STOIBER « Le droit nucléaire au Conseil de sécurité des Nations unies », *in* AEN/OCDE, *Le droit nucléaire international : Histoire, évolution et perspectives*, n° 6935, Paris, 2010, pp. 101-118. – Philippe WECKEL, « Le Conseil de sécurité des Nations unies et l'arme nucléaire », *AFDI*, vol. 52, 2006, pp. 178-197. – Walter GEHR, « Le cadre juridique universel de la lutte contre le terrorisme nucléaire » *in* AEN, *Bulletin de droit nucléaire*, n° 79, vol. 1, 2007, pp. 5-15. – Carlton STOIBER, « Sécurité nucléaire : Aspects juridiques de la protection physique ainsi que de la lutte contre le trafic illicite et le terrorisme nucléaire », *in* AEN, *Le droit nucléaire international : Histoire, évolution et perspectives*, n° 6935, Paris, 2010, pp. 243-270.

340. L'accès aux armes nucléaires ou aux DNE, aux articles et aux installations nucléaires par des terroristes constitue une préoccupation internationale. Dès lors, empêcher des acteurs non étatiques d'acquérir de tels armes, articles et installations ou d'y accéder, demeure une haute priorité à l'ordre du jour des Nations unies et de ses institutions. Des initiatives internationales n'ont donc pas manqué pour rappeler que le développement et l'utilisation de l'énergie nucléaire ne doivent être que le fait des États Parties au TNP et aussi, le danger que le monde encourt si des acteurs non étatiques arrivent à se satisfaire sur le marché de l'énergie nucléaire. L'efficacité de la prévention de l'utilisation de l'énergie nucléaire à des fins malveillantes, est l'affaire de tous les acteurs intervenant sur la scène internationale. Aujourd'hui, la communauté internationale dans son ensemble condamne unanimement l'utilisation de l'énergie nucléaire à des fins hostiles par des acteurs non étatiques (section 1) et se mobilise ardemment à la répression des actes de terrorisme nucléaire (section 2).

SECTION I.

L'INTERDICTION DE L'UTILISATION DE L'ÉNERGIE NUCLÉAIRE À DES FINS HOSTILES

341. Gardien de la paix et de la sécurité internationales, le CSNU a dû résoudre, depuis le début de l'ère nucléaire, des problèmes nés des répercussions de cette technologie sur la paix et la sécurité internationales. La capacité du Conseil à influencer l'évolution du droit nucléaire trouve son origine dans deux dispositions de la CNU. Au chapitre VII, et plus précisément à l'article 39, le Conseil est habilité à décider « *quelles mesures seront prises* [...] *pour maintenir ou rétablir la paix et la sécurité internationales* » s'il constate l'existence d'une menace contre la paix. À l'article 25 du chapitre V, les membres des Nations unies « *conviennent d'accepter et d'appliquer les décisions du Conseil de sécurité conformément à la présente Charte* ». Il convient aussi, de noter que le Conseil de sécurité peut être appelé à intervenir dans le règlement de questions nucléaires en application de l'article XII C du Statut de l'AIEA, qui stipule que le Conseil des gouverneurs saisit *« le Conseil de sécurité et l'Assemblée générale des Nations unies* » de toute violation par un État des dispositions de l'Agence concernant les garanties. Cette saisine peut entraîner l'application par le Conseil de sécurité des mesures prévues au chapitre VII de la Charte, y compris des sanctions. L'intérêt du Conseil s'est d'abord, porté sur l'affrontement des EDAN lors de la Guerre froide puis sur les moyens d'empêcher que de nouveaux États ne s'arment. Depuis septembre 2001, le Conseil est conscient de la nécessité de combattre la menace de l'utilisation par des individus ou groupes d'individus de substances radioactives à des fins malveillantes. À travers sa résolution 1540 du 28 avril 2004, le Conseil a manifestement condamné une telle utilisation (§ 1). À la suite du Conseil, les États se sont mobilisés à leur tour donnant ainsi naissance à la Convention internationale pour la répression des actes de terrorisme nucléaire (CIRATN) le 13 avril 2005 (§ 2) soit un an plus tard.

§ 1. La résolution 1540 du Conseil de sécurité du 28 avril 2004

342. La résolution 1540 a été adoptée par le CSNU à l'occasion de sa 4956ème séance tenue le 28 avril 2004 (V. l'examen particulièrement détaillé de la résolution avec Serge SUR, « La Résolution 1540 du Conseil de sécurité (28 avril 2004) entre la prolifération des armes de destruction massive, le terrorisme et les acteurs non étatiques », *RGDP*, 2004, n° 4, pp. 855-882 ; v. également Carlton STOIBER « Le droit nucléaire au Conseil de sécurité des Nations unies », *in* AEN/OCDE, *Le droit nucléaire international : Histoire, évolution et perspectives,* n° 6935, Paris, 2010, pp. 101-118 ; Philippe WECKEL, « Le Conseil de sécurité des Nations unies et l'arme nucléaire », *AFDI,* vol. 52, 2006, pp. 178-197). Elle l'a été dans le cadre du Chapitre VII intitulé « Action en cas de menace contre la paix, de rupture de la paix et d'acte d'agression » de la CNU. Certains États, dont la Chine, étaient peu favorables à cette référence donnant un caractère autoritaire à la résolution, préférant un texte plus incitatif que contraignant, placé dans le contexte du Chapitre VI. La résolution fait suite à une initiative américaine coparrainée par l'Espagne, la France, la Roumanie, le Royaume-Uni, la Russie et a été adoptée à l'unanimité. La résolution 1540 a été adoptée lorsqu'il est apparu nécessaire d'associer l'ensemble des États à la lutte contre la prolifération verticale celle que pourraient développer des acteurs non étatiques. Dans un premier temps, l'action internationale a pris la forme d'une coopération informelle, l'Initiative globale contre la prolifération. La négociation de cette résolution a dépassé largement le cadre restreint du Conseil de sécurité. Ainsi, outre les nombreux échanges bilatéraux (franco-russes notamment), les groupes régionaux furent consultés (tels que la Francophonie), le mouvement des Non-Alignés put se faire entendre et le G8 joua un rôle important. Aux termes de la résolution, obligation est faite aux États membres des Nations unies d'empêcher l'accès des acteurs non étatiques aux armes nucléaires et aux éléments connexes (les éléments connexes désignent : les matières, équipements et technologies couverts par les traités et arrangements multilatéraux pertinents, ou figurant sur les listes de contrôle nationales, susceptibles d'être utilisés aux fins de la conception, de la mise au point, de la fabrication ou de l'utilisation d'armes nucléaires, chimiques ou biologiques ou de leurs vecteurs) outre l'appel qui leur fait de collaborer à sa mise en œuvre.

343. Avec un Préambule divisé en 16 alinéas et un dispositif articulé en 12 paragraphes, la résolution s'intéresse aux activités des « acteurs non étatiques » définis comme étant toute « personne ou entité qui, n'agissant pas sous l'autorité légale d'un État, mène des activités tombant sous le coup de la présente résolution ». Partant de l'inquiétude générale selon laquelle « la prolifération des armes nucléaires [...] et de leurs vecteurs constitue une menace pour la paix et la sécurité internationales » (§ 1 du Préambule), la Résolution 1540 traduit de manière spécifique la grande préoccupation de l'ensemble de la communauté internationale face au risque de voir des acteurs non étatiques concevoir ou se procurer des ADM ou leurs vecteurs, se livrer à leur trafic ou en faire usage (§ 8 et § 9 du Préambule).

L'attitude des États constitue la pièce centrale à l'effectivité de la lutte contre l'acquisition des armes nucléaires par des acteurs non étatiques. Le Conseil l'a bien compris lorsqu'il interpelle incessamment l'ensemble des États membres sur leur comportement. En effet, le noyau dur de la résolution se rapporte à l'attitude que les États membres sont tenus d'adopter à l'égard des acteurs non étatiques qui « tentent de mettre au point, se procurer, de fabriquer, de posséder, de transporter, de transférer ou d'utiliser des armes nucléaires, chimiques ou biologiques ou leurs vecteurs » (§ 1 du dispositif de la résolution). Ils sont tenus à l'abstention. Le Conseil a décidé que tous les États membres devaient « s'abstenir d'apporter un appui, quel qu'en soit la forme, à des acteurs non étatiques » qui envisageraient de telles actions. L'interdiction de l'accès des acteurs non étatiques aux armes nucléaires ne saurait qu'être un échec en l'absence d'un dispositif interne juridiquement contraignant et strict régissant et réprimant les comportements des différents acteurs. C'est ainsi qu'à titre préventif la résolution fait obligation à chaque État membre « d'adopter et d'appliquer, conformément à ses procédures internes, une législation appropriée et efficace interdisant à tout acteur non étatique de fabriquer, se procurer, mettre au point, posséder, transporter, transférer ou d'utiliser des armes nucléaires, chimiques ou biologiques ou leurs vecteurs en particulier à des fins terroristes ainsi que de réprimer toutes les tentatives de l'une quelconque de ces activités, le fait d'y participer en tant que complice et le fait d'y fournir assistance ou de la financer » (§ 2 du dispositif).

Un dispositif de contrôle formel et institutionnel se révèle indispensable pour le suivi effectif des mouvements des matières et matériels nucléaires militaires. En effet, il est nettement établi que des acteurs non étatiques n'hésiteront pas à user de toute manœuvre pour passer par les mailles de la législation si fines soient-elles. C'est à ce dessein que le Conseil a décidé « que tous les États doivent prendre et appliquer des mesures efficaces afin de mettre en place des dispositifs intérieurs de contrôle appropriés destinés à prévenir la prolifération des armes nucléaires et des éléments connexes [...] » (§ 3 du dispositif). Le dispositif de contrôle de chaque État doit lui permettre de comptabiliser ces produits et d'en garantir la sécurité pendant leur fabrication, leur utilisation, leur stockage ou leur transport. Par le biais dudit dispositif, l'État doit être capable de détecter, dissuader, prévenir et combattre, y compris, si nécessaire, en faisant appel à la coopération internationale, le trafic et le courtage de ces produits. Il doit enfin être capable de contrôler l'exportation, le transbordement, le transit, la réexportation de ces produits ainsi que la fourniture de fonds ou de services entrant dans ce cadre et les utilisateurs finals des produits.

Outre la sécurité, la sûreté nucléaire doit être au centre du dispositif interne de contrôle de chaque État membre. Chaque État doit, en effet, veiller à « arrêter et instituer des mesures de protection physique appropriées et efficaces ». L'efficacité de ces mesures se mesurera à leur capacité à assurer la sûreté des matières et matériels nucléaires au cours de leurs transport et à tous les stades du cycle du combustible nucléaire.

L'ensemble des mesures prises en vue de prévenir tout accès frauduleux des acteurs non étatiques au nucléaire ne demeurera sans doute qu'une simple formalité si l'État n'a pas la capacité de réprimer toute infraction à sa loi sur le nucléaire. Cela justifie l'obligation faite à chaque État Partie aux termes du § 3 de la résolution, d'instituer et d'appliquer des sanctions pénales ou civiles appropriées aux infractions à ces législations et réglementations de contrôle des exportations dans le domaine du nucléaire.

344. Les obligations de prévention, de contrôle et de répression consenties par les États membres en vertu de cette résolution sont sans préjudice des droits et obligations résultant des traités multilatéraux relatifs à la non-prolifération des ADM auxquels ils seront parties. Le § 5 du dispositif stipule expressément que le Conseil : « *décide qu'aucune des obligations énoncées dans la présente résolution ne doit être interprétée d'une manière qui la mette en contradiction avec les droits et obligations des États parties au Traité sur la non-prolifération des armes nucléaires, à la Convention sur l'interdiction de la mise au point, de la fabrication, du stockage et de l'emploi des armes chimiques et sur leur destruction et à la Convention sur l'interdiction de la mise au point, de la fabrication et du stockage des armes biologiques ou à toxines et sur leur destruction, ou d'une manière qui modifie les responsabilités de l'Agence internationale de l'énergie atomique ou celles de l'Organisation pour l'interdiction des armes chimiques* ». Cela signifie que les États ne seront pas exemptés des prescriptions de cette résolution parce qu'ils auront adhéré à d'autres instruments et vice-versa. Ainsi, les EDAN peuvent-ils considérer comme exempts de toute poursuite les entreprises privées qui participent, à leur demande, à la fabrication d'armes nucléaires. Au regard des prescriptions de la résolution, nous pouvons pressentir qu'elle n'a pas été d'application facile. D'ailleurs, comment s'est-elle appliquée aux différents acteurs durant les 16 ans depuis son adoption ?

§ 2. Suivi et état de mise en œuvre de la résolution de 2004 à nos jours

345. Par sa résolution 1540, le Conseil de sécurité a créé, initialement pour une période de deux ans, le Comité 1540 formé de tous ses membres et chargé de superviser l'application de la résolution 1540 en lui faisant rapport sur sa mise en œuvre (§ 4 du dispositif). Le mandat initial du Comité a été successivement prorogé. En août et septembre 2004, le Comité 1540 a adopté les directives relatives à la conduite de ses travaux et les directives pour la rédaction des rapports nationaux qui doivent lui être soumis en application de la résolution et pour le recrutement d'experts devant aider le Comité à examiner les rapports nationaux. Le Comité avait également, convenu qu'au fur et à mesure qu'il progresse dans ses travaux, il pourrait avoir besoin de l'assistance technique des institutions internationales spécialisées dans les domaines visés par la résolution, notamment l'AIEA et l'OIAC. Des lettres identiques ont ainsi été adressées aux directeurs généraux de ces organisations, au Président du Groupe des fournisseurs d'articles nucléaires et du Comité Zangger pour les aviser de son intention de solliciter au besoin leur aide. Conformément aux directives du Comité relatives à la transparence et à la mobilisation, le Président a tenu, le 15 septembre 2004, une réunion informelle avec l'ensemble des États Membres. Le 1er décembre 2004, après avoir recruté les quatre premiers experts, le Comité était équipé pour commencer ses travaux de fond, à savoir l'examen des rapports nationaux. Toujours en décembre 2004, le Comité a approuvé la procédure selon laquelle les rapports nationaux qui lui étaient présentés seraient affichés sur son site Web. Par sa résolution 1673 du 27 avril 2006, le Conseil de Sécurité a prorogé le mandat du Comité pour une période de deux ans devant se terminer le 27 avril 2008. Le 25 avril 2008, le Conseil a adopté la résolution 1810 par laquelle il a, à nouveau, prorogé le mandat du Comité de trois ans cette fois-ci, devant se terminer le 25 avril 2011. Cependant, le 20 avril 2011, le Conseil a adopté la résolution 1977 dans laquelle il a réaffirmé que la prolifération des ADM constituait une menace pour la paix et la sécurité internationales et a prorogé le mandat du Comité pour une durée de dix ans soit jusqu'au 20 avril 2021. Le Comité 1540, établi conformément à ladite résolution pour faire rapport sur sa mise en œuvre, a commencé ses travaux en juin 2004 et le Président du Comité a soumis, au début de décembre 2004, son premier rapport au Conseil de sécurité sur les activités menées et les résultats obtenus. (Cf. Bureau des affaires de désarmement, *Annuaire des Nations unies sur le désarmement*, vol 29 : 2004, New York, Publication des Nations unies, 2005, p. 178.)

Dans le cadre de sa mission de supervision de l'application de la résolution 1540, le Conseil « demande » aux États de présenter audit Comité, au plus tard six mois après l'adoption de la résolution, un premier rapport sur les mesures qu'ils auront prises ou envisageraient de prendre pour la mettre en application (à la fin de l'année 2004, 97 États avaient soumis des rapports nationaux. L'Union européenne avait également présenté un rapport). Les activités du Comité couvrent les domaines clés suivants : suivi et mise en œuvre au niveau national ; assistance ; coopération avec les organisations internationales, régionales et sous-régionales, dont le Comité du Conseil de sécurité créé en application des résolutions 1267

(1999) et 1989 (2011) relatives à Al Qaeda et ISIS et le Comité du Conseil de sécurité créé par la résolution 1373 (2001) suite aux attentats du 11-Septembre ; transparence et communications. L'examen de l'état de mise en œuvre de la Résolution 1540 portera sur chaque champ de compétence respectif du Comité.

346. En ce qui concerne le suivi et la mise en œuvre à l'échelle nationale, le Comité a tenu au cours de la cinquième année de mise en œuvre de la Résolution, précisément entre le 30 septembre et le 2 octobre 2009, l'une de ses plus grandes réunions publiques ayant réuni les États membres, les organisations internationales, régionales et sous-régionales, ainsi que d'autres entités. Les différents acteurs ont été invités à participer à l'organisation d'un examen complet de l'état de mise en œuvre de la résolution à la suite du rapport (V. Comité 1540 du Conseil de sécurité des Nations unies, *Rapport sur l'application de la résolution 1540 (2004) et la mise en œuvre de ses dispositions*, Document S/2008/493, 2008, 73 p.) que le Comité avait présenté le 30 juillet 2008 sur l'application de la résolution.

A l'occasion du dixième anniversaire de l'adoption de la Résolution célébrée en 2014, des membres du Comité et de son groupe d'experts se sont rendus, sur recommandation du Conseil de sécurité, en Chine, au Bangladesh, au Malawi, au Niger et au Royaume-Uni. Les visites effectuées ont permis aux États concernés de fournir des informations à jour sur l'application de la résolution 1540 et de faire le point sur les progrès accomplis, les lacunes et l'aide dont ils avaient besoin. Le Comité utilise des tableaux comme principal moyen d'organiser et examiner les informations sur la mise en œuvre de la résolution 1540 (2004) par les États membres, et comme outils dans son dialogue avec les États pour identifier les lacunes qui existent au niveau national et faciliter l'assistance technique. Lesdits tableaux ont été approuvés en fin 2010 pour tous les États membres (Ces tableaux sont disponibles sur le site Web du Comité 1540, www.un.org/sc/1540/approvedmatrices.shtml). Le 7 mai 2014, des représentants de 60 États ont fait le bilan sur l'état d'avancement de la mise en œuvre à leur niveau de la résolution devant le Conseil de sécurité, lors de la séance marquant le dixième anniversaire de l'adoption de la résolution. À cette occasion, sept États (Allemagne, Australie, Colombie, Croatie, Émirats arabes unis, États-Unis, Iraq) et trois organisations internationales, régionales et sous-régionales (l'Association des Nations de l'Asie du Sud-Est, la Ligue des États arabes et du Groupe des fournisseurs nucléaires) ont soumis au Comité des renseignements relatifs à leur expérience en matière de promotion de la mise en œuvre intégrale de la résolution 1540 par le partage de bonnes pratiques, la redynamisation de l'assistance et l'élaboration d'une stratégie future, aux enseignements qu'ils en ont tirés et aux bonnes pratiques suivies dans les domaines visés par la résolution 1540.

A la date du 31 janvier 2020, 184 États sur les 193 États Membres des Nations unies avaient présenté leurs rapports nationaux (la République centrafricaine et les Îles Salomon ont présenté leur premier rapport au Comité en 2019, portant ainsi le nombre d'États à 184). Précédemment, le Groupe d'experts du Comité 1540 avait effectué une visite aux Îles Salomon les 29 et 30 octobre 2019, à la demande de cet État, pour l'aider à rédiger son premier rapport national. Le Président du Comité et le Groupe d'experts ont également tenu des discussions bilatérales avec plusieurs des États n'ayant pas présenté de rapport, notamment en marge de l'Assemblée générale et des manifestations intéressant la résolution 1540 (Comité 1540 du Conseil de sécurité des Nations unies, *Examen de la mise en œuvre de la résolution 1540 (2004) en 2019,* Document S/2019/986, 2019, p. 3). *Grosso modo*, il ressort que sur le plan interne les États membres ne manifestent aucune réticence particulière à la mise en œuvre effective de la résolution.

347. En ce qui concerne l'assistance aux États, le Comité 1540 a continué au cours de l'année 2009 à organiser des activités d'information et à y participer, aux niveaux régional, sous-régional et national, le cas échéant afin de promouvoir l'application par les États de la résolution. Pendant l'année, le Président, ainsi que les membres et les experts du Comité 1540 ont participé entre autres, aux quatre ateliers organisés par le Bureau des Nations unies pour les affaires de désarmement visant à renforcer les capacités nationales en matière de gestion des frontières et des processus de contrôle des exportations et à améliorer l'échange d'informations et d'expériences entre le contrôle national des exportations et les autorités chargées de l'application des lois. Ces ateliers se sont respectivement tenus comme suit :

- à Doha (Qatar) du 8 au 11 mars pour les États arabes, financé par les États-Unis, la Norvège, le Royaume-Uni et l'Union européenne ; à Port Vila (Vanuatu) du 29 avril au 1er mai

pour les États des îles du Pacifique, financé par la Norvège, la Nouvelle-Zélande et l'Union européenne ;
- à San José (Costa Rica) du 8 au 10 septembre pour les États d'Amérique centrale, financé par les États-Unis, la Norvège et l'Union européenne ;
- au Caire (Égypte) du 7 au 10 décembre pour les États d'Afrique, financé par les États-Unis, la Norvège et l'Union européenne.

(Cf. Bureau des affaires de désarmement, *Annuaire des Nations unies sur le désarmement*, vol 34 : 2009, partie II, New York, Publication des Nations unies, 2012, p. 40).

En 2014, quatre États (Kirghizstan, Malawi, Niger et Togo) ont déposé une demande d'assistance au Comité et quatre autres (Afrique du Sud, Argentine, Australie et Espagne) ont fait une offre d'assistance en réponse à ces demandes, ainsi qu'à des demandes datant de 2013. Sept organisations internationales (AIEA, Groupe de la Banque mondiale, Office des Nations unies contre la drogue et le crime (ONUDC), Organisation maritime internationale (OMI), Organisation mondiale de la santé animale (OIE), Organisation mondiale des douanes (WCO) et l'OIAC) ont en outre proposé dix réponses à des demandes formulées en 2013 et 2014. Le Centre régional des Nations unies pour la paix, le désarmement et le développement en Amérique latine et dans les Caraïbes (UNLIREC) a apporté son soutien aux États des Caraïbes grâce à des mesures d'assistance législative destinées à renforcer l'application de la résolution 1540 dans la région. À cet égard, des tables rondes nationales ont été organisées à la Grenade, en Jamaïque et à Trinité-et-Tobago (Bureau des affaires de désarmement, *Annuaire des Nations unies sur le désarmement*, vol 39 : 2014, *op. cit,* p. 53.).

En 2019, le Comité a reçu 11 demandes d'assistance adressées par des États. Dans leurs demandes, le Chili, les Îles Salomon et le Koweït ont invité le Comité à venir sur leur territoire pour s'entretenir au sujet des mesures d'application et de l'établissement des rapports. Les demandes soumises par le Panama avec la République dominicaine et par le Paraguay avec l'Uruguay concernaient leurs examens entre pairs (« peer review »). En réponse à chaque demande d'assistance invitant le Comité à se déplacer, le Groupe d'experts du Comité s'est rendu sur le territoire de l'État demandeur en vue de l'assistance. C'ainsi qu'en réponse à la demande d'assistance soumise en juin 2018 par Madagascar, le Groupe d'experts s'est rendu dans ce pays en juin 2019 en vue d'aider les autorités à examiner les mesures d'application ou à élaborer, à titre volontaire, un plan d'action national de mise en œuvre. En réponse à la demande du Koweït, le Groupe d'experts s'est rendu dans ce pays pour aider les autorités à établir un rapport complémentaire. En réponse aux demandes soumises par le Panama avec la République dominicaine et par le Paraguay avec l'Uruguay, le Groupe d'experts s'est rendu dans ces États pour aider les autorités à procéder aux examens par les pairs. (Cf. Comité 1540 du Conseil de Sécurité, *Examen de la mise en œuvre de la résolution 1540 (2004) en 2019*, *op. cit*, pp. 5-6).

Relativement à sa politique de coopération, le Comité 1540 a poursuivi tout au long de l'année 2009 sa coopération avec des organisations sous-régionales, régionales et internationales ainsi qu'avec des ONG afin de promouvoir et de faciliter l'application de la résolution 1540. Au cours de l'année 2014, le Comité est resté dans la même démarche. En 2014, le Comité a participé à 89 activités de sensibilisation, dont 38 étaient organisées ou appuyées par le Bureau des affaires de désarmement, notamment deux ateliers régionaux sur l'application de la résolution 1540 (2004), l'un organisé à Phnom Penh (Cambodge) en octobre à l'intention des États d'Asie du Sud-Est, et l'autre à Lima (Pérou) en novembre pour les États d'Amérique du sud. Par exemple, le Comité a intensifié sa coopération avec l'AIEA dans le domaine de la sécurité nucléaire en menant des discussions bilatérales et en participant à des activités telles que des réunions de sensibilisation et d'échange d'informations. Le Comité a ainsi participé à un atelier régional destiné à familiariser les États membres en Asie au « Plan intégré d'appui en matière de sécurité nucléaire » de l'Agence. Il en a été de même avec l'Unité d'appui à l'application de la Convention sur les armes biologiques en assistant à la réunion annuelle des experts tenue du 4 au 8 août 2014. Jusqu'au 31 janvier 2020, la politique du Comité en matière de coopération n'a fait que se renforcer. Le Groupe d'experts du Comité a, en effet, pris part à une multitude de manifestations tenues par des organisations régionales ou sous-régionales. Il a participé en 2019 à :

a. un cours de formation à l'intention des points de contact pour l'application de la résolution 1540 (2004) venant des pays anglophones d'Afrique, organisé par l'Union Africaine à Addis-Abeba en mars ;

b. des réunions de l'examen entre pairs du Panama et de la République dominicaine, organisées par les autorités des deux États et par l'Organisation des États américains (OEA) à Saint-Domingue en mars et à Panama en avril ;
c. une réunion organisée par l'Organisation pour la sécurité et la coopération en Europe (OSCE) au Bélarus en avril ;
d. une conférence sur la lutte contre le terrorisme international organisée en avril par l'Assemblée interparlementaire des États membres de la Communauté des États indépendants (CEI) ;
e. un atelier organisé par la Communauté de développement de l'Afrique australe (SADC) en Zambie en mai ;
f. une réunion régionale organisée par le Comité interaméricain contre le terrorisme de l'OEA à Mexico en juin ;
g. des réunions de l'examen entre pairs du Paraguay et de l'Uruguay, organisées par les autorités des deux États et par l'OEA à Montevideo en août et à Asunción en septembre ;
h. un cours de formation à l'intention des points de contact pour l'application de la résolution 1540 (2004), organisé par la CARICOM à la Barbade en septembre ;
i. un atelier sous-régional organisé en Colombie en novembre par le Comité interaméricain contre le terrorisme de l'OEA ;
j. une table ronde nationale organisée au Panama en décembre par le Comité interaméricain contre le terrorisme de l'OEA ;
k. un atelier national organisé en Jamaïque en décembre par le Comité interaméricain contre le terrorisme de l'OEA ; etc.

348. Enfin, en ce qui concerne la transparence et les activités de communication, il faut retenir qu'elles constituent des outils essentiels pour améliorer la coopération et pour sensibiliser les États, les parlementaires, les organisations internationales, régionales et sous-régionales concernées et la société civile, notamment l'industrie, en ce qui concerne les obligations énoncées dans la résolution 1540 et leur mise en œuvre. Dès sa prise de fonction, le Comité a mis en place un dispositif de communication à différentes facettes et composé comme suit : la communication directe par le biais d'activités d'information et de manifestations ; la communication par message vidéo enregistré ; les messages trimestriels du Président sur son site

Web ; la communication à partir du site du Comité ; les communiqués de presse.

Après 16 années de mise en œuvre, on retient que la résolution n'a été que partiellement appliquée. Si un certain nombre d'États ne ménagent aucun effort pour sa pleine application, d'autres en revanche n'en font pas une préoccupation essentielle. Il est clairement établi qu'il faudra du temps pour que tous les États mettent intégralement en œuvre la résolution 1540. Néanmoins, une fois cet objectif atteint, « *il faudra faire montre de vigilance et d'esprit d'innovation pour appliquer des politiques efficaces. Dans cette optique, il faut non seulement s'engager à atteindre les objectifs fixés dans la résolution, mais aussi ne pas oublier qu'il est urgent de faire avancer les choses, compte tenu de la gravité de la menace qui pèse sur la communauté internationale.* » (Comité 1540 du Conseil de sécurité des Nations unies, *Rapport sur l'application de la résolution 1540 (2004) et la mise en œuvre de ses dispositions,* Document S/2008/493, 2008, p. 3). C'est dans ce dessein que l'ensemble des acteurs de la communauté internationale n'ont ménagé aucun effort pour s'attribuer un instrument spécifique à même de freiner l'une de ces plus grandes menaces que constitue le terrorisme nucléaire.

SECTION II.

L'ADOPTION DE LA CONVENTION INTERNATIONALE POUR LA RÉPRESSIONDES ACTES DE TERRORISME NUCLÉAIRE

349. Les premiers efforts entrepris par la communauté internationale pour élaborer un instrument juridique international dont l'objectif est de lutter contre le terrorisme international sous toutes ses formes et manifestations, remonte à la SdN. Suite à l'assassinat du Roi Alexandre de Yougoslavie et du ministre français Louis Barthou, la SdN avait en effet tenté, entre 1934 et 1937, dans le cadre de travaux d'un Comité d'experts, de créer des instruments internationaux appropriés contre le terrorisme en élaborant un projet de Convention pour la prévention et la punition du terrorisme en 1937, ainsi qu'une ébauche de Tribunal pénal international. Les deux textes ne sont toutefois jamais entrés en vigueur. C'est dans les années 1970 que la question est revenue à l'ordre du jour des instances internationales avec la Convention des Nations unies sur la prévention et la punition des crimes contre les personnes protégées y compris les agents diplomatiques adoptée en 1973 et la Convention européenne sur la répression du terrorisme de 1977. Le Comité sur le terrorisme international de l'Association du droit international, dans son rapport à la 60ème Conférence tenue à Montréal en 1982, avait terminé un long débat sur les travaux juridiques entrepris antérieurement pour établir un instrument approprié pour réprimer le terrorisme international en constatant que désormais, l'intention d'élaborer une convention unique sur le terrorisme international devait être reconsidérée au regard de la multitude de problèmes théoriques et pratiques que posait un tel projet (V. Odette JANKOWITSCH-PREVOR, « Convention internationale pour la répression des actes de terrorisme nucléaire » in AEN, *Bulletin de droit nucléaire*, n° 76, vol. 2, 2005, pp. 7-8 ; Bureau des affaires de désarmement, *Annuaire des Nations unies sur le désarmement*, vol. 24 : 1999, New York, Publication des Nations unies, 2000, pp. 34-35). Toutefois, ce n'est qu'en 1997 qu'un projet de Convention sur la répression des actes de terrorisme nucléaire, dont l'initiative revient à la Fédération de Russie (A/AC.252/L.3 du 28 janvier 1997 intitulé « Convention pour la répression des actes de terrorisme nucléaire »), fut présenté à la communauté internationale. Ce projet a été précisément présenté à la première session du Comité spécial créé par l'AGNU le 17 décembre 1996 à travers la Résolution 51/210 intitulée « Mesures visant à éliminer le terrorisme international. Il l'a été dans un contexte où « l'expérience positive des travaux de codification » avait rapidement abouti à l'adoption en 1997 et en 1999 de deux Conventions portant respectivement sur la répression des attentats terroristes à l'explosif (V. la résolution A/52/164 de l'AGNU) et sur la répression du financement du terrorisme (sur la base de la résolution A/54/109 de l'AGNU).

Le Comité *ad hoc* a établi le texte définitif de la Convention à sa neuvième session, qui s'est tenue du 28 mars au 1er avril 2005. Le 1er avril 2005, le Comité spécial achevait avec succès la rédaction d'une Convention internationale pour la répression des actes de terrorisme nucléaire (CIRATN) après sept années de travaux préparatoires (1). La Convention fut ouverte à signature le 14 septembre 2005 et entra en vigueur le 7 juillet 2007. Par la suite, l'Assemblée générale adopta la Convention par sa résolution 59/290 sans aucun vote le 13 avril 2005 devenant ainsi la treizième convention anti-terrorisme à caractère universel. L'objectif principal de la Convention est de prévenir et d'interdire les actes de terrorisme nucléaire (2).

§ 1. Les travaux préparatoires

350. Le Comité spécial avait initialement été créé pour établir une « Convention sur le terrorisme » d'ordre général. Aucun accord n'ayant pu être atteint sur un tel instrument, le Comité s'est focalisé sur des instruments spécifiques distincts qui ont été par la suite adoptés. Tel qu'il ressort de son intitulé, la Résolution 51/210 (1997) avait pour objectif, l'adoption de mesures visant à éliminer le terrorisme international. Dans son Préambule, la résolution énonce au nom des États, qu'ils gardent à l'esprit la possibilité d'envisager dans le futur « l'élaboration d'une convention portant sur tous les aspects du terrorisme international ». Les travaux préparatoires se sont menés dans un cadre multilatéral sur fond de consultations bilatérales et multilatérales officieuses.

Jusqu'à la neuvième et dernière session du Comité spécial convoquée du 28 mars au 1er avril 2005, les travaux préparatoires de la CIRATN ont été, tout au long, marqués par un climat d'incompréhension et de confusion. L'une des premières difficultés les plus essentielles a porté sur le mandat du Comité. En effet, il fallait avant toute chose que ses membres se mettent d'accord sur la question fondamentale qui devait justifier ses travaux, à savoir s'il existait un véritable besoin d'établir un nouvel instrument international en matière de lutte contre le terrorisme en général. Le cas échéant, il fallait en définir soigneusement le champ d'application en tenant compte des instruments pertinents existants. Toutefois, malgré les précisions de la Résolution 51/210 quant au mandat du Comité, toutes les délégations n'avaient pas le même entendement quant à la priorité que le Comité devait donner à l'élaboration consécutive de deux conventions spécifiques au détriment d'une convention générale. La résolution précisait en effet que le Comité spécial sera chargé d'élaborer une « ...convention internationale pour la répression des attentats terroristes à l'explosif, puis une convention internationale pour la répression des actes de terrorisme nucléaire afin de compléter les instruments internationaux existants en la matière » et que « le Comité spécial examinera ensuite ce qu'il convient de faire pour compléter le cadre juridique offert par les conventions relatives au terrorisme international de façon que tous les aspects de la question soient couverts ». C'est ainsi que les travaux préparatoires de la Convention ont été, dès ses débuts, marqués par un « débat parallèle voire souvent confondu entre les deux sujets.

À sa première session en 1997, le Comité spécial avait à son ordre du jour le projet de Convention sur la répression des actes de terrorisme nucléaire présenté par la Fédération de Russie. L'AIEA avait été invitée par le Comité, dès sa première réunion, à collaborer aux travaux. À sa deuxième session en 1998, la Fédération de Russie s'est vue obligée de présenter un document supplémentaire fournissant des explications et annotations détaillées sur ce projet de convention. Selon la Russie, l'adoption d'un instrument international en matière de terrorisme nucléaire s'imposait au regard du champ d'application limité de la Convention sur la Protection Physique des Matières Nucléaire (CPPMN), seul instrument de droit nucléaire qui servait à l'époque de référence. En rappel, cette convention est limitée aux transports internationaux des matières nucléaires utilisées à des fins pacifiques et ne vise donc pas les matières nucléaires d'origine militaire dans leur sites et installations à l'intérieur des États qui pourraient forcément aussi faire l'objet d'actes de terrorisme. Par ailleurs, la CPPMN ne fait pas de distinction entre les actes de terrorisme nucléaire et d'autres actes criminels. Le projet de Convention, en revanche, couvrait selon elle un large champ d'application car elle concernait toutes les matières nucléaires civiles comme militaires, s'inspirait des dispositions de droit pénal international et couvrait tous les actes de terrorisme sous toutes ses formes et manifestations et où qu'il se produise.

En dépit des précisions supplémentaires apportées en défense au projet, le souhait persistant de certaines délégations reposait sur l'adoption d'un régime juridique complet susceptible de combattre toutes les manifestations du terrorisme. Ceci devait nécessairement passer par une définition universellement acceptée du terrorisme comme préalable fondamental à la poursuite des travaux. De l'avis desdites délégations, cela permettrait d'éviter de saper l'efficacité des instruments existants en créant des régimes juridiques non conflictuels sans risques de chevauchements. C'est dans ce dessein que le Secrétariat de l'AIEA avait présenté ses observations portant essentiellement sur les définitions de termes d'origine technique appartenant au droit nucléaire contenus dans le projet de convention dans un souci d'apporter une contribution à la compréhension de ces termes, et la nécessité d'éviter les contradictions ou conflits avec les définitions de termes identiques ou semblables contenus dans d'autres instruments pertinents, notamment la CPPMN (V. Observations du Secrétariat de l'AIEA, Document A/AC.252/1998/L.5 du 27 février 1998). A l'occasion de son avant dernière session (cette session, la huitième du Comité spécial a été convoquée en application des dispositions des paragraphes 15 et 16 de la résolution 58/81 de l'Assemblée générale en date du 9 décembre 2003. Le Comité s'est ainsi réuni au siège du 28 juin au 2 juillet 2004), le Comité spécial a tenu trois séances plénières, respectivement le 28 juin (il s'agissait de sa trentième séance. À cette séance, le Comité spécial a procédé à un échange de vues général sur les questions relevant de son mandat, conformément aux dispositions des § 15 et 16 de la résolution 58/81 de l'Assemblée générale et à l'adoption de son programme de travail), le 1er juillet (à la 31e séance, les coordonnateurs ont présenté par oral leurs rapports sur les résultats des consultations et des contacts officieux ayant porté sur les projets de convention) et le 2 juillet 2004 (à sa 32e séance, le Comité spécial a adopté le rapport sur les travaux de sa huitième session). Au sortir de la trentième séance, il a été considéré « qu'il n'était pas productif de lier l'adoption de la convention générale et celle de la convention sur le terrorisme nucléaire, que chacun de ces instruments ainsi que les questions en suspens devraient par conséquent, être considérés séparément » (Rapport du Comité spécial créé par la résolution 51/210 de l'Assemblée générale en date du 17 décembre 1996, 8e session (28 juin-2 juillet 2004), Supplément n° 37 (A/59/37), New York, 2004, p. 6, § 7 et p. 13, § 4). La problématique d'une définition claire et universellement acceptée du terrorisme avait rebondi à nouveau s'ajoutant ainsi à celle du champ d'application de la future convention.

Ce n'est qu'à sa dernière session que le Comité spécial conclut finalement qu'« une fois que la Convention sur le terrorisme nucléaire aurait été adoptée, il pourrait concentrer son attention sur le règlement des problèmes en suspens concernant le projet de convention générale ». C'est ainsi que le texte sur la répression des actes de terrorisme nucléaire a pu être complété et adopté sans que les travaux sur une convention générale aient abouti. Au cœur des difficultés d'aboutissement des négociations figuraient la définition à retenir du terrorisme nucléaire.

§ 2. La composante définitionnelle du terrorisme nucléaire

351. D'entrée, il faut souligner qu'à l'heure actuelle aucune définition précise du terrorisme n'a été retenue par la communauté internationale en dépit de la multitude de définitions que nous offre la doctrine. En effet, comme Alain BAUER et Jean-Louis BRUGUIERE ont su bien le souligner, « *rien n'est plus difficile que de donner du sens précis à un terme galvaudé ou manipulé à satiété*. [À leur avis] *il n'existe pas un terrorisme « en soi », mais des actes que la loi d'un pays donné à un moment donné qualifie comme tels* » (Alain BAUER et Jean-Louis BRUGUIERE, *Les 100 mots du terrorisme*, Paris, PUF, 1ère édit., 2011, p. 3). Néanmoins, le terrorisme international peut être défini comme étant « un fait illicite de violence grave commis par un individu ou un groupe d'individus agissant à titre individuel ou avec l'approbation, l'encouragement, la tolérance, ou le soutien d'un État, contre des personnes ou des biens, dans la poursuite d'un objectif idéologique et susceptible de mettre en danger la paix et la sécurité internationales » (Jean SALMON (sous dir.), *op. cit*, p. 1081). Pour Gilbert GUILLAUME « le terrorisme implique l'usage de la violence dans les conditions de nature à porter atteinte à la vie des personnes ou à leur intégrité physique dans le cadre d'une entreprise ayant pour but de provoquer la terreur en vue de parvenir à certaines fins » (Gilbert GUILLAUME, « Terrorisme et droit international », *RCADI*, vol. 215, 1989, p. 36). Le Groupe de personnalités de haut niveau sur les menaces, les défis et le changement réuni par l'ONU qualifie le terrorisme comme *« tout acte, outre ceux déjà visés dans les conventions en vigueur sur les différents aspects du terrorisme, les Conventions de Genève et la résolution 1566 (2004) du CSNU, commis dans l'intention de causer la mort ou des blessures graves à des civils ou à des non-combattants, qui a pour objet, par sa nature ou son contexte, d'intimider une population ou de contraindre un gouvernement ou une organisation internationale à accomplir un acte ou à s'abstenir de le faire* ». Outre cette qualification, le Groupe déclare que toute définition conventionnelle du terrorisme au niveau international devrait comporter les éléments suivants :

a. affirmer, dans le préambule, que l'usage de la force par les États contre des civils est réglementé par les Conventions de Genève et d'autres instruments et que, s'il atteint un certain

degré, il constitue un crime de guerre ou un crime contre l'humanité ;
b. réaffirmer que les actes visés par les 12 conventions précédentes contre le terrorisme relèvent du terrorisme et déclarer qu'ils constituent un crime au regard du droit international ; et réaffirmer que le terrorisme en période de conflit armé est interdit par les Conventions et Protocoles de Genève ;
c. renvoyer aux définitions figurant dans la Convention internationale de 1999 pour la répression du financement du terrorisme et à la résolution 1566 (2004) du Conseil de sécurité.

Le terrorisme international se distingue, dès lors, du « terrorisme à l'ancienne » par sa capacité à pousser à l'extrême sa violence sur plusieurs États ou à partir du moment où l'individu considéré comme auteur des actes de terrorisme agit pour le compte d'un État contre les intérêts d'un autre État. Le terrorisme « à l'ancienne » serait essentiellement l'œuvre relevant de l'initiative de l'individu que l'on qualifierait de « terroriste » après ou avant son passage à l'acte. Qu'il soit international ou non, il est clair que le terrorisme est « une véritable machine » destinée à violer le droit, que ce soit en temps de paix (droits humains) comme en situation de conflit armé (DIH).

352. En ce qui concerne le terrorisme nucléaire, on peut se contenter de rejoindre l'AIEA en le qualifiant de terrorisme impliquant des matières nucléaires. Ceci se révèle néanmoins, très superficiel. Le terrorisme nucléaire n'a reçu, avec raison, aucune définition au niveau international. En effet, aucun instrument international dans le domaine du nucléaire, qu'il s'agisse de résolutions ou de traités, ne s'y est adonné. La difficulté est telle que Carlton STOIBER estime qu'il serait plus exact de parler de « terrorisme radiologique ». Toutefois, l'AIEA distingue le terrorisme nucléaire du terrorisme radiologique en partant de la distinction entre matières radiologiques et matières nucléaires. Le premier implique l'utilisation de matières nucléaires et le second, celle de matières radiologiques. Comme nous venons de le voir, la définition du terrorisme nucléaire s'est révélée très problématique à l'occasion des travaux préparatoires de la CIRATN. Certaines délégations avaient souhaité que la convention ait un large champ d'application afin de tenir compte de l'incessante évolution des méthodes et manifestations du terrorisme. Mais, tandis que certaines réaffirmaient qu'une convention générale sur le terrorisme devait comporter une définition établissant clairement une distinction entre le terrorisme et la lutte légitime des peuples contre l'occupation étrangère telle que la prévoyait la CNU, d'autres estimaient plutôt qu'une définition du terrorisme devait simplement réaffirmer la détermination de la communauté internationale de ne jamais justifier le terrorisme, sous toutes ses formes et manifestations, où qu'il se produise et quels qu'en soient les auteurs.

Au regard de la difficulté à bâtir une définition universellement acceptée, une préférence a été exprimée pour une définition opérationnelle du terrorisme car pour certains le terrorisme devait être défini sous l'angle de l'acte lui-même et de ses conséquences et non par une description de ses auteurs. C'est ainsi que la CIRATN ne couvre ni ne définit le « terrorisme nucléaire » en tant que tel mais s'applique aux « actes » qu'elle qualifie d'infractions pénales en considérant l'éventail le plus large possible de leurs cibles, formes et manifestations éventuelles. En effet, l'article 1er de la Convention ne définit que : « matière radioactive », « matières nucléaires », « installation nucléaire », « engin », « installation gouvernementale ou publique » et « forces armées d'un État ».

En partant de la définition retenue par le *Dictionnaire de droit international public* du terrorisme international et de celle des actes de terrorisme nucléaire énumérés par la CIRATN, le terrorisme nucléaire peut être considéré comme la détention ou l'emploi illicite et intentionnel de matières radioactives ou d'engins radioactifs par un individu ou un groupe d'individus agissant à titre individuel ou avec l'approbation, l'encouragement, la tolérance, ou le soutien d'un État, dans l'intention d'entraîner la mort d'une personne ou de lui causer des dommages corporels graves, ou de causer des dégâts substantiels à des biens ou à l'environnement dans la poursuite d'un objectif idéologique et susceptible de mettre en danger la paix et la sécurité internationales. La CIRATN énumère les actes de terrorisme nucléaire à son article 2 § 1 à 4 et les catégorise selon qu'il s'agit d'un acte effectivement commis par une personne seule, dans des intentions spécifiées, ou d'une menace ou chantage ou alors d'une tentative, complicité ou commission d'une infraction spécifiée. En ne procédant qu'à l'énumération des actes, la Convention n'a fait que suivre la logique de la multitude de résolutions des Nations unies et de certains traités universels « sectoriels » comme la Convention internationale pour la répression des attentats terroristes à l'explosif. À titre illustratif, l'AGNU, dans sa Déclaration sur les mesures visant à éliminer le terrorisme international figurant dans la Résolution 49/60 du 9 décembre 1994, a indiqué que le terrorisme comprend « *les actes criminels qui, à des fins politiques, sont conçus ou calculés pour provoquer la terreur dans le public, un groupe de personnes ou chez des particuliers* ». Dix ans plus tard, le Conseil de sécurité, dans sa Résolution 1566 (2004) intitulée « Menace à la paix et la sécurité internationale résultant d'actes terroristes », mentionne que le terrorisme se constitue « *des actes criminels, notamment ceux dirigés contre des civils dans l'intention de causer la mort ou des blessures graves ou la prise d'otages dans le but de semer la terreur parmi la population, un groupe de personnes ou chez des particuliers, d'intimider une population ou de contraindre un gouvernement ou une organisation internationale à accomplir un acte ou à s'abstenir de le faire* ». On peut citer entre autres résolutions du Conseil en matière de lutte contre le terrorisme, la Résolution 2554 sur la lutte contre la propagande terroriste, notamment sur l'internet, la Résolution 2331 sur les liens entre violence sexuelles, terrorisme et traite des êtres humains, la Résolution 2347 sur les liens entre commerce illicite de biens culturels et financement du terrorisme

De façon générale, quatre scénarios distincts peuvent être retenus :

- le vol ou l'achat d'un engin nucléaire provenant d'un arsenal existant dans le but de le faire exploser ;
- le vol ou l'achat de matières fissiles afin de fabriquer un engin dans le but de le faire exploser ;
- l'attaque d'installations nucléaires militaires ou civiles qui générerait la libération de grandes quantités de radioactivité ;
- le vol ou l'achat de matières radioactives pour fabriquer et faire exploser un dispositif de dispersion radiologique (RRD) ou bombe « sale » en combinant à la fois matières radioactives et explosifs classiques.

La CIRATN est allée au-delà de la simple définition des actes de terrorisme nucléaire. Elle prévoit en effet un régime pénal spécial de répression desdits actes.

CHAPITRE II.

LA RÉPRESSION INTERNATIONALE DES ACTES DE TERRORISME NUCLÉAIRE

Bibliographie : – Charles D. FERGUSON et William C. POTTER, « The four faces of nuclear terrorism », *Monterey Institute of International Studies*, 2005 p. 14 et ss. – Odette JANKOWITSCH-PREVOR, « La Convention internationale pour la répression des actes de terrorisme nucléaire » *op. cit,* p. 21. – Sylvain FANIELLE, *Le sommet sur la sécurité nucléaire à la croisée des chemins. Entre doutes et ambitions,* Les Rapports du GRIP, vol. 7, Bruxelles, 2013, p. 10 et ss. – Sylvain FANIELLE, « Le Sommet sur la sécurité nucléaire de La Haye 2014 : réussite ou occasion manquée ? », *Note d'Analyse du GRIP*, Bruxelles, 2014, pp. 4-7. – États-Unis d'Amérique, Bureau du chef du service de presse, « Communiqué of the Washington Nuclear Security Summit » (Communiqué du Sommet de Washington sur la sécurité nucléaire), 13 avril 2010, disponible sur www.whitehouse.gov/the-press-office/communique-washington-nuclear-security-summit. – Robert GOLAN-VILELLA, Michelle MARCHESANO et Sarah WILLIAMS, *The 2010 Nuclear Security Summit: A Status Update*, Arms Control Association, 2011, pp. 4-12. – Michelle CANN, Kelsey DAVENPORT et Margaret BALZA, *The Nuclear Security Summit: Assessment of National Commitments,* Arms Control Association, 2012, p. 4. – Michelle CANN, Kelsey DAVENPORT et Margaret BALZA, *The Nuclear Security Summit: Assessment of National Commitments, op. cit*, pp. 37-38. – Michelle CANN, Kelsey DAVENPORT et Margaret BALZA, *The Nuclear Security Summit: Assessment of National Commitments, op. cit*, p. 38. – « U.S., China Sign Agreement to Establish Center of Excellence on Nuclear Security », NNSA, January 19, 2011", disponible en ligne à l'adresse https://nnsa.energy.gov/mediaroom/pressreleases/chinacenterofexcellence01.19.11. – Bureau des affaires de désarmement, *Annuaire des Nations unies sur le désarmement*, vol 32 : 2007, Partie II, New York, Publication des Nations unies, 2010, p. 49. – Bureau des affaires de désarmement, *Annuaire des Nations unies sur le désarmement*, vol. 41 : 2016, Partie II, New York, Publication des Nations unies, 2018, pp. 29-30. – Bureau des affaires de désarmement, *Annuaire des Nations unies sur le désarmement*, vol. 37 : 2012, Partie II, New York, Publication des Nations unies, 2016, pp. 26-27. – Bureau des affaires de désarmement, *Annuaire des Nations unies sur le désarmement*, vol. 39 : 2014, Partie II, pp. 29-30 – Bureau des affaires de désarmement, *Annuaire des Nations unies sur le désarmement*, vol. 41 : 2016, Partie II, New York, Publication des Nations unies, 2018, p. 23. – Bureau des affaires de désarmement, *Annuaire des Nations unies sur le désarmement*, vol. 38 : 2013, Partie II, New York, Publication des Nations unies, 2015, p. 41. – Sommet sur la sécurité nucléaire, « Plans d'action 2016 » disponible à l'adresse https://www.nss2016.org/2016-action-plans.

– Sommet sur la sécurité nucléaire de 2016, « Nuclear security summit 2016 : Communiqué », 1er avril 2016, https://static1.squarespace. com/static/ 568be36505f8e2af8023adf7/t/56fef01a2eeb810fd917abb9/ 1459548186895 / Communiqué.pdf. – David RUZIÉ, « L'Organisation international de police criminelle », *AFDI*, 1956, pp. 673-679. – Lourdes VEZ CARMONA, « Le régime international de protection physique des matières nucléaires et l'amendement à la Convention sur la protection physique des matières nucléaires « in AEN, *Bulletin de droit nucléaire*, n°76, vol. 2, 2005, pp. 33-46. – AIEA, *Conférence internationale sur la sécurité nucléaire : intensification des efforts mondiaux,* Rapport du Directeur général, 57e session de la Conférence générale, Document GOV/INF/2013/9-GC(57)/INF/6 du 19 août 2013, Vienne, 2013, p. 1. – AIEA, *Rapport annuel 2013*, Vienne, 2014, p. 78. – AIEA, *Rapport annuel 2014*, Vienne, 2015, p. 13. – AIEA, *Rapport annuel 2016,* Vienne, 2017, p. 12. – AIEA, « Conférence internationale sur la sécurité nucléaire », https://www.iaea.org/events/nuclear-security-conference. – AIEA, *Rapport annuel 2017*, Vienne, 2018, p. 80 ; AIEA, *Rapport annuel 2018*, Vienne, 2019, p. 14. – AIEA, « Conférence internationale sur la sécurité nucléaire », https:// www.iaea.org/events/nuclear-security-conference. – AIEA, *Rapport du Directeur général*, Document GC(61)/24 du 14 septembre 2017, § 12. – Christophe SABOURET, « Fukushima, sortie du nucléaire et occasions manquées », *op. cit,* pp. 165-166. – Jean-Paul DELEAGE, « Éditorial : Fukushima, les sacrifiés du nucléaire », *Écologie & politique,* n° 42, vol. 2, 2011, pp. 5-16. – Wolfram TONHAUSER et Anthony WETHERAL, « Cadre juridique international sur la sûreté nucléaire : développements, défis et opportunités », *in* AEN/OCDE, *Le droit nucléaire international : Histoire, évolution et perspectives,* Paris, OCDE, n° 6935, 2010, p. 179. – Fréderic MAYET, *Physique nucléaire appliquée*, 2ème édition, Paris, De Boeck Supérieur, 2017, p. 5. – Hervé NIFENECKER, *Le nucléaire : Un choix raisonnable ? op. cit*, pp. 157-159. – Jean-Louis BOBIN, Élisabeth HUFFER, Hervé NIFENECKER (sous dir.), *L'énergie de demain. Techniques - environnement – économie, op. cit*, p. 608.

353. La CIRATN n'aborde ni ne saurait être interprétée comme abordant en aucune façon la question de la licéité de l'emploi ou de la menace de l'emploi des armes nucléaires par les États (article 4 al. 4 CIRATN). Par ailleurs, elle ne porte pas modification des autres droits, obligations et responsabilités des États et des individus du droit international, en particulier de la CNU et du DIH (article 4 al. 1 CIRATN). Aussi, elle ne régit pas les activités des forces armées en période de conflit armé. Il s'agit, aux termes de l'article 1 al. 6 de la Convention, « des forces qu'un État organise, entraîne et équipe conformément à son droit interne, essentiellement aux fins de la défense nationale ou de la sécurité nationale, ainsi que des personnes qui agissent à l'appui desdites forces armées et qui sont placées officiellement sous leur commandement, leur autorité et leur responsabilité. ».

L'article 3 précise que l'application de la Convention est limitée à des infractions commises dans un contexte international, c'est-à-dire concernant plus d'un seul État. Ainsi, la convention « ne s'applique pas lorsque l'infraction est commise à l'intérieur d'un seul État, lorsque l'auteur présumé et les victimes de l'infraction sont des nationaux de cet État, lorsque l'auteur présumé de l'infraction se trouve sur le territoire de cet État et qu'aucun autre État n'a de raison [...] d'exercer sa compétence... ». Il s'agit donc de faire sanctionner par les organes de l'État Partie, un crime reconnu comme ayant un caractère transnational. Les actes commis par ces personnes sont ainsi érigés en infractions internationales (section 1). La collaboration des États dans la prévention que dans la répression effective de ces infractions passe nécessairement par le respect effectif des engagements spécifiques qui leurs sont faits (section 2).

SECTION I.

LES INFRACTIONS INTERNATIONALES

354. Les infractions énumérées à l'article 2 par la CIRATN sont catégorisées selon qu'il s'agit d'un acte effectivement commis par une seule personne dans des intentions spécifiées ou d'une menace ou chantage ou alors d'une tentative, complicité ou commission d'une infraction spécifiée. Tel que rédigé, l'article 2 ne s'enferme pas dans un champ d'application précis du droit pénal. En effet, il énumère directement les infractions auxquelles la convention s'applique sans les qualifier en termes de distinction entre crimes et délits. La détention illicite de matières ou engins (§ 1) ainsi que la menace ou l'emploi illicite de matières ou engins nucléaires (§ 2) tous à fins de mort, de dommage ou de dégât constituent les actes de terrorisme nucléaire prohibés.

§ 1. La détention illicite de matières ou engins nucléaires à fins de mort, de dommage ou de dégât

355. La détention est illicite lorsqu'elle est le produit d'un trafic frauduleux. Il en est ainsi en cas de vol, de détournement, de recel, bref, lorsqu'il y a appropriation indue desdites matières. Aux termes des dispositions de l'article 2 al. 1 § a) de la CIRATN, constitue une infraction pénale le fait pour toute personne physique de détenir illicitement et intentionnellement des matières radioactives dans l'intention d'entraîner la mort d'une personne, de lui causer des dommages corporels graves ou de causer des dégâts substantiels à des biens ou à l'environnement. Le terme « personne » s'entend de la personne physique au sens du droit pénal c'est-à-dire, de la responsabilité pénale internationale de l'individu et non pas au sens de la définition juridique en droit civil qui englobe les personnes physiques et morales. Par ailleurs, les références faites aux paragraphes b) et c) de l'alinéa 4 de l'article 2 à « d'autres personnes » et à « un groupe de personnes », ainsi que spécifiquement à la « personne morale » au paragraphe 1, b) iii), permettent d'écarter le doute sur la signification du terme « personne ». Au sens de l'article 1er de la Convention, les matières radioactives s'entendent de toute matière nucléaire ou autre substance radioactive contenant des nucléides qui se désintègrent spontanément en émettant un ou plusieurs types de rayonnements ionisants et qui pourraient, du fait de leurs propriétés radiologiques ou fissiles, causer la mort, des dommages corporels graves ou des dommages substantiels aux biens ou à l'environnement.

L'article 2 de la CIRATN ne se limite pas aux matières radioactives. Est également proscrite la détention frauduleuse d'engins, c'est-à-dire de tout DNE, de tout engin à dispersion de matières radioactives, de tout engin émettant des rayonnements. Cette détention constitue dès lors un acte de terrorisme nucléaire lorsqu'elle vise à entraîner la mort d'une personne ou de lui causer des dommages corporels graves, ou de causer des dégâts substantiels à des biens ou à l'environnement. La même disposition érige de même en acte de terrorisme nucléaire, toute fabrication d'engin dans les mêmes desseins.

On observe que l'article 2 ne fait pas mention de la fabrication frauduleuse de matières nucléaires. Ceci peut sembler paradoxal. Mais cela peut se justifier d'abord, par le fait que la fabrication d'un combustible nucléaire, contrairement à un engin, ne soit, du fait de sa complexité, possible par le fait d'un individu pris isolement. La fabrication du combustible nucléaire est la troisième phase du cycle du combustible nucléaire. Il s'agit de la transformation de l'UF_6 sortant de l'usine d'enrichissement en poudre d'oxyde d'uranium (UO_2). En outre, cette exclusion peut trouver des éléments de justification dans le fait que la fabrication du combustible nucléaire ne soit, contrairement à l'étape d'enrichissement, une phase critique susceptible de permettre une utilisation malsaine. En effet, on n'entame la transformation du combustible nucléaire que lorsque le combustible nucléaire est destiné à l'utilisation pacifique. En rappel, les pastilles produites à l'occasion de la transformation de l'UO_2 sont empilées dans de longs tubes métalliques appelés crayons combustibles réunis pour former des assemblages combustibles. Ce mécanisme de sûreté empêche l'émission de rayonnement. Elle peut enfin, s'expliquer par la plus ou moins grande difficulté pour un individu d'accéder à des matières nucléaires en phase de fabrication. Néanmoins, la CIRATN aurait pu être beaucoup plus préventive en prohibant également la fabrication illicite de matières nucléaires. Cela n'aurait constitué qu'une barrière supplémentaire à toute intention malsaine d'en détenir et surtout d'en user comme instrument de menace ou d'en faire éventuellement emploi.

§ 2. La menace ou l'emploi illicite de matières ou engins nucléaires à fins de mort, de dommage ou de dégât

356. La menace est érigée en acte de terrorisme nucléaire dans quatre circonstances selon l'intention qui anime l'individu. L'alinéa 2 de l'article 2 stipule en effet que : « *commet également une infraction quiconque : a) menace, dans des circonstances qui rendent la menace crédible, de commettre une infraction visée à l'alinéa b du paragraphe 1 du présent article* ». Il en est ainsi, premièrement, lorsque la menace est utilisée dans l'intention d'entraîner la mort d'une personne ou de lui causer des dommages corporels graves. Deuxièmement, lorsqu'elle est utilisée dans l'intention de causer des dégâts substantiels à des biens ou à l'environnement. Troisièmement, lorsqu'elle est utilisée dans l'intention de contraindre une personne physique ou morale, une organisation internationale ou un gouvernement à accomplir un acte ou à s'en abstenir. Quatrièmement enfin, lorsque le « terroriste » exige illicitement et intentionnellement la remise de matières ou engins radioactifs ou d'installations nucléaires en recourant à la menace. Dans chacune de ces circonstances, la menace apparaît comme un moyen de revendication, un instrument à travers lequel le « terroriste » peut faire pression sur un État ou sur une organisation internationale pour la satisfaction de ses revendications. Cette menace doit être crédible dans chacune de ces circonstances, précise l'article 2 al. 2 de la Convention. Il en est ainsi à chaque fois qu'elle est objectivement avérée.

La simple menace terroriste est susceptible d'évoluer lorsque ses commanditaires n'obtiennent pas satisfaction de leurs revendications. Le terroriste peut en effet passer à l'action par l'emploi des matières et engins frauduleusement acquis. Aux termes des dispositions de l'article 2 al. 1 § b), commet une infraction toute personne qui, illicitement et intentionnellement emploie de quelque manière que ce soit des matières ou engins radioactifs ou utilise ou endommage une installation nucléaire de façon à libérer ou risquer de libérer des matières radioactives. Il ressort dans cette hypothèse que la qualification de l'infraction reste indifférente au mode d'emploi de la matière ou de l'engin. Il y a donc acte de terrorisme nucléaire à chaque fois que ladite matière ou ledit engin est matériellement utilisé sur le terrain. La matière ou l'engin peut être employé dans les mêmes circonstances et finalités que la menace. Ils peuvent ainsi l'être dans l'intention d'entraîner la mort ou des dommages corporels graves à une personne, dans l'intention de causer des dégâts substantiels à des biens ou à l'environnement ou dans celle de contraindre une personne physique ou morale à satisfaire à ses exigences.

La tentative et la complicité sont érigées en infractions dans chacune de ces circonstances tant en ce qui concerne la menace que l'emploi proprement dit. L'alinéa 3 de l'article 2 stipule : « *commet également une infraction quiconque tente de commettre une infraction visée au paragraphe 1 du présent article.* ». Aux termes de l'alinéa 4 de l'article 2, « commet également une infraction quiconque :

a. se rend complice d'une infraction visée aux paragraphes 1, 2 ou 3 du présent article ;
b. organise la commission d'une infraction visée aux paragraphes 1, 2 ou 3 du présent article ou donne l'ordre à d'autres personnes de la commettre ;
c. contribue de toute autre manière à la commission d'une ou plusieurs des infractions visées aux paragraphes 1, 2 ou 3 du présent article par un groupe de personnes agissant de concert s'il le fait délibérément et soit pour faciliter l'activité criminelle générale du groupe ou servir les buts de celui-ci, soit en connaissant l'intention du groupe de commettre l'infraction ou les infractions visées. ».

Ces infractions ne peuvent être légales au niveau national que si l'État Partie à la Convention aménage son ordre juridique national. Un ensemble d'obligations pèse ainsi sur ce dernier.

SECTION II.

LES OBLIGATIONS DES ÉTATS PARTIES

357. La satisfaction aux prescriptions de la CIRATN commande que chaque État soit de bonne foi dans son application. En outre du « bon » comportement que l'État Partie doit adopter après ratification de l'instrument, son droit national se doit d'être adapté aux nouvelles exigences de la Convention. Il faut en effet reconnaître que la répression des infractions au niveau international ne peut prospérer que si elle est d'abord effectivement réprimée au niveau national. C'est dans ce sens que la CIRATN fait obligation à chaque État Partie d'adapter son droit à la Convention en pénalisant chaque infraction internationale qualifiée d'acte de terrorisme nucléaire (1). Cette répression demeurera par ailleurs toujours lacunaire si chaque acteur s'isole. Obligation a été également faite à chaque État Partie à la Convention de coopérer (2) avec l'ensemble des acteurs pour l'efficacité de la répression des actes de terrorisme nucléaire.

§ 1. La pénalisation des actes de terrorisme nucléaire

358. L'article 5 de la CIRATN oblige chaque État à prendre les mesures qui peuvent être nécessaires pour « ériger en infraction pénale au regard de sa législation nationale les infractions visées à l'article 2 de la Convention » et à « réprimer lesdites infractions par des peines tenant dûment compte de leur gravité ». Comme nous pouvons le constater, ces deux mesures relèvent essentiellement du droit pénal national. Ainsi, chaque État Partie s'engage à faire tomber sous le coup du droit pénal national les actes définis dans l'instrument international et à adopter les mesures de répression selon son propre droit. La finalité de cette obligation est davantage précisée par l'article 6 de la Convention. En effet, aux termes cette disposition, les États Parties sont tenus d'adopter les mesures nécessaires « *pour faire en* *sorte que les actes criminels relevant de la présente Convention, en particulier ceux qui sont conçus ou calculés pour provoquer la terreur dans la population, un groupe de personnes ou chez des individus, ne puissent en aucune circonstance être justifiés par des considérations politiques, philosophiques, idéologiques, raciales, ethniques, religieuses ou autres de nature analogue* ».

Les mesures nationales doivent être en mesures de prévenir la commission de l'une ou l'autre des infractions prévues par l'article 2 de la Convention. Cette exigence émane de son article 8. À titre de prévention, l'article 8 stipule en effet que les États Parties « s'efforcent d'adopter des mesures appropriées pour assurer la protection des matières radioactives, en tenant compte des recommandations et fonctions de l'AIEA applicables en la matière ». Nous observons que cette disposition manque sur certains points de clarté juridique dans la mesure où elle n'apporte aucune précision claire sur les recommandations applicables ni ce qui doit être entendu par « fonctions » de l'AIEA ni sur comment les prendre en compte dans l'élaboration des mesures nationales. Impose-t-elle une obligation de consultation auprès de l'AIEA ? D'ailleurs, pourquoi une référence à des recommandations, instruments non contraignants et non à des conventions telle la CPPMN ? A la première question, nous pouvons répondre par l'affirmative. Les États Parties doivent prendre nécessairement attache avec l'Agence dans la concrétisation de leurs mesures nationales. Quant à la seconde question, on peut considérer que la CPPMN, mentionnée au Préambule, n'est pas citée ici dans le contexte des obligations des États Parties dans un souci de ne pas créer des lacunes dans l'exécution de la Convention en s'adressant à ceux des États Parties qui ne sont pas également Parties à la CPPMN.

En faisant tomber sous le coup du droit pénal national les actes définis par la Convention et en adoptant les mesures de répression selon son propre droit, chaque État Partie s'oblige d'office à établir sa compétence à l'égard desdites infractions. L'article 9 de la CIRATN est expressément précis sur ce point. Conformément à l'article 9 al. 1 § b), la compétence à établir par les États Parties doit être territoriale (*ratione loci*), c'est-à-dire porter sur les infractions commises sur le territoire d'un État Partie et élargi aux infractions commises à bord d'un navire battant son pavillon ou aéronef immatriculé dans ledit État Partie. Elle doit également être personnelle (*ratione personae*), c'est-à-dire inclure l'infraction commise par un ressortissant dudit État

Partie indépendamment du lieu où elle est commise. Cela signifie que l'État partie peut se voir obligé de modifier sensiblement son cadre juridique pénal afin de satisfaire aux prescriptions de la Convention.

L'État Partie peut, de manière facultative, procéder à une extension de sa compétence. Aux termes de l'alinéa 2 de l'article 9, il peut y procéder aux cas où une infraction est commise contre un de ses ressortissants (compétence personnelle passive), contre une installation de l'État située en dehors de ses frontières (par exemple une mission diplomatique), par un apatride ayant sa résidence habituelle sur son territoire si une telle infraction a pour objectif de contraindre ledit État à accomplir un acte ou à s'en abstenir ou encore si l'infraction est commise à bord d'un aéronef exploité par le gouvernement dudit État. L'État peut également établir sa compétence en cas de non-extradition vers un État Partie ayant établi sa compétence. Après avoir adapté son droit pénal, l'État Partie doit maintenant collaborer avec les autres États et organisations sur les plans bilatéral, régional et international.

§ 2. La collaboration

359. Les États Parties à la CIRATN sont tenus, aux termes des dispositions de son article 7, à collaborer sur toutes les questions liées à sa mise en œuvre effective. S'agissant du champ géographique de la collaboration, la Convention laisse implicitement aux États Parties la liberté de le définir. Elle peut ainsi s'établir sur le plan bilatéral et/ou multilatéral. En ce qui concerne le champ matériel de collaboration, il porte de façon générale sur des questions de droit pénal et de procédure pénale. De manière précise, les États doivent collaborer « en prenant toutes les mesures possibles, y compris, le cas échéant, en adaptant leur législation nationale afin de prévenir ou contrarier la préparation, sur leurs territoires respectifs, des actes de terrorisme nucléaire destinées à être commises à l'intérieur ou à l'extérieur de leurs territoires et de faciliter leur répression le cas échéant ». L'efficacité de cette collaboration se mesurera à sa capacité à empêcher « les activités illégales d'individus, de groupes et d'organisations qui encouragent, fomentent, organisent, financent en connaissance de cause ou fournissent en connaissance de cause une assistance technique ou des informations ou commettent de telles infractions » (article 7 al. 1 § a)).

Outre l'harmonisation et la coordination des mesures nationales, les États Parties se doivent d'échanger des informations « exactes et vérifiées » et de coopérer avec les organisations internationales, notamment l'ONU et l'AIEA dont les organes et centres demeureront en permanence accessibles. À cet effet, chaque Etat Partie doit faire le nécessaire pour informer sans délai les autres États visés à l'article 9 de toute infraction visée à l'article 2 et de tous préparatifs de telles infractions dont il aurait eu connaissance, ainsi que pour en informer, le cas échéant, les organisations internationales précise l'article 7 al. 1 § b) de la Convention. La protection de la confidentialité des informations reste un principe que les Parties doivent observer. En effet, l'alinéa 2 de l'article 7 permet aux États Parties de « prendre les mesures voulues en accord avec leur législation nationale pour préserver le caractère confidentiel de toute information reçue à titre confidentiel et de toute information fournie à des organisations internationales ». D'ailleurs, l'alinéa 3 de la même disposition prévoit que la Convention n'impose pas à un État Partie l'obligation de communiquer des informations confidentielles conformément à sa législation nationale ou qui « risqueraient de mettre en péril sa sécurité ou la protection physique de matières nucléaires ».

Lorsqu'une infraction est commise dans le cadre de la CIRATN, les États Parties sont tenus, conformément à l'article 18, de prendre des mesures afin de neutraliser les matières radioactives ainsi que l'engin ou l'installation nucléaire concerné après leur saisine ou prise de contrôle. À cet effet, l'État partie qui détient des matières ou engins radioactifs ou des installations nucléaires peut demander l'assistance et la coopération d'autres États parties et en particulier de l'AIEA. Il doit veiller à ce que les matériaux nucléaires soient détenus de manière conforme aux garanties applicables de l'AIEA et prendre en compte les recommandations applicables à la protection physique ainsi que les normes de santé et de sécurité de l'AIEA. Cela signifie que chaque État peut avoir à exécuter des mesures administratives et réglementaires pour gérer la saisine des matières interdites ou à prendre en considération des mesures visant la restitution ou le rejet.

Au-delà des dispositions concernant la collaboration habituelle entre les États, la CIRATN encourage une entraide judiciaire la plus large possible, en tenant compte de l'existence d'un traité d'entraide judiciaire ou indépendamment d'un tel traité ou accord. L'article 14 al. 1 stipule que « les États Parties s'accordent l'entraide judiciaire la plus large possible pour toute enquête, procédure pénale ou procédure d'extradition relative aux infractions visées à l'article 2, y compris pour l'obtention des éléments de preuve dont ils disposent et qui sont nécessaires aux fins de la procédure ». Il doit en être ainsi en matière d'enquête, de procédure pénale et d'extradition. En ce qui concerne l'extradition, il faut retenir que les questions de droit, de procédure pénale ainsi que de coopération internationale dans ce domaine sont réglementées de manière complète et précise. En effet, les obligations de l'État Partie et les procédures applicables à partir du moment où il est informé qu'une infraction a été commise jusqu'à l'exercice de l'action pénale ou de l'extradition de l'auteur présumé de l'infraction, sont énoncées en détail aux articles 10 à 16. L'article 17, qui se rapporte à une question connexe, s'attarde sur les conditions de transfèrement à un autre État Partie de personnes détenues dans le cadre d'une enquête. L'article 17 al. 1 stipule que « toute personne détenue ou purgeant une peine sur le territoire d'un État Partie dont la présence dans un autre État Partie est requise aux fins de témoignage ou d'identification ou en vue d'apporter son concours à l'établissement des faits dans le cadre d'une enquête ou de poursuites engagées en vertu de la présente Convention peut faire l'objet d'un transfèrement si les conditions ci-après sont réunies : a) ladite personne y donne librement son consentement en toute connaissance de cause ; b) les autorités compétentes des deux États concernés y consentent, sous réserve des conditions qu'ils peuvent juger appropriées. ».

Aux fins de l'alinéa 2 de l'article 17, l'État vers lequel le transfèrement est effectué a le pouvoir et l'obligation de garder l'intéressé en détention, sauf demande ou autorisation contraire de la part de l'État à partir duquel la personne a été transférée ; de s'acquitter sans retard de l'obligation de rendre l'intéressé à la garde de l'État à partir duquel le transfèrement a été effectué, conformément à ce qui aura été convenu au préalable ou à ce que les autorités compétentes des deux États auront autrement décidé. Il a également, l'obligation de ne pas exiger de l'État à partir duquel le transfèrement est effectué qu'il engage une procédure d'extradition concernant l'intéressé. L'alinéa 3 précise qu'« à moins que l'État Partie à partir duquel une personne doit être transférée, conformément aux dispositions du présent article, ne donne son accord, ladite personne, quelle qu'en soit la nationalité, ne peut pas être poursuivie, détenue ou soumise à d'autres restrictions touchant sa liberté de mouvement sur le territoire de l'État auquel elle est transférée à raison d'actes ou condamnations antérieures à son départ du territoire de l'État à partir duquel elle a été transférée. ».

Les résolutions des Nations unies ajoutées à la CIRATN n'ont pas empêché la communauté internationale de poursuivre la réflexion sur les conditions d'une répression optimale du terrorisme nucléaire dénotant ainsi de toute la problématique que pose cette question. À travers une série de rencontres internationales, la question de la sécurité nucléaire fut reparcourue de long en large dans tous ses aspects.

SECTION III.

LE CYCLE DES SOMMETS SUR LA SÉCURITÉ NUCLÉAIRE, UN CADRE ESSENTIEL À LA LUTTE CONTRE L'INSÉCURITÉ NUCLÉAIRE

360. Dans son discours tenu à Prague le 5 avril 2009, le président américain Barack OBAMA avait annoncé un nouvel effort international pour sécuriser toutes les matières nucléaires dans le monde au cours des quatre années suivantes afin de se protéger contre le terrorisme. Pour y parvenir, le président américain a dressé une trajectoire divisée en trois étapes. La première concerne principalement les États-Unis eux-mêmes. En effet, il s'agit de proposer des mesures visant à réduire et, à plus long terme, éliminer les stocks d'armes nucléaires existants. La deuxième étape consiste à renforcer et réaffirmer le régime établi par le TNP et à s'en servir comme base pour construire une coopération internationale autour de la sécurisation des matériaux nucléaires. La troisième étape est d'assurer qu'aucun terroriste ne mette la main ni sur une arme nucléaire ni sur des matériaux nucléaires nécessaires à sa fabrication. En juillet 2009, lors du Sommet du G8 à l'Aquila en Italie, les chefs d'État et de gouvernement présents ont approuvé cette nouvelle approche ambitieuse et nécessaire, du Président OBAMA. C'est à l'occasion de cette rencontre internationale qu'il a annoncé que Washington accueillerait en avril 2010 la première étape du Sommet sur la sécurité nucléaire (SSN) (§ 1). Au terme d'une série de rencontres (§ 2), le débat sur la sécurité nucléaire se poursuivra dans d'autres instances avec d'autres initiatives.

§ 1. Le débat sur la sécurité nucléaire à l'occasion du premier sommet sur la sécurité nucléaire tenu à Washington du 12-4-2010 au 13-4-2010

361. Les 12 et 13 avril 2010, le premier SSN se tenait à Washington. Ce sommet a réuni 47 délégations de pays dotés et non dotés d'armes nucléaires et trois organisations internationales (l'ONU, l'UE, l'AIEA). Les critères de participation à ce sommet ont été déterminés par les Etats-Unis, État organisateur. Les participants ont été sélectionnés sur base de considérations pragmatiques afin de combler les divisions politiques autour de la non-prolifération et du désarmement nucléaire. C'est ainsi qu'Israël, l'Inde et le Pakistan ont participé pleinement au sommet sans être sous le risque d'être perçus comme des nations de second rang parce que non parties au TNP. En revanche, d'autres États possédant un important parc nucléaire ou de nombreux matériaux sensibles, ont été exclus du sommet. C'est notamment le cas de la Biélorussie, de l'Iran, de la Corée du Nord ou de l'Ouzbékistan. Cette pratique d'invitation sélective a permis d'atteindre un consensus sur certains points. Elle a néanmoins porté atteinte à la légitimité du sommet et à son universalité. En ce qui concerne le nombre élevé de délégations, il se justifie essentiellement par le climat international favorable qui régnait en ce temps. En effet, quelques jours auparavant soit le 8 avril, la Russie et les Etats-Unis avaient signé à Prague le nouveau traité START (New START) visant à réduire le nombre d'armes nucléaires en leur possession. Pendant cette manifestation de deux jours, l'accent a été mis principalement sur la menace de l'acquisition par des terroristes de matières nucléaires non sécurisées dans le contexte de l'après 11-Septembre. Malgré quelques divergences, le terrorisme nucléaire fut élevé à cette occasion au rang de priorité internationale (A), d'où la dynamique manifeste de l'ensemble des participants (B) à le contrecarrer sous toutes ses manifestations.

A. Le terrorisme nucléaire élevé au rang de priorité internationale

362. Certes, les attentats de New York n'impliquaient pas de matériaux nucléaires, mais ils ont révélé qu'aucun État, soit-il le plus industrialisé, ne peut se prémunir avec certitude contre des actions terroristes à grande échelle. C'est ainsi que l'idée de prévenir de telles actions grâce à des interventions internationales coordonnées a été révélée par l'ensemble des participants comme une nécessité (1). Toutefois, une telle coordination ne peut vraiment être efficace que si chaque État s'est d'abord suffisamment investi au niveau national pour disposer des mesures de sécurisation adéquates. C'est donc avec pleine conscience, que les États participants ont réaffirmé, à travers le communiqué final (ce communiqué comporte 12 points. V. Etats-Unis d'Amérique, Bureau du chef du service de presse, « Communiqué of the Washington Nuclear Security Summit » (Communiqué du sommet de Washington sur la sécurité nucléaire), 13 avril 2010. Disponible à www.whitehouse.gov/the-press-office/communique-washington-nuclear-security-summit) adopté au sortir du sommet, cette responsabilité qui leur incombe en premier (2).

1. Une intervention internationale coordonnée, une vérité acceptée par tous

363. Le communiqué final adopté par consensus à la fin du sommet est une déclaration d'engagements politiques ne comportant aucun caractère contraignant pour les États participants. Toutefois, la coopération au niveau international se révèle impérative pour ceux-ci en dépit du caractère purement déclaratoire du communiqué. Il s'agit sans ambages d'une vérité indissoluble. Les États participants l'ont ainsi reconnu et accepté en appelant au sortir du sommet chaque État à travailler « en collaboration avec la communauté internationale pour améliorer la sécurité nucléaire » (point 2 du communiqué final). D'ailleurs, ils ont « reconnu le rôle primordial des Nations unies et de l'AIEA, mais aussi de certaines initiatives internationales telles que l'Initiative mondiale de lutte contre le terrorisme nucléaire et le Partenariat mondial contre la prolifération des ADM et des matières connexes » (points 6 et 7 du communiqué final).

L'obligation pour les États de collaborer est d'une importance indéniable et répond à plusieurs nécessités. D'abord, elle répond à la nécessité « de construire un régime de sécurité nucléaire efficace reposant sur la promotion d'une coopération au niveau bilatéral, régional et multilatéral » (point 8 du communiqué final). Ainsi, sur le plan géographique, la coopération en matière de lutte contre le terrorisme doit s'étendre à tous les niveaux possibles. Cela signifie que les États doivent coordonner leurs actions de telle sorte que des barrières juridiques et techniques infranchissables soient en place dans chaque sous-région et région du monde. Ensuite, cette coopération est indispensable « pour prévenir, de manière efficace, les incidents relatifs aux transferts de matériaux illicites, notamment en échangeant l'expertise sur cette matière » (point 9 du communiqué final). En effet, l'expertise dans la gestion des mouvements de matériaux nucléaires ou radioactifs à travers les frontières internationales est incontournable à la prévention de la fraude. Les États sont donc dans l'obligation de se former, d'échanger des informations, des connaissances dans ce domaine de sorte qu'aucune faille, si minime soit-elle, ne subsiste dans leur système de lutte. Ceci implique par conséquent, un engagement ferme de chacun. L'obligation de collaborer est *in fine,* l'instrument principal qui permet de coordonner des mesures disparates et de faire valoir le poids du politique dans l'établissement de solutions techniques. Toutefois, elle est nécessairement sous-tendue par une responsabilisation pleine et effective de la part de chaque acteur.

2. La sécurisation des matériaux nucléaires, une responsabilité acceptée par tous

364. Au sortir du sommet de Washington, les États participants ont « réaffirmé leur responsabilité de sécuriser leurs matériaux nucléaires, en accord avec leurs obligations internationales et en insistant sur l'importance de posséder une législation nationale robuste, afin de prévenir que des acteurs non étatiques mettent la main sur ce type de matériaux » (point 1 du communiqué final). Chaque État participant a donc confirmé qu'il lui appartenait en premier d'assurer la sécurité de ses matériaux nucléaires. Dès lors, il ne se déresponsabilise nullement. D'ailleurs, les États participants ont « reconnu que le plutonium et l'uranium hautement enrichi nécessitent une surveillance toute particulière ». Ils sont ainsi, conscients que l'effectivité de la sécurité nucléaire au niveau international passe indéniablement par celle nationale.

Aucune barrière juridique et technique au niveau national ne peut cependant se révéler infranchissable si elle n'est « robuste », c'est-à-dire adaptée en tout point à la prévention de tout accès d'un acteur non étatique aux matériaux nucléaires et de tout acte de terrorisme nucléaire ; ont-ils également reconnu. Par ailleurs, l'ordre juridique national ne peut assurer pleinement la sécurisation des matières nucléaires que s'il est inspiré de l'ordre international. Le respect des obligations internationales en la matière en est la panacée. C'est dans cette prise de conscience globale que les États participants ont pris l'engagement de « s'efforcer afin de mettre en œuvre leurs engagements en matière de sécurité nucléaire » et « de convertir leurs réacteurs utilisant de l'uranium hautement enrichi (UHE) afin que, là où cela est techniquement et économiquement faisable, ils emploient de l'uranium faiblement enrichi ». Ils ont également décidé de tout mettre en œuvre afin d'« atteindre les objectifs visés dans les instruments internationaux de sécurité nucléaire notamment la CIRATN et la CPPMN tel qu'amendé. ». La prise de conscience globale de la communauté internationale au cours de ce sommet à créer une dynamique particulière à éradiquer le terrorisme nucléaire.

B. La dynamique internationale dans l'éradication du terrorisme nucléaire

365. Il est une vérité selon laquelle il ne suffit pas de reconnaître que la paix est une belle œuvre ; il faut surtout la mettre en œuvre. C'est sous le prisme de cette certitude que les États participants au sommet de Washington ont manifesté leur volonté à prévenir la commission d'actes de terrorisme nucléaire et le cas échéant, à combattre dans la limite du possible, de tels actes. Le dynamisme des États participants à éradiquer le terrorisme s'est en effet manifesté par la prise d'un certain nombre d'engagements (1) et par l'adoption d'un plan d'action assez stratégique (2).

1. L'engagement des participants au sortir du sommet

366. Soixante-sept engagements volontaires unilatéraux ont été pris par 29 États dans le but de mettre en œuvre et de soutenir les objectifs du sommet de Washington dans les années à venir. De différentes natures (juridiques, politiques, etc.), ces engagements ont été répertoriés dans les neuf domaines suivants :

1. la ratification des instruments internationaux contraignants en matière de lutte contre le terrorisme nucléaire ;
2. la dépossession et la sécurisation de l'uranium hautement enrichi (UHE) ;
3. la conversion et le démantèlement de réacteurs nucléaires utilisant de l'UHE ;
4. le renforcement de la coopération avec l'AIEA ;
5. la création de centres d'énergie nucléaire et la participation aux activités, conférences et essais ;
6. l'adoption de législations nationales en matière de sécurité nucléaire ;
7. la participation à l'Initiative mondiale de lutte contre le terrorisme nucléaire (Global Initiative to Combat Nuclear Terrorism – GICNT – en anglais) ;
8. la participation au Partenariat mondial du G-8 contre la prolifération des armes de destruction massive et des matières connexes (« G-8 Global Partnership » en anglais) ;
9. la prévention de la contrebande dans le domaine du nucléaire.

Nombre d'États se sont ainsi engagés à ratifier dans les plus brefs délais la CIRATN et la CPPMN ou son amendement ou à accélérer le processus de ratification déjà entamé. Il faut citer parmi ceux-ci les États-Unis eux-mêmes, la Géorgie, l'Arménie, le Royaume-Uni, l'Allemagne, l'Argentine, l'Australie. Cet engagement découle, comme nous l'avons vu plus haut, moins de la valeur juridique reconnue à ces instruments que de la nécessité de disposer, conformément au droit international, d'un ordre juridique national adapté. Retenons que la plupart des États ont tenu leur engagement au lendemain du sommet. Au 31 janvier 2011, trois États avaient ratifié la CIRATN tel que promis et deux États, l'amendement de la CPPMN. Par exemple, la Géorgie a adhéré à la CIRATN le 23 avril 2010, c'est-à-dire le même mois ; l'Arménie l'a ratifié le 22 septembre 2010 soit six mois après ; les Pays-Bas l'ont acceptée le 30 juin 2010, soit deux mois après. L'amendement à la CPPMN a été ratifié par le Royaume-Uni et l'Allemagne comme promis.

En ce qui concerne la dépossession et la sécurisation de l'UHE, il s'agit de l'engagement à se déposséder de ses stocks d'UHE et à n'utiliser désormais que de l'uranium faiblement enrichi (UFE). Engagés, le Chili, la Libye, le Mexique, la Roumanie, la Serbie, Taïwan, la Turquie et l'Ukraine ont procédé à l'élimination totale de leurs stocks d'UHE, principalement avec l'aide des États-Unis ou de la Russie.

S'agissant de la conversion et du démantèlement de réacteurs nucléaires utilisant de l'UHE, il s'agit d'un engagement qui se veut complémentaire à l'abandon de l'UHE. En effet, l'État n'a plus intérêt à garder de tels réacteurs lorsqu'il se démarque de la production de l'UHE. On peut ainsi, soit les convertir soit les démanteler. Cet engagement avait été pris entre autres par la Russie, le Kazakhstan, le Mexique. C'est ainsi que la Russie a fermé le site de production de plutonium à Zheleznogorsk dès le 15 avril 2010 ; les deux autres ont procédé à la reconversion de leurs réacteurs.

L'engagement dans le renforcement de la coopération avec l'AIEA a porté principalement sur la participation aux finances de l'Agence, notamment par une contribution au « Nuclear Security Fund » (NSF). Joignant l'acte à la parole, le 5 décembre 2010, la Russie a conclu un accord avec l'Agence pour une contribution annuelle au NSF à hauteur de 6,5 millions de dollars valable jusqu'en 2015. Le 8 mars 2011, l'Agence annonçait avoir conclu un accord avec le Royaume-Uni pour une contribution d'un montant de 4 millions de livres (approximativement 6,4 millions de dollars) au NSF. Plusieurs autres États ont pris l'engagement d'en faire de même. Par exemple, la Norvège a apporté une contribution de 3,3 millions de dollars au NSF durant quatre années et une contribution additionnelle de 500 000 dollars en soutien aux efforts du Kazakhstan dans le cadre de la participation de cet État à l'Initiative mondiale de lutte contre le terrorisme.

Parlant de la création de centres d'énergie nucléaire et la participation aux activités, conférences et essais, les engagements visent à renforcer le cadre institutionnel de chaque État en matière de prévention d'actes de terrorisme nucléaire, à faciliter la collaboration entre les institutions et à faciliter la tenue des différentes activités et actions au niveau international. C'est ainsi que l'Inde a annoncé la création d'un centre d'énergie nucléaire avec une large composante destiné à la sécurité nucléaire et ouverte à une participation internationale. Les États-Unis se sont engagés à soutenir financièrement les activités de l'Institut mondial de la sécurité nucléaire (en anglais World Institute for Nuclear Security – WINS) ;

le Japon et le Canada à faire de leur possible pour offrir le cadre adapté à la tenue des activités du WINS ; la Chine à mettre en place un centre d'excellence en matière de sécurité nucléaire. Le soutien américain s'est élevé à hauteur de 3 millions de dollars en 2009 pour atteindre 900 000 dollars les deux années ayant suivi celle de la conférence. Le 19 janvier 2011, la Chine et les Etats-Unis annonçaient la signature d'un mémorandum d'accord établissant la collaboration entre le service américain de sureté nucléaire (NNSA) et la China's Atomic Energy Authority établissant en Chine le Centre d'excellence (V. « U.S., China Sign Agreement to Establish Center of Excellence on Nuclear Security », NNSA, January 19, 2011).

En ce qui concerne le renforcement du cadre juridique national, il s'agit de la réitération de l'engagement pris par les États et mentionné dans le communiqué final. Ainsi, l'Arménie a achevé le processus d'adoption de sa nouvelle loi en matière de contrôle des exportations dans le domaine du nucléaire qui était en cours depuis novembre 2009. Il en a été de même de l'Égypte (lire à ce propos « Mubarak approves nuclear radioactive law », Egypt State Information Service, March 31, 2010) et de la Malaisie au cours de la même année.

La participation à l'Initiative mondiale de lutte contre le terrorisme nucléaire a été un engagement que de nombreux États participants ont effectivement assumé. Cette Initiative est un partenariat regroupant 88 États et six organisations internationales jouant le rôle d'observateurs. Elle a trois principaux objectifs à savoir renforcer l'architecture mondiale de lutte contre le terrorisme nucléaire à travers la réunion des capacités et des ressources ; réunir les expériences et les expertises dans le domaine de la lutte contre la prolifération des armes nucléaires et le terrorisme nucléaire ; servir de cadre où les nations, sur une base volontaire, pourront se partager des informations et des compétences. Cette Initiative doit être distinguée d'une initiative voisine à savoir l'« Initiative mondiale de réduction de la menace nucléaire ». Le 26 mai 2004, au cours d'une réunion avec de hauts fonctionnaires de l'AIEA, à Vienne, le Secrétaire d'État à l'énergie des Etats-Unis a annoncé l'Initiative mondiale de réduction de la menace nucléaire. Cette dernière a pour but de minimiser aussi rapidement que possible le montant de matières nucléaires disponibles qui pourraient être utilisées à la fabrication d'armes nucléaires. Elle tend aussi à mettre en place des mécanismes pour assurer que les matières nucléaires et radiologiques et matières connexes, où qu'elles se trouvent dans le monde, ne soient pas utilisées à mauvais escient (V. Département des affaires de désarmement, *Annuaire des Nations unies sur le désarmement,* vol. 29 : 2004, New York, Publication des nations unies, 2005, pp. 53-54). Aux termes de l'Initiative, les Etats-Unis œuvreraient avec l'AIEA et d'autres partenaires à :

- rapatrier tout l'uranium récemment hautement enrichi d'origine russe et tout le combustible irradié ;
- rapatrier tout le combustible irradié des réacteurs de recherche d'origine américaine de tous ses programmes existant dans le monde entier ;
- s'efforcer de remplacer l'uranium hautement enrichi par de l'uranium faiblement enrichi dans le cœur des réacteurs de recherche civils ;
- localiser d'autres matières nucléaires et radioactives et le matériel connexe qui ne sont pas encore visés par les activités de réduction de la menace ; et
- rapidement s'occuper en premier lieu des installations les plus vulnérables.

Après avoir mis en place des comités nationaux, l'Argentine, les Philippines, la Thaïlande, le Vietnam, le Mexique et Singapour ont été les nouveaux membres accueillis en juin 2010 lors d'une Assemblée plénière des membres de l'Initiative mondiale de lutte contre le terrorisme nucléaire.

En ce qui concerne l'engagement à participer au Partenariat mondial du G-8 contre la prolifération des ADM et des matières connexes, il a été principalement pris par le Canada. C'est en juin 2002 lors du Sommet du G8 à Kananaskis au Canada que ce Partenariat a été lancé. Son objectif est de lutter contre la prolifération des ADM et des matières connexes. Tel qu'on peut le constater, cette initiative a été lancée au lendemain des attentats de septembre 2001 contre les Etats-Unis. Ainsi, le Canada a accueilli en juin 2010 à Muskoka le Sommet du G-8. Il obtint à cette occasion le soutien des États-Unis pour l'extension et le développement du Partenariat.

Enfin, en ce qui concerne la prévention du trafic illicite ou contrebande, il s'agit d'un engagement implicitement pris par tous les acteurs participants au sommet. Cependant, on peut citer parmi les États qui se sont officiellement affichés, les Emirats arabes unis, la Nouvelle-Zélande, l'Italie, la Norvège. Depuis décembre 2009, les Emirats arabes unis et les États-Unis avaient commencé à joindre leurs efforts pour l'installation d'infrastructure et d'équipements de détection des radiations dans les ports d'Abu Dhabi et de Sharjah. Ces efforts se sont ainsi poursuivis jusqu'après 2010. Quant à l'Italie, elle signa en mars 2010 un accord de coopération avec la NNSA. Avec l'appui de cette dernière, l'Agence douanière italienne (la « Customs Agency of the Italian Republic ») a pu renforcer ses capacités en matière de prévention, de détection et d'interdiction du trafic illicite de matériaux nucléaires dans les différents ports italiens de Gênes et de Gioia Tauro. La Nouvelle-Zélande et la Norvège ont suivi un processus semblable. Le suivi effectif des différents engagements volontaires ne pouvait être possible sans un guide. C'est ainsi qu'à l'appui de la volonté manifeste des États participants à sécuriser l'utilisation civile que militaire du nucléaire un plan d'action fut mis en place.

2. Le plan d'action adopté à l'occasion du sommet, le guide pour une sécurité nucléaire effective

367. Le Plan d'action adopté au sortir du sommet de Washington est un document de 13 paragraphes traversant l'ensemble des engagements pris par les États. Il réaffirme non seulement le droit universel de chaque État à l'UPEN (§ 8 du Plan), mais également la responsabilité première qui leur incombe (§ 9 et 11 du Plan) de sécuriser les matériaux nucléaires et les outils concrets susceptibles de leur permettre de remplir les engagements exprimés. Lesdits outils s'inscrivent respectivement dans cinq domains :

- l'universalisation des instruments internationaux en matière de sécurité nucléaire ;
- le renforcement de l'engagement du CSNU ;
- le renforcement du rôle de l'AIEA ;
- le développement des initiatives internationales en matière de sécurité nucléaire ;
- le rôle de l'industrie nucléaire et du secteur privé dans le domaine de la sécurité nucléaire.

Dans ses deux premiers paragraphes, le Plan d'action décrit respectivement l'importance de la CIRATN et de la CPPMN tel qu'amendée. Il s'avère que l'efficacité de ces instruments dépend de son acceptation par l'ensemble des États, soient-il utilisateurs ou non de l'énergie nucléaire. Il s'agit donc pour les États qui ne sont pas parties à l'un ou l'autre de ces instruments de le devenir et les États parties de travailler de commun accord sur tous les points de sorte à recueillir le maximum d'adhésion (§ 1 et § 2 du Plan).

S'agissant du renforcement du rôle du Conseil de sécurité, les États participants ont été appelés à concrétiser les dispositions de la Résolution 1540. A cet effet, ils doivent poursuivre la collaboration avec le Comité 1540 tel que le stipule la résolution et à demeurer dans le cadre de la stratégie internationale de lutte définie par les Nations unies (§ 3 du Plan).

Le rôle essentiel joué par l'AIEA dans le cadre de la sécurité nucléaire internationale a été reconnu dans les paragraphes 4, 5, 6 et 13 du Plan. L'Agence se révèle comme l'une des pièces maîtresses de l'effectivité du régime international de sécurité nucléaire. C'est en reconnaissant la responsabilité et les mérites de l'Agence que les États participants ont ainsi été interpellés sur la nécessité de participer aux différentes actions et initiatives de l'Agence et notamment, à son Plan sur la sécurité nucléaire pour la période 2010-2013 approuvé en septembre 2009 par le Conseil des gouverneurs et par la Conférence générale de l'AIEA. Ce Plan avait été élaboré en tenant compte des enseignements tirés de l'application des plans précédents et devait répondre aux priorités identifiées par le Secrétariat et les États membres, particulièrement en ce qui concerne les changements dans la situation en matière de sécurité nucléaire depuis le lancement du premier plan et les recommandations provenant d'évaluations externes. Ainsi, ce Plan a prévu de passer d'interventions ponctuelles à des améliorations à long terme durables en matière de sécurité nucléaire. Il a envisagé un budget d'environ 23 millions d'euros par an, dont la majorité proviendrait de contributions extrabudgétaires au Fonds pour la sécurité nucléaire (Bureau des affaires de désarmement, *Annuaire des Nations unies sur le désarmement*, vol 32 : 2007, Partie II, New York, Publication des Nations unies, 2010, p. 49 et ss.).

L'importance des initiatives internationales en matière de sécurité nucléaire n'est plus à démontrer. À son paragraphe 7, le Plan est revenu sur la nécessité de contribuer au renforcement de la coopération entre États à tous les niveaux et de telles initiatives. Dans cette démarche, les États participants ont appelé à développer des initiatives communes au niveau bilatéral, régional et multilatéral et à travailler « de commun accord » de sorte à identifier et à répondre les uns envers les autres aux besoins matériels et techniques de chacun en matière de sécurité nucléaire.

La place de l'industrie nucléaire et du secteur privé dans la prévention que dans l'éradication des actes de terrorisme nucléaire n'a pas été omise lors du sommet. Aux termes du § 10 du Plan d'action, il incombe à chaque État de faire de sorte à disposer d'un secteur industriel et privé conscient du risque d'insécurité qui existe. Ainsi, la culture de la sécurité nucléaire doit être inscrite dans la politique industrielle de chaque acteur du secteur privé. Chaque État participant se doit de participer aux actions du secteur privé dans ce domaine, à passer les informations exactes et à encourager les différents acteurs à s'approprier l'ensemble des mesures de protection physique des matériaux nucléaires et de prévention des actes de terrorisme nucléaire. .

Le sommet de Washington a permis de s'accorder sur des mesures concrètes à adopter en faveur de la sécurité nucléaire mais aussi de sensibiliser l'ensemble de la communauté internationale à la menace. Toutefois, il n'a pas pu répondre à toutes les inquiétudes s'attachant à la sécurité nucléaire. Des rencontres supplémentaires y ont été par conséquent consacrées.

§ 2. L'évolution du débat sur la sécurité nucléaire à la fin du cycle des sommets sur la sécurité nucléaire amorcé en 2010

368. Les questions en suspens au sortir du sommet de Washington devaient être débattues en détail lors des prochains sommets. En rappel, le sommet de Washington s'est focalisé sur une partie bien précise de la sécurité nucléaire et de la menace du terrorisme nucléaire, à savoir l'éventualité de l'utilisation, de la fabrication ou du vol d'armes nucléaires et seuls des matériaux nucléaires tels que l'UHE ou le plutonium ont fait l'objet d'intenses discussions. Les questions portant sur la sécurité radiologique, relative aux bombes dites « sales », ou sur la vulnérabilité des installations nucléaires en cas d'attaques majeures, n'ont été que très peu abordées. Un autre élément qui n'a fait l'objet que d'une brève mention dans le communiqué et le plan d'action est la protection du savoir et de l'information en matière nucléaire (ou « actifs immatériels » de la sécurité nucléaire.

Ainsi, avant le quatrième et dernier sommet tenu à Washington les 31 mars et 1er avril 2016, deux autres sommets ont été tenus à

Séoul, la capitale sud-coréenne, les 26 et 27 mars 2012 et dans la capitale administrative néerlandaise de La Haye les 24 et 25 mars 2014. Cinquante-trois chefs d'État et de gouvernement ainsi que des représentants des Nations unies, de l'AIEA, de l'UE et d'INTERPOL ont assisté au sommet de Séoul. Outre les participants au sommet de 2010, il y avait sept nouveaux participants : Azerbaïdjan, Danemark, Gabon, Hongrie, Lituanie, Roumanie et INTERPOL. La présence du Président du Conseil européen et du Président de la Commission européenne, qui représentaient l'Union européenne, a porté à 58 le nombre total des personnalités qui ont assisté au sommet.

Comparées à 2010, les circonstances avaient bien changé à l'approche du sommet du Séoul, principalement en raison de l'incident nucléaire de la centrale de Fukushima en mars 2011. Le sommet de Séoul a apporté son lot de nouveautés et a été l'occasion pour les États de renouveler leurs engagements. Les sujets abordés à Séoul ont été relativement similaires à ceux abordés à Washington : entre autres, les mesures de coopération pour faire face à la menace du terrorisme nucléaire, la protection des matériaux nucléaires, mais aussi la prévention de leur trafic illicite, la mise en œuvre des accords existants et des engagements volontaires pris en 2010. Des thématiques plus précises, telles que la minimisation de l'utilisation d'UHE, l'état des ratifications de la CIRATN et de la CPPMN, le rôle de l'AIEA ou encore la promotion d'une culture de sécurité nucléaire ont également été abordées. Dans un contexte marqué par Fukushima, le pays hôte a aussi mis l'accent sur de nouvelles problématiques, comme la sécurité des matériaux radioactifs, la protection des installations utilisant des matériaux nucléaires et/ou radioactifs mais aussi le lien entre sûreté et sécurité nucléaire. Le sommet de Séoul a abordé deux sujets qui n'avaient pas été discutés à Washington : la sécurisation des matières radioactives et la création d'une interface entre sûreté et sécurité nucléaire. Il a permis de débattre en détail de la sûreté et de la sécurité des sources radioactives. À côté de ces deux nouveautés majeures, d'autres éléments sont aussi venus contribuer aux objectifs du sommet. On peut citer l'inclusion de « paquets spécifiques » et la multiplication d'échéances. La pratique des « paquets spécifiques » a permis à un groupe d'États de ne pas être enfermé dans le contenu du communiqué officiel et de s'engager ensemble dans des projets visant à sécuriser un nombre important de matériaux nucléaires. De nouvelles échéances ont été fixées dans le cadre de la concrétisation des engagements pris. Ainsi, avant fin 2013, les États devaient annoncer de nouvelles mesures visant à minimiser l'utilisation d'UHE, et avant 2014, l'amendement de la CCPMN devait entrer en vigueur. Mêmes étant non contraignantes, ces échéances ont permis aux États d'avoir un agenda clair et précis pour les années à venir et de mettre par ailleurs une certaine pression politique sur les États afin qu'ils prennent les mesures nécessaires pour les respecter. Se fondant sur les objectifs et les mesures énoncés dans le communiqué de Washington, le communiqué final de Séoul a identifié 11 domaines jugés prioritaires et importants pour la sécurité nucléaire et pour lesquels il propose une série de mesures spécifiques :

a. architecture mondiale de sécurité nucléaire ;
b. rôle de l'AIEA ;
c. matières nucléaires ;
d. sources radioactives ;
e. sûreté et sécurité nucléaires ;
f. sécurité du transport ;
g. prévention du trafic illicite de matières nucléaires ;
h. criminalistique nucléaire ;
i. culture de sécurité nucléaire ;
j. sécurité informatique ; et
k. coopération internationale.

369. Toutefois, de nombreux efforts devaient encore être entrepris à la veille du sommet de La Haye en vue d'aboutir à un régime de sécurité nucléaire complet, cohérent et durable. Ayant réuni les mêmes chefs d'État ou de gouvernement et représentants d'organisations internationales que lors de l'édition précédente, le troisième sommet sur la sécurité nucléaire a également présenté ses lots de nouveautés et d'engagements sans pour autant épuiser toute la problématique de la sécurité nucléaire. Les États participants ont défini 11 questions méritant une attention constante :

1. la nécessité de continuer à renforcer et à coordonner la coopération internationale dans le domaine de la sécurité nucléaire ;
2. la nécessité de mettre en place une architecture internationale de sécurité nucléaire complète et renforcée, composée d'instruments juridiques, d'initiatives et d'organisations internationales, de lignes de conduite internationalement reconnues et de bonnes pratiques ;

3. l'importance des mesures volontaires que les Etats peuvent envisager de prendre afin de montrer qu'ils ont efficacement sécurisé leurs matières et installations nucléaires tout en protégeant les informations sensibles ;
4. la nécessité de prendre des précautions particulières pour manipuler les matières nucléaires, qui doivent faire l'objet de mesures appropriées en termes de sécurisation, de regroupement et de suivi ;
5. la nécessité de mieux protéger les sources radioactives ;
6. la nécessité de prendre des mesures de sécurité et de sûreté nucléaires qui sont conçues et gérées de manière cohérente et coordonnée dans les domaines où il y a des chevauchements entre sécurité nucléaire et sûreté nucléaire, notamment en maintenant des moyens efficaces de préparation et de réponse aux sanctions d'urgence ainsi que d'atténuation des conséquences, en prenant en compte à la fois la sécurité et la sûreté nucléaires ;
7. la nécessité de sécuriser les matières nucléaires en passant par des opérateurs nucléaires ;
8. la nécessité de contrer la menace grandissante des cyberattaques, y compris celles visant l'infrastructure d'information et les systèmes de contrôle cruciaux ;
9. la nécessité de renforcer la sécurité des matières nucléaires et autres substances radioactives au cours de leur transport national et international ;
10. la nécessité de localiser et de sécuriser les matières nucléaires échappant au contrôle réglementaire, notamment par des accords de contrôle des exportations et des mécanismes d'application de la loi ; et
11. la nécessité de faire de la criminalistique nucléaire un outil efficace pour déterminer l'origine des matières nucléaires et autres substances radioactives et fournir des preuves aux fins de la poursuite des actes de trafic illicite et d'autres utilisations malveillantes.

Les États-Unis ont accueilli la dernière étape du processus qu'ils ont eux-mêmes lancé. Il s'est agi d'une nouvelle chance pour les chefs d'État ou de gouvernement d'institutionnaliser et de normaliser la sécurité nucléaire afin de ne plus devoir s'appuyer uniquement sur les sommets.

§ 3. Le débat lors du dernier sommet tenu à Washington du 31 mars 2016 au 1er avril 2016

370. Réunion de transition, le dernier sommet sur la sécurité nucléaire (SSN) a permis de poursuivre les échanges sur le renforcement de l'application nationale de la sécurité nucléaire à travers des engagements concrets de la part des pays sous forme de « cadeaux maison » et de « panier-cadeaux », ou de plans d'action de la part d'institutions multilatérales et de négociations collectives volontaires et cela pour un système de sécurité nucléaire mondial durable. Cinquante-deux pays et les mêmes quatre organisations internationales que lors de l'édition précédente ont participé à cette dernière rencontre. Outre le communiqué final, cinq plans d'action (A) ont été adoptés au sortir du sommet. Toutefois, à l'image des précédents sommets, cette dernière rencontre n'a pas apporté des réponses concrètes à toutes les interrogations. C'est dans le souci de poursuivre les efforts déployés aux SSN et de tirer parti de l'architecture mondiale de sécurité nucléaire au-delà de ce dernier sommet, que les organisations internationales, parmi lesquelles l'AIEA, ont pris le relais (B).

A. Cinq plans d'action pour une énergie nucléaire sécurisée au sortir du sommet

371. Les cinq plans d'action ont été adoptés dans le but d'appuyer les principales institutions internationales multilatérales et les initiatives dans le domaine de la sécurité nucléaire. Il s'agit de l'ONU, de l'AIEA, d'INTERPOL, de l'Initiative mondiale de lutte contre le terrorisme nucléaire (GICNT) et du Partenariat mondial contre la prolifération des ADM et des matières connexes. Ces plans d'action correspondent aux mesures que les États participants se sont engagés à prendre en tant que membres de ces organisations afin de soutenir le renforcement de leur rôle au service de la sécurité nucléaire.

En ce qui concerne le soutien aux actions de l'ONU en matière de sécurité nucléaire, le plan d'action n° 1 décline quatre domaines d'intervention : l'exécution des engagements nationaux, l'assistance, la coordination et coopération et enfin, la sensibilisation. En ce qui concerne l'exécution de leurs engagements, les États participants ont adopté comme stratégie d'action l'intensification de leurs efforts dans l'application effective de l'ensemble des instruments des Nations unies consacrés à la sécurité nucléaire, en particulier la résolution 1540 et la CIRATN (§ A) du Plan d'action n° 1).

Dans le domaine de l'assistance, les États participant ont réitéré leur volonté de soutenir matériellement, financièrement et techniquement les institutions des Nations unies chargées du suivi de la mise en œuvre des instruments internationaux parmi lesquelles le Comité 1540 (§ B) du Plan). Il s'agit entre autres d'adapter le droit et les institutions nationales aux exigences internationales, et de participer à la réalisation des activités des Nations unies dans le renforcement de la sécurité nucléaire. La coordination et la coopération portent sur les actions des États entre eux-mêmes et envers les Nations unies.

Outre une participation pleine et active à la formation des points de contacts nationaux exigée par la Résolution 1540, les États participants se sont engagés envers les Nations unies à soutenir la coopération dans les initiatives des Nations unies et à travailler de commun accord par le biais de comités et de secrétariats spécialement institués à cet effet. Ces structures serviront de cadre officiel de travail et de partage d'expérience et d'informations.

Pour ce qui est de la sensibilisation, les États participants ont renouvelé l'engagement d'apporter l'information juste à tous les acteurs (publics comme privés) de la communauté internationale sur les nécessités de soutenir pleinement l'ensemble des instruments internationaux existant dans le domaine de la sécurité nucléaire et de participer aux différentes activités et manifestations internationales.

372. Le deuxième plan d'action adopté au sortir du quatrième SSN est destiné à l'AIEA. Treize domaines d'intervention ont été repérés par les États participants. Cela s'explique par la place émérite qu'occupe l'Agence dans le domaine du nucléaire et par tout l'intérêt que les États ont à voir ses actions émergées et se parfaire davantage. Pour cela, les États participants ont décidé de lui apporter sur tous les plans, le soutien nécessaire à son autonomie et à son efficacité. Il s'agit de soutenir l'Agence politiquement, financièrement et techniquement, de l'assister dans la mise en œuvre de ses Plans d'actions sur la sécurité nucléaire et dans la poursuite de ses rencontres ministérielles en matière de sécurité nucléaire. Ils ont également jugé nécessaire de participer à la coordination du rôle de l'Agence. Elle a ainsi été revendiquée comme l'instance qui doit être placée au cœur de la coopération mondiale dans la promotion de la sécurité et de la sûreté nucléaires à l'échelle mondiale et dans la garantie que les États honorent leurs engagements internationaux concernant l'utilisation des matières et des installations nucléaires à des fins pacifiques. Cela nécessite une acceptation des accords de garanties et des activités de contrôle de l'Agence, un suivi de ses règlements et recommandations, la promotion de ses services, publications et activités. Au § D) les États participants réitèrent leur volonté de suivre et soutenir les différentes publications de l'Agence. En effet, en vertu de l'article III de son Statut, l'AIEA a pour attributions d'établir ou d'adopter des normes de sûreté destinées à protéger la santé et à réduire au minimum les dangers auxquels sont exposés les personnes et les biens et de prendre des dispositions pour appliquer ces normes aux activités nucléaires pacifiques. Les publications par lesquelles l'AIEA établit des normes paraissent dans la collection *Normes de sûreté de l'AIEA*. Cette collection couvre la sûreté nucléaire, la sûreté radiologique, la sûreté du transport et la sûreté des déchets, ainsi que la sûreté générale (c'est-à-dire l'ensemble de ces quatre domaines). Cette collection comporte les catégories suivantes : fondements de sûreté, prescriptions de sûreté et guides de sûreté. Les normes de sûreté portent un code selon le domaine couvert : sûreté nucléaire (NS), sûreté radiologique (RS), sûreté du transport (TS), sûreté des déchets (WS) et sûreté générale (GS). Dans cette démarche, les États participants acceptent de collaborer entièrement avec l'Agence vers l'abandon de l'UHE, dans la culture de la sécurité nucléaire dans toutes ses dimensions, dans l'acquisition, le transport, l'utilisation de matériaux nucléaires et à l'occasion d'incidents nucléaires.

373. Le troisième Plan d'action est consacré à INTERPOL. Le 13 juin 1956, INTERPOL a succédé à la Commission internationale de police criminelle (CIPC) qui avait été créée en 1923. Son Statut a été adopté à Vienne par l'Assemblée générale de l'Organisation en sa 25ème session. Son siège se trouve à Lyon en France. L'organisation comprend une Assemblée générale, un Comité exécutif, un Secrétaire général, des Bureaux centraux nationaux, des conseillers et une Commission de contrôle des fichiers. Elle compte aujourd'hui 194 membres. Aux termes des dispositions de l'article 2 de son Statut, INTERPOL a pour buts :

a. d'assurer et de développer l'assistance réciproque la plus large de toutes les autorités de police criminelle, dans le cadre des lois existant dans les différents pays et dans l'esprit de la Déclaration universelle des droits de l'homme ;
b. d'établir et de développer toutes les institutions capables de contribuer efficacement à la prévention et à la répression des infractions de droit commun.

« Toute activité ou intervention dans des questions ou affaires présentant un caractère politique, militaire, religieux ou racial est rigoureusement interdite à l'Organisation » selon les termes de l'article 3 du Statut. (V. le Statut de l'Organisation (document I/CONS/GA/1956 (2017) ; David RUZIÉ, « L'Organisation international de police criminelle », *AFDI*, 1956, pp. 673-679).

Les actions à mener pour renforcer le rôle de la Police internationale dans la prévention des atteintes à la sécurité nucléaire sont réparties entre quatre domaines : le partage d'informations et de données, le soutien à ses investigations et opérations, le renforcement de ses capacités et enfin le soutien à sa politique de sécurité nucléaire.

Les États participants ont estimé nécessaire que des informations fiables et des données exactes sur le terrorisme international soient accessibles à tous les États qui le combattent. À cet effet, les États et les organisations internationales se doivent de fournir des informations exactes à INTERPOL et d'en recevoir de même de sa part (§ A) du Plan d'action n° 3). En outre, ils se doivent de soutenir techniquement, financièrement et par leur coopération, les investigations et opérations qu'INTERPOL est susceptible de mener sur un territoire donné (§ B) et D) du Plan). Chaque État doit par ailleurs, coopérer avec la police internationale dans la formation de ses cadres nationaux, dans la mise en place des agences nationales de police criminelle. Pour une politique sécuritaire efficace, INTERPOL se doit également de collaborer avec les instances et organisations internationales, parmi lesquelles l'AIEA, qui poursuivent le même but.

374. Les États participants ont décidé à travers un quatrième Plan d'action d'intervenir dans quatre domaines pour faire de la GICNT une initiative pleinement efficace. Il s'agit en premier lieu de renforcer les capacités de l'Initiative. Les principales actions à cet effet sont le renforcement des capacités techniques et financières des États parties à l'Initiative, et la multiplication des cadres d'échange entre experts et des activités (§ A) du Plan d'action n° 3). Les États participants ont rappelé en second lieu la nécessité pour ces acteurs de collaborer pleinement et de profiter des nouvelles possibilités que leur offre l'Initiative (§ B) du Plan). C'est dans cette démarche qu'ils se sont attardés en troisième lieu à proposer des scénarios d'échanges, des exercices sur table et sur terrain (§ C) du Plan). Isolée, la GICNT ne peut prospérer sur la scène internationale comme les parties peuvent le souhaiter. Conscients de cela, les États participants ont opté en quatrième lieu de faire en sorte qu'elle soit ouverte aux différentes structures et organisations internationales telles que l'AIEA, qui pourront également contribuer à son émergence (§ D) du Plan).

375. Le cinquième et dernier plan d'action adopté au sortir du sommet a trait au renforcement du rôle du Partenariat mondial contre la prolifération des ADM et des matières connexes en matière de sécurité nucléaire et radiologique. Trois principaux domaines d'intervention ont retenu l'attention des États participants : la détermination des secteurs clés de coordination et de financement, la détermination des zones d'intérêt géographique et enfin le renforcement du Partenariat.

Comme mesures à prendre dans le premier domaine, il s'agit du renforcement des régimes nationaux de sécurité nucléaire, des capacités et politiques nationales en matière de criminalistique nucléaire, du renforcement et du financement de la coopération bilatérale, régionale et multilatérale dans le contrôle la prolifération des ADM et des matières connexes et de la conversion ou de l'abandon de l'UHE (§ A) du Plan d'action n° 5).

Dans le second domaine, il revient aux différents acteurs participants au Partenariat de collaborer de sorte à détecter les zones sensibles au trafic d'ADM et d'armes connexes et à empêcher l'accès auxdites zones (§ B) du Plan d'action n° 5). S'agissant enfin du renforcement du Partenariat, il a été décidé de mettre en relation les différents partenariats mondiaux et autres initiatives internationales, d'apporter tout le soutien nécessaire à l'émergence continuelle du Partenariat et de faire en sorte que les différentes instances internationales y soient représentées (§ C) du Plan). En dépit de la panoplie d'engagements pris par les États, certaines questions n'ont pas reçu de réponses satisfaisantes.

B. Un régime de sécurité nucléaire universel et renforcé, l'objectif non atteint

376. Vraisemblablement, le quadruple cycle des SSN n'a pas abouti au renforcement ni à l'universalisation du régime international de sécurité nucléaire existant en dépit de la dynamique grandement manifestée par les acteurs dans la prise d'engagements. Cet état de fait s'explique par un certain nombre de facteurs que nous résumerons en quatre points.

Le premier facteur des plus importants a été la carence observée dans la volonté d'inclusion de nouveaux acteurs aux différents sommets. En effet, tout au long du cycle des SSN, le processus a fonctionné par invitation sélective. Les participants ont été choisi sur la base de considérations pragmatiques, en tentant de combler les divisions politiques autour de la non-prolifération et du désarmement nucléaire. Si l'idée de prévenir les divisions est sans doute noble, elle n'a pas offert l'occasion à certains États disposant d'importantes quantités de matières fissiles de participer au sommet (par exemple la Biélorussie, l'Iran, la Corée du Nord, etc.) et donc à manifester leur engagement à coopérer. Sans ambages, les États participants ne pouvaient à eux seuls créer un régime efficace et global sans l'appui de l'ensemble de la communauté internationale.

Le second facteur est l'absence d'un mécanisme contraignant de suivi des engagements manifestés tout au long du cycle des SSN. D'abord, ces engagements ont toujours été volontaires et donc non contraignants et ont toujours été suivis de réserves. Ensuite, ils n'ont pas été suivis de mécanisme de vérification et de surveillance rendant ainsi difficile le suivi de leur mise en œuvre. En effet, celle-ci dépend de la bonne volonté des États à fournir ou non des informations à ce sujet. Cela justifie la réticence observée de certains États à joindre l'acte à la parole.

Le troisième facteur important est le manque d'engagement observé à l'égard des outils existants. Faut-il rappeler qu'il n'existe actuellement que deux instruments de sécurité nucléaire légalement contraignants au niveau international à savoir la CIRATN et la CPPMN ! En raison de la portée limitée (en rappel, la CPPMN oblige les États à renforcer la sécurité des matières nucléaires lors de transports internationaux uniquement) de cette dernière, l'amendement (V. les développements détaillés sur cet amendement avec Lourdes VEZ CARMONA, « Le régime international de protection physique des matières nucléaires et l'amendement à la Convention sur la protection physique des matières nucléaires » *in* AEN, *Bulletin de droit nucléaire*, n° 76, vol. 2, 2005, pp. 33-46) ouvert à la signature en 2005 a été négocié afin d'étendre les dispositions de la convention initiale aux matières nucléaires stockées ou transportées au niveau national. Dès lors, le faible nombre d'outils juridiques internationaux imposant des règles de sécurisation des matières nucléaires justifie nettement l'obligation minimale pour les États de soutenir ceux existants. Pourtant, nombreux sont les États participants qui n'ont pas ratifié ces conventions (l'Égypte, Israël, la Malaisie, le Pakistan, les Philippines ne sont pas parties à la CIRATN) et l'amendement à la CPPMN n'est toujours pas à ce jour, en vigueur. A la date du 30 août 2020, près de 33 États dont des États participants aux SSN n'ont pas adhéré à la CIRATN.

Un autre facteur plus important est l'absence de singularisation d'ensemble du processus. Il faut souligner que la nature et les objectifs des SSN n'ont pas toujours été perçus sous un même angle par les États participants et non participants. Tout au long du cycle des SSN, certains États ont considéré que la sécurité nucléaire ne concernait que les EDAN ou ceux utilisant des matières fissiles à grande échelle. Pour d'autres, l'agenda en matière de sécurité nucléaire aurait dû être lié au TNP et garantir que le processus d'ensemble ne porte pas atteinte à leurs droits d'accès à la technologie nucléaire. En effet, lors du troisième sommet tenu à La Haye en 2014, un engagement multilatéral a été soutenu par quinze 15 États. Cet engagement a souhaité lier aux objectifs du SSN les trois piliers du TNP (désarmement nucléaire, non-prolifération et utilisation pacifique de l'énergie nucléaire) ainsi que la série de conférences sur l'impact humanitaire de l'utilisation des armes nucléaires. Ces exemples de discordance ont justifié l'inactivité de certains États dans la participation auxdits sommets et dans l'intensification de leurs efforts. Après quatre cycles de longues négociations, l'initiative américaine s'est estompée. Cependant, des organisations internationales n'ont pas hésité à engager des processus similaires.

§ 4. Le relais des organisations internationales dans la poursuite du débat sur la sécurité nucléaire

377. Grâce à l'AIEA, le débat sur la sécurité nucléaire s'est poursuivi sur la scène internationale. Par le biais de ses conférences ministérielles (A), l'Agence offre un cadre international pour le renforcement des échanges autour des questions restées en suspens et celles nouvelles. En sus, depuis 2002, elle offre au monde des plans trimestriels détaillés sur ses activités liées à la sécurité nucléaire. Le premier plan d'action détaillé de l'Agence visant la protection contre le terrorisme nucléaire a été approuvé en mars 2002 par le Conseil des gouverneurs, en même temps que la création d'un mécanisme de financement volontaire, le Fonds pour la sécurité nucléaire, pour contribuer à l'exécution du plan. De nouveaux plans sur la sécurité nucléaire ont été approuvés par le Conseil des gouverneurs en 2005, 2009 et 2013. Le 13 septembre 2017, le Conseil des gouverneurs de l'Agence approuvait un plan identique pour la période 2018-2020 (B).

A. Le cycle des conférences internationales de l'AIEA sur la sécurité nucléaire lancé en 2013

378. L'AIEA a convoqué à son siège à Vienne, du 1er au 5 juillet 2013 une Conférence internationale sur la sécurité nucléaire sur le thème « intensification des efforts mondiaux ». Cette conférence était la première conférence de l'Agence de ce genre. Plus de 1 300 participants de 125 États Membres dont 34 représentants de niveau ministériel et des représentants de 21 organisations étaient présents à l'ouverture. Ce niveau élevé de participation reflète l'importance de la conférence et l'utilité que lui ont reconnue les parties intéressées à travers le monde. Il sous-entend aussi, la reconnaissance du fait que, si les activités relatives à la sécurité nucléaire relèvent de la responsabilité de chaque État, l'intérêt porté aux niveaux régional et mondial aux questions de sécurité nucléaire pourrait être fortement intensifié grâce à des actions collectives et à une coopération internationale (V. AIEA, *Conférence internationale sur la sécurité nucléaire : intensification des efforts mondiaux,* Rapport du Directeur général la 57e session de la Conférence générale, Document GOV/INF/2013/9-GC(57)/INF/6 du 19 août 2013, Vienne, 2013, p. 1 ; AIEA, *Rapport annuel 2013*, Vienne, 2014, p. 78 ; Bureau des affaires de désarmement, *Annuaire des Nations unies sur le désarmement*, vol 38 : 2013, Partie II, New York, Publication des Nations unies, 2015, p. 41).

Telle qu'intitulée, elle a permis aux participants de passer en revue des données d'expérience, d'échanger des idées de sorte à dégager de nouvelles tendances et à envisager des objectifs à moyen et à long terme pour les initiatives internationales relatives à la sécurité nucléaire, et à nourrir l'élaboration du Plan sur la sécurité nucléaire de l'AIEA pour 2014-2017. Les deux premières journées ont été consacrées à une séance ministérielle ayant permis l'adoption d'une déclaration ministérielle et les trois jours restants à des séances principales et des séances techniques organisées simultanément. Les séances principales ont porté sur les questions suivantes :

- mise en œuvre et renforcement du cadre international de sécurité nucléaire ; matières nucléaires et installations nucléaires ;
- sources radioactives et installations associées ;
- coopération et assistance internationales, et rôle de l'AIEA ;
- mise en place et pérennisation d'une culture de sécurité nucléaire ; et,
- moyens de parer à la menace de trafic illicite.

Parallèlement aux séances principales, 12 séances techniques destinées aux spécialistes ont examiné plus en détail des questions précises, notamment : l'information et la cybersécurité, le renforcement des régimes de sécurité nucléaire, la sécurité des sources radioactives, la création de capacités, les interactions entre la sûreté et la sécurité, la caractérisation et l'évaluation de la menace (y compris la sécurité pendant le transport de matières nucléaires et radioactives), la formation théorique et pratique, l'architecture de détection et d'intervention, la criminalistique nucléaire et la sécurité nucléaire dans les installations nucléaires. Elles comprenaient la présentation de communications par des orateurs invités, des tables rondes et une discussion générale. Des séances de présentation sur panneaux étaient organisées en parallèle.

La Déclaration ministérielle adoptée par consensus à la conférence a prié instamment l'Agence de continuer à élaborer et à publier des orientations sur la sécurité nucléaire et encouragé tous les États à les prendre en considération, selon que de besoin, dans leurs initiatives visant à renforcer et à améliorer constamment leur sécurité nucléaire. Elle a en outre confirmé le rôle de premier plan que joue l'Agence en renforçant le cadre de sécurité nucléaire dans le monde, en guidant la coordination des activités internationales dans le domaine de la sécurité nucléaire tout en évitant les doubles emplois et les chevauchements.

L'Agence a organisé, en juillet 2014, à son siège à Vienne, la Conférence internationale sur les progrès de la criminalistique nucléaire. La Conférence s'est interrogée de savoir comment contrer la menace en constante évolution représentée par les matières nucléaires et autres matières radioactives non soumises à un contrôle réglementaire ? Cette première conférence internationale consacrée exclusivement à la criminalistique nucléaire a attiré plus de 280 participants de 76 États Membres et de huit organisations internationales, qui ont reconnu que celle-ci était un élément clé de l'infrastructure de sécurité nucléaire d'un État. Si l'étude de la criminalistique participe à la sécurité nucléaire, elle s'en distingue nettement.

379. Trois ans plus tard, une seconde Conférence internationale sur la sécurité nucléaire a été convoquée par l'Agence à son siège à Vienne du 5 au 9 décembre 2016. Cette conférence a eu pour thème « engagements et actions ». La Conférence de 2016 a été véritablement la première grande conférence internationale sur la sécurité nucléaire depuis le quatrième et dernier sommet sur la sécurité nucléaire. Elle a rassemblé quelque 2 100 participants venus de 139 États Membres, dont 47 étaient représentés au niveau ministériel. Comme la première conférence, cette Conférence a également comporté deux volets : un débat ministériel et un programme scientifique et technique qui, ensemble, ont fourni l'occasion de débattre de l'état à l'époque des progrès et des étapes à venir dans le renforcement de la sécurité nucléaire à l'échelle mondiale. Le programme scientifique et technique a comporté six débats de haut niveau sur des thèmes généraux importants pour la sécurité nucléaire et 31 séances techniques parallèles sur des questions précises d'ordre scientifique, technique, juridique et réglementaire concernant la sécurité nucléaire. Les sujets de discussion étaient les suivants : instruments juridiques internationaux ; organisations et initiatives internationales ; matières et installations nucléaires, matières radioactives, matières échappant à tout contrôle réglementaire ; régimes nationaux de sécurité nucléaire, y compris la culture de sécurité nucléaire. Une déclaration ministérielle a également été adoptée par consensus lors du débat ministériel. Dans ladite déclaration, les participants ont, entre autres, réaffirmé que la responsabilité de la sécurité nucléaire sur le territoire d'un État incombait entièrement à cet État, souligné qu'il importait de suivre le rythme de l'évolution des enjeux et des menaces pesant sur la sécurité nucléaire et reconnu le rôle central de l'Agence, qui facilite et coordonne la coopération internationale dans ce domaine. Ils ont en outre insisté sur l'engagement de la communauté internationale en faveur de la sécurité nucléaire et sur le cadre unique qu'offre l'Agence pour aider les États à intensifier l'action mondiale menée pour parer à une menace mondiale.

380. L'Agence a tenu une troisième Conférence internationale sur la sécurité nucléaire à son siège du 10 au 14 février 2020. Avant la tenue de cette Conférence, elle avait organisé en novembre 2017, une Conférence internationale sur la protection physique des matières et installations nucléaires, en coopération avec l'Institut mondial de sécurité nucléaire, l'Institut mondial des transports nucléaires et INTERPOL. La conférence a rassemblé quelque 700 experts de 95 États, représentant les autorités compétentes, les exploitants d'installations, les expéditeurs et les transporteurs ainsi que les organismes d'appui technique. Aussi, en décembre 2017, l'Agence a organisé une conférence internationale sur le thème « Sécurité des matières radioactives : la voie à suivre en matière de prévention et de détection ». Cette conférence, qui a réuni plus de 550 experts de plus de 100 États Membres, a été la première conférence de l'Agence à rassembler des experts en matière de protection des installations et des experts de la sécurité des matières radioactives non soumises à un contrôle réglementaire (V. AIEA, *Rapport annuel 2017*, Vienne, 2018, p. 80 ; AIEA, *Rapport annuel 2018*, Vienne, 2019, p. 14).

Placée sous le thème « Soutenir et intensifier les efforts », la troisième Conférence a réuni plus de 2 000 experts dont 57 ministres et co-présidents de 130 États membres et 35 organisations internationales. Elle n'a pas dérogé au format d'organisation des précédentes conférences. En effet, elle a également comporté un débat ministériel ayant abouti à une Déclaration ministérielle adoptée par consensus et un programme scientifique et technique. Dans leur Déclaration, les ministres des États membres de l'Agence ont réitéré leur engagement à soutenir et à renforcer l'efficacité et l'exhaustivité de la sécurité nucléaire de toutes les matières nucléaires et autres matières radioactives et des installations nucléaires. Tout en reconnaissant le rôle indispensable de l'Agence dans ce domaine et en réaffirmant leur volonté à lutter contre le trafic illicite de telles matières de sorte qu'elles ne puissent pas être utilisées par des acteurs non étatiques à des fins malveillantes, ils se sont engagés à maintenir la sécurité effective des sources radioactives tout au long de leur cycle de vie. Animée par la volonté de venir à bout de toute la problématique que soulève l'insécurité nucléaire, l'AIEA a poursuivi ses initiatives à travers des Plans trisannuels consacrés à la question.

B. Le plan de l'AIEA sur la sécurité nucléaire 2018-2021

381. Le Plan sur la sécurité nucléaire (PSN) pour 2018-2021 a été élaboré sur la base du programme 3.5 du Programme et budget de l'Agence 2018-2019. Il décline trois objectifs essentiels à atteindre à travers quatre sous-programmes de sécurité nucléaire. Chaque sous-programme comporte à son tour un nombre déterminé de projets selon son importance. Chaque projet présente enfin les tâches devant être mises en œuvre pendant la période concernée en réponse aux priorités exprimées par les États Membres. Comme objectifs, le PSN 2018-2021 vise premièrement, à contribuer aux efforts mondiaux en vue d'une sécurité nucléaire efficace en préparant des orientations exhaustives sur la sécurité nucléaire et, sur demande, en encourageant leur utilisation au moyen d'examens par des pairs et de services consultatifs ainsi que de la création de capacités, notamment la formation théorique et pratique. Il est destiné deuxièmement, à faciliter l'adhésion aux instruments juridiques internationaux applicables et leur mise en œuvre ainsi que le renforcement de la coopération et de la coordination internationale en matière d'assistance. Troisièmement, il vise à jouer le rôle principal dans le renforcement de la coopération internationale en matière de sécurité nucléaire afin de répondre aux priorités exprimées par les États Membres à travers les décisions et résolutions des organes directeurs de l'Agence. Au titre des sous-programmes qui animent le PSN 2018-2021, il faut citer la gestion et le partage d'informations, la sécurité nucléaire des matières et des installations associées, la sécurité nucléaire des matières non soumises à un contrôle réglementaire et enfin, l'élaboration des programme et coopération internationale.

Les travaux de l'Agence dans le domaine de la gestion et du partage d'informations sont menés dans le cadre de trois projets. Il s'agit de l'évaluation des besoins et des priorités en matière de sécurité nucléaire, du partage d'informations proprement dit et de la sécurité de l'information, de la sécurité informatique et des services informatiques. Dans le cadre du premier projet, l'Agence aide chaque État qui en fait la demande à définir ses besoins nationaux en matière de sécurité nucléaire et à y répondre à travers l'élaboration et la mise en œuvre de Plans intégrés d'appui en matière de sécurité nucléaire (INSSP) et d'outils d'autoévaluation. À cet effet, elle a pour principales tâches la définition de la gestion globale et des opérations à l'appui de la définition des besoins des États concernés en matière de sécurité nucléaire, l'élaboration et la mise en œuvre des Plans intégrés et l'amélioration et l'actualisation en permanence d'un mécanisme ou outil d'autoévaluation volontaire pouvant être utilisé par les États.

En ce qui concerne le deuxième projet, il doit permettre aux États d'avoir accès à des services qui peuvent leur être très utiles pour faciliter l'échange d'informations et le renforcement de la confiance. Les tâches prévues dans ce projet sont notamment la gestion globale et l'appui des activités liées à l'échange d'informations relatives à la sécurité nucléaire. Y sont comprises la promotion de l'utilisation de mécanismes de partage d'informations gérés par l'Agence avec le consentement des États, la facilitation accrue, y compris par l'intermédiaire des points de contact nationaux désignés, de l'échange d'informations, notamment par un accès électronique sécurisé aux informations de la Base de données sur les incidents et les cas de trafic, et les démarches auprès des États Membres qui ne contribuent pas à l'ITDB en vue de promouvoir une participation accrue. Pour de plus amples détails sur le contenu des tâches.

Quant au troisième projet, il vise à fournir des orientations et formations aux États qui le demandent, à lancer et gérer des projets de recherche coordonnée portant sur la sécurité de l'information et la sécurité informatique, et à fournir un appui aux services informatiques dont on a besoin pour faciliter le déroulement des projets de l'Agence. Pour cela, l'Agence se donne pour principales tâches de procéder à une gestion globale du système d'information des États et des opérations destinées à aider les États à assurer la sécurité de l'information et des systèmes informatiques. Ceci implique de les orienter et de les appuyer à l'élaboration, à la maintenance et au déploiement d'outils informatiques de sécurité nucléaire permettant de leur fournir une assistance et de suivre cette assistance.

Le deuxième sous-programme est entièrement consacré à la sécurisation des matières et des installations associées. Quatre projets, correspondant aux quatre domaines de compétence liés à la sécurité nucléaire des matières nucléaires et radioactives et des installations et activités associées, sont au cœur de ce sous-programme. Il s'agit en premier des approches de la sécurité nucléaire à tous les niveaux du cycle du combustible nucléaire, en second, du renforcement de la sécurité des matières nucléaires au moyen de la comptabilisation et du contrôle, en troisième, du renforcement de la sécurité des matières radioactives et des installations associées, et en quatrième, de la sécurité nucléaire lors du transport des matières nucléaires et radioactives.

Dans la mise en œuvre respective de chacun de ces projets, l'Agence élabore des orientations, dispense une formation et fournit une assistance aux États qui le demandent dans le domaine de la sécurité des matières et installations nucléaires. Elle fournit également, sur demande, des services consultatifs dans ces différents domaines, lance et gère des projets de recherche coordonnée en vue de tenir compte des nouveaux enjeux de sécurité nucléaire identifiés par les États Membres, et enfin aide les États à renforcer leurs capacités techniques.

Dans le troisième sous-programme de son Plan en cours, l'Agence décide de s'attaquer à la question de la sécurité nucléaire des matières non soumises à un contrôle réglementaire. Elle le décide à travers trois projets consacrés respectivement à l'infrastructure institutionnelle couvrant les matières nucléaires et autres matières radioactives non soumises à un contrôle réglementaire, à l'architecture de détection et d'intervention pour la sécurité nucléaire et à la conduite des opérations sur le lieu d'un délit impliquant des matières radioactives et criminalistique nucléaire.

Pour l'effectivité de ces projets pris distinctement, l'Agence élabore des orientations, dispense une formation et fournit une assistance aux États qui le demandent pour les aider à mettre en place l'infrastructure institutionnelle et règlementaire nécessaire en ce qui concerne la sécurisation des matières nucléaires et autres matières radioactives non soumises à un contrôle réglementaire. L'Agence fournit également des services consultatifs dans ce domaine. Par ailleurs, elle lance et gère des projets de recherche coordonnée dans ces domaines en vue de tenir compte des nouveaux enjeux de sécurité nucléaire identifiés par les États Membres, et aide les États à renforcer leurs capacités techniques dans ces domaines. Dans le cas particulier des interventions pour la sécurité nucléaire, l'Agence assiste les États dans la création et dans la pérennisation des capacités en matière de détection des actes criminels ou des actes non autorisés délibérés. A l'occasion d'un délit impliquant des matières nucléaires et radioactives, elle les assiste dans la conduite des opérations sur les lieux du délit.

Dans l'exécution du quatrième et dernier sous-programme du PSN 2018-2021, trois projets se sont révélés nécessaires. Un projet sur la coopération internationale sur des réseaux et des partenariats pour la sécurité nucléaire vient en première position ; un autre sur la coordination des orientations et des services consultatifs sur la sécurité nucléaire ; et enfin un dernier sur le programme de formation théorique et pratique pour la mise en valeur des ressources humaines, en troisième position.

Dans le cadre du premier projet, les travaux de l'Agence visent d'abord à faciliter la coordination internationale en matière de sécurité nucléaire entre les États et les organisations concernées à travers la réduction des activités redondantes. Ils consistent également à faciliter l'échange d'informations sur la sécurité nucléaire et à renforcer le cadre juridique international. Quant au projet portant programmes de formation théorique et pratique pour la mise en valeur des ressources humaines, il est destiné, comme son nom l'indique, à la mise au point des programmes de formation théorique et pratique aux fins de mise en valeur des ressources humaines, de coordination, de l'élaboration et du maintien d'une série de cours basés sur les orientations sur la sécurité nucléaire de l'Agence.

Le dernier projet du sous-programme permet à l'Agence d'élaborer des orientations faisant l'objet d'un consensus international dans le cadre de la collection *Sécurité nucléaire de l'AIEA*, mais également de coordonner l'élaboration des publications de cette collection conformément aux priorités définies par les États Membres et à l'ordre des priorités défini par le NSGC. Par ailleurs, l'Agence appuie les travaux visant à étudier les différentes voies à suivre s'agissant de ses orientations et de son assistance en matière de sécurité nucléaire compte tenu des demandes des États Membres, en s'intéressant en particulier aux futures innovations scientifiques et techniques qui pourraient servir de base à l'avenir pour l'élaboration de nouveaux projets de recherche coordonnée ou d'orientations.

Dans son rapport, le Directeur général de l'Agence rappelle que « l'Agence continuera de dépendre des contributions volontaires versées au Fonds pour la sécurité nucléaire pour mettre en œuvre la majorité des activités des programmes prévues dans le PSN en cours ». À cet effet, les États Membres ont souligné la nécessité de continuer à fournir les ressources techniques, humaines et financières appropriées, y compris par l'intermédiaire du Fonds pour la sécurité nucléaire.

382. Depuis la création de l'ONU, la question de la sécurisation de l'utilisation de l'énergie nucléaire a reçu une attention particulière. Une attaque contre une centrale nucléaire, un détournement de matière nucléaire ou l'acquisition d'une arme nucléaire par un individu ou un groupe d'individu ne constituerait qu'une calamité pour l'humanité. Cadenasser par conséquent les ouvertures susceptibles d'offrir certaines opportunités aux acteurs non étatiques a été l'option jugée idéale. C'est ainsi que les Nations unies interpelleront dès les premiers instants l'ensemble des acteurs a plus de vigilance quant à la nécessité absolue de renforcer le dispositif normatif existant aux niveaux national, régional et international et de multiplier les efforts de collaboration. Pleinement conscients de cette « nébuleuse de la terreur » qu'est le terrorisme, les États n'ont pas hésité à la condamner sous toutes ses formes à travers la CIRATN venue en appui à la CPPMN ni à aller au-delà. En effet, en se déclarant engagés à rechercher la paix et la sécurité dans un monde exempt d'armes nucléaires, les États-Unis ont offert durant quatre années, l'opportunité de mettre à nu toutes les inquiétudes et les failles du dispositif international de lutte contre l'insécurité nucléaire. Au sortir de ces cycles de réflexion, c'était un monde plus conscient qui avait vu le jour. Mais, aujourd'hui, l'insécurité nucléaire demeure une grande préoccupation à tous les niveaux. Ceci explique l'obligation pour les différents acteurs de poursuivre la réflexion sur plusieurs autres plateformes. Toutefois, ce qui est bien établi, est que sans une bonne foi des principaux acteurs que sont les États dans le respect de leurs engagements internationaux, nous ne serons pas un jour, surpris de voir par exemple une installation nucléaire volée en éclat du fait d'une attaque malsaine savamment tissée.

CONCLUSION

383. La découverte de l'atome puis de la radioactivité a bouleversé les habitudes du monde et cela plus négativement que positivement dans le domaine du maintien de la paix. Devrait-on pour autant condamner la science ? L'un des grands investigateurs français du nucléaire, Frédéric JOLIOT-CURIE, avait relevé : « *une ample diffusion de la science permettrait à tous d'en revendiquer les bénéfices et de s'opposer avec force à ses déviations vers des œuvres de ruine et de mort et vers des profits égoïstes. Ces déviations dont l'exemple le plus évident sont les armes atomiques, sont ce qui fait que l'on met en doute la valeur humaine de la science et que l'on parle de plus en plus fréquemment de son immoralité. La science n'est ni morale ni immorale. Selon moi, nous ne pouvons juger que ceux qui utilisent ses résultats* » (Cité par Henry TISSOT, *Les « atomes »*, Lausanne, édition Robert LAFFONT-Grammont, 1975, p. 136). La science n'a donc fait que son travail, comme on le dit dans le jargon. Condamnée même par ses investigateurs, l'arme nucléaire ne finit pas de réveiller encore des désirs égoïstes.

384. L'insatisfaction des ENDAN est grande, eux qui ont accepté le « sacrifice suprême » en renonçant à « l'arme des armes », la bombe atomique. Fallait-il vraiment un instrument injuste (le TNP) pour soi-disant protéger l'humanité ? Cette question est censée nous rappeler que la discrimination en droit est une monstruosité juridique qui défait ce pourquoi le droit est lui-même fait. Mal gérée, elle finit par rattraper ses initiateurs. Les EDAN ont donc été rattrapés par le « grand bargain » concocté lors de la négociation du TNP. La patience n'a pas été un chemin d'or après un demi-siècle d'attente. Certes, si cela est avéré, les comportements de l'Inde, du Pakistan, d'Israël, de l'Iran et de la Corée du Nord n'ont pas ouvertement été pour le bien de tous. Nous observons que les intérêts individuels, c'est-à-dire nationaux, ont pris le pas sur ceux de l'humanité. En s'armant pour satisfaire leur orgueil politique, ils ont contribué d'abord, à ramollir le droit international de l'énergie atomique, ensuite, à rehausser le niveau de la psychose dans laquelle le monde a vécu depuis le premier essai de la bombe atomique. Cela n'a-t-il pas été légitime ? Répondre par la négative, c'est sûrement s'ériger en pacifiste, en neutraliste, en écologiste, en humanitariste, en moraliste, etc. Répondre par l'affirmative, c'est faire sûrement du catéchisme nucléaire. Ce qui est cependant manifeste, est que la détention de cette arme est contraire aux valeurs défendues par le droit des Nations unies et qu'un divorce trop important entre le droit et la morale sociale précipiterait l'inefficacité et l'ineffectivité du droit international.

385. Le désarmement nucléaire général et complet sous un contrôle strict et efficace est-il possible ? On peut rester pessimiste avec Daniel COLARD en retenant que « *la course aux armements est impossible à arrêter parce qu'il faudrait stopper le progrès scientifique et technique d'une part, et parce qu'il faudrait qu'un consensus international existât au même moment entre tous les États d'autre part* » et que « *le désarmement est une « comédie » aux cent actes divers qui ne trompe que les naïfs : tous les États en parlent, mais aucun ne le souhaite réellement...* » (Daniel COLARD, *Les Relations Internationales de 1945 à nos jours, op. cit*, p. 154) ou rester optimiste avec Paul QUILÈS et autres pour qui « un savoir-faire peut se perdre, [...] peut être abandonné, peut être « désinventé » pour cause d'inutilité » quel que soit sa complexité » (Paul QUILÈS, Jean-Marie COLLIN, Michel DRAIN, *L'illusion nucléaire. La face cachée de la bombe atomique, op. cit*, pp. 33-39). Cette dernière thèse semble être la plus convaincante au regard des quelques exemples de désarmement accepté par certains États. Par ailleurs, si la science peut ne pas être désinventée, ses acteurs doivent concevoir la juste mesure de leurs activités car, comme le reconnaît Frédéric JOLIOT-CURIE, « *les savants et les techniciens ne sont pas une petite élite détachée des contingences. En tant que citoyens faisant partie de la grande communauté des travailleurs, ils doivent militer avec eux pour assurer une pleine utilisation de la science en vue de la paix et du bien-être des hommes.* [...] » (Henry TISSOT, *Les atomes,* Lausanne, édition Robert LAFFONT-Grammont, 1975, p. 121).

386. L'ère postnucléaire est-elle pour demain ? La vérité certaine est que nous aurons tort de croire à l'avènement rapide d'un « âge d'or » où l'arme nucléaire ne serait qu'un vieil souvenir. Certes, l'entrée en vigueur du TIAN nous permet d'imaginer un monde libéré des armes nucléaires comme un but atteignable, mais il ne saurait à lui seul prospérer et transformer cette imagination en réalité. Un changement radical de comportement même de la part des pays non-signataires du Traité se révèle indispensable, ce qui n'est sûrement pas près d'arriver de sitôt.

387. « *L'arme nucléaire, éliminons-la avant qu'elle nous élimine* » lance encore aujourd'hui, Marc FINAUD (V. Marc FINAUD, *L'arme nucléaire : Éliminons-la avant qu'elle nous élimine*,

Paris, L'Harmattan, 2020, 128 p.) alors que les tenants de la bombe continuent d'arguer qu'elle est l'arme du salut sécuritaire universel. En effet, si les efforts en vue de nouvelles réductions se sont poursuivis depuis la fin de la Guerre froide, ils l'ont été à un rythme plus lent au cours des dix dernières années. Quelque 12 241 armes nucléaires sont aujourd'hui, entre les mains des cinq EDAN et des quatre États non parties au TNP (SIPRI, *SIPRI Yearbook 2022: Armaments, Disarmament and International Security,* « Résumé en français », SIPRI, Sweden, 2025, pp. 8-9.) contre plus de 70 000 au sommet de la Guerre froide en 1986. Quelque 34 États sur les 189 États non-possesseurs de l'arme bénéficient du parapluie nucléaire des États-Unis (il s'agit des 28 membres de l'OTAN sans la France et le Royaume-Uni, plus l'Australie, la Corée du Sud et le Japon) ou de la Russie (il s'agit de l'Arménie, de la Biélorussie, du Kazakhstan, du Kirghizistan et du Tadjikistan) et cinq États membres de l'OTAN continuent d'accueillir sur leur sol des armes nucléaires américaines à l'emploi desquelles ils seraient associés (il s'agit de l'Allemagne, de la Belgique, de l'Italie, des Pays-Bas et de la Turquie). Par ailleurs, chaque jour, nous vivons sous la menace que des ADM puissent être volées, vendues ou disparaître, que des installations nucléaires ne fassent l'objet d'attaques terroristes ou qu'une arme nucléaire ne détone de manière accidentelle ou intentionnelle. Ce tableau qui se veut sombre s'explique essentiellement par le système de caste que le TNP consacre depuis 54 ans. Autorisés à posséder des armes nucléaires, les EDAN n'ont pas hésité à multiplier et à déployer leurs arsenaux nucléaires à leur convenance. De leur côté, lassés d'attendre un processus de désarmement qui ne se laisse pas pressentir, certains ENDAN soit sont restés en dehors du TNP (Inde, Pakistan, Israël) soit s'en sont retirés (Corée du Nord) et se sont finalement lancés dans l'acquisition clandestine ou publique de la « pépite » nucléaire tout en dénonçant la mauvaise foi des puissances qui l'ont toujours détenue et qui en ont toujours fait l'apologie. Qu'en conclure ? Que la prolifération est inéluctable ? Certes, non. L'adoption puis l'entrée en vigueur du TIAN a redoré le blason du droit international de l'énergie nucléaire militaire. Certes, le TNP demeure, mais le « grand marchandage » qu'il sous-tend s'estompe là désormais car la possession de l'arme nucléaire est désormais considérée comme illégale. Rappelons que c'est sans la collaboration des puissances nucléaires que les acteurs de la société civile soutenus par certains États ont pu entamer puis porter le projet du Traité à terme. C'est en s'appuyant sur un argument fondé sur l'humanitaire et non sur la violation du TNP qu'ils ont obtenu l'interdiction de cette arme.

388. Faut-il « *interdire la bombe ? ou bombarder l'interdiction* ? » se demande Brad ROBERTS (V. Brad ROBERTS, « Ban the Bomb ? or Bomb the Ban ? », *Global Security Policy Brief*, 2018, 9 p.), le Directeur général du Centre de Politique de Sécurité de Genève (GCSP) au Lawrence Livermore National Laboratory, au lendemain de l'adoption du TIAN. Il précise en effet, qu'il y a deux questions fondamentales que tout politicien se pose lorsqu'il se demande s'il doit ou non soutenir ce traité. La première est la suivante : « le TIAN est-il le meilleur moyen d'interdire les armes nucléaires ? » et la deuxième, « le Traité ou la campagne qui l'accompagne pour accroître son soutien pourrait-il finir par faire beaucoup plus de mal que de bien ? ». Pour l'auteur, le TIAN s'apparente à un « *vote de protestation pour ceux qui n'ont rien à perdre* ». Il apporte trois arguments. D'abord, selon l'auteur « *le traité* [TIAN] *n'est pas une interdiction mais un engagement à créer une interdiction dans le futur.* [En effet], *les questions essentielles à l'efficacité d'une interdiction, telles que les responsabilités en matière de vérification et de conformité, sont spécifiquement laissées pour les négociations futures* ». En ce qui concerne la campagne, il relève que « *la campagne de pression des partisans de l'interdiction n'aura pas un impact égal sur tous les EDAN. Il place les démocraties dans une position désavantageuse, avec leurs postures défensives affaiblies, sans affecter les EDAN autocratiques* ». Enfin, il estime que « *l'acceptation du Traité par n'importe quel allié américain causerait des dommages importants au parapluie nucléaire américain et à la dissuasion étendue en Europe et en Asie, à un moment où elle est urgente* » et que l'objectif ultime des partisans du Traité « *est* [seulement] *de changer le discours dominant sur les avantages de la dissuasion nucléaire et de « rééduquer » ceux qui soutiennent la dissuasion nucléaire* ». On s'aperçoit bien que la doctrine ne partage pas à l'unanimité le bien-fondé du TIAN pour l'humanité. Toutefois, comme l'ancien SGNU Ban KI-MOON a su bien le relever, il est une vérité que « *le progrès sur le front du désarmement ne peut pas attendre la disparition des guerres, de la prolifération nucléaire ou du terrorisme. Le progrès sur la question de la non-prolifération ne peut attendre l'élimination de la dernière arme nucléaire.* » (V. Melissa GILLIS, *Le désarmement. Un guide de référence*, 3ème édition, New York, Publications des Nations unies, 2013, p. 35). Dès lors, le processus de désarmement n'a plus à être latent même si le comportement futur des EDAN qui ont rejeté le nouvel instrument reste déterminant pour son effectivité et son efficacité.

389. Le pas des plus importants aujourd'hui, que les EDAN décident de marquer et qui était tant attendu est celui du renouvellement du Traité New START par les États-Unis et la Russie. Ce traité de réduction des arsenaux nucléaires qui lient les deux superpuissances nucléaires devait expirer le 5 février 2021 alors qu'il constituait le dernier des accords existants ayant un tel objet. Sans revenir sur les termes de cet instrument, rappelons qu'il autorise une prolongation de cinq ans de son application. Des promesses ont été faites par les deux puissances dans ce sens et même quant à une probable extension des termes de l'accord, mais c'est la question de la vérification de telles promesses qui s'était toujours posée. En effet, de nombreuses promesses se sont révélées fallacieuses. Dans une déclaration du 20 janvier 2021, le ministère russe des affaires étrangères déclarait à la suite du président Vladimir POUTINE, la volonté du gouvernement de prolonger de manière inconditionnelle le Traité suivant les termes de l'Accord. Effectivement, le 27 janvier 2021 les deux chambres du parlement russe adoptaient à l'unanimité un texte de loi actant la prolongation du Traité New START pour une durée de cinq ans, qui inclurait même le nouveau missile hypersonique russe Avangard. Comme une bouffée d'oxygène, l'une des premières décisions du président américain Joe BIDEN, a été d'acquiescer cette prolongation et de s'engager à nouveau pour cinq années dans la limitation de son arsenal nucléaire stratégique. On a constaté au sortir de cette prolongation, que l'action de la société civile continue de porter des fruits. En effet, l'appel des 75 parlementaires européens appelant dans une lettre ouverte du 13 octobre 2020 leurs homologues du Congrès américain à prolonger le Traité New START avec la Russie et qui avait été relayé par de nombreuses organisations de la société civile, a été entendu. En dehors de cette modeste avancée, remarquons ensemble que les puissances nucléaires tierces au TNP, de leur côté, n'offrent actuellement, aucune espérance quant à la conjugaison de leurs efforts vers un processus de désarmement.

390. Si le désarmement nucléaire est un facteur essentiel pour plus de sécurité et de paix, il sera sans doute également un facteur de relance financière et de développement économique des EDAN et par ricochet de l'ensemble des États du monde. En effet, si le maintien coûteux d'énormes stocks d'ogives nucléaires était avancé comme le prix de la paix pendant la guerre froide, ça ne l'est plus aujourd'hui. Certes, la comptabilité nucléaire est compliquée à établir, en raison de l'étalement des programmes sur des décennies mais et surtout du secret budgétaire qui existe autour de la bombe mais, il ressort par exemple que « depuis la création de la force de dissuasion nucléaire, la France a dépensé, entre 1945 et 2010, près de 357 milliards d'euros dans les opérations liées à l'arme atomique et qu'en 2018, pour la première fois, le budget officiel passe la barre des 4,04 milliards d'euros, une somme jamais atteinte depuis vingt ans. » et que « la dissuasion coûtera bientôt plus de 6 milliards d'euros par an ». En France « le budget de la défense voté pour l'année 2018 s'établit, hors pensions, à 34,2 milliards d'euros (Mds €) de crédits budgétaires, soit 1,8 Mds € de plus que ceux inscrits en loi de finances pour 2017. Selon Florence Parly, ministre des Armées : « C'est un effort inédit, le point de départ d'une remontée en puissance exceptionnelle, puisque chaque année ensuite, et ceci jusqu'en 2022, le budget du ministère des Armées augmentera de 1,7 milliard par an12. ». Au sein de ce budget, les crédits d'équipement13 bénéficient d'une hausse sensible, puisque leur montant s'élève à 18,5 Mds € contre 17,3 Mds € en 2017, 17 Mds € en 2016 et 16,7 Mds € en 2015. Quant aux crédits de l'armement nucléaire, ils représentent, comme les années précédentes, plus du cinquième (21,8 %) du total des crédits d'équipement. Ils ne cessent d'augmenter depuis 201514 et dépassent à présent la barre des 4 Mds € (plus précisément 4,04 Mds €). Cette hausse était déjà inscrite dans la loi de programmation militaire (LPM) pour les années 2014 à 2019 qui avait affecté un montant total de 23,3 Mds € à la dissuasion nucléaire ». Les États-Unis préparent une nouvelle arme nucléaire à 100 milliards de dollars. Un euro ou un dollar dépensé dans la modernisation d'une force nucléaire est un euro ou un dollar retiré aux autres besoins également importants comme l'adaptation des forces de sécurité extérieures et intérieures aux nouvelles menaces telles que le terrorisme ou les cyber-attaques, le renforcement du niveau de vie des populations, la lutte contre les changements climatiques, etc. Il ressort donc que non seulement l'armement nucléaire grève le budget des États d'une charge considérable, il ne renforce plus réellement la sécurité de ces États. Toutefois, même si l'ensemble des puissances nucléaires décidaient miraculeusement de désarmer, cela ne pourrait se réaliser que dans un futur lointain. Les acteurs de la société civile internationale pour la plupart ont souhaité ne plus être sous le joug de l'arme nucléaire pour le 100ème anniversaire de l'ONU en 2045 et mettent à cette fin leurs espoirs dans le TIAN. Vingt-trois années seront-elles vraiment suffisantes pour nous « libérer » définitivement de la « monstrueuse » arme ? Rien n'est moins sûr.

Il était bien accepté au début des réflexions internationales sur le nucléaire que le progrès dans les utilisations pacifiques de l'énergie nucléaire ne devait pas être l'otage du désarmement ou de la non-prolifération. Dès l'entrée en vigueur du TNP, la communauté internationale avait alors bien compris l'interdépendance, la synergie de ces objectifs et la nécessité de les poursuivre simultanément sous les trois « piliers » du TNP. C'est ainsi que les États parties au TNP pouvaient jouir de leur droit inaliénable à l'utilisation civile de l'énergie nucléaire sous son accompagnement. Toutefois, pour développer ou utiliser cette énergie, les États ont toujours eu besoin de collaborer et d'apprendre dans une certaine mesure. À cette exigence, la communauté internationale n'a pas hésité à répondre pour offrir des cadres de promotion et d'impulsion de l'utilisation purement civile de ladite énergie. De l'AIEA aux instances régionales en passant par le système des Nations unies, chaque État partie au TNP et même non partie a toujours eu l'occasion de partager ses expériences et d'en recevoir des autres à travers les grandes plateformes offertes.

Les enjeux géopolitiques de l'énergie sont bien connus si l'on sait que la population mondiale est passée en moins d'un siècle de 2,5 à 7 milliards et que la production d'énergie ne cesse de se multiplier. Toute réflexion sur l'énergie, devrait s'appuyer sur des données chiffrées, ou tout au moins sur des ordres de grandeur. Les données chiffrées montrent tout l'effort de développement qui reste à faire dans le domaine de l'énergie de façon générale et en particulier dans le domaine du nucléaire. Elles mettent par ailleurs, en évidence l'importance de la maîtrise de l'énergie nucléaire car la consommation énergétique, lorsqu'elle est forte, ne reflète pas forcement et seulement un niveau de vie mais aussi un niveau de gaspillage.

391. Pour la sûreté et la sécurité de l'énergie nucléaire civile, l'ensemble des acteurs de la communauté internationale sont incessamment interpellés. Retenons que les États doivent s'empêcher de se dérober aux garanties internationales de sûreté instaurées à cet effet et de contrevenir d'une manière ou d'une autre, aux principes régissant l'accès, le développement et l'utilisation des articles nucléaires. Ceci implique à la fois un plein respect des instruments internationaux de sûreté que de sécurité nucléaire et une pleine collaboration à tous les niveaux.

De son côté, les Nations unies se doivent de ne jamais se lasser d'interpeller les différents acteurs ni de réprimer le cas échéant ceux qui agissent de sorte à affaiblir l'ordre juridique international régissant le nucléaire civil. Les énergies présentent une grande diversité tant par leur forme que par leur échelle d'intensité. Chacune d'elles présente des avantages et des inconvénients. La multiplicité des sources répond ainsi à une multiplicité des besoins. On peut donc en conclure que bannir le nucléaire comme source d'énergie conduirait inexorablement à émettre plus de CO_2 dans l'atmosphère et bannir les carburants serait non moins impensable dans les prochaines décennies même si certains États parviennent à s'en passer presque totalement.

BIBLIOGRAPHIE GÉNÉRALE

I. Ouvrages

ADENIJI Oluyemi, *The Treaty of Pelindaba on the African Nuclear-Weapon-Free Zone*, Genève, UNIDIR, n° 16, 2002, 341 p.

AEN, *L'énergie nucléaire aujourd'hui,* Paris, OCDE, 2003, 119 p.

AEN, *Le droit nucléaire international : Histoire, évolution et perspectives,* n° 6935, Paris, OCDE, 2010, 460 p.

AEN, *Perspectives de l'énergie nucléaire,* Paris, OCDE, 2008, 496 p.

AEN, *Uranium 2018 : Ressources, production et demande*, AEN n° 7413, Paris, OCDE, 2018, 457 p.

AIEA, *Glossaire de sûreté nucléaire : Terminologie employée en sûreté nucléaire et radioprotection,* Vienne, AIEA, 2007, 223 p.

AIEA, *Non-Proliferation of Nuclear Weapons and Nuclear Security-Overview of Safeguards Requirements for States with Limited Nuclear Material and Activities,* Vienne, 2006, 15 p.

ALLEGRE Claude et DE MONTVALON Dominique, *Faut-il avoir peur du nucléaire ?* Paris, Plon, 2011, 55 p.

AUST Anthony, *Modern Treaty Law and Practice*, 1st edition, Oxford, CUP, 2000, 484 p.

AUST Anthony, *Modern Treaty Law and Practice*, 2nd edition, Cambridge, CUP, 2007, 547p.

BAUER Alain et BRUGUIERE Jean-Louis, *Les 100 mots du terrorisme*, 1ère édition, Paris, PUF, 2011, 128 p.

BLONCHE Paul (sous dir.), *Le nucléaire expliqué par des physiciens*, Paris, EDP Sciences, 2002, 322 p.

BOBIN Jean-Louis, HUFFER Élisabeth, NIFENECKER Hervé (sous dir.), *L'énergie de demain. Techniques – environnement-économie,* Paris, EDP sciences, 2005, 633 p.

CARIO Jérôme, *Droit et guerre d'hier à aujourd'hui,* Éditions Lavauzelle Graphic, France, 2011, 254 p.

CIRINCIONE Joseph, WOLFSTHAL B. Jon et RAJKUMAR Miriam, *Deadly Arsenals. Nuclear, Biological and Chemical Threats,* 2nd edition, Washington, Carnegie Endowment for International Peace, 2005, 525 p.

COLARD Daniel, *Les Relations Internationales de 1945 à nos jours*, 4è édition, Paris, Masson, 1991, 390 p.

CORTEN Olivier, *Le droit contre la guerre, l'interdiction du recours à la force en droit international contemporain*, Paris, Pédone, 2008, 867 p.
CORTEN Olivier, *Méthodologie du droit international public*, Bruxelles, Éditions de l'Université de Bruxelles, 2017, 291 p.
COURTEIX Simone, *Exportations nucléaires et non-prolifération,* Paris, Economica, 1978, 263 p.
DAILLIER Patrick, FORTEAU Mathias, QUOC DINH Nguyen, PELLET Alain, *Droit international public*, 8è édition, Paris, LGDJ, 2009, 1722 p.
DELPECH Thérèse, *Iran and the Bomb. The Abdication of International Responsibility*, New York, Columbia University Press, 2006, 148 p.
DESCHAUX-DUTARD Delphine et LAVOREL Sabine (sous dir.), *Puissances émergentes et sécurité internationale : une nouvelle donne ? Une perspective pluridisciplinaire sur la puissance et l'émergence sur la scène internationale,* Bruxelles, P.I.E. Peter Lang, 2017, 307 p.
DEYRA Michel, *Le droit dans la guerre*, Paris, Gualino, 2009, 388 p.
DUMOULIN André, *Vers une érosion du soutien à la dissuasion nucléaire française ?* Bruxelles, Institut Royal Supérieur de Défense/ Centre d'Études de Sécurité et Défense, 2015, 60 p.
DUPUY Pierre Marie, *Les grands textes de droit international public,* 4è édition, Paris, Dalloz, 2004, 912 p.
FERGUSON D. Charles et **POTTER C. William**, *The four faces of nuclear terrorism*, California, Monterey Institute of International Studies, 2004, 378 p.
FINAUD Marc, *L'arme nucléaire : Éliminons-la avant qu'elle nous élimine*, Paris, L'Harmattan, 2020, 128 p.
FISHER David, *History of the International Atomic Energy Agency: The First Forty Years*, Vienna, IAEA, 1997, 550 p.
FRIEMAN Wendy, *China, Arms Control, and Nonproliferation,* London and New York Routledge Curzon, 2004, 232 p.
GALLOIS Pierre Marie, *La Guerre de cent secondes : Les États-Unis, l'Europe et la guerre des étoiles*, Paris, Fayard, 1985, 197 p.
GILLIS Melissa, *Le désarmement. Un guide de référence*, 3ème édition, New York, Publications des Nations unies, 2013, 127 p.
GOLAN-VILELLA Robert, MARCHESANO Michelle et WILLIAMS Sarah, *The 2010 Nuclear Security Summit: A Status Update*, Arms Control Association, 2011, 36 p.

GOLDBLAT Josef, *Arms control: The new guide to negotiations and agreements*, Stockholm, SIPRI, 2002, 396 p.

HANPSON Osler, *Multilateral Negotiations lessons from arms control, trade, and the environment* », Washington, *The John Hopkins*, University press, 1995, 432 p.

HANSEN Keith, *The Comprehensive Nuclear-Test-Ban Treaty: An Insider's perspective*, 1st edition, *Stanford,* SUP, 2006, 256 p.

HOLST J. Johan et SCHNEIDER Jr. William (ed.), *Why ABM ? Policy Issues in the Missile Defense Controvery*, New York, Pergamon Press, 1969, 321 p.

JOHNSON Rebecca, *Unfinished Business: The Negotiation of the CTBT and the End of Nuclear Testing,* Genève, UNIDIR, 2009, 363 p.

JOYNER H. Daniel, *International law and the proliferation of Weapons of Mass destruction*, Oxford, OUP, 2009, 402 p.

JOYNER H. Daniel, *Iran's nuclear program and international law: From confrontation to accord*, New York, OUP, 2016, 249 p.

KAMTO Maurice, *L'agression en droit international*, Paris, Pédone, 2010, 464 p.

KHAN Saira, *Iran and Nuclear Weapons. Protracted conflict and proliferation,* London and New York, Routledge, 156 p.

KISSINGER Henry, *Diplomatie*, Paris, Fayard, 1996, 864 p.

KOLB Robert, *Ius in bello : Le droit international des conflits armés,* Précis 2ème édition, Bruxelles, Bruylant, 2009, 551 p.

KOLB Robert, *La bonne foi en droit international public. Contribution à l'étude des principes généraux de droit*, Genève, Graduate Institute Publications, 2000, 725 p.

LAFAY Mestre Frédérique, *L'organisation des Nations unies*, Que sais-je ? n° 748, Paris, PUF, 2003, 127 p.

LAVIEILLE Jean-Marc, *Droit international du désarmement et de la maîtrise des armements*, Paris, L'Harmattan, 1997, 353 p.

LE BAUT Yves (dir.), *Les Essais nucléaires français*, Bruxelles, Bruylant, 1998, 156 p.

Le Grand Robert, *Dictionnaire de la langue française*, version électronique, n° 2, SEJER, 2005.

LENNE Francis, *Le deuil d'Hiroshima,* Paris, Edition association « Aux Actes Citoyens », avec « Abolition des armes nucléaires - Maison de Vigilance », 2017, 254 p.

LHOMMEAU Géraldine, *Le droit international à l'épreuve de la puissance américaine*, Paris, L'Harmattan, 2005, 288 p.

LINDERFALK Ulf, *On the interpretation of treaties. The Modern International Law as Expressed in the 1969 Vienna Convention on the law of treaties,* Stockholm, Springer, 2007, 410 p.

LORENTZ Dominique, *Secrets atomiques. La bombe iranienne ou la véritable histoire des otages français au Liban*, Paris, Les Arènes, 2002, 264 p.

MÆRLI Bremer Morten and LODGAARD Sverre, *Nuclear Proliferation and International Security*, New York, Routledge global security studies, 2007, 357 p.

NIFENECKER Hervé, *Le nucléaire : Un choix raisonnable ?* Paris, EDP Sciences, 2011, 214 p.

NORLAIN Bernard (sous dir.), *Les nouvelles technologies et la stratégie nucléaire*, Paris, Initiatives pour le désarmement nucléaire, 2021, 83 p.

NOVOSSELOF Alexandra, *Le Conseil de sécurité des Nations unies et la maîtrise de la force armée : Dialectique du politique et du militaire en matière de paix et de sécurité internationales*, Bruxelles, Bruylant, 2003, 660 p.

Organisation des Nations unies, *Les Nations unies et la non-prolifération nucléaire*, New York, Séries Livres bleus des Nations unies, vol. III, 1995, 205 p.

PLANTEY Alain, *La négociation internationale, Principes et méthodes*, Paris, édition du Centre National de la Recherche Scientifique (CNRS), 1980, 657 p.

QUILÈS Paul, COLLIN Jean-Marie, DRAIN Michel, *L'illusion nucléaire. La face cachée de la bombe atomique*, Paris, Éditions Charles Léopold Mayer, 2018, 173 p.

QUILÈS Paul, *Nucléaire, un mensonge français. Réflexions sur le désarmement nucléaire*, Paris, Éditions Charles Léopold Mayer, 2012, 93 p.

REUSS Paul, *L'épopée de l'énergie nucléaire. Une histoire scientifique et industrielle*, Paris, EDP Sciences, 2007, 167 p.

RUZIÉ David, *Droit international public*, 15è édition, Paris, Dalloz, 2009, 321 p.

SAGAN Scott, *Why Do States Build Nuclear Weapons? Three Models in Search of a Bomb*, Cambridge, International Security, vol. 21, n° 3, The MIT Press, 1996/1997, 86 p.

SALMON Jean (sous dir.), *Dictionnaire de droit international public*, Bruxelles, Bruylant, 2001, 1155 p.

SIGAL Leon, *Disarming Strangers - Nuclear Diplomacy with North Korea*, Princeton, Princeton University Press, 1998, 321 p.

SIMMA Bruno et al, (ed.) *The Charter of the United Nations: A commentary,* 2nd edition, vol. 1, Oxford, OUP, 2002, 1576 p.

SNYDER H. Glenn, *Deterrence by Denial and Punishment*, Princeton, Princeton University Press, 1959, 39 p.

SOMA Abdoulaye, *Droit de l'homme à l'alimentation et sécurité alimentaire en Afrique*, Genève, Zurich, Bâle: Schulthess, 2010, 561 p.

STOTT Noel, DU RAND Amelia et DU PREEZ Jean, *Guide pratique sur le Traité de Pelindaba. Vers l'entrée en vigueur du Traité sur la zone exempte d'armes nucléaires en Afrique*, Pretoria, Institut d'Études de Sécurité/GRIP, 2009, 40 p.

SUR Serge, *Le Conseil de sécurité dans l'après 11-Septembre*, Paris, LGDJ, 2005, 162 p.

TCHIKAYA Blaise, *Mémento de la jurisprudence du droit international public*, 7è édition, Paris, Hachette supérieur, 2017, 176 p.

TERTRAIS Bruno, *L'arme nucléaire*, Paris, PUF, 2008, 128 p.

TERTRAIS Bruno, *La dissuasion nucléaire en 2030. Essai de prospective*, Paris, Fondation pour la recherche stratégique, 2006, 57 p.

TISSOT Henry, *Les « atomes »,* Lausanne, Robert LAFFONT-GRAMMONT, 1975, 143 p.

TUCKER Jonathan (sous dir.), *The Conduct of Challenge Inspections Under the Chemical Weapons Convention: Proceedings of an Expert Workshop Held on May 29-31, 2002*, Washington DC, Monterey Institute of International Studies, 2002, 43 p.

TULLIU Steve et SCHMALBERGER Thomas, *Les termes de la sécurité : Un lexique pour la maîtrise des armements ; le désarmement et l'instauration de la confiance*, Genève, UNIDIR, 2007, 297 p.

VERRI Pietro, *Dictionnaire du droit international des conflits armés,* Genève, CICR, 1988, 147 p.

VIAUD Astrid, *L'Union européenne face à la crise du nucléaire iranien (2003-2017),* Bruxelles, Presses Universitaires de Louvain, 2017, 176 p.

VILLAIN Jacques, *Le livre noir du nucléaire militaire*, Paris, Fayard, 2014, 245 p.

WEIL Prosper, *Écrits de droit international*, Paris, PUF, 2000, 432 p.

II. Articles

A. Articles de doctrine

ADAM Bernard, BERGHEZAN Georges, ZEEBROEK Xavier, « Les négociations START » *in Notes et documents du GRIP*, n° 58, 1982, 32 p.

ADEMIYI A. Bariyu, « L'Afrique, zone exempte d'armes nucléaires » *in Désarmement*, vol. XIV, n° 3, 1991, pp. 101-115.

AEN, « Exposé des Motifs de la Convention complémentaire de Bruxelles telle que modifiée par les Protocoles de 1964, 1982 et 2004 », NEA/NLC/DOC(2017)4/FINAL, 2020, 21 p.

AEN, « Exposé des Motifs de la Convention de Paris telle que modifiée par les Protocoles de 1964, 1982 et 2004 », NEA/NLC/DOC(2020)1/FINAL, 2020, 46 p.

AHMAD Mansur, « Les approches multilatérales et bilatérales au désarmement » *in Désarmement*, vol. XII, n° 3, 1989, pp. 43-48.

AIEA, « Mise en œuvre de l'accord de garanties TNP et des dispositions pertinentes des résolutions au Conseil de sécurité en République islamique d'Iran » (GOV/2011/54), Vienne, 2011, 9 p.

ANDEMICAEL Berhanykun, OPELZ Merle et PRIEST Jan, « Histoire d'un compromis : le TNP et l'avenir » *in Bulletin AIEA*, n° 3, 1995, pp. 30-38.

ASPIN Les, « The Verification of SALT II Agreements », *in Scientific American*, vol. 240, n° 2, 1979, pp. 38-45.

BACOT Paul, « L'émergence d'une puissance nucléaire. Les Français et le Plateau d'Albion dans les années 1960 », *in* Delphine DESCHAUX-DUTARD et Sabine LAVOREL (dir.), *Puissances émergentes et sécurité internationale : une nouvelle donne ? Une perspective pluridisciplinaire sur la puissance et l'émergence sur la scène internationale,* Bruxelles, P.I.E. Peter Lang, 2017, pp. 131-146.

BARBESCHI Maurizio, « La culture organisationnelle du Secrétariat technique de l'OIAC », *in Forum du désarmement*, UNIDIR, 2002, pp. 46-56.

BARNABY Frank, « Le Traité interdisant les essais d'armes nucléaires » *in Bulletin de l'AIEA*, dixième anniversaire du Traité, 1973, pp. 10-16.

BEKER Avi, « Paix et dénucléarisation : Un point de vue israélien », *in Désarmement*, vol. XVI, n° 2, 1993, pp. 139-159.

BERSAY Claude, « La guerre atomique », *Études sur la mort,* n° 121, vol.1, 2002, pp. 27-34..

BERTEL Evelyne et **VAN DE VATE Johan,** « L'énergie nucléaire et le débat écologique : le contexte des choix » *in Bulletin de l'AIEA*, vol. 37, n° 4, 1995, pp. 2-7.

BLIX Hans, « Aspects juridiques des garanties de l'AIEA », *in AFDI*, 1983, pp. 37-58.

BLIX Hans, « L'Agence internationale de l'énergie atomique et le Traité sur la non-prolifération nucléaire », *in Désarmement,* vol. VIII, n°1, 1985, pp. 9-18.

BLIX Hans, « L'AIEA, les Nations unies et le nouveau projet nucléaire mondial », *in bulletin AIEA*, n° 3, vol. 37, 1995, pp. 3-10.

BONDAZ Antoine, « Corée du Nord/États-Unis : jusqu'où ira la confrontation ? », *in Politique étrangère,* vol. 4, 2017, pp. 103-114.

BOUSSOIS Sébastien, « L'accord iranien sur le nucléaire, une révolution géopolitique pour la région et pour le monde », *Note d'Analyse du GRIP*, 2015, 16 p.

BOUSTANY Katia, « Un code de conduite sur la sûreté des sources de rayonnements et la sécurité des matières radioactives : une approche nouvelle pour la maîtrise d'un risque nucléaire ? », *in* AEN, *Bulletin de droit nucléaire*, n° 65, 2000, pp. 7-14.

BOUTHERIN Grégory et KIFFER Daniel, « L'usage pacifique du nucléaire et la non- prolifération », *in Politique étrangère*, vol. 3, 2006, pp. 609-621.

BOUTHERIN Grégory, « Le traité sur la non-prolifération à l'épreuve du droit de retrait », *in Politique étrangère*, 2008/4, pp. 791-801.

BOWEN Q. Wyn, COTTEE Matthew et HOBBS Christopher, "Multilateral cooperation and the prevention of nuclear terrorism: pragmatism over idealism", *in International Affairs*, vol. 88, n° 2, 2012, pp. 349-368.

BRISSOT Roger, « L'énergie de fission » in Jean-Louis BOBIN, Élisabeth HUFFER, Hervé NIFENECKER (sous dir.), *L'énergie de demain. Techniques - environnement – économie,* Paris, EDP sciences, 2005, pp. 403-427.

BROTODININGRAT D. M. Soemadi, « Un point de vue indonésien » in *Désarmement*, vol. XVIII, n°1, 1995, pp. 184-195.

BUTLER Richard, « Le Traité sur la non-prolifération nucléaire, élément essentiel de la sécurité mondiale », *in Désarmement,* vol. VIII, n° 1, 1985, pp. 19-24.
CHUN Kwang-Ho, « Établir une Zone Exempte d'Arme Nucléaire en Asie du Nord- Est ? Les leçons tirées de la comparaison des traités internationaux », *in Revue internationale de politique comparée,* vol. 13, 2006, pp. 513-535.
CLARY Christopher, « A.Q. Khan et les limites du régime de non-prolifération », *in Forum du désarmement*, n° 4, 2004, pp. 35-45.
COLLARD Fabienne, « Les énergies renouvelables », *in Courrier hebdomadaire du CRISP,* n° 2252-2253, vol. 7, 2015, pp. 5-72.
COLLIN Jean-Marie, « 3ème conférence sur l'impact humanitaire des armes nucléaires, un nouveau cycle d'actions », *Note d'Analyse du GRIP*, 2015, 12 p.
COLLIN Jean-Marie, « Conférence de Nayarit sur l'impact humanitaire des armes nucléaires. Un point de non-retour ! », *Note d'Analyse du GRIP*, 2014, 16 p.
COLLIN Jean-Marie, « Conférence sur l'impact humanitaire des armes nucléaires : un nouveau « Forum du désarmement », *Note d'Analyse du GRIP*, 2013, 8 p.
COLLIN Jean-Marie, « *Dimension humanitaire du désarmement nucléaire et danger du nucléaire militaire en France* », *Note d'Analyse du GRIP*, Bruxelles, 2015, 16 p.
COLLIN Jean-Marie, « Le processus de dénucléarisation sud-africain : un exemple pour le reste du monde ? », *in Recherches internationales*, n° 77, 2007, pp. 145-156.
CONDORELLI Luigi, « Les attentats du 11 septembre et leurs suites : Où va le droit international ? », *in RGDIP.*, 2001, pp. 830-847.
COOSEMANS Thierry, « Les dispositifs de sécurité avant et après le 11 septembre 2001 », *in Courrier hebdomadaire du CRISP,* n° 1762-1763, vol. 17, 2002, pp. 5-86.
CORTEN Olivier, DUBUISSON François, KOUTROULI Vaios et LAGERWALL Anne, « L'exécution de Quassem Soleimani et ses suites : Aspects de *jus contra bellum* et de *jus in bello* », *in RGDIP*, n° 1, 2020, pp. 41-74.
COT Jean-Pierre, « Affaire des Essais nucléaires (Australie c. France et Nouvelle-Zélande c. France). Demandes en indication de mesures conservatoires. Ordonnances du 22 juin 1973. », *in AFDI*, vol. 19, 1973. pp. 252-271.

COURMONT Barthélemy, « Le difficile défi nord-coréen de Washington », *in Revue internationale et stratégique,* n° 81, vol. 1, 2011, pp. 18-29.
COURTEIX Simone, « La coopération nucléaire internationale de la République populaire de Chine », *in AFDI,* vol. 32, 1986. pp. 663-683.
COURTEIX Simone, « Les accords de Londres entre pays exportateurs d'équipements et de matériels nucléaires », *in AFDI,* Paris, 1976, pp. 27-50.
DAHLMAN Ola, « La vérification ou l'importance de la détection, de la dissuasion et de l'instauration de la confiance » *in Forum du désarmement*, n° 3, 2010, pp. 3-14.
DEBEIR Jean-Claude et al., « Genèse et servitudes du nucléaire », *in Écologie & politique*, n° 42, vol. 2, 2011, pp. 137-167.
DELCOIGNE G. C., « Le Traité interdisant les essais d'armes nucléaires », *in Bulletin de l'AIEA*, dixième anniversaire du Traité, 1973, pp. 3-10.
DELEAGE Jean-Paul, « Éditorial : Fukushima, les sacrifiés du nucléaire », in *Écologie & politique* n° 42, vol. 2, 2011, pp. 5-16.
DELPECH Thérèse, « Les désarrois de la lutte contre la prolifération nucléaire », in *Critique internationale* n° 23, vol. 2, 2004, pp. 43-52.
DUNN A. Lewis, « Le Traité sur la non-prolifération nucléaire : un succès dans le domaine du contrôle des armements », *in Désarmement,* vol. VIII, n° 1, Nations unies, 1985, pp. 25-39.
EL BARADEI Mohamed, **NWOGUGU Edwin et RAMES John**, « Le droit international et l'énergie nucléaire : aperçu du cadre juridique », *in Bulletin AIEA,* n° 3, 1995, pp. 16-25.
ELLIS D. Jason, « The Best Defense: Counterproliferation and U.S. National Security », *in The Washington Quarterly*, 2003, pp. 115-133.
ENDERS Thomas, « Le rôle de la dissuasion nucléaire dans la défense sans provocation », *in Désarmement*, vol. XIII, n° 2, 1990, pp. 28-44.
ENGO B. Paul, « La sécurité sous le régime de la non-prolifération : le point de vue d'un Africain » *in Désarmement,* vol. VIII, n° 1, 1985, pp. 40-46.
ERRERA Gérard, « La pierre angulaire du système international de non-prolifération », *in Désarmement*, vol. XVIII, n° 1, 1995, pp. 1-7.
ESFANDIARY Dina et Claire DESPREAUX, « Nucléaire iranien : que sait-on ? », *in Politique étrangère,* vol. 3, 2012, pp. 533-546.

ESPIELL GROS Hector, « La signature du traité de Tlatelolco par la France et la Chine », *in AFDI,* vol. 19, 1973, pp. 131-146.

FANIELLE Sylvain, « Le Sommet sur la sécurité nucléaire de La Haye 2014 : réussite ou occasion manquée ? », *Note d'Analyse du GRIP*, Bruxelles, 2014, 16 p.

FARLEY J. Philip, « Le Traité interdisant les essais d'armes nucléaires », *in Bulletin de l'AIEA*, dixième anniversaire du Traité, 1973, pp. 20-22.

FEAKES Daniel, « Évaluer le système de vérification de la Convention sur les armes chimiques », *Forum du désarmement,* n° 4, 2002, pp. 10-20.

FINAUD Marc, « Les missiles hypersoniques » in Bernard NORLAIN (sous dir.), *Les nouvelles technologies et la stratégie nucléaire*, Paris, Initiatives pour le désarmement nucléaire, novembre 2021, pp. 6-12.

FINAUD Marc, « Abolishing nuclear weapons: prospects and challenges. Can the humanitarian paradigm be applied to nuclear weapons? », *Geneva Academy of International Humanitarian Law and Human Rights*, Geneva, 2018, 4 p.

FINAUD Marc, « Nuclear energy: is it the future ? », *Geneva Centre for Security Policy*, Geneva, 2020, 31 p.

FISCHER David, « Mise en place d'une zone africaine exempte d'armes nucléaires », *in Désarmement,* vol. XIV, n° 3, 1991, pp. 116-135.

FISCHER Georges « L'Accord entre l'Organisation des Nations unies et l'Agence internationale de l'énergie atomique » *in AFDI*, vol. 3, 1957, pp. 375-383.

FISCHER Georges, « L'inde et la bombe », *in Politique étrangère*, 1974, pp. 307-329.

FISCHER Georges, « L'interdiction partielle des essais nucléaires » *in AFDI*, vol. 9, 1963, pp. 3-34.

FISCHER Georges, « La non-prolifération des armes nucléaires », *in AFDI*, vol. 13, 1967, pp. 47-98.

FISCHER Georges, « La zone dénucléarisée du Pacifique Sud », in *AFDI*, 1985, pp. 23-57.

FISCHER Georges, « Les Accords SALT II », *in AFDI*, vol. 25, 1979, pp. 129-202.

FISCHER Georges, « Les accords sur la limitation des armes stratégiques », *in AFDI*, vol. 18, 1972, pp. 9-84.

GEHR Walter, « Le cadre juridique universel de la lutte contre le terrorisme nucléaire », *in* AEN, *Bulletin de droit nucléaire*, n° 79, vol. 1, 2007, pp. 5-15.

GOLDBLAT Jozef, « How to Deter Violations of Disarmament and Non-proliferation Agreements », *in Assessing Compliance with Arms Control Treaties*, Report of the International Group on Global Security – IGGS, 2007, pp. 54-62.

GOLDBLAT Jozef, « Succès et échecs de la maîtrise des armements », *in Politique étrangère*, vol. 4, 2006, pp. 823-835.

GOLDSCHMIDT M. Bertrand, « La négociation du Traité sur la non-prolifération des armes nucléaires (TNP) », *in Bulletin AIEA*, Vol.22, n° 3-4, 1980, pp. 75-81.

GUILHAUDIS Jean-François, « L'établissement d'une zone exempte d'armes nucléaires en Asie centrale », *in AFRI*, vol. IX, 2008, pp. 605-627.

GUILHAUDIS Jean-François, « La Russie dans la diplomatie de la course aux armements et du désarmement », *in AFRI,* 2020, pp. 85-99.

GUILLAUME Gilbert, « Terrorisme et droit international », *in RCADI*, vol. 215, 1989, pp. 287-416.

HEBERT Jean-Paul, « L'Iran nucléaire face aux États-Unis », *in Recherches internationales*, n° 79, 2007, pp. 89-108.

HELLENDORFF Bruno, « Corée du Nord : le scénario du pire ? », *Note d'Analyse du GRIP*, Bruxelles, 2016, 20 p.

HELLENDORFF Bruno, « Corée du Nord : Questions nucléaires et balistiques », *Note d'Analyse du GRIP*, Bruxelles, 2016, 20 p.

HELLENDORFF Bruno, « Négocier avec la Corée du Nord : de l'opportunité d'un traité sur les missiles », *Éclairage du GRIP*, Bruxelles, 2017, 4 p.

HOFFMAN Wolfgang, « Le Régime de vérification », *in Désarmement*, vol. XVIII, n°1, 1995, pp. 74-92.

HOFFMANN Nathalie, « Les zones dénucléarisées en Asie », *Défense nationale*, 1996, pp. 103-113.

HOLUM John, « Pour une prorogation indéfinie et inconditionnelle » *in Désarmement*, vol. XVIII, n° 1, 1995, pp. 8-18.

JACQMIN Denis, « Fin du traité INF, fin du désarmement », *Éclairage du GRIP*, Bruxelles, 2019, 4 p.

JAFFRELOT Christophe, « L'Inde, nouvel allié asiatique des États-Unis », *Études,* vol. 10, tome 403, 2005, pp. 309-320.

JANKOWITSCH-PREVOR Odette, « La Convention internationale pour la répression des actes de terrorisme nucléaire », *in* AEN, *Bulletin de droit nucléaire*, n°76, vol. 2, 2005, pp. 7-28.

KELLE Alexander, « La première conférence d'examen de la Convention sur les armes chimiques : faire le point et préparer l'avenir », *in Forum du désarmement,* n° 4, UNIDIR, 2002, pp. 1-9.

KHAITOUS Tariq, « Ce que veut véritablement Téhéran », *Confluences Méditerranée*, vol. 1, n° 60, 2007, pp. 67-79.

KISS Charles Alexandre, « L'accident de Tchernobyl : ses conséquences au point de vue du Droit international », *in AFDI,* vol. 32, 1986, pp. 139-152 ;

KLEIN Jean, « Portée et signification du traité de Washington », *in Politique étrangère*, n° 1, 1988, pp. 47-63.

KOLB Robert, « La bonne foi en droit international public », *in Revue belge de droit international* 1998/2, éditions Bruylant, Bruxelles, pp. 662-732.

KONISHI Toshio, « Applications de l'énergie nucléaire : dessalement de l'eau de mer », *in Bulletin de l'AIEA*, n° 39, n° 2, 1997, pp. 26-29.

KUMAR Ajit, « Un traité qui se dérobe encore », *in Désarmement*, vol. XVIII, n°1, 1995, pp. 127-147.

LAPOINTE Alban, « Pourquoi une révision du Traité de non-prolifération ? », *in Études*, vol. 5, tome 412, 2010, pp. 595-605.

MAMPAEY Luc, « Démantèlement des armes et bâtiments nucléaires : terrifiant héritage pour les générations futures », *Note d'Analyse du GRIP*, Bruxelles, 2016, 12 p.

MARIN-BOSCH Miguel, « À la croisée des chemins » *in Désarmement*, vol. XVIII, n°1, 1995, pp. 57-73.

MARIN-BOSCH Miguel, « Vers un authentique régime de non-prolifération », in *Désarmement*, vol. XVI, n° 2, 1993, pp. 85-102.

MASOOD Talat, « Pakistan as a receptive proliferator », in Bremer Morten MÆRLI and Sverre LODGAARD**,** *Nuclear Proliferation and International Security*, London and New York, Routledge Global Security Studies, pp. 172-193.

MASSE Roland, « Les effets sanitaires des radiations », *in* Jean-Louis BOBIN, Élisabeth HUFFER, Hervé NIFENECKER (sous dir.), *L'énergie de demain. Techniques - environnement – économie,* Paris, EDP sciences, 2005, pp. 465-492.

MEKDOUR Mehdi et ROUPPERT Bérangère, « Le Traité START 2010 : Vers un renforcement du désarmement nucléaire », *Note d'Analyse du GRIP*, 2010, Bruxelles, 12 p.

MILLER Marvin and SCHEINMAN Lawrence, « Israel and a Nuclear Weapon Free Zone in the Middle East », *in* Bremer Morten MÆRLI and Sverre LODGAARD**,** *Nuclear Proliferation and International Security*, London and New York, Routledge Global Security Studies, 2007, pp. 137-151.

MOHAN Raja, « India's nuclear exceptionalism », *in* Bremer Morten MÆRLI and Sverre LODGAARD, *Nuclear Proliferation and International Security*, London and New York, Routledge global security studies, 2007, pp. 152-171.

NICOULLAUD François, « La France et la négociation avec l'Iran », *L'Harmattan*/« *Confluences Méditerranée* », n° 96, vol. 1, 2016, pp. 47-60.

OGUNBANWO Sola, « Accelerate the Ratification of the Pelindaba Treaty », *in The Nonproliferation Review*, 2003, pp. 132-136.

OGUNBANWO Sola, « The Treaty of Pelindaba: Africa is Nuclear-Weapon-Free », *in Security Dialogue*, vol. 27, n° 2, 1996, pp. 185-200.

PAOLINI Jérôme, « Histoire d'une négociation », *in Politique étrangère*, n°1, 1988, 53eannée, pp. 27-46.

PELLET Alain, « La terreur, la guerre, l'ONU - Que faire des Nations unies ? », *in European Integration Studies*, Miskolc, vol. 1, n° 1, 2002, pp. 13-18.

PELZER Norbert, « Les dures leçons de l'expérience : l'accident de Tchernobyl a-t-il contribué à améliorer le droit nucléaire ? », *in* AEN, *Le droit nucléaire international après Tchernobyl*, AEN n° 6147, OCDE, 2006, pp. 81-132.

PERON-DOISE Marianne, « La Corée du Nord en 2005 : décomposition ou ultimes métamorphoses ?», *in Revue internationale et stratégique,* n°57, vol. 1, 2005, pp. 43-54,

PERRIN DE BRICHAMBAUT Marc, « Les avis consultatifs rendus par la CIJ le 8 juillet 1996 sur la licéité de l'utilisation des armes nucléaires par un État dans un conflit armé et sur la licéité de la menace et de l'emploi d'armes nucléaires », *in AFDI*, vol. 42, 1996, pp. 315-336.

PERSBO Andreas, « Le rôle des organisations non gouvernementales dans la vérification des accords internationaux » *in Forum du Désarmement*, 2010, pp. 73-84.

POITEVIN Cédric et TUDOSIA Manuela, « Le Groupe des fournisseurs nucléaires dans le régime international de non-prolifération », *Note d'Analyse du GRIP*, 2008, 11 p.

POITEVIN Cédric, « Le Traité d'interdiction des essais nucléaires plus que jamais nécessaire », *Note d'analyse du GRIP*, 2007, 7 p.

PRENAT Raphael, « Les régimes multilatéraux de maîtrise des exportations de technologies sensibles à utilisation militaire », *in AFDI*, 1998, pp. 298-311.

PUNUNGWE Gift, « L'Afrique et le régime international de non-prolifération », in *Désarmement*, vol. XVI, n° 2, 1993, pp. 160-177.

QUENTIN Michel, « Le contrôle des échanges internationaux nucléaires : le difficile équilibre entre le développement du commerce et la lutte contre la non-prolifération des armes nucléaires », *in* AEN/OCDE, *Le droit nucléaire international : Histoire, évolution et perspectives,* n° 6935, Paris, 2010, pp. 301-338.

RAJAGOPALAN Rajesh, « Le défi nucléaire indien : contrer la stratégie d'escalade pakistanaise » *in Défense Nationale,* n° 812, 2018/7, pp. 53-57.

REUTER Paul, « Principes de droit international public », *in RCADI*, tome 103, 1961, pp. 429-656.

REYNERS Patrick, « Le droit nucléaire confronté au droit de l'environnement : autonomie ou complémentarité », *in RQDI*, 2007, pp. 149-186.

ROBERTS Brad, « Ban the Bomb ? or Bomb the Ban ? », *Global Security Policy Brief*, 2018, 9 p.

ROCHE Nicolas, « Chapitre 7. Les équilibres nucléaires en Asie pacifique » *in* Nicolas ROCHE (sous dir.), *Pourquoi la dissuasion*, Paris, PUF, 2017, pp. 261-320.

ROCKWOOD Laura, « Le système de garanties de l'AIEA », *in* AEN, *Le droit nucléaire international : Histoire, évolution et perspectives*, n° 6935, Paris, 2010, pp. 271-299.

RUZIÉ David, « L'Organisation international de police criminelle », *in AFDI*, 1956, pp. 673-679.

SABOURET Christophe, « Fukushima, sortie du nucléaire et occasions manquées », *in Écologie & politique,* n° 44, vol. 1, 2012, pp. 153-166.

SALAMATIAN Ahmad et CHAMLOU Simine, « Les dix années de la Révolution islamique en Iran », *in Tiers-Monde*, tome 31, n°123, 1990, pp. 509-535.

SCHNEIDER William Jr., « Missile Defense Systems: past, present, and future » *in* Johan J. **HOLST and William SCHNEIDER Jr.** (ed.), *Why ABM ? Policy Issues in the Missile Defense Controvery,* New York, Pergamon Press, 1969, pp. 3-13.
SHAKER Ibn Mohamed, « Le régime du Traité sur la non-prolifération des armes nucléaires », *in Conférence régionale sur la Campagne mondiale pour le désarmement*, 1985, pp. 69-82.
SHAKER Ibn Mohamed, « Les raisons pour lesquelles les États non alignés pourraient ne pas soutenir une prorogation indéfinie », *in Désarmement*, vol. XVIII, n° 1, 1995, pp. 19-49.
SHAMUYARIRA Nathan, « L'Afrique, zone exempte d'armes nucléaires », *in Désarmement*, vol. XV, n° 1, 1992, pp. 115-134.
SHARMA Sheel Kant, « L'AIEA et le système des Nations unies : le dispositif de coopération nucléaire » *in Bulletin de l'AIEA*, vol. 37, n° 3, 1995, pp. 10-15.
SHEARAR Jeremy, « Dénucléarisation de l'Afrique : La dimension sud-africaine » *in Désarmement*, vol. XVI, n° 2, 1993, pp. 178-193.
SICK Gary, « La révolution iranienne et les grandes puissances », *in Politique étrangère*, n° 2, 1987, pp. 339-355.
SIMPSON John, « Le régime de non-prolifération nucléaire : choix et possibilités », *in Désarmement,* vol. XVI, n° 2, 1993, pp. 23-42.
SITT Bernard « Le traité Nouveau START est-il un bon traité ? », *in AFRI*, vol. 13, 2012, pp. 613-624.
STOIBER Carlton, « Le droit nucléaire au Conseil de sécurité des Nations unies », *in* AEN, *Le droit nucléaire international : Histoire, évolution et perspectives,* n° 6935, Paris, OCDE, 2010, pp. 101-118.
STOIBER Carlton, « Sécurité nucléaire : Aspects juridiques de la protection physique ainsi que de la lutte contre le trafic illicite et le terrorisme nucléaire », *in* AEN, *Le droit nucléaire international : Histoire, évolution et perspectives,* n° 6935, Paris, OCDE, 2010, pp. 243-270.
STROHL Pierre, « Tchernobyl et le problème des obligations internationales relatives aux accidents nucléaires », in *Politique étrangère,* n°4, 51[e]année, *1986*, pp. 1035-1054.
SUR Serge, « Éloge du conseil de sécurité », *in AFRI*, Paris, Bruylant, 2005, pp. 76-88.
SUR Serge, « La Résolution 1540 du Conseil de sécurité (28 avril 2004) entre la prolifération des armes de destruction massive, le terrorisme et les acteurs non étatiques », *in RGDIP*, n° 4, 2004, pp. 855-882.

SZASZ C. Paul, « Law and Practice of the International Atomic Energy Agency », *in* IAEA, *Legal Series*, n° 7, Vienna, 1970, pp. 257-326.

SZUREK Sandra, « De Rarotonga à Bangkok et Pelindaba. Note sur les traités constitutifs de nouvelles zones exemptes d'armes nucléaires », *in AFDI*, vol. 42, 1996, pp. 164-186.

TAVERNIER Paul, « L'adoption du Traité d'interdiction complète des essais nucléaires », *in AFDI*, vol. 42, 1996, pp. 118-136

TAYLHARDAT R. Adolfo, « La proposition vénézuélienne de prorogation » *in Désarmement*, vol. XVIII, n° 1, Nations unies, 1995, pp. 50-56.

THIELE Lisa, « Extraction et production d'uranium : le point de vue d'une juriste sur la réglementation d'une ressource importante », *in* AEN, *Bulletin de droit nucléaire*, n° 92, vol.2, Paris, OCDE, 2013, pp. 9-28.

TIMERBAEV Roland, « Renforcement du régime institué par le Traité sur la non-prolifération nucléaire : Conclusion d'un traité d'interdiction complète des essais et arrêt de la production de matières fissiles », *in Désarmement*, vol. XVI, n° 2, 1993, pp. 103-115.

TONHAUSER Wolfram et WETHERAL Anthony, « Cadre juridique international sur la sûreté nucléaire : développements, défis et opportunités », *in* AEN, *Le droit nucléaire international : Histoire, évolution et perspectives,* n° 6935, Paris, OCDE, 2010, pp. 177-190.

TORRELLI Maurice, « La reprise des essais nucléaires français », *in AFDI,* 1995, pp. 755-776.

TOUSCOZ Jean, « Les accords bilatéraux de coopération scientifique et technique », *in AFDI*, vol. 14, 1968, pp. 682-700

VERHOEVEN Joe, « Les « étirements » de la légitime défense », *in AFDI*, 2002, vol. 48, n°1, pp. 49-80.

VEZ CARMONA Lourdes, « Le régime international de protection physique des matières nucléaires et l'amendement à la Convention sur la protection physique des matières nucléaires », *in* AEN, *Bulletin de droit nucléaire*, n°76, vol. 2, 2005, pp. 29-46.

VIZIER Solène, « La menace cyber », *in* Bernard NORLAIN (sous dir.), *Les nouvelles technologies et la stratégie nucléaire*, Paris, Initiatives pour le désarmement nucléaire, novembre 2021, pp. 24-32.

VRAALSEN Tom, « La non-prolifération des armes nucléaires, chimiques et autres », *in Désarmement,* vol. XII, n° 3, 1989, pp. 3-18.

WECKEL Philippe, Le Conseil de sécurité des Nations unies et l'arme nucléaire, *AFDI,* vol. 52, 2006. pp. 178-197.

WEIL Prosper, « L'avis consultatif sur la licéité de la menace ou de l'emploi d'armes nucléaires : deux lectures possibles », *in PUF*, 2000, pp. 57-65.

WEIL Prosper, « Vers une normativité relative en droit international ? », *in RGDIP*, tome LXXXVI, 1982, pp. 5-47.

WETHERAL Anthony, « Action normative à l'AIEA : les codes de conduite » *in* AEN, *Bulletin de droit nucléaire*, n° 75, vol. 1, 2005, pp. 75-98.

WINKLER Reed Jonathan, « La surenchère des arsenaux nucléaires », *in Revue électronique du Département d'État des États-Unis*, vol. 15, n° 2, pp. 30-32.

Wolfram TONHAUSER et Anthony WETHERALL, « Cadre juridique international sur la sûreté nucléaire : développements, défis et opportunités », *in* AEN, *Le droit nucléaire international : Histoire, évolution et perspectives*, n° 6935, Paris, OCDE, 2010, pp. 177-190.

YILMAZ Richard, « Les armes de destruction massive au Moyen-Orient », *in Outre-Terre*, n° 14, vol. 1, 2006, pp. 27-38.

ZAHRAN Mounir, « L'Égypte et le Traité d'interdiction complète des essais », *in Désarmement*, vol. XVIII, n°1, 1995, pp. 184-195.

ZANDERS Jean Pascal, « L'universalité de la Convention sur les armes chimiques : une question de qualité ou de quantité ? », *Forum du désarmement,* n° 4, 2002, pp. 23-32.

B-Articles de presse et de revue

- « Washington annonce son retrait d'un accord nucléaire avec Moscou », *Le Monde*, 21 octobre 2018.
- « Les deux grands rivaux du nucléaire Washington et Moscou ont pu finalement s'accorder sur un accord de coopération sur le nucléaire civil », *Le Monde*, 7 mai 2008.
- « Macron rappelle « l'importance » du traité nucléaire », *Le Figaro*, 22 octobre 2018.
- « Nucléaire : l'UE appelle Washington et Moscou à « préserver » le Traité INF », *Le Figaro*, 22 octobre 2018.
- JUPPE Alain, NORLAIN Bernard, RICHARD Alain, ROCARD Michel, « Pour un désarmement nucléaire mondial, seule réponse à la prolifération anarchique », *Le Monde*, 14 octobre 2009.
- Barack OBAMA : « Un monde sans armes nucléaires », *Le Monde*, 6 avril 2009.

- BLAIR G. Bruce, “Why our nuclear weapons can be hacked”, *New York Times*, 17 mars 2017.
- Catherine TRIOMPHE, « Une vingtaine de pays se positionnent contre l’interdiction des armes nucléaires », New York, Agence France-Presse, Monde, 27 mars 2017.
- David E. SANGER, « North Korea says it has a program on nuclear arms », *New York Times*, 17 octobre 2002.
- IDN, « La Russie et les États-Unis sur la bonne voie pour trouver un accord nucléaire », Revue de presse du 23 octobre 2020.
- IDN, « Un appel associatif à éliminer les armes nucléaires avant 2045 », Revue de presse du 7 novembre 2020.
- SEMO Marc, « Inquiétudes européennes autour de l’escalade iranienne sur le nucléaire. L’Agence internationale de l’énergie atomique a détecté des « particules d’uranium » sur un site non déclaré, en violation avec l’accord de 2015 », *Le Monde,* 13 novembre 2019.
- SEMO Marc, « L’interdiction de l’arme nucléaire fait débat à l’ONU. Une conférence sur l’abrogation de ces armes s’ouvre à New York lundi 27 mars avec le soutien de 113 pays contre l’avis de la France, des États-Unis, du Royaume-Uni, de la Chine et de la France », *Le Monde*, 27 mars 2017.
- MEIER Olivier, INGRAM Paul « The NATO summit: recasting the debate over the US nuclear weapons in Europe », mai 2012.
- TATU Michel, « Le ‘‘nouveau départ’’ des relations russo-américaines », 9 juillet 2009.
- NODE-LANGLOIS Fabrice, « Face au bouclier anti-missile américain, craintes et calculs de la Russie de Poutine », in *Le Figaro*, 26 mars 2007.
- SMOLAR Piotr et NOOTEN Carrie, « Le ton monte entre les États-Unis et l’Europe au sujet d’un retour des sanctions contre l’Iran », *Le Monde*, 21 août 2020.
- RIETIKER Daniel, « New Hope for Nuclear Disarmament or “Much Ado About Nothing?”: Legal Assessment of the New “Treaty on the Prohibition of Nuclear Weapons” and the Joint Statement by the USA, UK, and France Following its Adoption », in *Harvard International Law Journal* (Online Journal), Vol. 59, 2017, pp. 22-32.
- NORRIS Robert S., KRISTENSEN M. Hans, « US nuclear forces 2012 », *The Bulletin of the Atomic Scientists,* vol. 68, n° 3, mai-juin 2012, pp. 84-91.

- NORRIS S. Robert, KRISTENSEN M. Hans, « US tactical nuclear weapons in Europe, 2011 », *The Bulletin of the Atomic Scientist,* janvier-février 2011, vol. 67, n°1, p. 65 sur
- KAUFFMANN Sylvie, « Georges W. Bush militarise l'espace », *Le Monde,* n° 300, juillet-août 2001.
- O'CONNOR Tom, « L'Iran déclare qu'il est prêt à commencer à acheter et à vendre des armes avec de ''nombreux amis'', tandis que les États-Unis sont restés ''isolés'', *Le Monde*, Newsweek du 15 octobre 2020.
- Vladimir POUTINE, « La gouvernance unipolaire est illégitime et immorale », *Voltaire,* 11 février 2007.
- The White House, Office of the Press Secretary, "Press Conference: "President Bush and President Putin Discuss New Relationship", November 13, 2001 sur www.en.kremlin.ru.
- SOKOV Nikolai et POMPER A. Miles, « Is Russia Violating the INF Treaty? », *The National Interest*, 11 février 2014.
- « Le président russe avait affirmé le 26 août 2008 qu'il n'a peur de rien, y compris d'une nouvelle guerre froide », *Nouvel Observateur.*
- Journal *Le Figaro*, 7 juillet 2010.
- IDN, Revue de presse du 15 octobre 2020.
- IDN, Revue de presse du 16 octobre 2020.
- IDN, Revue de presse du 29 janvier 2021.
- IDN, Revue de presse du 12 février 2021.
- IDN, Revue de presse du 2 avril 2021.
- Pressenza, « Pourquoi la France n'aime pas Oslo ? », 1er mars 2013.

III. THÈSES

ABDEL AZIM Mohamed, *La politique de l'ambiguïté comme facteur d'échec de la dissuasion au Moyen-Orient,* Thèse pour l'obtention du grade de docteur en science politique, Institut d'études politiques de Lyon, 2005, 342 p.

FUKUI Yasuhito, *Formation et normativité des accords internationaux dans le domaine du désarmement et de la non-prolifération,* Thèse en vue de l'obtention du Doctorat en droit, spécialité : droit international public, Université PARIS I PANTHÉON-SORBONNE, 2013, 256 p.

KHELIFATI Omar, *La légitime défense préventive au regard du droit international public et son effectivité dans le cadre de la deuxième guerre du Golfe*, Thèse en vue de l'obtention du Doctorat en sciences, Spécialité : Droit, Université MOULOUD MAMMERI DE TIZI-OUZOU, Faculté de droit et des sciences politiques/département de droit, 312 p.

OKOKO Ghislain, *La « guerre contre le terrorisme international » et le droit international humanitaire au lendemain des attentats du 11 septembre 2001*, thèse pour l'obtention du grade de docteur, Université Grenoble Alpes, 2017, 487 p.

RASTBEEN Ali, *Le nucléaire iranien : une approche française,* Thèse de doctorat en sciences de l'information et de la communication, Université Panthéon-Assas, 2012, 619 p.

TOUAHRI Assia, *La responsabilité civile du fait du dommage nucléaire civil*, Thèse pour l'obtention du grade de docteur en droit de l'Université de Limoges, 2018, 639 p.

IV. JURISPRUDENCE

A- ARRETS DE LA CIJ

- Affaire ''*Obligations relatives à des négociations concernant la cessation de la course aux armes nucléaires et le désarmement nucléaire (Îles Marshall c. Pakistan)*, (5 octobre 2016), compétence et recevabilité, arrêt, C.I.J, Recueil 2016, p. 552.

-Affaire ''*Obligations relatives à des négociations concernant la cessation de la course aux armes nucléaires et le désarmement nucléaire (Îles Marshall c. Royaume Uni de Grande Bretagne et d'Irlande du Nord)* (5 octobre 2016), exceptions préliminaires, arrêt, C.I.J, Recueil 2016, p. 833.

- Affaire *des Obligations relatives à des négociations concernant la cessation de la course aux armes nucléaires et le désarmement nucléaire* (*Îles Marshall c. Inde*), (5 octobre 2016), compétence et recevabilité, arrêt, C.I.J, Recueil 2016, p. 255.

- Affaire *Certains biens* (Liechtenstein c. Allemagne) (10 février 2005), exceptions préliminaires, arrêt, CIJ Recueil 2005, p. 6.

- *Affaire de la frontière terrestre et maritime entre le Cameroun et le Nigéria* (Cameroun c. Nigéria), exceptions préliminaires (10 octobre 2002), arrêt, CIJ, Recueil 2002, p. 303.

- *Affaire du Personnel diplomatique et consulaire américain à Téhéran (Iran c. États-Unis),* ordonnance en mesures conservatoires (15 décembre 1979), arrêts, CIJ, Recueil 1979, p. 23.

- *Affaire du Personnel diplomatique et consulaire américain à Téhéran (Iran c. États-Unis),* 24 mai 1980, arrêt, CIJ, Recueil 1980, p. 3.
- *Affaire des Activités militaires et paramilitaires au Nicaragua et contre celui-ci* (Nicaragua c. États unis d'Amérique) (27 juin 1986), arrêt, CIJ, Recueil 1986, p. 14.
- *Affaire des Plateformes pétrolières iraniennes* (République islamique d'Iran c. États-Unis) (6 novembre 2003), CIJ, Recueil 2003, p. 161.
- Affaire des *Essais nucléaires* (Australie c. France) (20 décembre 1974), arrêt, CIJ, Recueil 1974, p. 253 et 457.
- Affaire des *Essais nucléaires* (Nouvelle-Zélande c. France) (20 décembre 1974), arrêt, CIJ, Recueil 1974, p. 288.
- Affaire *Concessions Mavrommatis en Palestine* (30 août 1924), arrêt n° 2, CPJI, série A, n° 2, p. 4.
- Affaire du *Plateau continental de la mer du Nord* (20 février 1969), arrêt, CIJ, Recueil 1969, p. 3.
- Affaire du *Lac Lanoux* (16 novembre 1957), sentence arbitrale, CIJ, Recueil des sentences arbitrales, vol. XII, p. 285.
- Affaire de la *Fonderie de Trail* (États-Unis c. Canada), sentences arbitrales (16 avril 1938 et 11 mars 1941), CIJ, Recueil des sentences arbitrales, tome III, p. 1907.
- Affaire du *Détroit de Corfou,* (9 avril 1949), arrêt, CIJ, Recueil 1949, p. 4.
- *Vapeur Wimbledon*, (17 août 1923), arrêt, C.P.J.I, série A, n° 1, p. 16.
- Affaire relative à la *répartition des biens des collectivités locales* (France c. Italie) (1953), Recueil des sentences arbitrales, vol. XIII, p. 521.

B- Avis

- *Avis consultatif sur la licéité de la menace ou de l'emploi d'armes nucléaires*, (8 juillet 1996), CIJ, Recueil 1996, p. 226.
- *Avis consultatif relatif aux conséquences juridiques de l'édification d'un mur dans le territoire palestinien occupé*, (09 juillet 2004), CIJ, Recueil 2004, p. 136.

VI. ANNUAIRES

A. Annuaires des Nations unies

Bureau des affaires de désarmement, *Annuaire des Nations unies sur le désarmement*, vol. 28 : 2003, New York, Publication des Nations unies, 2008, 499 p.

Bureau des affaires de désarmement, *Annuaire des Nations unies sur le désarmement*, vol. 29 : 2004, New York, Publication des Nations unies, 2005, 459 p.

Bureau des affaires de désarmement, Annuaire des Nations unies sur le désarmement, vol 31 : 2006, New York, Publication des Nations unies, 2010, 588 p.

Bureau des affaires de désarmement, *Annuaire des Nations unies sur le désarmement*, vol. 32 : 2007, Partie II, New York, Publication des Nations unies, 2008, 167 p.

Bureau des affaires de désarmement, *Annuaire des Nations unies sur le désarmement*, vol. 34, Partie II, 2009, New York, Publication des Nations unies, 2012, 290 p.

Bureau des affaires de désarmement, *Annuaire des Nations unies sur le désarmement*, vol. 36 : 2011, Partie II, Publication des Nations unies, New York, 2015, 345 p.

Bureau des affaires de désarmement, *Annuaire des Nations unies sur le désarmement*, vol. 37 : 2012, Partie II, New York, Publication des Nations unies, 2016, 294 p.

Bureau des affaires de désarmement, *Annuaire des Nations unies sur le désarmement*, vol. 38 : 2013, Partie II, New York, Publication des Nations unies, 2015, 346 p.

Bureau des affaires de désarmement, *Annuaire des Nations unies sur le désarmement*, vol. 39, 2014, Partie I, New York, Publication des Nations unies, 2015, 255 p.

Bureau des affaires de désarmement, *Annuaire des Nations unies sur le désarmement*, vol. 39 : 2014, Partie II, New York, Publication des Nations unies, 2017, 371 p.

Bureau des affaires de désarmement, *Annuaire des Nations unies sur le désarmement,* vol. 40 : 2015, Partie II, New York, Publication des Nations unies, 328 p.

Bureau des affaires de désarmement, *Annuaire des Nations unies sur le désarmement*, vol. 41 : 2016, Partie II, New York, Publication des Nations unies, 2018, 346 p.

Centre for Disarmament Affairs, *The United Nations and disarmament 1945-1970, New York, United Nations publication,* 1970, 515 p.
Centre for Disarmament Affairs, *The United Nations Disarmament Yearbook,* vol. 18:1993, New York, *United Nations publication*, 1994, 419 p.
Centre for Disarmament Affairs, *The United Nations disarmament yearbook***,** vol. 21: 1996, New York, United Nations publication, 1997, 367 p.
Department for Disarmament Affairs, *The United Nations disarmament yearbook,* vol. 12: 1987, New York, United Nations publication, 1988, 506 p.
Department for Disarmament Affairs, *The United Nations disarmament yearbook,* vol. 16: 1991, New York, United Nations publication, 1992, 513 p.
Department for Disarmament Affairs, *The United Nations disarmament yearbook,* vol. 17 :1992, New York, United Nations publication, 1993, 393 p.
Department for Disarmament Affairs, *The United Nations disarmament yearbook,* vol. 22: 1997, New York, *United Nations publication,*1998, 377 p.
Department for Disarmament Affairs, *The United Nations disarmament yearbook*, vol. 24: 1999, New York, *United Nations publication*, 2000, 419 p.
Department for disarmament affairs, *The United Nations and disarmament***,** vol. 27: 2002, New York, *United Nations publication*, 2003, 493 p.
Department for Disarmament Affairs, *The United Nations disarmament yearbook*, vol. 42: 2017, New York, *United Nations publication*, 2018, 336 p.
Department of political and security council affairs, *The united nations disarmament yearbook,* vol. 1:1976, New York, United Nations publication, 1977, 316 p.
Office for Disarmament Affairs, *The United Nations disarmament yearbook,* vol. 20: 1995, New York, United nations publication, 1996, 329 p.

B- Annuaires du SIPRI

SIPRI, *SIPRI Yearbook 2009 : Armaments, Disarmament and International Security,* (résumé en français), SIPRI and IRIS, Sweden, 2009, 24 p.

SIPRI, *SIPRI Yearbook 2012 : Armaments, Disarmament and International Security,* (Résumé en français), GRIP and SIPRI, Sweden, 2012, 24 p.

SIPRI, *SIPRI Yearbook 2013 : Armaments, Disarmament and International Security,* (Résumé en français), GRIP and SIPRI, Sweden, 2013, 24 p.

SIPRI, *SIPRI Yearbook 2015 : Armaments, Disarmament and International Security,* (Résumé en français), GRIP and SIPRI, Sweden, 2015, 28 p.

SIPRI, *SIPRI Yearbook 2017 : Armaments, Disarmament and International Security,* (Résumé en français), GRIP and SIPRI, Sweden, 2017, 24 p.

SIPRI, *SIPRI Yearbook 2018 : Armaments, Disarmament and International Security,* (Résumé en français), GRIP and SIPRI, Sweden, 2018, 20 p.

SIPRI, *SIPRI Yearbook 2019 : Armaments, Disarmament and International Security,* « Résumé en français » GRIP and SIPRI, Sweden, 2019, 20 p.

SIPRI, *SIPRI Yearbook 2020: Armaments, Disarmament and International Security,* Oxford, OUP, Sweden, 2020, 720 p.

SIPRI, *SIPRI Yearbook 2022: Armaments, Disarmament and International Security,* « Résumé en français » GRIP and SIPRI, Sweden, 2022, 28 p.

SIPRI, *SIPRI Yearbook 2023: Armaments, Disarmament and International Security,* « Résumé en français » GRIP and SIPRI, Sweden, 2022, 28 p.

SIPRI, *SIPRI Yearbook 2024: Armaments, Disarmament and International Security,* « Résumé en français » GRIP and SIPRI, Sweden, 2022, 28 p.

SIPRI, *SIPRI Yearbook 2025: Armaments, Disarmament and International Security,* « Summary », SIPRI, Sweden, 2025, 28 p.

VII. RAPPORTS, COMPTES RENDUS

A. Rapports

1-Rapports des Nations unies

AGNU, La Stratégie antiterroriste mondiale des Nations unies : activités menées par le système des Nations unies pour appliquer la Stratégie antiterroriste mondiale des Nations unies, Rapport du Secrétaire Général, A/68/841, 2014, 151 p.
AGNU, Rapport de la première réunion du groupe d'experts ONU/OUA à Addis-Abeba, document A/C.1/46/9, § 14, p. 4.
AGNU, Rapport du Groupe d'experts chargé de rédiger un projet de traité sur une zone exempte d'armes nucléaires en Afrique sur les travaux de ses quatrième et cinquième réunions, doc. A/49/436, 27 septembre 1994.
CD, *Interdiction de mettre au point et de fabriquer de nouveaux types et systèmes d'armes de destruction massive*, Rapport de la Conférence du désarmement, 2014.
Rapport de la Conférence du désarmement à l'AGNU, 22 septembre 2017, CD/2112, 17 p.
AGNU, *Rapport du Comité spécial créé par la résolution 51/210 de l'Assemblée générale en date du 17 décembre 1996*, Huitième session (28 juin-2 juillet 2004), Supplément n° 37 (A/59/37), New York, 2004, 29 p.
AGNU, *Rapport de la Conférence du désarmement,* Cinquante et unième session, Supplément n° 27 (A/51/27), New York, 1996, 51 p.
Groupe de personnalités de haut niveau sur les menaces, les défis et le changement, « Un monde plus sûr : notre affaire à tous », Rapport au Secrétaire général des Nations unies, New York, 2 décembre 2004.

2- Rapports du Comité 1540 du Conseil de sécurité des Nations unies

Comité 1540 du CSNU, *Examen de la mise en œuvre de la résolution 1540 (2004) en 2019,* Document S/2019/986, 2019, 20 p.
Comité 1540 du CSNU, *Rapport sur l'application de la résolution 1540 (2004) et la mise en œuvre de ses dispositions,* Document S/2008/493, 2008, 73 p.

3- Rapports du Groupe de recherche et d'information sur la paix (GRIP)

COLLIN Jean-Marie, *Le traité sur l'interdiction des armes nucléaires*, Les Rapports du GRIP, vol. 9, Bruxelles, 2018, 52 p.

COLLIN Jean-Marie, *Les armes nucléaires de l'OTAN – Fin de partie ou redéploiement* ? Les Rapports du GRIP 1/9, 20 p.

FANIELLE Sylvain, *Le sommet sur La sécurité nucléaire à la croisée des chemins. Entre doutes et ambitions*, Les Rapports du GRIP, vol. 7, Bruxelles, 2013, 36 p.

FRANCIS Céline, *Le régime nucléaire - Les efforts de la communauté internationale en matière de désarmement et de non-prolifération*, Les Rapports du GRIP, vol. 8, 2005, 40 p.

GEHIN Léo et POITEVIN Cédric, *Traité sur le commerce des armes. Le point sur les discussions et la mise en œuvre par les États.*, Les Rapports du GRIP, vol. 4, Bruxelles, 2017, 32 p.

GRIP, *Les armes nucléaires tactiques américaines en Europe : les enjeux d'un éventuel retrait,* Les Rapports du GRIP, Bruxelles, 2012, 25 p.

HELLENDORFF Bruno et KELLNER Thierry, *Crise nord-coréenne. Diplomatie, menace nucléaire et défense antimissile*, Les Rapports du GRIP, vol. 9, Bruxelles, 2016, 44 p.

POITEVIN Cédric, Le Traité de Pelindaba, l'Afrique face aux défis de la prolifération nucléaire, Les Rapports du GRIP, vol. 3, Bruxelles, 2009, 38 p.

ROUBOS Aris et WAUTELET Michel, *National missile defense : Le retour de la guerre des étoiles et les enjeux stratégiques*, Les Rapport du GRIP, n° 4, Bruxelles, 2000, 57 p.

ROUPPERT Bérangère, *Les armes nucléaires tactiques américaines en Europe : les enjeux d'un éventuel retrait*, Les Rapports du GRIP, vol. 5, 2002, 23 p.

4- Rapports de l'AEN

AEN, *Uranium 2018 : Ressources, production et demande*, Rapport conjoint AEN-AIEA, n° 7413, OCDE, Paris, 2018, 457 p. https://www.oecd-nea.org/ndd/pubs/2018/7413-uranium-2018.pdf

5- Rapports de l'AIEA

AIEA, *Rapport annuel 2000*, Viennes, 2001, 179 p.
AIEA, *Rapport annuel 2003*, Viennes, 2004, 81 p.
AIEA, *Rapport annuel 2004*, Viennes, 2005, 101 p.
AIEA, *Rapport annuel 2013*, Viennes, 2014, 133 p.
AIEA, *Rapport annuel 2014*, Viennes, 2015, 140 p.
AIEA, *Rapport annuel 2016,* Viennes, 2017, 144 p.
AIEA, *Rapport annuel 2017*, Viennes, 2018, 147 p.
AIEA, *Rapport annuel 2018*, Viennes, 2019, 162 p.
AIEA, *Rapport d'ensemble 2016 sur la technologie nucléaire,* Document GC(60)/INF/2, Vienne, 2016, 62 p.
AIEA, *Rapport d'ensemble sur la technologie nucléaire 2019,* Document GC (63) /INF/2, Vienne, 2019, 44 p.
AIEA, *Rapport d'ensemble sur la sûreté nucléaire 2019*, Document GC(63)/INF/3, Vienne, 2019, 63 p.
AIEA, *Situation et perspectives internationales de l'électronucléaire 2017*, Conférence générale, Rapport du Directeur général, 28 août 2017, GOV/INF/2017/12-GC(61)/INF/8, 19 p.
AIEA, *Conférence internationale sur la sécurité nucléaire : intensification des efforts mondiaux,* Rapport du Directeur général, Document GOV/INF/2013/9-GC(57)/INF/6 du 19 août 2013, Vienne, 2013, 15 p.
AIEA, *Rapport sur le programme nucléaire iranien,* rapport du Directeur Général de l'AIEA, Mohamed El Baradei, Vienne, 15 novembre 2004
AIEA, *Rapport sur l'accident nucléaire de Fukushima Daiichi,* rapport du Directeur Général de l'AIEA Yukiya Amano, GC(59)/14, Vienne, 248 p.
AIEA, *Plan sur la sécurité nucléaire pour 2018-2021*, Rapport du Directeur général, 61[è] session ordinaire de la Conférence Générale, Document GC(61)/24 du 14 septembre 2017, 21 p.
AIEA, *Vérification et contrôle en République islamique d'Iran à la lumière de la résolution 2231 (2015) du Conseil de sécurité de l'ONU*, Rapport du Directeur général, document GOV/INF/2020/16, 17 novembre 2020.
AIEA, *Nuclear Science and Technology for Climate Adaptation and Resilience*, Vienna, September, 2021, 38 p.

6- Rapports du CEA

Commissariat à l'énergie atomique et aux énergies alternatives, *Les centrales nucléaires dans le monde,* Paris, 2015, 70 p., disponible sur http://www.cea.fr.

7. Rapports de l'OMS

OMS, *Effets des armes nucléaires sur la santé et l'environnement,* Rapport du Directeur Général, *Genève,* 46è session, 1993, 8 p.

OMS, *Programme international sur les effets sanitaires de l'accident de Tchernobyl,* Rapport du Directeur général, 25 octobre 1994, 9 p.

8- Rapports de ICAN

MACLELLAN Nic, *Interdire les armes nucléaires, une perspective du pacifique,* ICAN, Australie, 2014, 20 p.

9- Rapports de l'*Arms Control Association*

GOLAN-VILELLA Robert, **MARCHESANO Michelle**, and **WILLIAMS Sarah**, *The 2010 Nuclear Security Summit: A Status Update*, Arms Control Association and Partnership for Global Security, 2011, 36 p.

CANN Michelle, DAVENPORT Kelsey and BALZA Margaret, *The Nuclear Security Summit: Assessment of National Commitments,* Arms Control Association and Partnership for Global Security, 2012, 48 p.

CANN Michelle, DAVENPORT Kelsey, and PARKER Jenna, *The Nuclear Security Summit: Accomplishments of the Process,* An Arms Control Association and Partnership for Global Security, 2016, 66 p.

WOOLF F. Amy, *Nuclear Arms Control: The Strategic Offensive Reductions Treaty*, Congressional Research Service, CRS Report for Congress, 2011, 24 p.

B-Comptes rendus

- Une approche pluridisciplinaire des motivations de la prolifération, Compte rendu du Séminaire de la Délégation des Affaires

Stratégiques (ENSTA) sur le thème « 2040 : Un regard prospectif sur la prolifération », table ronde n° 1, Paris, 2008, 20 p.
- Compte rendu de la rencontre de Prague entre les président russe et américain du 6 juillet 2009 sur http://tempsreelnouvelobs.com/actualites/international/europe/20090706OBS3165/.

VIII. TEXTES OFFICIELS

A- Communiqués, déclarations et discours

1- Communiqués

- États-Unis d'Amérique, Bureau du chef du service de presse, « Communiqué of the Washington Nuclear Security Summit », 13 avril 2010 disponible à l'adresse www.whitehouse.gov/the-press-office/communique-washington-nuclear-security-summit.
- Sommet sur la sécurité nucléaire de 2016, « Nuclear Security Summit 2016 : Communiqué », 1er avril 2016. V. https://static1.squarespace.com/static/568be36505f8e2af8023adf7/t/56fef01a2eeb810fd917abb9/1459548186895/Communiqué.pdf.
- AIEA, communiqué de presse 2007/12 du Directeur général de l'AIEA disponible en ligne à l'adresse http://www.iaea.org/NewsCenter/PressReleases/2007/prn200712.html.
- Conseil de sécurité des Nations unies, « Security Council Press statement on Nuclear test Conducted by Democratic People's Republic of Korea », 12 février 2013 disponible en ligne à l'adresse www.un.org/News/Press/docs/2013/sc10912.doc.htm.

2- Déclarations

- Korean Central News Agency, "DPRK Nuclear Weapons Institute on Successful Test of H-bomb for ICBM", 3 September 2017 disponible en ligne à l'adresse
http :// kcna.co. jp/item/2017/ 201709/news03/20170903-13ee.html.
- Union Européenne, « Déclaration commune de la Haute représentante de l'Union européenne et du ministre iranien des Affaires étrangères », 2 avril 2015, disponible en ligne à l'adresse http://eeas.europa.eu/archives/docs/statements-

eeas/docs/iran_agreement/iranjoint-comprehensive-plan-of-action_en.pdf.
- Déclaration conjointe États-Unis-RPDC, 19 septembre 2005 disponible en ligne à l'adresse http:// www.state.gov/r/pa/prs/ps/2005/53490.htm.
- Première déclaration officielle du ministre des Affaires étrangères de la RPDC sur son programme nucléaire, 11 janvier 2012, disponible en ligne à l'adresse www.kcna.kp/kcna.user.home.retrieveHomeinfolist.kcmsf?lang=eng.
- Nautilus Institute, Joint Statement of the Democratic People's Republic of Korea and the United States of America (Déclaration commune des États-Unis et de la RPDC le 11 juin 1993), acceptation par la RPDC de suspendre son retrait du TNP. Disponible en ligne à l'adresse http://www.nautilus.orglDPRKBrietingBook/agreementsJCanKorVTK1993-06-11-joint-statement-dprk États-Unis.pill.
- Doctrine REAGAN-GORBATCHEV, Déclaration commune États-Unis-Russie, disponible en ligne à l'adresse www.washingtonpost.com/archive/politics/1987/12/11joint-statement-by-reagen-gorbatchev/cd990a8d-87-a1-4d74-88f8-704f93c80cd3/.
- Déclaration commune États-Unis-Russie sur de nouvelles réductions vérifiables de leurs arsenaux stratégiques offensifs. V. sur http://www.whitehouse.gov/the_press_office/Joint-Statement-by-Dmitriy-A-Medvedev-and-BarackObama.
- Déclaration concernant l'accord entre les P5+1 (groupe formé des cinq membres permanents du Conseil de sécurité plus l'Allemagne) et la République islamique d'Iran, Addis-Abeba, 14 juillet 2015 à l'adresse http://www.un.org/sg/statements/index.asp?nid=8831.
- Appel conjoint à la communauté mondiale de la Haute représentante de l'Union européenne et du ministre iranien des Affaires étrangères « à soutenir la mise en œuvre de cet effort historique », Vienne, 14 juillet 2015, disponible à l'adresse http://eeas.europa.eu/statements-eeas/2015/150714_01_en.htm.
- Déclaration ministérielle à l'occasion de la seconde Conférence internationale sur la sécurité nucléaire de l'AIEA à Vienne du 5 au 9 décembre 2016 ; disponible sur le site web de l'Agence à l'adresse https://www.iaea.org/sites/default/files/16/12/french_ministerial_declaration.pdf.
- Déclaration sur la Zone de Paix, de Liberté et de Neutralité (ZPLN), Kuala Lumpur, 27 novembre 1971.

- Groupe de la levée de l'état d'alerte, « Prendre des mesures en vue de la levée de l'état d'alerte nucléaire », Document de travail présenté à la Troisième session du Comité préparatoire de la Conférence des parties chargée d'examiner le TNP en 2020 (29 avril-10 mai 2019), New York, 12 avril 2019.
- Déclaration commune de la Conférence du P5, 15 septembre 2016.
- UNIDIR et GCSP, « Mapping Negative Security Assurances », document préparatoire aux sessions informelles de la CD, 12 juin 2018.

3- Discours

- Discours du secrétaire à la défense américaine Robert M. GATES le mardi 28 octobre 2008 devant le *Carnegie Endowment for International Peace* à Washington D.C., disponible sur http://www.realclearworld.comlarticles/2008/1O/defense_secretary_gates_speech.htrnl.
- Discours d'Angela KANE, Haut-Représentante pour les affaires de désarmement à la Conférence de Vienne sur l'impact humanitaire, à Vienne (Autriche) le 8 décembre 2014 disponible en ligne à l'adresse www.un.org/sg/statements/index.asp?nid=8258.
- Discours du président américain Barack OBAMA à Prague le 5 avril 2009 disponible en ligne à l'adresse http://www.whitehouse.gov/the-press-office/remarks-president-barack-obama-prague-delivered.
- Message de Ban KI-MOON prononcé lors de la Journée du souvenir consacrée à toutes les victimes de la guerre chimique, New York, 29 avril 2014 disponible en ligne à l'adresse www.un.org/fr/events/chemwarfareday/2014/sgmessage.shtml.
- Discours de présentation de vœux aux armées du président français Emmanuel MACRON le 23 janvier 2018 à Toulon, disponible à l'adresse https://www.elysee.fr/emmanuel-macron/2018/01/19/voeux-du-president-emmanuel-macron-aux-armees.
- Discours du président américain Dwight D. EISENHOWER intitulé « *Atoms for Peace* » du 8 décembre 1953 lors de la huitième session de l'AGNU ; disponible à l'adresse https://www.un.org/Depts/dhl/dag/docs/apv470f.pdf.
- Haut représentant des Nations unies pour les affaires de désarmement, Kim WON-SOO, allocution du 27 mars 2016 à l'ouverture du premier Sommet sur la sécurité nucléaire ; disponible

en anglais à l'adresse https://unoda-web.s3-accelerate.amazonaws.com/wp-content/uploads/2017/03/hr-ptnw-opening.pdf.

B- Circulaires d'information de l'AIEA

- INFCIRC/153 (corrigé), « Structure et contenu des accords à conclure entre l'agence et les États dans le cadre du traité sur la non-prolifération des armes nucléaires ».
- INFCIRC/540 (corrigé), « Modèle de protocole additionnel à l'accord (aux accords) entre un État (des États) et l'agence internationale de l'énergie atomique relatif(s) à l'application de garanties agence ».
- INFCIRC/702 du 8 mai 2007 : « Accord sur l'établissement de l'organisation internationale pour l'énergie de fusion en vue de la mise en œuvre conjointe du projet ITER ».
- INFCIRC/11 du 30 octobre 1959 : « Textes des accords conclus entre l'Agence et l'ONU ».
- INFCIRC/20 du 27 septembre 1960 : « Textes des accords régissant les relations de l'Agence avec les institutions spécialisées ».
- INFCIRC/20/Add.1 du 10 avril 1962 : « Texte de l'accord conclu entre l'Agence et l'Organisation maritime consultative intergouvernementale ».
- INFCIRC/377 du 2 avril 1990 : « Accord régional de coopération pour l'Afrique sur la recherche, le développement et la formation dans le domaine de la science et de la technologie nucléaires (AFRA) ».
- INFCIRC/403 du 30 janvier 1992 : « Accord du 30 janvier 1992 entre le gouvernement de la RPDC et l'AIEA ».
- INFCIRC/457 du 10 novembre 1994 : « Accord-cadre entre la RPDC et les États-Unis ».
- INFCIRC/613/Add.1 du 4 décembre 2002 : « Accord de coopération entre les États arabes d'Asie sur la recherche, le développement et la formation dans le domaine de la science et de la technologie nucléaires (ARASIA) ».
- INFCIRC/853 du 26 août 2003 portant « Communication du 10 juillet 2013 reçue de la mission permanente de la République islamique d'Iran auprès de l'Agence au sujet du rapport du Directeur général sur l'application des garanties en Iran ».

- INFCIRC/731 du 25 juillet 2008: « Implementation of the India-United States Joint Statement of July 18, 2005: India's Separation Plan ».
- AIEA, INFCIRC/613/Add.3 du 29 septembre 2014 : « Reconduction de l'Accord ARASIA ».
- INFCIRC/377/Add.20 du 3 juin 2015 portant cinquième prorogation de l'AFRA.

C- Résolutions

1- Résolutions de l'AGNU

- Résolution 1514 (XV) du 14 décembre 1960 sur l'octroi de l'indépendance aux pays et peuples coloniaux.
- Résolution 2625 (XXV) du 24 octobre 1970 relative à la déclaration des principes du droit international touchant les relations amicales et la coopération entre États.
- Résolution 3314 (XXIX) du 14 décembre 1974 relative à la définition de l'agression.
- Résolution 42/22 du 18 novembre 1987 relative à la déclaration sur le renforcement de l'efficacité du principe de l'abstention du recours à la menace ou à l'emploi de la force dans les relations internationales.
- Résolution 69/29 du 2 décembre 2014 portant création d'une zone exempte d'armes nucléaires dans la région du Moyen-Orient.
- Résolution 69/66 du 2 décembre 2014. Troisième Conférence des États parties aux traités portant création de zones exemptes d'armes nucléaires, des États signataires et de la Mongolie en 2015.
- Résolution 69/36 du 2 décembre 2014 sur le Traité portant création d'une zone exempte d'armes nucléaires en Asie centrale.

2- Résolution du CSNU

- Résolution 83 du 27 juin 1950 portant sur l'intervention militaire d'une coalition internationale en RPDC.
- Résolution 255 du 19 juin 1968 portant « question relative aux mesures à prendre pour garantir la sécurité des [ENDAN] parties au Traité sur la non-prolifération nucléaire ».
- Résolution 661 du 6 août 1990 sur le droit naturel de légitime défense individuelle ou collective, face à l'agression armée dirigée par l'Irak contre le Koweït.

- Résolution 687 du 3 avril 1991 portant sur la condamnation du programme d'armement nucléaire clandestin irakien.
- Résolution n° 01 du 9 novembre 1996 portant « establishing the Preparatory Commission for the Comprehensive Nuclear-Test-Ban Treaty Organization, Comprehensive Nuclear Test-ban Treaty Meeting of States Signatories. ».
- Résolution 1540 du 28 avril 2004 condamnant l'utilisation non-pacifique des substances radioactives par des acteurs non étatiques.
- Résolution 1696 du 31 juillet 2006 sur la condamnation de l'Iran en vertu du chapitre VII de la CNU.
- Résolution 1803 du 3 mars 2008 portant élargissement des sanctions à de nouvelles personnes et entités iraniennes.
- Résolution 1874 du 12 juin 2009 prise de sanctions additionnelles contre la RPDC.
- Résolution 1887 du 24 septembre 2009 sur un monde sans armes nucléaires
- Résolution 2231 du 15 juillet 2015 portant approbation du PAGC.

D- Traités et conventions

1- Instruments généraux

- Pacte de la SdN, Paris, 28 juin 1919.
- Charte des Nations unies, San Francisco, 26 juin 1945.
- Convention de Vienne sur le droit des traités, Vienne, 23 mai 1969.

2- Instruments spécialisés sur le nucléaire militaire

2.1.- Traités et accords de limitation et de réduction des armes nucléaires

- Traité sur la non-prolifération nucléaire, New York, 1er juillet 1968.
- Traité ABM (États-Unis – URSS), New York, 26 mai 1972.
- Accord SALT I (États-Unis – URSS), New York, 26 mai 1972.
- Accord SALT II (États-Unis – URSS), New York, 18 juin 1979.
- Traité FNI (États-Unis – Russie), New York, 8 décembre 1987.
- Accord START I (États-Unis – Russie), New York, 31 juillet 1991.
- Accord START II, (États-Unis – Russie), New York, 3 janvier 1993.
- Traité SORT (États-Unis – Russie), New York, 24 mai 2002.

- Accord New START, (États-Unis – Russie), New York, 8 avril 2010.
- Accord de Vienne sur le nucléaire iranien, Vienne, 14 juillet 2015.

2.2- Traités interdisant les essais nucléaires

- Traité d'interdiction partielle des essais nucléaires (TIPE), Moscou, 5 août 1963.
- Traité d'interdiction complète des essais nucléaires (TICE), New York, 24 septembre 1996 (non encore en vigueur).

2.3- Traités portant création de ZEAN.

- Traité portant création d'une zone exempte d'armes nucléaires en Asie centrale (Traité de Semipalatinsk), Semipalatinsk, 8 septembre 2006.
- Traité sur la zone dénucléarisée du Pacifique Sud (Traité de Rarotonga), Rarotonga, 6 août 1985.
- Traité sur la zone exempte d'armes nucléaires de l'Asie du Sud-Est (Traité de Bangkok), Bangkok, 15 décembre 1995.
- Traité sur une zone exempte d'armes nucléaires en Afrique (Traité de Pelindaba), Caire, 11 avril 1996.
- Traité visant l'interdiction des armes nucléaires en Amérique latine et dans les Caraïbes (Traité de Tlatelolco), Mexico, 14 février 1967.

2.4- Traité interdisant les armes nucléaires

- Traité d'interdiction des armes nucléaire (TIAN), New York, 7 juillet 2017.

IX. SITES INTERNET

- AEN/OCDE : https://www.oecd-nea.org/law/
- AIEA : https://www.iaea.org/Publications/Documents/
- Annuaire des Nations unies sur le désarmement : https://www.un.org/disarmament/HomePage/ODAPublications/Yearbook/

- Bibliothèque Dag Hammarskjöld - Guides de Recherche - Documents de l'ONU - Désarmement : https://research.un.org/fr/docs/disarmament
- Bibliothèque de l'ONU à Vienne – Guide de recherche - Armes à feu : https://libraryresearch.unvienna.org/firearms
- Bibliothèque documentaire du Bureau des affaires de désarmement : https://www.un.org/disarmament/fr/bibliotheque-documentaire-du-bureau-des-affaires-de-desarmement/
- Bureau des affaires de désarmement des Nations unies : https://www.un.org/disarmament/fr/
- Commission du désarmement de l'AGNU : https://www.un.org/disarmament/fr/commission-du-desarmement-de-lorganisation-des- nations-unies/
- Conseil consultatif des Nations unies pour les questions de désarmement : https://www.un.org/disarmament/fr/conseil-consultatif-pour-les-questions-de-desarmement/
- Guide de ressources de la Bibliothèque de l'ONUG – Désarmement : https://libraryresources.unog.ch/disarmament/global
- IDN : www.idn-france.org.
- Institut des Nations unies pour la recherche sur le désarmement (UNIDIR) : https://www.unidir.org/
- Le Figaro : www.lefigaro.fr.
- Le Monde diplomatique : https://www.lemondediplomatique.fr/
- Nations unies : https://www.un.org/fr.ga, http://www.unric.org
- Réseau Voltaire : www.voltairenet.org
- Revue CAIRN : www.cairn.info
- Revue PERSEE : https://www.persee.fr
- Revue VERTIGO : www.vertigo.revues.org
- SIPRI : www.sipriyearbook.org

Index alphabétique

A

B

C

D

E

F

G

H

I

L

M

N

O

P

R

S

T

U

V

Z

TABLE DES MATIÈRES

Structures éditoriales du groupe L'Harmattan

L'Harmattan Italie
Via degli Artisti, 15
10124 Torino
harmattan.italia@gmail.com

L'Harmattan Hongrie
Kossuth l. u. 14-16.
1053 Budapest
harmattan@harmattan.hu

L'Harmattan Sénégal
10 VDN SICAP AMITIE 3
BP 45034 Dakar-Fann
direction@senharmattan.com

L'Harmattan Cameroun
Tsinga/Derrière polyclinique FECAFOOT
BP 11486 Yaoundé
Jacques.koukam@harmattan.fr

L'Harmattan Burkina Faso
Villa 281, secteur 23 623, rue 14.32
Ouagadougou
zagbie@outlook.fr

L'Harmattan Guinée
Almamya, rue KA 028 OKB Agency
BP 3470 Conakry
harmattanguinee@yahoo.fr

L'Harmattan RDC
185, avenue Nyangwe
Commune de Lingwala – Kinshasa
matangilamusadila@yahoo.fr

L'Harmattan Congo
219, avenue Nelson Mandela
BP 2874 Brazzaville
deunovmikhael@gmail.com

L'Harmattan Mali
Immeuble Mgr Jean Marie Cissé
Aci Hamadallaye
BP 145 Bamako
syllaka@yahoo.fr

L'Harmattan Togo
Djidjole – Maison Amela
face EPP BATOME
02 BP 20680 Lomé
dideramela11@gmail.com

L'Harmattan Côte d'Ivoire
Résidence Karl – Cité des Arts
Abidjan-Cocody
03 BP 1588 Abidjan
harmattan.ivoire@gmail.com

L'Harmattan Bénin
Rue 604, (Immeuble à l'entrée
de la rue UCAO- Cite de Saint-Jean)
Cotonou
stepcorpus@gmail.com

Nos librairies en France

Librairie internationale
16, rue des Écoles
75005 Paris
librairie.internationale@harmattan.fr
01 40 46 79 11
www.librairieharmattan.com

Librairie des savoirs
21, rue des Écoles
75005 Paris
librairie.sh@harmattan.fr
01 46 34 13 71
www.librairieharmattansh.com

www.ingramcontent.com/pod-product-compliance
Lightning Source LLC
LaVergne TN
LVHW021133061026
849535LV00002B/230

* 9 7 8 2 3 3 6 5 8 4 5 4 6 *